中国农业保险研究

The Study of China's Agricultural Insurance

2018

安华研究院

庹国柱　主编　彭　飞　副主编

中国农业出版社

北　京

图书在版编目（CIP）数据

中国农业保险研究．2018 / 庹国柱主编．—北京：
中国农业出版社，2018.8（2023.12 重印）
ISBN 978-7-109-24411-5

Ⅰ.①中… Ⅱ.①庹… Ⅲ.①农业保险-研究报告-中国-2018 Ⅳ.①F842.66

中国版本图书馆 CIP 数据核字（2018）第 164555 号

中国农业出版社出版
（北京市朝阳区麦子店街 18 号楼）
（邮政编码 100125）
责任编辑　赵　刚

三河市国英印务有限公司印刷　　新华书店北京发行所发行
2018 年 8 月第 1 版　　2023 年 12 月河北第 2 次印刷

开本：787mm×1092mm　1/16　　印张：29.25
字数：680 千字
定价：65.00 元

《中国农业保险研究 2018》
编 辑 委 员 会

前　言

《中国农业保险研究 2018》编辑就绪了。这本书选择了一年来有代表性的农业保险研究成果35篇，大部分是从各类学术杂志和报纸上精选出来的，也有几篇文章是特约稿。

这些文章大体上能反映一年来农业保险政策和市场发展现实状况，以及学术界和实业界关注的重点领域和问题。

回顾2017，面对2018，阅读了这三十几篇文章的我们，感觉有三点突出印象和感想：

一、政策面：稳中求进

一年来的农业保险政策在稳步丰富和完善。特别是在中央的关心下，2017年中央农村工作领导小组专门组织几大部委的力量，由袁纯清副组长带队，到多个省份对农险发展做了长达半年的深入调研，了解各地的农业保险进展和各个方面的诉求，以及农险发展中存在的问题，向中央提出了一系列重要的政策意见，这些意见将会产生新的政策在今后几年里逐步释放出来。作为其中一个成果，那就是财政部确定了在全国200个县，进行提高农业保险的保险金额及其相应补贴的"大灾保险"试点。真正的试点启动应该是今年。制种保险的财政补贴政策方案也正在征求各方意见，2018年也许会进入实施。

2017年，农业保险经营环境没有多少改善，依靠协保员展业和一家一户登门入户的传统经营模式也没有多少改观。基层政府对农业保险的支持力度在一些地方悄悄弱化，展业质量很难说有多大提高。这种状况不仅在挑战着我们初步建立的制度模式和目前的经营模式，也正在给保险的低成本经营和合规经营带来新的课题。

所以，很希望在政策上有新的举措，以带动制度模式和经营模式的突破。

二、经营面：喜中有忧

农业保险市场发展形势仍然是一片大好，为农业提供的风险保障责任已经达到2.79万亿元，比2016年增长29%。总赔款366.05亿元，比2016年增加18.03亿元。保险费收入也达到创纪录的477.72亿元，比2016年增长

14.5%。在这些保障之外，农业保险在农村脱贫攻坚和金融改革中的突出贡献也为广大农户和各级政府认可和赞许。不少公司都积极推出了本公司的扶贫保险计划，设计出琳琅满目的各具特色的扶贫保险产品，在服务国家脱贫攻坚战略中发挥了独特作用。不同的信贷保证保险产品和保险公司直接发放支农小额贷款，也都受到农户的欢迎，在解决农业“贷款难”“贷款贵”问题中做出了自己的贡献。

在上面这些数字和成就的背后，是各地区更加剧烈的市场竞争态势。截至2017年年末，已经进入该市场的保险公司已经有31家。其他想要进场经营农业保险的财产保险公司和想要成立本地农业保险专业公司的努力都没有减弱的迹象。与此同时，继2015、2016年农业保险的较高赔付率（71%、76%）之后，2017年的赔付率为70%。近几年部分省、自治区、计划单列市出现超赔，2016年出现超赔的省（区）和计划单列市有5个，2017年有3个，超赔最多的省（区）赔付率[①]为135.61%，超赔最多的计划单列市赔付率高达145.03%。有研究表明，不同省份农业保险的累积风险实际上是很高的，但是还没有引起重视和注意。

不仅赔付上来了，经营成本实际上也在逐年攀升。2008年，农业保险的综合赔付率只有15%，近几年有明显的上升趋势，2015年的综合赔付率是19%，2016年是21%，2017年已经达到24%。这些数字意味着什么，业内同仁都知道。

从公司的角度观察和判断经营风险，也不像前几年那么乐观了，已经有不止一家保险公司整体上出现亏损，看来农业保险经营并不是像有些人想象的那样，只会赢不会亏。经营风险的管控开始提到每一家保险公司的议事日程上了。随着“大灾保险”的试点和推广，在乐观保费预估的同时，公司层面以致全行业的经营风险也会随之上升和放大。鉴于这种直保经营状况，再保险的经营受到考验，“农共体”自诞生后连续三年都是亏损状态。外国再保险人在中国农险市场上接受分保的积极性显然受到近几年高赔付的打击，不少外国再保险人似乎不想再来“玩”了。

看来，我国千呼万唤的农业保险的大灾风险准备制度，真的快要出台了。从横向上看，不仅在全国层级，省级也有必要考虑纳入这个制度的框架。从纵

① 这里的赔付率=已决赔款/签单保费×100%。

向上看，不仅是公司层级的大灾风险准备，也不仅是再保险层级的加速建设，再保险之后的超赔责任的制度安排，恐怕也不能忽略了。不然，建立在政府支持基础上的农业保险制度的可持续性会出现问题。这就是2017年的经营给2018年提出的发展课题。

三、技术面：亟待突破

在过去的一年里，无论监管层还是经营层都非常关注产品创新和技术创新，各类产品创新力度很大，保监会审批的产品种类繁多。与此同时，为了破解传统的展业和定损理赔模式，各家公司都想在科技上寻求出路。多方与IT行业联手，让“3S技术[①]”和创新保险产品相结合，求得在展业、定损、理赔方面有所突破。这不单单是节约成本，必定大大提高经营质量和效率，也免得老是因为经营不合规信息不真实而累累遭受监管处罚。其实，这个科技应用的方向大多数公司已经意识到了，有的公司甚至几年前已经建立了相应的部门和实验室，开发了相关软件。但除了个别公司推行力度较大，已经把新技术应用送到田间地头之外，大部分公司还是停留在总部办公室里。已经到来的2018年的展业旺季已经到来，期盼总公司的决策者们有一个推动面上实施的方案。在本书里，有的来自基层的作者已经强烈呼吁了，他们希望“3S”技术方案早点走出总部，来到承保核保和定损理赔的田头、畜圈。有的信息技术公司也努力地总结了它们与有关公司合作的经验，给出了很好的概括、阐述和建议，但愿能给大家一些启发和催促。

2017年过去了，2018年也已经进入展业的春天，愿这些精选出来的农业保险研究成果，能给各家保险公司，无论总部还是基层，都带去一些启发和帮助，为各级政府有关部门提供一些了解、指导和协助农险工作的参考，也给农险的研究者们带来一些交流和借鉴的方便。

庹国柱　彭飞

2018年4月6日

① 3S，即地理信息系统（Geography information systems，GIS），全球定位系统（Global positioning systems，GPS），和遥感技术系统（Remote sensing，RS），简称3S技术。

目　录

发展改革

加大财政支持力度　推动农业保险转型升级*

胡学好

摘要：农业保险作为财政资金撬动金融资源支农的有效方式，是贯彻落实党中央、国务院强农惠农政策的重要抓手。近年来，财政部贯彻落实党中央、国务院有关精神，按照“政府引导、市场运作、自主自愿、协同推进”的原则，在补贴品种、补贴区域、补贴比例等方面逐步加大支持力度；在制度框架、风险分散机制方面不断完善，出台了一系列政策措施；围绕扩大总量、优化结构、业务创新、增强保障能力等方面积极探索，全面推动农业保险转型升级，成效明显。

关键词：财政支持；农业保险；转型升级

发展农业保险，是党中央、国务院确立的一项重要任务，对推进农业供给侧结构性改革，助力农业现代化和农民增收，稳定粮食生产具有重要意义。近年来，财政部会同有关部门紧紧围绕提高农业保险保障水平，全面推动农业保险转型升级，出台了一系列政策措施，成效明显。

一、以建立制度、完善机制、分清责任、突出重点为中心，中央财政出台了一系列农业保险支持政策

2007年以来，财政部按照“政府引导、市场运作、自主自愿、协同推进”的原则，实施了农业保险保费补贴政策，不断加大对农业保险的支持力度，主要体现在四个方面。

（一）着力构建完整的中央财政支持制度框架，推动农业保险“扩面、提标、增品”

为加快农业保险发展，财政部先后制订了保费补贴管理办法、补贴资金绩效评价指引、税收优惠等一系列政策，推动农业保险“扩面、提标、增品”。目前，中央财政补贴品种已由最初种植业的5个品种，扩大至种、养、林3大类15个品种，基本

---

* 本文原载《保险理论与实务》2017年第8期。

作者简介：胡学好，财政部金融司副司长。

覆盖了关系国计民生和粮食安全的主要大宗农产品；补贴区域已由 6 省（区）稳步扩大至全国，各地区和各经营主体均可在自主自愿的基础上开展相关业务；补贴比例逐步提高，并结合区域、险种情况实施了差异化补贴政策，如种植业由 25%提高到 35%至 40%。同时，对保险公司经营的由财政给予保费补贴的农业保险业务免征增值税，在计算应纳税所得额时减按 90%计入收入等。这些措施的出台，对促进农业保险持续健康发展，扩大农业保险覆盖面发挥了积极作用。

（二）着力完善农业保险大灾风险分散机制，推动农业保险长期健康发展

为防范农业保险大灾风险，财政部在 2008 年探索建立了农业保险大灾风险准备金制度，要求保险机构按照种植业补贴险种保费收入的 25%计提大灾风险准备金。近些年，我们进一步完善了相关制度，制订了农业保险大灾风险准备金管理办法，分险种、分地区确定了准备金的计提比例区间，明确了准备金的使用、管理等规定，逐步积累应对大灾赔付的长期资金。截至 2016 年底，累计积累大灾准备金 100 多亿元。同时，要求保险公司不断降低超额利润险种的保险费率，合理确定经营利润水平，农业保险综合赔付率已处于合理区间，搭建了多方均衡的利益协调机制。

（三）着力区分中央与地方的财政事权和支出责任，推动形成多元化的农业保险体系

为充分调动地方积极性，结合我国农业保险发展阶段及各级财政能力与事权划分等，财政部对农业保险保费补贴的支出责任进行了划分，并在实践中不断探索完善，最终形成了“中央保大宗、保成本；地方保特色，保产量”的原则。按照这一原则，中央财政主要保障关系国计民生和粮食安全的大宗农产品，提高对口粮品种保费补贴标准，并向新型农业生产经营主体倾斜。2016 年，中央财政进一步提高了对产粮大县三大粮食作物农业保险的补贴比例，由之前的中西部 40%、东部 35%，逐步提高至中西部 47.5%、东部 45%。同时，鼓励地方探索开展特色险种。目前，中央财政补贴品种包括水稻、小麦、育肥猪等 15 个品种，承保主要农作物超过播种面积的 70%；地方自主开展的瓜果、中药、茶叶等特色品种达 200 多个，基本涵盖了当地主要特色优势农产品。经过 10 年发展，我国基本探索形成了符合我国国情、中央与地方分工负责的多元化农业保险体系。

（四）着力支持保费补贴向适度规模经营农户倾斜，推动农业保险向纵深发展

按照 2017 年《政府工作报告》的要求，财政部会同农业部、保监会，在粮食主产省开展农业大灾保险试点工作，今明两年在黑龙江、河南、安徽等 13 个粮食主产省选择 200 个县，以水稻、小麦、玉米为标的，推出保险金额覆盖直接物化成本和地租、面向适度规模经营农户的大灾保险产品，中央财政对中西部和东部试点县的保费补贴比例分别提高到 47.5%和 45%。面向适度规模经营农户开展大灾保险试点，是推动农业供给侧结构性改革，创新农业救灾机制的重要举措，有利于更好地发挥财政

资金杠杆作用，提高规模经营农户防范和应对灾害的能力。这次保监会、保险学会和中国农科院联合开展《中国农业保险保障水平研究》，与上述粮食主产省的大灾保险试点高度契合，研究报告的基本思路和政策建议符合中央有关要求和农业保险发展方向，对推动农业保险转型升级具有一定的参考价值。

开展农业保险工作 10 年来，中央财政共拨付农业保险保费补贴资金 938 亿元，年均增长 25%。其中，2016 年，中央财政拨付农业保险保费补贴资金 158 亿元，是 2007 年的 7 倍多，带动全国实现农业保险保费收入 417 亿元，为 2 亿户次农户提供 2 万多亿元的风险保障，中央财政保费补贴资金使用效果放大 100 多倍。

二、转变救灾方式，增强保障能力，探索金融业务创新，农业保险已成为财政促进金融支农的有效手段

在有关方面的共同努力下，农业保险已成为一种有效的财政支农方式，财政资金杠杆作用明显。同时，财政支持农业保险发展，对改善我国农村金融生态，改变农村生产生活面貌，产生了积极影响。

（一）在救灾方式上，实现了“三个转变”。

首先，由行政决策向市场契约转变。农业保险依据保险合同和受灾程度确定赔付对象和数量，“保得多、受灾重、赔得多”，避免了传统救济可能存在的“吃大锅饭、撒胡椒面”等问题，有的放矢、准确公平地解决灾后再生产资金需求。其次，由财政救济向保险理赔转变。根据农业保险有关规定，保险机构一般与农户达成赔款协议后 10 天内支付赔款，“绿色通道”理赔时间更短，有效提升了农业防灾救灾的效率，为及时恢复再生产提供积极支持。在东北洪灾中，灾后 6 天农户就拿到赔款。再次，由政府管理向市场服务转变。通过保险机构提供承保理赔服务等，转变了政府管理农业风险的传统模式，政府部门和保险机构更加注重防灾减损建设，增强农业抗风险能力。如福建等地区保险机构协助政府建设防洪和灌溉系统，有效减轻了灾害的发生。随着相关工作的推进，农业保险日益深入人心，老百姓既知道农业保险是党和政府的支持政策，也明白要按市场规则办事，增强了农民的金融保险意识和现代职业理念。

（二）在保障能力上，实现了两个“增强”

农业自然灾害对农户生产和生活造成严重影响，“因灾致贫、因灾返贫”问题在一定范围内较为严重。农业保险的快速发展，为农户的生产和生活编织了一道“安全网”。一是增强了农户再生产和扩大生产的能力。2016 年，我国农业保险为 4 500 多万农户支付赔款 348 亿元，全部精准地赔向受灾农户，户均 760 元，为农户及时购买种子、化肥等必需品，快速恢复再生产，减轻灾害影响发挥了重要作用。广大农户特别是规模经营主体将农业保险比作“定心丸”，进一步坚定了扩大生产的信心，促进

了农业规模化生产。二是增强了农户基本生活的稳定性。农业生产是农户的重要收入来源，农业保险在保障农户持续生产的同时，也有利于保障农户收入和基本生活的稳定。遇到重大自然灾害，农业保险赔款更显重要。如在黑龙江某次洪灾中，户均赔款5 336元，占该省农村居民年均收入的62%，最高的一户获得赔款352万元，成为农户灾后生活的“救急钱”。

（三）在支持农村金融上，实现了一个“突破”

长期以来，受农业生产高风险的困扰，农村金融发展缓慢。农业保险的推广，加上与农村信贷互补、协同，有效提升了农户抵御风险的能力，降低了银行贷款面临的风险，实现了“1+1>2”的效果，从根本上突破了农村金融发展的瓶颈。很多地方探索开展了农业保险与信贷相结合的“银保模式”，一定程度上缓解了农户贷款难题，推动了相关产业发展。以某省“银保富”为例，通过财政保费补贴，引导农户投保蔬菜大棚保险，银行为投保农户发放信贷，年均提供风险保障2亿多元，带动银行贷款超过1 400万元，有力地支持了农户通过设施农业增收致富，使农村金融落地生根，真正服务“三农”。

三、围绕扩大总量、优化结构、创新机制，中央财政将不断加大对农业保险的支持力度

经过10年的发展，我国已经成为亚洲第一、世界第二的农业保险大国。与此同时，我们也看到，随着农业现代化、集约化、规模化、社会化步伐的加快，农业生产和农民生活对农业保险的要求越来越高。为更好地适应新形势、满足新要求，农业保险应逐步从前期的规模化发展，向更加注重质量和效益的模式转变。为此，财政部将在巩固和深化现有成果的基础上，立足农业供给侧结构性改革，坚持问题导向、重点突破，推动农业保险提质增效，转型升级。

（一）进一步完善农业保险政策，加大中央财政支持力度

一是要适当加大对粮食主产区的财政支持力度，确保现有政策落地。由于部分地方财力不足，使得保障水平相对较低，甚至难以覆盖直接物化成本。同时，中央财政对产粮大县三大粮食作物的保费补贴政策，也因地方财力问题在个别省份难以落地。要在符合农业保险指导思想和基本原则的前提下，研究通过适当增加中央财政补贴支出等方式，减轻困难地区特别是粮食主产区的支出负担。

二是要适应农业现代化发展需要，重点满足规模经营大户的风险保障需求。规模经营是未来我国农业发展的出路所在，培育新型经营主体是农业供给侧改革的重点任务。为此，要在落实好现有针对规模经营主体大灾保险试点的同时，研究扩大试点范围，进一步总结经验、完善制度，逐步建立适应规模经营发展的农业保险体系。

三是要进一步完善大灾风险分散机制，推动农业保险长期可持续发展。在落实保险机构层面的农业保险大灾风险准备金制度基础上，推动中资再保险公司进一步提高风险识别、定价能力，不断完善以农共体为主的农业保险再保险体系，探索财政支持的具体方式和形式，合理界定保险机构、再保险市场、中央和地方等职责边界，建立多方参与、共担风险的“全链条”农业保险大灾风险分散机制。

四是要支持地方创新保险品种，逐步完善保险保障目标。为进一步发挥地方特色产业在农民增收中的作用，我们拟研究出台中央财政对地方特色优势农产品保险的以奖代补政策，推动建立多层次的农业保险保障体系，满足农户多样化的保险需求。同时，根据未来农业和农业保险发展趋势，结合农产品价格形成机制改革，研究开发产量保险、收入保险等新险种，推动农业保险逐步由“保物化成本”向“保全部成本”转变，逐步由“保成本”向“保产量、保价格、保收入”转变。

（二）坚持问题导向，引导农业保险规范化发展

目前，农业保险发展中还存在一些不规范的问题。比如，农业保险条款还未做到通俗易懂，老百姓看不明白、看不懂；产品开发能力有待提升，保险产品设计同质化，难以满足农户日益多元化的保障需求；部分机构基层服务网络体系不健全，业务快速扩大的同时，服务质量难以保证；保险公司风险识别能力不强，费率区划不精细，保费调整机制僵化，存在费率“一刀切”问题；部分保险公司与地方政府通过违法违规行为，套取中央财政补贴问题时有发生。针对这些问题，要在增加财政补贴总量的同时，结构上有增有减、精准发力，更好地发挥财政资金的引导作用。要将补贴资金更多地向经营规范、费率合理、服务网络健全、承保理赔数据真实的机构倾斜，向保险条款通俗合理、产品开发符合农业保险发展方向的业务倾斜；同时，对于费率“一刀切”、服务不到位的经办机构，要在经办机构评选中予以减分，对通过虚假承保理赔等方式套取财政补贴的经办机构，采取一定的处罚措施，甚至取消其财政补贴资格。

（三）加强农业保险基础设施建设，为完善农业保险制度奠定基础

从国际经验看，农业保险在保大宗、保成本的基础上，逐步向多样化险种和多层次保障水平转型，是农业保险发展的普遍规律。这一转型升级离不开数据统计、设防能力、价格形成机制等基础设施的支撑。如美国农业保险业务90%以上是收入保险，这与其完备的历史产量统计制度、完善的期货市场价格发现功能、完整的农产品交易运输体系是分不开的。目前，基础设施不完善的问题，影响了我国农业保险的发展。一些地方的气象观测、数据统计等设施建设滞后，影响了气象指数保险、收入保险等业务的发展；部分农业产业（如渔业）设防水平较低，保险业务风险较高，影响了经办机构的积极性。因此，要推动各级财政部门与农业、保监、气象等通力合作，加强农业保险价格形成、产量统计、风险损失、气象观测、设防水平等方面基础设施建设，满足农业保险发展精算需求，增强农业保险发展后劲，推动农业保险转型升级。

农业供给侧结构性改革背景下的农业保险转型发展

张 鹏

摘要：农业供给侧结构性改革是破解当前“三农”发展瓶颈问题的重大战略决策，同时互联网也正在成为激发农业农村发展潜能、促进农民增收致富的重要手段。农业保险作为一种兼具政策性职能和市场化行为的风险管理工具，既需要紧密围绕农业供给侧结构性改革的重点任务相应做出调整变革，又需要以“互联网＋农业”为契机扩展新的发展空间。本文在解构农业供给侧结构性改革四大任务基础上，分析了农业供给侧结构性改革对农业保险转型发展的四点影响；之后解析了“互联网＋农业”五种融合模式，并对互联网时代的农业保险发展前景进行了展望。

关键词：农业供给侧；农业保险；互联网＋农业

当前，我国农业正处于转型升级的关键时期，面临着发展方式相对粗放、资源环境约束趋紧、生产成本不断攀升、结构性矛盾比较突出等瓶颈问题。党中央、国务院在准确研判农业发展形势基础上，提出了推进农业供给侧结构性改革的重大战略决策。与此同时，随着大数据、云计算、物联网、移动互联等新一代信息技术发展以及农村网络基础设施建设加快，互联网正成为破解农业发展难题、激发农村社会发展潜能、促进农民增收致富的重要工具和资源要素。农业保险作为一种兼具政策性职能和市场化行为的风险管理工具，既需要根据农业供给侧结构性改革的重点任务相应做出调整变革，又需要以“互联网＋农业”为契机扩展新的发展空间。

一、农业供给侧结构性改革的四大重点任务

历经30余年的农村改革和农业政策调整，我国农业取得了长足的进步，农业生产形势整体趋稳，粮食产量等一些关键性指标持续迈上历史新台阶。综合考虑国内外经济环境、农业资源承载能力、居民消费升级等多重因素，我国农业发展所面临的主要矛盾正在发生转换——从原来的粮食“供给不足”转变为阶段性的“供过于求”和“供给不足”并存。供过于求，主要是指在居民消费升级背景下，低质量大宗农畜产品供给过多、且生产成本较高，在国外低价农畜产品冲击下，造成低质量农产品或库

作者简介：张鹏，博士，中国人民财产保险股份有限公司农村保险事业部业务主管。

存积压、或无法顺价销售；供给不足，主要是指具有品牌标志的、绿色有机的高质量农产品供给不足。可见，当前农业生产主要矛盾在供给侧，突出的是供求失衡问题。针对我国生产所面临的深层次结构性矛盾，农业供给侧改革以供给结构调整和体制机制改革为重点，提出了四大任务。

（一）优化产品产业结构

以优化农产品供给体系为首要任务，农业生产以市场需求为导向，减少低端无效供给，增加中高端有效供给。在生产结构上，种植业内以“镰刀弯”等重点地区玉米种植面积调减、“粮改饲”、“米改豆”试点为突破口，该保的保、该调的调、该减的减；养殖业内引导生猪产能从南方水网地区向东北、内蒙古等玉米主产区和环境容量大的地区转移，发展畜牧水产等高效养殖产业，实现种养协调发展；在区域布局上，以确保国家粮食安全和保障重要农产品有效供给为目标，保核心产能、保产业安全，综合考虑耕地面积及质量、水资源、地形地貌等多重因素，形成合理规划的主粮作物、经济作物和特色农产品区域布局。在产品结构上，实施农业标准化和品牌战略，重点发展高质量的中高端绿色、有机农产品，确保居民消费升级引致的高质多样需求得到满足。

（二）推进绿色生态农业

我国农业在取得巨大成就的同时，也付出了非常沉重的资源环境代价。针对如何在资源环境硬约束下实现农产品有效供给和农业可持续发展，农业供给侧结构性改革提出了第二大任务即推行绿色生产方式，通过实施化肥农药零增长、有机肥替代化肥、节水工程、开展面源污染和农业生态综合治理等一系列举措，促进农业农村向绿色、生态、可持续发展转变。与此同时，我国农业补贴制度也在以绿色生态为导向进行转型[①]，即将绿色生态理念引入农业补贴制度，通过农业补贴引导农业资源的合理利用和生态环境保护。一方面是全面推开“三补合一”改革，建立统一的农业绿色发展补贴——耕地地力保护补贴；另一方面在保持补贴政策稳定持续基础上，将调剂的或增量补贴资金向资源节约型、绿色生态农业进行重点倾斜。

（三）深化农业农村改革

当前农业农村改革的主基调是理顺政府与市场的关系，既强调依靠市场机制来决定资源配置，又重视有效发挥政府作用，来实现市场与政府两种机制的协调配合。农业农村改革深入推进有两个重点领域：一个是农产品价格形成机制改革，针对我国农

① 2016年年底财政部、农业部联合印发《建立以绿色生态为导向的农业补贴制度改革方案》，要求到2020年建成以绿色生态为导向的农业补贴制度。

产品价格支持政策执行中所面临的诸多问题[①]，按照“市场定价、价补分离”原则，退出政府传统的干预价格的政策工具，由市场供给形成合理价格，并通过定额补贴、目标价格补贴以及价格保险、收入保险等市场化工具来确保农民的种粮收益。另一个是农村土地“三权分置”改革，在稳定土地承包关系前提下，赋予土地经营权相对独立的权能，允许土地经营权流转出去，以实现土地规模经营、促进农业规模经营。

（四）推进农业产业新业态和一二三产业融合

信息和生物领域新技术加速推进，不仅加快了农业现代化进程，更催生了农业产业新业态、新模式。第一，加快培育农业规模经营主体，比如农业新型经营主体、“生产＋销售＋信用”农民合作社、社会化服务主体、新农人，使之成为农业的新生推动力。第二，发挥乡村物质与非物质资源富集的独特优势，通过农业多功能性拓展、多产业深度融合，形成新的农业业态。比如融合了“旅游、生态、文化、康养”元素的乡村休闲旅游产业，融合了“农业、物流、融资”元素的农村电商发展，融合循环农业、创意农业、农事体验于一体的田园综合体等。第三，促进农村一二三产业环节紧密衔接，加快发展种加销融合的农业产业链模式。现代农业是一种引入工业理念的链式农业，经营范围突破传统种养领域，因此更加强调延伸农业产业链，构建农业与二三产业交叉融合的现代产业体系，比如“生产＋加工＋科技”的农业产业园区、食品加工产业集群。

二、农业供给侧改革对农业保险的影响分析

农业供给侧结构性改革既是顺应我国农业阶段变化和长远发展的科学决策，又是提高我国农业综合效益和竞争力的正确选择。农业供给侧改革的四大任务，将对农业保险的创新发展与变革转型产生诸多影响，这里简要分析四点。

（一）农业产业结构调整带来农业保险格局转变

对于农业保险而言，农业生产、区域布局和产品结构的优化调整，将意味着农业保险供给格局的演进。从生产结构来看，镰刀弯地区籽粒玉米种植面积调减、粮改饲试点、生猪产能转移将带来农业保源在区域间的增减调配。例如，2017 年河南省就取消了对玉米保险的保费补贴，玉米保险保费收入降幅明显。从区域布局角度来看，粮食生产功能区、重要农产品保护区和特色农产品优势区“三区”建设，将进一步推动生产要素向重点优势产区聚集。从产品结构来看，国家加快推进农业标准化建设和农产品质量安全追溯管理信息平台建设，各类商业资本也纷纷进入中高端农产品生产

① 例如国内外粮价倒挂、粮库库存和财政成本巨大、下游加工产业亏损等。

领域。因此，农业保险发展既要立足传统的体现粮食安全和主要农产品有效供给的大宗农畜产品，更要积极向体现区域特色和经济价值的地方优势农产品进行扩展，特别是要为中高端农产品提供生产风险和市场风险保障。

（二）农业保险可成为绿色生态农业补贴制度的重要内容

农业保险作为国际社会通用的绿箱政策工具，对贸易扭曲作用最小，不受 WTO 农业补贴总额限制，因此农业发达国家正在积极推进将传统的价格支持逐步过渡到农业保险"安全网"政策。政府通过农业保险保费补贴，事实上是以一种经济手段来改变农民生产预期，甚至可能对生产方式、结构调整产生影响。因此，适应农业绿色转型发展方式，可积极探索以保费补贴工具促进农业生产方式转变。比如说，对于采取清洁生产方式、减少化肥农药施用的生产者，政府可以提供更高的保费补贴比例；对有机绿色农产品，提供高保额保险以及保费补贴。其实质就是对绿色环保生产模式提供额外补贴，以此促进向绿色农业生产方式转变。

（三）政府市场合作是农业保险所享有的最大政策红利

当前农业农村领域的改革转型体现了市场与政府合作的改革思路。对于农业保险而言，在政府职能转变和农村社会治理现代化进程中，需要与农业农村改革重点协同整合，有效承接起传统政府所提供的公共服务职能。第一，服务农产品价格形成机制改革，研究改革调整现行农业补贴方式，将现有部分直接补贴调整为价格保险，向农户提供产量损失和市场风险保障，以保险机制承接并弥补农产品"价补分离"改革所导致的农民收入减少。第二，服务农地"三权分置"改革，针对土地流转过程中的履约风险，由保险公司开发土地流转履约保证保险产品，建立起政府与市场共同担责的土地流转权益保障机制，有效规避违约行为带来的生产经营中断风险，切实稳定农村土地流转关系和保障农民利益。

（四）农业产业新业态蕴含农业保险发展新空间

第一，服务农业现代化是农业保险的必然要求，保险公司应将规模经营主体作为最重要的服务对象，在承保、理赔、服务等方面进行创新，制定灵活的服务策略，提供差异化的服务内容。特别是，对于规模经营主体，保险公司采集生产销售数据相对容易、单独承保查勘成本合理可控，这类主体对于高保额生产保险、指数类保险以及收入保险的有效需求潜力很大。第二，针对农村电商、休闲农业、农产品质量追溯、返乡下乡创业等新业态，可积极开发相应的专属农险产品和组合保险产品。比如，在科技要素相对集中的产业园区，可开办保障育种和技术研发风险的科技保险产品。在农业特色小镇、乡村休闲旅游点，可开办旅游保险产品，为游客提供安全保障，并转移经营者的经营风险。再比如，在养殖保险中推行电子耳标，作为动物终生唯一标识，确保肉类产品全程可溯源，并相应提供品质保证保险。

三、“互联网＋农业”的五种融合模式

互联网，以一种前所未有的力量，改变着生产要素组合、产业形态和普通人的生活。在农业领域，互联网正推动着传统农业产业产生创新、跨界和变革。2017 年 7 月，李克强总理在陕西杨凌考察中指出，农业既要靠天更要靠“云”，信息技术的引入让农业不再是弱势产业。“互联网＋农业”，就是利用信息通信技术改造传统农业，让互联网与农业进行深度融合，创造新的发展生态。归纳起来，“互联网＋农业”大致包括五种融合模式。

（一）农业大数据

大数据是现代农业的新型资源要素，通过将大数据与农业产业的深度融合，可提高农业生产精准化、智能化水平，实现农业资源利用方式的转变。农业大数据可发挥三方面的作用：一是指导生产，为农业生产提供产前、产中、产后全程服务；二是服务决策，为政府管理决策和企业经营活动提供参考和咨询服务；三是风险管理，通过市场行情监控和产量预测更好地防范风险。目前基于农业大数据，已经成功探索出了一些商业模式，实现了数据服务的商业价值。比如，IBM 旗下的 The Weather Company，基于其获取的全球任何地区农场水平的天气信息，向客户提供冰雹、大风和气温等定制化的天气提醒，以及作物产量预测、病虫害检测、肥料选择、作物日历、报表工具等相关数据服务，从而有效提高农户的风险管理水平。比如，使用传感技术、扫描仪和分析技术来监测和收集农业产业链数据，能够对农产品质量安全进行跟踪监测。再如，京东商城的“京东农服”频道，基于农资农具在线销售数据，从“耕、种、管、收、养”五方面，可以为客户提供专业耕种方案、农技指导、疫病防治等农业服务。

（二）农业人工智能

大数据、传感网、移动互联、机器学习等人工智能技术在农机田间作业、作物育种、遥感监测等方面已开始发挥作用，正逐步颠覆农业形态、重塑产业格局，对未来农业发展带来深远影响。在大田作业环节，联合收割机上安装 GPS，可以自动测量农机作业面积和位置数据。由卫星定位导航系统遥控指挥的无人驾驶农机（拖拉机、播种机、收割机）正逐步走向应用，可实现 24 小时不间断作业，具有劳动效率增加、劳动强度下降、作业精度提高三重优势。此外，利用植保无人机喷药，喷洒效率高、防治效果好，农业机器人也被开发出来用于喷洒农药、除掉杂草、采摘瓜果。在作物育种环节，大数据技术可用于从海量作物育种相关基因及其表达数据中，在短时间内分析、预测并找出可能对病虫害控制产生积极影响的分子，从而显著提高农作物育种的研发进程。在卫星遥感环节，服务商向农业生产者提供实时的高分辨率农田图像，

及时观测并发现影响农业生产的不利因素，帮助生产者进行决策。比如，光谱遥感卫星可用于快速采集地表高光谱数据，实现作物种植品种识别，从而为农业估产、病虫害防治、环境保护、灾害监测和资源开发提供支持。

（三）智慧农业

如果说互联网实现了人与人之间的接连，物联网则依托传感器和互联网，将物品连接起来，实现物品与物品之间、人与物品之间进行通信和信息交换。物联网、云计算等现代信息技术应用到农业生产领域，产生了智慧农业这样一种现代农业形态。内容有三：一是信息采集。基于大量传感器采集信息，即依托部署在农业生产现场的各种传感器，实时检测土壤湿度、成分、pH、温度、空气湿度、光照强度、二氧化碳浓度等数据。二是自动控制。生产者根据采集到的数据，通过手机等无线通信设备，对电动窗户、风机、加湿器、遮阳网进行控制，以对生产过程进行控制。三是智能决策。基于云平台，随时调用分析农业生产数据，相应提供合理的施肥、喷药等具体措施，并通过视频监控进行实时观察和远程专家诊断。智慧农业方式，大幅减轻了生产者从事农业生产的难度，农业生产者只需要对按照指令进行操作，而不需要成为生产专家。国家农业现代化“十三五”规划已提出要建成 10 个农业物联网应用示范省、100 个农业物联网应用示范区、1 000 个农业物联网应用示范基地。目前在设施农业、大田种植、水产养殖领域，智慧农业都有应用的案例。比如，广西慧云科技公司研发的“智能种植监控平台”，可以为葡萄提供实时托管种植服务，通过技术人员驻场采集数据并上传云平台，对生产过程给予种植管理指导，以确保品质和产量。

（四）共享农业

现代都市人都有一个田园梦，互联网技术和移动通信设备让这样的梦想成为现实。通过将“你的就是我的”这一共享理念引入农业生产领域，共享农业正在成为新的商业模式。第一是基于互联网的社区支持农业。社区支持农业（Community Support Agriculture，CSA）是一种起源于日本的特定范围内参与式的农业经营方式。互联网的引入可以将闲置的土地等生产资源整合起来，所有种植、生产、服务过程均由农场组织和管理，消费者在网络平台购买服务并获得农场种植的安全、新鲜的农产品。在此过程中，消费者可以亲身体验农业生产，也可以投资生产项目获得资金收益。例如“艾米会”共享农场、“牧芽”互联网养猪平台等。第二是农业生产资料的共享。在农业专业化和社会化生产背景下，对于大型农业机械等生产资料，以及无法独自占有的农业技术、市场信息等农业资源，可通过互联网连接供需两端，实现资源使用效率的充分挖掘。比如，农业部建立了“农机直通车”网络平台，在农机作业上采取“滴滴打车”模式，将种植户、作业经纪人等需求方与农机供给方（合作社、农机手）对接起来，促进了农业规模化经营。再比如，美国 FBN（Farmers Business Network）公司通过信息系统采集农户的农业生产和市场销售数据，以数据分析为农户生产经营决策提供建议。

（五）农业农村电商

即通过电子商务途径，缩短传统工业品和农产品的流通链条，实现从车间到村庄、从田间到餐桌。具体而言，包括两方面：第一，工业品和消费品下乡。面对农村居民逐步释放的消费需求和劣质商品充斥乡镇店铺的矛盾，通过电商平台“电商集中采购＋物流体系”方式，将与城镇居民同质的生活消费品送下乡。目前，各类综合电商平台凭借长期经营获得的流量和渠道优势，已将经营范围拓展至农村地区。此外，对于标准化、购买频次高的农资产品，也很适合电商销售。例如，京东与正规农资供应企业合作，为农户提供农资产品送货上门，采购成本下降 30％以上，同时提供农资定制和贴身农技指导。第二，土特农产品进城。传统的以批发市场为核心的农产品销售模式，农产品从田间地头到市民餐桌需经过多级渠道运转，产生人工、运输、存储等多项附加费用，导致流通过程中始终存在“生产者没有获得多少收益，而消费者支出居高不下”的现象。通过网络直销，将优质特色农产品上网销售，实现供需两端对接，既可解决农产品销路问题，同时也让城市居民享受到新鲜的特色农产品。比如，天猫特色馆采取 C2C 模式实现供需两端直接对接，京东生鲜以 B2C 模式实现了产地直采、冷链配送。

四、“互联网＋”时代的农业保险发展前景展望

“互联网＋农业”既是促进农业发展、推动农业供给侧改革的重要举措，又为农业保险转型发展创造了新的契机和更大空间，有助于农业保险进一步夯实基础实现持续发展。在“互联网＋”时代，农业保险需要在以下方面做出探索、实现突破。

（一）构建面向“互联网＋农业”的新型农业保险产品体系

针对农村电商平台、智慧农业、智能农机、共享农业等“互联网＋农业”新业态和新模式，充分探索农业保险服务的新途径和新方式。第一，服务电商平台。深度嵌入电商物流体系和农产品销售体系，在工业品下乡环节开办农资农具品质保证保险，在农产品进城环节开办冷链物流保险、终端农产品品质保证保险，促进农产品流通转型升级。第二，服务智慧农业。智慧农业引入智能传感、控制系统，对自然环境的监测、干预能力大幅提高，特别是在设施农业项目中形成了封闭的智能农产品工厂，生产所面临风险主要为机器设备损坏造成的生产环境变动以及产品价格波动，相应保险产品责任范围应将机器设备损坏、价格波动引起的收入损失涵盖在内。第三，服务智能农机设备。随着无人驾驶大型农机、农业植保无人机数量的增加，误操作、系统崩溃造成设备碰撞、失控引发的财产损失、人身伤害的可能性有所上升。此外设备损坏后的维修保养成本也很高，这也相应产生了新的保险需求。目前国内保险公司已针对

植保无人机推出了保险服务计划，提供高额维修保障、备用机快速替换、第三者责任保险等保险保障服务。第四，服务共享农业。针对共享农场、农业众筹、互联网养猪等共享农业模式，相应提供特定农业保险服务。比如在互联网养猪模式中，通过电子耳标技术防止养殖场一猪多养，并以保险减低自然灾害、品质降低对消费者的影响。

（二）建立强大的农业保险智能支持系统

第一，健全完善农业保险大数据平台，覆盖地块信息、灾害损失、承保理赔等多类别数据，为评估农业灾害风险、科学定价、费率区划、精确承保、快速理赔实现奠定数据基础。在行业层面，针对当前的数据孤岛问题，应逐步构建农业保险相关信息的跨部门共享机制，实现财政、农业、林业、国土资源等职能部门的数据开放和各自数据信息系统的相互对接、共享。在公司层面，依靠测亩仪、遥感信息技术获取标的位置信息，绘制土地空间分布信息图，建立起土地资源数据库，实现地块定位和承保理赔精确精准。第二，运用大数据提高农业保险经营管理水平。应用数据挖掘、云计算等技术对农业农村多维度数据进行综合分析，在此基础上形成有效信息为保险公司经营农业保险提供参考。比如，通过关联分析掌握农产品价格形成和传导机制，对农产品价格走势做出预测和判断，提高保险费率和价格走势的匹配程度，以帮助解决“逆向选择”问题和超赔问题。第三，抓住我国卫星遥感服务引入商用的新契机，建立卫星遥感、无人机及手持终端设备共同组成的“天空地”立体化农业保险服务体系，利用新技术提高农业保险服务效率。应用卫星遥感进行大面积勘察监测，使用无人机在重灾区精确采样、手持设备到户精准核损，转变以往的“用腿理赔”模式，实现对灾情多层次、全覆盖的高效评估。

（三）基于互联网为农村客户提供多元化农业服务

第一，为客户提供定制化的农业保险服务。保险公司可与农村电商平台开展合作，基于电商平台的在线生产经营数据，经过数据挖掘后转变为有价值的关联性信息，寻找新的保险需求，并以此为农村客户开发设计专项保险产品。第二，充分重视土地流转后服务市场，创新农业生产社会化服务模式。保险公司可通过互联网应用，贯通农业物流、商流、资金流和信息流，在提供保险服务基础上，附加提供专业配方施肥、农技指导、疫病防治、金融租赁等农业服务。第三，延伸农业保险数据产业链，通过与第三方数据公司合作，为农户提供风险预测和信息服务，提升农业风险管理水平。比如，保险公司可基于气象部门提供的天气预测和历史气象数据，采取防灾减损举措减少自然灾害发生的影响。再比如，保险公司可与土地流转、生猪贸易等电子商务平台合作，为客户提供市场信息、价格走势等增值性服务。

（四）打造“互联网＋”的产业链金融综合服务平台

当前农村金融发展滞后，特别是农业信贷短缺的一个重要原因，在于农户抵押物缺乏且农户缺乏官方的信用记录。在农村要建立农村信用体系，真正实现将信用转化为财富，既需要数据采集和积累，更需要风控机制的支持，这就为互联网与保险合作产生了契机。互联网的优势在于海量数据，以及后台信息技术支持可实现大数据征信，即通过交易数据、生活数据对客户信用进行交叉验证；保险的优势则在于成熟的风险分散和管控手段，以及线下的客户信息获取。双方需要做的就是结合各自优势禀赋，为农业产业链提供综合金融解决方案。比如，有保险公司与蚂蚁金服合作为蒙羊集团等大型养殖集团提供“互联网＋融资＋保险＋农业供应链一体化”的供应链金融服务。可以说，互联网与保险的融合将进一步促进农业产业链综合金融闭环模式的形成：保险机构采用“保障＋增信”的方式，通过农业保险与农村信贷联动，上连农资农具等生产环节，下连信贷担保租赁等金融环节，既可带动产业链保险发展，还可依托农业生产场景拉动相关保险业务乃至消费金融发展。

参考文献

[1] 魏后凯，黄秉信．中国农村经济形势分析与预测（2016—2017）[M]. 北京：社会科学文献出版社，2017：1 - 32.

[2] 于文静．六大举措推动农业供给侧改革——中农办负责人解读 2016 年中央 1 号文件 [N/OL]. 农民日报，2016 - 01 - 12（05）[2017 - 07 - 27]. http：//www. moa. gov. cn/zwllm/zcfg/xgjd/201601/t20160129 _ 5002284. htm.

[3] 农业部市场司．农业部关于推进农业农村大数据发展的实施意见：农市发 [2015] 6 号 [A/OL].（2015 - 12 - 31） [2017 - 07 - 27]. http：//www. moa. gov. cn/zwllm/tzgg/tz/201512/t20151231 _ 4972005. htm.

[4] 白宛松．李克强在陕西考察．中央政府网 [A/OL].（2017 - 07 - 11）[2017 - 07 - 27]. http：//www. gov. cn/guowuyuan/2017 - 07/11/content _ 5209663. htm.

[5] 徐欣荣．物联网：改变农业、农业、农村的新力量 [M]. 北京：中国农业大学出版社，2016：64 -91.

[6] 林长青，张鹏．我国农业保险组织管理体系：现状、问题与框架设计 [J]. 保险理论与实践，2017，1（13）：1 - 17.

[7] 中国村大数据产业联盟．互联网＋农业：大数据引爆农业产业结构变革 [M]. 北京：中国社会出版社，2016：1 - 20.

[8] 李佳师．IBM 为什么要收购 Weather Company，中国电子报、电子信息产业网 [A/OL].（2015 - 11 - 2）[2017 - 07 - 27]. http：//www. cena. com. cn/2015 - 11/02/content _ 303918. htm.

[9] 由曦．蚂蚁金服——科技金融独角兽的崛起 [M]. 北京：中信出版集团，2017：90 - 120.

关于农业保险基础与发展的思考

杨宝平

摘要： 我国新一轮农业保险经过十余年发展，取得了很大成绩，并积累了一定的经验，农业保险已经由试点探索阶段向创新发展阶段转变。但要实现农业保险创新转型发展，必须解决好基础支撑不足问题，否则农业保险的创新转型发展就难以取得实质的进展，解决农业保险目前存在的基本问题就会治标不治本。本文着重就农业保险在思想、制度、机制、技术、环境等方面的问题进行探讨，并提出一些强化农业保险基础建设、促进农业保险发展的建议。

关键词： 农业保险；基础问题；改进措施

2017年，全国农业保险累计实现保费收入479.06亿元，同比增长14.69%。11年来，全国农业保险保费规模年均增长率达到25%；投保农户由2007年的5 000万户次增加到2017年的2.13亿户次，增长了4.26倍；为投保农户提供损失赔偿由2007年的28.1亿元增加到2017年的334.49亿元，增长了近12倍。总体看，我国农业保险十年间取得了长足进步，并为今后的发展奠定了重要基础。随着农村经营结构的变化、保险需求的提升、创新型农险产品的涌现，农业保险正逐步迈入转型发展的新阶段。但从近年来农业保险的发展实践看，农业保险实现转型发展并非一蹴而就的事情，也并非换换产品就能转型的问题；而转型发展迫在眉睫。笔者看来，总结经验，加强农业保险的顶层设计，弥补农业保险发展的基础短板，切实解决好饱受诟病的实际问题，真正发挥出农业保险应有的政策预期效应，发挥出保险的应尽职能，农业保险才能真正走上高质量高效率的发展轨道。

一、农业保险发展基础支撑不足

农业保险的高质量发展，需要夯实五大基础，而这些基础目前都还不那么牢固。

（一）思想基础

政策性农业保险已经推行十一年了，但无论是一些政府部门还是农民，甚至保险公司，对这种保险的性质、意义、特点、政策等，在思想认识上还缺乏明确的理解和认识。

作者简介：杨宝平，安华农业保险股份有限公司吉林省分公司副总经理。

作为本身具有特殊性和复杂性的农业保险，被等同于一般的财产保险来对待。在业务操作流程上、技术运用上简单套用一般财产险的内容，忽视“三农”及农业保险事故的特殊性、复杂性、规律性，从而造成农业保险相关业务流程和要求脱离实际。如有的地方出于社会稳定等目的考量，尤其是在大灾发生后，提出的灾后马上赔付到户，甚至会量化出赔付额度，完全不考虑农业生产过程可能多次受灾、农作物受灾后的自身修复等情况，也不考虑保险合同的规则和契约精神。

作为一项政策工具的农业保险，被当做一种福利制度来使用。一些农民甚至包括基层干部对农业保险的认识至今仍存在偏差，把农业保险单纯地视为一项农业补贴政策，而忽视其保险的本质，所以无论灾害发生轻重，只要参加保险就要得到赔偿，无灾害发生也要求返本。同时，对于成本型农业保险主要保障简单再生产能力认识不清，导致实际理赔结果无法满足受灾农民的期望值。农业保险在宣传引导方面还有很多工作需要去做。

作为现代农业建设的组成部分，农业保险并未得到应有的重视。在一些地区和一些领导干部的思想意识里，农业保险对“三农”发展的作用是可有可无的，农业保险之所以还在开展，主要是因为农业保险是国家的一项制度和政策安排，不得不做。所以，在实际工作中，有些地方推动农业保险工作的决心、毅力和力度都不足，特别是对农业保险发展中遇到的问题，没有给予充分的重视并研究解决办法，没有在政策、制度、机制等方面对农业保险的长期发展给予支持；有的地方甚至在省一级，在农业保险试点初期，每年都要专题研究农业保险工作，完善政策，出台方案，现在每年只是象征性地发个文件而已。同时，在财政补贴预算安排上，一些地方农业保险的补贴预算是最被弱化的需求，财政安排都是先满足其他项目，剩下才是补贴农业保险。在协同推动上，更没有统一的思想合力，参与各方各站己位，监管的只管查问题、求稳定，甚至逼着保险主体采取极端方式化解矛盾，在一定程度上助推了投保农户离谱而又没有底限的利益诉求；农业部门提出所谓保护农民利益，一味地要求降费率、提标准、扩责任，不考虑农业保险经营的精算平衡原则和经办主体的合理利益诉求，以及农业保险能不能可持续发展；保险经办机构没有统一的发展目标，只强调收保费和给受灾农户赔付，不投入、不创新，个别主体为了短期发展、为了抢业务甚至违规违纪，而整个农险市场并没有建立起优胜劣汰和有效的违规惩戒机制。

（二）制度基础

农业保险的政策特性，要求它必须逐步建立一整套完善的制度，保证其科学、合理和健康运行和发展。

由于我国农业保险起步晚、农业发展情况特殊，农业保险制度体系是在试点过程中逐步摸索建立和形成的。从整体看，农业保险制度尚未有效建立，更谈不上完善，主要制度框架只是“一个条例＋若干部门文件”组成。从这套制度体系的基础作用看，主要起到了国家建立农业保险制度的法律保障作用和财政补贴政策的依据作用。

从实际运作看，很多制度和规定已经无法满足农业保险的发展要求，特别是颁布了将近六年的《农业保险条例》，主要对农业保险合同、经营规则进行了简单规范，对未来农业保险的发展难以起到有效的引导和规范作用；从制度的规范内容看，有很多方面需要纳入条例规范之中，如价格保险等新型农业保险产品的创新发展问题、新型农业经营主体的农业保险提升问题等；从规范要求落实看，既存在不落实问题也存在落实不到位问题，如农业保险大灾风险分散机制的建立，虽然财政部门出台了相关文件，但只是针对公司级别的大灾风险分散机制，对农业保险发展最重要的省一级和中央一级的大灾风险分散机制建设，还没有到位。如果仅仅是停留在公司级别的大灾分散机制，大灾风险准备金还是在保费中打转转，如果当年赔款过高，就无法为下一年积累一定的准备金；同时，这种提取方法与条例中“农业保险自主经营、自负盈亏”的要求也是不符的，在保费中提取准备金后，会影响保险经办机构的经营核算。与巨灾风险分散相关联的，还有农业保险的再保险问题，虽然成立了“农共体”，从再保险安排方面有了一定改进，但这种纯商业化的再保也使部分农险经办机构的再保费率大幅提升，甚至远超农业保险的产品定价，这很难让直保经办机构认可、接受和承受。再如某些农业保险项目的银保协作问题，在农业保险实际工作中很难执行。经过十几年的发展，我国农业保险制度体系已经无法满足农业保险发展的需要，必须在总结多年实践经验教训的基础上，进行系统的梳理、补充和完善。

（三）机制基础

农业保险的发展也离不开一系列机制基础的建设。从这十一年农业保险的实践看，促进农业保险健康发展的机制仍不健全。

一是研究创新机制。我国新一轮农业保险的发展虽然已历经十余年，但仍处于完善提升阶段，从理论到实践都需要更深入的研究、探索、创新。但目前却缺少鼓励和促进农业保险研究、创新的制度安排或政策措施。尽管一些保险公司、社会企业、科研单位等对农业保险相关领域进行着研究和探索，但主要集中于农业保险的某个领域、某个流程、某个环节等，研究和创新的系统性、配套性不足；还有一些机构和单位，为对政府、对社会提升品牌价值，制造创新噱头，在办公室内研究一些创新项目，实则不能落地应用，也产生不了创新价值。同时，由于农业保险研究和创新成本较高、结果难以预料，在缺少政策和资金支持的情况下，也容易半途而废。

二是协调合作机制。农业保险制度建立和业务运行，既涉及政策的落实，又涉及保险业务的具体运行，在农业保险发展尚未成熟阶段，很多工作需要相关部门、单位共同来协调、合作完成。虽然《农业保险条例》把协同推进作为农业保险的一条开办原则，但实际工作中的协调合作机制仍有待建立和强化，如农业保险风险研究、产品定价等问题，就离不开农业、气象等科研部门或单位的配合，农业土地数据等信息离不开国土资源、农业等部门的支持，等等。而这些合作或协调，在农业保险现实工作中是很难做到的。

三是绩效考核机制。农业保险作为一种特定的政策工具，应该对工具的作用发挥情况予以定期评价与考核，这对于纠正农业保险在开办过程中出现的问题、完善市场竞争机制、制定相关政策都是至关重要的。从实际工作看，目前虽然也有部分地区建立了农业保险考核评价制度，但由于缺乏顶层的制度安排，各地考核方式方法和内容都有很大差别，有些地方的考核还变了味，走形式、走过场，甚至把考核变成了一种人为划分市场的方式。

（四）技术基础

农业保险是在广阔的土地上、水域里和分散的畜禽养殖场所进行的，它需要一些完全不同于一般财产保险的技术，技术基础的提高和加强，特别是新技术的应用将会大大提升农业保险的效率。

就我们基层业务工作的切身感受而言，农业保险目前主要缺乏以下技术支持：

一是风险管理技术。主要表现为对风险的认识和研究不足，农业风险的数据和资料积累不足，甚至不真实，因此对风险管理缺乏有针对性的措施和途径，风险区划在农业保险工作中无法得到真正落实。

二是精算定价技术。由于缺少足够的灾害数据和农业损失数据，当前农业保险定价精算模型尚未有效建立，农业保险产品定价仍然停留在经验定价、估算定价阶段，准确性、科学性不高，农业保险业务经营存在赌博心理。

三是承保风险识别技术。目前开展的农业、林业、畜牧业和渔业保险，没有一个保险项目能做到科学精准识别保险标的、标的位置、标的条件和标的风险，基本是在某种框架条件下达成共同承保意愿。现在业内推行的卫星遥感等技术还远不成熟，距离我们需要的“精准”还存在非常大的距离。所以承保工作本身就是模糊不清的，风险已经在此进入，这也易引发理赔风险。

四是损失鉴定技术。农业保险查勘、定损、理赔等主要工作，缺少先进技术支持，主要依靠人工完成，特别是查勘定损，基本采用“人海战术”，靠人的经验和原始的农业测产等方法来定损，定损的准确性、及时性和覆盖率很难保证。所以，不突破农业保险的技术障碍，农业保险的运行质量就难有保证。

目前我们总公司和其他一些公司与一些信息技术公司合作，应用地理信息系统（Geography information systems，GIS）、全球定位系统（Global positioning systems，GPS）和遥感技术（Remote sensing，RS）（简称 3S 技术），开发了应用于农业保险展业、定损理赔的技术产品，能较好地解决实时和精确承保、方便定损理赔的问题。但是这方面的开发和应用进展不快，多数公司特别是基层公司，并没有广泛试验和应用。我们渴望能加快这类新的集成技术的开发和实际应用步伐。

（五）环境基础

农业保险也需要良好的运作和发展环境，包括信用环境、数据基础环境、财政支持环境和人才队伍等，而这些方面的基础和条件都不是很好。

一是信用环境。诚信建设是我们全社会面临的一个重要问题，这在我国广大农村地区也同样适用。农业保险工作本身就复杂繁重，而大量缺乏诚信的客户报案、索赔无疑会进一步增强这种繁重性。

二是数据环境。农业数据信息管理粗放、分散，没有系统的管理、没有严格的登记、没有明确的逻辑划分，没有定位准确的管理部门和人员，这就导致农业保险的数据环境较差，农业保险开办缺少基础的必要的数据信息保障。农业生产数据、灾害数据等不真实、不准确、不共享的问题十分突出，严重制约了农业保险科学有效地开展。比如农村耕地数据，由于历史原因，产生了诸如二轮承包土地、直补土地、实际播种土地等，这些性质的耕地权属不清、数据不符、登记不全，这就导致一些地方承保标地无法准确确定。再如畜牧业防疫基础建设问题，一些地方无害化处理设施欠账较多，而养殖险定损理赔还要求做到无害化处理，这就给养殖险业务的实际操作造成了两难的境地。

三是财政补贴能力。当前，我国农业保险保费收入主要以各级财政补贴为主，以吉林省为例，中央补贴险种各级财政的保费补贴比例基本达到80%。但从绝对额来看并不多，2017年省级财政保费补贴金额为5.29亿元，县级财政保费补贴金额为0.85亿元。即使这样，对于农业大省和农业大县来讲，农业保险保费补贴仍然是一个不小的财政难题，一些地方因为财政补贴能力有限而影响了新险种新业务的开办。

四是人才队伍。我国农业保险发展的历史短、规模小、专业复合性高，从历史和当前看，农业保险与其他保险业务相比，都具有“小众”性质。因此，专门从事农业保险业务的人员少、培育不足，造成当前人才紧缺。由于人才培养具有一定的周期性，因此在未来一个时期内，人才问题依然是制约农业保险发展的一个瓶颈问题。

二、基础支撑不足阻碍农业保险的发展

（一）影响农业保险的业务质量

由于基础支撑不足，农业保险业务质量很难保障。一是数据不准。由于农业基础数据积累不足、不准确，以及相应的承保技术不先进，会导致承保数据不准确，不足额投保、虚保、冒保等问题就难以避免；由于查勘定损技术不过关，会导致理赔数据不准确、不真实。二是效率不高。由于我国农户生产规模小、标的分散，加之农业保险人力不足、技术原始，致使农业保险工作成本高、效率低，特别是查勘定损工作，遇到大面积灾害往往难以及时有效地完成精确的查勘工作。三是结果不真。当前，农业保险“保不过来、查不过来”的问题十分突出，为了完成承保和理赔任务，不得不采用抽样调查的方法，“承保到户、查勘到户、定损到户”只能停留在文件要求上；有的保险机构还存在不查勘、不进现场，直接在办公室“做数”的问题。这些都难以保证农业保险承保、理赔的真实性。

（二）影响农业保险的政策效率

农业保险是一项保险业务，同时也是国家扶持农业发展的重要政策工具。相较于其他补偿救助，从理论上讲，农业保险机制发挥作用有其独特之处。如放大财政资金效果，发挥“四两拨千斤”的杠杆作用；专业的查勘、评估、计算和赔付，使受损农民得到的补偿更有效率、更精准；农业保险具有防灾防损作用，不仅关注农业的损失，同时也会关注损失的预防和减灾，不但亡羊补牢，还能未雨绸缪。因而，与其他救助系统相比，农业保险机制的这些特点使其在预防灾害和补偿灾害损失两个方面的功能发挥更有效率。但这种效率体现的前提，是业务质量能够得以保证，否则，农业保险的政策效率就会大打折扣。

（三）影响农业保险的健康运行

由于农业保险基础建设不强，导致农业保险业务在开办过程中，不断出现违规违纪问题，进一步降低了农业保险的发展质量。以违规的方法开办农业保险，势必会把问题遮盖起来、掩饰起来，形成农业保险繁荣发展的表象，无法反映农业保险的真实发展状况，无法有效积累真实可靠的数据信息，无法检验农业保险经营管理模式是否可行。这样既无法达到农业保险制度建立的初衷，也会导致农业保险决策失真失误，长期下去，就会扭曲、变形农业保险，且容易产生系统性经营管理风险，一旦爆发就会影响农业保险整体发展，甚至动摇农业保险的制度基础。

（四）影响农业保险的创新发展

随着现代农业的发展，以及农村规模化经营程度的提升，以传统小规模经营农户为主要保障对象、以农业生产领域风险为主要保障内容、以成本保险为主要业务的广覆盖、低保障农业保险体系，已不能满足新形势下农业和农村发展的需要，特别是乡村振兴战略的实施，农业保险创新升级势在必行。但农业保险的创新升级，是一个全方位、综合性的工程，需要制度、机制、技术等多方面的支撑，在这些方面均不具备一定基础能力的情况下，农业保险创新很难取得实质性进展。目前，在农业保险创新上，既有产品创新，如收入保险、价格保险等；也有技术创新，如把移动互联网技术引入农业保险经营管理；还有业务模式创新等。但这些创新现在看还很难形成“气候”，很难改变农业保险现状，主要原因还是基本的技术和研究不足以支撑创新的深入开展和实行。

（五）影响保险参与者的感受

由于存在诸如思想、制度、机制、技术、环境等关键问题，导致 11 年来农业保险各参与主体，身心疲劳，不胜其苦。有的人断送了职业生涯，有的人断送了美好人生。一些政府的感受是农业保险添了很多乱、找了很多麻烦，但并没有解决什么实质问题；财政部门的感受是，本来财政压力就大，实在让做就做点，没钱少做，做多少都行，没什么关系；农业部门的感受是自己出了很多力，没啥收获，费力不讨好，还可能出问题，钱都让保险公司赚了；监管部门的感受是领导部门职责不清，自己也找不准定位，而农险业务操作不规范，投入精力大，占比只有5%的业务要拿出70%以上的精力来管理，弄不好自己还得承担监管责任；农民的感受是永远不满足，永远拿赔付水平和收益预期比，总认为重灾的没有多赔，无灾的不赔；保险公司的感受很复杂，一方面为了生存发展必须抢占市场，其中难免会忽略一些规范性；另一方面又觉得非常委屈，处于整个链条的最底端，决策的事都不由自己定，包括模式、合同、标准等，但一切责任和罚处都得自己买单，等等。可见，农险开办多年，感受具有普遍性和长期性，需要做些思考和调整。

三、强化基础建设，促进农业保险发展的建议

（一）健全完善法律法规和制度体系

认真总结农业保险多年的发展经验和教训，进一步健全和完善农业保险法律法规及相关配套制度，对农业保险开办制度、开办机制、政策体系等予以明确规定，突出顶层设计和引导，确保在未来一个时期内，农业保险的创新发展和转型升级能够有充足的法律和制度依据，以及有效的机制保障。

（二）建立支持农业保险研究和创新的政策支持体系

农业保险的发展，创新是根本动力。目前，农业保险领域的创新，主要以经营农业保险业务的保险机构来开展。从创新的成效看，缺乏系统性、开创性和根本性的创新，创新成果对农业保险的改变和促进没有决定性的作用。主要的创新成果集中在产品、流程上，农业保险真正需要的技术创新、模式创新、制度创新、管理创新不多，且效果不好。同时，近年来随着农业保险业务的发展，高校和保险等机构也加强了对农业保险的研究工作，但高校的研究无法转化成真正推动农业保险发展的动力，保险机构的研究又达不到较高的理论层次。因此，有必要建立更有推动力的农业保险创新和研究政策支持体系，如建立农业保险创新组织架构，培养一支高技能创新人才队伍，让创新组织架构因势施策，让领衔科技专家有职有权，保证创新组织高效运行，快步提高农险创新产能；建立农业保险研究和创新基金，鼓励社会加强农业保险研究和创新工作，对重大创新和研究成果予以资金支持；建立创新和研究成果保护机制，对于各单位的农业保险重要创新和研究成果，在一定期限内给予保护，不允许他人模仿、使用等。

（三）建立相关单位合作推进农业保险发展机制

由于农业在我国的特殊地位，农业保险的发展离不开相关单位的协调推进，因此在未来农业保险的发展中，必须加强合作机制建设，深化各部门、各有关单位的推进

职责及保障职责履行的措施。合作方面，重点应强化以下几个方面：一是数据信息共享合作。保险机构对农业、气象、土地等各类数据信息积累严重不足，极大地制约了保险机构的产品研发和定价；同时，也会影响承保和理赔的真实性和准确性。因此，在确保相关数据安全性的基础上，应强化数据的共享或低成本供应。二是研究创新合作。努力加强保险机构与相关科研部门或单位的农业保险研究合作，以解决当前农业保险创新存在的保险机构缺乏研究人才、科研单位研究脱离保险实际的问题，通过合理的成本投入，促进研究和创新接地气、有效果。三是合作建设信息平台。如建立灾害预警平台、农业保险数据信息平台等，为农业保险工作提供信息支持。四是强化对农业保险的集中统一领导。多年来，农业保险的管理、推进职能和权力分散在农业、财政等多个部门，表面看协同推进农险工作，但从工作实践看，由于职能分散、目标分化、合作不力、协作性差，导致效能很低。农业保险存在的系列问题，以及问题的解决没有得到应有的重视，根源还是协调推进的合力不够，对农业保险发展的组织管理不到位。因此，应该探索建立对农业保险进行集中统一领导的工作机构或工作机制，保证对农业保险的管理、规范、评价和监督都能及时到位，保证农业保险事业的发展有持续动力。

（四）强化农业保险新技术研究与运用

当前农业保险运行质量低、创新速度慢，很重要的原因是技术能力和水平低，农业保险业务开办所需要的关键技术没有突破，行业有创新转型的目标但没有达到目标的技术路径和措施。因此，必须加大新技术、新工具的研发力度。如强化移动承保技术研发、卫星遥感查勘技术研发、无人机查勘技术应用、农业保险灾害数据模型建设等，全面提升农业保险经营管理的技术水平，大力提高农业保险专业化发展能力。

（五）改善农业保险监督管理机制

从目前农业保险发展看，保险经办机构承担着农业保险发展的各种后果，无论是什么样的业务和法律后果，保险机构都是各监管部门能够抓在手里的监管对象。特别是从违规监督成效看，虽然这几年农业保险机构和相关从业人员不断受到处罚和惩戒，但并没能彻底改变农业保险业务经营中的违规现实。因此，不能只是盯着保险机构来监管，应该进一步完善和健全农业保险监管机制，让参与各方都能够真正尽职尽责、守法守规。如在原有监管基础上，建立有效的工作考核制度，对农业保险业务经办机构和参与单位都要进行考核；建立农业保险绩效评价制度，对于农业保险在灾害补偿、农村社会管理、现代农业发展等方面的促进作用和效率进行评价，并根据评价结果进行相应改进；建立优胜劣汰的市场竞争考评机制，目前农业保险依然是各财险公司竞争的重点，但良莠不齐、目的不一的问题还比较突出，市场不正当竞争仍然存在，所以有必要在适度竞争的原则下，完善好竞争机制，让真正有能力、有责任的保险机构经办农业保险业务。

农业保险支农创新与发展

朱俊生

摘要： 近年来，农业保险积极探索创新，在高保障产品、价格类、收入类和指数类产品创新、经营模式创新以及农业保险功能扩展方面都作了很多探索，提升了我国农业保险的发展质量，有效地支持了我国农业现代化的发展。为了进一步发挥农业保险支农作用，要进一步创新高保障产品服务现代农业；创新价格风险保障机制，参与农产品价格形成机制改革；创新农业保险经营模式以及完善农业保险支农创新的相关政策。

关键词： 农业保险；价格风险；经营模式

2017 年 1—11 月，农业保险原保险保费收入为 452.49 亿元，同比增长 15.88%。近年来，农业保险积极探索创新，在高保障产品、价格类、收入类和指数类产品创新、经营模式创新以及农业保险功能扩展方面都做了很多探索，提升了我国农业保险的发展质量，有效地支持了我国农业现代化的发展。这些试点虽然规模不大，但面向产业需要、瞄准农民需求，积极探索农业保险创新，形成了一些较为成熟的模式和经验，取得了阶段性成果，为全面推进农业保险创新积累了大量经验。

一、高保障产品创新

为更好地服务于新型农业经营主体发展，满足其高保障需求，2015 年中原农险开发出河南省新型农业经营主体专属的高保障产品。与传统产品相比，该款产品具有保障范围广、保险金额高的特点，广受河南省新型农业经营主体的欢迎。2016 年，更多的地区探索开发高保障产品，以适应新型农业经营主体的需求。如，为满足农户对种植业保险不同保障程度的需求，阳光农业相互保险公司开发出 220～820 元保额的产品，分 6 个档次供农户自由选择；湖南、安徽等省开展针对新型经营主体的“基本保险＋附加保险”试点，水稻保险金额提高到 800 元。

案例 1　中原农业保险股份有限公司新型经营主体专属主粮作物种植保险

由于以传统农户为对象、以保障生产风险为目标的广覆盖、低保障的“一刀切”式的普惠制政策性保险产品体系，已不能满足新形势下集约化、专业化、组织化、社会化相结合的新型农业经营体系风险需求，并导致农业保险自身的政策效能与农业发

作者简介：朱俊生，国务院发展研究中心金融研究所保险研究室副主任，教授，博士生导师。

展政策的配套能力大打折扣，中原农业保险开发了服务于专业大户、家庭农场、合作社、产业化龙头企业等新型农业经营主体的专属高保障小麦、水稻、玉米种植保险产品。

产品特点包括：一是全面扩展保险责任范围。在传统保险责任基础上增加三项针对性强的保险责任：火灾、降水量过低造成灌溉费用增加和倒伏导致收获费用增加责任。二是大幅提高保险金额。不仅考虑生产投入的直接物化成本，还将一定比例的租地和人工成本纳入保障范围，有效适应了新型农业经营主体对风险分散水平和保障能力提出的更高要求。小麦种植高保障保险每亩保额从 447 元提高至 800 元，每亩保费 52 元，玉米种植高保障保险每亩保额从 329 元提高至 700 元，每亩保费 52.5 元；水稻种植高保障保险每亩保额从 487 元提高至 850 元，每亩保费 55.25 元。三是农户保费负担不重。该产品获得省级财政政策支持，保费补贴与传统产品保费补贴比例一致，投保新型农业经营主体只承担 20%的保费，因保额提高造成保费较传统产品提高部分的财政补贴由省级财政全额承担。

该产品的实施成效较为明显：一是发挥了为新型农业经营主体保驾护航的作用。2016 年在全省 74 个县开展新型农业经营主体小麦、玉米、水稻种植高保障产品，其中小麦投保面积 87.55 万亩，保费 4 552.92 万元，风险保障 70 044.92 万元，赔付金额 5 152.06 万元，简单赔付率 113.16%；水稻投保面积 41.97 万亩，保费 2 319.70 万元，风险保障 35 675.98 万元，已决赔款 1 221.14 万元，未决赔款 1.57 万元，预计简单赔付率 52.71%；玉米投保面积 81.18 万元，保费 4 261.75 万元，风险保障 56 823.34万元，已决赔款 3 806.09 万元，未决赔款 49.25 万元，预计简单赔付率 90.46%。3 款产品共发生赔款 10 179.29 万元，未决赔款 50.81 万元，平均赔付率为 91.88%。赔付水平远高于传统产品，一方面体现了新型农业经营主体的生产风险高于传统生产风险，另一方面表明新型农业经营主体对风险的敏感程度更高，对农业保险的需求更加迫切。二是赢得了新型农业经营主体的认可。产品的保障范围较为贴近新型农业经营主体的需要，自负保费水平基本控制在生产成本可接受的范围内，受到了广大新型农业经营主体的欢迎。首先，新型农业经营主体的投保意愿较强，业务宣传发动效率较传统产品高；其次，新型农业经营主体自行承担保费的意识和能力较强，传统种植农户中存在的要求“保费返还”现象较少；最后，新型农业经营主体对保险责任、理赔方式等条款内容更加关注。三是构建起了服务不同生产力水平的产品体系。该产品与传统产品形成覆盖各层次农户需求的完整的、高低配的农业保险产品体系，从而建立了传统农业保险产品服务于传统农户，体现政策普惠效应；高保障农业保险产品服务于新型农业经营主体，支持现代农业发展的农业保险产品架构。四是丰富了政府支持现代农业发展的政策工具。通过农业保险产品、财政补贴政策的差异化，解决了新型农业经营主体的后顾之忧，提升了新型农业经营主体的扩大再生产积极性，为推动现代农业发展起到了积极的作用。五是实现了精准承保理赔到户的监管要求。公司在该产品的操作中实行一对一承保理赔的方式，逐户逐地块查验标的、绘制投保地块坐落图、单独出单、到户逐地块查勘定损，与新型农业经营主体建立起一对一的合同关系。通过精准承保理赔，一方面解决了传统产品以村为单位集体投保、通过抽样定损核定赔款的粗放式发展问题；另一方面在承保理赔过程中充分满足了新型农业经营主体的个性化保险利益。

案例 2　湖南省华容县水稻补充保险

自 2007 年开展政策性农业保险试点以来，湖南省农业保险产品不断拓宽，承保面逐步扩大，使灾后农户得到保险经济补偿，为促进农村经济发展起到了“稳定器”的作用。但随着新型经营主体不断涌现，他们认为仅按原有基本保障与市场变化极不相符，灾后的保险补偿与实际投入的成本差距太大，一旦遇到灾害，保险每亩基本补偿达不到投入的物化和人工成本额，强烈要求增加每亩保险金额。人保财险湖南省分公司面向种粮大户、家庭农场、农民合作社、农业产业化龙头企业等新型农业经营主体，设计推出涵盖农业生产和农业基础设施设备、生产机具等全流程的一揽子风险保障方案，满足多层次农业保险需求。其中，在华容县面向种粮大户、家庭农场、合作社以及龙头企业，开展水稻种植补充保险试点，着力提高保障程度。

水稻种植补充保险每亩保险金额，在政策性水稻种植保险每亩 360 元基础上，分档次增加 140 元（每亩增加保费 7 元）、240 元（每亩增加保费 12 元）、340 元（每亩增加保费 17 元）、440 元（每亩增加保费 22 元），即每亩保险金额分别为 500 元、600 元、700 元和 800 元。各地根据经济实力选择档次。保险费率为 5.0%。

2016 年，保险公司在 92 个家庭农场、种粮大户承保中稻和晚稻面积 24 076 亩，在中央政策性水稻每亩保险 360 元金额的基础上，每亩增加 440 元，即每亩保险金额达到 800 元。每亩保险费增加 22 元，其中由华容县国家现代农业示范区农业改革与建设指挥部承担 70%，农户承担 30%，全县共收水稻补充保险费为 529 672 元。2016 年 7 月华容县发生了暴雨渍水灾害，导致承保的中稻在幼穗分化期受损，仅水稻补充保险就赔偿 958 324.4 元（简单赔付率为 180.93%），使新型经营主体很快得到经济补偿，促进粮食生产发展。

二、价格类、收入类和指数类产品创新

（一）为了应对价格风险，各地继续推动价格指数保险试点

2016 年，价格保险试点已在广西等 31 个省（市、区）启动，试点品种包括生猪、蔬菜、粮食作物和地方特色农产品共 4 大类 50 种，保费收入突破 10 亿元，同比增长 65%。

案例 3　安华农险生猪价格指数综合保险

2013 年 5 月，安华农业保险股份有限公司在北京市顺义区签订了国内首款农业保险创新型指数产品——生猪价格指数保险。在北京市开展一年试点的基础上，公司分别于 2014—2017 年期间，先后三次对生猪价格指数保险进行了升级换代。

生猪价格指数保险以支持生猪产业的持续健康发展为目标，保障生猪养殖大户的养猪积极性，维护生猪生产市场稳定，确保居民日常生活的市场供应，为我国逐步建立市场机制下成熟的生猪市场，提供了有别于期货、订单农业等化解市场价格波动的风险解决手段和工具。

该产品具有承保条件宽泛、保险责任简化、赔款计算简单、承保和理赔具有公信力以及费率水平适中等特点。

从实践看，生猪价格指数保险有利于保持生猪生产者的积极性，对于稳定物价具有积极示范作用；惠及了广大生猪生产者，为生猪产业的健康发展提供了价格风险保障机制；生猪价格指数保险发挥了“稳定器”作用，维护了农村社会稳定。

（二）探索收入保险试点

2016 年，黑龙江、吉林、河南、陕西等地开展了水稻、大豆、小麦、苹果收入保险试点。

案例 4　安华农险大豆收入保险试点

2016 年，安华农险在吉林敦化市试点大豆收入保险保险，试点期间共承保了大豆种植面积 14 505 亩，承担自然风险和市场风险保障额度 665.42 万元。该产品以大豆的收入为保险标的，当大豆的产量、价格波动或者二者共同导致被保险人的实际收入水平低于保险合同约定的预期收入水平时，保险人负责按照保险合同约定进行赔偿。可见，收入保险既保障生产风险又保障市场风险，即收入保险保障的是融合生产风险和价格风险两种因子造成的农作物种植者收入减少的损失，保障程度较高。

安华农险开展大豆收入保险，有利于化解自然风险和市场风险，在收获后可以保障农产品生产者的合理收益，以确保主粮的有效供给，从而探索实现“市场定价、价补分离”的一种新的有效途径。同时，收入保险能促进新型农业生产经营主体的生产经营，助力适度规模化农业发展。通过投保农产品收入保险，可以锁定绝大部分的收益，并能有效推动生产过程中融资的便利性和可行性（保险＋信贷），从而促进农村金融的快速发展。

案例 5　安信农业保险在上海试点粮食作物收入综合保障保险

为探索“黄箱”政策向“绿箱”政策转化，农业直接补贴转为保险的间接补贴，提高财政补贴的精准性、有效性，2016 年安信农业保险在上海试点粮食作物收入综合保障保险，三年共计划试点面积 6.2 万亩。一是促进农业产业结构调整和生态保护。参加收入保险后农户可以种早熟品种的水稻来获取收益，减少化肥农业使用过量化，保护生态环境。二是满足新型农业经营主体多层次需求，有四层保障程度可供选择，满足不同合作社、家庭农场对风险保障的需求。三是提高农险产品精准化。开发基于 GIS 信息系统，制定农业风险区划，实现保险责任、费率厘定差异化。

案例 6　阳光农业相互保险公司试点水稻收入保险

为探索不断提高农业保险保障程度，阳光公司 2016 年在黑龙江垦区 290 农场开展了水稻收入保险试点。试点保险面积 47.3 万亩，参保农户 2，866 户，提供风险保障 5.54 亿元，试点保障产量每亩 377.49 千克，约定赔付价格为每千克 3.1 元，保险金额为每亩 1 170.2 元。费率为 4.7%，亩保费 55 元，总保费收入 2 601.46 万元。保费补贴比例为在物化成本范围内中央财政给予 65%的补贴，超过成本部分由农牧场和参保农户承担。低于保障产量时按每千克 3.1 元进行赔付。8—9 月遭受台风及内涝灾害，赔款金额为 2 415.1 万元，理赔户数 2 866 户，户均赔款 8 426 元，赔付率 92.8%。试点对水稻产量和价格风险进行了双重保护，一定程度上起到了替代最低收购价的作用；保障水平由原来保直接物化成本大幅提高到基本覆盖水稻生产全部成本，锁定了水稻种植户的收入预期。

（三）继续推动天气指数保险试点

2016 年，湖北、浙江等 20 个省研发了 68 个天气指数保险产品，涉及玉米、水稻、小麦、花卉、蔬菜等多类农产品。

（四）探索开展财政巨灾天气指数保险试点

黑龙江、广东开展了财政巨灾天气指数保险试点，地方财政对遭遇巨灾后可能面临的大额救灾支出进行保险，解决财政救灾资金“无灾之年花不出、大灾之年不够花”的问题。

案例 7　瑞士再保险联合阳光农业相互保险推出中国首例农业巨灾指数保险

为了更好地保障黑龙江省的粮食安全并放大黑龙江省 28 个贫困县的财政救灾资金，确保灾害发生后，财政部门有足够的流动资金，以尽快安置受灾农民、抢修农业设施、恢复农业生产，瑞士再保险、阳光农业相互保险及黑龙江省财政厅联合黑龙江省气象服务中心及中科院遥感所签订全球首例通过雷达遥感方式承保针对农业相关标的洪水损失的保险保障，也是中国首个农业巨灾指数保险。巨灾项目通过运用卫星雷达遥感指数，标准化降水蒸发指数，低温指数和降水过多指数为黑龙江省 28 个贫困县提供包括流域型洪水、干旱、低温和降水过多等自然灾害的保障。

该指数保险方案以卫星雷达及气象站观测到的客观数据作为衡量洪水、干旱、低温和洪涝灾害的基本参数，结合黑龙江省的历史干旱、低温、洪涝灾害事件损失情况，分析灾害参数和应对农业灾害的财政支出之间的关联性，并建立相应的风险模型进行产品设计开发，并由独立的第三方机构根据客观测量、公开透明的数据按照保险合同所约定的算法完成理赔。当地财政部门根据灾害的实际损失情况，可自行决定将保险赔付金按照财政部门资金使用规定，用于应急响应、农户转移安置、灾后农业生产和农业生活设施修复重建、灾后农民救助等财政部门或有责任的履行。

此次试点由阳光农业相互保险公司承保，以 80%的比例分保给瑞士再保险公司。投保主体为黑龙江省财政厅，保险区域为黑龙江省 28 个贫困县，保险险种包括干旱指数保险、低温指数保险、降水过多指数保险、洪水淹没范围指数保险，总保费 1 亿元，保障程度 23.24 亿元。其中，干旱指数保险、低温指数保险、降水过多指数保险费率为 4%，洪水淹没范围指数保险费率为 6.16%。在保险期间内，当保险区域超过设定的干旱、低温、降水过多、流域洪水阈值后，保险人按保险合同约定，计算保险赔付金额，赔付到投保人指定账户。

以洪水淹没范围指数保险为例，保险合同约定将齐齐哈尔、佳木斯地区松嫩流域 13 个投保贫困县的耕地每 1.65 千米×1.65 千米的范围指定标记 1 个点，触发洪水灾害事件中所有被洪水淹没的点的总数作为洪水淹没范围指数。当发生洪水事件时，卫星监测到承保区域内有 698 个点被淹没，即洪水淹没范围指数为 698，则视为发生触发洪水事件，进而启动保险赔付。保险公司最低赔付金额 9 750 万元，之后每多 1 个点被淹没，保险赔付金额增加 14.67 万元，直到总保险赔付金额达到赔付限额 3.25 亿元。

试点有三方面突出特征：一是保障区域、责任全面。受超强厄尔尼诺现象影响，气象部门预测，2016 年黑龙江省嫩江流域和松花江流域发生区域性灾害的可能性较大。试点区域包括全省 28 个贫困县，其中 13 个分布在松花江、嫩江流域沿岸，承保责任包括干旱、低温、降水过多和洪水淹没 4 种，全面涵盖了投保区域常见农业灾害类型。二是合理设置赔偿触发机制。干旱指数保险、低温指数保险、降水过多指数保险条款中，针对每个投保县市的不同灾害类型，分别设置了高、低两个赔付标准，高标准对应百年一遇灾害，低标准对应 6 年一遇灾害，在抵御巨灾风险的同时，又能保证一定的赔付频度。三是扶贫宗旨突出。自然灾害是导致返贫的各种因素中最主要的因素，全国每年农村返贫人口中 70%是因自然灾害所致。黑龙江省是农业大省，也是经济落后省份，全省 28 个贫困县主要分布在西部风沙盐碱干旱地区、东部低洼易涝区、松嫩两江沿岸洪涝区、北部低温冷害区，农业生产、农村生活、农业基础设施极易遭受自然灾害侵袭。在再保险的支持下，试点密切围绕扶贫主题，为黑龙江省"量体裁衣"，财政、扶贫、气象、民政、防汛等省政府部门也深度参与，为方案设计、流程规划提供了很多建设性意见。

此次试点开创了财政巨灾指数保险制度安排和巨灾指数保险精准扶贫的先河，在三方面实现创新突破：一是巨灾指数保险依据客观气象监测数据、指数理赔，更加公开透明、效率更高。二是巨灾保险首次聚焦农业领域、扶贫主题，保障重点更突出、目标更明确。三是以保险机制平滑财政年度资金预算，有效解决财政救灾资金"无灾小灾花不出、大灾巨灾不够花"的问题。通过试点，保险的功能作用进一步显现，日益成为政府精准扶贫的有力抓手，参与社会管理的有效载体，促进农业产业发展和农村稳定的有用工具。

三、经营模式创新

（一）通过区域产量保险的创新破解小农经济条件下农业保险经营的困境

当前分散经营的传统种植农户仍然是国家粮食生产主力军，开展针对传统农户的农业保险，是体现农业保险政策普惠效应的需要。但目前农业保险经营中存在的诸多问题，表象在于保险公司服务能力不足，其实根源在于农险产品自身的缺陷，即以农户个体风险进行理赔的保险产品模式与小农经营的农业生产方式存在巨大的现实差异，从而带来一系列诸如无法实现精准承保理赔、虚假承保理赔等现实问题，严重影响农业保险的政策效能。通过区域产量保险的创新，则可以在很大程度上破解目前农业保险经营的困境，提高农业保险政策效能。

案例 8　中原农业保险股份有限公司小麦区域产量保险

中原农业保险股份有限公司根据目前传统农险产品开办中存在的问题和传统农户种植风险特点，开发了针对传统农户的小麦区域产量保险产品。

产品特点包括：一是保险责任。在保险期间内，由于责任免除之外的一切原因造成保险小麦的损失，且保险小麦所在乡镇的实际平均产量低于乡镇保障产量，或保险小麦所在乡镇的实际平均产量大于等于乡镇保障产量，但保险小麦所在村的实际平均产量低于村保障产量，保险人在保险金额内按照本保险合同的约定负责赔偿。其中，乡镇保障产量按照保险小麦所在乡镇过去三年平均产量和保险合同约定的保障比例确定的；村保障单产为该村所在乡镇的乡镇保障产量的80%；实际平均产量是由保险人在保险小麦成熟收割前按照国家规定的技术规范测量确定。二是赔偿方式。以乡镇、村为单位的赔偿。当保险小麦所在乡镇实际平均产量低于该乡镇保障产量时：赔偿金额=（保险小麦所在乡镇保障产量－该乡镇实际平均产量）×保障价格×保险面积；当保险小麦所在乡镇实际平均产量大于等于该乡镇保障产量，但保险小麦所在村实际平均产量低于该村保障产量时：赔偿金额=（保险小麦所在村保障产量－该村实际平均产量）×保障价格×保险面积。保障价格参照国家公布的小麦最低收购价格确定，以保险单载明为准。若国家取消小麦最低收购价格，则由保险人与投保人协商约定保障价格，并在保险单中载明。三是费率分区。坚持风险与费率相对价的原则，依据河南省各县区产量波动风险状况，划分了三个风险区域，实行不同的保险费率，实现风险与定价的公平性，确保生产投入成本控制在农户能接受范围内，不增加农户保费负担。

从公司运营来看，区域产量保险具有多方面的优势：一是节约时间成本。以虞城县全县统保 15 个乡镇 324 个村为例，传统保险查勘定损，每天查勘 6～8 村，时间跨度约 40 多天，区域产量保险每乡镇采集样本地块 5～10 个，每天可以完成 20 个地块的采样工作，时间跨度 4～8 天，可以节约 30 多天；二是减少理赔成本投入。传统保险需要现场查勘、定损，以虞城县全县统保 15 个乡镇 324 个村为例，每天查勘 6～8 村，每村成本 280～340 元［2 次，交通费 25～35 元、临时用工费 20～25 元、租车费 40～50 元、杂费（水、餐、通讯）20～25 元、专家费 40～50 元、查勘补助 15～20 元］，全县仅现场查勘定损费用共计 9.1 万～11 万元，区域产量保险仅需要以乡镇为单位测产，全县测产费用 0.5 万～1 万元（不含引入卫星遥感技术费用 5 万元）；三是理赔流程简单易行。传统保险理赔工作流程包括报案、查勘、立案、定损、定损结果公示、理算、理算结果公示、赔款确认、核赔、赔款支付等，区域产量保险不需要报案，只需要将产量数据导入系统，系统自动进行立案后流转到理算环节，极大地简化了流程。

同时，将节约的成本用于农业保险承保理赔技术的研究和创新，在区域产量保险承保和理赔中应用卫星遥感技术，承保时采用卫星遥感影像宏观把控作物种植面积，保证承保信息的真实性和准确性，理赔时采用作物长势卫星遥感监测和地面现场勘查测产相结合的产量评估新方法，提高样本点的代表性和样本点选择的科学性，使产量测定结果更接近实际产量。

可见，区域产量保险的创新有效化解了传统农业保险面临的经营困境。一是解决保险公司服务能力不足的问题。将区域产量下降作为理赔触发条件，赔偿与投保区域的整体风险挂钩，保险公司无须确定投保农户的具体位置和个体损失程度，摆脱了不可能真实定损到户的现实困境。二是承保理赔客观透明。与政府农业、统计部门成立联合测产小组，开展区域产量测产工作，结果公开透明；引入天气指数保险技术，气象数据的唯一性和客观性保证了理赔结果的公信力。三是解决依法合规问题。区域产量数据和气象数据的客观性、透明性解决了虚假、任意理赔问题；区域风险的不确定性，虚假投保不会带来必然的理赔，极大压缩了虚假投保、虚假理赔的存在空间。

（二）应用互联网技术推动农业保险经营模式的创新

加快应用互联网技术，主动融入互联网金融发展新潮流，不断满足客户需求、改善客户体验、提升经营管理专业化发展水平是农业保险创新发展的重要路径。

案例 9　太保 e 农险：从 1.0 到 3.0

太平洋产险和中国农科院构建战略合作关系，共同倾力打造以互联网技术为核心的“e 农险”项目，进一步优化农险承保理赔流程和操作模式，提升太保农险专业化经营管理能力。

“e 农险”是基于互联网思维下，通过运用先进的“互联网+”技术、大数据管理等手段，聚焦农险客户需求，整合各项新技术应用打造的运营管理体系，打造基于互联网技术、连接保险公司和客户、精准匹配并充分满足农险客户的市场需求和服务要求的农联网系统，最终目标是建成独具特色的“互联网+农险运营管理体系”。

“e 农险”不是单纯的技术手段和技术工具组合，其意义在于打造成为先进的农险“运营管理体系”。这一体系包含四个核心内容：搭建移动平台，与 IT 系统实现对接；开发各类 APP 应用，符合移动应用属性；外围设备辅助，开发应用载体；业务流程再造，固化标准操作流程。

太平洋“e 农险”从 2015 年首次发布的 e 农险 1.0，目前已升级到 e 农险 2.0，共有承保管理、理赔管理、业务综合、客户服务、智能应用和实用工具等 7 大类，e 键承保/理赔、验标/查勘助手、风险地图、气象服务、保单/赔案查询、承保/理赔公示、农情早知道等 30 多个功能，“e 农险”功能集成进一步强化，用户类型实现多元化，各项技术应用与业务管理创新相结合推动"e农险"体系向纵深发展。

未来太平洋产险将继续打造"e农险3.0"，做集团数字太保战略的重要践行者。以互联互通作平台，以物联网应用作辅助，以大数据应用为灵魂，以业务流程管理来指引，以优质服务与合规经营为方向。将"e农险"打造成农险从业人员不可或缺的运用平台。在经营统计分析、销售管理支持、业务操作支持、风险管控手段、政策咨询服务、客户增值服务等方面提供全面应用支持。

"e农险3.0"基于卫星遥感、农业气象数据，采用深度机器学习和大数据统计分析技术，对农险应用实验室示范点进行保险标的识别、生长环境与生理数据的快速获取与综合分析，实现种植业的客户标的管理、风险识别、智慧农业平台管理、产量估算；养殖业标的生长状态监控，以及气象指数保险自动理赔的农业保险服务模式探索与创新，为探索农业保险的标准化、科学化、高效化的管理提供坚实的数据基础和有力的分析工具。

（三）浙江、福建等25省通过互助保险或"互保协会＋商业保险"模式开展的渔业、渔船和农机互助保险，为商业保险不愿进入的高风险领域提供保障

河北省阜平县等地开展的政府与保险公司"联办共保"以及西藏开展的保险公司为政府代办试点，探索政企合作新模式。

案例10　河北省阜平县政府与保险公司"联办共保"的三农保险运营模式

为提升财政资金支持保险扶贫效果，中国人民保险公司与阜平县政府合作，探索出共同管理、共担风险的"联办共保"三农保险运营模式。保费收入由中国人民保险公司和政府保险专户5∶5分成，形成对保险基金的持续补充机制；保险赔款也由中国人民保险公司和政府保险专户5∶5分担，如果当年的理赔金额小于保费收入，结余自动留在保险基金，不断扩大保险基金规模。这种联办共保机制，不仅从制度层面保障了保险业务可持续经营，推动了"三农"保险保障范围与保障水平提升，而且有效放大了财政资金使用效应，以少量财政投入撬动更大社会资源。2016年，阜平县补贴了扶贫资金近1 400万元，撬动农业保险保障金额13.7亿元，相当于将1元扶贫资金效能放大了近98倍；中国人民保险公司在阜平支付保险赔款1980万元，153个村1.8万农户直接受益。

四、农业保险功能扩展试点

（一）"保险＋期货"试点

2016年，辽宁等12省开展的"保险＋期货"试点，涉及大豆、玉米、鸡蛋、棉花和白糖等多个品种。通过保险和期货两类工具的结合，转移分散农产品市场风险。

案例11　太保财险和安信农保共同推动的广西糖料蔗价格指数保险试点

糖业是广西重要的支柱产业之一。全区糖料蔗种植面积约1 500万亩，蔗农超过

2 000 万人，产量占全国总产量的60%以上；共有白糖加工企业 104 家，年产白糖约 800 万吨。近年来，受生产成本上升和国外低价糖冲击双重影响，制糖企业效益全面下滑，糖料蔗收购价格不断下降，蔗农收入难以保障。同时，为平抑白糖市场供需稳定市场价格，确保制糖企业正常生产，在白糖价格较低时，政府需要通过政策性收储进行调节，每年投入的收储资金近 20 亿元，也给地方财政带来沉重压力。在财政部、农业部等相关部委支持下，2016 年 1 月，太保财险和安信农险共同推动广西糖料蔗价格指数保险试点，综合运用保险和期货两种金融工具化解糖料蔗价格波动风险，维护农民种植利益。为提升广西糖业竞争力，自治区政府计划筹资 80 亿元建设 500 万亩高产高糖的“双高”糖料蔗种植基地。糖料蔗价格保险将 40.44 万亩“双高”基地纳入首年试点，占已建成双高基地总面积的 31%，有效服务糖业产业健康发展。试点的主要做法包括：

一是建立联动式的保险保障机制。试点以广西现行的糖料蔗政府统一定价机制为基础，在保险合同中设置合理的糖料蔗目标价格并与蔗糖价格联动。当蔗糖价格下跌时，保险公司赔付蔗糖企业，使其能按政府统一定价向农民支付蔗款，确保农民基本收入；当蔗糖价格上涨时，保险公司赔付农民，增加农民额外收入，通过稳定收入预期保障蔗农的种植积极性。

二是建立组合式的风险分散模式。由四家保险公司组成了共保体共同承保，共保体与三家期货公司签订合作协议，购买看跌期权，通过期货市场转移分散风险。通过构建组合式的风险分散机制，承保公司风险得到了有效分散，风险可控可测，确保了试点的稳健运行。

三是建立便捷式的保险理赔流程。试点改变了传统农业保险先报案再查勘后理赔的模式，创新建立了触发式赔付的便捷理赔流程。保险期间结束后，当蔗糖价格达到触发条件时，赔付数量和赔款金额可由保险公司系统自动计算得出，当日即可完成赔款金额核定，赔款由系统自动支付到农户个人银行账户，10 个 工作日即可完成全部理赔，理赔周期大幅缩短一半以上，不但降低了大量理赔中间成本，还有效提升了理赔服务质量。

试点为广大蔗农稳收增收提供了风险保障。试点首年，参加保险试点的蔗农，可以得到每亩 30 元的保险赔款，按照大户种植 50～80 亩测算，每户可增加净种植收益 1 500～2 400 元，按 2015 年广西壮族自治区农村居民人均纯收入 9 467 元、户均 3 人计算，可提高家庭纯收入 5%～10%，通过保险在一定程度上实现了提高蔗农种植积极性、稳收增收的政策目的。同时，试点也为大宗农产品价补改革创新以及“保险＋期货”分散市场风险都做了积极的探索。

案例 12　阳光农业相互保险公司大豆价格“保险＋期货”试点

2016 年，阳光公司在黑龙江垦区赵光农场开展大豆价格“保险＋期货”创新试点。大豆价格保险试点承保面积 5 万亩，承保户数 114 户，承保大豆 1 万吨，每吨保额 3 800 元，保险费率 5.263%，签单保费 200 万元。保费由大连商品交易所通过减免交易税的方式补贴80%，农户自交20%。阳光公司与期货公司签订保值协议，对冲风险，保值价格每吨3 800元，保值费用161.3万元。理赔时，当约定合约的约定时间段期货收盘平均价格低于约定价格3 800元/吨时，保险公司先行将差额赔付给农户，期货公司再根据保值协议补偿给保险公司。阳光公司大豆价格保险赔付给赵光农场种植户共计876 111元。

试点意义包括：第一，探索建立金融风险转移新模式。开展大豆“保险＋期货/期权”试点，保险公司通过购买期权对冲价格风险，有效弥补了传统价格保险缺少有效风险转移机制的缺陷，充分发挥金融机构的优势，实现农户、保险机构和期货机构之间的优势互补和多方共赢。农户能够通过参保获得价格风险保障，保险公司通过期货公司降低风险敞口，期货公司通过保险业务拓展了业务领域；第二，促进农产品价格机制改革。实践证明，临时收储的模式不可持续，价格风险不能通过集中管理大量同质风险来分散，其分散的主要手段就是购买期权产品，因此保险公司通过购买期权对冲价格风险，可以为价格保险提供有力的风险保障。第三，优化保险产品赔付模式。开展大豆价格保险，采用期货市场价格作为价格基准，解决了赔付时参考价格的公允性问题。种地农民发生价格损失时，农户无需报案，不需要保险公司现场查勘，其理赔系统根据期货市场价格跌幅自动触发理算，并直接通过银行卡折方式向农户支付赔款。价格保险减少了传统的查勘、定损、理赔资料收集环节，运行成本低、操作方便，可以实现快速理赔。

（二）“保险＋信贷”试点

广东、陕西、安徽等26省开展的“保险＋信贷”试点，通过农业保险保单质押、保证保险等方式，实现多方风险共担、财政小钱撬动大钱，解决农民尤其是新型经营主体“融资难、融资贵”问题。“保险＋信贷”在实践中也探索出不同的模式。一是“农村小额信贷保险＋专业大户贷款”模式。具体指在银行向专业大户发放小额贷款时，保险公司为贷款人提供因意外伤害、财产损失或其他原因造成贷款不能及时偿还时的代为偿还贷款的保险，是一种以小额农户贷款为载体的新型金融产品。此项业务的发展，可以帮助保险机构拓展业务，使银行的信贷资产得到更好的保护，同时使农户更容易获得贷款，并得到一份保障。二是“小额贷款保证保险＋龙头企业贷款”模式。相对传统的融资模式，小额贷款保证保险是银行与保险公司协作的新模式。此种模式下，贷款企业不需要提供抵押或担保，只需按照贷款金额的一定比例缴纳保费，就能获得较低利率的贷款，体现了保险机制在解决小微企业融资难方面的独有优势，为小微企业融资找到了一条新路。三是“农业保险＋新型农业经营主体贷款”模式。从事农业生产的专业大户、家庭农场、农民专业合作社、龙头企业等新型农业经营主体向银行申请贷款时，保险机构为其提供种植业政策性保险，并通过贷款人、保险公司、贷款银行三方签订理赔权益转让协议，将赔偿第一受益人投保主体权益转让给贷款银行，以此打破新型农业经营主体融资瓶颈。

案例 13　广东小贷险模式

目前广东已探索形成了“政银保”、商业化运作和服务中心三种主要的小贷险业务模式。其中，在“政银保”模式中，由政府财政出资设立担保基金及财政补贴，银行提供贷款，保险公司根据政府及市场的需求设计保险产品，为贷款提供保证保险服务。该模式主要有三个特点：一是融资成本较低，申请人可按照人民银行最低基准利率贷款，保险公司保险费率一般为2%，政府对贷款人提供50%保费补贴，或同时提供利息补贴；二是坏账风险共担，可根据政府角色的差异，采取政府、银行、保险公司“按比例共担”“政府先赔”“政府兜底”等不同风险分担形式。三是监督机制完善，政、银、保三方会在协议中对贷款风险进行“封顶”，确保风险总量可控。“政银保”已然成为广东发展小额贷款保证保险、运用保险机制缓解小微企业融资难题的一个主要载体。

商业化模式由保险公司与银行合作，通过市场机制运行，针对有资金需求，但通过传统渠道难以获得贷款的企业和个人，贷款风险由保险公司根据合同约定承担。这类产品的市场化程度高，覆盖面广、放款时效快，能解小微企业燃眉之急。

服务中心模式则介于上述两种模式之间，取两者之长，即政府“出力不出钱”，通过整合公共资源，为保险公司、银行提供小微企业资信信息，协助建立并完善逾期贷款追偿机制，主要经营风险由保险公司承担，是准政策性保险业务。该创新模式的优势在于，可在有效管控业务风险的基础上降低企业融资成本。同时，政府还可通过服务中心对特定行业提供补贴支持，进一步降低企业融资成本。

（三）农业保险与病死畜禽无害化处理结合

浙江、河南等地将农业保险与病死畜禽无害化处理相结合，破解了养殖业保险道德风险高、政府收集处理病死畜禽难的难题，国办发文予以推广。

案例 14　浙江省发改委出台《关于加快推进生猪保险与无害化处理联动的指导意见》

1. 总体要求

(1) 指导思想。围绕省委省政府“五水共治”、“三改一拆”中心工作，积极发挥农业保险的社会管理功能，运用市场经济杠杆，着力解决病死猪乱丢弃或流入市场问题，努力实现生猪保险全覆盖、病死猪无害化处理无死角，为广大群众食品安全、生态环境保护、生猪养殖业转型升级提供制度保障。

(2) 基本原则

——坚持政府引导。加大政策宣传，健全财政补贴、组织协调和信息共享机制，不断提高农户的政策知晓度、参保积极性和政策受益面。

——坚持市场运作。鼓励以市场方式提供农业保险与病死猪无害化集中处理服务，充分发挥市场主体的积极性和能动性。

——坚持保险联动。建立保险理赔联动制约机制，实现保险查勘理赔与病死猪无害化集中处理无缝衔接，发挥保险经济杠杆作用。

2. 主要内容和政策

(1) 扩大保险范围。生猪保险的保险对象覆盖至所有生猪养殖户，保险标的覆盖10千克以下仔猪，按实际死亡并进行集中无害化处理的生猪数量赔偿。

(2) 核定保险数量。对养殖户自繁自育的生猪，按照能繁母猪与育肥猪1∶20比例计算保险标的数量；对购入小猪育肥的，按照存栏生猪数量的2～2.4倍计算保险标的数量。

(3) 创新理赔方式。生猪保险发生理赔时，按照死猪尸体长度给予赔偿，具体标准由保险公司根据地方实际，与当地农业保险管理部门协商确定。

(4) 明确保险费率与财政补贴。保险费率为4.5%，与原生猪保险费率一致。各级财政给予85%的保费补贴，其中，中央、省、县（市、区）财政对一般地区分别补贴40%、20%、25%；对财政困难或海岛地区补贴40%、35%、10%，生猪养殖户自负保费的15%。宁波市财政补贴政策由宁波市自行制定。根据实施情况，建立生猪保险的保险费率、财政补贴动态调整机制。

(四)“险资直贷试点”

保险公司还在部分地区开展农业保险“险资直贷”试点，从保费中拿出50亿元直接向参保农户提供无抵押、无担保、低利率的小额贷款。支农支小贷款的服务对象为中小微企业主或农业保险投保农户。相比传统的银行抵押贷款，险资支农支小贷款具有独特的优势：一是成本较低。贷款利率低于银行向农业龙头企业的贷款利率。二是手续简单。农户通过投保农业保险转移风险，无需提供抵质押物即可方便获得贷款，更加贴近农户缺少抵押物以及分散、频繁的资金需求。三是服务全面。该项目既提供贷款资金支持，也能提供保险风险保障，满足了中小微企业主或农户的多种需求，实现了保险业从提供风险保障到提供综合金融服务的跨越，是保险业服务脱贫攻坚战略，解决“融资难、融资贵”问题的重要实践。

(五) 保险促进投融资模式创新

甘肃、内蒙古开展“肉牛、肉羊保险＋互联网金融”试点，探索保险促进投融资模式创新。

参考文献

[1] 陈文辉．中国农业保险市场年报（2016）[M]. 天津：南开大学出版社，2016.

[2] 朱俊生．农业保险财政补贴的新形势、新要求和新任务 [N]. 中国保险报，2015-08-10.

[3] 朱俊生．破解农险困局还得靠大农业 [N]. 中国保险报，2015-09-21.

[4] 朱俊生．构建面向小农户的普惠性农业保险体系 [N]. 中国保险报，2015-12-16.

[5] 朱俊生．农业保险创新的国际经验 [J]. 中国金融，2016（8）.

[6] 朱俊生．以农业保险推动农业适度规模经营 [N]. 中国城乡金融报，2016-06-22.
[7] 朱俊生，姜华，庹国柱，侯硕博．加拿大农业保险考察报告（下）[J]. 保险理论与实践，2016（8）.
[8] 朱俊生，庹国柱．财政补贴型农险的两难困境 [N]. 中国保险报，2016-06-30.
[9] 朱俊生、庹国柱，小规模生产难以匹配农险经营成本 [N]. 中国保险报，2016-07-18.
[10] 朱俊生．以农业保险推动农业补贴的市场化改革 [N]. 中国城乡金融报，2016-07-20.
[11] 朱俊生，庹国柱．以政府全额出资解决农民惜保问题 [N]. 中国保险报，2016-07-20.
[12] 朱俊生，庹国柱．指数保险能破农业保险的难题么？[N]. 中国保险报，2016-07-28.
[13] 朱俊生，庹国柱．农业保险经营模式创新的风险及其应对 [N]. 中国保险报，2016-08-04.
[14] 朱俊生，庹国柱．农业保险经营模式创新需要相应政策 [N]. 中国保险报，2016-08-05.
[15] AFSC（Agriculture Financial Services Corporation）. AFSC Annual Report 2015/16 [OL]. http://afsc.ca/doc.aspx? id=8111.
[16] MASC（Manitoba Agricultural Services Corporation），2016，MASC Annual Report 2015/16 [OL]. https：//www.masc.mb.ca/masc.nsf/annual_report_2015_16.pdf.

从农业直补到保险的间接补贴：农业补贴的新动向*

何小伟　王　克

摘要：“将农业直补改为保险的间接补贴”是我国农业补贴领域改革的新动向，其政策含义是加大农业保险的补贴力度，让农业保险成为更为重要的财政支农工具。这一改革动向出现的原因包括：我国现行补贴政策面临“两个天花板”困境；美国农业保险补贴的经验可资借鉴；农业保险在我国财政支农中可发挥更加积极的作用。然而，这一改革的推进面临着财政资金、农业信息整合、大灾风险和农险监管体制等方面挑战。

关键词：农业直补；农业保险；间接补贴；挑战

继2016年我国全面推开农业“三项补贴”改革（将种粮直补、农资综合补贴、良种补贴合并为“农业支持保护补贴”）之后，我国农业领域又出现“将农业直补改为保险的间接补贴”的新动向。2017年以来，中农办、农业部已经就“将农业直补改为保险的间接补贴”这一问题先后赴多地进行调研，保监会也明确表示将对此开展重大政策研究并拟定试点方案。可以预见，农业保险将在我国农业支持体系中发挥更加积极的作用。那么，什么是“保险的间接补贴”？为什么要“将农业直补改为保险的间接补贴”？“保险的间接补贴”在实施中会遇到哪些挑战？

一、什么是“保险的间接补贴”？

农业保险补贴有直接补贴和间接补贴之分。所谓直接补贴，通常是指政府按照一定标准将财政补贴资金直接发放给农民的一种补贴方式。比如2004年后我国实施的粮食直补、良种补贴、农资综合补贴以及2016年以来我国所推行的农业支持保护补贴等。所谓间接补贴，是指政府并不直接支付给农民，而是通过改变影响农民生产行为的相关要素，由第三方进行支付，进而让农民间接受益的补贴方式。比如粮食收购保护价政策、农业保险补贴等。因此，所谓“将农业直补改为保险的间接补贴”，是指政府将调整现行以直接补贴为主的农业支持政策，通过加大对农业保险的补贴力

---

* 本文原载《中国保险》2017年11月刊（总第359期）。基金项目：国家自然科学基金面上项目（71573041）、中央级公益性科研院所基本科研业务费项目（JBYW－AII－2016－03）。

作者简介：何小伟，对外经济贸易大学保险学院副教授。

度，增加保险种类，扩大保险责任（如推行农业收入保险），提高保障程度，进而让农业保险在支持农业生产上发挥更加积极的作用。

二、为什么要将农业直补改为保险的间接补贴？

（一）现行补贴政策面临“两个天花板”困境

进入 21 世纪以来，为了保障国家粮食安全和促进农民增收，我国加大了对农业的支持力度，实施了以“直接补贴”（粮食直补、良种补贴、农资综合补贴、农机具购置补贴）和“价格支持”（最低收购价、临时收储、目标价格）等为核心的农业支持政策。经过多年发展和完善，中央财政对农业的支持广度和深度不断提高，形式也日益丰富。实践表明，尽管“直接补贴”和“价格支持”政策在促进农业平稳发展、促进农民持续增收、维护市场价格稳定方面发挥了积极作用，但是也面临着“两个天花板”困境，难以继续实现突破。

一方面，直接补贴政策面临 WTO“黄箱”政策的天花板。根据我国的入世协议，我国承诺按照 WTO 规则实施农业国内支持政策，其中所有具有扭曲贸易和生产影响的“黄箱”政策支持不超过“微量允许水平”，也即对特定农产品的“黄箱”支持不超过该产品产值的 8.5%，对非特定农产品的“黄箱”支持不超过农业总产值的 8.5%。按照 WTO 农业协定的分类标准，在我国目前的直接补贴和价格支持政策中，绝大部分都可划归到“黄箱”政策范畴。然而，一些测算表明（朱满德、程国强，2015），虽然目前我国部分农产品的“黄箱”支持政策尚有一定空间，但是现行农业支持政策突破“黄箱”天花板的风险越来越大。

另一方面，国内农产品价格高于国外价格，价格支持政策面临着提价的天花板。多年以来的“托市”政策虽然一定程度上保护了农民利益，但是却推高了我国的粮食价格，导致我国主要农产品的价格高于国外市场，进而陷入“粮食连年增产，政府大量收储，又从国外大量进口”的怪圈。另外，粮食库存的高企，仓储和管理成本随之增加，也造成了国家财政补贴资金使用效率的低下。正是为了扭转价格支持政策所造成的被动局面，2014 年以来，我国启动了东北和内蒙古大豆、新疆棉花目标价格补贴试点，意在探索粮食等农产品价格形成机制，发挥市场在农业生产配置中的基础性作用。

（二）美国农业保险补贴的经验可资借鉴

美国是世界农业强国，农业支持体系完备，政策工具齐全。早在 1938 年，美国就颁布了《联邦农作物保险法》，正式确立了农业保险制度。1980 年后，美国加大了对农业保险的支持力度，逐步形成政府补贴农业保险的基本框架。近些年来，受到国内外多种因素的影响，美国先后对农业支持政策进行了多次调整，包括取消和压缩多种农业直接补贴政策，但是值得注意的是，农业保险补贴在美国农业支持体系中的地位却在不断上升。特别是2014年的《食物、农场及就业法案》（简称“2014年农业法案”）颁布之后，农业保险的重要性空前凸显，成为美国农业安全网的核心。

1. 2014年农业法案调整的背景

（1）美国政府财政赤字压力过大。自2009年以来，虽然美国政府的财政赤字规模逐年下降，从创纪录的1.4万亿美元下降到2013年的6 800亿美元，但是其绝对规模仍然较高。农业项目作为美国财政支出的大项，其规模也长期高居不下，美国各界呼吁削减农业补贴的声音也此起彼伏。在这种背景下，适当削减农业项目的财政支出，是美国政府的必然选择。

（2）农业补贴引发WTO贸易争端。美国对农业部门的高额补贴引发了许多国家不满，甚至引发了农产品国际贸易争端。最典型的例子就是2002年巴西向WTO诉美国棉花补贴案。2009年，WTO裁决美国违反了WTO规则，授权巴西采取制裁措施。为了避免再出现类似诉讼案件，美国政府有意识地削减“黄箱”政策，以减少对农业市场的扭曲，同时增加对农业保险等“绿箱”政策的使用。

2. 2014年农业法案的调整内容

2014年农业法案的出台标志着美国在财政支农政策上发生重要改变，也即从原有的补贴与保险并举模式向风险管理模式转变，进一步强化了农业保险的作用。具体来说，2014年农业法案在直接补贴和农业保险补贴方面的调整内容包括：

（1）取消针对农场主的固定直接支付。2014年农业法案取消了此前长期实施的固定直接支付。固定直接支付是一种与当期产量、价格“脱钩”的补贴，政府以预先确定的标准对具体产品提供固定补贴，与我国曾经实施的“粮食直补”政策比较类似。在2014年以前，美国每年直接支付的规模约为50亿美元，它一直是美国农产品计划的重要组成部分，而这次取消也标志着美国进一步弱化对农业市场的直接干预。

（2）新增了两个农业保险项目。在取消农业固定直接支付的同时，2014年农业法案保留了2008年农业法案的所有保险项目，并新增了累计收入保险计划（STAX）和补充保险选择（SCO）。其中，累积收入保险计划（STAX）单独针对棉花生产者，向其提供基于县级农场收入的保障，以取代原有的农产品价格或收入支持计划。补充保险选择（SCO）可视作现有保险的补充保险，可为多种农作物（不含棉花）提供额外的收入保障。这两个保险项目的推出，也进一步丰富了美国农业保险的产品体系。

（3）农业保险补贴的预算规模继续提高。美国国会预算办公室分别对2008年农业法案和2014农业法案的预算支出进行了测算。从总体水平来看，2014年农业法案的预算支出水平较2008年法案略有降低。但是，从具体项目的预算水平来看，如果实施2014年农业法案，在2014—2023年间，美国在农业商品计划、营业计划、环境保护等方面的支出分别下降143亿美元、90亿美元和39.67亿美元，但是在作物保险、研发、能源等方面的支出却分别增加了57.22亿美元、11.45亿美元和8.79亿美元。从每年的预算支出水平来看，作物保险在2014—2023年间的平均支出为89.827亿美元，占美国农业法总支出的9.4%，其规模仅次于营养计划，位居全部支出项目第二位。

表 1　2014 美国农业法案支出预算及增减情况

单位：百万美元

	2014—2018 年支出	2014—2018 年增减	2014—2023 年支出	2014—2023 年增减
商品计划	23 556	−6 322	44 458	−14 307
环境保护	28 165	−208	57 600	−3 967
贸易	1 782	64	3 574	139
营养	390 650	−3 280	756 433	−8 000
信贷	−1 011	0	−2 240	0
农村发展	218	205	241	228
研发	800	689	1 256	1 145
林业	18	5	13	10
能源	625	541	1 122	879
园艺	874	338	1 755	694
作物保险	41 420	1 828	89 827	5 722
其他	1 544	839	2 363	953

数据来源：美国国会预算办公室。

（三）农业保险在我国财政支农中可发挥更加积极的作用

在经过十年的探索发展之后，我国农业保险制度不断完善，农业保险的保费规模、承保覆盖率、风险保障额度、承保农作物种类等指标不断跨上新台阶，在提高农业抗灾减灾能力、促进农民增收、维护国家粮食安全等方面发挥了重要作用。然而，与美国农业保险相比，我国农业保险在保障责任、产品种类、保障水平等方面还有着很大的差距，在当前我国农业补贴政策面临“两个天花板”的被动局面下，加大对农业保险的补贴，让农业保险在我国财政支农体系中扮演更加积极的角色，不仅是必要的，而且是可行的。具体来说，这种可行性表现在：

1. 新形势下需要提高财政补贴资金的精准性

在当前宏观经济和财政收入增长放缓、市场对农产品质量和安全提出更高要求以及农业生产资源环境矛盾凸显等背景下，我国迫切需要对农业的供给侧进行改革，加快农业农村发展新旧动能转换。2017 年中央 1 号文件明确提出“完善农业补贴制度”以及“进一步提高农业补贴政策的指向性和精准性”。这意味着我国需要在不违背市场机制和 WTO 规则的前提下，遵循“扩总量、优结构、转方式、提效率”的原则，对财政支农资金进行战略性结构调整，不断提高农业补贴的精准性和有效性。农业保险属于 WTO 农业协定的“绿箱”范畴，同时也是我国财政支农的薄弱环节，自然有着很大的发展空间。

2. 我国的农业保险的制度框架已经建立

从2007年我国政策性农业保险推行之日起，我国就确立了“政府引导、市场运作、自主自愿、协同推进”的运作原则。2013年出台的《农业保险条例》进一步确认了这一原则，并对农业保险合同、经营规则、各方法律责任等进行了明确规范，由此基本搭建起我国农业保险的制度框架。2016年底，财政部出台了《中央财政农业保险保险费补贴管理办法》，进一步规范了农业保险保费补贴资金的筹集、使用和管理。此外，农业部、保监会也对农业保险出台了一系列规章和文件。这些法规、规章和文件的出台，标志着我国农业保险制度正在日趋完善，为农业保险在财政支农中发挥更加积极的作用奠定了基础。

三、“保险的间接补贴”在实施中会遇到哪些挑战？

如果实施“将农业直补改为保险的间接补贴”的调整，这将意味着农业保险不只是农业灾害风险管理的基本工具，同时还是农业收入安全保障的重要工具。这种角色和地位的提升，必然会对整个农业保险体系的服务能力提出更高的要求，遇到各种挑战也在所难免，这些都有待我们在今后逐步予以解决。

（一）财政补贴资金的挑战

财政补贴是农业保险发展的生命线。要让农业保险在财政支农体系中发挥更加积极的作用，必然需要各级政府投入更大规模的财政补贴资金，由此所带来的难点有二：一是如何在避免大幅压缩现行农业直补规模的同时，加大对农业保险补贴的力度，从而实现我国农业补贴结构的平稳过渡和调整；二是如何划分中央和地方政府特别是省以下政府在农业保险补贴中的责任，从而实现各级政府在农业保险的事权和支出责任上相匹配。

（二）农业信息整合的挑战

农业保险的可持续运作离不开完备的农业基础信息。具体来说，农业基础信息至少包括如下几类：一是农业生产信息，如土地承保面积、劳动力、种植面积、作物类别、产量；二是农业补贴信息，如农业支持保护补贴、目标补贴价格；三是农业灾害信息，如灾害类别、损失程度；四是农业市场信息，如农产品价格。然而，从目前来看，由于我国农业产业化程度太低，农业基础信息的采集、处理、传播等环节都很不完善，跨部门的信息平台和数据库十分缺乏，离现代化、产业化农业的需求还有很大距离。

（三）大灾风险分散的挑战

农业风险具有系统性特征，农业保险经营中遭遇大灾风险的概率要比普通财产保险大得多。受此影响，农业大灾风险的分散机制一直是各国农业保险制度的关键问题之一。虽然 2014 年 11 月成立的“农共体”在一定程度上提高了我国保险业对农业风险的承保能力，并拓展了农业再保险的渠道，但是其对农业特大灾害的应对和抵御能力仍然有限。在农业保险“提标、扩面、增品”的背景下，农业大灾风险分散机制所产生的“瓶颈效应”愈发明显。下一步，我国需要在“农共体”的基础上进一步探索财政支持的农业保险大灾风险分散机制，构建直保、再保、大灾基金和财政兜底的多层次风险分散机制。

（四）农险监管体制的挑战

健全的监管体制对于我国农业保险市场的规范运作和农民权益的保护有着至关重要的意义。过去十年的实践表明，我国农业保险领域存在着监管资源分散、监管力量不足、执行力度缺乏等问题，也因此出现了“套取补贴”、“寻租竞争”、“挪用资金”等乱象。在国家加大对农业保险补贴力度的背景下，农业保险补贴资金的使用规范问题和市场竞争秩序问题将得到社会各界更多的关注，其影响面也会进一步扩大，这也要求我们有效整合多方监管资源，形成监管合力，建立健全农业保险监管制度，提高财政资金的使用效率。

参考文献

[1] 韩一军，徐锐钊 .2014 美国农业法改革及启示 [J]. 农业经济问题，2015 (4)：101 - 109.

[2] 姜长云，杜志雄 . 关于推进农业供给侧结构性改革的思考 [J]. 南京农业大学学报（社会科学版），2017 (1)：1 - 10.

[3] 齐皓天，等 . 农业保险补贴如何规避 WTO 规则约束：美国做法及启示 [J]. 农业经济问题，2017 (7)：101 - 109.

[4] 庹国柱 . 我国农业保险制度的改革与发展 [J]. 保险理论与实践，2017 (4)：1 - 13.

[5] 谢凤杰，吴东立，陈杰 . 美国 2014 年新农业法案中农业保险政策改革及其启示 [J]. 农业经济问题，2016 (5)：102 - 109.

[6] 杨春华，杨洁梅，彭超 . 美国 2014 农业法案的主要特点与启示 [J]. 农业经济问题，2017 (3)：105 - 109.

[7] 袁祥州，程国强，朱满德 . 美国新农场安全网的主要内容和影响分析 [J]. 农业现代化研究，2015 (2)：174 - 180.

[8] 朱满德，程国强 . 中国农业的黄箱政策支持水平评估：源于 WTO 规则一致性 [J]. 改革，2015 (5)：58 - 66.

农产品期货价格保险及其在价格机制改革中的效用*

李亚茹　孙　蓉

摘要：农产品期货价格保险作为目标价格制度的一种重要工具，其在价格机制改革中的效用值得探讨。我国农产品价格机制改革的困境、农产品期货市场的价格发现功能及对冲机制、价格指数保险的局限，说明农产品期货价格保险具有相对优势。以鸡蛋期货价格保险为例，探讨我国农产品期货价格保险在价格机制改革中的效用；以育肥母牛期货价格保险为例，分析美国农产品“期货+保险”的特点及启示。研究结果显示，农产品期货价格保险是大宗及鲜活农产品价格调控的重要市场化工具，其在价格机制改革中具有显著效用。我国应增加农产品期货品种，提高市场有效性；建立再保险体系，分散系统性价格风险；促进农产品期货价格保险的发展。

关键词：农产品；期货价格保险；目标价格制度；价格机制改革；效用

一、问题的提出

由于最低收购价和临时收储政策实施多年，我国大宗农产品国内外价格倒挂严重，库存量和进口量齐增，仓容压力巨大。鲜活农产品市场价格大起大落，“蒜你狠”、“豆你玩”、“姜你军”等现象层出不穷。为完善农产品价格形成机制，2014 年中央 1 号文件推出农产品目标价格制度改革，启动东北和内蒙古大豆、新疆棉花目标价格补贴试点，探索粮食、生猪等农产品目标价格保险试点。2015 年中央 1 号文件要求总结目标价格补贴政策试点经验，积极开展农产品价格保险试点。2016 年中央 1 号文件提出稳步扩大“保险+期货”试点，建立玉米生产者补贴制度，分品种实施差异化政策，完善农产品市场调控。2016 年 3 月，农业部明确提出积极探索保险与期

---

* 本文原载《保险研究》2017 年第 3 期。国家社科基金重大项目“农业灾害风险评估与粮食安全对策研究”（13&ZD161）；四川省科技厅项目“农业指数保险与农户参保行为：理论模型及政策分析”（2016ZR0134）及西南财经大学基本科研业务费项目（JBK1607034）资助。

作者简介：李亚茹，西南财经大学保险学院博士，研究方向：农业保险与农村金融；孙蓉，博士，西南财经大学保险学院教授、博士生导师，研究方向：保险学、农业保险、保险法。

货深度融合，并予以适当中央财政补贴[①]。同年 9 月中国证监会鼓励“保险+期货”试点优先在贫困地区展开，适当减免相关经办机构费用[②]。农产品期货价格保险[③]作为目标价格制度改革的重要政策工具，受到国家高度重视，相关支持政策逐渐丰富。

国外关于农产品期货价格保险的研究起步较早，主要是美国的牲畜风险保护保险（LRP）。LRP 保险类似于看跌期权，为生猪、羔羊、育肥母牛、肉牛养殖户提供最低价格保障，目标价格与到期实际价格均由期货市场价格确定（Larson、Mark 和 Jose，2003；Thompson、Anderson 和 Bevers，2008；Griffith，2014）。与农产品期货及期权合约相比，LRP 保险既有优势，也有不足（Mark、Prosch 和 Smith，2005；Milhollin、Massey 和 Bock，2014）。与农产品期货及期权合约一样，LRP 保险也存在基差风险，但此基差风险相对较小（Mark，2004；Mark，2005；Smith、Mark 和 Prosch，2006）。屠杀水平、玉米价格、肉牛出口是肉牛风险保护保险基差风险的重要影响因素（Coelho、Mark 和 Azzam，2008）。Gillespie（2008）运用 TOBIT 模型研究得出价格、保险费和折扣是影响美国路易斯安纳州肉牛养殖户对 LRP 保险偏好和购买决策的重要因素。Burdine 和 Halich（2014）运用蒙特卡洛模拟估计 LRP 保险的净支付（赔款－保费），得出秋天购买该保险的预期净支出大于春天。Griffith、Lewis 和 Boyer（2015）研究了给定肉牛售卖时间，肉牛生产商应该提前多久购买 LRP 保险以最大化其预期价格。国内农产品“保险+期货”模式首次由马龙龙（2010）提出，该模式有效弥补了价格保险目标价格厘定困难和缺乏系统性价格风险分散途径的缺陷（余方平，2015；张峭，2016），但仍旧面临期货上市品种有限、缺乏场内期权工具、场外期权成本较高等多重困难（余方平，2016；刘小微，2016；张竞怡，2016）。此险种具有分担国家财政压力、为农民和企业保价（李华等，2016）及保障国家粮食安全的作用（孙蓉、李亚茹，2016），故应积极探索农产品期货价格保险代替传统直补的模式（王玉刚，2016）。与美国“保险+期货”模式相比，我国农产品期货价格保险有其自身的特点（安毅等，2016），本质是一类亚式期权，可以运用亚式期权定价模型计算保费（宁威，2016）。

综上所述，国内外农产品期货价格保险的研究大多探讨相关试点经验、比较优势、发展困境。少数学者分析国内外模式差别、对国家粮食安全的保障功效、消费者需求影响因素及合适的购买时间等。而将农产品期货价格保险作为目标价格制度的一种重要市场化工具，研究其在我国农产品价格机制改革中的效用，却是本文试图探讨的问题。

① 参见农业部：《开展 2016 年度金融支农服务创新试点的通知》，中央政府网，2016－03－16。

② 参见证监会：《关于发挥资本市场作用服务国家脱贫攻坚战略的意见》，中国证监会官网，2016－09－12。

③ 农产品期货价格保险即农产品“保险+期货”模式。

二、农产品期货价格保险的引出

（一）农产品期货市场及价格指数保险的局限

农产品期货市场具有价格发现和风险对冲功能，且市场有效性逐渐提高，但其却没有成为农户生产规避市场风险的有效工具，原因在于：①高级市场衍生工具期货期权需要具备专业的知识结构，广大农户文化水平较低，不具备相关知识结构；②标准化的期货合约，每手交易农产品产量巨大，且有保证金要求，与我国分散化的农业经营相矛盾。

农产品价格指数保险为农户提供价格下降风险的保障，只要市场价格低于保险合同约定的目标价格，农户便可获得差额赔偿。较之承保农作物自然灾害风险的传统农业保险，农产品价格指数保险具有逆向选择和道德风险较低、经营管理成本低、易于推广销售、保障主体范围扩大的比较优势。但试点过程中也存在目标价格难以确定、缺乏合理的巨灾分散途径及价格统计信息相对缺失等诸多问题。广大农民不得不寻求新的市场价格风险规避工具，在此背景下创新型市场风险管理工具农产品期货价格保险便应运而生。

（二）农产品期货价格保险的引出

农产品期货价格保险即农产品“保险＋期货”模式，是基于农产品期货市场设定目标价格和到期实际价格，利用期货期权工具设计价格保险合同，赔付目标价格与到期实际市场价格差额的一款保险产品。具体实践中，保险公司和期货公司共同开发期货价格保险，保险公司向农户提供价格保险合同，为分散价格巨灾风险向期货公司购买场外看跌期权，期货公司为对冲相应风险，利用期货市场复制场外看跌期权。

较之农产品价格指数保险，农产品期货价格保险具有以下优势：①基于期货市场的目标价格厘定相对科学。期货市场目标价格不仅包含历史价格信息，还尽可能多地包含未来价格的影响因素。②价格系统性风险得以有效分散。期货公司为保险公司提供个性化的场外看跌期权产品，系统性价格风险转移至期货市场。③跨界合作，产品支持力度较大。价格保险的参与主体包括政府、保险公司和农户；而期货价格保险的参与主体既包括价格保险的参与主体，还包括商品交易所等，得到其资金支持，保费压力进一步减轻。

虽然农产品期货价格保险克服了价格指数保险的内生性缺陷，但由于跨界融合以及期货市场的局限性，仍存在一系列风险：①基差风险。农产品期货价格保险目标价格及到期实际价格完全依据期货市场确定，与现货市场价格不完全相同，此基差风险将导致保险赔付与农户实际损失不符。②制度风险。场外期权费无法列为再保险费用，场外期权盈利需缴税，增大保险公司成本。③违约风险。场外期权交易不在期货交易所内，监管机构的监管匮乏，期货公司合作方有可能会出现信用违约，以致保险公司的赔付无法通过期货市场规避。④定价风险。农产品期货价格保险费率须向监管部门报备，且一段时间内不予变化，与期货市场期权定价随行就市的实时变化不相匹配，可能造成较大偏差。有部分学者认为，保险公司在农产品期货价格保险中稳赚不赔，获得手续费用，仅扮演“中介”角色，笔者认为此观点并不正确：中介是为交易双方提供服务的第三方，在交易中仅起协助作用，不直接参与交易；而在农产品期货价格保险中，农户与保险公司直接签订价格保险合同，与期货公司没有权利义务关系，理赔也直接由保险公司承担，即便期货公司出现违约现象，保险公司仍需赔付农户风险损失。

三、农产品价格形成机制改革的现状及困境

我国农产品价格形成机制改革经过统购统销（1953—1977 年）、扩大市场调节（1978—1984 年）、计划与市场双轨制（1985—1991 年）、逐步完全市场化（1992—2002 年）及国家调控下的大宗农产品价格机制（2003 年至今）的五个演进阶段，形成国家调控与市场调节并行的农产品价格机制。

（一）农产品价格形成机制的改革现状

1. 粮食最低收购价政策

我国自 2004 年开始实施粮食最低收购价政策，可分为三个发展阶段：2004—2007 年间各个粮食品种的最低收购价格、执行地区保持不变；2008 年由于种植成本快速提高及国际粮食价格的暴涨暴跌，连续两次提高最低收购价格，执行时间和地区也有所调整；2009—2016 年，随着农村劳动力成本的快速上涨，除早籼稻外，国家逐年提高粮食收购价格，到 2016 年小麦（三等）、中晚籼稻、粳稻的最低收购价格上涨到 1.18 元/斤[①]、1.38 元/斤、1.55 元/斤，提高幅度分别达到 53.2%、74.7% 和 89%[②]。

2. 重要农产品临时收储政策

2008 年我国开始实施油菜籽、食糖和玉米临时收储政策。棉花和大豆临时收储政策实施期间为 2008—2014 年；2015 年起由中央政府补贴，地方政府实施油菜籽临储政策。2013—2014 年及 2015—2016 年由中央财政银行贴息支持分别以 5 100 元/吨、5 200 元/吨最低价格临时收储白砂糖[③]。2016 年玉米临储被取消。

① 斤为非法定计量单位，1 斤=500 克。

② 2016 年粮食最低收购价格公布．中国农资传媒网，http：//www. sino - nz. com/html/2016/05/30/44314. html.

③ 5 部委联合发布 150 万吨国产糖临时收储计划．云南糖网，http：//www. ynsugar. com/Article/hot/201602/47563. html.

3. 农产品目标价格制度

农产品目标价格制度是特殊的农业价格补贴政策，不影响市场定价机制，实现利益再分配保障农户收益。我国从 2014 年开始实施农产品目标价格制度，试点方式和内容逐渐丰富：棉花、大豆目标价格补贴政策；苏州粮食收购价外补贴制度（秦中春，2015）；北京生猪价格指数保险；大连玉米、鸡蛋期货价格保险等。

（1）棉花和大豆目标价格补贴。2014 年国家启动新疆棉花、东北和内蒙古大豆目标价格补贴试点。国家发改委提前公布当年棉花和大豆的目标价格，当地政府规定了市场价格的采价区间，若目标价格低于市场价格，则根据面积或者产量补贴给农户二者差额。到 2016 年该举措已初显成效：①完善了价格形成机制，国内棉花价格快速下降，大豆试点地区国内外差价小于非试点地区；②下游相关企业生产成本降低，市场活力增加；③农户种植收益得以保障。

（2）农产品目标价格保险。目标价格保险是农产品目标价格制度的重要内容，保险公司将收入保险、产量保险、价格保险及期货价格保险都纳入目标价格保险的范畴。本文所指目标价格保险仅包括农产品价格指数保险及期货价格保险。目前我国经营目标价格保险的保险公司数量不多，2015 年初，具有经营农险业务资格的 23 家保险公司中，仅有 8 家保险公司开展了目标价格保险（赵姜等，2016）。保费规模有限，2014 年目标价格保险保费收入规模不到 3 亿元，人保财险 12 家分公司开展的 17 种目标价格保险保费收入不足 2 900 万元[①]。但试点地区和品种渐多，2015 年底已覆盖 26 个省，共 18 种农作物品种。

4. 玉米生产者定额补贴制度

玉米供给大于需求，仅 2015 年我国玉米产量近 2.25 亿吨，而消费量仅有 1.75 亿吨，外加国内外价差较大，进口量达 473 万吨，截止到 2016 年 3 月底，玉米临储库存已高达 2.5 亿吨[②]。基于此，2016 年 6 月，财政部在东北三省和内蒙古自治区推出“市场化收购”加“补贴”[③] 的价格机制，玉米价格由市场供求形成，中央财政给予一定的亩均定额补贴。

5. 鲜活农产品调控政策

鲜活农产品是除粮食外最主要的日常食物，但该市场价格调控不足，仅有生猪价格及少数地方性价格调控；2009 年出台政策防止生猪价格过度下跌；2012 年出台应对生猪价格周期性波动的政策；2016 年农业部发布鲜活农产品市场调控指导，调控品种范围广，主要支持如农业保险、金融信贷及期货期权等市场化调控政策。

---

① 2015 中国保险市场年报．中国保监会官网 http：//www.circ.gov.cn/Portals/0/wendang2015。

② 2015 年中国玉米产量及供需情况分析．中国产业信息网，http：//www.chyxx.com/industry2016/8/3.

③ 参见财政部：《关于建立玉米生产者补贴制度的实施意见》，中央政府网，2016-06-20。

（二）现行农产品价格机制面临的困境

1. 国内外价格倒挂，进口和库存量齐增，仓容压力大

我国大宗农产品价格支持政策实施多年，支持价格越来越高，以致于国内价格明显高于国际价格。2015 年 9—10 月稻米国内价格高出国际 50%，2016 年 3—4 月小麦国内价格超过国际价格 60%[①]。虽然大豆已实行目标价格制度改革，但效果不理想。尽管我国粮食实现十二连增，进口量却逐年加大，2016 年大豆进口量超过 8 000 万吨、谷物及谷物粉进口量达到 2 199 万吨[②]。据粮油网信息，到 2016 年 3 月，稻谷最低收购价库存 1 亿吨，江苏扬州江都区存在 7 万吨仓容缺口，部分粮食甚至露天存放，库存压力巨大[③]。

2. 农产品种植结构失衡 由于农产品价格保护政策的实施，我国大宗农产品种植结构失衡。部分品种供给量远大于需求量，如玉米和稻谷，2011 年供给大于需求量分别为 1 478.1 万吨和 354.1 万吨，到 2014 年分别增加到 3 366.6 万吨和 1 523 万吨，玉米供大于需求问题较严重；部分品种产量远不能满足需求，如大豆，2011—2014 年需求缺口持续增加，到 2014 年达到 7 010 万吨，2015 年自给率不足 12%（姜长云，2016）。小麦由供给不足，达到基本平衡。

3. 鲜活农产品价格波动幅度较大

鲜活农产品在居民日常消费中占有重要地位，剧烈的价格波动给生产者和消费者的生活造成影响。2010 年 1 月到 2016 年 8 月期间，鸡蛋价格波动频率较大，最低价格 7.5 元/千克，最高价格甚至达到 12 元/千克，差幅达到期间平均价格的近 50%；相同期间水果和蔬菜价格的波幅分别为 3.5 元/千克，2.7 元/千克，达到平均价格的 66%和 76%[④]。2015 年我国储备冻肉和活体规模约几十万吨，这一措施不仅对市场价格影响不明显，且耗费巨大的成本，效率低下。2016 年 3 月，全国食品类居民消费指数上涨近 8%，其中新鲜蔬菜和猪肉价格指数均上涨 33%以上。

四、农产品期货价格保险在价格机制改革中的适用范围和效用

（一）农产品期货价格保险在价格机制改革中的适用范围

农产品目标价格制度在我国大宗农产品国内外价格倒挂导致进口量剧增、国产粮食仓容压力巨大的背景下推出，此新型农产品价格支持政策实现了农产品市场的价补

---

① 2015 年 1 月—2016 年 12 月农产品供需形势月报（大宗农产品）. 中国农业部官网，http：//www. moa. gov. cn/.

② 中华人民共和国 2016 年国民经济和社会发展统计公报 . 国家统计局官网，http：//www. stats. gov. cn/.

③ 关于解决当前粮食库存问题的思考 . 中国粮油网，http：//www. grainnews. com. cn/b/ccwl/2016/7/29.

④ 2010 年 1 月—2016 年 12 月农产品供需形势月报（鲜活农产品）. 中国农业部官网，http：//www. moa. gov. cn/.

分离。如前所述，目前试点主要包括两大类：农产品目标价格补贴和目标价格保险政策，虽然两者之间具有很大的相似性，但仍有本质区别，具体见表1所示。

表1　农产品目标价格补贴与目标价格保险比较

政策不同点	农产品目标价格补贴	农产品目标价格保险
执行主体	政府	保险公司
资金来源	完全财政出资，资金支出不确定性大，财政负担较重	部分为财政出资，部分为农户出资，资金支出确定，财政压力相对较小
实施方式	政府每年提前公布最低收购价格及采价期间，市场价格低于目标价格时，按产量和面积对差价进行补贴	保险公司提供目标价格保险产品，合同规定目标价格和产量，市场实际价格低于约定价格时，按约定产量和价差乘积进行补贴
操作成本	政府投入大量人力物力，且运作效率不高	保险公司完善的农业保险服务体系，运营成本较低，效率高
适用条件	大宗农产品，且国内外差价较大，无法适用商业保险机制	重要农产品，国内外差价不大（或运输成本高昂），价格由市场供求决定且波幅较大
外部约束	黄箱政策	绿箱政策

注：作者对比农产品目标价格补贴及保险政策得出。

与农产品目标价格补贴不同，农产品期货价格保险作为完全市场化的价格调控政策，并非适用所有农产品，因此有必要分析其在农产品价格机制改革中的适用范围，具体如下：

1. 最低收购价政策的粮食作物

由于最低收购价格支持，国内外粮食差价较大，多种粮食作物供过于求，价格波动幅度较小，农户无需担心价格下降风险，不满足农产品期货价格保险的适用条件。

2. 临时收储政策的农产品

由表2可知，油菜籽价格波动不大、国内外价格基本趋同，目前还没有此期货品种，无法开展农产品期货价格保险。若实行目标价格补贴需耗费大量的人力、物力和财力，故可继续实行临储政策。食糖国内外价格差异大，为保护国内食糖产量，可推进农产品目标价格补贴或者生产者定额补贴政策，以实现市场定价。

3. 生产者定额补贴及目标价格补贴的农产品

玉米已推行生产者补贴制度，价格由市场供求决定，将快速与国际价格趋同，价格波动幅度会加大。作为大宗农产品，其生产对居民生活有重要影响，且玉米期货有效性高，将成为农产品期货价格保险的重点品种。棉花和大豆已推行目标价格补贴试点，且取得一定成效，种植农户不存在市场价格过度下跌造成较大损失的风险，无需期货价格保险。

4. 调控目录政策的鲜活农产品

生猪作为居民最重要的肉制品，价格基本由市场机制形成，波幅较大，临时调控预案不仅不能解决实际问题，反而加大市场波动，因此生猪期货推出之后，应积极探索期货价格保险试点。鸡蛋价格完全由市场机制形成，波幅较大，适合开展期货价格保险。虽然蔬菜和水果价格由市场机制形成且波幅较大，但短期内难以推出期货品种，因此应继续推进价格指数保险。基于上述分析，农产品期货价格保险在价格形成机制改革中的适用范围见表2。

表2 价格机制改革策略汇总

农产品种类	适用价格调控政策	原因分析
粮食作物	最低收购价政策	国家粮食安全；农户收入保护下不适用保险机制
油菜籽	临时收储政策	国内外价格基本趋同；价格波动不大；政策力度小
食糖	生产者补贴政策	国内外价格差异较大；价格波动较大
玉米	农产品期货价格保险	价格由市场供求决定；对居民生活影响较大；相应期货品种成熟
棉花、大豆	目标价格补贴政策	试点取得一定成功；作为重要农产品，需要政府支持力度较大，期货价格保险难以胜任
生猪	价格保险（暂时）；期货价格保险（生猪期货推出之后）	价格基本由市场机制形成，波幅较大；临时调控预案加大市场波动
鸡蛋	农产品期货价格保险	价格完全由市场机制形成，波幅较大
蔬菜、水果	价格保险	价格由市场机制形成，波幅较大；没有期货产品

注：作者根据目标价格保险补贴及保险相关试点分析整理。

综上所述，农产品期货价格保险在我国大宗及鲜活农产品价格形成机制改革中都占有举足轻重的作用，有助于推进我国农产品市场化价格机制的形成。

（二）农产品期货价格保险在价格机制改革中的效用

基于现行农产品价格机制改革的困境及农产品期货价格保险在价格机制改革中的适用范围，我们可以从国家、农产品市场、农户及企业四个方面探讨其在价格机制改革中的效用。

1. 对国家的效用

一是推进农业供给侧结构性改革，加快农业现代化进程。农产品期货价格保险实现价格由市场供需形成，符合农业供给侧结构性改革“围绕需求和消费，充分发挥市场机制作用”的发展思路，促进我国种植业的结构调整。目前相关试点产品虽未得到中央财政的支持，地方政府却给以资金支持，符合农业供给侧结构性改革的“建立促进生产的激励制度和保障制度”制度建设原则，有助于加快农业现代化进程。

二是推进国家简政放权进度，完善国家现代化管理服务功能。农业是我国经济发展的基础，政府采取行政措施积极调控大宗农产品价格，如最低收购价、目标价格补贴政策等。而农产品期货价格保险作为价格保护的一种重要工具，由保险公司主导，属于市场化价格调控工具，将调控权力由政府部门转向企业，推进国家简政放权进度，完善了国家现代化管理服务功能。

三是减轻国家财政压力，提高社会资金的边际效用。与国家价格支持政策相比，农产品期货价格保险减轻了国家财政压力：一是不确定的财政支出转变为确定的保费补贴，有助于改善国家财政支出规划。二是行政部门执行的价格支持政策涉及部门广、耗资多、效率低；而农产品期货价格保险可有效利用我国完善的农业保险服务体系，合约化的保险合同在承保时已将相应理赔产量及目标价格明确化，理赔依据期货市场价格，无需田间、地头定损，效率极高。三是价格支持政策资金完全由财政出资，而农产品期货价格保险部分资金来自于农户，将显著提高社会资金的边际效用。

2. 对农产品市场的效用

一是供需机制形成市场价格，补贴机制稳定市场供应。农产品期货价格保险分离农产品市场价格与财政补贴，价格完全由市场供需决定，价格作为一种有效的杠杆，分配市场利益，自动实现市场供求均衡。补贴机制由保费补贴实现，是一种价格保护政策，该产品保证了农户基本收益，稳定相应农产品的市场供应。

二是增加期货市场参与主体，提高农产品期货市场有效性。郑州和大连商品交易所以农产品期货交易为主，上市交易农产品种类逐渐增多，但参与主体始终有限，究其原因是我国分散化的小农户经营模式与期货市场的合约化不相匹配。农产品期货价格保险使保险公司成为我国广大农民进入期货市场的有效中介组织，小农户将会通过保险公司越来越多地参与到期货市场，提升农产品期货市场活力，增加市场有效性。

3. 对农户的效用

一是降低农产品市场风险，助推农业规模化生产。农产品市场风险已与自然灾害风险并列成为影响农民收入的重要因素，农产品期货价格保险设定目标价格，只要市场价格低于目标价格，保险公司便赔付差额，农产品种植时最低收益已基本确定，显著降低农户的市场价格风险，有助于扩大规模化农业生产。

二是形成合理预期，提高经营收入。农民文化水平有限，种植结构布局大多依据往年历史价格，外加趋同心理，难以做出科学合理的种植规划，加剧农产品价格波动。而农产品期货价格保险中目标价格的设定依据期货市场，期货价格尽可能多地包含了未来价格，农民可依据此保险的目标价格判断来年农产品价格的大致情况，形成理性预期，科学布局农产品种植结构，提高农业经营收入。

4. 对保险、期货及相关企业的效用

一是扩大保险公司业务范围和规模，有效提升其社会服务能力。价格保险缺乏再保险机制，难以大规模推广，农产品期货价格保险通过期货市场有效分散其面临的系统性价格风险，扩大业务范围和规模。随着政策性农业保险的推广，保险公司在农业现代化进程中不仅保障了农户收入，且逐渐体现其在农业生产中的服务能力，如产前、产中及产后的生产技术及病虫害防治功能，显著提升其社会服务能力。

二是提高期货公司产品创新能力，扩大业务规模。期货公司作为农产品期货价格保险的供给主体之一，不仅需要向保险公司提供场外看跌期权，而且还要在期货市场上进行产品复制，产品的提供和复制都需要期货公司相关团队研究设计，提升了期货公司的产品创新能力。依托于此产品，保险公司集合众多农户，作为代表参与到期货市场，显著扩大期货公司的业务规模。

三是促进下游企业发展，提升产业链价值。随着农业产业化发展，大宗及鲜活农产品均存在较长的产业链，多年来实行的重要农产品价格支持政策，提高了农产品价格，增加下游相关企业的生产成本。农产品期货价格保险政策的实施促使农产品价格由市场供求决定，降低农产品加工企业原料的成本，提升产业链价值。

五、农产品期货价格保险试点及其对价格调控的效用：以鸡蛋期货价格保险为例

“家和美”鸡蛋期货价格保险在“大连模式”[①] 的基础上引入银行资金支持，形成“农户＋保险公司＋期货公司＋银行”四方合作的“保险＋期货”模式，故以此为例探讨其对价格调控的效用。

（一）“家和美”鸡蛋期货价格保险试点

2015 年 9 月，人保财险浠水支公司向湖北家和美食品有限公司提供鸡蛋期货价格保险。保险期间为 2015 年 9 月 17 日至 2016 年 9 月 16 日一个完整年度，目标价格为 4 元/斤，整个承保期内大商所鸡蛋期货日均价低于目标价格，保险公司便对其差额进行赔付。投保产量为 100 吨，保险费率为 4%，即每吨保费为 4×2 000×4%＝320 元，保费共计 3.2 万元。同时人保财险浠水支公司向美尔雅期货公司购买相应看跌期权分散价格风险，美尔雅期货公司在期货市场上复制看跌期权规避风险。该保险锁定了养殖户最低收益，以此保险单作为抵押，可获得农业银行湖北省分行 80 万元的贷款。

合同签订之后，鸡蛋期货市场价格较低，截止到 2016 年 8 月底，家和美食品有限公司共得到保险公司赔付款 6.5 万元，有效地保证了该养殖企业承保期间的损失。此“保险公司＋期货公司＋银行＋养殖企业”模式为家和美公司的养殖户提供了规避价格风险的有效工具，各参与主体之间的关系具体如图 1 所示。

---

① 大连的玉米“保险＋期货”模式。

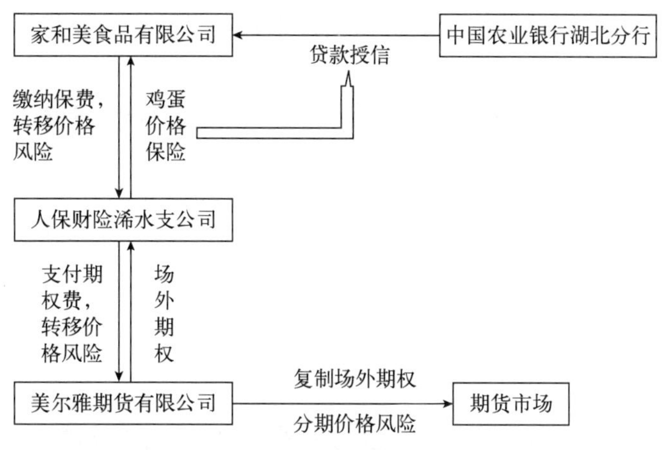

图1 “家和美”鸡蛋期货价格保险参与主体之间关系

资料来源：作者根据“家和美”鸡蛋期货价格保险试点分析整理。

（二）“家和美”调控鲜活农产品价格的效用探讨

1. 确保养殖户基本收益，稳定鸡蛋市场供应

鸡蛋期货价格低于“家和美”合同约定的目标价格时，保险公司快速进行理赔，确保了蛋鸡养殖户的基本收益，有效保障农户进行再生产。期货价格保险合同相当于农户的最低收益保证，农户以此合同可以获得银行的信贷支持，有效缓解农户养殖资金不足的问题，生产的持续性得以保障，鸡蛋供应相对稳定。

2. 科学预测鸡蛋价格，形成合理养殖规划

“家和美”公司的多数鸡蛋养殖户文化水平有限，风险管理相关知识较弱，难以进入鸡蛋期货市场。鸡蛋期货价格信息由于传递过程中的延误和失真，易给养殖户造成错误引导。而农产品期货价格保险合同相对简单，在养殖规模谋划筹备阶段，即可接触到保险合同，保险合同目标价格规定清楚，养殖户可对比合同规定的远期目标价格以及现货价格，相对准确预测远期养殖利润状况，形成科学养殖规划。

3. 促进规模化养殖，提升蛋鸡产业链价值

“家和美”保证养殖户最低收益，外加鸡蛋期货价格保险单可以为养殖户获得资金信贷，加快蛋鸡养殖的规模化，有助于推动传统蛋鸡养殖产业的转型升级，实现蛋鸡养殖的标准化和科技化。与传统小农户分散化养殖相比，规模化和智能化的养殖系统不仅有效降低了饲料供应等的养殖成本，还有助于蛋鸡疾病防控及保障食品安全等，提升蛋鸡产业链的价值。

4. 丰富鲜活农产品价格调控工具，提高鸡蛋市场效率

我国鸡蛋市场实行完全市场化的定价机制，但近几年鸡蛋价格的剧烈波动给蛋鸡养殖户和相关下游企业造成较大影响。鸡蛋期货是我国农产品期货市场上市的首个鲜活农产品，但养殖者介入较少，难以对市场起到保护作用，鸡蛋价格保险由于缺乏巨灾风险分散机制难以大规模推广。“家和美”的试点为蛋鸡养殖户提供合适的价格风

险分散途径，丰富了我国鲜活农产品价格调控工具，显著提高鸡蛋市场的运行效率。

六、美国农产品期货价格保险的实践及启示：牲畜风险保护保险

美国牲畜风险保护保险（Livestock Risk Protection Insurance，LRP）为育肥母牛、肉牛、生猪及羔羊四类牲畜提供价格风险保障，一旦市场价格下降导致损失，保险公司将直接补偿养殖户目标价格与到期实际价格之间的差额，由于目标价格及到期实际价格均依据期货市场确定，因此其本质是农产品期货价格保险。育肥母牛期货价格保险试点较早、产品完善，故以此为例说明。

（一）牲畜风险保护保险（LRP）：以育肥母牛期货价格保险为例

1. 保单具体内容

育肥母牛期货价格保险的保险标的包括阉牛（Steer）、小母牛（Heifer）、婆罗门牛（Brahman）及乳牛（Dairy）四种（见表 3），每种育肥母牛按重量范围（低于 600 磅[①]及介于 600～900 磅）分为两类。育肥母牛的目标价格及到期实际价格均由芝加哥期货交易所育肥母牛价格指数（CME Feeder Cattle Index）确定，但每类育肥母牛的价格与该期货价格指数存在差异，因此分别设定价格调整因素（表 3），以为养殖户提供更有效的价格保障。期货市场价格每日变化，故育肥母牛价格保险的目标价格及费率每日在美国农业部风险管理局网站更新。表 4 给出了科罗拉多州 2017 年 1 月 3 日各类育肥母牛的部分报价信息。养殖户选择 CME 价格指数的 70%～100%确定目标价格，可获得 13～52 周不同的承保期限。对育肥母牛至少拥有 10%的所有权才可投保，每个保单年度内，单个养殖户最多投保 2 000 头育肥母牛，每份保险合约不超过 1 000 头。此外，政府给予养殖户 13%的保费补贴。

表 3　育肥母牛期货价格保险基本内容

项目 \ 育肥母牛种类	育肥母牛					
			阉牛	小母牛	婆罗门牛	乳牛
价格调整因素（基于 CME 育肥母牛价格指数）	重量范围（磅）	低于 600	110%	100%	100%	85%
		600～900	100%	90%	90%	80%
保障水平	70%～100%					
目标价格/到期实际价格依据	芝加哥期货交易所育肥母牛价格指数					
保险期限（周）	13、17、21、26、30、34、39、43、47、52					
承保最大头数/合约	1 000					
承保最大头数/年度	2 000					
保费补贴比例	13%					
最小权益份额	10%					

资料来源：美国农业部风险管理局官网。

① 磅=0.453 592 千克。

表4 美国科罗拉多州2017年1月3日育肥母牛价格保险相关信息

育肥母牛类型	重量（磅）	保险期限	保险年度	CME育肥母牛价格指数[①]（美元）	保障水平	目标价格（美元）	保险费率	保单结算日
阉牛	低于600	13	2017	137.438	0.993 8	136.590	0.044 262	04/04/2017
	600～900	13	2017	124.944	0.993 8	124.170	0.044 262	04/04/2017
小母牛	低于600	17	2017	124.336	0.972 4	120.910	0.042 180	05/02/2017
	600～900	17	2017	111.902	0.972 5	108.802	0.042 180	05/02/2017
婆罗门牛	低于600	21	2017	123.447	0.954 3	117.800	0.039 822	05/30/2017
	600—900	21	2017	111.102	0.954 3	106.020	0.039 822	05/30/2017
乳牛	低于600	26	2017	105.035	0.921 9	96.830	0.036 245	07/04/2017
	600～900	26	2017	98.857	0.921 9	91.140	0.036 245	07/04/2017

资料来源：美国农业部风险管理局官网。

投保时保险单需明确规定每头育肥母牛的重量，由投保人自行提供。养殖户所缴纳保费计算公式如下：

保费＝投保头数×预计每头重量×目标价格×权益份额×当日费率（1－13%）

该保险仅保障因育肥母牛价格下跌给养殖户造成的损失，不保障因育肥牛死亡、疾病及当地市场价格畸变带来的损失。保单到期时，若到期实际价格低于目标价格，则保险公司需支付的赔款如下：

赔款＝实际售卖头数×预计每头重量×（目标价格－到期实际价格）×权益份额

由于CME育肥母牛期货价格指数是一个全国性的期货价格指数，与养殖户当地的实际售卖价格之间存在差异，称为基差风险，与期货、期权合约对冲农产品价格风险产生的基差风险类似，但相对较小[②]，美国农业部风险管理局分品种公布了各地区历年的基差数据。

2. 再保险协议

为分散育肥母牛期货价格保险的系统性风险，联邦农作物保险公司为承保此险种的保险公司提供牲畜价格再保险协议。具体内容如下[③]：

（1）再保险。牲畜价格保险的保费收入会被放入商业基金或者私人市场基金中。若放入私人市场基金中，保险公司可将5%～65%净保费和最终净损失转移给联邦农业保险公司。若放入商业基金中，保险公司可将0～65%净保费和最终净损失转移给联邦农业保险公司。对于自留责任部分（仅限于保费收入放入商业基金中的保单），保险公司需将自留净保费的4.5%支付给联邦农作物保险公司，则：①最终净损失介

① CME育肥牛价格指数已经过价格调整因素调整。

② Mark（2005）及Smit等（2006）用实证分析得出，牲畜风险保护保险的基差风险小于期货、期权合约。

③ 2017年牲畜价格再保险协议．美国农业部风险管理局官网，http：//www.rma.usda.gov/pubs/ra/lpraarchives/ 17lpra.pdf.

于总自留净保费的150％～500％时，可将赔偿责任的90％转移给联邦农作物保险公司；②联邦农作物保险公司承担超过自留净保费500％的全部赔偿责任，向联邦农作物保险公司转移之后剩余的最终净损失责任，保险公司仍可应用商业再保险和私人市场工具分散相应风险。

（2）经营管理费用补贴。开展牲畜价格保险的保险公司可获得管理和佣金补贴，正常年份补贴为净保费的22.2％；巨大损失年份即整个州该险种的损失率超过120％时，补贴比例达到23.35％。

（二）牲畜风险保护保险（LRP）的启示

与我国农产品期货价格保险具体实践相比，美国牲畜风险保护保险（LRP）给农户提供的价格保障基本一致，但保险公司分散系统性价格风险的方式却大相径庭，可为我国农产品期货价格保险的发展提供如下启示：

1. 细分承保品种及公布基差数据为农户提供有效价格保障

育肥母牛期货价格保险按母牛的四个品种及重量范围设计八类保单，养殖户可获得最适合的价格保险。分别给定价格调整因素，调整之后的CME育肥牛期货价格指数与牛的实际售卖价格更接近，较好地减少了基差风险。此外，农业部风险管理局公布历年基差数据，有助于养殖户更准确地预测未来基差，以获得有效的价格保障。

2. 公开的费率信息及多样化的保障水平有助于农户做出科学保险规划

美国农业部风险管理局公布每日承保目标价格及费率相关信息，互联网上公开、透明的费率信息使得养殖户可随时随地获得保费信息，确定合适的保单购买时间。70％～100％多样化的保障水平使养殖户根据自身风险承担能力及保费负担水平做出科学的保险规划。

3. 保费及经营管理费用补贴降低了农户和保险公司的资金负担

政府给予育肥母牛期货价格保险13％的保费补贴，虽然补贴力度不高，但却直接减轻农户的保费负担。联邦农业保险公司补贴保险公司承保该险种所产生的经营管理及佣金，州赔付率较高年份补贴比例提高，显著减轻保险公司运营此险种的资金压力，进一步减少农户的保费支出。

4. 完善的再保险体系是推行农产品期货价格保险的前提

为分散牲畜价格保险的系统性风险，联邦农作物保险公司提供再保险支持，保险公司可将承保责任的0～65％转移出去，放入商业保险基金中的自留责任可以再保险的形式转移给联邦农作物保险公司，此外还有商业化风险分散工具。完善的再保险体系稳定了保险公司的经营。

七、结论及政策建议

农产品期货价格保险是大宗及鲜活农产品价格调控的重要市场化工具，其在价格机制改革中对国家、农产品市场、农户及企业均具有显著效用。美国牲畜价格保护保险与国内农产品期货价格保险最大的不同是系统性价格风险的分散方式。美国经验结合中国实践，可从以下几个方面加快推进我国农产品期货价格保险的发展：

一是建立中央财政补贴机制，助推产品创新。我国传统农业保险得到中央和地方政府的双重补贴，约占保费的80%，美国农产品期货价格得到保费、管理及佣金费用等多重补贴，而我国农产品期货价格保险试点产品仅有地方政府的支持，补贴相对较低，且期货价格保险保费相对较高，故应快速建立中央财政补贴机制。此外，中央财政应积极投入资金，激励保险公司细分农产品种类、开发符合市场需求、提供切实保障的农产品期货价格保险。

二是增加农产品期货品种，提高市场有效性。我国农产品期货品种有限，鲜活农产品仅有鸡蛋有期货产品，生猪期货缺乏，无法推出生猪期货价格保险，行政调控效用不高，导致生猪价格波动频繁给养殖户和消费者带来很大影响，故应加快推进农产品期货上市。农产品期货市场有效性是期货价格开展的前提条件，应加大监管力度、防止过分投机行为等。

三是建立再保险体系，稳定保险公司经营。美国运用联邦农作物保险公司提供的再保险协议分散农产品期货价格保险的系统性风险，而我国几乎没有机构愿意提供此险种的再保险，故保险公司运用场外期权分散风险，但却面临基差、违约、监管等一系列风险，因此可考虑由农业农村部牵头为承保该保险的保险公司提供再保险，以稳定保险公司经营。

四是完善多部门联动模式，推进农业规模化。农产品期货价格保险涉及主体较多，政府给予财政支持，保险公司提供保险服务，期货公司为保险公司分散系统性价格风险，银行为农户提供资金支持。相关部门组织地方保监局、证监局、期货交易所、保险公司、期货公司及银行共同建立研究组，推进“政府+保险公司+期货公司+银行”多方联动模式，拓宽农户的资金来源和技术支持，推进规模化种植，提升相关产业链价值。

参考文献

[1] 安毅，方蕊．我国农业价格保险与农产品期货的结合模式和政策建议［J］．经济纵横，2016（7）：64－69.

[2] 姜长云．关于解决当前粮食库存问题的思考［J］．中国发展观察，2016（14）：33－35.

[3] 李华，张琳．“保险+期货”：一种服务国家农业现代化的新模式［J］．中国保险，2016（7）：33－36.

[4] 刘小微．“保险+期货”扩大试点须先解决好外部问题［N］．金融时报，2016－04－13.

[5] 马龙龙．中国农民利用期货市场影响因素研究：理论、实证与政策［J］．管理世界，2010（5）：1－16.

[6] 宁威．农业保险定价方式创新的研究——农产品价格保险期权定价方法探析［J］．价格理论与实践，2016（11）：1－4.

[7] 秦中春．引入农产品目标价格制度的理论、方法与政策选择［M］．北京：中国发展出版社，2015.

[8] 孙蓉，李亚茹．农产品期货价格保险及其在国家粮食安全中的保障功效［J］．农村经济，2016（6）：89－94.

[9] 王玉刚．黑龙江省开展农产品期货价格保险政策研究 [J]. 农场经济管理，2016 (8)：25 - 26.

[10] 项俊波．做好新时期保险监管工作实现“十三五”保险业发展的良好开局 [J]. 保险研究，2016 (2)：3 - 16.

[11] 余方平．“保险+期货”让更多农户受益 [N]. 中国保险报，2015 - 08 - 18.

[12] 余方平，王玉刚．浅谈农产品期货价格保险（上）[N]. 中国保险报，2016 - 03 - 15.

[13] 张竞怡．“期货+保险”服务“三农”新模式 [N]. 国际金融报，2016 - 02 - 01.

[14] 张峭．基于期货市场的农产品价格保险产品设计与风险分散 [J]. 农业展望，2016 (4)：64 - 66.

[15] 赵姜，龚晶，孟鹤．关于鲜活农产品目标价格保险政策的认识与思考——基于上海、成都两地的调查分析 [J]. 农村经济，2016 (4)：68 - 72.

[16] Burdine K H，Halich G. Payout Analysis of Livestock Risk Protection Insurance for Feeder Cattle [J]. Journal of the ASFMRA，2014，32 (6)：160 - 173.

[17] Coelho A R，Mark D R，Azzam A. Understanding Basis Risk Associated with Fed Cattle Livestock Risk Protection Insurance [J]. Journal of Extension，2008，46 (1)：1 - 25.

[18] Gillespie D F J. Beef Producer Preferences and Purchase Decisions for Livestock Price Insurance [J]. Journal of Agricultural & Applied Economics，2008，40 (03)：789 - 803.

[19] Griffith A P. Livestock Risk Protection Insurance (LRP)：How It Works for Feeder Cattle [J]. University of Nebraska - Lincoln Tennessee Extension，2014，14 (7)：1 - 11.

[20] Griffith A P，Lewis K E，Boyer C N. Timing the Purchase of Livestock Risk Protection Insurance for Feeder Cattle [C]. 2015 Annual Meeting，January 31 - February 3，2015，Atlanta，Georgia. Southern Agricultural Economics Association，2015.

[21] Larson M M，Mark D R，Jose H D. Livestock Risk Protection Insurance for Cattle：A New Price - Risk Management Tool [J]. University of Nebraska - Lincoln Extension，2003，56 (3) 583 - 584.

[22] Mark D R，Prosch A L，Smith R R. EC05 - 839 Livestock Risk Protection Insurance：A Self - Study Guide [J]. University of Nebraska - Lincoln Extension，2005，21 (8)：1 - 40.

[23] Mark D R. EC04 - 833 Hedging and Basis Considerations for Swine Livestock Risk Protection Insurance [J]. University of Nebraska - Lincoln Extension，2004，36 (9)：1 - 25.

[24] Mark D R. EC05 - 835 Hedging and Basis Considerations for Feeder Cattle Livestock Risk Protection Insurance [J]. University of Nebraska - Lincoln Extension，2005，47 (3)：1 - 25.

[25] Milhollin R，Massey R E，Bock B. Livestock Risk Protection (LRP) Insurance in Missouri [J]. University of Missouri Extension，2014，13 (1)：1 - 4.

[26] Smith R R，Mark D R，Prosch A L. Livestock Risk Protection Insurance vs. Futures Hedging：Basis Risk Implications [J]. Nebraska Beef Cattle Reports，2006，22 (5)：85 - 86.

[27] Thompson B，Anderson D P，Bevers S，et al. Livestock Risk Protection - Lamb：New Insurance Program to Help Ranchers Manage Lamb Price Risk [J]. Texas FARMER Collection，2008，33 (6)：1 - 3.

我国生猪价格保险的试点成效、面临的困境及未来出路探讨

——基于四川省生猪价格保险的调查分析

丁少群　檀革宇　王亚茹

摘要：本文主要从四川省及其他典型地区生猪价格保险的试点现状出发，分析了我国生猪价格保险的发展特征、试点成效、存在的问题，重点探讨了生猪价格保险大范围推广面临的主要障碍，包括保障水平低、难以覆盖养殖成本，生猪价格风险高度相关易形成风险叠加而难以分散，生猪价格保险供求错位，产品设计经验不足、费率厘定偏差大等。针对这些障碍因素，提出了将生猪价格保险纳入国家农产品价格保护体系、积极发挥价格调节基金对生产者的补偿作用、科学合理确定生猪价格保险的保障价格及赔付触发机制、完善生猪价格保险巨灾风险分散机制等对策建议。

关键词：生猪价格保险；试点成效；困境；政策建议

农业保险是一种有效转移和分散农业风险的市场机制，是现代农业风险管理的主要手段，同时，也是WTO框架下农业保护和支持的重要方式，因而受到世界上许多国家的高度关注与重视。2007年以来，在各级政府的大力支持下，我国政策性农业保险迅速发展，且在降低农民承担的风险、补偿农业灾害损失、恢复农业灾后生产等方面发挥了越来越重要的作用。但是，目前我国农业保险，无论是种植业保险还是畜牧业保险，基本上是保障自然灾害、意外事故以及动植物疾病等原因导致的产量损失，对于所面临的市场价格风险却没有纳入保障范围之中。而实际上，现代农业发展中农产品价格风险比生产风险的影响更大，因为农产品价格的频繁波动不仅直接影响到农业生产者的收入水平，同时也直接影响到广大消费者的日常生活水平质量。

2011年安信农业保险公司在上海市农委的支持下，率先在全国推出蔬菜价格指数保险，将农业保险的承保范围从传统的产量风险扩展到价格风险，引起了社会各界的强烈反响。2012年安华农险公司在北京市农委的支持下在全国率先推出了生猪价

作者简介：丁少群，西南财经大学保险学院教授、博导，中国农业与农村保险研究中心主任；檀革宇、王亚茹，西南财经大学保险学院研究生。

格指数保险试点。随后，四川、浙江、江苏等省份也纷纷先后开展了蔬菜和生猪等农产品价格保险的试点。其中，四川省的生猪价格保险呈现出多家公司多样化的试点局面。本文主要从四川省生猪价格保险的试点情况入手，同时，结合国内其他地区的试点，总结分析我国生猪价格保险试点特征及效果，并重点对生猪价格保险广泛推广可能遇到的困境及未来出路进行探讨。

一、我国生猪价格保险的试点现状、特征及初步成效分析

由于猪肉对我国广大消费者的日常生活影响较大，为了应对生猪养殖风险，我国早在 2007 年就启动了生猪保险业务，目前生猪保险已成为我国政策性农业保险的重要组成部分。然而，生猪养殖户除了面临自然灾害、疫病与意外事故等生产风险外，还会面临生猪和饲料价格频繁波动等市场风险①。国外典型国家和地区可以通过期货市场来分散生猪养殖的市场风险②，而我国却没有相应的生猪期货，这样我国生猪价格风险的分散很难借鉴它们的先进经验，同时，与其他农产品相比，生猪价格波动更明显地表现出周期性和季节性波动，市场风险特征更加显著和复杂。

（一）国内生猪价格保险试点产生及发展的一般分析

2013 年，北京市农委和安华农险公司以北京市顺义区作为试点率先推出了生猪价格指数保险，为试点区域内 41 万头生猪提供总共 5 亿元的保障额度，安华农险公司所售出的首批生猪价格指数保险的保险期间是从 2013 年 5 月 1 日到 2014 年 4 月 30 日。鉴于我国生猪养殖达到盈亏平衡点的“猪粮比价”约为 6：1，所以，安华农险公司将保障价格设置为 6：1，只要“猪粮比价”低于保障价格，保险公司会按照差价比例给予养殖户赔付。2014 年 5 月 16 日，该保险产品完成其首次赔付，143 户专业化大型生猪养殖场，共计获得赔款 410 万元。继安华农业保险公司在北京市首次推出生猪价格指数保险之后，湖北、山东、辽宁等部分省份也纷纷涉水尝试。2014 年下半年，生猪价格指数保险在重庆、浙江、江苏、安徽等省份进一步推广开来。到目前为止，生猪价格指数保险在我国已经发展了近三年，通过对开展生猪价格指数保险的试点情况进行比较，发现虽然不同试点地区的保险责任规定不尽相同，但从推出的情况看各地均采用了猪粮比价这一指标，将保险期限猪粮比价的平均值作为预期价格，并以此确定保障价格。具体试点情况见表 1。

① 张峭，汪必旺，王克．我国生猪价格保险可行性分析与方案设计要点［J］．保险研究，2015（1）．

② CE Hart，BA Babcock，DJ Hayes. Livestock revenue insurance［J］. Journal of Futures Markets，2001，21（6）：553－580.

表1 部分省（市）生猪价格指数保险试点情况表

保险参数	北京	山东	辽宁	湖北	浙江	江苏
保险机构	安华农险	安华农险	安华农险	平安财险	人保财险	太平洋产险
签单日期	2013/5/24	2014/5/22	2014/12/2	2014/6/4	2014/7/15	2014/12/11
保险期限	一年	一年	一年	一年	一年	一年
理赔周期	一年	一年	6月	一年	1月	1月
赔付标准	6：1	6：1	6：1	6：1	5.7：1	5.8：1
保险金额（元/头）	1 200	1 200	1 276	1 500	1 374	1 000
保险费率（%）	1	1	4.4	1.6	1.8	5
保费（元/头）	12	12	12.14	24	24.73	50
政府补贴比例（%）	80	100	50	58.33	80	50
农户缴纳保费（元/头）	2.4	0	6.07	10	4.95	25
承保生猪（万头）	41	1.25	6.07	1.35	10.8	未公开

数据来源：保险统计年鉴。

从部分省（市）生猪价格指数保险的试点情况来看，生猪价格指数保险基本上能够在市场生猪价格下行时期将生猪养殖户的收入水平（主要弥补养殖成本）锁定，稳定生猪养殖户的现金流，一定程度上能够调动生猪养殖户的养殖热情以及保持生猪养殖业的持续性，从而使得生猪市场能够朝着规模化、正规化的方向稳定发展。

试点地区利用价格保险来稳定市场价格的波动，是一种对于生猪行业整体的保护措施，并且各级政府在不同程度上给予的生猪养殖户保费补贴，不同于直接给予农户生产方面的补贴，而是从生猪行业的下游入手，设置了一层“保护网”，成为猪肉供给及猪肉价格的稳定器，一定程度上防止了“肉贱伤农、肉贵伤民”现象的出现。

国家发展改革委员会基于对试点地区调查反馈的情况，2015年发布了《缓解生猪市场价格周期性波动调控预案》，根据2012—2014年间的生产成本进行测算的结果，对“猪粮比”预警指标进行了调整，从原来低于6∶1则低于盈亏平衡点，改为当“猪粮比”处于5.5∶1～8.5∶1之间，均为利润正常合理区间（表2），即2015版修订预案提高了生猪养殖户赔付的门槛。

表2 “猪粮比”预警区域具体情况

预警区域	“猪粮比”区间	对应情况
绿色区域	5.5∶1～8.5∶1	价格正常
蓝色区域	8.5∶1～9∶1或5.5∶1～5∶1	价格轻度上涨或轻度下跌
黄色区域	9∶1～9.5∶1或5∶1～4.5∶1	价格中度上涨或中度下跌
红色区域	高于9.5∶1或低于4.5∶1	价格重度上涨或重度下跌

数据来源：《缓解生猪市场价格周期性波动调控预案》（2015）。

（二）四川省生猪价格保险多家公司的多样化试点情况

2013 年 8 月 13 日，中航安盟财险公司和成都市农委开展合作，在彭州市与当地养殖户签发了四川省第一单育肥猪价格指数保险。该价格保险是以育肥猪价格为保险标的的一种保险产品，在保险期间育肥猪平均价格指数低于保险责任约定价格指数时，视为保险事故发生，保险公司按保险合同的约定负责赔偿。而养殖户饲养的育肥猪出栏时，根据约定数据采集渠道按发布频率公示的育肥猪价格与公示的玉米价格计算每批次平均猪粮比价，若平均猪粮比价跌至保单上载明的“约定猪粮比价”以下的应当视为保险事故的发生，之后保险人按保险约定负责赔偿。之后，中保财险也在成都市龙泉驿区开展了类似的生猪价格保险，以猪粮比价 6∶1 为盈亏平衡点，当实际猪粮比价低于 6∶1 时，按差价进行赔款。

与中航安盟财险和中保财险的做法不同，锦泰保险首创性地引入四川省农业厅官方网站的月度出栏肉猪价格信息作为案情触发标准，即采用的是绝对数来进行承保。当网站发布的价格低于约定保险价格时，视为保险事故发生，被保险人无需报案，公司将根据合同约定对其进行赔偿。其优势在于：避免了发生保险案件后，养殖户需要换算猪粮比后才清楚自己是否能获得赔付，赔付金额多少。成都市生猪价格保险的具体开展试点情况见表 3 所示。

自 2013 年 8 月生猪价格指数保险开展试点以来，截至 2014 年年底，成都市 4 个区（市）县共承保育肥猪 2.878 万头，承保单位收取保费 240.4 万元，提供了 4 281.9 万元保险保障，目前，已决赔款 319.15 余万元，有效化解了市场价格波动对生猪养殖户造成的经济损失。成都市上述试点地区的生猪价格保险，在 2013—2014 年生猪市场价格低迷时期，较为有效地化解了养殖户生猪出栏价格风险。在提高养殖户的风险防御能力、促进当地生猪市场的稳定健康发展等方面，反馈的效果较为明显。

表 3　四川省成都市生猪价格指数保险试点情况

保险参数	龙泉驿区	彭州市	邛崃市
保险机构	中保财险	中航安盟	锦泰保险
赔付标准	6：1	5.6：1	14.8 元/千克
保险金额（元/头）	1 500	1 400	1 480
保险费率（%）	5	6	6
保费（元/头）	75	84	88.8
政府补贴比例（%）	80	70	80
农户缴纳保费（元/头）	15	25.2	17.76
承保生猪（万头）	1	0.24	1

（续）

保险参数	龙泉驿区	彭州市	邛崃市
保险责任	以猪粮比6∶1为盈亏平衡点，当实际猪粮比价格低于6∶1时，按差价进行赔款	与投保人在保险合同中约定1年出栏12个批次，每个月1批，在理赔当月，计算连续4个月猪粮比价的平均值与约定猪粮比价对比，如低于约定猪粮比5.6∶1，保险公司进行理赔	在保险期间内，如果四川省农业厅官方的月度出栏肉猪价格低于保险价格，则按差额进行赔付
指数采集源	综合发改委网站、省畜牧局网站公布的毛猪和玉米价格计算猪粮比	通过成都市农业信息网每旬公布的毛猪和玉米批发价格计算猪粮比，再平均每期数据	通过四川省农业厅官方公布的月度出栏肉猪价格

资料来源：成都市农业信息网等。

二、生猪价格保险大范围推广所面临的困境

（一）确定保障水平的标准低，难以覆盖养殖成本，投保积极性不高

虽然我国生猪价格指数保险的试点有所成效，但是总体保障水平有限。生猪价格指数保险保障水平的确定基本还是以保障养殖成本为主导思想，对养殖户所起作用主要是在价格大跌时提供再生产所需的部分资金，并不能保障养殖户的收益或者是全部养殖成本，总体上保障水平较低。

目前，各试点地区对承保对象均设定了一定条件，只有符合条件的养殖户才能参保，而且承保对象要符合当地畜牧产品产业发展规划，具有一定的生产规模，生产管理水平较高，生产风险相对较小，加上只对部分畜牧产品品种加以承保。因此，对于大多数其他畜牧产品品种和养殖户还不能得到价格保险提供的风险保障，保险覆盖面较窄。

本文通过对成都市生猪价格保险的试点数据研究发现，即使生猪价格下降达到赔付要求，养殖户也有可能无法得到养殖成本的完全补偿。以成都市彭州市的生猪价格保险试点为例，中航安盟保险公司给出的赔付标准是5.6∶1。中航安盟保险公司通过测算2014年3月的当期猪粮比为5.39∶1，显然低于赔付标准5.6∶1，达到赔付标准。然而，当期的玉米价格为2.5元/千克（图1），按照赔付标准5.6∶1，我们可以计算出生猪的出栏保障价格为14元/千克，这并没有达到四川省生猪当期的养殖成本15.197 5元/千克（表4），这就意味着保险公司设定的赔付标准无法做到养殖成本的全覆盖。我们再以锦泰保险对邛崃市采用的绝对数的赔付标准（14.8元/千克）为例，这个赔付标准在2012年之后也是无法完全弥补养殖户的养殖成本的。因此，全省甚至全国按照同一猪粮比或是统一的绝对价格来确定保障价格是不合理的，建议应

该考虑各个地区养殖习惯、养殖成本的差异状况。

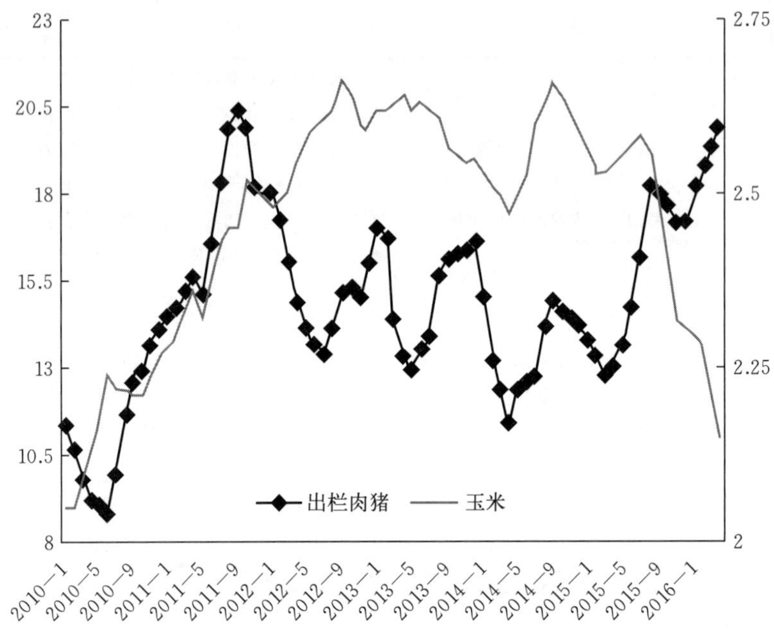

图 1　四川省出栏肉猪和玉米的价格折线图

数据来源：四川省农业厅信息中心。

从图 1 可以看出，出栏肉猪和玉米的价格波动相关性整体上是正相关的，且出栏肉猪价格波动的程度显然大于玉米价格的波动程度。这说明在我们国家没有生猪产品期货市场的情况下，与采用绝对数定价相比，保险公司选择“猪粮比”作为担保价格，可以反映生猪养殖成本、市场价格随玉米价格波动而波动的动态变化状况，是相对符合我国开展生猪价格保险试点这一国情的。因为生猪价格风险具有周期性波动、季节性波动和随机性波动的特点，而以固定价格担保（绝对数）无法应对随机性风险，所以，应依据猪粮比来确定生猪价格保险的保障价格，以便有效应对随机性风险对投保养殖户造成的损失。

表 4　四川省历年生猪养殖成本状况

单位：元/千克

年份	总成本	生产成本		土地成本
		物质和服务费用	人工成本	
2011	11.785 1	10.929 6	0.835 6	0.019 9
2012	14.921 2	13.952 1	0.951 8	0.017 3
2013	14.966 9	13.762 6	1.187 0	0.017 3
2014	15.197 5	14.070 1	1.110 4	0.017
2015	16.053 8	14.624 9	1.411 6	0.017 3

数据来源：《全国农产品成本收益资料汇编》(2011—2015)。

（二）生猪价格风险具有高度相关性，承保范围扩大将使风险叠加而更加难分散

从目前试点情况来看，生猪价格指数保险试点能够取得较好成效的主要原因之一，是试点地区范围都很小，承保生猪的头数也很有限，承保的生猪具有本地化和承保地区较为封闭等特点，对保险公司而言，所保价格风险不是太大。但是，不同养殖户的生猪价格风险并非相互独立的，而是具有高度相关性，如果将承保范围不断扩大，推广到全省、全国，由于市场流通性较强，其生猪的价格不仅受到当地供求关系的影响，还会受到全国供求关系的影响，因而，不同地区的生猪市场价格高度相关，价格会同时趋向同一方向变化，即总体会呈现同升同降的价格走势，决定了价格风险具有地区之间同时集中发生和巨灾风险的特征，从而导致全省、全国范围内推广生猪价格保险，不会因为承保范围的扩大、承保生猪头数的增加而使风险更加有效分散，反而使保险公司的经营风险更加集中，面临巨额赔付的可能性和更大的经营不确定性。另外，生猪市场价格涨跌因受经济社会等多种因素影响，很难通过常规数理统计等方法准确衡量其风险损失高低，进而保险公司应收取的合理保费也就很难确定。

目前，由于交通运输的日益便利和市场化改革的推进，我国农产品市场一体化程度越来越高，同种农产品在不同地区间的价格走势基本一致，因此，生猪价格风险的系统性特点也将会更加明显。虽然系统性风险在时间上能够予以分散，但是在空间上却难以分散，这就决定了一旦出现价格下降，保险公司可能会面临集中的巨额赔付风险。因此，生猪价格风险的可保性难以确定，这样的话，在缺乏相关强有力的巨灾损失分摊机制的前提条件下，生猪价格保险就很难在大范围内加以推广。

（三）生猪价格保险供求容易出现错位，从而难以达到有效均衡

正如上文分析的生猪价格风险具有系统性风险、巨灾风险的显著特征，但猪肉价格的变化并非随机的无规律的上下波动，通常表现为周期性趋势变动。表 5、图 2 中所示四川省待宰活猪出栏价（剔除季节性影响因素），在 2010 年 6 月—2011 年 7 月、2015 年 3 月—2016 年 4 月，都有长达一年左右的价格持续上涨趋势。在生猪价格持续上涨期间，有经验的理性的养殖户通常都会选择不购买价格保险，因为基本没有转嫁价格下跌风险的必要性。而在 2011 年 7 月—2012 年 9 月的一年多时间里，生猪市场价格又基本表现为单边的下跌趋势，在价格持续下跌期间，养殖户投保积极性会高涨，但保险公司一旦大量承保，意味着必然发生大量赔付。可见，在生猪市场价格持续上涨期间，生猪价格保险虽然供给充足，但需求会很少；而在生猪市场价格持续下降期间，生猪价格保险的需求旺盛，但保险公司因担心赔不起而保险供给缺乏，从而生猪价格保险在完全自愿参保和自由承保的状况下，很容易出现供给与需求在时间点上的错位。从四川省 2010—2016 年的生猪市场价格表现来看，只有在 2013—2014 年，生猪市场价格基本是围绕成本线频繁上下波动的，在此期间的生猪市场价格难以形成稳定的一致预期，客观上使生猪价格保险供求容易实现平衡，此时的价格保险试

点也相对容易成功。但从 2015 年下半年以来，随着四川生猪市场价格的持续大幅上涨，已经鲜有养殖户购买价格保险，即使财政补贴比例高达保费的 80%，也需求不足。

2015 年 5 月开始，四川省猪肉价格出现大幅持续上涨趋势，其成因在于：①生猪散养户大量且快速退出。散养生猪在全省生猪市场占比约为 50%，但由于散户所获政策支持不足且散养性价比大幅下降，散养户养殖积极性大幅降低；②行业门槛提高，新加入的生猪养殖者数量减少。四川养猪行业处在区域整合阶段，绿色环保等标准出台，养殖成本提高。

另外，从目前试点来看，生猪价格保险的承保对象是具有一定生产规模养殖户。但是，对于规模较大的养殖户而言，一般都有较为稳定的销售渠道从而面临较小的价格风险，参与度不高，再加上其议价能力较强，使得保单的设计实施成功推广概率大为降低；而对于那些规模较小或是散户而言，由于没有固定的销售渠道，加上信息不对称，其面临的价格风险较高，有很强的购买意愿。这样，生猪价格保险的供给与需求也存在一定的错位。

表 5 四川省待宰活猪出栏价（含剔除长期趋势和季节性影响）**计算表**

单位：元/千克

时间	出栏价	剔除长期趋势出栏价	季节性指数	剔除季节性影响出栏价	时间	出栏价	剔除长期趋势出栏价	季节性指数	剔除季节性影响出栏价
2010 - 1	11.31	—	1.036 0	10.917 5	2011 - 6	16.54	13.901 7	0.894 3	18.494 8
2010 - 2	10.61	—	1.004 2	10.566 0	2011 - 7	18.41	14.603 3	0.950 1	19.377 2
2010 - 3	9.77	—	0.959 8	10.179 1	2011 - 8	19.91	15.288 3	1.050 9	18.945 7
2010 - 4	9.21	—	0.934 5	9.855 9	2011 - 9	20.35	15.923 3	1.091 4	18.645 0
2010 - 5	9.14	—	0.867 8	10.532 9	2011 - 10	19.92	16.507 5	1.082 7	18.398 3
2010 - 6	8.71	—	0.894 3	9.739 4	2011 - 11	18.06	16.871 7	1.061 5	17.013 0
2010 - 7	9.99	—	0.950 1	10.514 8	2011 - 12	17.96	17.190 8	1.077 9	16.663 9
2010 - 8	11.69	—	1.050 9	11.123 8	2012 - 1	17.97	17.48	1.036 0	17.346 4
2010 - 9	12.73	—	1.091 4	11.663 4	2012 - 2	17.19	17.69	1.004 2	17.118 6
2010 - 10	12.91	—	1.082 7	11.923 8	2012 - 3	15.97	17.755	0.959 8	16.638 6
2010 - 11	13.69	—	1.061 5	12.896 4	2012 - 4	14.87	17.692 5	0.934 5	15.912 8
2010 - 12	14.13	11.157 5	1.077 9	13.110 3	2012 - 5	14.13	17.606 7	0.867 8	16.283 3
2011 - 1	14.5	11.423 3	1.036 0	13.996 8	2012 - 6	13.69	17.369 2	0.894 3	15.308 0
2011 - 2	14.67	11.761 7	1.004 2	14.609 0	2012 - 7	13.5	16.96	0.950 1	14.209 2
2011 - 3	15.19	12.213 3	0.959 8	15.826 0	2012 - 8	14.19	16.483 3	1.050 9	13.502 7
2011 - 4	15.62	12.747 5	0.934 5	16.715 4	2012 - 9	15.14	16.049 2	1.091 4	13.871 5
2011 - 5	15.16	13.249 2	0.867 8	17.470 3	2012 - 10	15.3	15.664 2	1.082 7	14.131 2

（续）

时间	出栏价	剔除长期趋势出栏价	季节性指数	剔除季节性影响出栏价	时间	出栏价	剔除长期趋势出栏价	季节性指数	剔除季节性影响出栏价
2012－11	15.17	15.423 3	1.061 5	14.290 6	2014－8	14.17	14.107 5	1.050 9	13.483 7
2012－12	16.12	15.27	1.077 9	14.956 7	2014－9	14.96	14.007 5	1.091 4	13.706 6
2013－1	17.08	15.195 8	1.036 0	16.487 2	2014－10	14.61	13.874 2	1.082 7	13.493 9
2013－2	16.72	15.156 7	1.004 2	16.650 5	2014－11	14.45	13.719 2	1.061 5	13.612 3
2013－3	14.42	15.027 5	0.959 8	15.023 7	2014－12	14.17	13.511 7	1.077 9	13.147 4
2013－4	13.21	14.889 2	0.934 5	14.136 4	2015－1	13.72	13.403 3	1.036 0	13.243 9
2013－5	12.86	14.783 3	0.867 8	14.819 8	2015－2	13.3	13.408 3	1.004 2	13.244 8
2013－6	13.62	14.777 5	0.894 3	15.229 7	2015－3	12.79	13.443 3	0.959 8	13.325 5
2013－7	13.92	14.812 5	0.950 1	14.651 3	2015－4	13.1	13.59	0.934 5	14.018 7
2013－8	15.65	14.934 2	1.050 9	14.8920	2015－5	13.75	13.7	0.867 8	15.845 4
2013－9	16.16	15.019 2	1.091 4	14.806 0	2015－6	14.71	13.878 3	0.894 3	16.448 5
2013－10	16.21	15.095	1.082 7	14.971 7	2015－7	16.19	14.16	0.950 1	17.040 5
2013－11	16.31	15.19	1.061 5	15.364 5	2015－8	18.21	14.496 7	1.050 9	17.328 0
2013－12	16.66	15.235	1.077 9	15.457 7	2015－9	18.1	14.758 3	1.091 4	16.583 5
2014－1	15.02	15.063 3	1.036 0	14.498 7	2015－10	17.71	15.016 7	1.082 7	16.357 1
2014－2	13.24	14.773 3	1.004 2	13.185 0	2015－11	17.09	15.236 7	1.061 5	16.099 3
2014－3	12.37	14.602 5	0.959 8	12.887 9	2015－12	17.18	15.487 5	1.077 9	15.940 2
2014－4	11.34	14.446 7	0.934 5	12.135 2	2016－1	18.3	15.869 2	1.036 0	17.664 9
2014－5	12.43	14.410 8	0.867 8	14.324 3	2016－2	18.86	16.332 5	1.004 2	18.781 6
2014－6	12.57	14.323 3	0.894 3	14.055 6	2016－3	19.46	16.888 3	0.959 8	20.274 7
2014－7	12.81	14.230 8	0.950 1	13.483 0	2016－4	19.48	17.461 7	0.934 5	21.381 1

注：剔除长期趋势出栏价，采用的是12项移动加权平均统计方法；

季节性指数＝各年相同月份价格合计平均数÷各年价格合计平均数。

数据来源：四川省农业厅信息中心。

从图2可以看出，剔除长期趋势的生猪出栏价的折现图较为平稳，其次是剔除季节性影响的出栏价，最后出栏价的波动幅度较大，不过始终是围绕剔除季节性影响的出栏价上下波动，这说明生猪的价格波动具有季节性，但从长期来看这种季节性变动又不是很明显。

从图2中的剔除长期趋势的出栏价波动幅度，可以看出四川省生猪价格的波动存在着显著的周期性，且周期的时间区间为30～40个月。同时在一个长周期的时间里，会有几个短周期同时存在。另外，生猪出栏价的季节性较为明显，每年10月到次年

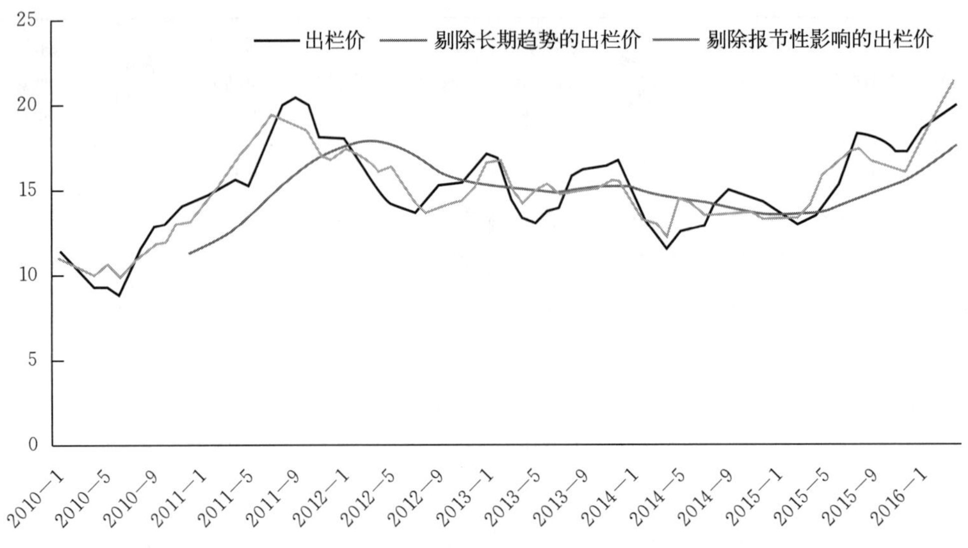

图 2　四川省生猪价格实际出栏价和剔除季节因素的出栏价折线图

2 月生猪出栏价较高；5—9 月生猪出栏价相对较低①。

（四）价格保险运营所需要的信息采集及其支持体系不健全，基础数据不足

国外典型国家（如美国、加拿大）生猪价格保险的顺利实施得益于其完善健全的期货市场。由于期货市场的存在，生猪价格变动能够获得准确的市场监测数据，从而为农产品价格保险提供有力的信息支持。然而，就我国现阶段而言，虽然有郑州商品交易所和大连商品交易所，其主要作用是发布像大豆、玉米等大宗作物农产品的价格信息。因此，在这种情况下，我国生猪价格保险中定价理赔就只能通过地方政府相关部门的调查数据来确定，而这些调查数据对于各地区在确定合理的生猪保障价格标准和赔付触发条件时，其提供信息的全面性、针对性和及时性都存在不足。

除了价格数据的市场性不足以外，生猪养殖成本数据也处于相对匮乏的状态，保险公司一般采用的数据与试点地区的实地情况不匹配，成本数据的选择没有具体到承保地区。生猪价格保险的定价不仅要充分考虑到其生产环境、产销特点、市场风险大小等诸多因素，而且还需要有较为完备的生猪出栏价格、产出、成本收益等数据信息。虽然生猪本身的市场价格至少还有政府相关部门在进行着相应的采集工作，但是细化到生猪养殖成本上，似乎就只有通过全国化的公用信息进行推敲估计。而养殖户的具体生产成本尚无相关的动态性采集数据。

数据的缺失很大程度上源于数据采集体系的不健全，同时农业信息较难采集的内在特点也造成了现在的尴尬局面。在试点地区，这些信息获取和处理起来尚且不易，

① 毛学峰，曾寅初．基于时间序列分解的生猪价格周期识别［J］．中国农村经济，2008（12）．

如果对大多数区域和多品种推广，影响价格的环境因素更为复杂，加上必要的历史数据的缺失，那么很难做好生猪价格保险的合理定价，定价困难，这就决定了生猪价格保险的推广难度较大。

（五）生猪价格保险产品设计经验不足，保险费率厘定偏差较大

从四川等地的试点情况来看，生猪价格保险的试点时间短，积累的经验少。保险产品的合理设计，最为重要的依据是前期数据与历史经验。虽然国外相关产品的开办时间较长，经验丰富，但是由于国情差异，我们能够借鉴的也相当有限。所以就现有的试点经验来看，由于时间较短、数据不足、区域性差异较大的原因，保险产品的设计很难做到马上全面推广。

从保险人的角度出发，由于经验不足，那么就会在产品设计的费率制定中采用保守估计，以降低保险人自身的财务经营风险。价格风险属于市场风险，对于保险人而言，原本就是传统意义上的不可保风险，而生猪价格的波动相对于其他产品而言，又有着更加复杂的风险结构。因此，从这个意义上讲，设计出一份费率合理、条款适当的标准价格保险产品已有一定难度，而设计好一份农产品价格保险产品对保险人的要求也就更高。

由于各个地方生猪市场情况不同，养殖成本不同，保险公司的保障能力也不同，因此，各个保险公司厘定的保险费率也应该存在一定的差异性。但是，多大的差异才是合理的呢？以本次调查的四川生猪价格保险为例，由于生猪价格不稳定且养殖风险较大，保险人所制定的费率就可能相对偏高。北京、山东的生猪价格保险费率为1%，辽宁费率为4.4%，而四川的费率则高达5%（人保）、6%（锦泰、安盟），即北京每头猪保费12元、四川每头则要80元左右，而各地区每头猪保险金额的水平、生猪价格走势基本相近。这一方面说明保险公司厘定生猪价格保险费率确实缺乏经验和统一标准，另一方面说明价格作为各家投机风险公司对其认知与测算大相径庭。就四川省试点公司来看，从图2中我们可以看出，四川省待宰生猪的价格（即出栏价）波动幅度较大，且生猪价格波动呈现出周期性、季节性、随机性等特征，这就决定了生猪养殖经营风险很大。一旦保险公司大面积承保，发生大量集中性赔付的可能性就很高，进而危及保险公司的偿付能力。因此，由于赔付风险较高，也会导致保险公司需要收取很高的保费以维持经营，而这往往又超出养殖户的承受能力。这些都会影响到生猪价格保险的大规模推广。

（六）全面推广将带来地方财政补贴压力大，易出现市场失灵和逆向选择

目前生猪价格保险的试点均限定在一定的区域范围和养殖条件要求内，承保规模和保障金额有限。虽然政府补贴程度占保费额度的70%以上，财政压力总体上还是可以承受，风险也相对可控。但是，如果要大范围推广，那么在没有中央财政补贴的情形下，地方政府就会面临巨额的财政补贴压力。

从现有试点地区来看，当地政府的财政实力均较为充足，能够对生猪养殖户提供保费补贴，从而试点较易成功。然而，一旦进行推广，有些地区的财政就难以进行高额充足的补贴，加上没有国家层面的财政补贴，而各地财政实力和参与的积极性存在差异，这样养殖户就可能因为保费负担过高，而不会进行投保，故而推广起来较为困难。

另外，由于生猪价格的波动性较大，属于投机性风险，价格保险较之自然灾害保险更容易产生逆向选择和道德风险。规模较小的养殖户或散户更倾向于投保，在理赔时更容易夸大损失程度，从而造成保险公司的供给成本过高。与此同时，由于生猪价格波动通常有周期性和季节性的波动规律①，这样，养殖户可以从生猪价格的历史数据或过去经营的经验中判断生猪价格的周期性和季节性走势，做出有利于自己而不利于保险公司的投保选择。如果生猪价格保险的保障价格和保险期间设置不够合理，这些都可能诱发严重的逆向选择和道德风险问题。

三、生猪价格保险大规模发展的出路及对策探讨

要全面推广生猪价格保险，必须设法克服上述诸多经济或技术方面的阻碍因素。具体发展出路及对策举措包括：

（一）将生猪价格保险纳入国家农产品价格保护体系，同时积极发挥价格调节基金对生产者的补偿作用

生猪价格保险要获得全面发展，首先必须提升其在国家农业支持保护体系中的地位。根据国家发展改革委《全国农村经济发展“十二五”规划》，当前我国农村经济发展进入新阶段，出现了新变化，主要农产品供求进入紧平衡阶段，农业生产进入高成本阶段。原因在于：随着人口总量增加、城镇人口比重上升、人民生活水平提高及农产品工业用途不断拓宽，保障主要农产品供给特别是粮食安全的压力越来越大，部分农产品品种结构和地区结构不平衡的矛盾突出；在生产投入方面，农资、农机、土地等费用呈上升态势，人工成本提高，导致生产成本加速上升。在此新形势下，必须进一步完善包括农产品价格保护制度在内的农业支持保护体系②。农产品价格保护制度包含了粮食最低收购价政策、主要农产品储备体系、生猪市场价格调控预案等。相对于政府临时收储等直接干预市场价格的措施，生猪价格保险是市场化的风险管理手段，有利于充分发挥市场机制作用，不妨碍市场价格形成机制，不会扭曲养殖户的生产行为，有利于充分发挥市场调节生产的机制作用，建立生猪产业市场风险的防范和分散机制。另外，通过政府对价格保险的保费补贴，还可以带动投保人的保费投入，

---

① 张峭，宋淑婷．中国生猪市场价格波动规律及展望［J］．农业展望，2012（1）．

② 根据国家发展改革委2012年8月6日印发的《全国农村经济发展“十二五”规划》，完善的农业支持保护制度包括建立投入增长稳定机制、健全农业补贴制度和农产品价格保护制度等。

从而可以发挥政府补贴的杠杆作用，为农业安全网筹集到更多的保障资金。建议把生猪等农产品价格保险纳入国家农产品价格保护体系之中，中央财政为其直接提供预算资金支持，形成农产品价格保险机制与最低收购价政策的协同效应。

与此同时，还应充分发挥地方政府价格调节基金（通过扶持生猪价格保险的方式）对生猪养殖户的价格补偿作用。价格调节基金是《中华人民共和国价格法》明确规定的政府调控市场价格的重要经济手段，是国务院授权地方政府多渠道筹集，用于调控生活必需品等重要商品价格的专项资金。早在 1988 年国务院《关于试行主要副食品零售价格变动给职工适当补贴的通知》中，就明确提出要在全国城市中建立副食品价格调节基金的要求，其目的就是调控副食品价格、稳定市场供应。主要面向旅店业、饮食业、娱乐业、通信业、烟草行业及酒类、化妆品生产行业的各类企业和个体工商户，以缴纳义务人实际缴纳的增值税、消费税、营业税的税额为计征依据按 1% 税率进行征收积累。可见，价格调节基金的性质就是政府平抑农产品市场价格，用于吞吐商品、平衡供求或者支持经营者的专项基金，用于平抑粮油副食品等生活必需品价格异常波动。当粮油副食品等群众生活必需品价格剧烈波动时，根据价格波动的原因、影响的环节，可适时使用价格调节基金对相关商品生产者、经营者或消费者给予适当补贴。在计划经济转轨改制过程中，它主要是对因基本生活必需品价格大幅上涨或政府提高价格而影响基本生活的低收入群体给予动态价格补贴。当前作为物价补贴对消费者进行补贴的支出已经大大减少，该基金应更多地用于对蔬菜、生猪等主要农副产品生产者的支持。特别是在生猪出栏价格连续跌破养殖成本期间，价格调节基金通过生猪价格保险对养殖户进行转移支付保证养殖成本得以充分补偿，帮助其渡过难关和保持养殖积极性，有利于保障生猪市场供应。

尽管国务院规定价格调节基金在 2016 年 2 月 1 日起停止征收，保障调控物价、稳定市场价格所需资金将由各地政府预算统筹安排，但是，通过 28 年的征收大部分地区都已经积累结余了较大规模的价格调节基金，至少可以拿出一部分作为生猪价格保险的补贴资金。

（二）科学合理确定生猪价格保险的保障价格及赔付触发机制

公正、透明、客观的价格指标是生猪价格保险有效推行的前提，而且这个指标应该满足标准化、检验的可量化、价格的频繁公布、充分竞争的定价和较全面地反映标的价值这些条件。恰好期货价格就符合这些条件，美国、加拿大等国家就充分利用了农产品期货市场的价格发现功能。但国内虽有农产品期货市场，却没有生猪期货交易，所以，我们只能采取其他方式来确定生猪价格保险的保障价格。结合国内不同地区的试点，科学合理确定生猪价格保险的保障价格，必须明确以下问题：

1. 生猪价格保险的保障目标是保饲料成本、保全部成本（含饲料、环保处理、人工成本等）**还是要保部分收益？**

这不仅涉及保障水平高低的确定标准，还涉及保费的高低和政府补贴支出水平。

我们建议保全部成本，以充分保护养殖户的再生产能力和养殖规模的相对稳定性。但不同地区的养殖方式、饲料构成与价格、环保要求是有差别的，因此，不应采用全国统一的保障价格（或猪粮比 6∶1），应根据各地区的实际饲养总成本来确定保障价格，体现出地区差异。

2. 保险期限内是采用固定的保障价格水平还是动态的保障价格水平？

目前大部分地区是采用猪粮比确定保障价格，因猪、粮价格是不断变化的（发改委每周更新一次），也就意味着保障价格是动态变化的。这一确定机制的好处在于，可以实时跟踪玉米等饲料价格和养殖成本的变动保障净收入水平，弊端在于操作繁琐、养殖户不知道具体保障价格究竟是多少，而且，生猪和饲料价格发布的及时性、准确性和代表性程度也会影响保障价格的合理性。采用事先确定的固定的保障价格水平，优势在于操作简便，而且对养殖户来说投保时就锁定了生猪出栏价格，清晰、直观，不利之处在于保险期间饲料价格和养殖成本的不确定性，仍然是由养殖户自己承担，从而出栏价格的稳定性并不能带来净收入的确定性。两种方式各有利弊，相较而言，按照猪粮比确定保障价格更科学一些，能动态地、综合地保障生猪出栏价和养殖成本两方面的风险。

3. 赔付触发条件是以多大地域范围、多长时期内的猪粮价格平均值计（保障价格与实际出栏价对比），**以判定是否需要赔付？**

目前国内试点地区生猪价格保险的期限通常都是一年，但有用全国平均价、12个月报价平均计算作为保障价格判断标准的，也有以地级市平均价格、4～6个月报价平均计算作为判断标准的。从保险人的角度看，触发价格计算所依据的时间越长、地域范围越广，越有利于通过时空延展来分散风险，理赔的几率也会大大减少，降低赔付成本。这一计算方式对于年度内各月份均衡出栏生猪的养猪户来说，也是有利的、合理的。但对于一年中集中出栏的养殖户而言，使用一年平均的价格来判定是否触发赔付条件，就有些不公平，难以保障其实际的养殖价格风险。建议适当缩小报价区域以真实反映养殖户所在市场区域的价格水平，适当缩短保障价格计算期间以真实反映养殖户出栏时的价格风险。综合考虑多方面因素，建议以生猪出栏日最近的三个月、所在地（县）级市平均价格为保障价格计算标准，若出栏价低于保障价格，则按照差价比例计算补偿款。

（三）完善农业生产成本收益信息采集发布体系，健全生猪市场价格监测统计系统

生猪价格保险的成功运行需要相关农产品价格信息公布的及时和准确。农产品产销特点和产业发展是制定价格保险方案和研发保险产品的重要依据，需要加强对农产品生产规模、产销模式、产业发展信息的调研和把握。建立生产者生产和销售信息采集体系，掌握农产品供求变化，为制定和实施保险计划，优化和简化核保理赔提供信息支持。

价格是农产品价格保险的核心，必须有独立于保险公司之外的养殖户和保险公司

都认可的权威机构定时监测、采集和发布价格信息，作为是否赔付和赔付多少的依据，这就需要其他部门的协同推进。财政部门需要做好财政给付预算工作；农业部门需要提供关于农业生产的精准历史数据，以此来配合好保险公司更好的定价；物价部门和统计部门应站在独立的立场上，在采集和发布价格的信息的基础上，做好统计工作。

价格保险是对市场价格下跌风险进行承保的一种保险产品，该保险能够顺利实施的一个重要条件就是要有公正、及时和准确的“价格”作为保险方案设计和保险赔付的依据，因此，相关农产品价格的及时与准确公布是保障价格保险顺利开展的重要前提。海外典型国家和地区农产品实际销售价格都是根据政府市场价格监测数据为依据计算的，其中，政府监测和发布的农产品市场价格在价格保险实施中发挥了极为重大的作用。我国目前尚未建立农产品期货，只能以政府发布的农产品市场价格为保险赔付的计算依据。因此，要做好农产品价格保险的推广，我们需要健全农产品市场价格监测体系，优化样本选择和布局，提高政府市场价格信息的权威性、准确性和及时性。

（四）合理延长承保期限，选择灵活多样化的理赔周期，防范逆向选择和道德风险

我国生猪市场价格变动具有周期性，因此在实施目标价格保险的条件下，试点地区选择一年期的承保期限太短，容易引发养殖户的逆向选择问题。这是因为养殖户对短期内的生猪市场价格走势有一定的预见性，当他们的预期价格高于目标价格时，可能选择不投保；当他们的预期价格低于目标价格时，可能会选择投保。这会造成保险公司的承保风险剧增，不利于目标价格保险的实施。这时，我们可以按照我国生猪养殖大约 3 年一个“猪周期”的规律，可将保险期限设定为 2～3 年左右，进而将约定的目标价格转换为 2～3 年内市场的预期价格。这样即使农民能预见一年内的市场走势，但不一定能预见第 2 年或第 3 年的市场走势，进而避免逆向选择问题的产生。

从试点地区来看，理赔周期主要是一年或一个月。理赔周期长，可以减少保险公司承保风险和业务工作量。但理赔周期太长，不能及时弥补养殖户的损失，影响其投保的积极性[①]。本文建议保险公司可以在保持原有理赔周期的基础上，推出理赔周期为一年之内的短期保险产品（如 4 个月、6 个月、8 个月等），产品的保障范围、责任免除与一年期产品一致，保险费率可以微调，方便养殖户根据自身需要，灵活购买。

（五）完善生猪价格保险的巨灾风险分散机制

鉴于价格风险可能呈现的系统性风险特征，传统的通过承保范围扩大实现空间上分散风险的机制难以发挥作用。生猪价格保险的巨灾风险更多地需要依靠时间分散风险方式及其他手段来实现：一是鼓励保险公司建立巨灾风险准备基金。2013 年，财

---

① 王亚辉，彭华．我国生猪价格指数保险综述 [J]. 中国猪业，2014 (10)．

政部发布《农业保险大灾风险准备金管理办法》，要求进入政策性农业保险市场的各保险机构分别按照农业保险保费收入和超额承保利润的一定比例，计提农业保险大灾风险准备金，逐年滚存。该方法的不足是在巨灾基金尚未积累到一定规模时，发生大的灾害，基金就无法应付。同时，基金的管理、保值增值及其可持续性也有诸多麻烦。建议条件成熟时，以省为单位共同建立独立的巨灾风险准备金。除了来源于各家农险经营公司的保费结余的提留，还应包括价格调节基金的资助、地方财政的补贴等。二是组织再保险，可以利用本国和外国再保险商（特别是农业保险再保险共保体）的经验和资金实力，在更广阔的范围内分散价格风险。该方法的不足是再保险商出于风险管控的考虑其接受份额是有限的，尤其是具有系统性风险特征的生猪价格风险国内再保险机构恐难以有效承担。三是利用农产品期货市场的风险对冲机制。当务之急是尽快开发和建立我国农产品期货市场的生猪期货交易平台。

（六）生猪价格保险要与生猪期货市场协同发展

建议我国应尽快启动和建立生猪商品期货市场，在利用期货市场的套期保值功能的同时，进一步促进生猪价格保险的科学发展，从而通过生猪期货和生猪价格保险的双重手段对我国生猪养殖价格风险进行有效防范①。生猪期货市场的建立和发展对于农产品价格保险非常重要。首先，期货市场可以为价格保险的保障价格确定提供更为科学的依据。期货市场的价格是市场交易者集合当前信息的基础上对未来价格做出的判定，根据有效市场假说，期货价格对于现货价格具有价格发现的功能。以农产品期货价格作为农产品价格保险中保障价格制定的参照标准具有重要优势：农产品期货价格具有较强的信息包容性、农产品期货价格具有对现货价格的指引性、期货市场的梯度定价和期货价格的完备性。其次，保险公司可以利用期货市场对冲风险。在为农产品提供价格保险以后，保险公司面临农产品价格下跌的系统性风险。价格风险具有系统性，农产品价格保险可能出现大范围的同时赔付，如果农产品价格保险大范围推行的话，再保险人可能并不愿意对该种风险进行再保，即使愿意接受，再保险费用也会很高。传统的再保险难以接受这样的风险，可以考虑通过农产品期货市场对冲价格保险的风险损失。基于期货市场的套期保值功能，保险公司与参保农户签订农产品价格保险合同后，同时在农产品期货市场上卖出与承保品种相同、数量相当的期货合约，从而构成所承保的农产品现货与期货市场之间的盈亏冲抵机制，达到规避农产品市场价格波动风险的目的，将保险公司承保的农产品价格的市场风险转移到期货市场。

参考文献

［1］丁少群．农业保险学［M］．北京：中国金融出版社，2015.

---

① Risk Management Agency. Livestock Gross Margin For Swine Insurance Policy Underwriting Rules［Z］. United States Department of Agriculture，2012.

[2] 何小伟，庹国柱．农业保险保费补贴责任分担机制的评价与优化——基于事权与支出责任相适应的视角 [J]. 保险研究，2015 (8) .
[3] 朱俊生．新型农业保险产品 [A]//农业保险学[M]. 北京：中国金融出版社，2015：270-271.
[4] 王克，张峭，肖宇谷，汪必旺，赵思健，赵俊晔．农产品价格指数保险的可行性 [J]. 保险研究，2014 (1) .
[5] 张峭，汪必旺，王克．我国生猪价格保险可行性分析与方案设计要点 [J]. 保险研究，2015 (1) .
[6] 何小伟，赵婷婷，樊羽．生猪价格指数保险的推广难点与建议 [J]. 中国猪业，2014 (10) .
[7] 张峭，宋淑婷．中国生猪市场价格波动规律及展望 [J]. 农业展望，2012 (1) .
[8] 王亚辉，彭华．我国生猪价格指数保险综述 [J]. 中国猪业，2014 (10) .
[9] 王建国．农业保险的新趋向：价格指数保险 [J]. 中国金融，2012 (8) .
[10] 毛学峰，曾寅初．基于时间序列分解的生猪价格周期识别 [J]. 中国农村经济，2008 (12)
[11] CE Hart，BA Babcock，DJ Hayes. Livestock revenue insurance [J]. Journal of Futures Markets，2001，21 (6)：553-580.
[12] Risk Management Agency. Livestock Gross Margin For Swine Insurance Policy Underwriting Rules [Z]. United States Department of Agriculture，2012.

经营管理

中国农业保险保障水平研究*

张 峭 王 克 李 越

摘要：过去十年，我国农业保险快速发展，取得了举世瞩目的成绩。但同时，农业保险保障水平不高、“不解渴、不顶用”的问题也一直是各方反映的焦点。农业保险保障水平成为党和政府以及社会各界关注的焦点。如何准确客观评价现阶段我国农业保险保障水平，提高农业保险保障水平已成为党中央、国务院强调的农业保险工作要点，也是未来一段时期内我国农业保险转型发展面临的重大课题。近期发布的《中国农业保险保障水平研究报告》对我国农业保险保障水平进行了全面的评估和研究，现将主要内容摘录如下，以飨读者。

关键词：农业保险；保障水平

一、引言

如果从2007年中央财政开始提供保费补贴算起，我国农业保险已经十年了。十年来，我国农业保险快速发展，取得了令人瞩目的成绩。以保费收入为例，2016年我国农业保险保费收入达到了创纪录的417.12亿元（约合60亿美元），短短十年的时间，我国农险保费收入就达到了美国同期的64.5%（2016年美国农业保险保费收入约93亿美元），成就可谓非常巨大。在取得巨大成绩的同时，我们也注意到，这些年各界关于农业保险的话题讨论中，有一个问题非常突出，那就是我国农业保险保障水平太低、“不解渴、不顶用”，这个问题也是实际工作中基层反映最为强烈的问题之一。但是，虽然大家都认为我国农业保险保障水平不高，但对什么是保障水平？其内涵和外延是什么？应该如何度量和评价？未来应该如何提高？目前，无论是学界还是业界都没有进行深入的思考和研究。近期，由中国保监会、中国保险学会农业保险分

---

* 本文原载《保险理论与实务》2017年第6期。收入本书时题目有修改。

作者简介：张峭，中国农业科学院信息研究所信息分析与评估研究室主任；王克，中国农业科学院信息研究所信息分析与评估室副研究员；李越，中国农业科学院信息研究所信息分析与评估室副研究员。

会和中国农业科学院农业信息研究所组成的联合课题组，在北京举办的“中国农业保险保障研讨会”上发布了《中国农业保险保障水平研究报告》，对上述问题给出了答案。

二、农业保险保障水平的计量方法

农业保险保障水平是农业保险发展水平和政策效果的集中体现，是反映和体现农业保险能为农业生产经营者或农业产业提供多大程度风险保障的指标。从单个农产品品种角度看，农业保险保障水平可以用农业保险覆盖范围内某标的的单位保额除以单位产值（或收入）即保障比率来衡量。但从整体角度看，有的种养业品种被纳入保险，但可能还有一些区域或品种没有纳入农业保险保障范围或者没有参加保险，因此，单位产值（或收入）保障比率这个简单直接的指标无法对宏观意义上的农业保险保障水平进行刻画。

据此，课题组对农业保险保障水平计量设计了三个有机联系的指标：农业保险保障水平、农业保险保障广度和农业保险保障深度，用来全面计量和评价农业保险保障程度和大小。农业保险保障水平是从宏观视角和产业发展的层面考察和衡量农业保险保障水平，反映农业保险对农业产业所提供风险保障的程度，其计算公式为：农业保险保障水平$=\frac{\text{农业保险总保额}}{\text{农业总产值}}$；农业保险保障广度是从保险覆盖面的角度来测量和反映农业保险的保障程度，反映农业保险对一国或一地区农业生产地域范围和种类数量的覆盖大小，其计算公式为：农业保险保障广度$=\frac{\text{农业保险承保面积（数量）}}{\text{种植业（养殖业）生产规模}}$；农业保险保障深度是从已承保的农产品产值（或收益）角度衡量农业保险所能提供的风险保障程度，是检验农业保险对农业生产经营者收入提供的风险保障和贡献大小的指标，其计算公式为：农业保险保障深度$=\frac{\text{农业保险单位保额}}{\text{单位农产品产值}}$。

三者之间具有严密的数学关系：农业保险保障水平$=\frac{A_1\times B_1}{A\times B}=\frac{A_1}{A}\times\frac{B_1}{B}=$保障广度×保障深度。具体解释如图1所示，假定农业产业产值由A×B代表，A代表农作物种植和动物养殖总数量规模，B代表单位规模农业产值（收入），农业保险的承保数量规模为A1、单位规模保险金额为B1，则B1/B就代表农业保险保障深度，A1/A则代表有多大比例的农产品参加了保险，反映了农业保险保障广度，而（A1×B1）/（A×B）就是农业保险保障水平，反映了农业保险为整个农业产业所提供的风险保障程度。

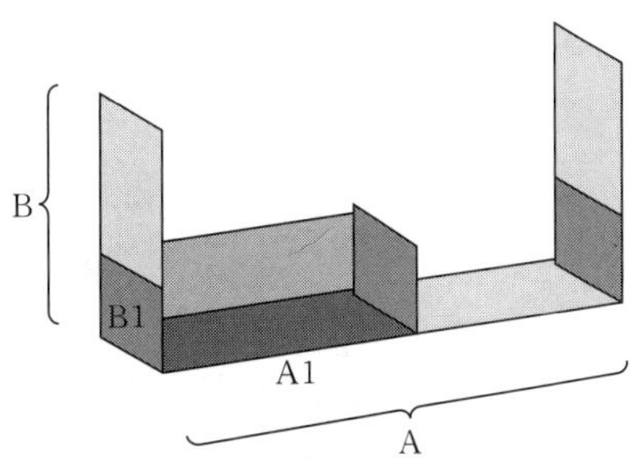

图1　农业保险保障水平计量指标示意图

三、我国农业保险保障水平现状

2008 年以来，我国农业保险保障程度阶段性增长，保障水平不断提升，从 2008 年的 3.67%增长到 2015 年的 17.69%，八年中提高了 14 个百分点，年均增长率 25.24%。从产业结构看，呈现“种强养弱”的特征，种植业保险保障水平始终高于养殖业保险保障水平，但近年来的差距有所缩小（图 2）。

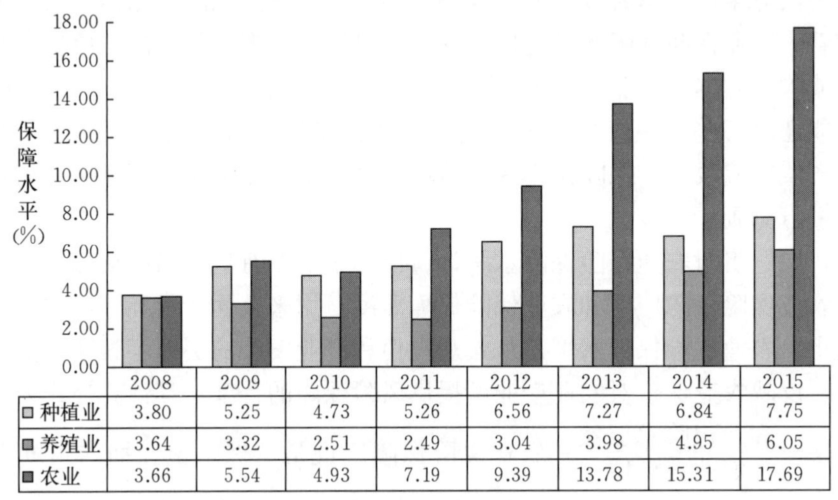

	2008	2009	2010	2011	2012	2013	2014	2015
种植业	3.80	5.25	4.73	5.26	6.56	7.27	6.84	7.75
养殖业	3.64	3.32	2.51	2.49	3.04	3.98	4.95	6.05
农业	3.66	5.54	4.93	7.19	9.39	13.78	15.31	17.69

图 2　我国农业保险保障水平

从经济发展的空间格局看，我国农业保险保障水平在 2011 年以前呈东中西部依次降低的特征，但 2011 年以后形成“东西高、中部低”的格局，中部地区成为农业保险保障水平的低点。从农业产业发展需求看，农业保险保障水平和农业产值呈明显的负相关关系，农业大省农业保险保障水平相对落后，尚不及其他省份的一半，2015 年农业大省农业保险保障水平仅为农业小省的三分之一（图 3、图 4）。

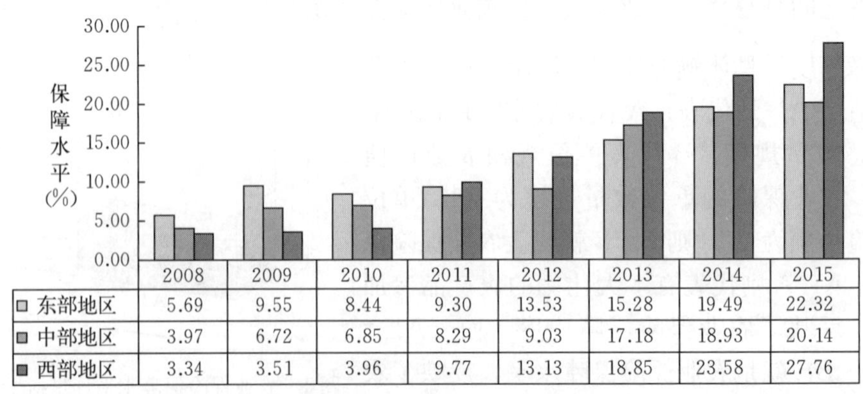

	2008	2009	2010	2011	2012	2013	2014	2015
东部地区	5.69	9.55	8.44	9.30	13.53	15.28	19.49	22.32
中部地区	3.97	6.72	6.85	8.29	9.03	17.18	18.93	20.14
西部地区	3.34	3.51	3.96	9.77	13.13	18.85	23.58	27.76

图 3　我国东中西部地区农业保险保障水平

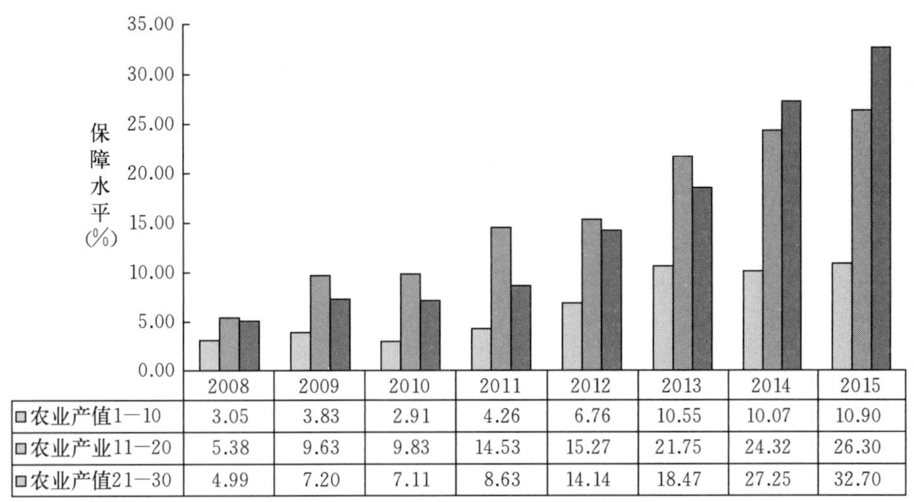

	2008	2009	2010	2011	2012	2013	2014	2015
农业产值1—10	3.05	3.83	2.91	4.26	6.76	10.55	10.07	10.90
农业产业11—20	5.38	9.63	9.83	14.53	15.27	21.75	24.32	26.30
农业产值21—30	4.99	7.20	7.11	8.63	14.14	18.47	27.25	32.70

图 4　农业保险保障水平与农业产值的关系

分省份来看，我国农业保险保障水平区域差距也十分明显。2015 年，全国农业保险保障水平为 17.69%，同比增长 15.55%，但全国有 1/3 的省份农业保险保障水平同比下降，上海、内蒙古、北京等第一梯队省份农业保险保障水平超过 70%，但最后梯队的农业保险保障水平尚不足 10%（图 5、图 6）。

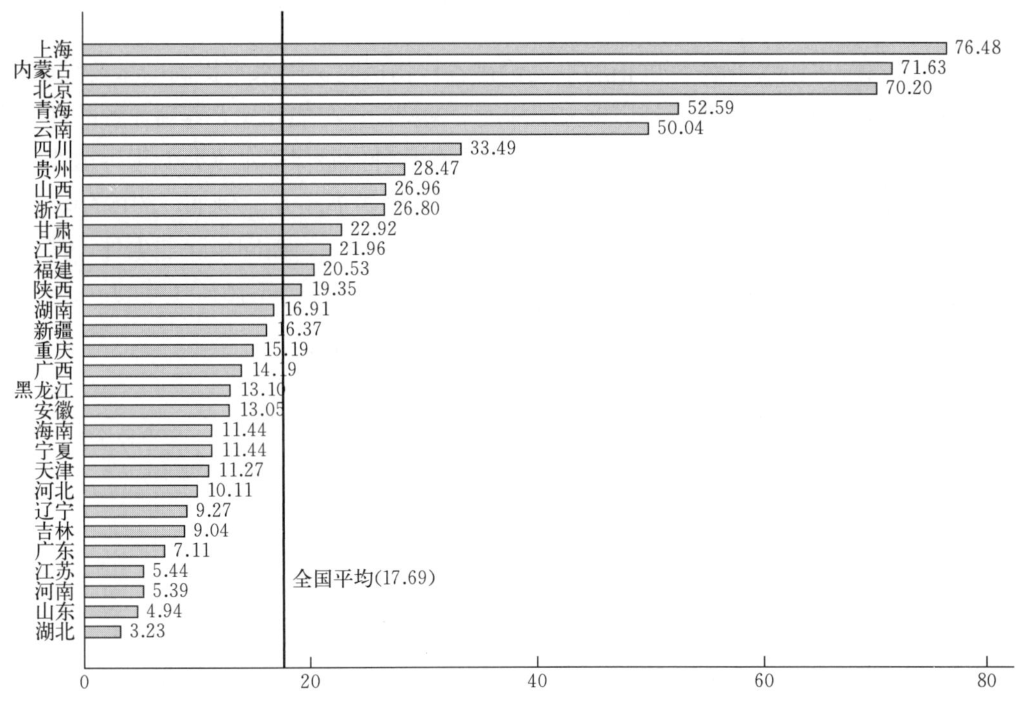

图 5　2015 年各省农业保险保障水平及排序

分具体品种看，尽管目前中央财政补贴的政策性农险品种数量相对有限，但关系国计民生的重要农产品，如粮食作物、棉花、油菜等，已基本得到较好保障，特别是保险保

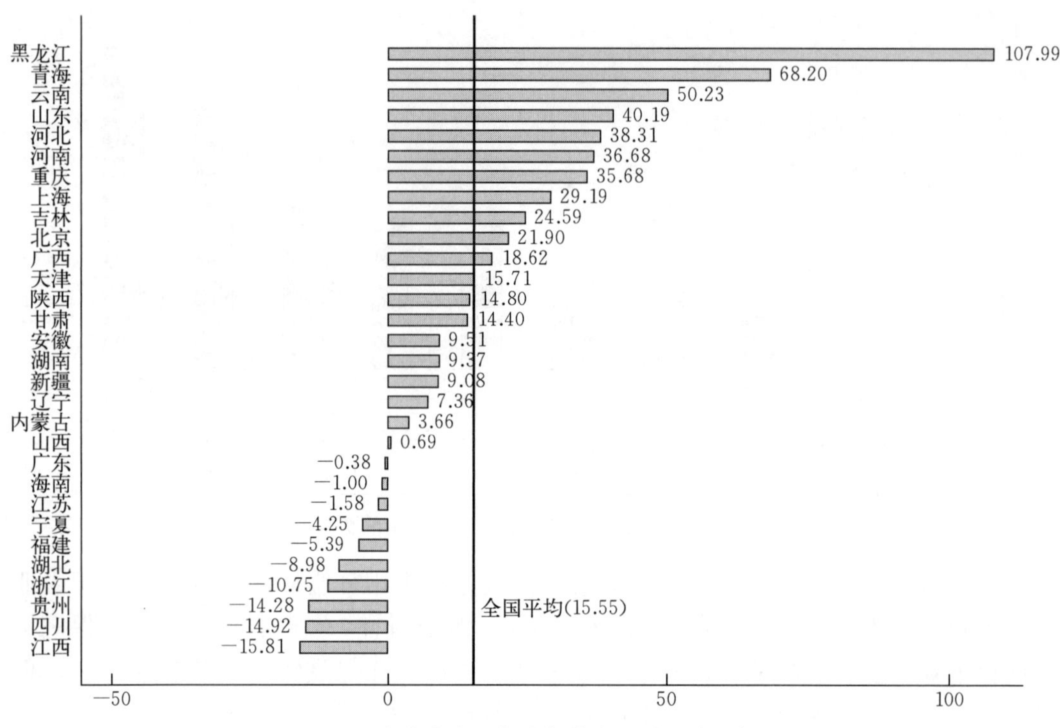

图 6 2015 年各省农业保险保障水平同比增长率排名

障广度相对较高，但保险保障深度拓展不足仍是各作物保险保障水平提高的重要突破口。种植业品种保险保障水平呈现出“广度大于深度”的特征；与之相比，养殖业各品种保险保障水平呈现“深度大于广度”的特征，且养殖业各品种保险保障水平要低于种植业各品种保险保障水平，主要原因在于养殖业保险的保障广度扩展不足。例如，2015 年，我国畜牧业保险中的重要品种——生猪保险的保障广度仅 23.04%，而同年除花生外，其余种植业重点品种保险的保障广度都在 30%以上，其中稻谷和玉米接近 70%（表 1）。

表 1 2015 年分作物农业保险保障水平及增长率

单位：%

			保障水平		保障广度		保障深度	
			保障水平	增速	保障水平	增速	保障水平	增速
种植业	粮食作物	稻谷	18.62	6.63	68.91	0.96	27.03	5.61
		小麦	21.11	37.54	55.54	16.40	38.01	18.16
		玉米	23.52	46.64	67.27	2.90	34.96	42.50
		小计	21.08	30.27	63.91	6.75	33.33	22.09
	大豆		13.22	15.15	33.73	−11.20	39.18	29.67
	棉花		44.63	37.91	58.73	0.68	76.00	36.97
	油料作物	油菜	15.46	−3.46	41.18	−16.43	37.55	15.51
		花生	1.74	19.62	6.92	16.69	25.09	2.51
		小计	8.60	8.08	24.05	0.13	31.32	9.01

（续）

			保障水平		保障广度		保障深度	
			保障水平	增速	保障水平	增速	保障水平	增速
种植业	糖料作物	甘蔗	9.14	−10.33	43.59	1.84	20.97	−11.95
		甜菜	15.73	19.93	52.70	16.82	29.84	2.66
		小计	12.44	4.80	48.15	9.33	25.41	−4.65
养殖业	肉牛		0.05	89.49	0.15	101.33	32.36	−5.88
	奶牛		8.59	31.91	26.68	9.74	32.21	20.20
	猪		7.14	20.30	23.04	36.87	31.01	−12.11
	羊		1.90	33.72	4.20	19.42	2.69	34.39

四、我国种植业保险保障水平的国际比较

虽然从保费规模看，瑞士再保险以及保监会的统计数据均表明，我国从 2009 年开始就已成为仅次于美国的农业保险保费收入第二大国。但由于各国农业资源基数不同，单纯从保费的角度进行比较意义不大，正如我们不能只凭大人的力气比小孩大就说大人身体更健康。那么与国外相比，我国处于什么水平和地位呢？为正确认识我国农业保险保障水平在世界上的位置和水平，本研究选择了美国、加拿大、日本、印度、菲律宾、俄罗斯等六个典型国家，遵循同样的计算方法对我国种植业保险保障水平和国外典型国家种植业保险保障水平进行了比较，通过国际比较分析得出了我国农业保险保障水平所处的地位和存在的差距。

从保障水平看（图 7、表 2），近年来我国农作物保险保障水平发展势头迅猛，保

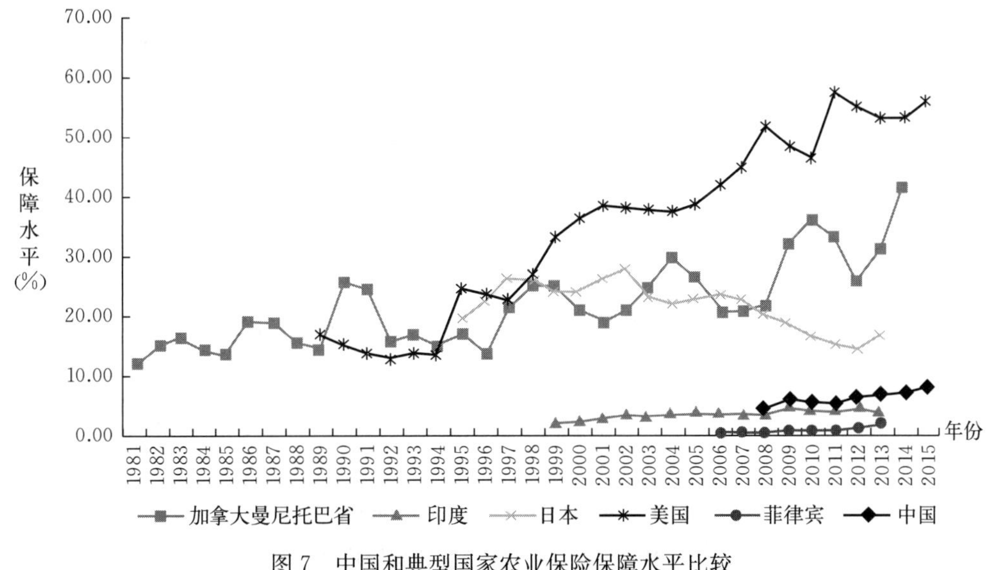

图 7　中国和典型国家农业保险保障水平比较

障水平领先于印度、菲律宾等发展中国家，但与发达国家相比仍有较大差距，基本处于美国、加拿大 20 世纪 80 年代初的水平，是目前美国农业保险保障水平的 1/8，加拿大的 1/6，不到日本的 1/2。

表 2 中国与典型国家农业保险保障水平比较（2008—2015 年）

单位：%

年份	美国	加拿大	日本	印度	菲律宾	中国
2008	51.72	21.78	20.28	3.26	0.51	3.80
2009	48.31	32.36	19.29	4.98	1.05	5.22
2010	46.44	36.21	16.03	3.98	1.06	4.73
2011	57.29	33.75	15.49	3.70	1.06	5.26
2012	55.02	25.91	14.66	4.75	1.05	6.56
2013	52.97	31.87	17.24	3.44	2.28	7.27
2014	53.35	42.04				6.84
2015	56.06					7.75
均值	52.65	31.99	17.16	4.02	1.17	5.93
增速（复合）	1.20	15.51	−3.00	1.12	68.73	14.83

从保障广度看，我国农业保险保障广度相对较高，增长速度也相对较快，2015 年我国种植业保险承保作物面积占全国作物总播种面积的 56.4%，这一数字为世界中上游水平，高于邻国日本（42.31%），基本处于美国、加拿大 20 世纪 90 年代中期的水平（图 8、表 3）。

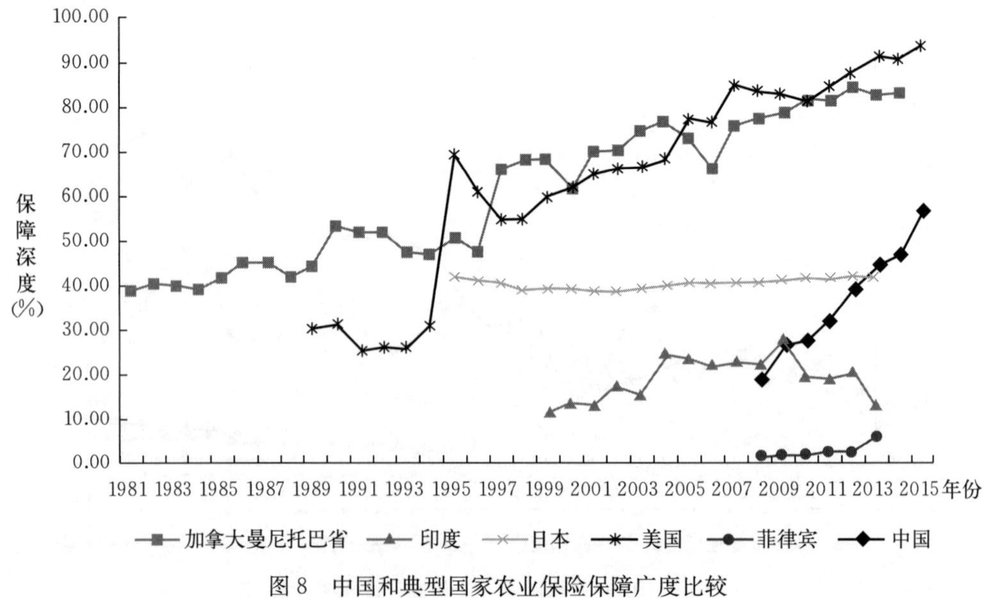

图 8 中国和典型国家农业保险保障广度比较

表 3　中国与典型国家农业保险保障广度（规模覆盖率）比较

单位：%

年份	美国	加拿大	日本	印度	菲律宾	中国
2008	83.61	77.39	40.55	21.57	1.36	18.40
2009	82.99	78.38	40.81	27.75	2.09	26.96
2010	81.24	81.49	41.66	18.98	2.26	27.42
2011	84.59	81.60	41.43	18.75	2.57	32.04
2012	87.17	84.70	41.83	20.19	2.93	38.88
2013	91.14	82.58	42.31	12.68	6.28	43.85
2014	90.29	82.98			9.02	46.60
2015	93.77					56.40
均值	86.85	81.30	41.43	19.99	3.79	36.32
增速（复合）	1.74	1.21	0.87	−8.24	72.45	29.50

从保障深度看，我国与典型国家存在较大差距，2008—2015 年我国种植业保险平均保障深度（16.95%）不仅远低于美国（60.64%）、加拿大（39.29%）和日本（41.49%）三个发达国家，甚至低于印度（20.74%）和菲律宾（41.45%）这两个发展中国家，仅相当于印度十年前的水平（图 9、表 4）。

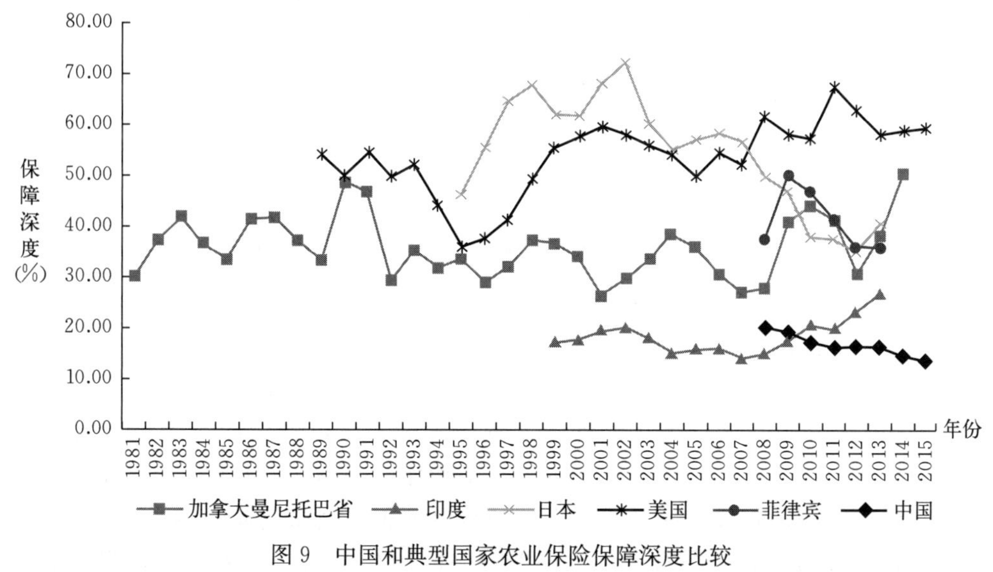

图 9　中国和典型国家农业保险保障深度比较

表 4 中国与典型国家农业保险保障深度（收入保障率）

单位：%

年份	美国	加拿大	日本	印度	菲律宾	中国
2008	61.86	28.14	50.01	15.12	37.90	20.65
2009	58.22	41.29	47.26	17.96	50.28	19.38
2010	57.17	44.43	38.47	20.95	47.04	17.26
2011	67.73	41.37	37.39	19.75	41.32	16.42
2012	63.12	30.59	35.04	23.54	35.79	16.87
2013	58.12	38.59	40.74	27.15	36.38	16.57
2014	59.08	50.67				14.68
2015	59.79					13.73
均值	60.64	39.29	41.49	20.74	41.45	16.95
增速（复合）	−0.48	13.34	−3.71	15.92	−0.80	−4.79

五、对我国农业保险保障水平的评价

根据上面的分析，可以看出：从数字上看当前我国农业保险保障水平和国外发达国家相比还存在不小差距。但也要看到，我国政策性农业保险自 2007 年重启试点至今不过十年，却已达到发达国家用四五十年才达到的水平，发展成绩不容抹杀。那么应该如何评价我国农业保险保障水平呢？课题组认为可以从“水平适宜度”和“结构合理性”两方面进行评价。

所谓“水平适宜度”是指从发展水平角度考察和评估农业保险保障水平与国民经济发展水平、农业发展阶段是否相适应，对农业保险的支持补贴是否与国家财政实力相匹配，主要是通过国际农业保险保障水平的演变特征来体现。课题组发现，总体来看国外农业保险保障水平提升有一定的规律可循，一国经济发展水平（人均 GDP）、经济发展水平和政府补贴力度的组合力度（人均 GDP 和补贴的交叉项）以及农业保险供给体系、发展环境是影响农业保险保障水平的最显著的三个变量，据此课题组构建了农业保险保障水平与影响因素的计量经济模型如下：

$$B = \alpha_1 + \alpha_1 pgdp + \alpha_2 pgdp\&sub + \sum_{i=1-5}^{n=3-7} \alpha_n D_i$$

其中，B 表示农业保险保障水平；$pgdp$ 表示人均 GDP；sub 表示补贴比例；$pgdp\&sub$ 表示人均 GDP 与补贴比例的乘积交互项；D_i（$i=1$，$2\cdots5$）表示虚拟变量，分别代表美国、加拿大、日本、印度和菲律宾。

模型回归结果验证了课题组的理论推断（表 5），可以看出：人均 GDP 及其与补贴比例的交互项均显著，这说明经济发展水平和保费补贴联合对保障水平有影响，且二者相互制约，相辅相成。模型 1 各判别系数更理想，因而选择模型 1 进行分析。目前，我国各级政府对农业保险提供的保费补贴比例约在 80%左右，2015 年我国人均

GDP 约为 8 000 美元，则依据上述计量模型，测算出我国目前的种植业保险保障水平基础理论值约为 6.68%，即理论上讲，和我国当前经济发展阶段和财政补贴水平相适应的种植业保险保障水平应该是 6.68%。这一数值和当前种植业保险实际保障水平（7.75%）基本吻合，也就是说，现阶段我国农业保险总体保障水平并不低，其与所处的经济发展阶段和财政补贴水平基本相适应，甚至略高于理论保障水平。

表 5　计量模型回归结果

	*M*1	*M*2	*M*3	*M*4	*M*5	*M*6
pgdp	−0.00703**	0.000767***	0.0000474	0.000650***	0.000779***	
	(0.003)	(0.000)	(0.656)	(0.000)	(0.000)	
pgdp_sub	0.0000207***		0.0000130***			
	(0.000)		(0.000)			
*d*1	20.48***	7.393				
	(0.000)	(0.072)				
*d*2	2.463	−2.276				
	(0.392)	(0.512)				
*d*3	10.53*	−4.282				
	(0.011)	(0.293)				
*d*4	4.521*	11.58***				
	(0.026)	(0.000)				
*d*5	0.993	0.238				
	(0.678)	(0.001)				
sub		0.219***		0.244***		0.435***
		(0.001)		(0.000)		(0.000)
dum			9.045***	11.56***		
			(0.000)	(0.000)		
_cons	−0.943	−13.32***	−3.804***	−14.08***	−0.347	−1.646
	(0.575)	(0.000)	(0.001)	(0.000)	(0.804)	(0.687)
N	84	84	84	84	84	84
adj. R^2	0.919	0.876	0.901	0.880	0.772	0.254
BIC	511.9	546.9	515.0	530.7	578.0	677.7

注：*p*−values in parentheses；* $p<0.05$，** $p<0.01$，*** $p<0.001$.

所谓“结构合理性”是指从结构角度考察农业保险保障结构相较于保险保障需求而言是否合理，相较于产业发展需求和布局而言是否合理，主要是通过对各个险种的农业保险保障水平区域性和结构性分析，以及农业保险保障结构和农业产业结构的对比分析来实现。通过国内实证分析和国际比较可以看出，我国农业保险保障仍存在许多结构性问题，主要表现在：

第一，尽管我国农业保险保障水平保持了较高的发展速度，但保障水平的提升在相当大程度上依赖于“面”的扩大，农业保险保障深度不足且呈下降态势，已成为我国农业保险保障水平的最大短板。

第二，我国农业保险保障水平区域发展不平衡，总体呈“东西高、中部低”的特征，西部地区后发优势明显，中部地区增长严重乏力；特别是农业大省的保障水平反而更低，农业保险和农业产业发展的契合程度有待加强。

第三，我国农业保险保障的产业结构不尽合理，总体呈现“种强养弱”的格局，种植业保险保障广度高于保障深度，存在的主要问题是保障深度不足；养殖业保险虽然保障深度也不高，但其保障广度甚至比保障深度更低，也即养殖业保险更突出问题是规模覆盖率较低。

第四，分品种看，与美国不同作物保险保障均衡发展相反，我国不同作物保险的保障水平差距较大，关系到国计民生的大宗农产品基本得到较好保障，但种植面积较小的品种保障水平还非常低。

六、中国农业保险保障水平展望

基于前述分析可以看出，未来一段时期，无论是基于国际规律的预测，还是基于农业保险发展内、外部环境变化的考量，我国农业保险将迎来发展的黄金时期，农业保险将为农业生产经营者和农业产业发展提供更大、更全面的风险保障。

基于我国“十三五”发展规划、国家卫计委以及世界银行等国际机构对我国经济总量、人口规模、人均 GDP、农业产值等指标的预测，根据国际农业保险保障水平演变的规律，预期 2020 年我国种植业保险保障水平将增长 35.35%，达到 10.5%左右，我国农业保险保费收入预期将达到 755 亿元；在 2030 年前后，种植业保险的保障水平就将从现有的 7.75%提高到 16.2%的水平，翻了一番多，按照现有农业保险对不同产业的保障结构，届时我国整个农业保险保费收入将超过 1 500 亿元，农业保险风险保障水平将超过 40%。更乐观预期，基于未来一段时期如下假设：我国经济稳健发展将支撑农业保险保障水平迈上新台阶，现代农业转型发展的内在需求将成为农业保险保障水平提升的强大驱动力，政府支持力度加大成为农业保险保障水平提升的政策红利，WTO 黄箱政策空间越来越小为提升农业保险保障水平带来了新的契机，农业保险大灾风险体系建设日益完善为农业保险保障水平提升提供了坚实的风险保障，上述我国农业保险保障水平提升目标很有可能在未来 10 年提前实现。

七、提升中国农业保险保障水平的思路和建议

总体思路是：①抓住机遇、统筹发展。抓住当前我国农业保险发展面临的难得历史机遇，将农业保险保障水平提升同现代农业发展以及农业结构性调整等党和国家的宏观战略统筹结合起来，推动农业保险事业向更好、更宽广的方向发展；②认清根源，完善制度。深入分析现有农业保险保障深度不足的根源，完善农业保险制度和管理办法，提高农业保险发展的内生动力，推动《农业保险条例》向《农业保险法》升

级；③拓展功能，深度融合。将农业保险和农业产业发展进行更加深入、更为全面的融合，以现代农业产业发展的风险保障需求为导向，以国家农业发展的战略布局和政策导向为重点，不断发挥农业保险保障的基本功能，大力拓展农业保险的衍生功能，实现农业保险和农业产业发展的深度融合。

具体有五点建议：

一是强化课题研究，统一思想认识。建议通过国家社科基金、保监会部级课题、农业部软科学项目等渠道设立一些相关的重大课题研究，组织学界专家和行业力量开展有关农业保险保障的基础性、理论性研究，为凝聚各界共识和提升我国农业保险保障水平提供理论支撑。

二是完善合约设计，加快产品升级换代。从2007年至今我国农业保险产品基本都是遵循“保成本”原则设计的“成本保险”，这一设计理念在推动农业保险保障水平快速发展中发挥了巨大的作用，但也是导致农业保险保障深度不足、农民获得感差的重要原因，且局限了保险公司、监管部门和政府机构的思维，副作用正在显现。未来，要实现农业保险产品的升级换代，最终提高农业保险的保障水平。

三是扬长避短，分类施策。一方面要设法坚持和发挥已有的优势，另一方面更要注重补足“短板”，对于大多数省份来说提高农业保险保障深度是主要突破口，但对于现有农业保险保障水平相对较低的省份而言，拓展保险保障广度仍是当务之急。另外，种植业保障水平的提升重点是“提标”和“增品”，养殖业保险保障水平的提升重点是“扩面”和“增品”。

四是完善补贴政策，加大对中部地区和产粮大省的支持。未来提升我国农业保险保障水平需要完善补贴政策，一方面增加保费补贴的弹性，通过保费补贴比例的差异调动地方政府和农民参保的积极性；另一方面要加大对中部地区和产粮大省的支持和保费补贴力度。

五是夯实行业基础，完善农业保险大灾风险分散制度。要加强顶层设计和宏观政策指引，推动建立政企合作、责任明确、分层承担、运行高效、保障有力的农业保险巨灾风险分散体系，为我国农业保险的持续健康发展提供有力的安全保障。

参考文献

[1] 穆怀中．社会保障适度水平研究［J］．经济研究，1997（2）：56－63.

[2] 郝演苏．期待确立“保额”在评价体系中的位置［N］．金融时报，2015－11－04.

[3] 余洋．基于保障水平的农业保险保费补贴差异化政策研究［J］．农业经济问题，2013（10）：29－35.

[4] 王克，张峭，s. kimura. 我国种植业保险的实施效果：基于5省份574个农户数据的模拟分析．保险研究，2014（11）：42－55.

[5] Mahul，O. The Financing of Agricultural Production Risks：Revisiting the Role of Agricultural Insurance［R］. GCMNB World Bank，Washington，DC，2005

[6] World Bank. Government Support to Agricultural Insurance：Challenges and Options For Developing Countries［R］. Washington，DC，2008.

农业保险的低保障水平与其产品同质化问题研究

——以内蒙古为例*

柴智慧　赵元凤　徐　慧

摘要： 自2007年以来，内蒙古农业保险在政府财政支持下取得快速发展，但其低保障水平不能完全解决受灾农户的恢复再生产和同质化保险产品难以满足广大农户的差异化需求等问题也日益凸显。本文基于内蒙古的经验证据进行分析，认为农业保险的可持续发展需要产品创新和风险区划。

关键词： 农业保险；低保障水平；同质化产品；风险区划

近年来，农业保险作为一种被WTO“绿箱政策”所允许的可分散风险、弥补损失的非价格农业保护工具，日益得到世界各国政府的重视。美国2014—2018年农业法案的实施更是标志着美国农业全面迈向农业保险时代，新法案进一步扩大农业保险项目的覆盖范围和补贴额度，以突出保险在防范农业生产风险中的作用。就中国来说，自2004年启动新一轮农业保险试点，连续14个中央1号文件均提出要逐步建立和完善农业保险制度；2007年，中央财政启动农业保险保费补贴试点；2012年，国务院颁布《农业保险条例》。在一系列利好政策指引下，目前我国已成为亚洲第一、全球第二大农业保险市场。2007—2016年，我国农业保险累计保费收入2 218亿元，各级政府财政累计提供保费补贴1 200多亿元，其中，中央财政累计拨付补贴约690亿元，补贴品种已由最初种植业5个扩大至种、养、林3大类15个，基本覆盖关系国计民生和粮食、生态安全的主要大宗农产品；补贴区域已由6省（区）稳步扩大至全国；补贴比例也在逐步提高，并结合区域、险种情况实施差异化补贴政策①；我国农业保险提供风险保障从1 126亿元增长到2.09万亿元，年均增速约41%，累计提供风险保障

---

* 基金项目：本文是国家自然科学基金项目“种植业保险中农户逆向选择及道德风险检验（编号：71363042）”和“政府补贴农业保险的效果和效率的实证研究：以内蒙古农作物保险为例（编号：71503141）”的阶段性研究成果。本文原载《保险理论与实践》2017年第9期。

作者简介：柴智慧（1987—），男，山西临汾人，讲师，管理学博士，内蒙古农业大学经济管理学院；赵元凤（1964—），女，内蒙古鄂尔多斯人，教授，管理学博士，博士生导师，内蒙古农业大学经济管理学院；徐慧（1986—），女，内蒙古呼和浩特人，中国人保财险内蒙古分公司农险事业部职员。

① 目前，中央、省级、市县财政分别为农业保险提供30%～50%、25%～30%、10%～15%的保费补贴，各级财政合计保费补贴比例达到80%左右，有财政补贴的农险业务占比高达97%；2016年，中央财政进一步提高对产粮大县三大粮食作物农业保险保费的补贴比例，由此前的中西部40%、东部35%，逐步提高至中西部47.5%、东部42.5%。

9.31 万亿元，共向 2.65 亿户次的受灾农户支付赔款约 1 510 亿元。由此可知：我国农业保险已在防范农业生产风险、稳定农民收入和完善农村社会支持保护体系等方面发挥日益重要的作用。然而，我国农业保险在蓬勃快速的发展过程中，也存在保障水平偏低而不能完全解决受灾农户的恢复再生产、保险产品同质而难以满足广大农户的差异化需求等问题[1-2]，故 2016 年和 2017 年的中央 1 号文件针对农业保险政策均提出“扩大保险覆盖面、增加保险品种、提高风险保障水平”的要求。鉴于此，本文基于内蒙古的经验证据对上述问题进行分析，旨在为农业保险政策的进一步优化提供决策支撑。

一、内蒙古农业保险的发展概况

作为全国首批试点地区之一，自 2007 年起，内蒙古农业保险以“政府引导、市场运作、自主自愿、协同推进”为开办原则，坚持“公私合作”即“政府支持下的商业化运作”模式，其中，“公”体现在内蒙古自治区农业保险保费补贴领导小组对全区各家农险经办公司的业务进行支持（主要是各级财政的保费补贴）、指导与监督；“私”体现在内蒙古农业保险由中国人保、中华联合、安华农险、太平洋财险、紫金财险、大地保险六家公司进行商业化运作。2007—2014 年，内蒙古农业保险在财政补贴、组织保障和制度规范等政府支持下，得到前所未有的发展，具体体现在：

第一，保费补贴品种逐年增加，覆盖范围逐年拓宽。全区农业保险保费补贴品种已由 2007 年的玉米、小麦、大豆、能繁母猪 4 个品种扩展到 2017 年的玉米、小麦、大豆、油菜、葵花、马铃薯、水稻、棉花、甜菜、温室大棚及附加棚内作物、奶牛、能繁母猪、育肥猪、森林 14 个覆盖全区的品种和露地蔬菜以及肉羊、肉牛等在部分盟市进行试点的品种①；同时，一些具有地方特色的品种也相应出现，例如，在乌海市，露地蔬菜、葡萄也被纳入地方农业保险保费补贴范围；阿拉善盟则开办具有鲜明地方特色的西瓜、蜜瓜、葡萄保险；巴彦淖尔市自 2013 年起在磴口县开展番茄保险试点，于 2016 年起在乌拉特中旗开展荞麦莜麦保险试点。

第二，保费收入持续增加，参保面积不断扩大，已在全国农险市场中占有重要地位。从保费收入来看，如表 1 所示，自 2007 年以来，内蒙古农业保险保费收入累计将近 200 亿元，已从试点初期的 4.33 亿元增加到 2016 年的 31.38 亿元，增长 6.24 倍，年均增速 30%；在全国农业保险市场中，内蒙古也稳居前列，保费收入占比略低于 1/10。从参保面积来看，内蒙古农业保险中的农作物参保面积在 2007 年是 1 912 万亩，到 2016 年已增加至 9 320 万亩，翻了两番多。从参保率来看，以粮食作物保险为例，2007 年仅为 25%，2016 年则已达 85%（表 1）。

① 内蒙古自治区 2016 年起在乌兰察布市商都县试点露地蔬菜保险保费补贴政策；于 2017 年在锡林郭勒盟的全部旗县、呼伦贝尔市的鄂温克族自治旗、新巴尔虎右旗、新巴尔虎左旗、陈巴尔虎旗 4 个旗县试点肉羊和肉牛保险保费补贴政策。

表 1　2007—2016 年内蒙古农业保险发展概况

单位：亿元，万户，%，元/户

年份	2007	2008	2009	2010	2011	2012	2013	2014	2015	2016	合计
保费收入	4.33	10.88	13.98	14.70	16.68	18.76	27.42	29.57	30.86	31.38	198.57
保费补贴	3.37	9.72	12.48	13.11	14.91	16.80	24.71	26.58	27.71	27.06	176.45
风险保障	48	119	161	183	209	230	1 873	1 921	3 038	3 047	10 829
参保农户	145	295	289	212	267	276	295	303	304	294	2 680
赔款支出	3.35	5.54	9.34	9.60	9.81	11.54	14.63	15.19	19.88	30.23	129.11
受益农户	83	79	121	157	185	207	229	219	247	283	1 809
简单赔付率	77.37	50.92	66.79	65.30	58.81	61.51	53.36	51.37	64.42	96.34	65.02
户均赔款	404	703	774	611	530	559	639	692	806	1 067	679

注：①简单赔付率=赔款支出/保费收入×100%；②户均赔款=赔款支出/受益农户。

数据来源：中国保险监督管理委员会内蒙古监管局。

第三，政府补贴资金的杠杆效应日益明显，已成为财政支农惠农的一大创新举措。自 2007 年农业保险保费补贴政策实施以来，中央财政补贴一部分，地方财政配套一部分。一方面，大规模的保费补贴有效缓解农牧户参加农业保险的保费负担压力，极大地提高农牧户的参保热情。如表 1 所示，内蒙古农业保险的参保农牧户从 2007 年的 145 万户增加到 2016 年的 294 万户，增加 1 倍。另一方面，大规模的保费补贴可以加大政府财政支农资金的总量，切实体现财政补贴“四两拨千斤”的杠杆作用；2007—2016 年，各级政府累计为内蒙古农业保险提供 176.45 亿元的保费补贴，占自治区农业保险保费收入的 88.86%，提供的风险保障为 10 829 亿元，资金放大效应近 61 倍。

第四，农业保险的经济补偿作用得到有效发挥，已成为受灾农牧户恢复再生产的重要工具。如表 1 所示，2007—2016 年，内蒙古农业保险年平均赔付率为 65%，共计向 1 809 万农户提供 129.11 亿元的保险赔偿，平均每一年度的户均赔款将近 679 元，约占农牧民家庭人均可支配收入的 6%，对其灾后恢复生产生活起到积极作用。从直观上看，农业保险已成为内蒙古农牧业生产的“保护伞”、政府的“减压阀”和农牧民收入的“稳定器”。

二、低保障水平：不能完全解决受灾农户的恢复再生产问题

农业保险[①]能否充分发挥其保障农户收入稳定的政策效应的前提是其保险保障水平的高低。现阶段，内蒙古农业保险的保障水平主要是由各地根据当地农业生产物化成本的一定比例来确定，原则上为保险标的生长期内所发生的直接物化成本，具体包括种子、化肥、农药、灌溉、机耕和地膜成本六项。然而，已有学者指出目前我国农

① 以下所指农业保险均为政策性农作物保险。

作物保险的保障水平与实际的直接物化成本的差距，全国平均水平在35%左右[3]；截至2015年年末，我国三大口粮作物保险保障程度约占其物化成本的84%，但仅占全部生产成本的33%[4]。就内蒙古来说，无论是在自治区宏观层面，还是在乡村（嘎查）微观层面，农业保险保障水平的偏低及其与农业生产实际成本差距的逐步扩大使得该项支农惠农政策并不能完全解决受灾农户恢复农业再生产的问题。

近年来，我国农业生产中各项费用均呈现增长的趋势已经表明农业生产进入“高投入、高成本”时代，但内蒙古农作物保险的保障水平不仅与农业生产成本的差距在逐渐拉大，即使与农作物生长期内所发生的直接物化成本或物质与服务费用相比也存在较大差距，如图1所示。2009—2015年，内蒙古水地玉米的亩均生产成本由416元上升到684元，其中，亩均物质与服务费用由247元上升到384元，亩均直接物化成本由229元上升到360元，但与此同时，水地玉米保险的亩均保障水平仅由350元增加到500元。

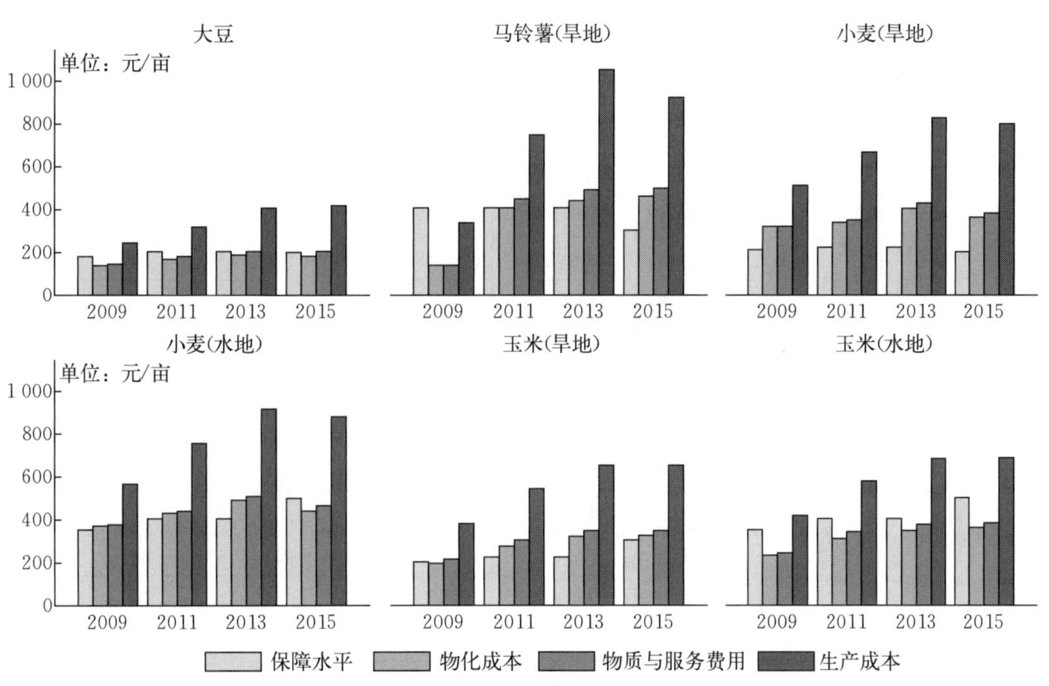

图1　2009—2015年内蒙古部分农作物保险保障水平与其生产成本

数据来源：①2009—2016年内蒙古农业保险保费补贴实施方案；②2010—2016年全国农产品成本收益资料汇编。

另外，根据内蒙古乡村（嘎查）的调查数据①可知（表2）：除乌兰察布市以外，内蒙古玉米保险②的亩均直接物化成本占其亩均毛收入的比重均比较低，一般介于

① 乡村（嘎查）的农作物成本收益资料来源于内蒙古农业大学农业保险保费补贴绩效评价课题组2011年、2012年和2013年对受访地区村干部、种植大户的实地问卷调查。

② 玉米是内蒙古的主要粮食作物，2016年玉米产量约占内蒙古粮食作物产量的80%。

20%～35%。例如，在内蒙古西部区的巴彦淖尔市，2010 年水地玉米的亩均直接物化成本约占其亩均毛收入的 23%，2011 年约为 27%，2012 年则上升至 30%左右；在内蒙古东部区的兴安盟和呼伦贝尔市，2012 年旱地玉米的亩均直接物化成本约占其亩均毛收入的比例多数低于 25%；在内蒙古中部区的乌兰察布市，2011 年旱地玉米的亩均直接物化成本占其亩均毛收入的比例则比 2010 年提高约 3 个百分点，但仍低于 50%。因此，基于乡村（嘎查）微观层面的数据分析可得出目前内蒙古农业保险的保障水平偏低，并不足以完全解决受灾农户的恢复再生产问题，这与《中国农业保险市场需求调查报告》的研究结论相吻合，大多受访农户认为农险不足以弥补损失的五成，进而导致其对现阶段农业保险保障额度不满意的占比高达 61.97%[1]。

表 2　2010—2012 年内蒙古部分地区玉米生产的成本收益比较

单位：元/亩，%

年份	土地类型	地区	地区			保障水平	收入①	直接物化成本②	比重②/①
2010 年	水地	巴彦淖尔	五原县	新公中镇	永联村	400	1470	340	23.13
			乌拉特前旗	西小召镇	乃马岱村		1260	290	23.02
		通辽	科尔沁区	钱家店镇	前西村	400	1445	400	27.68
			科左中旗	保康镇	白吉来村		850	230	27.06
	旱地	乌兰察布	卓资县	卓资山镇	坝底村	220	475	200	42.11
				梨花镇	土城子村		456	202	44.30
2011 年	水地	巴彦淖尔	五原县	新公中镇	永联村	400	1275	345	27.06
			乌拉特前旗	西小召镇	乃马岱村		1233	325	26.36
		赤峰	松山区	当铺地满族乡	新井村	400	1530	370	24.18
			翁牛特旗	乌丹镇	杨家营村		1445	385	26.64
	旱地	乌兰察布	卓资县	卓资山镇	坝底村	220	405	185	45.68
				梨花镇	土城子村		450	215	47.78
2012 年	水地	巴彦淖尔	临河区	干召庙镇	棋盘村	400	1800	550	30.56
			磴口县	沙金苏木	巴音毛道		1750	530	30.29
	通辽	呼伦贝尔	扎兰屯市	成吉思汗镇	东德胜村	220	800	165	20.63
				雅尔根楚镇	四道沟村		630	150	23.81
				卧牛河镇	大坝村		729	155	21.26
				中和镇	光荣村		780	180	23.08
		兴安盟	科右前旗	科尔沁镇	远征村	220	640	150	23.44
				居力很镇	万宝村		675	182	26.96

数据来源：2011 年、2012 年和 2013 年的村调查数据。

三、同质化产品：难以满足广大农户的异质性需求

现阶段，内蒙古甚至全国的农业保险产品均存在同质化问题：一方面是保险产品基本上都属于多灾害单产保险（类似美国的 MPCI），农业保险本质上属于低水平的成本保险；另一方面是现行农业保险政策条款均缺乏弹性，多是以省或自治区为单位，施行统一保额和统一费率，导致不同区域农业生产风险、保险保障程度和保险费用负担存在事实上的不对等，即低风险区域农业生产经营者自交保费和基层财政配套保费资金相对较高，而高风险区域农业生产经营者自交保费和基层财政配套保费资金相对较低；低投入、低产出区域农业生产经营者享受高保额保障，而高投入、高产出区域农业生产经营者仅获得低保额保障[5]。2007—2017 年，虽然内蒙古农作物保险的基准保额有所提高、基准费率普遍降低，但在全区范围内却施行“一刀切”费率政策，如表 3 所示，致使广大农牧民多样化的农业保险需求很难得到满足。例如，在巴彦淖尔市，目前“低保障”的农险产品并不足以满足农户的“高端”需求，多数农户不仅愿意而且有保费支付能力参加具有高保障水平的农作物保险。

表 3　2007—2017 年内蒙古农作物保险的基准费率水平

单位：%

<table>
<tr><th>年份</th><th>2007</th><th>2008</th><th>2009</th><th>2010—2011</th><th>2012</th><th>2013—2014</th><th>2015—2017</th></tr>
<tr><td>玉米（水地）</td><td>8</td><td>8</td><td>10</td><td>9</td><td>9</td><td>9</td><td>6</td></tr>
<tr><td>玉米（旱地）</td><td>10</td><td>10</td><td>10</td><td>9</td><td>9</td><td>9</td><td>8</td></tr>
<tr><td>小麦（水地）</td><td>8</td><td>8</td><td>8</td><td>7</td><td>7</td><td>7</td><td>6</td></tr>
<tr><td>小麦（旱地）</td><td>10</td><td>10</td><td>8</td><td>7</td><td>7</td><td>7</td><td>8</td></tr>
<tr><td>大豆（水地）</td><td>8</td><td>8</td><td rowspan="2">8</td><td rowspan="2">7.5</td><td rowspan="2">7.5</td><td rowspan="2">7.5</td><td rowspan="2">7.5</td></tr>
<tr><td>大豆（旱地）</td><td>10</td><td>10</td></tr>
<tr><td>葵花（水地）</td><td>—</td><td>8</td><td rowspan="2">8</td><td rowspan="2">7.5</td><td rowspan="2">7.5</td><td rowspan="2">7</td><td rowspan="2">6</td></tr>
<tr><td>葵花（旱地）</td><td>—</td><td>10</td></tr>
<tr><td>油菜</td><td>—</td><td>10</td><td>8</td><td>7.5</td><td>7.5</td><td>7</td><td>6</td></tr>
<tr><td>马铃薯（水地）</td><td rowspan="2">—</td><td rowspan="2">—</td><td rowspan="2">6</td><td rowspan="2">6</td><td rowspan="2">6</td><td rowspan="2">6</td><td>3</td></tr>
<tr><td>马铃薯（旱地）</td><td>8</td></tr>
<tr><td>甜菜</td><td>—</td><td>—</td><td>—</td><td>—</td><td>7.5</td><td>7.5</td><td>6</td></tr>
<tr><td>水稻</td><td>—</td><td>—</td><td>—</td><td>—</td><td>—</td><td>5</td><td>4</td></tr>
<tr><td>棉花</td><td>—</td><td>—</td><td>—</td><td>—</td><td>—</td><td>5</td><td>4</td></tr>
</table>

数据来源：2007—2017 年内蒙古自治区农业保险保费补贴实施方案。

同时，由乡村（嘎查）的调查数据也可发现：①2012 年，巴彦淖尔市水地玉米保险的保障水平已经不足以覆盖其直接物化成本，兴安盟和呼伦贝尔市旱地玉米保险

的保障水平则仍比其直接物化成本高出约 20%，但是水地玉米和旱地玉米则统一施行 8.5%的保险费率；②就旱地玉米保险来说，其亩均直接物化成本占其亩均毛收入的比重在内蒙古东部地区和中部地区存在显著差异；在东部地区兴安盟和呼伦贝尔市旱地玉米的亩均直接物化成本占其亩均毛收入的比重多数低于 25%，在中部地区乌兰察布市，旱地玉米的亩均直接物化成本占其亩均毛收入的比重则在 45%左右，东部地区和中部地区的旱地玉米保险在 2010—2012 年均施行统一的费率政策，即 9%，因此，在具有不同农业生产风险的区域施行具有统一保额和统一费率的同质化农业保险政策会导致农户的保费负担与其所得到的风险保障不相匹配，使得农户的异质性保险需求很难得到满足。

内蒙古东西跨度上千公里，导致各盟市间的农业生产条件与农业发展水平千差万别，即使在同一盟市，不同旗县间的农业生产条件也不尽相同，甚至在一个苏木乡镇，不同村庄之间的农业生产条件也存在客观差别，由此使得内蒙古农业保险呈现出不平衡性、多层次性和区域间农业保险供求的差异性[6]；因此，内蒙古农业保险的可持续发展必须推行风险区划。

纵观国外的农业保险发展情况，可知农业风险区划是未来农业保险的发展趋势。美国、加拿大、日本等农业保险开展较为成功的国家均十分重视农业生产风险评估与区划工作，目前已实现根据不同保险标的、不同投保农户、不同保险责任来评估农业生产风险和厘定农业保险费率，有的国家甚至已经细化到农户或者地块层次。政府和保险公司可以根据投保农户耕种的作物种类、所处风险区域、农户自身特征等为各个农户厘定一个“异质性”费率，使投保农户缴纳的保险费用和其农业生产的风险水平尽可能匹配。例如，美国曾以雹灾次数（平均雹灾天数）、雹灾次数最多的季节和雹灾强度为主导指标，把整个美国大陆划分为 14 类雹灾地区，据此分别对各区域制定和实施差别保险费率。在加拿大的曼尼托巴省，首先是根据气候、地理、土质和农作物生产历史情况，将全省划分为 16 个风险大区；其次是按照作物种类、土壤类型进一步将每个风险大区细分为亚区；再次是在亚区内进行风险评估和保险费率厘定，具体是依据农户生产历史情况对其保险费率作进一步调整，以使农户缴纳的保费与其风险水平相匹配[7-8]。

事实上，内蒙古自 2011 年开始相继在巴彦淖尔市等地区试行农业保险费率分区政策，具体是将各地农业保险费率划分成两类：Ⅰ类地区是种植业自然灾害风险相对较低的旗县，其农业保险费率是在自治区基准费率的基础上下调或者上调 0.5 或 1 个百分点；Ⅱ类地区是种植业自然灾害风险相对较高的旗县，执行自治区基准费率。例如，2017 年内蒙古将巴彦淖尔市除旱地玉米、旱地小麦、旱地马铃薯之外其他品种的费率均下调 0.5 个百分点，将乌兰察布市、赤峰市、包头市、巴彦淖尔市旱地玉米、旱地小麦、旱地马铃薯 3 个品种的费率上调 0.5 个百分点。然而，目前这种两类地区的农牧民在投保时所交纳保费有些略微差别的风险区划政策的深度效应至今为止还未充分显现。

四、结论和启示

自2007年起作为全国首批政策性农业保险试点地区之一，内蒙古农业保险在“公私合作”即“政府支持下的商业化运作”模式下得到蓬勃快速发展：保费补贴品种逐年增加，覆盖范围逐年拓宽；保费收入持续增加，参保面积不断扩大，已在全国农险市场中占有重要地位；政府补贴资金的杠杆效应日益明显，已成为财政支农惠农的一大创新举措；农业保险的经济补偿作用得到有效发挥，已成为受灾农牧户恢复再生产的重要工具。然而，本文基于内蒙古的经验证据发现，现行农业保险政策不仅存在低保障水平不能完全解决受灾农户的恢复再生产的问题，而且存在同质化保险政策难以满足广大农户异质性需求的问题。鉴于此，本文提出以下两点建议：

（一）创新保险产品

就内蒙古而言，主要包括三个层面：

1. 提高保险保障水平

《中国农业保险市场需求调查报告》研究发现：如果保险公司提升保额，愿意保费也同比例提升的受访农户占比76.34%，不愿意但会投保的农户占比为26.60%，不愿意也不会投保的农户占比为3.06%[1]。说明现阶段农户有提高农业保险保障程度的需求，并有支付能力。因此，内蒙古农业保险保费补贴领导小组应考虑建立农险保障水平动态调整机制，使得保障水平与自治区农牧业生产的直接物化成本相符合。在短期内，不仅应将保障范围扩展到农业生产的全部直接费用，还应将间接费用、人工成本、土地租金等逐步纳入保障范围。从长远来看，农业保险应逐步实现从目前的保成本向保产量转变，在条件允许的时候，还可以转为保收入。同时，领导小组也可设计高、中、低不同档次的农作物保险保障水平和保险费用来满足农户的差异化需求，对不同档次的产品实行差别化的补贴标准，由农户根据保费承担能力、财政补贴标准、自身农业生产特点和风险防范需要自由选择最适于自己的农业保险合同。

2. 增加财政补贴品种

根据《国务院关于加快发展现代保险服务业的若干意见》（国发〔2014〕29号）的要求，在保证现有大宗农产品保险的基础上，因地制宜地增加地方特色农业保险保费补贴品种。就内蒙古而言，主要是番茄（加工用）、蔬菜（温室和露天种植）、西甜瓜、籽瓜、杂粮（如荞麦、莜麦）等农区特色品种，肉牛、肉羊、基础母羊、种公羊、马匹、草场等牧区特色品种。

3. 推出新型农险产品

根据保险业新“国十条”的要求，内蒙古也可以逐步开展价格保险、产值保险、产量保险、收益保险、指数保险等新型产品试点。

（二）推进农业风险区划

针对当前内蒙古自治区农业保险各险种费率在地区之间差异性不明显、定价不科学的现状，建议在保费补贴领导小组的统一协调下，尽快开展以旗（县、市、区）为单位的农业灾害风险评估与农业保险费率厘定，改变现行的自治区统颁农业保险费率条款的政策，实行不同地域、不同险种、不同费率的差异化农业保险政策，从而实现农业保险费率水平和保险责任的对等。

参考文献

[1] 中国保险监督管理委员会．中国农业保险市场需求调查报告［R]．北京，2015.

[2] 朱俊生．农业保险财政补贴的新形势、新要求和新任务［N]．中国保险报，2015－08－10（007）.

[3] 黄延信，李伟毅．加快制度创新 推进农业保险可持续发展［J]．农业经济问题，2013（2）：4－9.

[4] 刘峰．农业保险的转型升级［J]．中国金融，2016（8）：56－58.

[5] 赵元凤，等．内蒙古自治区 2012 年农业保险保费补贴绩效评价［M]．北京：中国农业科学技术出版社，2013.

[6] 赵元凤，等．内蒙古自治区 2013 年农业保险保费补贴绩效评价［M]．北京：中国农业科学技术出版社，2014.

[7] 陈丽．国外农业保险风险区划的经验启示［J]．中国集体经济，2010（6）：198－199.

[8] 郭忠义．农业风险区划的必要性与可行性［J]．中国保险，2010（4）：42－44.

新型农业经营主体与传统小农户农业保险偏好异质性研究

——基于9个粮食主产省份的田野调查*

叶明华　朱俊生

摘要： 在我国农业从传统小农经济向适度规模化方向发展的过程中，农户群体形成以新型农业经营主体和传统小农户为代表的二元分化。为了对两类农户群体的生产特征、风险状况、农业保险偏好序及其偏好差异进行比较研究，选取安徽、江苏、四川、湖南等9个粮食主产省份，对2 339户农户进行问卷调查和比较分析，研究发现：①新型农业经营主体的种植面积较大，但种植品种单一，风险集中度较高；②新型农业经营主体普遍意识到农业保险是灾后风险融资的重要方式，对农业保险的购买意愿和愿意支付的保费水平显著高于传统小农户；③新型农业经营主体与传统小农户都优先考虑医疗与养老保险等家庭费用支出型险种，但是新型农业经营主体对农业保险（尤其是产量保险）的偏好排序远远高于传统小农户。故此，以保障农户家庭支出风险为主的医疗保险、养老保险与保障农户家庭收入风险为主的农业保险应协同推进；对于农业保险的具体险别应逐步从普惠型向多元化方向提升。

关键词： 新型农业经营主体；农业保险；保险偏好序；保险偏好差异

一、引言

农业保险的核心使命是通过转移和管理农业经营主体的各项风险，从而实现为我国农业生产保驾护航。自2004年政策性农业保险落地实施以来，市场发展迅猛。至2016年底，农业保险保费收入增至417.1亿元，提供的风险保障高达2.2万亿元，近十年间农业保险实现年均38.8%的保费增长率。与我国农业保险体量迅速膨胀相

* 国家自然科学基金“农业气象灾害、政策性农业保险与粮农生产行为：基于苏、皖农户调查的微观实证”（71403088）、国家社科基金重大项目“农业灾害风险评估与粮食安全对策研究”（13&ZD161）和高等学校学科创新引智计划（B14019）。

作者简介：叶明华，华东师范大学统计学院风险管理与保险系副教授；朱俊生，国务院发展研究中心金融研究所教授。感谢华东师范大学统计学院和西南财经大学保险学院相关师生为课题调研所做的工作。

对应的是我国农业生产体系的结构性变革。近年来，随着农业生产率的大幅度提升，我国农业已经从供需紧平衡向供给的结构性剩余转变，农业生产面临着从追求“量的增长”转向追求“结构的优化”。为此国务院与农业部连续发布了一系列关于推进我国农业供给侧结构性改革的重要指示，其核心是积极发展适度规模的农业经济，大力培育新型农业经营主体，以便通过农业生产的规模化和产业化降低农业经营成本、优化农业生产结构。

在 2017 年《农业部关于农业供给侧结构性改革的实施意见》继续强调了要通过“加强新型职业农民和新型农业经营主体的培育”来推进农业的创新驱动，增强农业科技的支撑能力。新型农业经营主体已逐步成为未来我国农业可持续性发展的核心力量。与传统小农户相比，新型农业经营主体的生产规模更大、产出更高；但是面临的农业风险也更为集中。如何对新型农业经营主体面临的风险进行较为精准的评估，进而为其提供创新性和特色性的农业保险服务，是当前农业保险优化发展的重要议题。与农业经营主体的显著性变化相比，我国政策性农业保险还停留在主要以面向传统小农户的低保障、广覆盖的成本保险为主。本文旨在通过对主要粮食主产区新型农业经营主体和传统小农户的大样本田野调查所获取的资料，对新型农业经营主体和传统小农户的风险特征及其农业保险偏好的异质性进行比较分析，进而为我国农业保险从低保障的普惠制向多层次精细化方向发展提供政策参考。

二、文献综述

近年来，国内外相关学者基于不同视角、采用不同方法对我国新型农业经营主体的对象界定、风险状况和保险偏好等问题进行了研究。

第一，探讨我国新型农业经营主体的范围及其战略作用。新型农业经营主体是从事专业化、集约化生产经营的现代农业生产经营组织形式（陈晓华，2014），主要包括：种植与养殖专业大户、家庭农场、农业合作社和农业企业等（钱克明、彭廷军，2013）。综观既往研究发现，加快培育新型农业经营主体对于我国未来农业发展具有如下重要的战略意义：①新型农业经营主体在农业生产过程中呈现出注重生态、低碳生产方式的端倪与趋势（蔡颖萍、杜志雄，2016），有利于我国农业生态环境的改进；②新型农业经营主体的发展将造成农村社会阶层结构重塑，最主要的是形成农业生产和服务领域的规模经营（赵晓峰、赵祥云，2016），有利于降低农业生产经营成本，提高我国农产品的国内和国际市场竞争力；③新型农业经营主体的经营规模较大、辐射带动效应和盈利能力较强、市场导向更明显（黄祖辉、俞宁，2010），有利于推动我国农业的规模化和现代化发展。

第二，农户群体的两元分化与新型农业经营主体的风险特征。随着城镇化和土地流转制度的推进，农户群体分化为兼农型农户与纯农型农户。其中，经营规模较大、专业化水平较高的纯农型农户逐步演变为新型农业经营主体。农户群体的分化要求农村金融与农业保险服务与之相协调、相匹配。相比较来看，新型农业经营主体面临的自然风险和市场风险远远大于传统小规模农户，不同农户群体对农业保险呈现出多元化需求（董晓林、朱敏杰，2016）。具体来说，新型农业经营主体因农业基础设施建设的投资需求较大，经营风险远高于传统小农户（农业部农村经济体制与经营管理司课题组，2016）。同时，新型农业经营主体面临农业生产投资期长、收效慢的现实状况，其对运用农业保险来防范和化解农业生产经营风险的需求日益高涨（刘明轩、姜长云，2015）。

第三，新型农业经营主体的保险偏好研究。新型农业经营主体的保险偏好受到其主观上的风险认知与客观上的风险状况影响（叶明华，2015）。传统小规模农户种植面积有限，粮食产出部分为了自家口粮，部分为了出售，因此，传统小规模农户对农业保险的需求与偏好较为分散。而新型农业经营主体是我国粮食商品化种植的主要力量，其农业生产不仅追求产量的最大化，也十分关注农业生产经营收入的最大化（庹国柱、朱俊生，2016）。随着商品化种植导致的市场风险比重的增加，新型农业经营主体的收入风险逐步放大，单一化的农业产量或成本保险已经无法满足新型农业经营主体的保险诉求（罗少凡，2016），多层次农业保险将成为深化农业改革与保障粮食安全战略的重要金融手段。鉴于此，同时承保产量风险与价格风险的收入保险正逐步成为农业保险的新兴险种（张峭、王克等，2015）。但是，目前国家对新型农业经营主体的相关保险制度供给尚未健全（兰勇、周孟亮等，2015），尤其是当前一刀切的农村金融保险供给体系未能反映出新型农业经营主体的特殊风险及其对农业风险管理的异质性需求（汪艳涛、高强等，2014）。

综上，我国正处于全面深化农村改革，加快推进农业现代化的转型期。农业经营主体由传统的小规模农户转变为多种经营主体并存的格局。诚然，考虑到我国人多地少的现实状况，传统小规模农户将与各类新型农业经营主体长期共存（翁贞林、阮华，2015）。但是，在我国农业经营主体分化背景下，农业政策在注重提高生产效率的同时，需关注不同农业经营主体的利益协调问题（丁冬、郑风田等，2014），尤其是传统小规模农户与新型农业经营主体面临的风险水平与风险结构的差异性，及其由此导致农业保险需求的结构性差异。唯有对不同类型农业经营主体风险的细化分析，农业保险方可实现从粗放式经营向精耕细作方向发展。

三、调查区域分布与样本特征

（一）调查区域分布

为了对新型农业经营主体和传统小农户的风险状况、保险需求与偏好进行研究，课题组利用寒暑假期间分别于 2014 年 1 月至 2 月，2014 年的 6 月至 8 月，2015 年的 1 月至 2 月，2015 年的 5 月至 8 月对我国粮食主产区的安徽省、江苏省、四川省、湖南省、黑龙江省、河南省、江西省等 9 个省进行大样本实地调研，主要以粮食生产的重点村镇为主。调研对象为新型农业经营主体和传统小农户。本次调研的新型农业经营主体主要包括种植面积在 50 亩及以上的种植大户、粮食合作社和家庭农场主。传统小农户是指种植面积或者养殖规模较小的农户。为了避免因农户对问卷选项不了解而产生错答与误答现象，本次入户调研采用提问式调查。共发放问卷 2 500 份，剔除无效问卷，最终获得有效问卷 2 339 份。将所有调查问卷进行录入整理，发现符合新型农业经营主体范畴的农户数为 73 户，其余 2 266 户为传统小农户，以下将对这两类农户群体进行比较研究①。

（二）两类农户群体的样本特征

根据课题组在粮食主产区调查发现，新型农业经营主体的生产规模普遍较大，但在农户群体中占比不高，我国当前农户群体还主要以传统小规模农户为主。通过对问卷各变量进行整理，对定性变量进行相应赋值以转化为定量数据。通过对新型农业经营主体和传统小农户的基本状况进行描述性统计分析，获得两类农户群体的样本特征如表示 1 所示。

表 1　新型农业经营主体与传统小农户的基本情况

变　量	均值/方差		赋值说明
	新型农业经营主体	传统小农户	
受教育水平	3.397 (1.715)	2.569 (1.238)	没上过学＝1；小学＝2；初中＝3；高中＝4；职校＝5；大学＝6
务农人数	5.986 (22.569)	2.254 (1.799)	人数
农户年龄	45.446 (71.233)	49.459 (128.779)	岁数
平均务农年限	26.554 (151.160)	30.486 (162.475)	年数
粮食种植面积	424.743 (181，311.686)	5.316 (26.040)	亩数
主要生产手段	1.969 (0.190)	1.794 (0.313)	完全手工＝1；部分机械化＝2；完全机械化＝3
家庭总收入	20.858 万 (111.283)	9.635 万 (526.801)	元 包括农业收入与非农业收入

① 根据农业部种植司 2013 年底的统计显示，种粮大户占农户总数仅为 0.28%。另，根据 2015 年全国农户数量统计推测，经营面积在 50 亩以上的新型农业经营主体占农户总数不及百分之三。当前，从农户数量上看，传统小农户依然占据主导地位，但是新型农业经营主体的经营面积和产出规模正持续上升。本文两类样本量之比与实际景况相近。但因两类农户群体样本量存在差异，下文采用比值分析。

（续）

变　量	均值/方差		赋值说明
	新型农业经营主体	传统小农户	
农业经营收入	16.733 万 (100.011)	6.216 万 (5 257.116)	元
农作物种植品种	1.548 (0.668)	1.848 (0.713)	按照农户种植的种类数计算
灌溉方式	2.982 (0.563)	2.742 (0.678)	自家挖井灌溉＝1；滴管或微喷＝2；水渠灌溉＝3；水库水灌溉＝4

注：括号内的数值表示方差；括号上方的数值表示均值。为了更为准确反映农户平均状况，上表已经对农户家庭总收入和农业经营收入变量中的异常值进行处理。

根据表 1 可知：

1. 农户基本特征

新型农业经营主体的受教育水平普遍高于传统小农户。调研发现，新型农业经营主体普遍接受过中学教育，部分新型农业经营主体接受过职校和大学教育；与之相比，传统小农户普遍只接受过小学及初中教育。新型农业经营主体每户平均务农人数为 6 人，而传统小农户每户平均务农人数为 2 人，这源于传统小农户耕种面积较少，部分家庭成员选择放弃务农，进城务工。新型农业经营主体的农户平均年龄为 45.4 岁，平均务农年限为 26.6 年；传统小农户的平均年龄为 49.5 岁，平均务农年限为 30.5 岁。比较来看，传统小农户家庭主要由年长者在家务农构成，而新型农业经营主体的农户则呈现出年轻人自愿选择从事农业生产经营的现象。

2. 农业生产特征

新型农业经营主体的平均种植面积为 424.743 亩，而传统小农户的平均种植面积仅为 5.316 亩。种植面积上的差异反映出两类农户群体农业经营目标上的差异，新型农业经营主体是为了农业的商品化交易而从事农业生产，是我国粮食商品化生产的主力军。从种植品种可以看出，新型农业经营主体种植品种更为单一。比如粮食种植大户，其主要从事小麦或者水稻的单品种种植。而传统小农户会选择在有限的耕地面积上采用多样化种植经营决策来分散风险，同时得以满足自家对农产品的多样性需求。从农业生产手段来看，两类农户群体普遍采用手工劳动与部分机械化劳动相结合的方式，但新型农业经营主体的机械化程度普遍高于传统小农户。两类农户在灌溉方式上无显著差异，都以水渠灌溉为主，但是调研发现，还有较多传统小农户采取自家挖井灌溉方式，而新型农业经营主体则倾向于通过大型农业基础设施进行灌溉。

3. 农业收入水平

新型农业经营主体的家庭总收入平均为 20.858 万元，而传统小农户的家庭总收入平均为 9.635 万元，仅收入水平而言，新型农业经营主体是农村高收入群体的重要组成部分。新型农业经营主体来自农业的平均收入为 16.733 万元，占家庭总收入比重为 80.22%；而传统小农户总收入中来自农业的平均收入为 6.216 万元，占家庭总收入比重为 64.51%。根据农业收入占比可知，新型农业经营主体主要是从事农业生产的纯农型农户，而传统小农户则发生严重分化，部分农户依然从事农业生产，但是也有较多传统小农户演化为半农半工的兼农型农户，以进程务工收入补贴家用成为传统小农户分散家庭风险的重要渠道。

四、新型农业经营主体与传统小农户风险状况和灾害管理举措比较

（一）两类农户群体最担心的风险类型

根据图 1 可知，新型农业经营主体最担心的风险类型是农业灾害风险，占比为 79.45%，其次是家庭成员遭受疾病风险，占比为 50.68%。据此可知，农业灾害导致的农业生产经营损失及其农业收入变动风险是新型农业经营主体面临的首要风险源。与之相比，传统小农户最担心的风险类型中农业灾害风险与家庭成员遭受疾病风险并列重要。也即，对于传统小农户而言，自然灾害导致的收入风险与家庭成员的疾病支出风险同等重要。此外，有 21.92%的新型农业经营主体担心土地等经营权的变更风险，传统小农户此类风险占比较低。

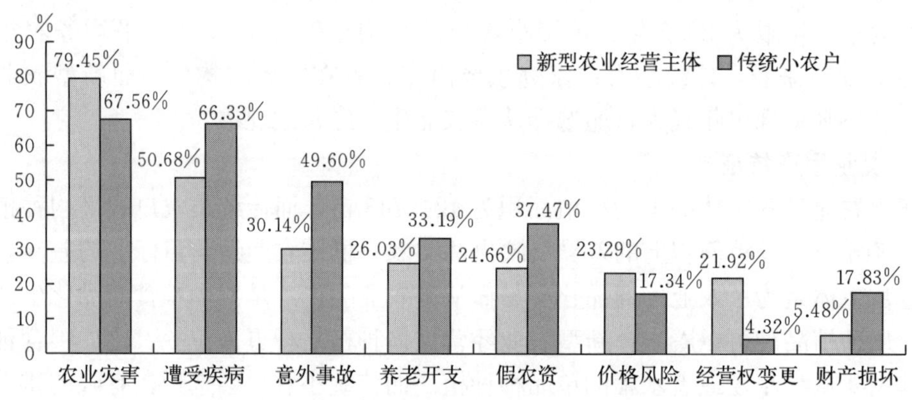

图 1　新型农业经营主体与传统小农户最担心的风险类型

注：此项为多选题，各选项之间不具有排他性。

（二）灾前风险管理与灾后风险融资的举措

在多年从事农耕的经验积累基础上，农户建立了一些预防和化解农业灾害损失的方法。根据图 2 可知，新型农业经营主体主要采用购买农业保险的方式减少灾害损失，占比为 71.23%；其次是加强灾害预防，占比为 49.32%；再次是依靠农技人员的防灾减灾协助及其加入合作社。而传统小农户则主要通过自身在农耕劳作中加强灾害预防的方式来减灾，占比为 51.59%。相比可知，新型农业经营主体更为注重灾害

损失的外部管理与融资，而传统小农户还主要依赖自身耕种经验来减灾。具体来说，传统小农户更为倚重通过多样化种植与经营来分散农业风险的传统方法，而新型农业经营主体的种植结构更为单一，风险更为集中。

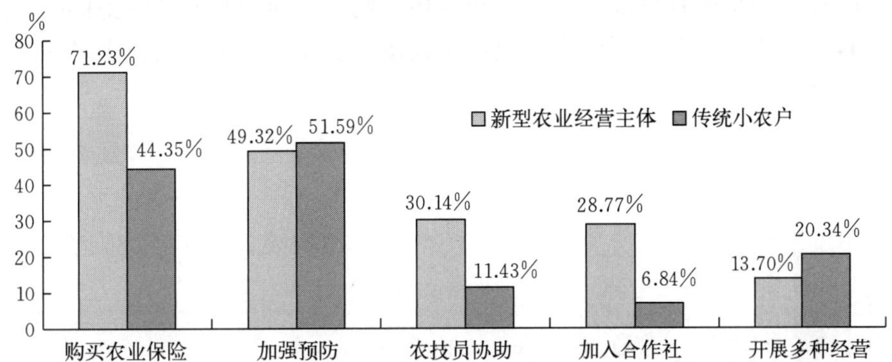

图 2　新型农业经营主体与传统小农户灾前采取的预防农业灾害的方法

注：此项为多选题，各选项之间不具有排他性。

关于灾害发生后如何为第二年农业生产进行筹资的调查中，新型农业经营主体主要选择动用存款，占比为 56.16%；其次是依靠保险理赔，占比为 46.58%。从数值占比上看，保险理赔已逐步成为仅次于动用存款的最重要的灾后融资手段。对于传统小农户而言，其灾后主要的筹资渠道是动用存款，占比为 72.37%。其次是亲友借贷，占比为 22.59%；选择保险理赔的仅占 10.86%。由此可知，面对灾后损失时传统小农户主要依靠家庭内部融资及亲友借贷，保险理赔还未成为其管理农业风险的主要手段（图 3）。

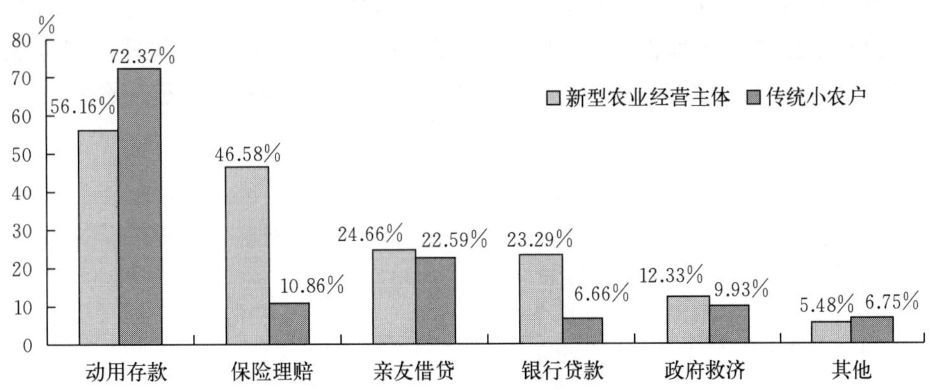

图 3　新型农业经营主体与传统小农户灾后开展农业生产的筹资渠道

注：此项为多选题，各选项之间不具有排他性。

（三）对农业保险的认知途径

新型农业经营主体和传统小农户都主要依靠政府宣传的方式认识农业保险，这主要基于两方面原因：一是，实践中农业保险主要依靠基层政府推动，这使得大多数农户主要通过政府宣传获得对农业保险的认知，基层政府的行政化推动对农业保险的初期发展起到重要作用；二是，政府在农户心中具有较高的信任度，因此通过政府宣传的农业保险被农户接受程度高于保险公司宣传。此外，新型农业经营主体由于自身受教育水平较传统小农户高，因此在其教育及其接受农业相关培训过程中对农业保险的认知逐步增强（图 4）。

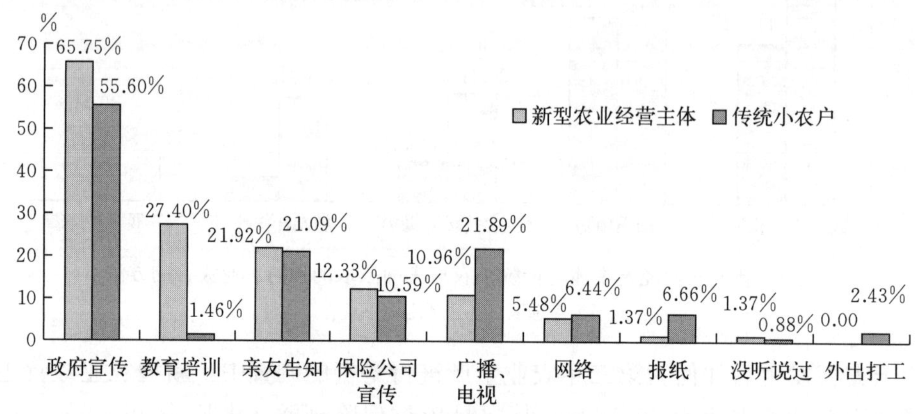

图 4　新型农业经营主体与传统小农户对农业保险的认知途径

注：此项为多选题，各选项之间不具有排他性。

保险认知上的偏差导致两类农户群体对农业保险购买选择上的差异。根据图 5 可知，大部分新型农业经营主体是出于自身灾害管理与风险融资的需要主动选择购买农业保险，其占比为 56.16%；而传统小农户则主要出于村里要求统一投保，在村镇管理人员隐性要求下购买农业保险，占比为 39.23%。选择因损失融资目的而购买农业保险的传统小农户人数占比远远低于新型农业经营主体的人数占比。此外，调查发现有 27.40%的新型农业经营主体是在农业合作社中跟随他人或其他社员而选择购买农业保险。

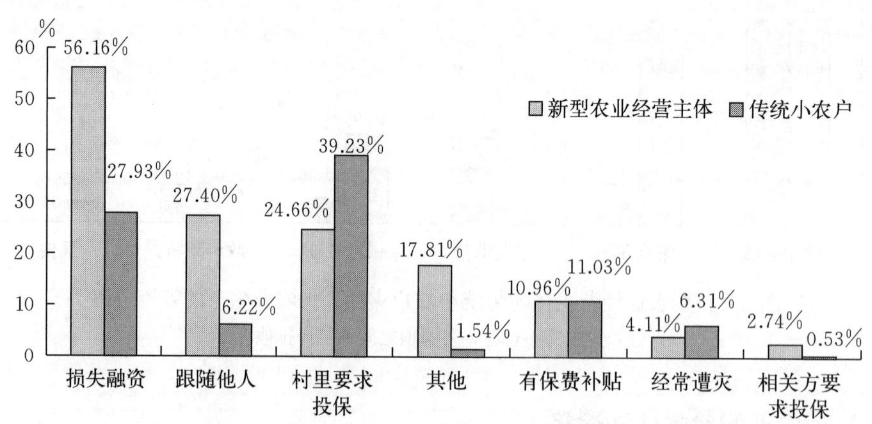

图 5　新型农业经营主体与传统小农户购买农业保险的原因

注：此项为多选题，各选项之间不具有排他性。

（四）农业保险的购买状况与保费支付意愿

当前我国农业保险还主要以普惠型、低保障的险种为主。据图6可知，89.96%的传统小农户每年缴纳的农业保险总保费在100元以下。这可能受以下两方面因素所致：一是传统小农户耕地面积较少，因此保费支出较少；二是当前农业保险的保额较低所导致的低保费。与之相比，48.39%的新型农业经营主体由于规模化经营所致，缴纳的农业保险总保费在1 000～5 000元之间，甚至有9.68%的新型农业经营主体每年缴纳农业保险总保费在5 000元以上。

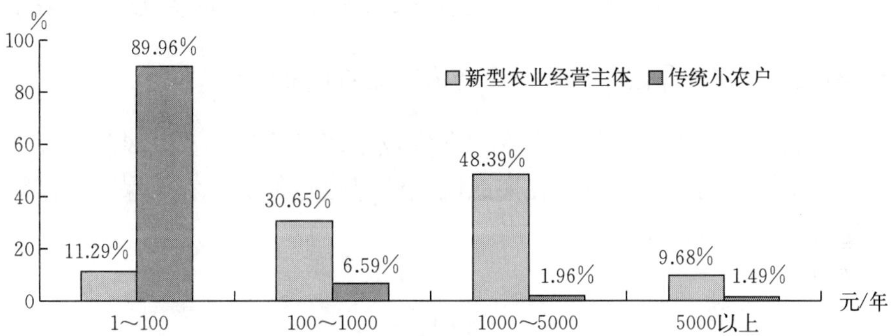

图6　新型农业经营主体与传统小农户每年的农业保险保费支出

除了考察农户群体缴纳保费的现实水平外，课题组也针对两类农户群体愿意缴纳的保费水平进行调查。据图7可知，29.23%的新型农业经营主体愿意缴纳的保费水平在每亩10～20元之间，另有27.69%的新型农业经营主体愿意提高保险额度，缴纳每亩30元以上的保费。与之相比，41.37%的传统小农户愿意缴纳的农业保险保费在每亩10元以下。

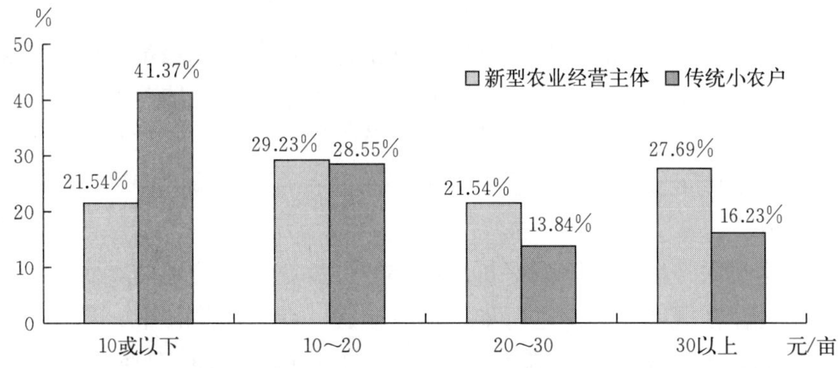

图7　新型农业经营主体与传统小农户能够承受的保费支出水平

综上，新型农业经营主体在风险状况与灾害管理举措方面与传统小农户存在显著性差异。具体来说：①新型农业经营主体对农业灾害风险的担心高于其对疾病和养老风险的担心，这说明新型农业经营主体对收入风险的担心高于对支出风险的担心。

②新型农业经营主体已经意识到农业保险是损失融资的重要工具，能主动购买农业保险来降低灾后损失。③通过对农户灾害损失融资结构的调查发现，新型农业经营主体约有 30%～50%的灾后损失可通过农业保险获得赔付，另有部分损失需动用家庭存款来解决。农业保险对其农业生产保驾护航的功能已初步实现。④新型农业经营主体生产经营规模较大，保费支付水平远远高于传统小农户，同时，新型农业经营主体对每亩耕地的保费支付意愿也较高。这说明当前一刀切的低保障、广覆盖的基础型农业保险已无法满足新型农业主体对农业风险管理的更高需求。

五、新型农业经营主体与传统小农户保险偏好异质性[①]分析

（一）两类农户群体保险险种偏好序与偏好差异性的比较

鉴于新型农业经营主体与传统小农户在农业生产经营特征及其风险状况上存在较大差异，以下将探究两类农户群体在愿意购买的保险险种及其农业保险具体险别的偏好序方面是否存在显著性差异。

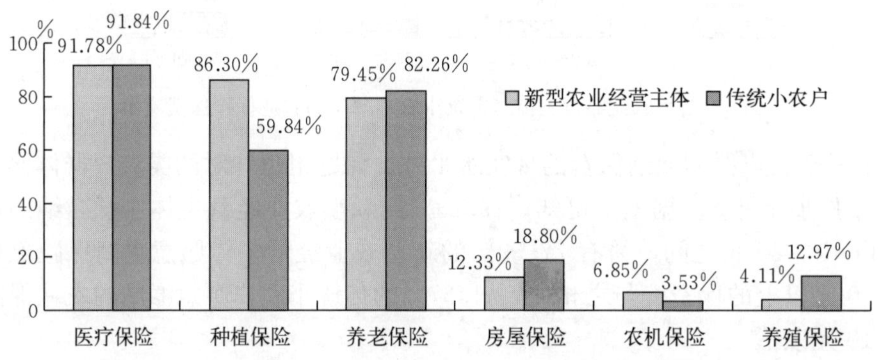

图 8　新型农业经营主体与传统小农户愿意购买的保险险种排序

图 8 显示，两类农户群体对医疗保险、种植保险和养老保险都有明显的偏好，但是在险种偏好序方面略有差异。具体体现在：新型农业经营主体首选医疗保险，其次是种植保险，而后是养老保险。而传统小农户首选医疗保险，其次是养老保险，而后才是种植保险。由此可知，传统小农户对医疗保险和养老保险的偏好排序远高于其对种植保险的偏好。

除了获得两类农户群体保险偏好排序的差异性外，为了验证两类农户群体在每项保险选择上是否存在概率差异，进行如下卡方检验。在每项险种中，当农户选择时设为 1，未选择时设为 0，构建每项险种偏好的 0—1 分布，进而按照两类农户群体计算四格表，最后进行各项保险险种偏好差异性的卡方检验，结果如表 2 所示。根据表 2 可知，医疗保险、养老保险、房屋保险和农机保险等四项保险的 Pearson 卡方统计量

① 此处将保险偏好的异质性分解为：保险偏好序的差异和保险险种（或险别）偏好概率的差异。

的显著性均大于0.05，这说明新型农业经营主体与传统小农户在这四项保险险种上的偏好概率不存在显著性差异。与之相反，在种植保险与养殖保险中，Pearson卡方统计量的显著性均小于0.05，尤其是种植保险，这说明两类农户群体对种植保险和养殖保险的偏好概率存在显著性差异，新型农业经营主体比传统小农户更为显著地偏好于选择种植保险。

表2　两类农户群体保险险种偏好差异性的卡方检验

保险险种	Pearson卡方	连续性修正	似然比	Fisher精确检验显著性（双侧）
医疗保险	0.190 (0.663)	0.041 (0.840)	0.180 (0.671)	0.637
种植保险*	16.690 (0.000)	15.695 (0.000)	19.338 (0.000)	0.000
养老保险	0.700 (0.403)	0.460 (0.498)	0.665 (0.415)	0.427
房屋保险	2.186 (0.139)	1.761 (0.185)	2.421 (0.120)	0.172
农机保险	1.740 (0.187)	1.024 (0.312)	1.441 (0.230)	0.206
养殖保险*	5.177 (0.023)	4.401 (0.036)	6.750 (0.009)	0.020

注：对每个险种，农户选择时设为1，不选择时设为0，以此将每个险种选项转换成0—1分布；再据此计算每个险种的四格表，进而计算卡方统计量。括号中为双侧渐进显著性；括号上方为统计量。

（二）两类农户群体农业保险险别偏好序与偏好差异性的比较

两类农户群体在保险险种的偏好中存在偏好序的差异和偏好概率的差异。那么，在农业保险的具体险别中，两类农户群体是否也存在显著性差异？在对种植业保险偏好序的具体调查中发现，新型农业经营主体首选产量保险，占比为54.17%；其次是收入保险，占比为26.39%；然后是价格保险；最后是成本保险。传统小农户选择的农业保险保障类型偏好序与新型农业经营主体基本相同，略有差异之处在于传统小农户选择收入保险的占比为32.48%，高于新型农业经营主体（图9）。

接下来对两类农户群体农业保险险别偏好的概率差异进行卡方检验，获得产量保险、收入保险、价格保险和成本保险这四项险别差异性检验的统计量和显著性值（表3）。据表3可知，收入保险、价格保险和成本保险的Pearson卡方统计量的显著性均大于0.05，这说明新型农业经营主体与传统小农户在这三个农业保险险别上的偏好概率不存在显著性差异。与之相反，在产量保险中，Pearson卡方统计量的显著性小于0.05，这说明新型农业经营主体比传统小农户更为显著性地偏好于选择产量保险。

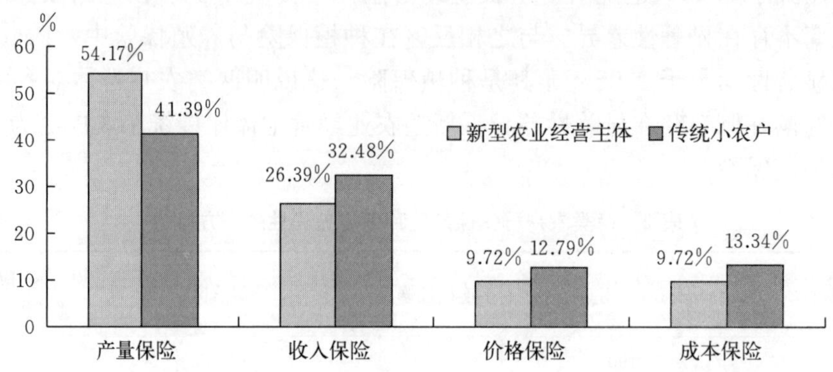

图 9　新型农业经营主体与传统小农户对农业保险险别的偏好排序

表 3　两类农户群体农业保险险别偏好差异性的卡方检验

农险险别	Pearson 卡方	连续性修正	似然比	Fisher 精确检验显著性（双侧）
产量保险*	4.316 (0.038)	3.833 (0.050)	4.280 (0.039)	0.042
收入保险	2.214 (0.137)	1.856 (0.173)	2.313 (0.128)	0.167
价格保险	0.091 (0.762)	0.016 (0.898)	0.094 (0.760)	0.863
成本保险	1.214 (0.271)	0.865 (0.352)	1.338 (0.247)	0.389

注：计算方法同表 2 注释。

综上可知，新型农业经营主体偏好于医疗保险、种植保险和养老保险，并且，新型农业经营主体对种植保险的偏好概率与传统小农户存在显著性差异。而在农业保险的具体险别中，新型农业经营主体更为倾向于产量保险，其次是收入保险，其在产量保险上的偏好概率显著性地高于传统小农户。

六、结论与对策

（一）结论

通过对 9 个粮食主产省份所属的农业生产重要村镇进行大样本实地调研，进而在一手资料基础上对新型农业经营主体与传统小农户的农业生产特征、风险状况、保险偏好序及其偏好差异性等进行比较研究发现：①新型农业经营主体的种植面积远远大于传统小农户，其农业收入水平也较高；规模化与专业化生产经营使得新型农业经营主体的种植品种较为单一，风险集中度高于传统小农户。②新型农业经营主体普遍意识到农业保险是灾后风险融资的重要方式，愿意主动购买农业保险；而传统小农户则主要出于基层行政组织的强制性要求购买农业保险，新型农业经营主体对农业保险的购买意愿和愿意支付的保费水平也显著高于传统小农户。③在当前农村社会保障体系尚未健全背景下，新型农业经营主体与传统小农户都优先考虑医疗保险与养老保险等家庭费用支出型险种，但是新型农业经营主体对种植保险的偏好排序远远高于传统小农户；此外，差异性检验发现，新型农业经营主体对种植保险和产量保险的偏好概率显著性地高于传统小农户。

（二）对策建议

第一，随着农业生产经营方式的提升与农户群体的分化，农业保险需要从当前的普惠制向多元化方向发展。农业保险发展的初级阶段是通过低保障、广覆盖的经营模式提升农业保险对农户群体的可得性，同时确保各类农户可以获得最基本的灾后融资保障。但是随着农业生产经营规模的两极分化，不同农户群体对农业保险形成差异性需求。在此背景下，农业保险供给侧也应当有所变革与调整。例如，对于新型农业经营主体中的粮食种植大户，因为当前尚有国家的粮食政策性收储或目标价格保护作为兜底，其面临的价格风险敞口较小，此时，粮食种植大户更为关心的是粮食产量风险，因此当前价格体系下应注重提升针对种粮大户产量保险的保障程度，改进其保障范围，对农业保险的不同险别进行细化与优化。

第二，推进农业保险与农村医疗保险、养老保险之间的协同机制，通过农村一体化的保障体系实现农户福利效用的最大化。上述研究发现，不论是新型农业经营主体还是传统小农户都优先选择医疗保险，因病返贫和因病致贫始终是农户心中最为窘迫的担忧。对于新型农业经营主体而言，虽然其农业收入水平较高，但是对疾病保险和养老保险的诉求与其对农业保险的诉求同等重要。故此，以保障农户家庭支出风险为主的医疗保险、养老保险与保障农户家庭收入风险为主的农业保险应当齐头并进，协同推进。因为医疗保险与养老保险的缺位与失衡必将影响农户在有限收入水平约束条件下对农业保险的决策。

参考文献

[1] 蔡颖萍，杜志雄．家庭农场生产行为的生态自觉性及其影响因素分析——基于全国家庭农场监测数据的实证检验［J］. 中国农村经济，2016（12）：33－45.

[2] 陈晓华．大力培育新型农业经营主体——在中国农业经济学会年会上的致辞［J］. 农业经济问题，2014（1）：4－7.

[3] 丁冬，郑风田，彭军，内海真一．国外新型农业经营主体发展经验及其对我国的启示［J］. 现代管理科学，2014（6）：12－14.

[4] 董晓林，朱敏杰．农村金融供给侧改革与普惠金融体系建设［J］. 南京农业大学学报，2016（6）：14－18.

[5] 黄祖辉，俞宁．新型农业经营主体：现状、约束与发展思路——以浙江省为例的分析［J］. 中国农

村经济，2010（10）：16－26.
[6] 兰勇，周孟亮，易朝辉．我国家庭农场金融支持研究 [J]．农业技术经济，2015（6）：48－56.
[7] 刘明轩，姜长云．农户分化背景下不同农户金融服务需求研究 [J]．南京农业大学学报，2015（5）：71－78.
[8] 罗少凡．农业风险与农作物收入保险 [J]．科教文汇，2016（351）：184－186.
[9] 农业部农村经济体制与经营管理司课题组．农业供给侧结构性改革背景下的新农人发展调查 [J]．中国农村经济，2016（4）：2－11.
[10] 钱克明，彭廷军．关于现代农业经营主体的调研报告 [J]．农业经济问题，2013（6）：4－7.
[11] 庹国柱，朱俊生．论收入保险对完善农产品价格形成机制改革的重要性 [J]．保险研究，2016（6）：3－11.
[12] 汪艳涛，高强，苟露峰．农村金融支持是否促进新型农业经营主体培育——理论模型与实证检验 [J]．金融经济学研究，2014（5）：89－99.
[13] 翁贞林，阮华．新型农业经营主体：多元模式、内在逻辑与区域案例分析 [J]．华中农业大学学报，2015（5）：32－39.
[14] 叶明华．政策性农业保险：从制度诱导到农户自主性需求 [J]．财贸经济，2015（11）：88－99.
[15] 张峭，王克，李越，汪必旺．中国主粮作物收入保险试点的必要性及可行方案 [J]．农业经济展望，2015（7）：18－24.
[16] 赵晓峰，赵祥云．农地规模经营与农村社会阶层结构重塑——兼论新型农业经营主体培育的社会学命题 [J]．中国农村观察，2016（6）：55－66.

关于新型农业经营主体对农业保险的需求与供给的思考*

王国军

摘要： 笔者调研发现，无论是专业大户、家庭农场，还是农民合作社、农业产业化龙头企业，对保险的许多迫切需求还没有得到满足，农业保险产品单一，缺乏针对性、保障水平低、价格超出承受能力的情况普遍存在，需要保险业转变思想，在产品和服务等方面加快创新步伐，真正为新型农业经营主体的可持续发展，发挥好“稳定器”和“助推器”的功能。

关键词： 新型农业经营主体；农业保险；需求；供给

我国正处于由传统农业向现代农业转型的关键时期，以规模化经营、产业化生产、集成化服务、科技化联合的现代新型农业经营主体的大量出现，是传统农业向现代农业转变的主要特征。随着新型农业主体逐步取代传统小规模、低效率的小农户经济，作为第一产业的农业将从弱势产业向强势产业过渡，农业在国民经济中的支柱性地位将再次稳若磐石。

伴随着快速的城市化进程，特别是土地流转步伐的加快，我国新型农业主体持续快速发展。截至 2016 年 12 月，全国种植面积在 50 亩以上的专业大户有 356 万户，家庭农场 87.7 万家，经营耕地 1.76 亿亩，其中有 44.5 万户家庭农场纳入农业部门名录，农民合作社 179.4 万家，龙头企业 12.9 万多家，各类农业社会化服务组织达到 115 万个。可以预见，随着乡村振兴战略的实施，农业规模化经营的比例还将不断提高，新型农业经营主体的数量还会迅速增加，逐步占据统治地位并最终替换传统的小农经济，这将是不可逆转的历史趋势。

一年一度的中央 1 号文件是农业和农村发展的风向标。2016 年的中央 1 号文件首次提出农业保险需要聚焦服务新型农业经营主体，要积极开发适应新型农业经营主体需要的保险品种。2017 年的中央 1 号文件再次强调要开发满足新型农业经营主体需要的保险产品，采取以奖代补方式支持地方开展特色农产品保险。

2017 年 5 月，中共中央办公厅、国务院办公厅印发了《关于加快构建政策体系培育新型农业经营主体的意见》，文件强调，在坚持家庭承包经营基础上，培育从事

---

* 本文为清华大学中国农村研究院研究课题成果，课题编号：CIRS2017－10)，原载《中国保险》2018 年第 2 期。收入本书时有修改。

作者简介：王国军，对外经贸大学保险学院教授，博士生导师。

农业生产和服务的新型农业经营主体是关系我国农业现代化的重大战略。加快培育新型农业经营主体，加快形成以农户家庭经营为基础、合作与联合为纽带、社会化服务为支撑的立体式复合型现代农业经营体系，对于推进农业供给侧结构性改革、引领农业适度规模经营发展、带动农民就业增收、增强农业农村发展新动能具有十分重要的意义。

2018 年的中央 1 号文件进一步强调，要探索“订单农业＋保险＋期货（权）”试点，要探索开展稻谷、小麦、玉米三大粮食作物完全成本保险和收入保险试点，加快建立多层次农业保险体系。

一、新型农业经营主体农业保险的需求

一般而言，所谓的“新型农业经营主体”是针对传统的小农户经济而言的，主要包括专业大户、家庭农场、农民合作社、农业产业化龙头企业等四种类型。

相对于普通农户而言，新型农业经营主体规模大，总成本高，生产投入大，生产和流通环节复杂，专业化和市场化程度高，转变经营方向的灵活性弱，农业风险的关联度大大增强，农业生产过程中初始投入与生产过程的风险，与产品加工、储运销售等环节风险相互交织，所面临自然风险、市场风险和质量安全风险更为集中，风险范围更广、规模更大、危害更强，一旦风险转化为损失，对新型农业经营主体的生产和经营将产生巨大的财务冲击，有时甚至是毁灭性的。因此，新型农业经营主体有着更强烈的风险管理和保险需求。

新型农业经营主体的决策者一般有着较高的教育程度和文化水平，有着更强的风险意识和保险意识，对保险的接受能力强，同时对农业保险的需求也更加多元化。中国保险学会 2014 年农业保险需求调查的资料也印证了这一点（表 1），规模越大的新型农业经营主体对农业保险的需求也更为强烈。而即使都属于新型农业经营主体，其保险需求也有着很大的不同。

农业保险需求调查的资料显示，64.32％的合作社以种植业为主要收入来源；54.09％的龙头企业以养殖业为主要收入来源。据此，合作社对种植业保险的需求较大，而龙头企业对养殖业保险的需求较大。

表 1　不同新型农业经营主体的农业保险需求

单位：％

购买保险的种类	农户	合作社	龙头企业
种植业保险	81.51	66.93	37.15
养殖业保险	12.81	31.22	55.22
涉农财产保险	1.45	1.32	1.02
其他产险	4.23	0.53	6.61

资料来源：中国保险学会．中国农业保险市场需求调查报告。

调查发现，因为有较强的风险意识和保险意识，农业保险已成为新型农业经营主体最主要的风险分散工具，多数的农民合作社和龙头企业通过保险公司现场宣传的方式购买农业保险，并分别有 9.52％和 17.22％的合作社和龙头企业主动到保险公司购

买农业保险。新型农业经营主体购买保险的渠道值得保险公司给予足够的重视。

龙头企业是具有中国特色的新型农业经营主体最主要的表现形式，经过改革开放后几十年的发展，在当今的中国农村经济中占有重要的地位。无论是“龙头企业＋基地＋农户”的模式，还是“龙头企业＋专业合作社＋基地＋农户”模式，都有着强大的生命力。龙头企业经营中所覆盖的产业链条较长，涉及生产资料采购、农产品的种植与加工、动物养殖、与其他合作方的契约与合作、仓储和物流运输、销售与推广等，财产风险、人身风险、责任风险和信用风险相对集中，复杂多样，层出不穷，因而对专业的风险管理服务和保险的需求非常多样化。

另外两类新型农业经营主体——专业大户和家庭农场的农业保险需求则体现了明显的个性化特征。养殖业和种植业专业大户和家庭农场的风险也非常集中，受自然风险和市场风险的影响较一般农户更为强烈，比如陕西关中和山东烟台的苹果种植专业大户、烤烟种植专业大户、黑龙江红小豆和胡麻种植大户、广东湛江的水产养殖大户与家庭农场等，都亟须保险公司设计相应的农业保险产品和有针对性的风险管理服务为其生产经营保驾护航。

二、新型农业经营主体农业保险的供给

我国的农业保险与新型农业经营主体相伴而生，相辅相成。从改革开放后人保财险和中华联合两家公司经办农业保险，到阳光相互农业保险公司、安华农业保险公司、安信农业保险公司、国元农业保险公司、中航安盟保险公司和中原农业保险公司等7家公司占据农业保险市场，再到30多家保险公司涉入农业保险业务，政策性农业和商业性农险协同发展，农业保险市场的供给已经今非昔比。目前农业保险已覆盖全国所有省（市、区），每个省（市、区）均有2～3家保险公司获得农业保险经办资格，有些地方已经呈现出比较激烈的竞争格局，有些保险公司在农业保险方面已经形成一定的核心竞争力，在全国或某一区域有着很好的知名度和美誉度（图1）。

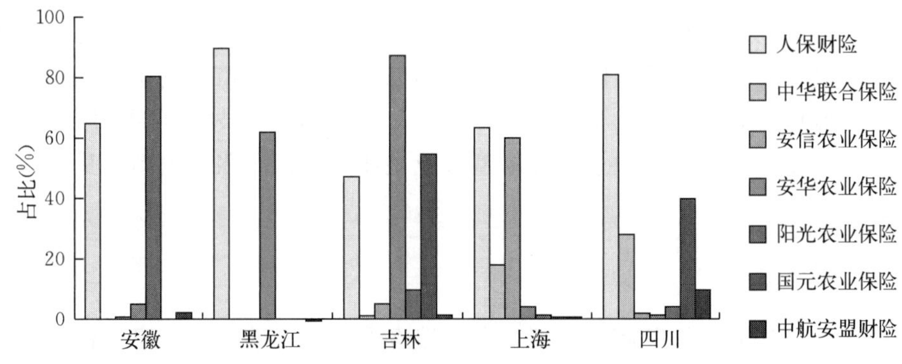

图1　部分省市保险公司知名度

资料来源：中国保险学会．中国农业保险市场需求调查报告。

为服务好新型农业经营主体，保险业进行了多种探索。从传统的农业生产成本保险，到产量保险、收入保险、农田水利设施保险、农房保险、农机保险、农村小额信贷保证保险、天气指数保险、价格指数保险，再到“保险＋期货”等产品和服务的创新，保险公司一直在努力追随并试图满足传统农户和新型农业经营主体的需要。

2017 年，我国农业保险实现保费收入 477.7 亿元，全年共向 5 388.3 万户次的受灾农户支付赔款 366.1 亿元，简单赔付率 77%。继 2016 年之后，农业保险赔款继续超过各级财政补贴总额。种植业保险承保主要农作物 21 亿亩，实现保费收入 311.2 亿元，支付赔款 254.95 亿元，其中与新型农业经营主体密切相关的经济作物保险保费收入同比增长实现了翻番；养殖业保险保费收入 132.2 亿元，赔付支出 95.7 亿元，而尤以新型农业经营主体得益最多。地方特色优势农产品保险实现保费收入 81.2 亿元，同比增长 31.8%，占农业保险总保费收入的 17%。

对于新型农业经营主体而言，大灾保险是其最迫切的需要。保险业在完善农业再保险体系和大灾风险分散机制方面进行了很多有益的探索。特别是在中央大灾保险政策带动下，黑龙江和广东等省份的大灾农业保险制度大大提高了农业保险的保障程度，2017 年全国农业保险共提供风险保障 2.8 万亿元，同比增长 29.2%。

在看到成绩的同时，在服务新型农业经营主体方面，保险业还有着非常明显的不足，政策性保险和商业保险的保障范围、保障水平、产品和风险管理服务都还远远不能适应新型农业经营主体发展的需要。我们“新型农业经营主体农业保险需求与供给研究”课题组在内蒙古自治区和河北省等地的调研中发现，无论是专业大户、家庭农场，还是农民合作社、农业产业化龙头企业，对保险的许多迫切需求都没有得到满足，农业保险产品单一，缺乏针对性、保障水平低、价格超出承受能力的情况普遍存在，需要保险业转变思想，在产品和服务等方面加速创新步伐，真正为新型农业经营主体的可持续发挥好“稳定器”和“助推器”的功能。

三、新型农业经营主体农业保险的创新发展

从 2007 年中央财政开始补贴农业保险的保费开始，我国的农业保险才驶入了快速发展的轨道，并在很短的时间内稳居世界第二大农业保险市场的位置。作为政策推动的险种，制度创新是首要的推动力量，同时，产品创新、技术创新和服务创新也都是不可或缺的推动要素。保险业服务新型农业主体的产品和服务创新，是保险业供给侧改革的题中应有之义。

（一）制度创新

农业保险首先就是一种制度创新，它从根本上改变了政府支农惠农资金的使用方式，政府把过去的灾后救助向灾前保险转变，把不固定支出转化为固定的财政预算支出。

从各类支农资金的使用效果来看，农业保险是效率最高的通道。根据农业部的测算，“十一五”期间农业保险财政投入与农业风险保障之比为 1∶4 809，与救助金相比，保险的赔付更为及时，有利于恢复农业生产。因此，从中央财政层面到地方财政，加大农业保险的补贴力度，并逐步向新型农业经营主体倾斜，应是农业保险制度创新的主线。

在总结试点经验的基础上，在粮食主产省推广农业大灾保险试点，调整部分财政救灾资金予以支持，实施小麦、玉米、水稻三大粮食作物农业保险试点。出台政策，继续提高保险覆盖面和理赔标准，推出针对地方特色优势农产品保险的中央财政以奖代补政策尤为重要。

渔业互助保险和农机互助保险的实践证明，农民互助合作保险在我国是一项有着顽强生命力的自发性制度创新，值得政府提供相应的诱致性制度创新加以鼓励。而完善农业再保险体系和大灾风险分散机制，为农业保险提供持续稳定的再保险保障则有着更宏观的制度创新价值。

中央文件明确指出，要大力培育新型农业经营主体和服务主体，持续推进农业保险扩面、增品、提标，开发满足新型农业经营主体需求的保险产品，采取以奖代补方式支持地方开展特色农产品保险，鼓励地方多渠道筹集资金，支持扩大农产品价格指数保险试点。与此相适应，在制度创新方面，农业保险需要向重点服务新型农业经营主体的方向转变，不断满足新型农业经营主体对农业保险制度的需要。

（二）产品创新

综观美国、加拿大等国家农业保险的发展历程，不难看到农业保险产品更新换代的演进路径：从保成本、保产量，到保收入、保价格，再到天气及价格指数保险产品创新，是一个自然而然的发展过程。

由此可以推断，当前我国农业产品创新的路径也应该是：从农业保险保额全面覆盖地租成本和劳动力成本等直接物化成本开始，创新一系列有特色、有针对性的符合新型农业经营主体切实需要的“基本险＋附加险”产品，在一定生产规模的新型农业经营主体中推广创新价格指数保险产品和天气指数保险产品，同时推广农业机具（林业、渔业）、设施农业（林业、渔业）、规模农场（林场、渔场）和制种育种等新型农业保险产品。

对新型农业保险经营主体而言，指数保险应该是农业保险产品创新的一个主攻方向。在小农经济条件下，为防止道德风险，化解逆向选择，传统的农业保险产品需要严格按照“三到户”的操作规程，即核保到户、验标到户、查勘定损到户，因而经营成本非常高，而天气指数保险和价格指数保险则可以在保证基本公平性的基础上，大幅度降低农业保险的经营成本并提高农业保险的经营效率。

（三）服务创新

初级的保险服务的重点在承保和理赔，而对新型农业经营主体而言，保险服务的重点则在保险公司向农业经济主体提供的风险管理服务。

新型农业经营主体面对的自然风险、市场风险、信用风险、技术风险、流动性风险相交织，时刻威胁着经营者的财务安全，迫切需要强大的风险管理团队为其提供精准的风险管理服务，而能够提供这种服务的唯有保险公司。

课题组在对湛江渔业保险的调查中发现，人保财险湛江支公司不惜代价聘请广东省的渔业专家为承保的渔场提供定期的技术服务，大大降低了风险事故的发生频率和损失程度，减少了渔场的损失，深受养殖场的拥戴。而黑龙江阳光相互保险公司拥有747个火箭发射架，在雹灾云层形成之后，大规模实施销雹作业，成为当地农业生产的“护航员”。这些农业保险的服务创新来源于实践，丰富于实践，是人民智慧的结晶，值得在全国推广。

具体而言，要夯实并优化原有的保险承保和理赔服务，建议保险公司开通针对新型农业经营主体的单独投保、开单、勘察、定损、理赔的绿色通道，提高保险服务质量和效率，提供更加个性化的保险产品与服务。同时，充分发挥新型农业经营主体农业生产和农产品流通组织者的功能，发挥其在保险公司和农户之间媒介的作用，在利用新型农业经营主体辅助保险服务的同时，降低保险经营中的道德风险。

（四）技术创新

科学技术是第一生产力，科技的发展为农业保险提供了强大的动力，也为农业保险更好地服务新型农业经营主体提供更大的空间。可以说，我国农业保险领域对科技运用已经走在了保险业的前列。从使用 GPS 等技术收集承保地块信息，用 DNA 技术确定饲养动物的损失，利用卫星遥感和无人机查勘定损，到“天空地人”一体化的按图承保和按图理赔的农业保险立体服务体系的构建，农业保险的技术创新一直没有停止。

科学技术的引入使农业保险的成本大幅下降，也提供查勘定损的精准性，缩短了作业时间，提高了承保与查勘定损的工作效率，避免了不必要的理赔纠纷。而更重要的是，科技的大规模利用还为国家和地方的农业灾害预测预报、作物面积统计、灾情估测与评价、土地墒情与农业产量等农业生产决策提供了精确的量化数据，并最终推动了农业保险由经验化的粗放管理模式向科学的量化精准模式的转型，使农业保险的技术含量大大提升。

为了更好地服务新型农业经营主体，保险业需要在网络经济的背景下，充分发挥中国保险农险信息平台的作用，与政府相关部门和银行部门建立数据共享机制，开发数据共享系统，创新使用物联网、大数据、云计算和区块链技术，将收入保险、天气指数保险、价格指数保险，以及“保险＋期货”等技术含量高的产品和服务做到极致。

技术创新

农产品电商对农业保险参保决策的影响研究*

——基于梨主产区家庭经营农户调查数据

程欣炜　林乐芬　陶世奇

摘要： 随着"互联网＋"现代农业与保险需求对接融合，家庭经营农户的种植销售模式发生改变，而新渠道与农业保险市场结构的适应性尚未获得检验。研究以冀鲁皖 1 143 户家庭经营梨果种植户为样本，运用 Logit 离散选择模型考察农产品电商对农户参保决策的影响机制，揭示电商模式下家庭经营农户的风险管理认知和需求。结果发现：家庭经营农户的参保决策受农产品电商的直接影响和新环境下经营专业程度、资金补贴水平、风险认知结构和渠道参与深度改变的间接影响。因此，政府在推广农产品电商模式的同时，应加强信用合作的规范化和市场化建设，鼓励农业保险与专业经营、财富管理、农技培训相结合，打造与新型职业农民社会资本和保险需求相适应的农产品电商生态。

关键词： 农产品电商；农业保险；参保决策；家庭经营；梨果

随着互联网电子商务模式对农业全产业链的改造升级，传统农业保险需求正发生革命性变化。2016 年中央 1 号文件首次提出大力推进"互联网＋"现代农业，强调农业保险与新型农业经营主体需求相适应，2017 年中央 1 号文件重申了农业经营主体与电商企业的全面对接融合；《关于加快发展农村电子商务的意见》《推进农业电子商务发展行动计划》等文件的相继出台对农产品电商发展做出了指导性安排。进一步深化农业保险改革的重点和难点将集中于引入农产品电商模式后，农业保险如何满足各类型主体的风险管理需求。2004 年以来，各试点省份在新一轮农业保险改革中通过程序和品种创新逐步形成特色农业保险模式。2007 年中央财政开始实施对农业保

---

* 基金项目：农业部软科学项目"政策性农业保险机制创新研究"（项目号：201608－1）、安徽省高校人文社科重点项目"安徽省农业保险服务新型农业经营主体的路径研究"（项目号：SK2015A377）、南京邮电大学人文社会科学研究基金项目"农业转移人口金融结构差异问题研究"（项目号：NYY216003）。

作者简介：程欣炜，经济学博士，南京邮电大学经济学院讲师，研究方向为农村金融、科技金融；林乐芬，管理学博士，南京农业大学金融学院教授、博士生导师；陶世奇，南京农业大学金融学院博士研究生。

险保费补贴政策，互助保险、商业保险和政策保险的竞争互补市场粗具雏形。在稳步推进政策性农业保险试点 8 年后，2014 年中央 1 号文件提出在有条件的地区试点对特色优势农产品保险的保费补贴并鼓励开展多种形式的保险互助合作，电商的积极参与为特色优势农产品进入农业保险市场创造了机遇。

农业保险的扩面、增品和提标应以“互联网＋”现代农业为现实背景和创新视角，但农产品电商参与下的风控需求和参保决策尚不明朗，传统农业生产模式下影响农户参保行为的机制路径正随着经营主体结构、产业结构和保险市场结构的转型升级而发生改变。农产品电商是否会影响到农户参与农业保险决策？对普通农户和规模农户的影响结构是否存在差异？互助保险和公共保险模式下的影响结构是否存在差异？为回答上述问题，作者对我国梨果主产区河北、山东和安徽等 3 省 678 户普通农户和 465 户规模农户的参保行为进行调查，在控制专业经营、补贴水平、风险认知和渠道参与等传统因素的基础上，分析农产品电商对农业保险参保决策的直接和间接影响，揭示当前市场格局下家庭经营农户的风险管理认知和需求，为“互联网＋”现代农业形势下的农业风险管理提供创新思路。

一、文献综述

（一）影响农户参加农业保险的传统因素

经营能力、风险认知和生产补贴是农业保险决策最主要的影响因素，这一结论在传统营销模式下的调查研究中被反复证实。Sherrick（2004）的研究指出参保决策同时受规模、土地租期、负债率等经营因素和经营者年龄、风险认知水平等个体因素影响；Shaik（2005）以参保决策调整选购决策偏差，认为除经营风险、灌溉水平等经营因素和经营者财富、风险规避系数等个体因素外，产量和单价的均值及波动对农户选择具有显著影响；杜鹏（2011）以湖北农户为样本，指出对农业保险的了解程度正向影响参保选择，保费在政府和个体间的分摊机制尤为重要，对农户个人信息的影响作用则存在争议。而政府保费补贴对农户参保意愿的积极影响也已被经验数据反复证实（Coble 等，2002；Garrido 等，2008；Babcock，2011），当补贴比例过低时，保费补贴的有效性则不足，王克等（2014）指出 45％的政府保费补贴是政策性保险推行的必要条件，而国外的经验比例在 50％（SKEES，1999）～67％（Bassoco，1986）。

（二）渠道参与深度的引入和梳理

与经营能力、风险认知和生产补贴等传统因素不同，已有研究对渠道参与深度的引入较为零散，与农业保险决策的交叉研究并不多见。非农生产和文化学习对个体农户的保险需求存在影响（张跃华等，2007），从而使家庭人口结构成为家庭经营农户金融决策的重要基础（程欣炜等，2017），但转移行为对农业保险决策的影响仍存在争议（冯俭等，2012)。《农业保险条例》已明确合作社在保险市场中的授受双重身份，而与合作制保险适配的风险管理模式尚不成熟（谷政等，2007)。一方面，大量证据显示进入生产合作组织通过提升经营规模和产业化水平的方式改变分散农户的参保决策（虞锡君，2005；晁娜娜等，2017)，龙头企业等规模主体也具有类似效应（张乐春，2010)，对主体认证效应的关注逐渐超过规模边际效应；另一方面，分散农户产业化水平则较少引入，廖杉杉等（2013）认为强化产地农产品深加工能力是平缓农产品价格波动的有效措施，并与产业链上的农业社会化服务水平相对应（齐力，2015)，是否参与加工环节是当前使用较多的指标。

（三）电商模式对农产品销售的影响

随着互联网＋农业全产业链管理的升级和物联网络在农产品运输管理中的运用，流通黑箱逐步透明化，产地农户与市场消费终端接触互动并参与这一商业生态系统的演化（Moor，1998)。曾亿武等（2016）以全国7个农产品淘宝村为例指出，农产品C2C在政府培育下具有一定可复制性；葛继红等（2016）通过对褚橙案例的分析指出，互联网渠道和传统渠道将在未来较长时期内共存，优质优价是互联网渠道得以实现的重要前提，而中间环节的高度折叠必然以消费者对产品的高度认知和信任为隐含条件（林家宝等，2015)。与水稻、小麦等粮食作物不同，梨果具有连片生产的区域性和跨区跨种的品牌性，更易产生基于行政区划的C2C营销模式；梨果进入电商营销后将面对无限市场需求并获得来自企业采购者和个体消费者的评价标签，由于现代销售渠道显著压低梨果采购价格（耿献辉等，2012)，保障梨果在每个种植周期内的产能稳定性是影响农户收入的核心因素，从而产生对农业保险的现实需求。

由于存在其他交易成本更低的传统农业风险规避方式，有效需求水平制约了农户的参保决策（孟德峰等，2011)，已有研究充分指出我国农业保险市场尚不成熟：一方面，农业风险的弱可保性引起可保条件与农业风险的匹配性不高（王俊凤等，2009)，制度诱导对参保的驱动作用大于农业经营中的实际需求（叶明华，2015)，对保险赔付绩效的评价也具有较强主观性（赵元凤等，2012)；另一方面，农业保险的市场供给严重不足，除信息不对称等传统因素外（Ahsan 等，1982；Chambers，1989)，农业保险交易主体间的时空距离导致交易成本高（姜岩等，2010)，农业保险覆盖率与地方政府的重视程度和机制体制直接相关（李鸿敏，2014)。引入电商模式后，农业产业链条将进一步整合，传统线下流程将实现线上大数据管理，风险错配、信息不对称和补贴依赖等问题均有可能获得较大改善。

二、理论分析与模型设计

我国是梨果的主要生产国，2016/2017年度总产量达1 930万吨，占全球产量的75.85％，较2011/2012年度增长22.15％；2015年梨果产量仅次于苹果和柑橘，其中河北省 505.99 万吨，山东省 159.05 万吨，安徽省 116.04 万吨，为我国梨主产区。2006 年以来全国平均梨园面积为 1 089.34 千公顷，种植品种具有较高的稳定性，标准差仅为 20.43 千公顷，远低于同期其他水果。各地均出现“百年梨园”并以品种特色为优势进行家庭经营与专业合作，对梨果特色农业保险品种的需求日益增加。随着农业现代化发展和农业人口转移进程加快，分散的农业生产资料迅速向专业部门集中并形成规模，以专业大户和家庭农场为代表的家庭规模经营主体通过流转土地整合连片果园的经营权，将集约化的生产模式和订单化的销售模式引入梨果种植，从而降低了农用机具和农业技术投入的单位成本并获得更多收入（Miyata，2009）。然而，订单合约压低了农产品的市场价格并对农业生产的稳定性提出更高要求，造成规模农户面对相同或相近灾害时所产生的经济损失高于普通农户，规模农户以保险形式转嫁产量和价格风险的意愿更高，对同类保险产品的评价更低（王步天等，2016），形成当前农业保险市场中普通农户嫌保费高、规模农户嫌赔付少的低参保格局。与稻麦玉米等粮食类农险品种享受财政补贴不同，冀鲁皖等省份对梨果保险仍以小范围试点为主，商业性和政策性保险力度均较弱；与这类公共保险形成差异，生产相同品种（质）梨果的农户会建立非营利性保险互助组织，以低于公共保险的保费支出（Adams 等，2011）分担保险风险，并有机会分享互助基金的盈余（Biener 等，2012）。因此，研究从种植规模和保险性质两个维度划分农户的参保现状，考察农产品网络销售对其差异化影响路径。

相较于耕地农作物，梨果等林地物产更适合通过电商渠道进行销售（郭鸿鹏等，2016），配合电商渠道较为成熟的“大供应、大市场、小配送”流通格局（汪旭晖等，2016）形成农户在特定区域和产品上的创业效应（鲁钊阳等，2016）。对生产规模较小的普通农户而言，由于现代销售渠道压低超额利润而使产品的社会价格向成本回归（耿献辉等，2012），在区域内占有极小市场份额的普通农户开始拥有与规模农户相近的渠道选择权。研究认为农户参与电商模式的渠道表现为两种类型：一是以农户家庭为单位在商业或行业平台创建线上销售单元，直接销售梨果或梨果制品，即“零售渠道”；二是以合作组织为单位搭建电商渠道（零售或批发），成员以向合作组织供货的形式间接参与电商，即“供货渠道”。整体而言，电商模式通过提升小农户的市场地位而激发其创业热情，使普通农户在流出农地经营权和自主家庭经营的权衡中倾向于后者，从而增加对农业生产部门的投入，引致对稳定产出的较高期望，正向影响普通农户的参保决策。然而，电商零售和供货的调节逻辑并不相同，零售模式将产品暴露在更大区域内接受市场价格调节，促使农户对保成本的需求水平较高；而供货模式则因准入门槛较高而引致生产标准和成本提升，促使农户对保产量的需求水平较高。从风险分散角度而言，土地和产品合作组织的发育削弱了流入农地经营权并自主经营的规模效应，而规模农户在巨灾赔付中易受到普通农户政策性或舆论性驱逐，造成保险赔付无法按照实际受灾情况分配，部分（小）农户在保险中获益，这种情况在互助保险中较为常见。基于上述分析，研究提出假说一：

H1：电商模式对普通农户参与农业保险决策具有正向影响，同时挤出规模农户参与互助保险意愿。

研究控制影响农户参保决策的传统因素，突出进入电商渠道的行为对参保决策具有直接作用。而电商参与下的农产品营销市场环境在发生变革，电商模式的引入影响到各类参与者的市场地位，尚未进入电商渠道的农户受认知溢出效应的影响，在营销模式和保险需求等方面与区域整体认知趋同，最终内化为新形势下的稳定认知，即通过分解传统产销格局而实现功能性演化（王胜等，2015）。因而，研究同样关注在引入农产品电商因素后传统影响因素的作用结构变化。根据对已有文献的梳理，研究将控制变量进行了整合，划分为经营专业程度、资金补贴水平、风险认知结构和渠道参与深度等4个方面。其中经营专业程度主要体现梨果生产经营的资源投入结构，资金补贴水平主要体现与经营相关的外源资金获取能力，风险认知结构主要体现农户对风险管理的了解方式和程度，渠道参与深度主要体现农户家庭控制梨果及其制品各生产环节的能力。由于以家庭经营农户为样本，原个体决策者的统计特征被弱化，转而由家庭成员的转移结构综合替代，其假设为非农户籍人口从事农业经营具有新型职业化倾向，家庭中转移人口的比重越大，参与产业链条的深度就可能更深，因而并入渠道参与深度指标集合。已有研究大多将规模视为连续变量，但规模认定标准并不由市场产生，不同规模阈值下的影响作用机制势必存在差异。基于上述分析，研究提出假说二：

H2：经营专业程度、资金补贴水平、风险认知结构和渠道参与深度对农户参保决策的影响机制随农产品电商模式的引入而发生变化，同时这一影响机制对不同规模主体具有差异。

研究以农户参与农业保险决策为被解释变量，以农产品电商、经营专业程度、资金补贴水平、风险认知结构和渠道参与深度为解释变量构建二元Logit选择模型，考察农产品电商对农户参保决策的影响作用，模型的一般形式如下：

$$S_n = \sum_{i=1}^{2} \beta_i \cdot AEC_{in} + \sum_{j=1}^{3} \beta_j \cdot OPD_{jn} + \sum_{k=1}^{3} \beta_k \cdot CSL_{kn} + \sum_{l=1}^{3} \beta_l \cdot RCS_{ln} + \sum_{m=1}^{3} \beta_m \cdot MPD_{mn} + \varepsilon_n$$

其中，AEC_{in} 表示农产品电商，OPD_{jn} 表示经营专业程度，CSL_{kn} 表示资金补贴水平，RCS_{ln} 表示风险认知结构，MPD_{mn} 表示渠道参与深度。

三、变量定义与数据来源

研究以家庭经营农户参与当年农业保险决策为因变量，0表示当年未参与农业保险，1表示当年参与农业保险。调查发现，梨果是河北、山东和安徽等三省的非财政农保险种，其公共保险模式为“商业保险＋部分补贴”，补贴主要来自三四级政府的区域性政策，河北和安徽以品种补贴为主，即以行政村为单位设立特色梨果品种，提升相应品种的种植面积可获得种植补贴，而山东则以灾害补贴为主，即针对梨果受灾情况给予相应补贴；部分地区会以农资抵扣或保费抵扣的形式发放补贴，现金发放反而不多见。而各省互助保险在定价和赔付方式上的界定差异极大，三省均涉及价格保险，河北和山东倾向于以梨果实际产量与预计产量差异为标的设计互助条款（保产量），安徽则倾向于以梨果实际等级与订单等级差异为标的设计互助条款（保品质），以规模农户为主要参与者。各地均未发现针对梨果的保险合作社，但山东地区的部分生产合作社或土地合作社在内部互助的同时，以合作社为单位参与公共保险，可视为保险合作社的雏形。但各省农户对公共保险和互助保险的划分较为清晰，一般以投保人是否持有公共保险机构签章的保单为统一划分标准，因此将农业保险划分为互助保险和公共保险两类。

（一）变量定义

研究主要从农产品电商的层面解释农户参与农业保险的行为。农产品电商（*AEC*）是指以家庭为单位的梨果种植户参与线上销售的行为，分为电商零售渠道（*RCP*）和电商供货渠道（*SCP*）。在电商零售模式中，农户直接在农产品电商平台销售自产梨果或梨果制品并获得收益，对品牌、价格、包装和产品结构具有决定权；而在电商供货模式中，农户以会员身份加入电商合作组织并向该组织提供符合要求的梨果或梨果制品，由该组织统筹销售并按比例分配收益。两种模式下，农户均充分了解产品的销售渠道和价格形成机制，因而研究将两者均视为农户主动参与农产品电商的行为，以 0—1 二项指标进入模型（表 1）。

表 1　变量的定义

	名称	代码	解　　释
因变量	互助保险	*MS*	0＝未参与互助保险；1＝参与互助保险
	公共保险	*PS*	0＝未参与公共保险；1＝参与公共保险
农产品电商模式	零售渠道	*RCP*	0＝未参与电商零售；1＝参与电商零售
	供货渠道	*SCP*	0＝未参与电商供货；1＝参与电商供货
经营专业程度	土地流转	*ALT*	流转农地比例：0＝无；1＝25%以下；2＝25%～50%；3＝50%～75%；4＝75%以上
	节水灌溉	*WEI*	节水灌溉比例：0＝无；1＝25%以下；2＝25%～50%；3＝50%～75%；4＝75%以上
	收入结构	*FIS*	梨果种植收入占家庭总收入的比重（精确到 10%）
资金补贴水平	经营负债	*MLD*	0＝无生产经营借贷；1＝有正规或非正规金融渠道生产经营借贷；2＝有正规和非正规金融渠道生产经营借贷
	保险补贴	*ISD*	0＝无农业保险补贴；1＝有农业保险补贴
	种植补贴	*PSD*	0＝无梨果种植补贴；1＝有梨果种植补贴

（续）

	名称	代码	解　　释
风险认知结构	农技培训	*ATT*	0=未参与过农业技术培训；1=参与过农业技术培训
	非农保险	*NAI*	0=未购买过非农业保险产品；1=购买过非农业保险产品
	历史赔付	*PIC*	0=以往年度未获得过农业保险赔付；1=以往年度获得过农业保险赔付
渠道参与深度	户籍结构	*HRS*	0=家庭全部农业户籍；1=家庭部分农业户籍；2=家庭全部非农业户籍
	生产合作	*PCO*	0=未加入生产合作组织；1=加入生产合作组织
	加工环节	*MPS*	0=未参与梨果加工环节；1=参与梨果加工环节

模型控制经营专业程度、资金补贴水平、风险认知结构和渠道参与深度等4个指标集合。

经营专业程度（*OPD*）包含梨果生产经营中体现资源投入结构的3个变量：土地流转（*ALT*）采用转入经营权的土地面积占种植总面积的比重（5级）为变量，以消除冀鲁皖三省户均林地绝对规模的系统性差异。节水灌溉（*WEI*）采用节水灌溉面积占总种植总面积的比重（5级）为变量，节水灌溉和保土保墒技术较之漫灌对梨果春旱、伏旱时期产量和质量的影响更大，而各类型和成本的保土保墒技术缺乏判定标准，难以通过相对面积比重确定技术的专业性和先进性，因此已有研究大多选用节水灌溉衡量种植技术投入。经营结构（*FIS*）采用梨果种植收入占家庭总收入的比重（宁满秀等，2005）为变量并精确到10%，以表征农户家庭分散化经营的程度。

资金补贴水平（*CSL*）包含梨果生产经营中体现农户获取外源资金支持能力的3个变量：经营负债（*MLD*）以农户在正规和非正规渠道融资的二项判别之和为变量，由于商业信用在农产品经营中受文化因素驱动的比重较大，赊购农资并不能体现农户的真实资金需求，因此研究仅以相同权重引入农户主动对外借款。保险补贴（*ISD*）和种植补贴（*PSD*）均为二项选择变量，由于各地政策性农保险种大多以种养殖产品为标的，因此未进入标的列表的梨果产品无法获得中央和省级财政补贴，而受制于农户认知，三四级政府补贴难以进一步拆分。需要特别说明的是，保险补贴和种植补贴的划分以补贴发放操作（而非发放目的）为界定标准。

风险认知结构（*RCS*）包含体现农户对风险管理了解方式和程度的3个变量：传统研究将决策个体的受教育程度或文化学习作为控制变量，并不适用于以家庭为单位的经营主体，与保险知识获取的相关性也较小。考虑到地方政府和农保公司较少开办以保险为主题的田间学校，农业技术培训是农户获取保险常识的显性方式，农技培训（*ATT*）以农户参与过农业技术培训的二项选择为变量。非农保险（*NAI*）和历史赔付（*PIC*）则从产品横向和时间纵向考察农户的风险管理认知形成。由于调查限定了农业保险为品种险和农机具险（未涉及），因此针对农村住宅和医疗、养老等项目的商业保险也被视为非农保险（不含新农合）。

渠道参与深度（*MPD*）包含体现农户家庭控制梨果及其制品各生产环节能力的

3 个变量：户籍结构（*HRS*）以离散的家庭非农户籍成员比重为变量，在人口市民化与经营现代化同步协调发展的环境下，以非农户籍进入农业产业链需弥补社会资本不足造成的集体组织资源分配不均，农地确权的“认人不认户”和非转农的制度约束决定了年长户主保留农村户籍的可能性较大，因此户籍结构可忽略非农比重而以离散变量进入模型。生产合作（*PCO*）以农户加入针对梨果生产合作组织的二项选择为变量，并不要求该合作组织提供互助保险或作为经营者整体参保，但不以梨果为产品参与生产合作的不计入在内，仅对某一特定产品加入生产合作在分散经营农户中较为普遍。加工环节（*MPS*）以农户参与梨果加工环节的二元选择为变量，而农户参与加工环节的方式包括自加工和委托加工，仅涉及加工环节而不生产梨果的农户已在样本中剔除。

（二）数据来源

研究采用问卷调查的方式获得数据，调查对象为家庭经营的梨果种植农户。调查组于 2016 年 3—7 月在梨主产区河北省、山东省和安徽省 39 个行政村收回调查问卷 1 417份，剔除无效问卷 274 份，进入模型样本量为 1 143 户，问卷有效率为 80.66%；研究分别以普通农户（678 份）和规模农户（465 份）为样本构建农户参加农业保险行为的影响因素模型。由于国家尚未出台对规模农户的统一认定标准，研究从 4 个层面界定被调查对象：

$$\begin{cases} Sample_1 = FRF - Sample_2 \\ Sample_2 = SF - NPSF + DPF \end{cases}$$

第一，被调查者为家庭经营模式下的梨果种植农户（*FRF*），不包含合作组织和龙头企业等新型农业经营主体；第二，因梨果种植而被认定为种养大户或家庭农场的新型农业经营主体（*SF*）作为规模农户进入模型 2，剔除因其他农业品种而被认定为种养大户或家庭农场的农户（*NPSF*）；第三，梨果种植面积超过省级示范家庭农场面积标准但未被认定为种养大户或家庭农场的农户（*DPF*）作为规模农户进入模型 2，省级示范家庭农场面积标准存在地形差异，根据调查问卷中“是否山地”问题进行调整，即将山地（山区）标准定为 100 亩，非山地（丘陵或平原）标准定为 200 亩；第四，从事梨果种植的非规模农户（ $FRF - Sample_2$ ）作为普通农户进入模型 1。

四、变量的描述统计

普通农户参与互助保险的比例为 45.87%，远低于规模农户的参与比例 70.54%，在 1%的显著性水平上存在均值差异（表 2）。虽然保监会早在 2015 年便已出台《相互保险组织监管试行办法》（保监发〔2015〕11 号），明确规定了相互保险组织设立和登记注册的条件，但样本农户对该《办法》的了解程度较低，互助保险大多依托设立门槛更低的专业合作社进行，专业合作社成员即为潜在的互助保险参与者（会员）。

因此，当前互助保险可能突破行政划分而采用地缘划分，同时一个农户可以在多个专业合作社参加互助保险。以安徽良梨村为例，数千亩种植规模仍较难形成具有百名稳定会员的相互保险组织，特别是随着政府在文家河流域打造特色农业旅游，规模农户形成专业合作为划片包干和统筹管理提供了便利，使区域内部的农业生产环境和理念具有良性竞争，村民对专业合作的主动认同水平较高。这在一定程度上说明《办法》中以会员绝对数量作为设立标准的做法与发展多种形式适度规模经营、培育新型农业经营主体存在矛盾，应兼顾经营主体类型和生产规模确定会员数量，试点合作社内部信用合作，使互助保险具有自下而上的孵化路径。两类农户参与公共保险的比例均低于互助保险，其中普通农户参与公共保险的比例为 26.84%，规模农户参与比例为 45.81%，均差通过 1%的显著性检验。研究发现，互助保险与公共保险并不具有替代关系。普通农户参与两类保险的相关系数为 0.458，而规模农户参与两类保险的相关系数为－0.019；说明普通农户将互助保险和公共保险视为同质的保险种类，参保决策具有较为一致的路径，而规模农户则将互助保险和公共保险视为异质产品，参保决策由独立需求形成。

表 2　变量的描述统计

	普通农户				规模农户				均差 t 检验	
	均值	标准差	极小值	极大值	均值	标准差	极小值	极大值		
互助保险	0.458 7	0.498 7	0	1	0.705 4	0.456 4	0	1	－8.501 2	***
公共保险	0.268 4	0.443 5	0	1	0.458 1	0.498 8	0	1	－6.747 3	***
零售渠道	0.716 8	0.450 9	0	1	0.662 4	0.473 4	0	1	1.965 1	**
供货渠道	0.492 6	0.500 3	0	1	0.632 3	0.482 7	0	1	－4.701 7	***
土地流转	1.455 8	1.430 9	0	4	2.677 4	1.096 2	0	4	－15.545 0	***
节水灌溉	0.796 5	1.116 5	0	4	1.705 4	0.922 2	0	4	－14.488 7	***
收入结构	0.617 3	0.171 0	0.2	1	0.674 2	0.162 2	0.4	1	－5.646 6	***
经营负债	1.215 3	0.632 2	0	2	1.716 1	0.492 5	0	2	－14.353 8	***
保险补贴	0.240 4	0.427 6	0	1	0.316 1	0.465 5	0	1	－2.835 9	***
种植补贴	0.641 6	0.479 9	0	1	0.647 3	0.478 3	0	1	－0.198 2	
农技培训	0.311 2	0.463 3	0	1	0.561 3	0.496 8	0	1	－8.703 4	***
非农保险	0.858 4	0.348 9	0	1	0.853 8	0.353 7	0	1	0.219 8	
历史赔付	0.159 3	0.366 2	0	1	0.320 4	0.467 1	0	1	－6.523	***
户籍结构	0.755 2	0.716 3	0	2	0.795 7	0.608 1	0	2	－0.998 3	
生产合作	0.705 0	0.456 4	0	1	0.754 8	0.430 6	0	1	－1.855 0	**
加工环节	0.533 9	0.499 2	0	1	0.890 3	0.312 8	0	1	－13.663 5	***

数据来源：根据冀鲁皖三省 1 143 户家庭经营农户调查数据整理。

就农产品电商的两种模式而言，普通农户进入电商零售的比例高达 71.68%，以微信作为主要平台，而规模农户进入电商零售的比例为 66.24%，以淘宝网作为主要平台，均差通过5%的显著性检验。直接参与零售是果类农产品的传统营销模式，也是种植户应对产量波动的手段之一，而电子商务助推了这一传统的发展，移动支付和第三方电商平台的普及为梨果种植户对接消费市场终端提供了便利。普通农户进入电商供货的比例为49.26%，而规模农户进入电商供货的比例为63.23%，两者差异较为明显。一方面，普通农户生产出的梨果在品质、数量和成本上均较规模农户更难达到供货标准，零售模式的兴起也在一定程度上挤出了普通农户参与供货的意愿；另一方面，寻求供货订单存在额外成本，扩大了梨果生产的风险敞口，造成分散农户获取稳定订单的能力和意愿均不及规模农户。值得关注的是，普通农户进入两种电商模式的相关系数为0.456，高于规模农户的0.304，说明规模农户进入农产品电商渠道的决策更为分散，在市场中的决策地位更高。

经营专业程度指标中，规模农户在土地流转、节水灌溉和收入结构三个方面的经营专业程度均高于普通农户，其中，普通农户农地经营权流入比例为1.456，显著低于规模农户的2.677；普通农户的节水灌溉率为0.797，显著低于规模农户的1.705；普通农户的梨果收入比重为61.73%，显著低于规模农户的67.42%。但规模农户的专业优势并不如所观测的那样有效：一方面，由于农地三权分置中的承包权和经营权并不取代流转前的承包经营权（楼建波，2016），金融市场中纯粹经营权的单位效用低于承包经营权，土地投入的规模差异实质上引致了农地资源利用的性质差异，规模农户在融资和保险等金融交易中并不比普通农户拥有更多的农地资本；另一方面，58.06%的规模农户将节水灌溉率保持在25%～50%，进一步推进技术覆盖便会遇到资金和管理瓶颈，仅3%的规模农户实现全覆盖，比例低于普通农户的5%，当出现技术升级或政策利好，普通农户可能表现出更强的转型能力。两方面共同作用，造成规模农户抗风险的资本实力固然较强，但消除非系统风险的机制远不如小农户灵活，表现在收入结构上即为梨果单项收入比重更大，最小比例是普通农户的2倍。

资金补贴水平指标中，规模农户的经营负债和保险补贴均高于普通农户，其中，普通农户的负债经营程度为1.215，显著低于规模农户的1.716；普通农户的获得保险补贴比例为24.04%，显著低于规模农户的31.61%；但两类农户获得种植补贴的比例均在64.5%左右，均差未通过10%的显著性检验。经营规模正向影响农户信贷可得性（刘辉煌等，2015），而获得信贷支持将进一步促进农地流入（侯建昀等，2016），这使得普通农户主要依赖基于社会资本的民间渠道（范香梅等，2012），外源融资地位较低。调查发现，种植补贴往往具有明确的属地性质，与生产经营户的经营特征并不挂钩，因此各样本地区两类农户获得种植补贴的比例差异较小。但保险补贴则存在较为复杂的发放环境，致使规模农户获得保险补贴的比例更高，如部分新型农业经营主体可获得政策性农保补贴，商业保险对规模农户的保费折扣也较大，部分地区将生态奖励以保费抵扣的形式发放，而规模农户获得生态奖励的几率远大于普通农户。调查中也注意到，部分地区将对非财政补贴农保险种的保险补贴与扶贫工作相结合（如河北省向参加农业保险的贫困户补贴保费的70%），但该项补贴的覆盖面较小且尚未完全落实。

风险认知结构指标中，规模农户的农技培训和赔付认知均高于普通农户，其中，普通农户参加过农业技术培训的比例仅为 31.12%，远低于规模农户的 56.13%；普通农户在以往年度获得过农业保险赔付的比例 15.93%，远低于规模农户的 32.04%；而两类农户参加非农保险的比例却非常接近，均差未通过 10%的显著性检验。由于经营规模对农业技术采用决策具有正向影响（朱萌等，2016），小农户即便充分了解新技术优势，仍难以接受无法及时反映在产品价格和品种补贴上的成本沉没，主动了解技术更新的动机较弱。而农技人员为规模农户提供的田间指导较多，绝大多数种养大户和家庭农场均与农技站建立长期稳定的沟通渠道，及时反馈生产经营中的问题，使得规模农户在接受农技培训过程中获得保险组织主动接触的概率较高。从时间纵向角度考察农户参与农业保险的经历，历史赔付势必对重复参保具有积极影响，考虑到规模农户的参保比例较高，历史参保概率也可能较大，因此两类农户获得历史赔付的比例差距极有可能被截面数据高估。

渠道参与深度指标中，规模农户的生产合作和加工环节比例均高于普通农户，其中，普通农户加入生产合作社的比例为 70.50%，略低于规模农户的 75.48%；普通农户参与加工环节的比例为 53.39%，远低于规模农户的 89.03%；家庭成员的户籍结构并无显著差异，均差未通过 10%的显著性检验。基于农地、产品和销售统筹而降低经营成本的合作对两类农户均有吸引力。而在电商模式下，部分农户将渠道拓展至下游产业链条，受制于单一农户生产加工和风险控制能力的有限性，参与生产合作将突出组织内部成员的比较优势，提升整体经营绩效。但渠道拓展能力使规模农户在合作组织内部的地位更高，从而获得更多特权。梨果加工市场并不大，2016/2017 年度我国梨果加工量仅为 172 万吨（8.91%），远低于同期苹果（10.11%）和桃果（18.52%），因此二项指标并不能反映出梨果种植户分散滞销风险的能力，绝大多数普通农户的加工能力并不足以覆盖当年产量正向波动，参与加工仅作为调整零售结构的一种手段。

五、实证结果与分析

研究建立二元 Logit 离散选择模型，分别考察影响 678 户普通农户（模型 1）和 465 户规模农户（模型 2）参与互助保险和公共保险决策的因素，揭示农产品电商对农户参保决策的直接和间接作用机制。实证结果如表 3 所示。

（一）农产品电商模式正向影响普通农户参与互助保险和公共保险决策

农产品电商模式对普通农户参与互助保险和公共保险决策均具有正向影响，系数通过 1%的显著性检验。对比两种模式的边际贡献可以看出，电商环境对普通农户参与公共保险决策的影响较参与互助保险更大，即引入农产品电商模式后，普通农户有更多机会进入公共保险市场。一方面，电商平台在拓宽了农产品销售市场的同时，压低了梨果的平均市场价格，使农户面临更大的产量和价格风险敞口。销售渠道的增加和中间环节的减少将进一步提升对农户扩大生产规模、加强农资投入的激励，引致农户对梨果产量、价格和品质的更高期望。无论是零售模式或供货模式，风险敞口的扩大均会增加农户对现行保费比例的认可度，这是农产品电商同时正向影响两类保险决策的一般路径。而另一方面，由于模型中零售和供货模式均为二项变量，进入两种模式对参保决策的影响概率可由比值比（odds ratio）表示，互助保险决策受零售模式的影响概率更大，是供货模式的 1.824 倍，而公共保险受供货模式的影响概率更大，是零售模式的 1.632 倍，因子单位变动对因变量的影响概率均超过 10 倍。这说明公共保险市场存在价格歧视，获得供货资质的普通农户参保成本更低，进入公共保险的积极性更高；而零售模式虽然提升了农户的参保意愿，但未能增加其供应链金融便利，价格因素对公共保险决策存在主要抑制作用。两方面综合作用，造成普通农户的参保决策主要由个体行为决定，未进入农产品电商渠道的农户受区域电商环境和关键参与者决策的影响较小；当农户稳定参与农产品电商并形成对市场需求和价格的合理预期，这一模式将成为降低经营风险的工具，而现有产量和价格保险将无法满足新时期的农户保险需求。

（二）农产品电商负向影响规模农户参与互助保险决策，对规模农户参与公共保险决策的正向影响主要来自电商零售

农产品电商模式对规模农户参与互助保险决策具有正向影响，系数通过 1%的显著性检验。一方面，规模农户在专业合作组织内部拥有资金和渠道的绝对优势，其电商行为将吸引普通农户聚集并促进协同经营，普通农户参与保险互助稀释了规模农户在合作组织内部的话语权，打破了各地由规模排序主导的传统保险互助格局，形成小农户团体与大农户博弈的新局面。受勘察和计量能力局限，由规模农户主导的传统互助保险弱化了受灾等级的重要性，以种植面积或经营产量为权重划分赔付，而在两类农户的博弈局面下，基于相对比重的受灾等级被纳入精算系统，其赔付结构受政策和舆论引导而向小农户团体倾斜，致使规模农户被挤出互助保险。另一方面，农产品电商是规模农户与普通农户专业合作的重要协同手段，充分体现了两类农户“渠道共用、订单共享、风险共担”的深度合作关系。而深度合作下的产业化经营升级对互助保险的标的覆盖能力提出了更高的要求，农产品电商暴露出以共济互助为目的的保险方案既无法实现对规模农户经营风险敞口的全覆盖，也无法满足规模农户与普通农户差异化的险种需求。规模农户与普通农户适合专业合作却不适合信用合作，这一矛盾决定了互助保险创新不应局限在险种方面，更重要的是改变现有的信用合作模式。与互助保险不同，公共保险的定价和赔付并不受市场中各类参与主体的比重影响，规模农户仍享受较低的保费和合理的赔付，因此电商零售模式对参保决策的正向影响显著；而规模农户向电商供货早已成为稳定的下游渠道，对参保决策的影响作用被市场吸收，并未表现出与传统供货模式的差别，系数未通过 10%的显著性检验。

表 3　家庭经营梨果种植户参保决策的实证结果

变量	模型 1：普通农户				模型 2：规模农户			
	互助保险		公共保险		互助保险		公共保险	
	系数	边际贡献	系数	边际贡献	系数	边际贡献	系数	边际贡献
零售渠道	10.765***	0.267▲▲▲	7.577***	0.290▲▲▲	−29.515***	−0.385▲▲▲	3.414***	0.232▲▲▲
	(1.546)	(0.024)	(1.296)	(0.037)	(9.308)	(0.077)	(0.526)	(0.026)
供货渠道	10.163***	0.252▲▲▲	8.067***	0.309▲▲▲	−37.635***	−0.491▲▲▲	−0.026	−0.002
	(1.282)	(0.015)	(1.09)	(0.021)	(11.38)	(0.087)	(0.402)	(0.027)
土地流转	−0.102	−0.003	0.069	0.003	8.993***	0.117▲▲▲	2.066***	0.140▲▲
	(0.191)	(0.005)	(0.145)	(0.006)	(2.697)	(0.02)	(0.284)	(0.013)
节水灌溉	−0.229	−0.006	0.384*	0.015	7.803***	0.102▲▲▲	1.796***	0.122▲▲
	(0.252)	(0.006)	(0.22)	(0.008)	(2.475)	(0.021)	(0.269)	(0.013)
收入结构	3.696**	0.092▲▲▲	3.573***	0.137▲▲▲	4.605	0.060▲▲▲	0.811	0.055▲
	(1.634)	(0.04)	(1.212)	(0.044)	(3.316)	(0.04)	(1.141)	(0.077)
经营负债	−1.757***	−0.044▲▲	4.672***	0.179▲▲▲	15.001***	0.196▲▲▲	3.119***	0.212▲▲▲
	(0.475)	(0.011)	(0.683)	(0.016)	(4.332)	(0.029)	(0.521)	(0.027)
保险补贴	0.228	0.006	−0.257	−0.010	22.377***	0.292▲▲▲	5.004***	0.339▲▲▲
	(0.61)	(0.015)	(0.494)	(0.019)	(6.653)	(0.049)	(0.652)	(0.026)
种植补贴	−7.888***	−0.196▲▲▲	−2.850***	−0.109▲▲▲	13.092***	0.171▲▲▲	2.997***	0.203▲▲▲
	(1.074)	(0.015)	(0.552)	(0.017)	(4.095)	(0.033)	(0.474)	(0.024)
农技培训	9.220***	0.229▲▲▲	2.305***	0.088▲▲▲	25.302***	0.330▲▲▲	6.187***	0.420▲▲▲
	(1.268)	(0.018)	(0.491)	(0.015)	(7.533)	(0.056)	(0.738)	(0.024)
非农保险	−2.161***	−0.054▲▲	−5.425***	−0.208▲▲▲	−5.741***	−0.075▲▲▲	−1.269**	−0.086▲
	(0.767)	(0.018)	(0.958)	(0.028)	(2.063)	(0.02)	(0.522)	(0.034)
历史赔付	3.058***	0.076▲▲▲	6.926***	0.265▲▲▲	11.445	0.149▲▲▲	1.605***	0.109▲
	(0.881)	(0.020)	(1.033)	(0.026)	(3.338)	(0.022)	(0.42)	(0.026)
户籍结构	−3.020***	−0.075▲▲▲	3.521***	0.135▲▲▲	17.783***	0.232▲▲▲	3.846***	0.261▲▲▲
	(0.535)	(0.011)	(0.512)	(0.012)	(5.388)	(0.042)	(0.488)	(0.018)
生产合作	0.807	0.020▲	0.723	0.028▲	4.565**	0.060▲▲▲	1.034**	0.070▲
	(0.535)	(0.013)	(0.487)	(0.018)	(1.957)	(0.022)	(0.439)	(0.029)
加工环节	8.063***	0.200▲▲▲	7.503***	0.288▲▲▲	0.282	0.004	−0.109	−0.007
	(1.068)	(0.014)	(1.025)	(0.021)	(1.159)	(0.015)	(0.543)	(0.037)
样本量	678		678		465		465	
Pseudo R^2	0.776 4		0.689 6		0.733 0		0.583 0	

注：*、**、*** 分别表示系数在 0.1、0.05 和 0.01 水平上显著；▲、▲▲和▲▲▲分别表示因子单位变动对因变量的影响概率高于 2、5、10 倍（系数为正）或低于 1/2、1/5、1/10（系数为负）。

数据来源：根据冀鲁皖三省 1 143 户家庭经营农户调查数据整理。

（三）引入农产品电商模式后，农地流转比例和节水灌溉率正向影响规模农户参保决策，经营收入结构正向影响普通农户参保决策

整体而言，经营专业程度促进了农户在电商环境下的投保决策，但对两类农户的影响机制并不相同。土地流转和节水灌溉对规模农户参保决策的影响系数为正且通过1%的显著性检验，而两项指标对普通农户的影响并不显著。一方面，农户经营规模过小会造成生产效率的损失，参与市场的非理性成分增加（李岳云，1999），小农户的投入结构受地方政府运动式转型升级的影响较大，获得历史赔付的比例又较低，难以产生与经营专业程度相适应的风险认知水平。另一方面，经营专业程度对梨果种植户参保决策的影响存在阈值效应，农地结构和技术结构只有在梨果种植户被认定为规模农户或在市场中占据规模优势后才会对保险市场造成影响。规模主体认定提供了超出商业信用领域的金融便利，以适应规模农户的匹配演化趋势（朱文珏等，2016），使外源融资能力较强的规模农户更为有效地搭配生产要素投入结构。对比变量边际贡献可以看出，土地流转和节水灌溉对规模农户公共保险的影响更大，边际贡献分别为0.140和0.122，超过对互助保险的边际贡献0.117和0.102。说明主体身份差异带来的阈值效应在公共保险市场中更为明显，这是小农户团体能够在互助保险市场中挤出规模农户的认知基础。普通农户参保决策受梨果收入比重的影响较大，对互助保险和公共保险的作用系数均通过5%的显著性检验。与规模农户的决策机制不同，普通农户缺乏拓宽产业链条而分散单一产品风险的资金和能力，品种专业程度提升使经营风险随之增加，进入保险市场的意愿趋强。值得一提的是，节水灌溉率对普通农户参与公共保险决策也存在轻微的正向作用，在一定程度上说明在公共保险市场中，技术指标与规模指标存在替代关系，小而精的经营模式在适度规模生产的大环境下仍具有生存优势。

（四）引入农产品电商模式后，资金补贴程度正向影响规模农户参保决策，对普通农户参保决策的影响较弱，甚至存在负向作用

经营负债、保险补贴和种植补贴等三项指标对规模农户参加两类保险存在促进作用，系数通过1%的显著性检验。规模农户的外源融资水平较高且以投资性融资为主，其负债杠杆在增强农户经营能力的同时放大了市场风险，继而提升了规模农户对控制经营收益的需求。电商模式下，由于规模农户经营绩效更好，资金实力更强，易吸引普通农户以专业合作形式聚集进入其主导的农产品电商系统，资金互助便成为组织内部关系型信用合作的方式之一，这使得规模农户的经营负债具有补贴性质，与保险和种植补贴对参保决策的正向作用机理较为接近。但普通农户的外源融资水平较低且以平衡性融资为主，民间借贷作为控制经营风险的有效渠道，与互助保险存在替代关系。负债率较高的普通农户无法在合作组织中获得平等的互助待遇，而公共保险能够提供信贷市场认可的标准化保单，因此参与公共保险具有正外部性，通过约束农产品供应链的过程风险提升了抵质押物不足的普通农户参与正规金融市场交易的资本，

致使退出互助保险而转向公共保险成为普通农户的理性选择。而与传统结论相悖，针对梨果生产的保险和种植补贴并未构成对普通农户参保决策的正向作用，其中，保险补贴系数未通过10%的显著性检验，种植补贴对参保决策的影响作用显著为负。一方面，针对梨果的保险补贴占保费比重过小，对参保意愿的刺激作用不足（王克等，2014）。部分保费补贴是由种植补贴转变而来，小农户较易与村集体协商补贴领取方式，存在“不参加农业保险领取现金或农资补贴，参加农业保险则领取保费补贴”的现象，致使期望领取现金或农资补贴的农户拒绝参保。另一方面，为配合“一村一品”等农产品特色品牌建设，区域内梨果经营品种、技术和渠道具有一致性和稳定性，对冲生产经营风险反而降低了小农户的经营收益，抵消了种植补贴价值。

（五）引入农产品电商模式后，风险认知结构对两类农户的影响作用较为一致，参与农技培训和获得历史农业保险赔付正向影响参保决策，而非农保险认知负向影响参保决策

近年来，农业技术培训在风险信息的传播和认知方面作用较为突出：一方面，农技培训市场尚不成熟。培训具有主动性和低瞄准性（何安华等，2014），随着电商模式被逐步引入梨果经营，农户在市场定位上的异质性趋强，却严重缺乏技术需求反馈路径。新型农业经营主体在专业合作组织中具有较强的示范效应，农技员在技术传播中居于劣势，特别是近年来节能减排等环保技术改造的试点工作给农户造成一定负担（如山东栖霞市在2013年后进行的节水灌溉和氮肥减施试点），小农户对农技员的信任度有所降低。另一方面，商业农保公司与农技培训渠道的深度合作日益增多。各地均出现保险公司借助农技培训平台进行农业经营风险宣讲的现象，农技员在分散培训时也会将风险信息传递作为获取农户信任的方式，参与农业技术培训能够提升农户参与农业保险的意愿，系数通过1%的显著性检验。获得过农业保险赔付的农户更倾向于继续参加农业保险，而这种参保惯性并不来自特定的滞后期，二项变量系数通过1%的显著性检验。对比进入不同保险类型的比值比可知，两类农户对赔付认知的结构并不相同，普通农户参与两类保险的概率提升均超过10倍，但对公共保险参保概率影响更大，但规模农户参与互助保险的概率提升远大于公共保险，后者比值比仅为4.976。参与非农业保险的经历对两类农户参与农业保险决策具有负向影响，系数通过1%的显著性检验。非农业保险的推广历史更长，辐射面积更大，使农户对保险市场的综合运行有所了解；而受到农保主体弱质性和农业风险复杂性制约，农业保险产品的成熟度和创新度普遍低于非农业保险产品，对当前农业保险提供的品种、价格和服务无法满意是调查中农户的普遍态度。

（六）引入农产品电商模式后，渠道参与深度对规模农户参保决策的正向影响主要来自户籍结构和生产合作，对普通农户参保决策的正向影响主要来自加工环节

自2009年农业部试点土地承包经营权确权登记颁证以来，“确权到人、权随人

走”的户籍改革趋势逐渐明晰，家庭经营是保障社会资本代际流动的唯一方式，家庭中保留农业户籍的比例越大，以村内强关系网络表征的社会资本越充分。一方面，人口转移造成的社会资本不足可能导致农户无法通过信贷市场或资金互助调节经营风险，从而增加两类农户参与公共保险的意愿；另一方面，与对规模农户生产经营效率的正向作用不同，社会资本对普通农户的影响作用并不显著（李博伟等，2016），而人口转移可能导致普通农户家庭丧失深度嵌入原有集体资源分配系统的资格，具体表现为无法进入农产品电商合作或无法在合作组织中取得理想的互助待遇，迫使这一群体退出互助保险。而生产合作则发挥了农产品电商在渠道深度上的规模经济和范围经济，以生产专业聚集的普通农户通过依附组织内的先创平台降低产销成本，这种“搭便车”行为将渠道风险转嫁给了经营实力更为雄厚的规模农户，造成规模农户参保决策受生产合作正向影响，两类保险市场系数均通过 5%的显著性检验。但参与生产合作同时向普通农户参保施加降低经营成本的拉力和提升产销预期的推力，其合力并不显著。参与加工环节对普通农户参保决策存在显著的正向作用：一方面，梨果加工以调节零售商品结构为主要目的，控制产量风险能力较弱，参与加工的农户仍需进入保险市场规避产量风险；另一方面，农户对多元经营风险中的价格保险意愿排序较后（晁娜娜等，2017），因此提升深加工能力对规避价格风险具有重要意义（廖杉杉等，2015）。参与加工与参与保险是共因的，均是普通农户风险控制需求增加导致的理性选择。

六、结论与启示

研究以河北、山东和安徽等三省 39 个行政村 1 143 户家庭经营农户为样本，考察了农产品电商对普通农户和规模农户参与互助保险和公共保险决策的影响机制。得出以下结论：第一，农产品电商模式对农户参保决策具有直接作用，正向影响普通农户参与互助保险和公共保险决策，负向影响规模农户参与互助保险决策，对规模农户参与公共保险决策的正向影响主要来自电商零售，假说一成立。第二，农产品电商模式间接改变经营专业程度、资金补贴水平、风险认知结构和渠道参与深度对农户参保决策的影响机制，并对不同主体规模表现出差异性，假说二成立。其中，农地流转比例和节水灌溉率正向影响规模农户参保决策，经营收入结构正向影响普通农户参保决策；资金补贴程度正向影响规模农户参保决策，对普通农户参保决策的影响较弱，甚至存在负向作用；风险认知结构对两类农户的影响作用较为一致，参与农技培训和获得历史农业保险赔付正向影响参保决策，而非农保险认知负向影响参保决策；渠道参与深度对规模农户参保决策的正向影响主要来自户籍结构和生产合作，对普通农户参保决策的正向影响主要来自加工环节。

根据上述结论，研究提出以下 5 点启示：第一，农产品电商正处在起步阶段，对农户经营预期和参保需求具有较为明显的提升作用，政府和产业部门应鼓励农户以多种形式参与农产品电商，对产生示范集聚效应的主导农户、创新模式予以奖励和补贴，加大地方农产品电商平台建设和宣传力度，打造基于全产业链的线上特色休闲模式。第二，两类农户适合专业合作却不适合信用合作的矛盾暴露出农民合作社内部信用合作模式单一、发展滞后，应大力推动农业互助保险的规范化和市场化建设，降低互助保险公司的设立门槛，鼓励多种形式的信用合作试点，重视互助保险与公共保险的市场分割和性质互补。第三，应充分尊重经营专业程度的规模阈值规律，将技术、环保等指标纳入规模农户认定体系，允许普通农户发展“小而精”的农产品电商模式，并通过构建农民合作社实现适度规模经营，提升特色品种经营比重和参保意愿。第四，应规范种植补贴和保险补贴的发放途径，提升创新险种的保费补贴比例，避免小比例补贴的无效发放，鼓励保险机构在参保决策惯性基础上设计保费优惠累退策略，推动农业保险与非农保险、农技培训和财富管理相结合。第五，非农户籍比重较大的家庭经营农户易缺乏社会资本，难以深度嵌入集体信用网络，村集体应重视新型职业农民培育，明确承包权和经营权的市场地位和适用范围，鼓励转移人口返乡从事涉农产业和创业，参与集体管理和生产合作，挖掘种植户在农业一二三产业中的综合渠道参与深度。

参考文献

[1] 晁娜娜，杨汭华．耕地规模、农业保险认知及其潜在需求的多样化——基于全国6492个粮食种植户的考察［J］．财经科学，2017（5）：67－79.

[2] 陈妍，凌远云，陈泽育，郑亚丽．农业保险购买意愿影响因素的实证研究［J］．农业技术经济，2007（2）：26－30.

[3] 程欣炜，林乐芬．经济资本、社会资本和文化资本代际传承对农业转移人口金融市民化影响研究［J］．农业经济问题，2017（6）：69－81.

[4] 杜鹏．农户农业保险需求的影响因素研究——基于湖北省五县市342户农户的调查［J］．农业经济问题，2011（11）：78－83，112.

[5] 范香梅，张晓云．社会资本影响农户贷款可得性的理论与实证分析［J］．管理世界，2012（4）：177－178.

[6] 冯俭，张立明，王向楠．农业保险需求的影响因素及财政补贴调节效应的元分析［J］．宏观经济研究，2012（1）：60－66.

[7] 葛继红，周曙东，王文昊．互联网时代农产品运销再造——来自“褚橙”的例证［J］．农业经济问题，2016（10）：51－59，111.

[8] 耿献辉，周应恒．现代销售渠道增加农民收益了吗？——来自我国梨主产区的调查［J］．农业经济问题，2012（8）：90－97，112.

[9] 谷政，褚保金，应瑞瑶．农业保险合作制模式的博弈分析［J］．农村经济，2007（6）：70－73.

[10] 郭鸿鹏，于延良，赵杨．电商平台农产品经营主体空间分布格局及影响因素研究——基于阿里巴巴电商平台数据［J］．南京农业大学学报（社会科学版），2016（1）：42－48，163.

[11] 何安华，刘同山，孔祥智．农户异质性对农业技术培训参与的影响［J］．中国人口·资源与环境，2014，24（3）：116－123.

[12] 侯建昀，霍学喜．信贷可得性、融资规模与农户农地流转——以专业化生产农户为例［J］．中国农村观察，2016（6）：29－39.

[13] 姜岩，褚保金．交易成本视角下的农业保险研究——以江苏省为例［J］．农业经济问题，2010（6）：91－96.

[14] 李博伟，张士云，江激宇．种粮大户人力资本、社会资本对生产效率的影响——规模化程度差异下的视角［J］．农业经济问题，2016（5）：22－31.

[15] 李鸿敏．基于供给视角的农业保险覆盖率影响因素分析［J］．江苏农业科学，2014，42（6）：399－401.

[16] 李岳云，蓝海涛，方晓军．不同经营规模农户经营行为的研究［J］．中国农村观察，1999（4）：41－47.

[17] 廖杉杉，鲁钊阳．农产品价格风险的成因及规避机制研究［J］．农村经济，2013（3）：27－30.

[18] 林家宝，万俊毅，鲁耀斌．生鲜农产品电子商务消费者信任影响因素分析：以水果为例［J］．商业经济与管理，2015（5）：5－15.

[19] 刘辉煌，吴伟．基于双栏模型的我国农户贷款可得性及其影响因素分析［J］．经济经纬，2015（2）：37－42.

[20] 楼建波．农户承包经营的农地流转的三权分置——一个功能主义的分析路径［J］．南开学报（哲学社会科学版），2016（4）：53－69.

[21] 鲁钊阳，廖杉杉．农产品电商发展的区域创业效应研究［J］．中国软科学，2016（5）：67－78.

[22] 孟德锋，李长越．政策性农业保险的农户需求与满足程度调查研究［J］．经济纵横，2011（10）：73－76.

[23] 宁满秀，邢鹂，钟甫宁．影响农户购买农业保险决策因素的实证分析——以新疆玛纳斯河流域为例［J］．农业经济问题，2005（6）：38－44，79.

[24] 齐力．蒜价涨跌背后的农业社会化服务困境及对策［J］．农业经济，2015（2）：30－32.

[25] 孙平平，王文辉．2016/2017 年世界苹果、梨、葡萄、桃及樱桃产量、市场及贸易情况［J］．中国果树，2017（2）：91－100.

[26] 汪旭晖，张其林．电子商务破解生鲜农产品流通困局的内在机理——基于天猫生鲜与沱沱工社的双案例比较研究［J］．中国软科学，2016（2）：39－55.

[27] 王步天，林乐芬．政策性农业保险供给评价及影响因素——基于江苏省 2300 户稻麦经营主体的问卷调查［J］．财经科学，2016（10）：121－132.

[28] 王俊凤，郭翔宇．论政策性农业保险中政府的地位和职能［J］．学术交流，2009（6）：130－132.

[29] 王克，张峭，Shingo Kimura．我国种植业保险的实施效果：基于 5 省份 574 个农户数据的模拟分析［J］．保险研究，2014（11）：42－55.

[30] 王胜，丁忠兵．农产品电商生态系统——一个理论分析框架［J］．中国农村观察，2015（4）：39－48，70，96.

[31] 叶明华．政策性农业保险：从制度诱导到农户自主性需求——基于江苏省 585 户粮食种植户的问卷调查［J］．财贸经济，2015（11）：88－100.

[32] 虞锡君．农业保险与农业产业化互动机制探析［J］．农业经济问题，2005，26（8）：54－56.

[33] 曾亿武，郭红东．农产品淘宝村形成机理：一个多案例研究［J］．农业经济问题，2016（4）：39－48，111.

[34] 张乐春．关于农业产业化经营保险模式的探索［C］．中国保险学会学术年会，2010.

[35] 张跃华，史清华，顾海英．农业保险需求问题的一个理论研究及实证分析［J］．数量经济技术经

济研究，2007，24 (4)：65 - 75.

[36] 赵元凤，柴智慧．农户对农业保险赔款作用的评价——基于内蒙古 500 多户农户的问卷调查 [J]. 中国农村经济，2012 (4)：66 - 75.

[37] 朱萌，沈祥成，齐振宏，等．新型农业经营主体农业技术采用行为影响因素研究——基于苏南地区种稻大户的调查 [J]. 科技管理研究，2016，36 (18)：92 - 99.

[38] 朱文珏，罗必良．行为能力、要素匹配与规模农户生成——基于全国农户抽样调查的实证分析 [J]. 学术研究，2016 (8)：83 - 92.

[39] Adams，M.，Andersson，L.，Jia，J.，et al. Mutuality as a Control for Information Asymmetry：A Historical Analysis of the Claims Experience of Mutual and Stock Fire Insurance Companies in Sweden，1889to 1939 [J]. Business History，2011，53 (7)：1074 - 1091.

[40] Ahsan，S.，Ali，A.，Kurian，N. Toward a Theory of Agricultural Insurance [J]. American Journal of Agricultural Economics，1982，64 (3)：520 - 529.

[41] Babcock，B. Time to Revisit Crop Insurance Premium Subsidies? [J]. CARD Policy Brief (Center for Agricultural & Rural Development Publications，Iowa State University)，2011 (3)：2 - 12.

[42] Bassoco，L.，Cartas，C.，Norton，R. Sectoral Analysis of the Benefits of Subsidized Insurance in Mexico [M]. Crop Insurance for Agricultural Development. Issues and Experience，1986.

[43] Biener，C.，Eling，M. Organization and Efficiency in the International Insurance Industry：A Cross - Frontier Analysis [J]. European Journal of Operational Research，2012，221 (2)：454 - 468.

[44] Chambers，R. Insurability and Moral Hazard in Agricultural Insurance Markets [J]. American Journal of Agricultural Economics，1989，71 (3)：604 - 616.

[45] Coble，K.，Knight，T. Crop Insurance as a Tool for Price and Yield Risk Management [K]// A Comprehensive Assessment of the Role of Risk in U. S. Agriculture，2002：445 - 468.

[46] Garrido，A.，Zilberman，D. Revisiting the Demand for Agricultural Insurance：The Case of Spain [J]. Agricultural Finance Review，2008，68 (1)：43 - 66.

[47] Miyata，S.，Minot，N.，Hu，D. Impact of Contract Farming on Income：Linking Small Farmers，Packers，and Supermarkets in China [J]. World Development，2009，37 (11)：1781 - 1790.

[48] Moore，J. The Rise of a New Corporate Form [J]. Washington Quarterly，1998，21 (1)：167 -181.

[49] Shaik，S.，Coble，K.，Knight，T. Revenue Crop Insurance Demand [C]. Selected paper presented at AAEA Annual Meetings，Rhode Island，2005 (6)：24 - 27.

[50] Sherrick，B.，Barry，P.，Ellinger，P.，et al. Factors Influencing Farmers′ Crop Insurance Decisions [J]. American Journal of Agricultural Economics，2004，86 (1)：103 - 114.

[51] SKEES J，HAZELL P，Marinda M. New Approaches to Crop Yield Insurance in Developing Countries [J]. IFPRI EPTD Discussion Paper，1999.

河北省农户农业保险投保意愿影响因素分析

冯文丽　史　晓

摘要：农户是否具有投保意愿，事关我国农业保险的可持续发展。了解影响农户投保意愿的关键因素，有利于进一步优化农业保险制度，提高农业保险投保率，充分发挥农业保险的功能与作用。论文运用二元 Logistic 模型对受访农户农业保险投保意愿的影响因素进行了实证分析。结果表明，农户的投保意愿与土地规模、风险管理意识及保费承受能力有关。据此，提出了提高农户农业保险投保意愿的对策建议，以促进农业保险的可持续发展。

关键词：农业保险；投保意愿；Logistic 模型

一、引言

河北省是农业大省，也是干旱、洪涝、冷冻、风雹等灾害频发的省份。农业保险可为农业生产提供风险保障，补偿灾害损失，稳定农民收入。自 2007 年中央试点农业保险保费补贴政策以来，河北省农业保险发展速度较快。2016 年，农业保险保费收入 22.87 亿元，是 2007 年 1.04 亿元的 22 倍；农业保险赔款支出为 13.02 亿元，是 2007 年 0.09 亿元的 145 倍。

农户对农业保险是否具有投保意愿，事关农业保险的可持续发展。根据作者 2016 年 9 月对河北省 191 户农户的问卷调查数据显示，农户的农业保险投保意愿并不是很强烈，在 191 户受访农户中只有 42 户投保了农业保险，投保率仅为 22%。到底是什么因素影响了农户的农业保险投保意愿？本文将利用二元 Logistic 模型对此进行实证研究，并提出相关对策建议。

二、文献综述

国外学者对农户投保意愿影响因素的研究较早。Just，Calvin 和 Quiggin

作者简介：冯文丽，河北经贸大学农业保险研究所所长，京津冀一体化发展协同创新中心教授，硕士生导师，主研农业保险；史晓，河北经贸大学金融学院硕士生，主研农业保险。

(1999)[1]认为，保费补贴高低是影响联邦农作物保险计划投保农户投保行为的重要因素；Ernest L. Molua (2011)[2]认为收入对农户投保意愿的影响较大；Loghman Rashidpour (2013)[3]认为，影响农业保险投保意愿的因素有产品和原材料价格波动、生产设施和收入、保险认知、政府政策支持、风险因素、市场状况和产品需求及农民的社会地位等因素，这些变量的贡献率达到 85.27%。Abouzar Nahvi (2014)[4]认为，影响农业保险购买意愿的因素有教育水平、年龄、种植水平、与农业专家的接触及水稻收入贡献率等。

国内学者采用不同方法农业保险投保意愿影响因素进行了研究，得出了不同的结论。惠莉等 (2008)[5]、刘娟 (2014)[6]、许梦博等 (2016)[7]利用 Logistic 模型研究农业保险投保意愿的影响因素；宁满秀 (2005)[8]和赵莺等 (2016)[9]运用 Probit 模型、孙香玉 (2008)[10]和薄悦 (2014)[11]利用 Tobit 模型、王振军 (2014)[12]采用相关系数法研究农户的农业保险投保意愿。陈妍等 (2007)[13]认为农户的受教育年限、务农时间、家庭农业收入及耕地面积对农户购买农业保险有促进作用；惠莉等 (2008)[5]认为农户对农业保险的了解程度及投保满意度影响农户的投保意愿；曾小波 (2009)[14]、冯俭 (2012)[15]强调政府财政补贴的力度越大，农户购买农业保险的意愿越强烈；罗芳等 (2014)[16]提出，不同的保险供给制度影响农户的农业保险投保意愿。

三、数据处理与实证分析

针对调查统计结果中仅有 22%的农户投保农业保险的问题，论文将利用二元 Logistic 模型分析到底是什么因素制约了农户的投保意愿。

(一) 数据来源

农户农业保险投保意愿实证分析的数据来自调查问卷，调查时间为 2016 年 9 月，数据源自河北省 10 个市 39 个县的 194 份问卷，排除回答自我矛盾等无效问卷后合计有效问卷 191 份，有效率为 98.45%。调查员全部是河北经贸大学保险专业的硕士生和本科生，调查前均受过相关知识和调查技巧的培训，调查时指导被调查农户独立完成问卷，保证了数据的真实性和准确性。

(二) 变量设定

本文将农户是否投保作为模型的被解释变量 (Y)，解释变量概括为农户个体特征 (X_1)、农户家庭特征 (X_2)、农户的风险管理意识 (X_3) 和农户的保费承受能力 (X_4)。其中，农户个体特征包括性别 (X_{11})、年龄 (X_{12}) 和文化程度 (X_{13})；农户家庭特征包括家庭年收入 (X_{21}) 和土地规模 (X_{22})；农户的风险管理意识包括“是否担心干旱灾害” (X_{31}) 和“是否听说农业保险” (X_{32})。有关计量模型的变量及其解释请见表 1。

表 1　计量模型的变量及其解释

代码	变量名称	变量定义	均值
Y	农户的投保意愿	投保=1 不投保=0	0.22
X_1	1. 农户个体特征		
X_{11}	性别	男=1 女=0	0.59
X_{12}	年龄	20 岁以下=1 21～30 岁=2 31～40 岁=3 41～50 岁=4 51～60 岁=5 60 岁以上=6	3.88
X_{13}	文化程度	小学=1 初中=2 高中=3 专科=4 本科及以上=5	2.30
X_2	2. 农户家庭特征		
X_{21}	家庭年收入	5 万元以下=1 5～15 万元=2 15 万元以上=3	1.67
X_{22}	土地规模	值	9.11
X_3	3. 农户的风险管理意识		
X_{31}	是否担心干旱灾害	干旱=1 非干旱=0	0.56
X_{32}	是否听说过农业保险	听说=1 没听说=0	0.68
X_4	4. 农户对农业保险的承受能力	10 元左右=1 30 元左右=2 50 元左右=3 70 元左右=4 90 元以上=5	2.09

（三）二元 Logistic 回归模型构建

二元 Logistic 回归模型最大的特点是被解释变量存在两种情况，通常用 0 和 1 表示，用来处理分类变量特别有效，可以避免残差非正态和异方差性等问题。

在模型中，将农户是否投保设为被解释变量，用 y 表示。$y=1$ 表示农户购买了农业保险，$y=0$ 表示农户没有购买农业保险。将农户购买农业保险的概率记为 P，它与自变量 x_1, x_2，…，x_n 之间的 Logistic 回归模型为公式（1）：

$$p = \frac{\exp(\beta_0 + \sum_{i=1}^{k} \beta_i x_i)}{1 + \exp(\beta_0 + \sum_{i=1}^{k} \beta_i x_i)} \tag{1}$$

农户不投保的概率为公式（2）：

$$1 - P = \frac{1}{1 + \exp(\beta_0 + \sum_{i=1}^{k} \beta_i x_i)} \tag{2}$$

农户投保与不投保农业保险的概率之比为公式（3）：

$$\Omega = \frac{P}{1-P} = \exp(\beta_0 + \sum_{i=1}^{k} \beta_i x_i) \tag{3}$$

Ω 成为发生比，表示农户投保农业保险与不投保农业保险的概率比。然后，对发生比取自然对数得公式（4）：

$$\mathrm{Logit(P)} = \ln \frac{\mathrm{p}}{1-\mathrm{p}} = \beta_0 + \sum_{i=1}^{k} \beta_i x_i \tag{4}$$

公式（4）就是以 Logit（P）为因变量建立的包含 k 个自变量的二项 Logistic 回归方程。

（四）模型结果

通过对 191 个样本的截面数据进行 Logistic 回归处理，结果如表 2 所示。在数据处理中，采用最大似然估计向后（条件）筛选法，模型预测效果的整体正确率为 83.2%，说明模型较为稳定。同时，使用 *HL*（Homsmer and Lemeshow）指标检验 Logistic 模型拟合优度，当 *HL* 统计量越小时，表明模型拟合越好；反之则拟合效果不好。本模型 *HL* 的统计量为 4.713，p 值为 0.788 大于显著性水平，说明拟合效果很好。

从表 2 可以看出，农户投保意愿的显著影响变量有四个：土地规模、“是否关心干旱灾害”、“是否听说过农业保险”及为 1 000 元保额愿意支出的保费数额。

表 2　农户投保意愿模型的估计结果

	B	S. E,	Wals	df	Sig.	Exp (B)	下限	上限
X_{22}	0.181	0.052	11.91	1	0.001	1.198	1.081	1.327
X_{31}(1)	−1.514	0.5	9.174	1	0.002	0.22	0.083	0.586
X_{32}	42.047	2 660.378	0	1	0.987	1.82E+18	0	.
X_4			7.617	4	0.107			
X_4(1)	1.34	0.576	5.407	1	0.02	3.818	1.234	11.811
X_4(2)	1.374	0.589	5.447	1	0.02	3.95	1.246	12.519
X_4(3)	0.915	1.333	0.471	1	0.493	2.496	0.183	34.054
X_4(4)	1.442	0.811	3.159	1	0.076	4.229	0.862	20.742
常量	−44.246	2 660.379	0	1	0.987	0		

注：①−2 LL 值为 127.017，*Cox & Snell* R^2 为 0.322，*Nagelkerke* R^2 为 0.494。②有的变量检验显著性大于 0.05，但是没有被移出方程。当似然比检验和 Walds 检验结果冲突时，应以似然比检验为准，因为它是全局性检验，而 Walds 检验未考虑各变量间的综合作用，且 Walds 检验本身就不太准。

（五）结论

1. 土地规模越大的农户投保意愿越强

农户的“土地规模”（X_{22}）对农户投保意愿影响显著，系数为正，说明随着农户土地经营规模增加，农户面临的风险越大，投保意愿就越强。这个实证结论和统计分析结果完全一致，即土地经营规模在 15 亩以上的农户农业保险投保率最高，为 46.15%。这说明新型农业经营主体的农业保险需求更为强烈，在产品设计中应更加关注他们的需求。

2. 风险管理意识强的农户投保意愿也强

（1）担心旱灾的农户投保意愿最强。“是否担心旱灾风险”（X_{31}）对农户的投保意愿影响显著，系数为正。实证结果表明，“最担心旱灾”农户的投保意愿最强，担心其他灾害农户的投保意愿仅为“最担心旱灾”农户的 0.22 倍。这个实证结果符合全球气候变化背景下我国旱灾风险威胁逐渐增大的基本走势，也和统计结果基本一致，即“最担心旱灾”农户的投保率高达 28.04%，尽管不是最高，但也属于较高。

（2）保险认知程度越高的农户投保意愿越强

我们用“是否听说过农业保险”（X_{32}）代表农户的农业保险认知程度。该因素对农户的投保意愿影响显著，方向为正，说明农户的农业保险认知程度越高，越容易接受并购买农业保险。这个实证结果和统计分析结果完全一致：在 191 位受访农户中，投保的 42 位农户均听说过农业保险，投保率为 32.56%；没有听说过农业保险的农户，自然不会投保，投保率为 0。

3. 农户的保费承受能力对投保意愿影响显著

我们用为 1 000 元保额愿意支出的保费数额（X_4）来反映农户的保费承受能力。愿意支付 90 元保费的农户投保意愿最小，我们以此作为参照。愿意支付 10 元左右保费农户的投保意愿是 90 元以上农户的 3.818 倍，愿意支付 30 元左右保费农户的投保意愿是 90 元以上农户的 3.95 倍，愿意支付 50 元左右保费农户的投保意愿是 90 元以上农户的 2.496 倍，愿意支付 70 元左右保费农户的投保意愿是 90 元以上农户的 4.229 倍。可见，愿意支付 70 元左右保费农户的投保意愿最高。这和统计分析略有差异，统计分析中愿意支付 50 元左右保费农户的投保率最高，为 39.47%。

4. 其他因素对农户投保意愿影响不显著

性别、年龄、文化程度以及家庭年收入这四个因素对农户的投保意愿影响不显著。性别不显著可能是因为投保决策是由家庭全体成员共同协商决定；家庭年收入不显著可能是因为一些农户家庭年收入已经不以农业为主，正如农户所讲的，“地都不种了，还买什么农业保险”。

四、提高农户投保意愿的对策建议

根据实证分析结果，可以采取以下措施，提高农户的投保意愿，促进农业保险的可持续发展。

（一）建立中央政府财政支持的巨灾保险制度

在全球气候变暖的大趋势下，我国旱灾发生的频率将上升，范围将扩大，农民因旱灾受损的概率不断上升。胡实等（2015）[17]的研究结果表明，中国北方地区未来 40 年将呈现干旱化倾向，轻度和中度季节性干旱发生频率降低，重度和极端季节性干旱发生频率增加，增温引起的地表蒸发增加是极端干旱频发的主要原因。秦大河（2015）[18]的研究结果也表明，未来我国处于干旱风险的区域面积将不断扩大，主要集中在华北、华东、东北中部以及四川盆地等地区。2015 年，我国平均气温 10.6℃，较常年（9.7℃）偏高 0.9℃，达到历史最高水平。干旱是河北省主要的自然灾害之一，2014、2015 年旱灾所致受灾面积占全部受灾面积的比例分别为 71.59%和 61.87%。在问卷调查中，有 56.02%的农户选择“最担心旱灾”；实证分析结果也表明，“最担心旱灾”的农户投保意愿最强。

因此，建议我国借鉴美国巨灾保险制度（CAT）的经验，单独设计保障水平比较低的“巨灾保险”，由中央政府为农户种植的重要农作物（如小麦、玉米、水稻和大豆等）全额补贴保费，经由财政系统将保费拨付给相关经办保险公司，解决“贫困农户交不起保费、保险公司收不来保费”的难题。巨灾保险属于普惠型的农业保险，保障水平较低，保费也比较低廉，只要农户种植，国家就代为投保。赔付触发条件也可以设计得简单一些，例如采用气象指数保险的方式，只要气象条件达到赔付阈值，就自动赔付。

2016 年，黑龙江省推出了农业财政巨灾指数保险，做法和经验值得推广和借鉴。该保险的投保人和被保险人均为黑龙江省财政厅，保险受益人为 28 个贫困县，当合同约定的灾害强度达到和超过预设的指数阈值时，保险公司向省财政厅支付赔款，使相关保险受益贫困县及时得到保险转移支付资金，用于灾难救助和灾后重建，用保险机制平滑财政年度资金预算，有效解决财政救灾资金“无灾不能用、有灾不够用”的问题。[19]

（二）充分满足新型农业经营主体的保险需求

当前，我国农村正发生深刻变化，集约化、专业化、组织化、社会化相结合的新型农业经营体系逐渐兴起，专业大户、家庭农场、专业合作社等新型农业经营主体越来越多，成为农业现代化发展的引领力量。到 2016 年底，我国家庭农场、农民专业合作社、农业产业化龙头企业等新型农业经营主体总量达到 280 万个，新型职业农民总数超过 1 270 万人。[20]

新型农业经营主体的农业规模化程度高，农业生产投入大，聚集的风险也大，对农业风险更加敏感，更愿意通过保险等方式转嫁风险。调查统计分析显示，15 亩以上农户的农业保险投保率较高，为 46.15%；农业合作组织成员和家庭农场的投保率更高，分别为 100%和 50%。实证结果也显示，农户的土地规模是影响投保意愿的显著因素，系数为正，即经营规模越大的农户投保意愿越强。

目前，我国农业保险主要保物化成本，不能覆盖新型农业经营主体大量投入、占比较高的人力成本、土地成本和融资成本，不能充分转嫁风险损失，保险需求难以有效满足。因此，未来农业保险的发展方向，应该与我国农业生产方式的发展趋势保持一致，大力发展多层次、高保障的收入保险，充分满足新型农业经营主体的保险需求。

（三）加强农业保险宣传力度

通过问卷调查显示，在 191 户农户中，只有 22%的农户购买了农业保险；有 32.56%的农户没有听说过农业保险，没有听说过自然不会投保；在听说过农业保险的农户中，投保率也仅有 32.56%；在“听说农业保险途径”的选项中，41.09%的农户是选择“通过政府宣传”。实证分析结果也显示，“是否听说过农业保险”是农户投保意愿的显著影响因素。

建议从政府、保险公司、高校及相关科研机构等多个维度，采用农户喜闻乐见的方式，通过多种传播渠道，利用一些巨灾赔付的典型案例，加强对农户的农业保险宣传，让农民充分了解农业保险的功能与作用，了解国家对农业保险的大力支持及相关惠农政策。

（四）科学合理厘定农业保险费率

调查问卷统计结果表明，有88.49%的农户能够接受50元/每千元以下保额的保费。实证结果也表明，农户的保费承受能力是影响农户农业保险投保意愿的显著因素。保费太高，会抑制农户的投保积极性，保费太低则无法覆盖保险公司的经营成本，因此制定合理的保险费率十分必要。建议保险公司在采用非寿险精算科学方法和有效数据厘定保险费率的基础上，综合考虑农户对保费的接受能力，制定合理的保险费率，提高农户购买农业保险的意愿。

参考文献

[1] Just，R. E.，L. Calvin，and J. Quiggin. Adverse Selection in Crop Insurance：Actuarial and Asymmetries Information Incentives [J]. American Journal of Agricultural Economics，1999（81）：834-849.

[2] Ernest L. Molua. Farm Income，Gender Differentials and Climate Risk in Cameroon：Typology of Male and Female Adaptation Options across Agroecologies [J]. Sustainability Science，2011（6）：1.

[3] Loghman Rashidpour. Factors Affecting on Demand for Agricultural Crop Insurance in West Azarbijan Province：American-Eurasian [J]. Journal of Renewable Agriculture，2013（2）：244-249.

[4] Abouzar Nahvi. Factors Affecting Rice Farmers to Participate in Agricultural Insurance [J]. Journal of Applied Science and Agriculture，2014（4）：1 525-1 529.

[5] 惠莉，刘荣茂，陆莹莹．农户对农业保险需求的实证分析——以江苏省涟水县为例 [J]. 灾害学，2008（9）：130-134.

[6] 刘娟．农业保险购买意愿影响因素实证研究——基于广东省云浮市的调查 [J]. 东岳论丛，2014（10）：159-163.

[7] 许梦博，李新光，翁玉栋．中国农业保险发展改革路径研究——基于吉林省农业保险市场购买者意愿的实证研究 [J]. 现代管理科学，2016（7）：64-66.

[8] 宁满秀，苗齐，邢鹏，钟甫宁．农户对农业保险支付意愿的实证分析——以新疆玛纳斯河流域为例 [J]. 农业经济问题，2005（6）：38-79.

[9] 赵莺，谢婷婷．农户农业保险需求的影响因素实证分析——来自新疆400个农户的调查 [J]. 新疆农垦经济，2016（6）：18-23.

[10] 孙香玉．保险认知、政府公信度与农业保险需求：江苏省淮安农户农业保险支付意愿的实证检验 [J]. 南京农业大学学报，2008（8）：48-54.

[11] 薄悦．河北省农户农业保险投保意愿影响因素研究 [D]. 石家庄：河北经贸大学，2014.

[12] 王振军．西部地区农户购买政策性种植业保险——基于甘肃省627户农户的调查数据 [J]. 西北人口，2014（5）：123-128.

[13] 陈妍，凌远云，陈泽育，郑亚丽．农业保险购买意愿影响因素的实证研究 [J]. 农业技术经济，2007（2）：26-30.

[14] 曾小波，常亮，贾金荣．我国农户购买农业保险的影响因素分析 [J]. 南方金融，2009（7）：51-55.

[15] 冯俭，张立明，王向楠．农业保险需求的影响因素及财政补贴调节效应的元分析 [J]. 宏观经济

研究，2012（1）：60－66.

[16] 罗芳，崔叶辰．新疆棉农购买农业保险意愿影响因素的实证分析——基于兵团与地方的比较 [J]. 新疆农垦经济，2014（12）：16－21.

[17] 胡实，莫兴国，林忠辉．未来气候情景下我国北方地区干旱时空变化趋势 [J]. 干旱区地理，2015（3）：239－247.

[18] 秦大河．中国极端天气气候事件和灾害风险管理与适应国家评估报告 [M]. 科学出版社，2015.

[19] 马广媚，赵修彬．黑龙江启动农业财政巨灾指数保险试点 [N]. 中国保险报，2016－08－01.

[20] 余瑶．我国新型农业经营主体数量达 280 万个 [N]. 农民日报，2007－03－08.

要重视农业保险的防灾防损

庹国柱

摘要： 我国农业保险的发展规模越来越大，加入农业保险经营的保险机构也越来越多，但是各家公司普遍存在重承保理赔，轻防灾防损的现象，大大影响了农业保险经营水平和质量的提高。有必要进一步认识防灾防损、防灾减损的重要意义，完善公司内部的防灾防损的制度和规则，通过多方配合完善防灾防损的机制建设，努力通过防灾防损和防灾减损来减少和杜绝道德风险，尽可能地减少保险标的的损失。

关键词： 农业保险；防灾防损；道德风险

防灾防损是一个宽泛的题目，农业风险管理本身就包括防灾防损、防灾减损。而在保险业务里防灾防损应该是经营管理的重要环节。

农业保险发展到今天，除了需要继续不断完善政策、改善经营管理、开发创新产品、规范保险业务之外，还需要在保险业务的纵深上开拓，在经营和管理质量上提升，其中之一就是在防灾防损上做好文章。

从各家从事农业保险业务的公司的实践来看，普遍存在重承保理赔，轻防灾防损的现象。认为展业承保是硬指标，定损理赔是发挥保险功能作用的最好体现，而防灾防损是橡皮任务，有也行没有也行，真的抓起来也太麻烦，徒增成本，抓的好不好也不大好考核。岂不知对于农业保险而言，防灾防损是保险双方的合同义务，也是保险业务管理的重要环节。

所以，有必要重视和加强防灾防损工作，使我们农业保险的经营管理再上一层楼。

一、农业防灾防损和农业保险防灾防损

防灾防损其实是一个大的概念，对我们做农业保险的人来说，农业防灾防损和农业保险防灾防损是两个层次的问题。

农业防灾防损是对农业进行风险管理任务的一部分。

农业风险管理包括对农业风险的分析评估，识别，建立经验模型，完善相应风险管理制度，选择管理风险的方法路径，评估风险管理成果，改进风险管理制度和手段

作者简介：庹国柱，首都经济贸易大学教授，博士生导师，农村保险研究所所长。

等环节。而包括农业保险在内的财务处理手段是农业风险管理的必要环节和重要工作。

对农业的防灾防损，包括生态环境的治理，例如“三北”防护林带建设，山区的退耕还林还牧，大江大河的治理，各种水利设施的建设等工程和生物措施的施行，以及灾害发生之后的抢救和筹集补偿资金进行有效补偿等。可见，农业保险是农业风险管理的重要手段，也是农业防灾防损制度和措施的一部分。它是农业宏观政策的组成部分。

农业保险防灾防损就是专门针对农业保险经营的微观政策。它主要是农业保险中的风险管理手段，是在保险经营中采取积极措施减少核保漏洞，针对灾害发生规律采取预防性措施，降低保险事故发生几率，或者在事故发生后采取积极施救，争取减少保险赔付成本和赔付机会，从而提高经营效率的途径和手段。

二、做农业保险绝不能忽视防灾防损

农业保险防灾防损的意义有三个方面：

（一）做好防灾防损首先是保险合同规定的义务

保险合同就主要内容来讲，除了保险的风险责任，免除责任，保险金额，保险费等之外，还必须有防灾防损的条款，包括一部分保证条款。这些是被保险一方应尽的合同责任。

有人说，保险不就是解决保险事故导致的被保险人损失的补偿问题吗，但如果仅仅强调补偿，而不强调防灾防损就有可能引起道德风险，导致不必要的标的的损失。在某省就发生过麦场火灾发生后，乡亲们站在一边看热闹的情景，谁也不去救火，尽管场边有一排防火用的水缸。那么这个保险是不是起到了副作用？施救和不施救对社会财富来说后果是不一样的。

所以，我们说，防灾防损在保险合同里就不是可有可无的了，它应该成为重要的合同义务和被保险人应当作出的保证——明示保证。

（二）防灾防损是保险公司进行风险管理的重要措施

保险公司参与农业风险管理后，为控制承保风险、降低赔付金额，通常在承保前会进行风险评估，以确定是否承保及风险对价，在承保过程中，会加强对保险标的及被保险人风险的跟踪、检测、指导，要求被保险人采用必要的风险管理技术、设施，改进流程，有时保险公司自身也可能雇佣专家、购买相关设备帮助客户防范风险，并推动政府、行业完善相关法律、标准体系，从而规避、降低标的损失风险。这些措施的开展，对微观个体来说，可以降低事故发生率，减少风险与损失，“防患于未然”。

对整个宏观社会来说，是认识风险，了解风险事故规律，积极防范和应对社会的各类风险，减少社会财产损失的重要环节和手段。

为什么兴修水利？是因为在认识水旱灾害发生规律的前提下所采取的积极防灾减灾措施。同样，现在世界各国签署共同应对全球气候变化方面的协议，也是利用人们管理风险方面的经验，为了减少气象灾害发生，降低气象灾害对人类自身和社会财富的破坏性影响。这期间，保险所积累的风险管理经验，起到了重要作用。

（三）防灾防损是发挥农业保险功能的体现

防灾防损或者防灾减损，主观上是为保险公司自己降低赔付，节约成本，但是在客观上，因为保险公司通过为客户提供安全生产生活建议，向公众、政府分享承保、理赔数据，引进新的农业防灾防损技术，有助于降低整个农业的风险水平，减少风险损失，就等于是为社会创造了新的财富。

比如我们不少保险机构开展的防雹手段，对减少雹灾损失起到积极作用。不少公司与气象部门密切合作，发布灾害天气、作物病虫发生和畜禽疫病疫情的预测预报，对于投保农户的积极防范起到很好的效果，减少了灾害损失，等于增加了作物和畜禽产量。

三、必须明确农业保险防灾防损的内容和程序

不少公司对于农业保险防灾防损缺乏主动意识，甚至不完全了解防灾防损的内容和程序，缺乏明确的规范，这就不可能做好防灾防损。那么站在保险公司角度，农业保险防灾防损主要有哪些内容呢？我觉得主要有十个方面的内容：

（一）选择风险，合理设计保单

农业风险非常广泛，开发险种时就要精心选择风险。这也是防灾防损的逻辑起点。不适当地选择和确定承保风险本身就会为保险防灾防损增加了难度。为什么开始几年不止一家公司设计传统多风险保险产品时，保险责任中不包括干旱，为什么有的天气指数保险只选择低温或者降水指数？除了技术和数据等原因之外，防灾防损是一个重要考虑。旱灾往往带有系统性，对于局部地区来说无法防范。其实洪水、台风也具有这种系统性质。这些巨灾责任的纳入，是由政府予以补贴的重要原因之一，也是要广泛发展农业保险的机制性要求。台湾地区的农业保险制度一再被否定，这是主要原因之一。台湾缺乏分散洪涝、旱、风等巨灾风险的足够空间。

商业保险之所以不敢承保这些风险，就是考虑到这类灾害难以防范，损失难以控制。天气指数也不能含多种风险因子，否则指数难于准确确定，等于给保险经营者增加了风险。

当然，政策性农业保险产品开发时，风险选择受到政府的某些限制。比如旱灾纳

入保险责任，这是监管部门要求的，无法剔除。那就要在全公司范围里通过合理的资源配置（特别是空间拓展时考虑灾害的分布）来解决，特殊产品开发时对风险可以做出某些选择。

除了选择风险，合同条款设计也很重要。有四类有关防损方面的条款值得重视：

第一类：一般的农业保险条款在确定保险金额的时候，都充分考虑到这个方面的问题，无论农作物还是家畜家禽，保险金额都要在标的实际价值基础上打折扣，其他国家，例如美国、加拿大，农作物保险金额最高只保到实际价值的 85%。

农业保险条款还要注明被保险人防灾防损的义务。我国现行的保险条款中都规定了被保险人有接受有关部门和保险公司提出的做好安全防灾工作的建议、切实做好安全防灾工作的义务等内容，如果被保险人不履行条款规定的义务，保险企业根据具体情况，有权终止保险合同、拒绝履行损失赔偿责任，以促使被保险人重视防灾防损。

第二类：就是防止道德风险的条款。在制订农业保险条款时，应该明确规定，凡是被保险人及其关系人的故意行为造成的农业保险标的的损失属于除外责任，保险人不予负责，以通过条款规定的法律约束力来规范被保险人的行为，防止或减少道德风险的发生。

第三类：在赔案处理相关条款中，要提出抢救和保护受灾标的的要求。发生农业保险合同规定的保险责任范围内的风险损失时，被保险人必须履行抢救和保护受损标的的义务，积极施救，防止灾害的蔓延、扩大及损失程度的增加，对未被损害和损余的保险标的进行保护和妥善处理。如果没有履行这一义务，其加重的损失部分，农业保险的保险人不负赔偿责任。

第四类：限制条款的规定。农业保险的保险人应当通过制订某些限制性条款来控制自身承担的风险责任。除了上面提到的，在农业保险合同中规定最高赔偿限额，超限额部分的责任保险人不负责赔偿，被保险人自负一定的责任。农作物保险、牲畜保险、水产养殖保险都可以采用此法。又例如，对犯罪、他人恶意行为等造成的损失，应规定拒赔或实施代位追偿来加以限制。限制条款的规定，有助于减轻风险损失程度，促使被保险人主动搞好农业保险标的的防灾防损工作。

（二）做好风险区划和费率分区

农业保险的自然和地理环境与其生产风险息息相关，不同地区气候和气象条件、土壤和经济条件都对保险价格有重要影响。做好风险区划，比较准确地厘定费率，就能在很大程度上防止逆选择和道德风险。

大家肯定有经验和体会，包头地区开始几年为什么参加小麦保险的人少，那就是费率不合理。我在一个省做调查时，有个县支公司的经理就跟我说，他们那里一个种田大户逆选择的例子，这个农户买保险几乎年年获赔，雨水稍多一点，他的田肯定被淹。

（三）验险

承保时要验险，对于那些有意作假的假保单用不着在这里讲。在正常情况下无论农作物、畜禽养殖、水产养殖的保险标的，都必须验险。验险至少有两个目的：

第一，确认保险标的及其数量的真实性。

第二，了解保险标的种养环境。

二者都着眼于保险利益的真实性确认和道德风险的防范。例如，有的农作物种在在泄洪的河道里，有的养殖鱼虾带病投保，更有甚者移花接木，把不在财政补贴范围的作物作为补贴作物投保，种大麦却按照小麦投保。我在调研时就遇到一个农户，他的农田是个不宜种植作物的水洼地，十年十灾，他每年胡乱种一下，马上就投保，然后就等着保险公司到秋天赔钱。

这里有必要以森林保险为例①，具体讨论一下验险的内容和流程：

第一，验险的主要内容。

（1）核对投保标的（林区、林场）的名称、地址、四至与投保单注明的是否一致；

（2）检查投保单位林场的各种预防火灾事故的设施、器材是否处于良好状态，配备是否合理，位置是否合适，防火警示牌、警示标语布置情况等；

（3）检查投保单位林场的火源管理各项规章制度建立及落实情况，尤其是防火戒严期和节假日等重点时期以及高火险地域、旅游景点和保护区等重点地域。

（4）检查投保单位林场是否有完善的林火监测系统，如地面巡护、瞭望台监测、无人机巡护、卫星监测等。

（5）检查投保单位林场的林火阻隔工程开设情况（如防火隔离带、防火沟、生土带、防火林带等）。

第二，验险的基本流程。

开办林木保险业务的分公司应根据投保林场的规模、地形复杂程度，确定是自行验险，或是聘请有关专家或林业技术人员协助验险。验险的基本流程包括：

（1）调查了解投保林区的基本情况，包括生产经营的对象、生产工艺、存在的主要危险等；

（2）有针对性地学习和掌握国家有关林木安全生产的法规、条例，森林防火工程技术标准等方面的规定；

（3）准备好各种检验工具，验险记录表等；

（4）通过听、问、查、看、验等各种手段，对标的验险的主要内容进行全面了解；

（5）出具书面验险报告，验险报告应包括如下内容：①投保林场的安全状况。检

---

① 此处参考了几家公司的案例和内部规定。

查防火车辆、灭火机具、通信器材、通信瞭望塔、宣传牌等基础设施、设备检修、保养和管理工作是否到位，防火油料、给养等物资储备是否充足。②火灾防范的措施和能力。了解林场森林防火内部管理、组织机构、责任制度是否健全，扑火队伍建设是否达到标准，检查巡护、瞭望监测等是否能正常运转发挥作用。③林场防灾防损建议。④根据验险结果，给出投保标的等级及费率档次。

（四）建立被保险人防灾档案，掌握保险标的风险状况

对农业保险总保险额达到一定数额以上，以及特别重要或特别危险的保险标的（圈舍、大棚等），应逐户或者同一类标的的村建立防灾档案，这一工作可结合防灾安全检查工作进行。

实事求是地讲，我们不可能对于分散农户建档，但至少对于那些重点农户、家庭农场、其他新型经营主体要建立防灾档案。比如处于低洼地区的农田或者建立的养殖场，养殖场的建筑物及其防护设施情况等。

（五）开展防灾防损安全检查

在灾害发生前，对农业保险承保标的所在环境进行防灾防损安全检查，及时发现危险隐患，并向被保险人提出整改建议。凡属建档的对象，尤其是往年承保标的中出险几率较大的或新承保的保险标的，在承保标的的生长发育阶段或保险期间内，至少应进行一次防灾安全检查，然后写出安全检查报告，并视情况向被保险人发送危险整改通知书，提出整改措施。一般来说，农业保险危险整改通知书为一式四份，在经由公司领导批准后，分别送给被保险人、政府有关部门、承保理赔部门，一份由防灾防损部门归档。

这里是我遇见的例子：某村的蔬菜大棚承保时走马观花，也没有建立防灾档案，又疏于检查，发生风灾损失后，发现大棚材质与保险合同不完全符合，棚里是一米深的杂草。其实如果重视验险和防灾防损安全检查，这种情况和保险赔付是可以避免的。

（六）制定防灾预案

防灾预案是承保公司为防止保险事故发生，或当保险事故发生后对保险标的进行有效施救而预先制定的防灾防损工作方案。

制定防灾预案是为了明确保险合同双方防灾防损工作的关系，明确保险内容中各岗位的防灾职责，规范防灾防损工作程序，明确保险内容中各岗位的防灾职责，突出防灾防损工作重点，使防灾防损工作有条不紊地进行，进而取得良好的社会效益和经济效益。

防灾预案的主要内容包括：指导思想、组织机构、工作任务、具体措施等，其重点是明确工作任务，制定切实可行的防灾措施。制定防灾预案的关键是建立防灾责

任制，使防灾工作规范化、制度化。一般采取定人定点分片包干的办法，集定点联络防灾报灾和灾后理赔于一体，实现保险、防灾、赔付一条龙服务，使保险业务人员与被保险人紧密挂钩，通过保前、保中、保后的防灾服务，达到减少灾害损失的目的。

（七）签订防灾防损协议

为了落实保险双方的防灾防损责任，保险公司在展业承保时，对于防灾重点保户可采取签订《防灾防损协议书》的方式，使保险双方防灾防损工作法律化，以促进被保险人强化防灾防损意识，切实落实防灾措施，减少社会财产的损失。

《防灾防损协议书》的内容一般包括：防灾防损的具体保险标的、地理位置、防灾时间、施救方法、组织结构、保险双方所采取的措施以及违约责任等。协议书一式两份，保险双方各执一份，并作为保险合同的组成部分，具有法律约束力。

当然，只有对于那些投保大户才可能签订这种防灾防损协议。分散的农户就只能写在保险合同里，并通过宣传让被保险人知道他对自己投保的保险标的有防灾防损的义务。

（八）鼓励和支持被保险人防灾防损

保险公司在承保业务管理中合理安排人力和资金，对被保险人的防灾防损工作进行指导和支持，应该有合理的预算。例如，指导被保险人防治病虫害，支持被保险人购置防雹高炮和炮弹，支持种田大户购置排灌设备等。

（九）对积极防灾防损且效果突出的被保险人进行奖励

有效的防灾防损肯定会减少风险损失，降低赔付成本。因此农业保险的保险人应当把防灾防损与农业保险费率联系起来，对防灾防损搞得好的农业生产经营单位和个人应当在费率上给予优待，降低费率或在续保时给予费率的折扣优惠；相反，不重视防灾防损，甚至不进行防灾防损或拒绝接受有关防灾部门和保险公司提出的安全防灾工作建议的农业生产者，则可以通过费率提高进行限制，从经济上促使其搞好防灾防损工作。所以，在费率上体现差别，通过奖优罚劣，既能防止道德风险的发生，也会减少农牧业损失，同时减少赔付，一举三得。在这方面车险的改革经验值得农险经营者借鉴。

当然这些奖罚措施要针对不同的被保险人和相关责任人。

（十）防灾防损宣传

主要是通过三种途径进行宣传：

（1）媒体宣传。开办农业保险业务的分公司可组织、联系在承保地区所在县、市电视台，在天气预报节目中播放农牧业防灾知识，以公益广告等形式普及农业防灾常识。也可组织新闻媒体对防灾工作进行系列报道，尤其是对在防灾工作中涌现出来的先进集体和个人进行宣传报道，使防灾工作家喻户晓，人人皆知。

(2) 预防宣传。联系当地气象局发布特殊灾害的预报，比如森林防火指挥部及时发布林木火险警报，将天气信息以短消息形式发送给县委、县政府主要领导、防火指挥部成员、乡镇党委书记、乡镇长、乡镇林业站长等。我就经常收到一家保险公司农险部门的灾害性天气预报。不要小看这种短信或者微信，至少投保农户觉得你惦记着他（她）。

(3) 标语宣传。组织在交通要道设立固定宣传牌或警示牌，刷写永久性宣传标语。有些防灾关键时期，例如，春夏火灾易发时期，组织人员进村入户宣传林木防火知识，并张贴、发放防火宣传资料。

四、加强防灾防损的机制建设

农业保险防灾防损需要有一套好的机制和制度。我觉得做好防灾防损的机制建设，要努力实现五个“密切结合”。具体说来：

（一）将农业保险防灾防损与农业防灾防损密切结合

农业保险的防灾防损应该是农业防灾防损制度的一个重要组成部分。无论是预防还是抢险救灾活动，都与保险财产的安全关联在一起。所以我们要积极关心和主动参与当地政府农业防灾减灾部门及其安排部署的相关防灾减灾、抢险救灾等活动。正确处理大家和小家的关系，正确处理社会财产和保险财产关系，正确处理社会责任和保险财产安全的关系。只有这样，才能把参与社会防灾减灾、抢险救灾等活动当作我们义不容辞的责任。社会财产安全了，保险财产才能安全，社会防灾防损做好了，保险经营效益才能有保障。

（二）与依靠地方政府落实防灾防损措施密切结合

虽然农业保险的防灾防损的主体是保险机构，但是实践表明通过政府动员和组织农户防灾减灾一般来说是奏效的。

无论旱灾、涝灾、风灾、病虫害等灾害的预防，或者抗灾、减灾、抢险、救灾等活动，虽然都是为了农户的利益，但单靠我们自己，和政府出面动员和组织，效果显然是不一样的。一般说来，依靠地方政府落实防灾防损措施，才能真正落实，这跟我们展业、定损、理赔所面临的问题是一样的。所以，我们在部署防灾防损时，要依靠地方政府动员和组织，把依靠自己和依靠地方政府密切结合起来。

（三）与农业技术部门密切结合

与农业技术部门密切结合既是一种很好的机制，也是一种成功的经验。

新中国在半个多世纪的农业发展实践中，已经建立起完善的四级农业技术服务网，它们在推广新技术，防疫治病，防灾减灾等方面发挥了非常积极的作用。实践证明，农业保险与农技部门密切结合，对于做好预防灾害和预防疾病，减少保险财产的损失有非常好的效果。例如，有的公司与畜牧兽医站合作，请它们为投保的牲畜进行防疫注射，养殖场投保牲畜发病率大大降低。在农作物发生病害之前，通过植保站帮助能进行及时的预防，也会有效减少病害的影响程度。

（四）与合作组织密切结合

从目前的实践来看，在防灾防损问题上，我们还有必要与其他的新型农业经营组织合作，例如，各类专业农林牧渔合作社的合作。这对于提高保险防灾防损的效率，以至于提高农业保险经营的效率，都是很重要的。

开始几年，安信做水产养殖保险（特别是价值比较高的南美白对虾养殖），虽然承保的水面不断扩大，但赔付率居高不下。养殖户的逆选择和道德风险防不胜防。后来保险公司就与养殖合作社结合起来，进行承保理赔，把养殖户的保险利益同合作社的生产经营结合起来，赔付率从 180％降到 48％。

（五）与投保农户密切结合

农业保险防灾防损，是要通过投保人和被保险人来落实的，因为保险标的在被保险人手里。因此，我们需要在完善农业保险合同的同时，将保险合同中防灾防损方面双方的权利和义务密切结合起来，特别是在保险人的指导下，把被保险人一方防灾防损的积极性调动起来。

第一，在设计保险合同条款时，应当明确规定投保人和被保险人在防灾防损方面的义务。

第二，在承保时，应当在解释和说明保险责任和除外责任的时候，说清楚防灾防损方面双方的责任和义务。不要让投保人认为交了保险费就什么事都没有了，培养保户风险防范意识，也是保险公司的一种责任。

第三，虽然投保农户是执行防灾防损的主体，但保险机构要起到主导和引导作用。毕竟保险公司作为风险管理机构有丰富的经验，为投保农户提供教育、培训、指导和适当的手段都是义不容辞的责任。只有保险合同双方密切结合，各司其职，各尽其责，防灾防损才能真正做好。

农险扶贫

政策性农业保险的精准扶贫效应与扶贫机制设计*

张　伟　黄　颖　易　沛　李长春

摘要：以农业经营收入作为家庭主要收入来源，是中国农村贫困居民与其他地区农村居民在收入结构上存在的显著差异。收入结构的这种特点决定了贫困农民的总收入在很大程度上受农业自然灾害所影响，如果引入政策性农业保险扶贫机制，便可以解决由农业自然灾害导致的贫困问题。与传统扶贫模式相比，农业保险扶贫可以完全杜绝扶贫资金被贪污挪用的情况，农民所获得的保险赔偿完全取决于他们的实际损失，受灾最严重的农民获得的赔偿也越多，这种根据不同个体实际损失进行差异化经济补偿的精准扶贫模式，比按人数平均分配扶贫资金的传统模式更加公平更有效率。进一步研究发现，农业保险扶贫还具有明显的乘数效应和福利溢出效应，它不仅能够放大扶贫资金的政策效果，还能够激励农民积极从事农业生产，通过自身努力提高农业经营收入。基于此，建议政府部门着手制定并完善农业保险扶贫的顶层设计，将部分传统扶贫资金用于为贫困地区农民提供更高保障水平的农业保险服务，以充分发挥政策性农业保险的精准扶贫效应。

关键词：农业保险；精准扶贫；乘数效应；福利溢出效应；扶贫机制设计

一、引言

根据《中国农村贫困监测报告2016》的统计数据，按照现行农村贫困标准每人

---

* 基金项目：国家社会科学基金项目“政策性农业保险对粮食产出的激励效应及其补贴机制优化研究”（12BJY168）、国家社会科学基金项目“货币超额增长下钱荒的形成与影响研究”（14BJY175）、广东省软科学研究项目“网络众筹与科技保险协同视角下科技型中小企业融资机制创新研究”（项目编号：2016A070705070）；广东省社会科学基金项目“广东省社会医疗保险制度效率研究——基于制度分割与整合的视角”（项目批准号：GD15YYJ04）。

作者简介：张伟（1980—），男，广东金融学院华南创新金融研究院副研究员，研究方向为农业保险和环境保险；黄颖（1986—），女，广东金融学院华南创新金融研究院助理研究员，研究方向为保险理论；易沛（1987—），广东金融学院保险学院讲师，研究方向为保险理论；李长春（1970—），男，广东金融学院教授，研究方向为农村金融。

每年2 300元（2010年不变价）测算，2015年中国农村尚有贫困人口5 575万人。其中，东部地区农村贫困人口653万人，占全国农村贫困人口的比重为11.7%；中部地区农村贫困人口2 007万人，占全国农村贫困人口的比重为36.0%；西部地区农村贫困人口2 914万人，占全国农村贫困人口的比重为52.3%。概言之，中国有将近90%的农村贫困人口集中在经济欠发达的中西部地区，特别是气候条件比较恶劣、交通不便的偏远山区和少数民族聚集区，未来相当长一段时间内，中国各级政府的扶贫任务依然艰巨。2015年《中共中央国务院关于打赢脱贫攻坚战的决定》提出，要在现有基础上不断创新扶贫开发思路和办法，实施精准扶贫方略，加快贫困人口精准脱贫。同时要加大金融扶贫力度，鼓励和引导商业性、政策性、开发性、合作性等各类金融机构加大对扶贫开发的金融支持，重点支持贫困地区发展特色产业。农业保险作为政策性金融的一种重要手段，在农村精准扶贫中的比较优势也越来越得到重视。2016年中国保监会和国务院扶贫开发领导小组办公室联合发布的《关于做好保险业助推脱贫攻坚工作的意见》中提出，要充分发挥保险行业体制机制优势，履行扶贫开发社会责任，全面加强和提升保险业助推脱贫攻坚能力，助力“十三五”扶贫开发工作目标如期实现。在“精准对接脱贫攻坚多元化的保险需求”部分中还专门强调，要精准对接农业保险服务需求。可见，农业保险精准扶贫不仅仅停留在理论探讨层面，而是逐渐成为一种制度安排，利用政策性农业保险的精准扶贫效应帮助贫困农民实现精准脱贫，已成为新时期我国扶贫开发中重点关注的政策方案。

二、文献综述

国外有关农业保险扶贫的文献比较少见，大部分学者的研究兴趣集中在金融扶贫方向，特别是20世纪90年代孟加拉国的乡村银行项目——格莱明银行在小额贷款领域取得巨大成功之后，金融扶贫开始逐渐成为颇受学术界关注的重要研究议题。早期的研究中有学者认为，金融发展有利于缓解贫困人群的信贷约束，使穷人也有获得金融服务的机会，这将有助于降低穷人与富人之间的收入不平等，最终帮助低收入者脱贫（Galor et al.，1993）。持相近观点的还有Ra Gaiha（1993），他认为小额信贷和其他微型金融服务更适合资金规模需求不大的农村贫困人群，大力发展微型金融将帮助贫困人群提高收入，降低经济脆弱性。Hege Gulli（1998）则考察了微型金融对扶贫的影响机制，认为微型金融能够缓解贫困的主要原因在于它帮助穷人摆脱了信贷约束，并对其金钱进行了合理的管理。Burgess et al.（2005）基于印度农村基层农业信贷协会的数据，实证分析了穷人直接参与金融活动对农村贫困的影响，他们的研究结果显示，基层信贷部门在农村设立的机构数量每增加1%，农村贫困的发生率将降低0.34%。Geda et al.（2006）以埃塞俄比亚为研究对象，研究了金融发展和贫困之间的关系，表明金融产品的普及和使用能显著地平滑居民消费，进而降低居民陷入贫困的概率。还有学者研究发现，微型金融自身的风险应对机制可以帮助贷款者提高风险控制能力（Floro，2007），它不仅显著降低了贫困发生率，同时也降低了贫困深度和贫困强度，即使是社会上最贫困的人群也能够从微型金融的发展中受益（Imai et al.，2010）。

然而，并不是所有学者的研究结论都支持金融发展有助于缓解贫困、缩小贫富差距这一观点。Khandker et al.（2003）利用巴基斯坦的农村家庭调查数据，研究了农业信贷对农村居民家庭福利的影响，他们发现农业信贷虽然有助于提高农民的家庭福利，但它给农村富裕家庭带来的福利远远大于贫困家庭；Maurer and Haber（2007）则提出，金融发展虽然可以促进储蓄和资本的形成，但是金融深化意味着为富人提供更为周全的服务，资金主要流向富裕群体，导致穷人和富人之间的收入差距进一步加大，这将无助于减缓贫困问题。Marcus，Porter et al.（1999）认为，由于市场上缺乏适合极端贫困家庭需求的金融服务项目，导致极端贫困者无法从微型金融的发展中受益。Greenwood et al.（1990）研究发现，金融发展与收入分配之间存在倒 U 形曲线关系，在金融发展的初期阶段更多地倾向于为富人提供金融报务，此时会加剧收入分配不平等状况；但随着金融业进一步发展，穷人也将逐渐开始享受到完善的金融服务所带来的好处，社会穷富差距将逐渐缩小，贫困问题也将因此得到缓解。

目前国内有关农业保险扶贫的直接文献并不多见。郭佩霞（2011）、张伟等（2014）从理论上探讨了农业保险及其保费补贴在农村反贫困方面的积极作用；郑军和王仲秋（2017）则分别从风险化解、产业增收和经济发展三个层面考察了美国农业保险政策的扶贫效应，并在借鉴美国农险扶贫成功经验的前提下，提出了放大我国农业保险精准扶贫效应的政策建议。现有的大部分文献集中于研究农业保险对农民收入的影响，农业保险有助于稳定和提高农民收入这一结论已成为业界共识（董婉璐等，2014；林智勇，2017；郑军、朱甜甜，2014）。早期的理论研究中，邢鹂、黄昆（2007）采用历史模拟方法，模拟了 6 种政策性农业保险承保和补贴方案对农民收入和政府财政支出的影响，结果表明随着保障水平的提高，农民务农收入会趋于上升和稳定，补贴率的高低也对农民收入有明显影响。孙香玉、钟甫宁（2009）模拟了实施强制保险政策条件下农业保险潜在的福利损失情况。而罗向明等（2011a；2011b）则先后从理论上探讨了中国东部地区与中西部地区实施不同补贴力度情况下，农业保险可能产生的福利再分配效应，以及农业保险补贴对经济欠发达地区农民收入的调节作用。张建军、许承明（2013）的研究则表明，农业信贷与农业保险互联能有效改善农户信贷配给，能够显著提高农户的农业收入水平，并有效降低政策性农业保险保费补贴的财政压力。

有关农业保险对农民收入影响的实证研究方面，不同的研究者得出的结论却颇具争议。周稳海等（2014）从灾前效应与灾后效应两个方面，就农业保险对农民收入影响的作用机制进行实证分析，研究表明农业保险灾前效应对农民收入具有显著的负向影响，灾后效应对农民收入具有显著的正向影响，总效应对农民收入具有显著的正向促进作用但作用力度较小。祝仲坤和陶建平（2015）利用 2007—2012 年省级面板数据检验了农业保险及保费补贴对农户收入的影响，研究发现：一方面农业保险对农户收入有显著负效应，说明投保农业保险可能会导致农户管理水平下降；另一方面保费补贴对农户收入有显著正效应，说明保费补贴有助于增加农户收入。张小东和孙蓉（2015）根据人均农业保险支出对农村居民家庭经营第一产业收入的影响程度的差异，将全国31个省份分为六个区域进行分析，研究结果显示，除北京市外，其余省份的农业保险对农民第一产业经营收入都有正向的促进作用，但各区域的贡献度差异明显，其中较早获财政补贴的省份以及地方政府重点扶持农业保险的省份，农业保险对农民第一产业经营收入的贡献度更大。

农业保险本身就是政府大力推行的政策性金融手段，农业保险为农户提供的风险保障本身就天然地具备维护农民收入稳定、减少贫困发生率的功能，因此农业保险可以在农村精准扶贫过程中扮演极为重要的角色。如果能够根据贫困农户的致贫因素和农业生产特点，对现行的农业保险补贴模式进行适当调整和优化，构建面向贫困地区农民的政策性农业保险精准扶贫机制，这对于提高我国金融扶贫效率、完善金融扶贫体系无疑具有积极的理论和现实意义。

三、农村贫困居民的致贫因素与政策性农业保险扶贫的可行性

（一）中国农村贫困居民的致贫因素

贫困现象的产生源于家庭收入和消费支出的不对等，当农民的消费总支出大于总收入时，必然会导致该农民家庭陷入贫困。而对于刚刚脱贫的低收入农民来说，一次突发的消费支出（例如重大疾病导致的医疗费支出）冲击便可导致家庭重返贫困境地。因此，从政策角度来说，要消除农村贫困，政府可从缓解农民消费支出压力和提高农民收入水平这两个方面着手。表1列出了2015年中国农村贫困人口消费支出与全国农村居民平均消费支出的对比，从表中数据可知，虽然2015年农村贫困人口的人均消费支出（6 657元）只有全国平均水平（9 223元）的72.2%，但双方在各细分消费项上的支出占总支出的比重是非常相近的。对于一个典型的农村贫困家庭来说，衣、食、住、行等生活必需品的消费支出占家庭消费总支出的比重超过70%，教育和医疗保健支出占家庭总支出的比重约为20%。目前我国不像西方发达国家一样会为农村贫困人口发放食品券，也没有为农村贫困人口提供经济适用房或者廉租房的政策，但政府在教育和医疗领域实施一些有助于减轻贫困人口经济负担的惠民政策。例如国家推行了九年制义务教育，免除了农村学生小学和初中的学费，降低贫困农民家庭的教育支出。此外，国家近年来逐渐在农村地区普及新型农村合作医疗保险，大幅降低了参保贫困农民的家庭医疗支出，当贫困农民家庭成员面对重大疾病冲击时，新型农村合作医疗保险能够起到平滑家庭医疗支出的作用，有效降低了农村居民因病致贫的概率。受中国当前整体经济发展水平的制约，未来国家对农村贫困地区医疗和教育领域的财政支持虽然会持续增加，但在可预见的相当长一段时间内，其扶持力度可能相对有限。因此，政府针对贫困农民消费支出方面的利好政策，只可能适当地缓解农村贫困人口的经济负担，难以从根本上解决群体性的贫困问题。

表 1　农村贫困人口消费支出与全国平均水平的比较

支出项目	农村贫困人口		全国农村居民平均水平	
	支出金额（元）	占总支出的比例（%）	支出金额（元）	占总支出的比例（%）
人均消费支出	6 657	100	9 223	100
食品烟酒	2 411	36.2	3 048	33.1
衣着	405	6.1	550	5.9
居住	1 376	20.7	1 926	20.9
生活用品及服务	411	6.2	546	5.9
交通通信	693	10.4	1 163	12.6
教育文化娱乐	680	10.2	969	10.5
医疗保健	567	8.5	846	9.2
其他用品和服务	114	1.7	174	1.9

注：数据来源于《中国农村贫困监测报告 2016》。

要消除农村贫困问题，最根本的措施是提高农村居民的收入水平。我们先来比较一下贫困地区农村居民的收入水平和收入结构与全国平均水平的差异。为了更精确地分析贫困地区农民的致贫原因，本文采用《中国农村贫困监测报告》所收集的县一级层面农民收入数据，将所有农村贫困人口聚集的县划分为民族地区县、陆地边界县、沙漠化县、较少民族聚居村所在县等四个组别进行分类统计（表 2）。数据显示，2015 年中国农村居民人均可支配收入 11 422 元，其中工资性收入 4 600 元、经营净收入 4 503 元、财产净收入 251 元、转移净收入 2 066 元，占总收入的比重分别为 40.3%、39.4%、2.2%、18.1%[①]。就全国范围内来说，工资性收入已经取代了传统的农业经营收入，成为农民家庭收入的主要来源。2015 年民族地区县、陆地边界县、沙漠化县和较少民族聚居村所在县的人均可支配收入依次为 7 235 元、7 562 元、7 419元和 6 993 元，分别只有全国平均水平的 63.3%、66.2%、65%和 61.2%。

表 2　2015 年按不同类型县分组的贫困地区农村居民收入水平与收入结构

单位：元

	民族地区县	陆地边界县	沙漠化县	较少民族聚居村所在县
人均可支配收入	7 235	7 562	7 419	6 993
工资性收入	2 131（29.5%）	1 747（23.1%）	2 620（35.3%）	1 842（26.3%）
经营净收入	3 657（50.5%）	4 431（58.6%）	3 304（44.5%）	3 862（55.2%）
财产净收入	87（1.2%）	131（1.7%）	103（1.4%）	92（1.3%）
转移净收入	1 359（18.8%）	1 254（16.6%）	1 392（18.8%）	1 197（17.1%）

注：括号内数字为各类收入占总收入的百分比。

数据来源：中国农村贫困监测报告 2016。

① 数据来源于《中国统计年鉴 2016》。

如果进一步将贫困地区农民的收入结构与全国平均水平进行比较可知，在农民收入来源的四个分类项中，无论是全国农民平均水平还是贫困地区农民，财产净收入和转移净收入占总收入的比重基本都在20%左右，但两者在工资性收入和经营净收入占总收入的比重方面存在显著差异。如表2所示，2015年四类贫困县农民的工资性收入占总收入的比重分别为29.5%、23.1%、35.3%、26.3%，远远低于40.3%的全国平均值；而上述四类贫困县农民的经营净收入占总收入的比重分别达到50.5%、58.6%、44.5%、55.2%、显著高于39.4%的全国平均值。四类贫困县农民经营净收入的绝对值与全国平均水平的差距并不是特别大，普遍在1 000元左右，但工资性收入的绝对值与全国平均水平的差距达2 000～3 000元，大部分贫困县农民的工资性收入连全国平均水平的一半都不到。至此，我们可以得出一个显而易见的结论：贫困地区农民的收入来源中，工资性收入的比重有限，传统的农业经营性收入仍然是家庭收入的主要来源，家庭总体收入水平主要受制于农业经营性收入的增长。贫困地区工资性收入比重低，说明当地大部分农民不愿意选择举家外出务工的工作模式，而是更愿意在本地从事农业生产，农业经营性收入过低是导致农民贫困的最主要原因。要帮助这些农民脱贫也需要从提高他们的农业经营性收入着手。

（二）政策性农业保险扶贫的可行性分析

农民的工资性收入比重低、经营性收入比重高并不必然意味着贫困，表3列出了按五等份分组的贫困地区农民收入结构，高收入组的人均可支配收入达到15 450元，该组别中经营净收入占比为46.9%，工资性收入占比为28.9%，转移净收入占比为22.8%。这说明在贫困地区即使是以农业经营为主要收入来源的农户，仍然可以获得远高于全国平均水平的收入。但是，由于中国目前主要以粗放式的农业经营模式为主，农产品的收成在很大程度上取决于天气状况，贫困地区农民的收入受自然灾害的影响较大，农民在灾年和丰年的收入波动幅度很大。事实上，农村贫困地区遭受各类自然灾害的频率比其他地区更高，2015年中国贫困地区62.1%的行政村经历了自然灾害，主要以旱灾、水灾、植物病虫害为主，分到占27.6%、15.5%和6.5%[①]。在这种频繁的自然灾害冲击下，缺乏足够农业风险保障、以农业经营为家庭主要收入来源的贫困农户，自然难以通过努力从事农业生产来摆脱贫困的束缚。鉴于我国贫困农户的收入结构特点及潜在的主要致贫因素，如果在贫困地区引入较高保障水平的农业收入保险，便可以基本消除因农业自然灾害导致的农村贫困问题。

为了说明政策性农业保险的扶贫效用，我们先做一个简单的假设。假定在某贫困地区有一位典型的农户，他以从事农业生产作为家庭收入的主要来源，他的家庭总收入可简化为两部分：农业经营性收入和其他收入（其他收入包括工资性收入、财产净

---

① 数据来源于《中国农村贫困监测报告2016》。

表3　2015年按五等份分组的贫困地区农民收入结构

项目	低收入组	中低收入组	中等收入组	中高收入组	高收入组
人均可支配收入	2 273	4 852	6 687	9 000	15 450
工资性收入	975	1 713	2 416	3 212	4 462
经营净收入	641	2 022	2 728	3 769	7 250
财产净收入	26	47	72	101	222
转移净收入	630	1 072	1 471	1 919	3 516

注：数据来源于《中国农村贫困监测报告2016》。

收入和转移净支付)，其他收入假定为人均4 000元（根据上文四类贫困县其他收入的平均值拟定)，这是一个相对固定的数字，不因其他外因变化而发生改变[①]。再假定该农民家庭从事农业生产的预期最高收入（无自然灾害情况下的收入水平）为人均8 000元，每年因自然灾害导致的农作物损失率平均值为P，则可知该农民的可支配收入$T=4\,000+(1-P)\times 8\,000$。接下来我们再来分析当灾害损失率$P$取不同值时，是否购买农业保险以及农业保险的保障水平高低对该农民可支配收入的影响。

表4　不同保障水平下农业保险扶贫的政策效果模拟

无农业保险情况下贫困农民的收入分布											
P值	100%	90%	80%	70%	60%	50%	40%	30%	20%	10%	0
收入	4 000	4 800	5 600	6 400	7 200	8 000	8 800	9 600	10 400	11 200	12 000
购买农业保险情况下贫困农民的收入分布（保障水平为70%）											
P值	100%	90%	80%	70%	60%	50%	40%	30%	20%	10%	0
收入	9 600	9 600	9 600	9 600	9 600	9 600	9 600	9 600	10 400	11 200	12 000
购买农业保险情况下贫困农民的收入分布（保障水平为80%）											
P值	100%	90%	80%	70%	60%	50%	40%	30%	20%	10%	0
收入	10 400	10 400	10 400	10 400	10 400	10 400	10 400	10 400	10 400	11 200	12 000

表4列出了当灾害损失率P的取值分别为0～100%（以10%作为一个递进单位，共11个取值）时，不购买农业保险的农民以及购买农业保险但保障水平不同的农民最终所能够获得的总收入水平。我们取贫困地区农民的人均可支配收入7 000元档和

① 农村居民的财产净收入和转移净收入基本是相对固定的，工资性收入的多少取决于农民选择外出务工的时间长短，并不受自然灾害等因素的制约，在目前的经济环境下，农民外出务工找一份工作并不难，因此本文假定包括工资性收入在内的“其他收入”保持不变具有一定的合理性。

全国农民平均可支配收入 11 000 元档的平均值 9 000 元作为贫困线标准[①]，由表 4 中的计算结果可知，当农业自然灾害导致的损失率达到或超过 40%时，没有购买农业保险的农民都将陷入贫困（$P=40\%$时对应的农民总收入为 8 800 元，低于本文设定的贫困线标准）。但如果农民购买了农业保险，并且保障水平为 70%的情况下，无论发生多么重大的自然灾害，无论灾害损失率 P 的取值为多少，农民的收入都满足 $T\geqslant 9\,600$ 元，均大于 9 000 元的贫困线标准。这说明购买保障水平为 70%的农业保险之后，该农民将不再因自然灾害而陷入贫困。同理，如果将农业保险的保障水平提高到 80%，则农民的人均可支配收入将满足 $T\geqslant 10\,400$ 元。上文的分析说明，购买一个保障水平相对较高的农业保险，可以从根本上杜绝因自然灾害导致的农村贫困问题。由此可见，利用政策性农业保险扶贫在理论和实践上均是可行的。

四、政策性农业保险的精准扶贫效应

目前中国的扶贫资金来源主要包括中央扶贫贴息贷款、中央财政专项扶贫资金、中央专项退耕还林还草工程补助、中央拨付的低保资金、省级财政安排的扶贫资金、国际扶贫资金、其他扶贫资金等七类，2015 年上述类别扶贫资金的总投入额为 1 897 亿元人民币。从 1982 年中国首次实施专项扶贫计划到 2015 年的这 30 多年时间内，全国的贫困人口从 8.38 亿下降到 0.56 亿[②]，超过 93%的贫困人口成功实现脱贫，其成就令世界瞩目。然而，在肯定扶贫成就的同时，我们也必须客观承认传统扶贫模式在运行过程中存在着诸多问题：一些地方政府官员把国家的扶贫政策和扶贫资金视作予取予夺的“唐僧肉”，从省、市级扶贫办到最基层的乡、村一级，扶贫资金被层层克扣、贪污挪用的现象屡禁不止，扶贫对象弄虚造假等问题在全国很多地方都普遍存在[③]。即使最后到了负责扶贫资金发放的村干部手中，如何认定贫困户以及如何发放扶贫资金也有很大的操作空间。往往真正需要扶持的贫困户无法获得政府的扶贫款，而那些生活小康的富裕农户由于跟村干部关系好或者通过行贿而获得扶贫资金，贫困人口认定和扶贫款发放的混乱，导致扶贫资金的使用效率十分低下。

即使能够避免扶贫资金的贪污挪用问题，并且基层的村干部也能够严格按照要求发放扶贫款，仍然面临一个难以解决的重要问题：传统扶贫模式下，政策规定了一个

---

① 2015 年中国东部地区、中部地区、西部地区和东北地区农村居民的人均可支配收入分别为 14 297 元、10 919 元、9 093 元和 11 490 元，本文设定的 9 000 贫困线标准与西部地区农村居民的人均可支配收入相近。

② 数据来自于全国扶贫宣传教育中心主任黄承伟应邀在世界银行网站撰写的文章：中国减贫成就、挑战与展望。http：//blogs. worldbank. org/eastasiapacific/ch/ending – poverty – in – china – lessons – for – other – countries – and – challenges – still – ahead.

③ 人民日报人民时评：精准扶贫，得狠拔治理上的“穷根”. http：//opinion. people. com. cn/n/2015/ 1014/ c1003 – 27694387. html.

农民获取扶贫资金的最低收入门槛值，人均支配收入低于这个门槛值的人可以领取扶贫款。这个政策的一个不合理之处就在于，只要可支配收入低于门槛值，不管是低于10元还是1 000元、2 000元甚至更多，大家领取的扶贫款金额都是一样的，并没有对贫困损失程度不同的农民进行区分。更值得关注的问题在于，这种直接发放现金的做法虽然能够在某种程度上缓解贫困农民的经济压力，但由于扶贫资金的数额有限，并不足以从根本上解决农民的贫困问题，现行政策也无法利用这笔扶贫款来激励农民积极投入农业生产以获取更高的收入。授人以鱼不如授人以渔，与直接对贫困农民发放现金相比，利用扶贫资金帮他们提高收入的方法才是从根本上解决贫困问题的最佳方案。而用农业保险扶贫来取代传统扶贫模式，不仅可以鼓励农民更加积极地从事农业生产，同时也能够达到精准扶贫的政策效果。

假定某贫困地区有10个农民，用M_i(i＝1,2,3,…,10)表示，每个农民的总收入T_i由两部分组成：农业经营收入F_i（F_i表示无自然灾害情况下该农民所能够获得的最高收入)，其他收入L_i(包括工资性收入、财产净收入和转移净收入)，某年度因自然灾害导致的收入损失率为P_i，在没有购买农业保险的情况下，每个农民实际可得的收入为：

$$T_i = F_i + L_i(1 - P_i) \tag{1}$$

从（1）式可知，当无自然灾害发生（$P_i = 0$）时，每个农民都能够获得理论上的最高收入为$F_i + L_i$，如果发生极端自然灾害导致农作物绝收（即P_i＝100%）时，农民的农业经营收入降为0，此时他只能获得“其他收入”L_i。由于发生极端灾害导致农作物绝收的概率相对较小，因此农民的实际收入T_0满足下列不等式：

$$F_i + L_i(1 - P_i) \leqslant T_0 \leqslant F_i + L_i \tag{2}$$

假设在重大自然灾害发生时，政府为这10位农户提供的扶贫资金总额为δ，在没有农业保险扶贫的传统模式下，一旦所有农户的损失金额达到给定的门槛值，不管个体之间的实际损失金额存在多大差距，每个农民都会获得等额的扶贫资金资助，其金额均为$\delta/10$。这种平均分配扶贫资金的方式让损失较小的农户获益，而在灾害中损失较大的农户通过扶贫获得的经济补偿比例很小，扶贫资金没有起到精确补偿的效果。

如果用这笔扶贫资金来为这10位农民购买农业保险，则在重大自然灾害发生时，农民从事农业生产的经济损失将通过保险赔偿来支付。出于预防道德风险的考虑，农业保险不可能对农作物的损失提供100%的保障，因此农民获取保险赔偿也有一个门槛值（即保险合同约定的损失率)，只有当实际损失高于门槛值的农户才能够获得农业保险赔偿。在农业保险扶贫的模式下，实际损失超过门槛值越多的农民，最后获得的赔偿资金也越多。换言之，如果购买了农业保险，农民在重大自然灾害发生后获得的赔偿金额与他们的实际损失成正比。假定农业保险为这10位农户提供的保障水平为λ，此时每个农民的期望收入为：

$$T_i=\begin{cases}F_i+L_i(1-P_i) & P_i\leqslant 1-\lambda\\ F_i+L_i\lambda & P_i>1-\lambda\end{cases} \tag{3}$$

式（3）表示，当农业自然灾害的损失较小（$P_i\leqslant 1-\lambda$）时，尚未触及农业保险赔偿的门槛值，此时农民从农业经营中所获得的收入与没有购买农业保险的情况下是一样的，都为 $F_i+L_i(1-P_i)$。但在农业自然灾害造成的损失较大，并且触发了保险赔偿门槛值之后（$P_i>1-\lambda$），农民从农业经营中所获得的收入始终为一个固定值 $L_i\lambda$。事实上，这个固定的“农业经营收入”$L_i\lambda$ 包括两部分：一部分是贫困地区农民实际从事农业生产经营所获取的收入，由于农业生产受到自然灾害的影响而减产，农民的这部分收入是出售减产农作物的收益所得，其具体金额为 $L_i(1-P_i)$；另一部分是保险公司对农民受灾部分农作物的赔偿收入，其具体金额为 $L_i(\lambda+P_i-1)$。当自然灾害中的损失触发了保险赔偿之后，保险公司便需要为受灾的农民提供经济补偿。在上述假设条件下，受灾农户的实际损失为 L_iP_i，他所获得的保险赔偿为 $L_i(\lambda+P_i-1)$（满足 $P_i>1-\lambda$），我们容易计算得到农民获取的保险赔偿金与实际损失的比值：

$$\frac{L_i(\lambda+P_i-1)}{L_iP_i}=1-\frac{1-\lambda}{P_i} \tag{4}$$

由（4）式的表达式我们能够直观地看出，灾害损失率 P_i 越大，农民获得的农业保险赔偿与实际损失越接近。当 P_i 取最大值100%时，农业保险的赔偿也达到最大值 $L_{i\lambda}$，此时保险赔偿与实际损失的比例为 λ。这表明在采取农业保险扶贫方案的情况下，农民在自然灾害中受到的损失越多，他从农业保险中获取的经济赔偿就越多。

农业保险扶贫能够实现完全根据农民的实际受灾情况来进行经济补偿，谁能够获取保险赔偿，能够获得多少保险赔偿完全取决于每个农民的实际损失：没有受灾或者受灾不严重的农民根本不具有领取保险金的资格，从而杜绝了扶贫资金被冒领的问题；受灾最严重的农户能够获得最多的保险赔偿，从而解决了传统扶贫资金发放不顾个体损失差异、按人头分配的平均主义问题；另外，由于政府拨付的扶贫资金是作为农业保险保费直接打到保险公司账上，后续保险赔偿金的发放也是由保险公司直接面对受灾农民，中间没有任何其他机构经手，从而完全避免了传统扶贫模式中贪污挪用扶贫资金的问题。以上这些特点，充分体现了农业保险精准扶贫的优势所在，也充分说明了农业保险扶贫相比传统扶贫模式具备更高的资金使用效率，这种“政府＋市场”的新型扶贫模式不仅从根源上杜绝了寻租空间，保证了每一分钱都能够花在真正需要帮助的贫困农民身上，而且农业保险扶贫的模式还实现了通过发放扶贫资金鼓励农民从事农业生产的政策目标①。

---

① 农业保险扶贫一方面可以为农民的农业经营风险提供保障，提高了贫困地区农民从事农业生产的积极性；另一方面，生产规模越大的农民从农业保险扶贫中获得的“扶贫资金”（以保费补贴的形式发放）也越多，这也会鼓励农民扩大农业生产规模，最终达到提高农业经营收入的政策目标。

五、政策性农业保险扶贫的乘数效应与福利溢出效应

（一）政策性农业保险扶贫的乘数效应

农业保险扶贫相比传统扶贫模式的另一个优势，是能够以较小的资金投入达到数倍甚至数十倍于自身规模的风险保障效果。换句话说，农业保险扶贫具有显著的乘数效应。如果政府某年度的扶贫资金总预算为 δ，那么在传统扶贫模式下，贫困农民最终能够拿到手的扶贫资金总量 ω 的金额必然满足 $\omega \leqslant \delta$，即政府的扶贫资金一般情况下无法带动其他社会资金来参与扶贫，最终的扶贫效果完全取决于政府的财政资金拨付。在此模式下，如果想达到较好的扶贫效果，惠及更多的受灾农民，必然要求政府加大扶贫资金拨付力度，这无疑会加重财政负担，特别是在目前全国扶贫资金总量已接近 2 000 亿元规模的情况下，短时间内再持续大幅度提高扶贫资金的拨付总量，在实际操作过程中存在一定难度。

如果改用农业保险来进行扶贫，则可以达到完全不同的效果。我们继续沿用前面的假设，在扶贫资金总量 δ 不变的情况下改用农业保险扶贫，假定农业保险的保险费率为 ζ，保障水平为 θ，政府利用扶贫资金为农业保险提供的保费补贴比例为 μ，在此假设条件下，扶贫资金通过农业保险为贫困农户提供的最大风险保障水平 R 的表达式如下：

$$R = \frac{\delta}{\mu\zeta} \tag{5}$$

式（5）表示在发生极端自然灾害导致农作物大面积绝收的情况下，政府拨付的总金额为 δ 的扶贫资金，最终能够让受灾的贫困农民获得总金额为 $\delta/\mu\zeta$ 的保险赔偿。为了更清楚地区分政府初始扶贫资金 δ 与最终的农业保险赔偿资金 $\delta/\mu\zeta$ 之间的差异，我们对各个指标参数按照实际数据赋值以便进行直观比较。

表 5　主要种植业和养殖业保险的参考费率

	种植业				养殖业			
农产品类别	水稻	小麦	油菜	玉米	能繁母猪	生猪	奶牛	羊
保险费率	2%	3%	4%	3%	6%	1%	2.5%	1%

数据来源：上海市关于完善 2013—2015 年度农业保险补贴政策的通知 .

保险费率方面我们参照上海市农业保险的费率标准，根据上海市农委 2013 年分布的《上海市关于完善 2013—2015 年度农业保险补贴政策的通知》，政策性农业保险的费率如表 5 所示：种植业中水稻保险的费率为 2%、小麦保险的费率为 3%、油菜保险的费率为 4%、玉米保险的费率为 3%；养殖业中能繁母猪保险的费率为 6%、生猪保险的费率为 1%、奶牛保险的费率为 2.5%、羊类保险的费率为 1%。上海种植业保险的平均费率为 3%，养殖业保险的平均费率为 2.5%。

根据上海政策性农业保险的费率标准，本文的农业保险费率 ζ 取值如下：

$$\zeta=\begin{cases}3\% & \text{（种植业）}\\ 2.5\% & \text{（养殖业）}\end{cases}\tag{6}$$

式（6）表示种植业农业保险中的费率为 3%，养殖业保险的费率为 2.5%。在保险费率确定之后，我们进一步分析当政府利用农业保险进行扶贫的情况下，100 万元、（即 δ =100 万元）的初始资金在不同的保费补贴比例下最终能够达到的扶贫效果。表 6 列出了当农业保险的保费补贴比例分别为 45%～80%（以 5%为一个递进单位，共 8 个取值），费率为 3%的种植业保险和费率为 2.5%的养殖业保险在不同保费补贴下所能够获得的最大风险保障金额。

表 6　100 万元初始扶贫资金采用农业保险扶贫后的乘数效应

单位：万元

保费补贴比例（μ）	45%	50%	55%	60%	65%	70%	75%	80%
种植业风险保障金额（R）	7 407	6 667	6 061	5 556	5 128	4 762	4 444	4 167
养殖业风险保障金额（R）	8 889	8 000	7 273	6 667	6 154	5 714	5 333	5 000

由表 6 中的数据可知，当保费补贴比例介于 45%～80%的区间时，种植业保险能够提供的最大风险保障金额处于 4 167 万～7 407 万元之间，这意味着当发生重大自然灾害时，受灾的贫困农民在 45%的保费补贴比例下最多可以获得 7 407 万元的保险赔偿，即使保费补贴比例为 80%，也可以获得最多高达 4 167 万元的保险赔偿。这说明利用同样数量的资金进行扶贫，农业保险扶贫的最大赔偿金额可以达到初始扶贫资金（100 万元）的 41.67～74.07 倍，这一数值便是种植业农业保险的扶贫乘数。同理，由表 6 数据可知，当保费补贴比例介于 45%～80%的区间时，养殖业保险能够提供的最大风险保障金额处于 5 000 万～8 889 万元之间，易得出养殖业保险的扶贫乘数为 50～88.89。在传统扶贫模式下，100 万元的扶贫资金最多只能给予贫困农户 100 万元的经济补助，但在政策性农业保险扶贫的制度模式下，100 万元的扶贫资金最多可以给予受灾农民高达近 9 000 万元的经济补偿，农业保险扶贫的乘数效应在此得到了充分体现。

（二）政策性农业保险扶贫的福利溢出效应

农业保险扶贫的另一个重大优势在于，它不仅能够为遭受严重自然灾害损失的贫困农民提供比传统扶贫模式下更多的经济补偿，而且它还能产生显著的福利溢出效应。政策性农业保险扶贫机制的实施，有利于解决贫困农民的融资难问题，通过鼓励农民增加农业生产性投资、提高农业经营收入来实现脱贫的政策目标。前文表 3 按五等份分组的贫困地区农民收入结构中显示，虽然同在贫困地区，仍然存在远高于全国平均收入水平的农民，并且这些农民也是以农业经营作为家庭的主要收入来源。这说明即使是在贫困地区，也依然有适合农业生产的土壤和气候环境，只不过由于贫困地区大部分的农民家庭经济已处于入不敷出的状况，并没有多余的资金用于改善农业生产条件，经济条件的限制也使得他们无法满足农业信贷机构的贷款资格，没有办法利用信贷融资来进行更有效率的规模化、集约化农业生产。只有少部分原本经济条件较好的农民能够利用自有资金或者信贷资金发展地方特色农业，这部分人正是贫困地区的高收入农民群体。

农业保险的福利溢出效应是如何产生的呢？我们知道，农业扶贫不仅要保障农民的最低收入水平，同时也要通过政策激励提高农民的农业经营收入，而要提高农业经营收入水平就需要有足够的资金用于扩大农业生产规模、改善农业生产条件。但由于贫困农民群体自身收入有限，加上他们的贷款资金又是投入风险较大的农业生产项目，因此出于信贷资金安全的考虑，一般情况下大部分农业信贷机构都不愿意向贫困农民发放贷款。但通过实施农业保险扶贫政策，可以在很大程度上解决贫困农民的贷款难问题。此处继续沿用前文的假设，在没有农业保险的情况下，农民的预期收入为 $T=F+L(1-P)$，如果发生极端自然灾害导致农作物绝收（即 $P=100\%$），农民的总收入将变为 $T=F=4\,000$ 元（遵循前文的假设），此时农民处于绝对贫困状况（前文假设的贫困线为 9 000 元），根本不具备任何还款能力，这也正是在缺乏农业保险的情况下信贷机构不愿意给贫困农户贷款的主要原因。

如果引入农业保险扶贫机制，使农民所种植的所有农作物或者养殖的所有禽畜均得到保险保障，便可以解决贫困农民的贷款难问题和潜在的信贷违约问题。假设某个农民面临一个预期最高收益为 30 000 元的农业投资项目，由于该贫困农民自身资金不足，为了完成此项目投资需要贷款 10 000 元作为启动资金，贷款利率为 5%，如果农民申请贷款，则他总收入 T 的表达式变为：

$$T=4\,000+30\,000(1-P)$$

此时农民是否应该申请贷款对该农业项目进行投资？信贷机构是否应当发放贷款呢？表 7 分别给出了在 60%、70%和 80%的保障水平下，农民贷款投资该农业生产项目最终能够获得的总收入分布。即使是在 60%的较低保障水平下，农民贷款从事该农业生产项目后的总收入最小值仍然高达 22 000 元，扣除贷款本金 10 000 元和利息 500 元，该农民最后获得的净收入最小值为 11 500 元，远远超出了 9 000 元的贫困线标准；而在最高 80%的保障水平下，农民贷款从事该农业项目的总收入最小值为 28 000 元，扣除贷款本金和利息之后的净收入最小值为 17 500 元，已经进入到高收入农民群体的组别中。

表 7　不同农业保险保障水平下贷款农民的总收入分布

60%的保障水平下贷款农民的收入分布											
P 值	100%	90%	80%	70%	60%	50%	40%	30%	20%	10%	0
收入	22 000	22 000	22 000	22 000	22 000	22 000	22 000	25 000	28 000	31 000	34 000

（续）

70%的保障水平下贷款农民的收入分布											
P 值	100%	90%	80%	70%	60%	50%	40%	30%	20%	10%	0
收入	25 000	25 000	25 000	25 000	25 000	25 000	25 000	25 000	28 000	31 000	34 000
80%的保障水平下贷款农民的收入分布											
P 值	100%	90%	80%	70%	60%	50%	40%	30%	20%	10%	0
收入	28 000	28 000	28 000	28 000	28 000	28 000	28 000	28 000	28 000	31 000	34 000

显而易见，在采用农业保险扶贫的情况下，如果保障水平相对较高，而且农业项目的预期收益较好，那么农民通过贷款进行农业生产投资能够显著增加无风险收益，提升他们的总收入水平。由于农民在农业保险保障之下的最低收入足以归还贷款本息，并且剩余的净收入也完全能够让自己脱离贫困线，因而农业信贷机构此时向贫困农民贷款不用担心存在违约问题。政策性农业保险扶贫机制的实施，能够使贫困农民和农业信贷机构都从中获得额外的福利：对于贫困农民来说，农业保险不仅可以为他们提供风险保障，同时也有助于缓解他们面临的融资约束问题，使他们能够更容易获得贷款支持以从事有利可图的农业生产项目，帮助他们提高农业经营收入进而摆脱贫困；对于农业信贷机构而言，政策性农业保险扶贫机制提供的高额风险保障不仅会鼓励农民增加贷款需求，进而扩大信贷机构的业务规模和盈利预期，同时农业保险为贫困农民提供的收入保障也显著降低了农业信贷的违约风险，保证了信贷资金的安全。

六、政策性农业保险扶贫的机制设计

完善而有效的农村扶贫机制应当满足两个基本条件：一是在发生重大自然灾害时，农民的收入损失能够在扶贫机制的保护下控制在一个合理的范围之内；二是扶贫政策能够鼓励农民发展农业生产来改变经济贫困的现状，使他们能够通过自身的努力提高收入，最终摆脱贫困的束缚。在政策性农业保险扶贫模式下，贫困地区农民不仅能够利用农业保险补偿大部分经济损失，而且农业保险提供的风险保障还能够帮助他们更容易获取信贷支持，以扩大农业生产规模和改进农业生产技术，最终提高农业生产收益。因此，政策性农业保险扶贫是比传统扶贫更有效率、更为精准的扶贫模式。但目前中国并没有出台专门的农业保险扶贫政策，现行中央财政补贴下的政策性农业保险由于保障水平较低，实际的扶贫效果相当有限。为了充分发挥农业保险的精准扶贫效应，让经济欠发达地区的农民能够利用农业保险来积极发展特色农业，改变长期贫困的现状，需要从险种选择、保障水平、财政支持等层面对政策性农业保险的扶贫机制进行科学设计。

（一）根据贫困地区农业发展特色确定农业保险扶贫的重点险种

贫困地区绝大部分都位于自然条件相对较差的地理区域，或是位于干旱少雨的西北内陆，或者位于山多地少的西南民族聚居区。这些地区自然资源禀赋较差，如果通过鼓励农民生产大众化的农产品来提高收入，难以起到显著改善农民收入的效果。其原因在于：一方面，贫困地区相对较差的自然禀赋条件导致生产出来的大众化农产品在产量和品质上，都无法与东部水热气候条件更好的地区进行竞争；另外，市场上同类型的农产品生产者太多，同质化的竞争导致产品价格相对较低，经济效益不显著。因此，在制定农业保险扶贫政策时，应当将贫困地区特有的或者具有显著地方特色的农产品列入重点保障范围，鼓励农民大力发展地方特色农业，采用错位发展的方式来提高农产品的市场竞争力，进而提高收入水平。

通过发展地方特色农业帮助农民致富在我国很多贫困地区都取得了成功。以干旱少雨而闻名的甘肃民勤县，是一个被腾格里沙漠和巴丹吉林沙漠包围的典型沙漠化县，年均降水量只有 127.7 毫米，蒸发量却高达 2 623 毫米，多年前曾被视为不适合人类居住的地区，也曾经是甘肃最贫困的地区之一。民勤当地农民利用全年日照时间长、昼夜温差大的气候特点，大力发展蜜瓜种植，所生产出来的蜜瓜甜度明显高于市场同类产品，在淘宝、京东和拼多多等网络购物平台获得热销，民勤蜜瓜目前已经成为全国知名的农产品品牌，当地农民借助蜜瓜等地方特色农产品生产提高了收入水平。2016 年民勤县农村居民人均可支配收入达到 11 250.2 元，与全国平均水平持平，民勤农民借助特色农业发展成功摆脱了贫困的标签。与甘肃民勤类似，宁夏中卫市荒漠地区出产的硒砂瓜因其口感好、甜度高、富含多种微量元素而在市场上广受好评，市场价格相比普通西瓜高出 50%以上，目前已成为知名的水果品牌。这些极具特色的农产品，其品质依赖于土壤、气候条件等原产地特有的自然资源禀赋，其他地区的农民即使在利益的驱动下也生产同类产品，在品质上与原产地相比仍存在显著差别，不会出现因市场同类产品供给大量增加而导致价格急剧下降的情况。因此，实施农业保险扶贫政策，应当在贫困地区重点开发特色农产品保险，给予特色农产品相对更高的保费补贴和保障水平，通过政策引导将贫困地区的自然资源禀赋劣势转化为特色农业生产的相对优势，鼓励农民通过大力发展特色农产品生产而致富。

在中国绝大部分农村贫困地区都有一些适合当地气候条件和土壤环境的特色农产品，事实上越是偏远的地区，所生产的农产品受现代工业污染的影响越小，在社会公众日益偏好绿色天然健康食品的当今社会，这些极具地方特色的绿色农产品未来有广阔的发展空间，它们也是农业保险扶贫过程中需要重点关注和实施政策倾斜的对象。目前农产品电子商务越来越普及，产品回报众筹、提前预订等销售模式也日益被广大公众所接受，贫困地区特色农产品的销售也可借助互联网来完成。未来政策性农业保险扶贫可考虑与农村电子商务和互联网金融联合起来，构建集生产前的融资支持、生产过程中的风险保障和成熟期的产品销售于一体的全方位金融服务体系。

（二）适当提高贫困地区农业保险的风险保障水平

政策性农业保险发挥扶贫效应需要满足两个前提条件：一是要让低收入的贫困农民买得起农业保险；二是在重大自然灾害发生时，贫困农民的大部分灾害损失能够通过农业保险获得经济补偿。这就要求，一方面农业保险的保费补贴水平应当足够高，贫困农民只需要承担少部分的保费；另一方面农业保险确定的保障水平要合理，使之能够覆盖贫困农民的大部分灾害损失。就保费补贴水平而言，无论是东部地区还是中西部地区，各级财政联合提供的保费补贴比例都很高，大部分险种的保费补贴都在70%～80%。目前中央财政确定的政策性农业保险试点险种，主要以农业生产的直接物化成本作为制定保障水平的参照标准，由于直接物化成本不包含劳动力成本和土地租金，导致大部分农业保险试点险种的实际保障水平相对较低，平均只有农产品实际产出收益的30%～40%，这意味着只有当自然灾害造成的农作物损失超过60%以上时，受灾农民才能获得农业保险的经济补偿。前文的数值模拟表明，政策性农业保险发挥扶贫效应的合理保障水平为农作物实际产出收益的60%～80%（最好是超过70%），而低于60%的保障水平将导致政策性农业保险难以发挥应有的扶贫作用。因此，适当提高贫困地区农业保险的保障水平，是确保政策性农业保险有效扶贫的关键所在。

表 8　上海市与贵州省政策性农业保险保费补贴和保障水平的比较

上海市								
类别	水稻	玉米	西甜瓜	草莓	桃	能繁母猪	奶牛	大棚蔬菜
保障水平	1 000	1 000	4 000	12 000	4 000	2 000	10 000	8 000
保费补贴	80%	40%	40%	40%	40%	80%	80%	70%
贵州省								
类别	水稻	玉米	甘蔗	马铃薯	小麦	能繁母猪	奶牛	油菜
保障水平	500	500	500	500	300	1 000	6 000	500
保费补贴	85%	85%	85%	85%	85%	85%	85%	85%

注：上海市的数据来自《上海市市级财政农业保险保费补贴资金管理办法》（沪农委〔2016〕33 号），贵州省的数据来源于《贵州省 2015 年政策性农业保险工作实施方案》（黔府金发〔2015〕5 号），能繁母猪和奶牛的单位为“头”，其他农产品的单位为“亩”。

表 8 列出上海与贵州两地农业保险补贴政策的差异，光从保费补贴比例来看，作为经济欠发达地区的贵州明显高于经济高度发达的上海。但从农业保险的保障水平来看，上海政策性农业保险的保障水平基本上是贵州同类险种的两倍左右，如水稻、玉米、能繁母猪和奶牛保险，上海的保障水平分别为 1 000 元/亩、1 000 元/亩、2 000/头和 10 000/头，而贵州同类险种的保障水平则分别为 500 元/亩、500 元/亩、1 000/头、6 000/头。如果能够将贵州农业保险各险种的保障额度提高到上海的同类水平，则基本可以满足政策性农业保险扶贫所要求的保障水平。从财政补贴的公平性考虑，提高

贫困地区农业保险的保障水平也是合理而且必需的。统计年鉴显示，2016 年上海市农村居民的人均可支配收入为 25 520 元，而贵州则为 8 090 元，这意味着在保费补贴比例基本持平的情况下，收入水平更高的上海市农村居民享受的农业风险保障是贵州省农村居民的两倍。可以预计，如果当前这种局面不加以改变，东部经济发达地区与西部贫困地区农民的收入差距将进一步加大，这显然是政策制定者不愿意看到的结果。为了解决农业保险财政补贴的地区差异以及由此导致的不公平现象，本文提出了一个可行的方案：中央财政对上海、北京这类经济高度发达地区的农业保险不再提供财政补贴，这些地区所需要的农业保险保费由地方财政自行承担；同时，中央财政应当进一步加大对中西部地区，特别是贫困地区农业保险的保费补贴力度，在基本不降低保费补贴比例（或小幅降低保费补贴比例）的情况下，适当提高贫困地区试点险种的风险保障水平，以保障贫困地区农民从事农业经营的大部分灾害损失都能够通过农业保险获得补偿。

（三）构建政策性农业保险扶贫的财政支持体系

目前我国中央财政试点的政策性农业保险，其保费大部分由各级财政承担，农民只需要支付很少一部分保费。根据财政部 2016 年底发布的《中央财政农业保险保险费补贴管理办法》，目前中央财政支持的政策性农业保险类别共有四种，分别为种植业、养殖业、森林和藏区品种。种植业保险中，中央财政承担的保费为 35%～40%（东部与中西部有差异，见表 9），地方财政承担的保费不低于 25%；养殖业保险中，中央财政承担的保费为 40%～50%，地方财政承担的保费不低于 30%；森林保险与藏区保险的规定与此类似（表 9）。如果仅从绝对值来看，中西部经济欠发达地区种植业和养殖业保险由各级财政承担的保费已达 65%～80%，稍高于东部地区。但在政策性农业保险的实际发展过程中，东部地区由于地方财政实力雄厚，往往制定了比中央财政规定的直接物化成本更高的保障水平，而中西部大多数地区由于地方政府财力有限，只能严格按照直接物化成本来确定保障水平（表 8）。在保费补贴比例不变的情况下，如果将中西部贫困地区的农业保险保障水平提高到东部地区的同等额度，贫困地区农业保险需要支付的总保费大概会增长到原来的两倍。这中间的保费资金缺口不可能由贫困地区的农民来承担，而需要由各级财政来分担。

表 9　中央财政与地方财政承担的农业保险保费补贴比例

	种植业	养殖业	森林	藏区品种
中央财政	中西部 40% 东部 35%	中西部 50% 东部 40%	公益林 50% 商品林 30%	40%
地方财政	25%	30%	公益林 40% 商品林 25%	25%

如果将农业保险确定为面向贫困地区的一种扶贫政策，那么这其中的缺口确切地

说应当由各级政府部门拨付的扶贫资金来解决。2015 年我国向贫困地区投入的扶贫资金总额为 1 879 亿元，其中由中央财政拨付的扶贫资金为 1 177 亿元，占比为 62.6%；省级财政安排的扶贫资金 171 亿元，占比为 9.1%①。考虑到贫困人口集中的省区经济发展水平不高，财政实力有限，因此我们主要考虑由中央财政来承担政策性农业保险扶贫的资金缺口。由于贫困地区只占我国广大农村地区的一小部分，因此即使这些地区的农业保险保费增长一倍，其实际金额也在可承担的范围之内。前文已经计算过农业保险的扶贫乘数在 40～90 之间，这意味着如果从中央财政拨付的扶贫资金中拿出 4%左右，大概 50 亿元用于提高贫困地区农业保险的保障水平，那么这 50 亿元资金将为贫困地区农民提供高达 2 000 亿～4 500 亿元的风险保障，加上贫困地区原来的存量保费，总的风险保障将高达 4 000 亿～9 000 亿元。即使考虑到贫困地区的自然条件较为恶劣导致农业保险扶贫乘数下降，将总体的风险保障打个对折也仍然高达 2 000 亿～4 500 亿元，这足以为贫困地区农民构建完善的农业风险保障体系，从根本上解决因灾致贫问题，同时也能够鼓励农民积极发展特色农业以提高收入水平，走向致富道路。因此，本文建议从中央财政每年拨付的扶贫资金中拨出一小部分用于开展政策性农业保险扶贫工作，以取代原来的灾害救济扶贫项目，这样做并不会对其他扶贫工作造成负面影响，但却可以充分发挥农业保险的损失保障和精准扶贫效应，取得事半功倍的政策效果。

参考文献

[1] 董婉璐，杨军程，申李明．美国农业保险和农产品期货对农民收入的保障作用——以 2012 年美国玉米遭受旱灾为例 [J]. 中国农村经济，2014 (9)．

[2] 郭佩霞．反贫困视角下的民族地区农业保险补贴政策研究——以四川省凉山彝族自治州为例 [J]. 经济体制改革，2011 (6)．

[3] 罗向明、张伟、丁继峰．地区补贴差异、农民决策分化与农业保险的福利再分配 [J]. 保险研究，2011 (5)．

[4] 罗向明，张伟，丁继锋．收入调节、粮食安全与欠发达地区农业保险补贴安排 [J]. 农业经济问题，2011 (1)．

[5] 林智勇．“政府+保险”：金融扶贫的创新探索——农业收入保险在扶贫中的运用 [J]. 中国保险，2017 (1)．

[6] 孙香玉，钟甫宁．福利损失、收入分配与强制保险——不同农业保险参与方式的实证研究 [J]. 管理世界，2009 (5)．

[7] 邢鹂，黄昆．政策性农业保险保费补贴对政府财政支出和农民收入的模拟分析 [J]. 农业技术经济，2007 (3)．

[8] 郑军，王仲秋．美国农业保险与反贫困政策：制度演变与减贫效应 [J]. 华北电力大学学报（社会科学版），2017 (5)．

[9] 郑军、朱甜甜．经济效率和社会效率：农业保险财政补贴综合评价 [J]. 金融经济学研究，2014

① 原始数据来源于《中国农村贫困监测报告 2016》。

(3).

[10] 张伟，罗向明，郭颂平．民族地区农业保险补贴政策评价与补贴模式优化——基于反贫困视角[J]. 中央财经大学学报，2014 (8).

[11] 张小东，孙蓉．农业保险对农民收入影响的区域差异分析——基于面板数据聚类分析 [J]. 保险研究，2015 (6).

[12] 祝仲坤，陶建平．农业保险对农户收入的影响机理及经验研究 [J]. 农村经济，2015 (2).

[13] 周稳海，赵桂玲，尹成远．农业保险发展对农民收入影响的动态研究——基于面板系统 GMM 模型的实证检验 [J]. 保险研究，2014 (5).

[14] 张建军，许承明．农业信贷与保险互联影响农户收入研究——基于苏鄂两省调研数据 [J]. 财贸研究，2013 (5).

[15] Burgess，Robin and Pande，Rohini. Can Rural Banks Reduce Poverty? Evidence from the Indian Social Banking Experiment [J]. American Economic Review，2005，95 (3)：780 - 795.

[16] Galor，Oded and Joseph，Zeira. Income Distribution and Macroeconomics [J]. Review of Economic-Studies，1993，60 (1)：35 - 52.

[17] Gaiha，Raghav. Design of Poverty Alleviation Strategy in Rural Areas，Rome：Food and Agriculture Organization of the United Nations [R]. 1993.

[18] Geda，A.，A. Shimeles，D. mZerfu. Finance and Poverty in Ethiopia：A Household Level Analysis [R]，Working Papers RP2006 /51，World Institute for Development Economic Research，2006.

[19] Greenwood，Jeremy and Jovanovic Boyan. Financial Development，Growth and the Distribution of Income [J]. Journal of Political Economy，1990，98 (5)：1 067 - 1 107.

[20] Hege Gulli. Microfinance and Poverty：Questioning the ConventionalWisdom [M]. International A-merican Development Bank，New York，1998.

[21] Khandker，Shahidur，R and Rashid R.，Faruqee. The Impact of Farm Credit in Pakistan [J]. Agricultural Economics，2003，28 (3)：197 - 213.

[22] KS Imai，R Gaiha，G Thapa，SK Annim. Microfinance and Poverty - A macro Perspective [R]. Discussion Paper Series DP2010 - 30，Kobe University，2012.

[23] Marcus R.，Porter B.，Harper C. Money Matters：Understanding Microfinance [M]. London：Save the Children，1999.

[24] Maurer，Noel and Haher，Stephen. Related Lending and Economic Performance：Evidence from Mexico [J]. Journal of Economic History，2007，67 (3)：551 - 581.

[25] Swain R B，Floro M. Effect of Microfinance on Vulnerability，Poverty and Risk in Low Income Households [M]. Department of Economics，Uppsala University，2007.

湖南省农业保险补贴扶贫效率及影响因素分析

——基于 DEA-Tobit 面板模型

王　韧

摘要：我国农业保险在引入财政补贴后，其保费收入、赔付总额、参保农户数等指标都取得了明显的增长，而农业保险对于扶贫具有重要作用，因此分析农业保险补贴扶贫效率及影响因素具有现实意义。本文以农业大省湖南省为例，首先利用 DEA 模型测算湖南省 14 个州市 2008—2014 年的政策性农业保险扶贫效率，再运用 Tobit 模型分析政策性农业保险扶贫效率的影响因素。研究结果表明，湖南省政策性农业保险市场总体上处于有效状态，参保农户数、风险保障、受益农户数、已决赔款和政府保费补贴显著影响农业保险扶贫效率。基于此，提出进一步提高湖南省政策性农业保险扶贫效率以及更好地发挥政策性农业保险在精准扶贫工作中的作用的政策建议。

一、导言

改革开放以来，国民经济的持续增长和逐步深入的农村市场化改革使我国反贫困步伐明显加快，扶贫开发正处在快速脱贫致富、生态环境改善、发展差距缩小的关键时期。农业保险精准扶贫是贯彻落实习近平总书记关于精准扶贫新思想新要求的一个重要有效工具，在精准扶贫中，农业保险可以发挥稳定器、安全网的重要作用。中国当前农业保险补贴的来源 80%是财政资金，因此，随着我国农业保险发展迅速并作用于精准扶贫的情况下，怎样提高农业保险市场和农业保险补贴扶贫效率以更好服务于农村反贫困事业，成为当前急需攻关的难题，具有重要的理论价值和现实意义。

国外对于农业保险补贴政策支农扶贫效应和在精准扶贫与农业保险补贴创新关联研究成果方面相对于国内更早更深入。关于农业保险补贴政策支农扶贫效应研究，许多发达国家开展农业保险实践较早，PaulMayet（1888）较早提出农业保险政策有助于稳定农户经济，促进农村金融发展；Hazell（1986）Nelson、Loehman（1987）Knight 和 Coble（1997，1999）等也分析了农业保险补贴对农户的作用，对作物产出的弹性，在补贴政策的正负效应方面仍存在不少争议。Hosseini 和 Gholizadeh

作者简介：王韧，湖南商学院保险系主任，教授。

(2010) 研究显示农业保险使农民的收入波动下降了13.4%；在精准扶贫与农业保险补贴创新关联研究成果方面其成果主要在于强调农险补贴如何与其他扶贫手段配合发挥支农扶贫作用。Hohl (2011) 考察了农业保险在金砖四国的发展状况，明确指出因实施财政补贴政策，中国农险保费收入预计将增至25亿美元，但对于中国消除贫困而言，影响并不如其他政策明显。Uoodwinetal (2012) 的研究表明，保费补贴增加30%时，农户种植面积会增加0.2%～1.1%；Borck 和 Wimbersky (2013) 也认为，与提供贷款、突发事件援助等支农手段相比，农户对补贴政策的偏好及接受度更高。José Ángel Villalobos (2013) 指出，在发展中国家，农业保险应当与其他手段相配合，如与农村信贷政策、财政支持的持续性、气象基础设施完善、数据遥感技术的应用等配合起来才能更有效发挥扶贫支农的作用。

国内农业保险研究起始于王世颖 (1935)、黄公安 (1936) 对中国农业保险的实施意义及模式的分析。刘京生 (2000) 认为基于农业的弱质性及农民的低收入问题，国家采取财税政策补贴农业保险是国际通行做法；而柯炳生 (2001) 则认为，农业保险应以实验为主，与农业保险相比，传统灾害救济支农效果更明显。针对当前农业保险运营过程中存在的问题，周延礼 (2012) 指出当前农业保险的发展应着重于农业保险制度的基础建设，增强农业保险服务能力的建设，规范经营行为，并且设定风险防范的底线。在实证分析方面，钱振伟 (2013) 等运用DEA方法对我国2011年度农业保险补贴政策进行了分析，指出了我国各地农业保险补贴政策效率不均衡；冯文丽 (2013) 通过DEA-Tobit模型分析得出我国农业保险市场呈现有效率状态，农作物面积、农民人均收入、保险费率、赔付率等因素显著影响政策性农业保险运行效率；沈辉 (2014) 则指出，将发展特色农业保险纳入"精准扶贫"战略，在一些投保率达到30%以上的区域提高保费补贴率，同时对促进本地区农业增效、农民增收、农村发展具有重要意义的几种主导型特色优势农产品开展保险；李鸿敏、冯文丽等 (2016) 提出农业保险精准扶贫需要政府精准扶贫，保险公司精准开发新险种，加强贫困地区保险的精准宣传和完善精准的支持保障措施。

从文献回顾中发现，国内外学者对农业保险扶贫模式及绩效评价方面，由于各国国情差异巨大，尤其发达国家的经验成果难免会脱离发展中国家的实际情况，这意味着立足我国实际，深入、准确理解精准扶贫的内涵特征是展开本课题研究的重要前提。研究政府对于农业保险补贴扶贫的效率，分析其影响因素并进一步研究如何更好地服务于精准扶贫还有待进一步论证。

二、实证分析

(一) 基于DEA模型的湖南省各州市农业保险扶贫效率测算

1. 效率测算的DEA方法

数据包络分析 (DEA) 是近30年来迅速开展起来的非参数生产前沿面板模型，

是一种“面向数据”的核算办法，用于测算一组具备多种投入和多种产出的决策单元（DMU）的绩效和相对效率。该方法应用线性规划构建有效率的凸性生产前沿边界，与此前沿比较能够辨别低效率的决策单元及其效率值大小。其理论基础是由投入和相对应产出构成的生产可能集，在要素投入一定的情况下，使产出最大的各种要素投入组合为“生产前沿”，它表示一组要素投入量所对应的最大生产能力。经过相比实际生产活动同生产前沿的距离，能够反映出决策单元生产活动在效率上的损失，进而求出相对有效性（即相对效率）。用 DEA 方法既能够从投入的角度（投入导向），也能够从产出的角度（产出导向）来测算技术效率。基于前一角度衡量的技术效率，用来评价为了得到相同的产出应使用何种比例的投入才能做到投入最少；基于后一角度的测算则有助于发现如何使相同的投入得到最大的产出。在规模报酬不变的假设下，这两种方法测算出的效率水平是完全相等的，而在规模报酬可变的假设下，结果则可能不同。就农业保险财政补贴扶贫效率而言，我们更关注的是在投入要素不变的情况下如何有效地增加产出，因此本文将用 DEA-BCC 产出主导型模型，从产出的角度来测算出湖南省各州市的综合技术效率、纯技术效率和规模效率。研究探讨如何在既定的投入下得到最大的产出。测算过程使用 Deap2.1 软件。

2. 构建理论模型

假设有 n 个 DMU，每个 DMU 有 m 项输入指标和 s 项输出指标，输入、输出向量分别为：x_{ik}（$i=1, 2, \cdots, m$）表示第 k 个决策单元的第 i 个输入变量：y_{jk}（$j=1, 2, \cdots, s$）表示第 k 个决策单位的第 j 个输出变量。转化成线性规划模型：

$$\begin{cases} \text{Min} \quad \theta \quad \text{s.t} \\ \sum_{k=1}^{n} X_k\lambda_k + S^- = \theta X_t \\ \sum_{k=1}^{n} Y_k\lambda_k - S^+ = Y_t \\ \sum_{k=1}^{n} \lambda_k = 1 \\ \lambda_k \geqslant 0, k = 1,2,\cdots,n \\ S^+ \geqslant 0, S^- \geqslant 0 \end{cases}$$

上述模型中 θ 是被考察决策单元的综合技术效率值，满足 $0 \leqslant \theta \leqslant 1$。当 $\theta=1$ 时，则该决策单元位于效率边界上，表示这个决策单元具有较高的投入产出比，生产效率水平就越高，即认为是有效的；当 $\theta<1$ 时，则该决策单元位于效率边界之外，处于缺乏效率状态。

3. 指标选取与模型计算

本文选取参保农户户次、保险金额即风险保障、受益农户户次、已决赔款和政府保费补贴 5 个变量作为投入指标，以农业保险保费作为产出指标（表 1）。

表 1　投入产出指标的经济含义

变量名称	变量说明
参保农户户次数	表明农业保险需求的变量，也反映了农业保险普及程度，同时说明扶贫的覆盖范围
风险保障	表明农业保险提供保障程度的变量，提供的保障程度越大农险扶贫的作用越大
受益农户户次数	表明农业保险保障效果，也反映了农业保险的脱贫效果
已决赔款	表明农业保险赔付支出的变量，也反映了农户受灾状况
政府保费补贴	反映了政府支持农业保险力度的变量
农业保险保费	反映农业保险市场规模的变量

鉴于数据的可得性，本文选取数据的时间区段为 2008—2015 年，数据截面包括湖南省 14 个市州，所有数据均来自于《中国保险年鉴》、《中国财政年鉴》、《中国农业统计年鉴》以及湖南省保监局。运用 Deap2.1 软件，将各种数据代入得到 14 个决策单元每一年的农业保险效率值，表 2 为 2014 年湖南省各州市政策性农业保险扶贫效率值。

表 2　2015 年各州市政策性农业保险效率值

决策单元	Crste (TE)	Vrste (PTE)	Scale (SE)	规模报酬	决策单元	Crste (TE)	Vrste (PTE)	Scale (SE)	规模报酬
长沙	0.950	0.955	0.995	irs	益阳	1.000	1.000	1.000	—
株洲	1.000	1.000	1.000	—	郴州	0.997	0.998	1.000	—
湘潭	0.993	0.993	1.000	—	永州	0.996	0.997	0.998	drs
衡阳	1.000	1.000	1.000	—	怀化	1.000	1.000	1.000	—
邵阳	0.998	0.999	0.999	drs	娄底	0.982	0.985	0.998	irs
岳阳	1.000	1.000	1.000	—	湘西	0.995	1.000	0.995	irs
常德	1.000	1.000	1.000	—	平均	0.994	0.995	0.999	
张家界	1.000	1.000	1.000	—					

注：TE 代表综合技术效率，PTE 代表纯技术效率，SE 代表规模效率，drs 表示规模报酬递减，irs 表示规模报酬递增，—表示规模报酬不变

以 2015 年为例，从以上结果看出，整体上湖南省政策性农业保险补贴综合技术效率值为 0.994，技术效率值为 0.995，规模效率值为 0.999，总体处于有效率状态。在 14 个决策单元中，有 7 个州市的 TE、PTE 和 SE 均为 1，即总体上湖南省政策性农业保险补贴达到了 50%的有效率，说明这 7 个州市的政府保费补贴得到了充分利用。而剩下 7 个州市的效率值低于 1，即处于低效率状态，分别为长沙、湘潭、邵阳、郴州、永州、娄底和湘西。其中湘潭和郴州的 SE 为 1 但 TPE 小于 1，说明这两个市的纯技术效率为制约其效率的主要因素。而长沙、邵阳、永州和娄底的 PTE 和 SE 均小于 1，说明这四个市的政府保费补贴效率极低、补贴资金没有得到充分利用，

补贴政策没有发挥其该有的作用。另外考虑规模报酬情况，长沙、娄底和湘西的规模报酬处于递增水平，说明政府保费补贴将有助于农户扩大风险保障范围和水平，稳定生产经营和提高再生产能力。

（二）基于 Tobit 方法的湖南省农业保险扶贫效率影响因素分析

1. 受限因变量 Tobit 面板模型及变量选择

在效率测算和评价过程中，DEA 模型使用了决策单元能够控制的投入和产出变量，却没有考虑到其余一些决策单元不能控制的因素，而这些不可控因素的差别是形成决策单元效率差异的重要原因。但是，由 DEA 模型测算出来的效率值的取值范围是［0 1］，属于截断数据，若直接以该数值作为被解释变量建立计量模型，用 OLS（普通最小二乘法）对模型进行回归，参数的估计将是有偏的且不一致。要避免 OLS 估计带来的偏误，往往使用受限因变量模型即 Tobit 模型来进行回归。

以下是 Tobit 模型的基本结构：

$$z_i=\begin{cases}B^T X_i+\varepsilon & \text{当 } z_i>0\\ 0 & \text{当 } z_i\leqslant 0\end{cases}$$

上述公式中，z_i 为湖南省 14 个州市 2008—2014 年的农业保险综合技术效率值（$i=1，2，\cdots，14$），x_i 为农业保险财政补贴扶贫效率的影响因素，视为自变量即解释变量，分别为参保农户户次、保险金额即风险保障、受益农户户次、已决赔款和政府保费补贴，B^T 为待估参数。Tobit 模型的一个重要特点是解释变量 x_i 取实际观测值，而被解释变量 z_i 只能以受限制的形式被观测到。当 $z_i>0$ 时，“无限制”观测值均取实际的观测值；当 $z_i\leqslant 0$ 时，“受限”观测值均截取为 0。可以证明，用极大似然法估计出 Tobit 模型的 B^T 和 δ^2 是一致估计量。由于下文测算得到农业保险财政补贴扶贫效率值为面板数据，因此使用面板数据随机效应 Tobit 模型进行分析。

2. 回归结果及分析

对农业保险扶贫效率值的影响因素运用 STATA 软件进行 Tobit 回归分析，将被解释变量和解释变量的面板数据代入模型，得到表 3 的结果。

表 3　农业保险效率影响因素的 Tobit 回归结果

似然值 Log likelihood=145.288 07				显著性 Prob>chi2=0.000 0		
变量	系数	标准差	T 值	显著性	95%置信区间	
					下限	上限
参保农户数	0.026 032 2	0.007 593 6	2.33	0.020	−0.411 116	0.109 527
风险保障	0.043 436 2	0.021 892 8	2.23	0.045	−0.000 038 5	0.086 910 9
受益农户数	0.003 378	0.004 134 5	3.09	0.002	−0.004 832 3	0.011 588 2
已决赔款	−0.039 194 8	0.011 017 1	−2.78	0.005	−0.061 072 6	−0.017 317
政府保费补贴	0.015 590 4	0.021 597 1	3.19	0.001	−0.027 297 1	0.584 779
常数项	0.802 53	0.065 813 7	118.98	0.000	0.671 837	0.933 223

根据回归结果可知，显著性为 0.000 0，说明在整体上模型拟合得很好。分别在 1%的置信水平下，共有五个变量显著，分别是参保农户数、风险保障、受益农户数、已决赔款和政府保费补贴。从系数大小可以反映出这些变量对于政策性农业保险效率值的影响程度。分析回归结果得出如下结论：

（1）参保农户户次数显著影响政策性农业保险扶贫效率值，呈正相关关系。参保农户户次数的系数为 0.026 032 2，说明参保农户户次数增加 1%，政策性农业保险扶贫效率提高 0.026 032 2%。这是系数最大的一个变量，说明对政策性农业保险扶贫效率的影响最大。这可能是由于参保农户户次数越多，政策性农业保险保费补贴覆盖面积就越广，农险扶贫的对象越多，扶贫效率就越高。

（2）风险保障显著影响政策性农业保险扶贫效率值，呈正相关关系。保险经营机构提供的风险保障越大，一方面扩大了保障程度，有助于扶贫工作的进行；另一方面有助于提高农民的投保积极性，刺激农业保险的需求，从而扩大扶贫的范围。因此，风险保障越大，农业保险扶贫效率越高。

（3）受益农户数显著影响政策性农业保险扶贫效率值，呈正相关关系。从农业保险中受益的农户数越多，说明农业保险发挥的作用越大，农户脱贫效果越明显，因而扶贫效率越高。

（4）已决赔款显著影响政策性农业保险扶贫效率值，呈负相关关系。已决赔款的系数为－0.039 194 8，说明已决赔款增加 1%，政策性农业保险扶贫效率下降 0.039 194 8%。出现该情况的原因可能是：本文选取的产出指标为签单保费即农业保险保费收入，已决赔款为保险经营机构对于农户的赔偿情况，当赔偿数越大，保费收入用于赔款支出的数值越大。因此已决赔款增加时，想提高产出指标的难度越大，政策性农业保险扶贫效率也就会越低。

（5）政府保费补贴显著影响政策性农业保险扶贫效率值，呈正相关关系。政府保费补贴的系数为 0.015 590 4，说明政府保费补贴增加 1%，政策性农业保险扶贫效率提高 0.015 590 4%。政府保费补贴表示政府对于农业保险的支持力度，当前中国农业保险保费补贴的主要来源就是政府财政，因此政府保费补贴越多，保费收入就越多，农业保险扶贫效率值也就越大。

三、结论与政策建议

农业保险精准扶贫是贯彻落实习近平总书记关于精准扶贫新思想新要求的一个重要有效工具，一方面在农业保险的保障下，能积极推动贫困家庭开展种植和养殖，有效提高农村贫困地区生产力，有助于农民脱贫增收。另一方面，农业保险可以发挥自身保险的功能，比如直接融资、信用增信，这些能帮助农民解决资金短缺问题。因此，在精准扶贫中，农业保险可以发挥稳定器、安全网的重要作用。中国当前农业保险补贴的来源 80%是财政资金，因此，随着我国农业保险发展迅速并作用于精准扶贫的情况下，怎样提高农业保险市场和农业保险补贴扶贫效率以更好服务于农村反贫困事业，成为当前急需攻关的难题，具有重要的理论价值和现实意义。

本文以湖南省作为研究对象，使用DEA模型对湖南省2008—2014年14个州市的效率值进行测算，并运用Tobit面板模型分析了影响政策性农业保险扶贫效率的因素。研究结论表明：第一，湖南省政策性农业保险效率总体比较有效，有7个州市的政策性农业保险有效，占50%。其中怀化和张家界市是湖南省贫困县较多的地区，而这两个市的政策性农业保险效率处于有效状态，说明政策性农业保险充分发挥了它的功能以及对于扶贫产生了积极效果。另外，湘西是湖南省最贫困的地区，虽然湘西的政策性农业保险效率暂时处于低效率状态，但是目前湘西的规模报酬处于递增水平，说明政府保费补贴将有助于农户扩大风险保障范围和水平、稳定生产经营和提高再生产能力，也说明政策性农业保险有助于湘西地区精准扶贫工作的落实。第二，参保农户数、风险保障、受益农户数、已决赔款和政府保费补贴这五个变量显著影响湖南省政策性农业保险扶贫效率值。基于这两个结论，提出进一步提高湖南省政策性农业保险扶贫效率以及更好地发挥政策性农业保险在精准扶贫中的作用的政策建议。

（1）参保农户数和受益农户数与政策性农业保险扶贫效率正相关，参保农户数和受益农户数越大，政策性农业保险扶贫效率越高。这个结论对客观评价湖南省各州市农业保险扶贫的发展效果具有现实意义：要采取有效措施刺激农业保险需求，特别是贫困地区的农业保险潜在需求量很大，因此，政府以及农业保险经营机构要更加重视贫困地区的农业保险宣传力度以及加大农业保险赔付力度，让更多的人感受到农业保险支农惠农效果。

（2）风险保障与政策性农业保险扶贫效率正相关，保险经营机构应提高风险保障程度，增加投保品种与保障力度，特别是要因地制宜，根据贫困地区特色来开展新的特色农业保险险种。

（3）政府保费补贴与政策性农业保险扶贫效率正相关，各级政府保费补贴越多，政策性农业保险扶贫效率越高。当前，虽然政府保费补贴的比例已经达到80%，但是农业保险主要保生产成本，保险金额较低，而且由于湖南省投保品种有限，主要集中在水稻、油料作物和能繁母猪，因而补贴品种有限，导致保费补贴的总规模相对来说还很小。总之，政府要在提高农业保险补贴规模从而提高政策性农业保险扶贫效率方面花费更多的时间和精力。

（4）基于农业保险是实施精准扶贫的一个重要有效工具，因此可以从以下几点来让农业保险更好地作用于精准扶贫。

第一，政府层面。农业保险的高风险、高赔付率的特点决定了农业保险的开展需要政府财政资金的保障，而农业保险参与精准扶贫最坚强的后盾也是政府的财政资金，政府财政资金对于保费补贴和巨灾风险基金建立至关重要。同样在扶贫工作中，由于贫困地区政府财政资金本身就非常紧张，政府财政补贴资金的及时到位又对精准扶贫工作顺畅开展很重要，因此政府对于农业保险精准扶贫具有重要的影响。各级政府应重视农业保险对于精准扶贫的重要意义，在积极完善财政补贴政策的基础上给农业保险作用于精准扶贫创造良好的外部环境。

第二，保险经营机构层面。精准扶贫不是简单地授人以鱼，而是授人以渔，最终还是要落实到发展生产上。我国多年的扶贫经历证实，要想解决生存和发展就必须进行产业扶贫，产业扶贫同样是精准扶贫的重要手段之一，是贫困地区人们摆脱贫穷的必由之路。贫困地区大多靠农业生产作为生存发展来源，因此要想摆脱贫穷最可行的办法就是发展特色致富农业。农业保险扶贫是产业扶贫的重要保障，保险公司作为农业保险的经营者，首先，必须要从客户实际需求角度出发，注重进行供给侧改革，更要深入基层开展调研，因地制宜，发现当地特色，根据贫困地区农村具体的经济状况，充分利用当地的优势资源，创新特色农业保险产品。其次，保险公司在发生保险事故时及时赔付，使得受损农户及时从损失当中恢复过来，从而提高再生产能力。最后，保险公司在业务过程中要注意收集农业保险相关信息数据并保留下来作为今后的重要参考资料，农业保险中自然风险具有不可控性但具有一定的周期性，收集足够的信息有助于未雨绸缪。

第三，教育层面。计划经济的影响还没完全消除、小农意识很重、习惯了认为风险和损失是天意等，这是中国大多数贫困地区的现状。保险的意识在中国现在还不是很强，也没有得到完全认同，特别对于贫困地区的人们而言，大都听到保险就敬而远之，他们就更加难以接受农业保险。因此，农业保险要参与精准扶贫最重要的一个任务就是普及保险教育特别是关于农业保险的教育。一方面，要充分利用报纸、电视、网络等媒体，通过讲解身边发生的典型案例宣传农业保险，让大家了解农业保险的好处、看到农业保险支农惠农的效果；另一方面，各级政府要依托农村基层组织来宣传国家的农业保险政策、保险经营机构应专门组织力量、培训骨干为农民提供相关业务服务。首先帮助农民消除侥幸心理，然后提高农民的风险管理意识和保险意识、贫困地区人口对农业保险的认同感和参与意识，从而进一步培养他们的保险消费习惯，引导群众主动要求致富，提高贫困地区自我发展的能力。

参考文献

[1] 孙香玉，钟甫宁．农业保险补贴效率的影响因素分析——以新疆、黑龙江和江苏省农户的支付意愿数据为例 [J]. 广东金融学院学报．2009（4）.

[2] 施红．李佳．基于 DEA 的中国农业保险机构运作效率的实证分析［R］我国农业保险发展报告（2012)，北京，中国农业出版社，2012：210－220.

[3] 钱振伟，卜一，张艳．政策性农业保险财政补贴效率的评估：基于三阶段 DEA 模型［R]. 第七届中国保险教育论坛论文集．2013：916－930.

[4] 冯文丽，杨雪美，薄悦．基于 Tobit 模型的我国农业保险覆盖率实证分析［J]. 金融与经济，2014（4）：77－80.

[5] 冯文丽，杨雪美，薄悦．基于 DEA－Tobit 模型的我国农业保险效率及影响因素分析［J]. 金融与经济，2015（2）：69－72，43.

［6］王韧，莫廷程．基于三阶段 DEA 模型的农业险补贴政策效率研究［J］．农村经济，2016（11）：61-65.

［7］孙涌．开展金融精准扶贫［J］．中国金融，2015（20）：69-71.

［8］冯文丽．河北阜平农险全覆盖助推金融扶贫［N］．中国保险报，2016-02-04（001）.

［9］Matthew Ginder，Aslihan D. Spaulding，Kerry W. Tudor，J. Randy Winter. Factors affecting crop insurance purchase decisions by farmers in northern Illinois［R］. Agricultural Finance Review，2009：691.

［10］Anton Bekkerman，Vincent H. Smith，Myles J. Watts. The SURE program and incentives for crop insurance participation：A theoretical and empirical analysis［R］. Agricultural Finance Review，2012：723.

［11］Sonia Akter，Roy Brouwer，Saria Choudhury，Salina Aziz. Is there a commercially viable market for crop insurance in rural Bangladesh?［R］. Mitigation and Adaptation Strategies for Global Change，2009：143.

［12］Enjolras，Geoffroy，Capitanio，Fabian，Adinolfi，Felice. The demand for crop insurance：Combined approaches for France and Italy［R］. Agricultural Economics Review，2012：131.

产品开发

海南省橡胶树风灾指数保险指数指标设计研究*

刘新立　叶　涛　方伟华

摘要： 灾害指数保险产品设计的关键问题之一是选取恰当的保险指数。本文以海南省橡胶树风灾为对象，在研究区进行详细调研的基础上，依托详细的橡胶农场级别历史台风灾害损失数据，结合由台风风场模拟的大风强度指标，对橡胶树风灾保险指数的指标选取与设计进行了研究。结果表明，由台风大风风速表征的致灾因子强度以及风前降水、地形起伏度等指标构成的孕灾环境要素能够较好地解释橡胶树风灾的历史损失。多指标回归模型对已开割树、未割树的总损失率解释能力较好，调整 R^2 可分别达到 0.865 和 0.682。在可能影响橡胶树风灾损失的多个指标中，风速指标的解释能力最好。对于已开割树而言，农场范围内阵风风速平均值的台风过程时间序列最大值适用性最强；对于未开割树而言，农场范围内阵风风速平均值的台风过程时间序列平均值适用性最强。

关键词： 橡胶树风灾；脆弱性；保险指数

一、引言

1998 年，世界银行开始在摩洛哥、尼加拉瓜等国家开展天气指数保险产品的研发及试点工作，至今已经陆续在印度、乌克兰、马拉维、埃塞俄比亚和秘鲁等发展中国家开展相应工作。这些中低收入国家的农业生产总值占整个国民生产总值的比重较大，自然灾害带来的风险往往成为农业生产的巨大威胁。在与灾害风险有关的保险中，指数保险由于其交易成本低、几乎没有逆选择与道德风险的影响等优势，在生产规模比较小、以小农生产为主的发展中国家更易于开展（Skees et al. 2001；Collier et al.，2009）。除此之外，包括世界银行、国际农业发展基金、联合国粮农组织等国际

* 基金项目：本文得到世界银行 TCC5 子课题“海南橡胶树风灾指数保险研究与试点”项目资助；得到北京大学经济学院青年基金项目资助。本文原载《保险研究》2017 年第 9 期。

作者简介：刘新立，北京大学经济学院副教授；叶涛：北京师范大学减灾与应急管理研究院副教授；方伟华，北京师范大学减灾与应急管理研究院教授。

机构联合美国、法国、加拿大等发达国家也在天气指数保险的研究及推广上投入了大量的人力及物力。

海南省是我国最大的天然橡胶生产基地。2013年，海南橡胶种植面积约54万公顷，橡胶产量达42万吨；截至2011年年底，海南种植橡胶的农户约70多万户，涉胶农民380多万人，约占全省农业人口的70%左右。海南省是中国遭受热带气旋灾害最严重的省份之一。台风灾害带来的强风可对橡胶树造成严重损害，导致产胶能力下降甚至绝收；而橡胶树生长和恢复期较长，一场台风对橡胶生产和胶农生活造成的影响可能是长期而持续的。为了完善灾害补偿机制，分散橡胶种植业的热带气旋灾害损失风险，海南省实施了世界银行技术援助贷款项目“海南省橡胶树风灾指数保险研究与试点”，力图通过合理有效的指数保险产品设计研发，为海南省橡胶树的台风灾害风险提供保险解决方案。

恰当的保险指数选取是指数保险产品设计的关键，决定了指数产品能否发挥其优势、克服其缺点。Miranda等人（2012）将农业指数保险设计的目标概括为：在维持低成本、产品透明等众多优势的前提下最小化基差风险。Chantarat等人（2013）认为，指数保险的基差风险主要来自于两方面：一是由于保险指数选取不当、保险指数对实际损失的解释能力有限造成的；二是由于区域内的空间异质性较强，单一保险指数难以顾及区域内不同局地的实际情况造成的。因此，保险指数构建过程中的指标选取，必须立足于实地调研、还应考察保险指数与损失之间的定量关系。这一过程通常是交互的，可能需要大量尝试才能得到比较理想的结果。

本文在研究区进行详细调研的基础上，依托详细的橡胶农场级别历史台风灾害损失数据，结合由台风风场模拟的大风强度指标，对橡胶树风灾保险指数的指标选取与设计进行了研究，以期满足海南省橡胶树风灾指数保险研发的需求，并为其他指数保险的指数指标选取与设计提供借鉴。与前人研究相比，本研究使用模型模拟风场进行关系的构建和指标的选取，在指标的时空分辨率上均优于使用气象台站观测值，更好地揭示了各类指标与橡胶树风灾损失率之间的关系。

二、文献综述

在指数保险的机制下，保险赔付的水平完全由保险指数 I 确定，即赔付 $i = i(I)$，而保险指数通常则由若干描述致灾因子强度的指标 h 共同构成，即 $I = f(h)$。Miranda等人（2012）所提出的优化目标则是 $\min \operatorname{var}[l - i(f(h))]$，其中，$l$ 为实际损失。若将 $i(f(h))$ 看作是实际损失的估计值 $\hat{l}(h)$，该优化问题的核心转换成通过选取有效的致灾强度指标实现对实际损失的最优估计。而此时，由保险指数构建和指数赔付方案共同构成的复合函数 $i(f(h))$ 也相应转换为实际损失与致灾强度之间的定量关系 $l = l(h)$，在自然灾害研究中通常被称为脆弱性函数（史培军 1996）。

一个有效的保险指数设计通常包含如下几个过程：首先应系统梳理灾害损失的形

成机制，为保险指数备选指标的初选提供基础。清晰的灾害形成机制也是对保险指数指标和损失之间“因果”关系的确认。因此，对灾害形成机制的实地调研，特别是针对农户和当地专家的访谈在保险指数设计的前期工作中尤为重要。在此基础上，即可进行脆弱性的统计建模。依据致灾—成害机制，选取表达致灾因子强度的参数，辅以孕灾环境、承灾体的基础数据，构建若干可能的保险指数，并建立保险指数与损失之间的定量关系（Turvey et al.，2009、2010）。在这一过程中，指标选取与脆弱性函数估计通常是一个交互的过程，可能需要大量尝试才能得到比较理想的结果。

在指数保险产品的设计上，为了在建立指数的过程中使得指数与产量损失的相关关系尽可能的大，各国采取了不同的设计方法。例如，摩洛哥的降雨指数保险的指数不是降水量的简单累计值，而是作物不同生长期的降水量的加权累计值，同时还考虑了水分过量对作物生长的无效性，并以此确定指数的上限值。最后的结果是指数与产量损失的相关关系达到了 90%，得到了政府、保险公司、生产者的一致赞同，然而试点项目并没有实施。未实施的主要原因，一是选择试点的区域降水量呈下降趋势，导致保险公司赔付风险增大；二是再保险公司的加入增加了成本使得生产者对项目的偏好降低。从这个案例中可以看出，即使设计出的指数能够很好地描述历史上的产量情况与天气指数的统计关系，仍然不能保证该天气指数保险能够在今后继续适用。

肯尼亚推出的牲畜指数保险的产品设计专注于标准化差异植被指数（Normalized Differential Vegetation Index，NDVI）和牧草生长之间的关系，考虑了土壤蓄水能力和吸水性等气象作用滞后性给保险产品所带来的影响，并设计了有条件参保和无条件参保两种产品供参保人选择，也在定价中使用了可转换函数以调整合同期前不同气候状况对于合同期内牧草生长情况的影响。实证结果表明 NDVI 指数和牲畜死亡率之间有非常好的统计相关性，证明了该指数保险在控制基本风险上是十分成功的。

印度的天气作物保险计划（WBCIS）利用了燃烧分析法进行定价，其产品最大的特点是有着良好的灵活性和适应性，使得该产品应用在多样化的标的、多样化的气象事件时更加得心应手。该保险通过利用风险集合和平衡恢复集合的方法，将单一标的产品与整个风险池相连，使风险均匀地分摊给整个系统，以应对大规模灾害或者历史数据误差及残缺带来的基差风险。

在进行脆弱性的统计建模时，最简单也是被广泛使用的方法就是通过回归模型进行回归，这样做的隐含假定就是产量和天气指数之间是线性相关的，然而这一假设过于严格，Xu 提出线性相关是一种全局相关函数，在保险精算通常考虑的极端情况的损失模型中，人们更加关注的往往是尾部相关关系而非全局相关关系（Xu et al.，2009）。Bokusheva（2011）利用 Copula 函数研究了作物产量和天气指数之间的联合分布，指出天气指数保险的设计及定价过程中必须准确地捕捉天气与产量关系潜在的时空变化（Bokusheva，2011）。为了描述这种时空变化，传统的方法是将天气变量的相关性描述为与气象站距离的函数（Woodard and Garcia，2008），Xu 则使用 Copula

方法研究了德国不同地区的天气指数的联合分布，不过使用Copula方法的缺陷在于，其维数越多，对数据的要求就越高，在可行性方面，理论与实际可能并不统一。

相比于研究历史数据之间的相关关系，有些研究则直接从数据来源上下手，为克服区域产量指数和天气指数的缺陷造成的基差风险，已经有国家开始借助高科技比如卫星和遥感技术开发指数保险产品。2002年，加拿大农业金融服务公司为了弥补牧场植被指数的不足，设计出了基于卫星数据的卫星图像指数保险（Stoppa and Hess，2003），在实现对牧场各项指标不间断的动态监测基础上，获得了更加可靠和科学的实时动态数据。虽然严格意义上这样的保险已经不属于天气指数保险，但是其对天气指数保险的设计仍具有一定的借鉴意义。

近年来，随着指数保险创新在国内的不断开展，指数指标的选取与设计研究也丰富起来。例如，娄伟平等（2010）在设计浙江省柑橘气象指数保险时采用了极值理论来研究导致巨灾结果的气象风险的尾部分布；吴利红等（2010）在设计浙江省水稻气象指数保险产品时挑选了多个气象因子来建立水稻减产率模型；杨太明等（2013）在设计安徽省小麦天气指数保险产品时通过历史天气指数赔付率与历史产量损失率的对比来定义基差风险函数和最小化基差风险；储小俊和曹杰（2012）则在农作物天气指数保险中建议使用复合天气变量指数以最小化基差风险。这些研究均为本文的研究工作奠定了很好的基础。

三、海南省橡胶树风灾指数保险的指数设计

（一）海南省橡胶树风灾损失机制分析

准确理解特定灾害的致灾—成害机制是进行指数保险设计、特别是有效的指数指标选取的前提和基础（易沵泺等，2015）。为了理解台风灾害对橡胶树造成的影响，作者于2013年6月下旬在海南省橡胶集团、澄迈大拉农场、热带作物所等地对海南当地橡胶树台风灾害的致灾—成害机制进行了详细调研。

橡胶树风灾的成灾的核心是台风发生时，在风力矩与重力矩的共同作用下，橡胶树的主干或树冠发生倒伏与弯折。在风压的动力作用下，橡胶树作倒伏、弯曲和扭转振动。橡胶树倒伏的力学条件是树冠风振载荷产生的倒伏力矩大于其根系的附着力矩。橡胶树弯折的力学条件是由风振载荷产生的交变应力引起树干疲劳。橡胶树在风振载荷作用下，往往包含有弯曲和扭转的组合作用。由于损失由风力矩与重力矩共同造成，橡胶树风灾损失主要由风力与橡胶树生长状况决定。

依据当地橡胶生产企业和现有橡胶树保险的定义，一般将橡胶树风灾损失分为五个类型（表1），分别为倒伏、半倒、断主干两米以下、断主干两米以上和全部主枝折断。其中，倒伏以及在2米以下位置主干折断会导致橡胶树完全丧失生产能力，因此通常计为100%损失；而其他损失类型则只是使橡胶树的生产能力受到一定程度的影响，因此通常计为50%的损失。

表 1　橡胶树风灾受损类型及含义说明

损失类型	损失情况
倒伏	指橡胶树主干倾斜超过 45 度，即橡胶树主干倾斜后与地平线（面）夹角小于 45 度
半倒	指橡胶树主干倾斜 30～45 度，即橡胶树主干倾斜后与地平线（面）夹角大于或等于 45 度且小于或等于 60 度
断主干	五级风害断主干，指橡胶树主干 2 米以下折断，即橡胶树主干折断的断截面（部位）离地面高度小于 2 米（含 2 米）
全部主枝折断	指橡胶树的主枝全部折断

调研显示，台风等级、风速大小是影响橡胶树风灾损失的最重要原因之一。描述风灾强度的指标主要为风速，但台风灾害事件的时间尺度从数小时到数天不等，选取何种特定时间和空间尺度的风速作为灾害强度指标是值得研究的问题。在气象观测与研究中，对台风风灾强度描述的指标包括阵风风速和最大风速两类。其中，阵风风速一般指给定时段内（通常为数秒）瞬时风速的最大值；而最大风速一般指在 10 分钟内风速的平均值。因此，阵风风速通常是最大风速区间内的瞬时极端值。调研显示，长时期的平均风力可能更多地引起橡胶树的倒伏，而瞬时阵风风速则是主枝、主干折断的主要原因。除此之外，风向的变化也会对损失造成显著的影响。如同一场台风灾害过程中，因台风中心位置移动导致特定区域风向发生变化，则可能导致橡胶树在不同时刻承受不同方向的风压，使得倒伏或折断的概率上升。因此，从致灾因子的角度而言，台风过程中的阵风风速、最大风速以及风速的变化均可以考虑为备选指标。

橡胶树自身的特征也是风灾损失差异性的主要原因之一。一方面，影响橡胶树生长状况与抗风性能的因素众多。从橡胶林自身的脆弱性而言，品系品种、树龄、田间管理等要素均会对损失造成影响。其中，RRIM600 品系未开割树全倒后的总减产率相比 PR107 品系较高，但其开割树全倒后的总减产率则相对较低。树龄较低的幼树由于树冠小，树干和枝条细软，受灾程度轻；6～15 龄的成龄树因其地上部分增长快，树冠大，且断杆部位偏低，受灾程度往往比较严重；树龄较高的老龄树受灾程度会逐渐减轻。各农场不同的施肥情况也会造成受灾程度的差异。氮肥能促进植物枝叶壮旺，若橡胶树过多施用氮肥，橡胶树可能会因枝叶徒长，加重树冠，增加受风面积，造成更严重的风害损失。

最后，局地的孕灾环境特征也会对最终的损失产生作用，这些孕灾环境要素包括橡胶林所处位置的地形条件、周边防护林的建设情况、土壤类型以及前期降水等。其中，橡胶林周边地形条件主要会对局地的风速造成影响。在临近位置的迎风坡面，近地表风速将显著地大于背风坡面；上风方向的防护林可以有效地降低橡胶林附近的风速。而土壤类型与台风风前降水等要素，则可能使得局地土壤湿度大幅上升甚至饱和，增加橡胶树倒伏的可能性。

(二)数据准备与指标优选

要实现脆弱性建模，则必须相应地组织历史损失、致灾强度、承灾体和孕灾环境参数的数据。

橡胶树风灾历史损失数据主要取自《海南省农垦资料汇编(1950—2001)》年。在该数据资料显示，自1970年以来，对海南省橡胶树造成损失的历史台风主要有51场，其橡胶树风灾历史损失数据时间范围为1970—2011年，空间尺度分为省、市县、农场、生产队四个级别。考虑到台风影响范围的空间尺度以及风速所存在的区域差异性，本文主要选用农场尺度的损失进行建模，涉及海胶集团下属的72个农场、基本覆盖海南全岛范围(图1)。受到记录条件的限制，在农场尺度上数据较为完整的台风事件共有6场，分别为7220、0312、0518、0907、0919、1002号，共计360个有效样本。农场级别台风的损失数据中，分别记录了台风编号、登陆时经纬度，以及造成各橡胶农场开割树和未开割树(2类)全倒、半倒、2米以上断主干、2米以下断主干以及全部主枝折断五种损失类型的损失率。

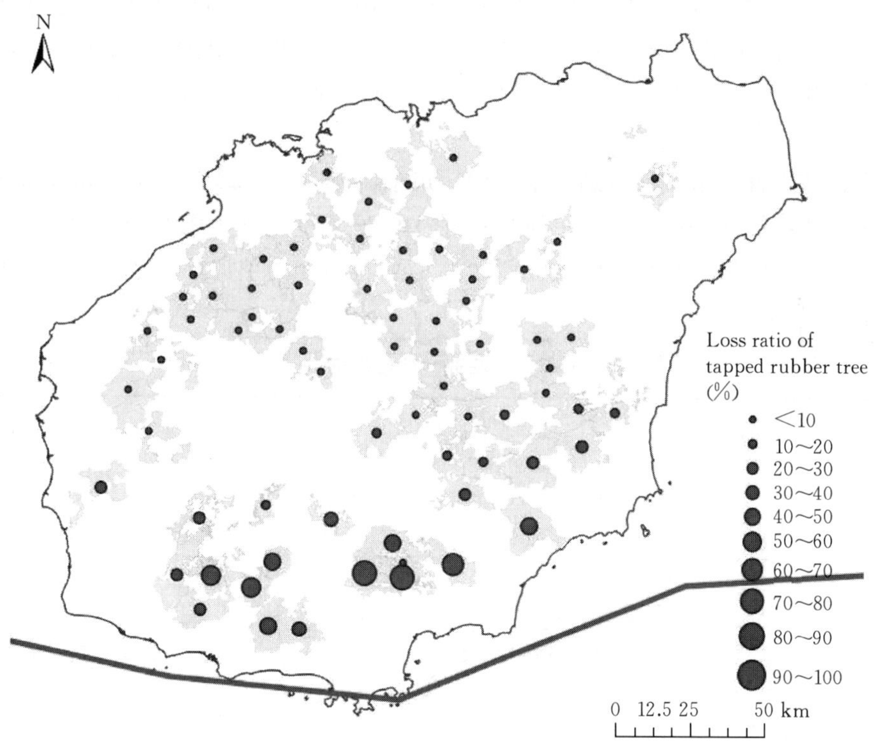

图1 “0312”号台风路径及造成的各橡胶农场已开割树损失率

与历史损失数据进行匹配的主要备选指标是台风风速与风向。本文主要使用了由北京师范大学自主研制的台风参数风场模型(林伟、方伟华，2013；李心怡 等 2014；石先武、方伟华，2015)。该模型利用西北太平洋历史台风路径数据(中国气象局)

生成了计算每 6 小时间隔的台风中心位置、中心最低气压、最大风速、最大风速风向以及最大风速半径。在此基础上，利用参数风声模型生成了历次台风过程中，每个 1 平方千米空间单元、每 6 小时间隔的时点 10 分钟内平均风速（以下简称“平均风速”，u）和 5 秒阵风风速（以下简称“阵风风速”，v）。模型输出的所有风速数据均经过地形干扰修正，并经过历史数据的校验。与现有研究中通常使用的气象台站观测的日值数据相比，模型输出结果的最大优势是在保障一定模拟精度基础上，更高的空间分辨率和时间分辨率，从而详细描述每个农场范围内的风速和风向信息。

在将历史损失数据与指数备选指标进行匹配的过程中，重点是对两类数据在时间和空间尺度上进行对应。首先考虑空间差异性：一个橡胶农场范围内通常包含若干个 1 平方千米网格，对橡胶农场的总体风速进行表达，可取所有网格风速的最大值（u_{max}、v_{max}）或平均值（u_{ave}、v_{ave}）。在时间上，台风生命周期通常为数小时到数十小时不等，因此单一台风生命周期内会有若干不同的最大风速和阵风风速值。针对时间上的变异性，我们分别再对前述四个指标取其时间序列上的最大值（max）、最小值（min）、平均值（ave）和标准差（sd），共构成 4×4=16 项风速备选指标。

为了定量表达风向变化对橡胶树损失的影响，定义了风向变动指标（direction variation，dv），即在任意仿真时刻的风向与上一仿真时刻相比，风向发生的变化。在单一台风生命周期内的若干个仿真时刻上，风向变动也构成了时间序列，相应可取其最大值、最小值、平均值和标准差，共 4 项备选指标。

除上述数据外，由气象台站记录的台风风前降水量（p_{pre}）、台风期间降水量（p_{in}）被作为孕灾环境数据进行了考虑。与此同时，由 30 米空间分辨率的 DEM 高程数据生成的各个农场内范围的地形起伏度（topology，tp）也被作为孕灾环境数据进行了考虑。

最后，将所有变量列入表 2。

表 2　脆弱性建模指标

	变量名	变量描述	变量类型	统计值	
因变量	损失率	已开割树和未开割树（2 类）、五种损失类型的损失率和总损失率（5+1 类），共 12 组类型	连续型	平均值	标准差
台风大风指标	max _ u_{max}	农场范围内最大平均风速（在台风事件期间）的时间序列最大值（米/秒）	连续型	16.206	9.670
	max _ u_{ave}	农场范围内平均平均风速的时间序列最大值（米/秒）	连续型	11.384	6.736
	max _ v_{max}	农场范围内最大阵风风速的时间序列最大值（米/秒）	连续型	23.868	14.101
	max _ v_{ave}	农场范围内平均阵风风速的时间序列最大值（米/秒）	连续型	19.677	11.419

（续）

	变量名	变量描述	变量类型	统计值	
台风大风指标	ave_u_{max}	农场范围内最大平均风速的时间序列均值（米/秒）	连续型	2.532	1.427
	ave_u_{ave}	农场范围内平均风速的时间序列均值（米/秒）	连续型	1.753	0.935
	ave_v_{max}	农场范围内最大阵风风速的时间序列均值（米/秒）	连续型	3.797	2.030
	ave_v_{ave}	农场范围内平均阵风风速的时间序列均值（米/秒）	连续型	3.130	1.611
	min_u_{max}	农场范围内最大平均风速的时间序列最小值（米/秒）	连续型	0.080	0.040
	min_u_{ave}	农场范围内平均平均风速的时间序列最小值（米/秒）	连续型	0.066	0.032
	min_v_{max}	农场范围内最大阵风风速的时间序列最小值（米/秒）	连续型	0.157	0.080
	min_v_{ave}	农场范围内平均阵风风速的时间序列最小值（米/秒）	连续型	0.131	0.067
	sd_u_{max}	农场范围内最大平均风速的时间序列标准差（米/秒）	连续型	3.846	2.161
	sd_u_{ave}	农场范围内平均风速的时间序列标准差（米/秒）	连续型	2.638	1.439
	sd_v_{max}	农场范围内最大阵风风速的时间序列标准差（米/秒）	连续型	5.624	3.079
	sd_v_{ave}	农场范围内平均阵风风速的时间序列标准差（米/秒）	连续型	4.575	2.431
	max_dv	风向变化的时间序列最大值（°）	连续型	17.650	26.880
	ave_dv	风向变化时间序列均值（°）	连续型	0.283	0.196
	sd_dv	风向变化时间序列标准差（°）	连续型	1.296	1.406
	duration	台风持续时间（天）	连续型	7.200	2.403
台风降水指标	acc_p_{pre}	风前7天累积降水量（毫米）	连续型	71 591.884	75 388.785
	ave_p_{pre}	风前7天小时平均降水量（毫米/小时）	连续型	84.895	72.800
	acc_p_{in}	台风期间累积降水量（毫米）	连续型	154 746.373	123 823.373
	ave_p_{in}	台风期间小时平均降水量（毫米/小时）	连续型	159.799	78.391

（续）

变量名		变量描述	变量类型	统计值	
环境指标	tp1	1=农场高程标准差≤28.78；0=其他	分类变量	—	—
	tp2	1=农场高程标准差大于 28.78≤54.4；0=其他	分类变量	—	—
	tp3	1=农场高程标准差大于 54.4≤84.14；0=其他	分类变量	—	—
	tp4	1=农场高程标准差大于 84.14≤107.64；0=其他	分类变量	—	—
	tp5	1=农场高程标准差>107.64；0=其他	分类变量	—	—

（三）拟合结果与比较分析

在模型形式方面，多元线性模型由于其简单、经济含义清楚而被广泛用于多解释变量的问题中。因此，我们选择了基于最小二乘法的多元线性回归模型进行变量选择。在回归过程中使用了后向逐步回归的方法，以从较多的备选指标中选出解释能力相对更好的变量。已开割树和未开割树的结果分别列入表 3 和表 4，其中分别包括的总损失率及五种损毁状态的回归结果。表中只列出了在 0.05 的显著性水平上显著的变量。

表 3　已开割树各损失类型损失率多元线性回归结果（含降水与高程指标）

变量	总损失	全倒	半倒	断干 2 米以上	断干 2 米以下	断主枝
截距	0.443 (0.176)*	−0.048 (0.022)*	−0.002 (0.019)	0.200 (0.07)**	0.178 (0.087)*	−0.029 (0.026)
max _ u_{max}				−0.025 (0.009)**		
max _ u_{ave}		0.023 (0.004)***	−0.022 (0.01)*			0.015 (0.003)***
max _ v_{max}				0.014 (0.007)*		
max _ v_{ave}	0.027 (0.005)***		0.017 (0.006)**	0.02 (0.005)***	0.007 (0.001)***	
ave _ u_{max}				−0.232 (0.083)**		
ave _ u_{ave}	−0.866 (0.133)***	−0.129 (0.059)*	−0.146 (0.041)***		0.115 (0.055)*	

（续）

变量	总损失	全倒	半倒	断干2米以上	断干2米以下	断主枝
ave _ v_{max}				0.144 (0.065)*		
ave _ v_{ave}		0.107 (0.034)**			−0.149 (0.051)**	
min _ u_{max}	7.389 (2.204)**			4.537 (1.187)***		
min _ u_{ave}	16.07 (3.694)***		4.904 (1.621)**			−6.32 (1.76)***
min _ v_{max}	−3.052 (0.755)***			−1.202 (0.47)*		
min _ v_{ave}			−1.361 (0.582)*		1.51 (0.491)**	2.87 (0.812)***
sd _ u_{max}	0.416 (0.086)***	0.05 (0.014)***	0.034 (0.006)***	0.242 (0.078)**		
sd _ u_{ave}		−0.085 (0.031)**	0.063 (0.024)**			
sd _ v_{max}	−0.129 (0.028)***	−0.046 (0.015)**	−0.033 (0.007)***	−0.178 (0.059)**		−0.021 (0.009)*
sd _ v_{ave}				−0.064 (0.027)*		
max _ dv			0 (0)*			
ave _ dv		−0.127 (0.037)***				
sd _ dv			0.015 (0.006)*			
acc _ p_{pre}				0 (0)*	0 (0)***	0 (0)***
ave _ p_{pre}	−0.001 (0.001)*			−0.001 (0)**	−0.001 (0)**	
acc _ p_{in}	0 (0)*					
ave _ p_{in}			0 (0)**	0.001 (0)**		

（续）

变量	总损失	全倒	半倒	断干 2 米以上	断干 2 米以下	断主枝
duration	−0.055 (0.013)***			−0.022 (0.005)***	−0.013 (0.005)*	
tp5				−0.042 (0.014)**	−0.025 (0.012)*	
Adjusted R^2	0.865 4	0.530 2	0.533 4	0.697	0.565	0.391
F - statistics	62.39	17.77	11.08	14.79	17.4	13.56
Degree - of - freedom	11，94	7，97	11，86	15，87	8，93	5，93

注："***"指在 0.000 1 的显著性水平上显著；"**"指在 0.001 的显著性水平上显著；"*"指在 0.01 的显著性水平上显著。

表 4　未开割树各损失类型损失率多元线性回归结果（含降水与高程指标）

变量	总损失	全倒	半倒	断干 2 米以上	断干 2 米以下	断主枝
截距	1.271 (0.543)*	0.088 (0.04)*	0.204 (0.04)***	0.011 (0.015)	0.109 (0.037)**	0.121 (0.054)*
max _ u_{ave}				−0.122 (0.036)***		
max _ v_{max}	0.008 (0.004)*					
max _ v_{ave}				0.072 (0.021)**		
ave _ u_{ave}	1.893 (0.583)**					
ave _ v_{ave}	−1.484 (0.368)***	−0.007 (0.003)*	−0.02 (0.005)***	−0.025 (0.01)*	−0.008 (0.003)**	
min _ u_{max}						−0.491 (0.223)*
min _ u_{ave}				0.761 (0.277)**		
min _ v_{ave}	6.227 (0.848)***		0.242 (0.068)***			
sd _ u_{max}						
sd _ u_{ave}	−1.258 (0.45)**			0.509 (0.151)**		
sd _ v_{max}						

（续）

变量	总损失	全倒	半倒	断干 2 米以上	断干 2 米以下	断主枝
sd _ v_{ave}	0.799 (0.288)**			−0.289 (0.09)**		
max _ dv	−0.005 (0.002)**			−0.001 (0)*		
ave _ dv	−0.983 (0.362)**			−0.143 (0.055)*		
sd _ dv	0.238 (0.074)**			0.036 (0.013)**		
ave _ p_{pre}		0 (0)***			0 (0)**	0 (0)**
duration	−0.09 (0.036)*	−0.006 (0.003)*	−0.014 (0.003)***		−0.008 (0.003)**	−0.01 (0.005)*
tp2						0.027 (0.009)**
tp3		0.014 (0.005)**				
Adjusted R^2	0.682	0.191	0.238	0.235	0.206	0.132
F - statistics	18.57	6.783	11.1	4.102	7.186	5.02
Degree - of - freedom	10，72	4，94	3，94	9，82	3，85	4，81

注：“＊＊＊”指在 0.000 1 的显著性水平上显著；“＊＊”指在 0.001 的显著性水平上显著；“＊”指在 0.01 的显著性水平上显著。

从以上估计和模型选择结果来看，在回归中入选的备选变量很多，且在不同的损失指标之间存在一些差异。有如下的几点结论：首先，在最终的回归模型中，有多个变量被选中，且其中有 70%以上均在 0.01 的显著性水平上显著。参数的联合显著性检验即模型显著性检验（F 检验），其 p 值也非常小，全部都是显著的。其次，从对不同损失率的解释力来看，已开割或未开割总损失率的解释效果较好，调整 R^2 达到 0.8 或 0.7 左右，而对于各种单项损失率解释的效果相对较差，其中未开割单项损失的估计效果最差。再次，就表中列出的显著变量而言，max _ u_{ave}、max _ v_{ave}、ave _ v_{ave}、min _ v_{ave}、sd _ u_{max}、sd _ v_{max}、ave _ dv、ave _ p_{pre} 几项指标经常被选入模型，即最大风速、阵风风速的网格间均值的时间序列最大值、平均值、最小值，最大风速、阵风风速网格间最大值的时间序列标准差，在各种风速指标中对损失率的影响可能较大，平均风向变动和风前降雨对损失率的影响可能也较大。

（四）指数指标选取及讨论

从统计学角度看，变量越多，信息量越多，解释能力往往更好。但在指数指标选择过程中，必须综合考虑保险指数的友好性，使其通俗易懂、各方利益相关者都能独立计算。因此，我们同时希望用更少的指数指标更好地解释损失率。因此，指数指标的选取既要考虑到其对损失率的解释能力，也要考虑最终选取的指数指标的个数，两者是此消彼长的关系，需要进行权衡取舍。

从指标的回归结果来看，除上述结果外，为了减少多重共线性的影响，我们也尝试了使用自变量的主成分进行回归，并与台风过程最大极值风速的平均值与损失率之间的单指标回归进行了比较。在指数的解释能力方面，多指标回归结果最佳，单指标回归结果其次，主成分回归结果较差。

从备选指标的显著性来看，在致灾因子强度的指标选取中，已开割树和未开割树略有不同。对于已开割树而言，农场范围内阵风风速平均值的台风过程时间序列最大值（max_v_{ave}）在各损失类型的回归结果中显著的次数为最多，可用于表达致灾因子强度。而对于未开割树而言，农场范围内阵风风速平均值的台风过程时间序列平均值（ave_v_{ave}）显著的次数最多。这一细微的差别也体现出已开割树和未开割树应对强风的差异性。已开割树均为成年树，树干较粗、硬度较高但也更脆。因此，对已开割树造成损害，更关键的是瞬时风强，而非平均水平。相反，未开割树树冠小，树干和枝条细软，在一定时长条件下的持续胁迫可能是造成其损害更主要的原因。相应地，应更多考察平均状况。

台风风前与期间降水对橡胶树倒伏有较大影响，因此，降水是构成橡胶树风灾指数中的重要备选指标。在解释能力方面，虽然风前降雨指标对于模型是具有解释力的，但是是否加入该指标对于开割与未开割总损失率的解释能力相差不大，调整 R^2 水平相当。但是，对于断主干 2 米以上、2 米以下的损失率加入风前降水指标时 R^2 较高，这意味着降水指标能够更好地解释这类损失率。在数据的分辨率方面，由于在研究过程中，仅有国家标准站数据完全，每场台风最多有 9 个气象站点的观测数据，在此基础上进行插值的精度并不高，很难得到科学的脆弱性函数。综合以上分析，降水相关指标暂不纳入风灾保险指数，近年来海南当地加大了自动站的密度，试点农场专门建立了台站，待降水数据积累一段时间后，可以尝试构建由风速指标和降水指标共同构成的综合指标指数。

四、结论与讨论

本文在研究区进行详细调研的基础上，依托详细的橡胶农场级别历史台风灾害损失数据，结合由台风风场模拟的大风强度指标，对橡胶树风灾保险指数的指标选取与设计进行了研究。主要结论如下：

（1）由台风大风风速表征的致灾因子强度以及风前降水、地形起伏度等指标构成的孕灾环境要素能够较好地解释橡胶树风灾的历史损失。其中，多指标回归模型对已开割树、未割树的总损失率解释能力较好，调整 R^2 可分别达到 0.865 和 0.682，但对全倒、半倒、断主干 2 米以上、断主干 2 米以下和断主枝等五种具体的损失类型的损失率解释能力相对较弱。对于已开割树而言，除断主枝的调整 R^2 仅为 0.391 外，其他损失类型回归的调整 R^2 均 0.53 以上。对于未开割树而言，分损失类型回归的调整 R^2 均在 0.3 以下。由此可看出，未开割树因主干、主枝的柔韧性较强，由大风造成的损失中不确定性也相对较大。

（2）从不同指标的解释能力来看，描述致灾强度的风速在各类指标中拥有最好的适用性，在解释各类不同损失类型时均有风速指标入选。从风速的时间与空间特征来看，对于已开割树而言，农场范围内阵风风速平均值的台风过程时间序列最大值（max_v_{ave}）在各损失类型的回归结果中显著的次数为最多；对于未开割树而言，农场范围内阵风风速平均值的台风过程时间序列平均值（ave_v_{ave}）显著的次数最多。由此，可分别选作已开割树和未开割树的主要风速指标进行考虑。就风前降水和地形起伏度等孕灾环境要素指标而言，尽管在部分损失类型的回归中是显著的，但这些指标对回归方程的总体解释能力贡献较为有限。因此，建议暂不纳入风灾保险指数的指标进行考虑。

本文依托农场级别的历史数据在橡胶树风灾脆弱性与保险指数的指标设计方面进行了探索，取得了一定进展。然而，橡胶农场的空间范围仍然较大，数据仍为统计数据，在研究过程中只能将更加细致的风速、地形以及降水等空间分布数据在农场尺度上进行统计。在后期研究中，应加强通过高分辨率卫星遥感及无人机影响，获取更高精度的橡胶树以及大风损害的空间分布数据，从而使损失、橡胶树属性、风速、土壤、地形等在更细的粒度水平上进行匹配，从而进一步提升脆弱性建模的解释能力，为指数保险的指标选取提供更好的建议。

参考文献

[1] 储小俊，曹杰．天气指数保险研究述评［J］．经济问题探索，2012（12）：135－140.

[2] 李心怡，方伟华，林伟．西北太平洋热带气旋路径及强度插值方法比较研究［J］．北京师范大学学报（自然科学版），2014，50（2）：111－116.

[3] 林伟，方伟华．西北太平洋台风风场模型中 Holland B 系数区域特征研究［J］．热带地理，2013，33（2）：124－132.

[4] 娄伟平，吴利红，陈华江，毛裕定．柑橘气象指数保险合同费率厘定分析及设计［J］．中国农业科学，2010，43（9）：1904－1911.

[5] 史培军．再论灾害研究的理论与实践［J］．自然灾害学报，1996，5（4）：6－17.

[6] 石先武，方伟华．1949—2010 年西北太平洋热带气旋时空分布特征分析［J］．北京师范大学学报（自然科学版），2015.51（3）：287－292.

[7] 吴利红，等．水稻农业气象指数保险产品设计——以浙江省为例［J］．中国农业科学，2010，43（23）：4942－4950.

[8] 杨太明，等．安徽省冬小麦种植保险天气指数设计与应用［J］．中国农业气象，2013，34（2）：229 -235.

[9] 易沵泺，等．草原牧区雪灾天气指数保险设计——以内蒙古东部地区为例［J］．保险研究，2015

(5)：69－77.

[10] Bokushev A R. Measuring dependence in joint distributions of yield and weather variables [J]. Agricultural Finance Review，2011 (1)：120－141.

[11] Chantarat S，Mude A G，BARRETT C B，CARTER M R. Designing Index－Based Livestock Insurance for Managing Asset Risk in Northern Kenya [J]. Journal of Risk and Insurance，2013 (80)：205－237.

[12] Collier B.，Skees J.，Barnett B. Weather index insurance and climate change：opportunities and challenges in lower income countries [J]. The Geneva Papers on Risk and Insurance－Issues and Practice，2009，34 (3)：401－424.

[13] Miranda M J，Farrin K. Index Insurance for Developing Countries [J]. Applied Economic Perspectives and Policy，2012，34 (3)：391－427.

[14] Skees J R，Developing rainfall－based index insurance in Morocco [R]. World Bank Publications，2001.

[15] Stoppa A.，Hess U.. Design and Use of Weather Derivatives in Agricultural Policies：the Case of Rainfall Index Insurance in Morocco [C]. Paper presented at the International Conference "Agricultural Policy Reform and the WTO：Where are we heading"，23－26June 2003，Capri，Italy.

[16] Turvey C G，Kong R. Weather risk and the viability of weather insurance in China′s Gansu，Shaanxi，and Henan provinces [J]. China Agricultural Economic Review，2010，2 (1)：5－24.

[17] Woodard J D，Garcia P. Basis risk and weather hedging effectiveness [J]. Agricultural Finance Review，2008，68 (1)：99－117.

[18] Xu W，Filler G，Odening M，et al. On the Systemic Nature of Weather Risk [J]. Agricultural Finance Review，2010，70 (2)：267－284.

经济作物收入保险及其定价研究

——以陕西苹果为例*

徐婷婷　孙　蓉　崔微微

摘要： 农作物收入保险①具有同时覆盖产量风险和价格风险的特性，已成为各国农业保险的主导产品态势。我国收入保险试点工作刚刚起步，是否需要深入开展收入保险试点工作以及如何开展是本文主要探讨的问题。经济作物收入保险具有明显的区域特征。作为国内最大的苹果产地，陕西省苹果种植面临着较高的产量风险和价格风险，种植收入具有较大的波动性，对收入保险有一定的潜在需求。在拟合产量和价格分布的基础上，本文采用Copula函数和蒙特卡洛方法进行费率厘定。结果表明：陕西省苹果产量和价格存在负相关性，在70%～95%的保障水平下，收入保险纯费率可在12%～19%之间。以陕西苹果为例，研究经济作物收入保险及其定价，对其他苹果主产区的收入保险乃至经济作物收入保险的试点与推广，具有参考意义。

关键词： 经济作物；收入保险；费率厘定；Copula方法；苹果产业

一、引　言

农业生产是自然再生产和社会再生产结合的产物，面临着自然风险、经济风险和社会风险，这些风险的存在和频发，使得我国农业生产的可持续性和农户收入的稳定性面临威胁。据统计，2016年因自然灾害造成的农作物受灾面积高达2 622万公顷，其中陕西省受灾面积为65万公顷②，自然灾害频发，严重威胁到正常的农业生产。为

---

* 本文原载《保险研究》2017年第11期。为2016年国家社会科学基金重大项目“农业灾害风险评估与粮食安全对策研究”(13&ZD161)、2016年四川省软科学项目“农业指数保险与农业参保行为：理论模型及政策分析”(2016ZR0 139) 及2017年西南财经大学中央高校基金项目“农业保险支持精准扶贫路径研究——以四川省为例”(JBK1 707 103) 的阶段性成果。

作者简介：徐婷婷，西南财经大学保险学院博士研究生，研究方向：农业保险；孙蓉，西南财经大学保险学院教授，博士生导师，研究方向：农业保险；崔微微，西南财经大学保险学院博士研究生，研究方向：保险会计与保险精算。

① 农作物收入保险以下简称为收入保险。

② 民政部《2016年社会服务发展统计公报》；李媛．陕西2016年发生自然灾害428次造成559万人受灾．[EB/OL]. http://news.cnwest.com/content/2017-01/23/content_14430135.htm. 2017-11-09.

保护陕西苹果产业可持续发展和果农收入稳定增长，陕西省 2007 年开始在苹果主产区洛川县开展苹果产量保险试点工作，成效显著，有效地分散了苹果种植中的自然风险，降低了损失程度，促进苹果产业稳步发展，保障果农的经济利益。2007—2016 年这九年间，陕西省 270 万农户参与了苹果保险，保障面积 27.4 万公顷，累积获赔 2.5 亿元，仅 2016 年，苹果保险新参保面积 3 万公顷，6.29 万户果农新参保，保额 9 亿元，获赔 3 823 万元①。可以说，苹果产量保险的实施和推进为果农撑起了一把"保护伞"。

从国际经验和我国农业保险的实践来看，收入保险将是未来农业保险产品的主导形态，它不仅是我国农产品定价机制改革的重要手段，而且是实现国家宏观和微观多重农业政策目标的重要途径②，探索建立农产品收入保险制度③将是农业保险发展与创新的新方向。本文以陕西省苹果为研究对象，主要基于两点：第一，农业保险具有明显的区域性特征，而苹果产业是陕西省经济发展的重要组成部分。2016 年陕西省苹果种植面积 70.48 万公顷，产量 1 100.78 万吨，种植面积和产量均位列全国第一（分别占全国的 30%和 25%④）。在渭北苹果主产区，苹果种植收入占到农户收入七成以上。第二，保险业"新国十条"中提出："中央支持保大宗、保成本，地方支持保特色、保产量，有条件的保价格、保收入的原则，鼓励农民和各类新型农业经营主体自愿参保，扩大农业保险覆盖面，提高农业保险保障程度。"因此在陕西省试点苹果收入保险，提供防范自然灾害和市场价格波动"双保障"，扩大农业保险覆盖面，满足农户投保需求多样性，是一种有意义的探索。

本文基于 Copula 方法，综合考虑苹果的产量风险和价格风险，讨论开展收入保险的必要性和可行性，并尝试进行费率厘定。合理厘定保险费率是关键，过高的保险费率将扭曲保险的供给和需求，影响保险项目的可持续性，进而导致公共政策效率低下。本文以陕西省 1990—2016 年苹果历年单产数据及果业协会监测的价格数据为基础，进行相关数据处理，利用极大似然法，基于 Copula 函数，最终厘定收入保险保费。

二、文献综述

国外学者对收入保险的研究主要集中于两方面：一是探索收入保险定价；二是从

① 杨科技，王小韦．陕西创新苹果保险试点 助力老区果业发展［EB/OL］. http：//www.china-insurance.com/news-center/newslist.asp? id=273909. 2017-03-15.

② 庹国柱，论收入保险对完善农产品价格形成机制改革的重要性［J］. 保险研究，2016（6）：3-11.

③ 2017 年中央 1 号文件．关于深入推进农业供给侧结构性改革 加快培育农业农村发展新动能的若干意见．2016-12-31.

④ 根据《2016 陕西省果业发展统计公报》及中国产业信息网（http：//www.chyxx.com/industry/201609/448941.html）数据整理计算。

供给和需求两方面分析推行收入保险的效果。

收入保险的核心问题是产品设计与费率厘定。产品设计和费率厘定的关键在于两个方面：一是测算产量风险和价格风险可能造成的损失，即确定产量和价格的分布函数；二是确定这两类风险的关系，即确定两者的联合分布函数。农产品价格和产量具有负相关性（Mckinnon，1967），因此与传统的产量保险或价格保险只考虑单风险因素不同，收入保险需综合考虑两种风险因素及其相关关系。美国是较早开展收入保险的国家，其险种包括 CRC（Crop Revenue Coverage）、RA（Revenue Assurance）和 IP（Income Protection）三种。农产品产量和价格相互独立是 CRC 的基本假设，以产量保险为基础，综合考量价格与收入风险以厘定保费。RA 和 IP 则考虑了农产品产量和价格的相关性，两者的区别是估计方法不同，RA 采用参数估计，IP 采用非参数估计（谢凤杰，2011）。

确定产量和价格分布函数时，有参数估计法和非参数估计法。参数估计法需要事先假定分布函数的形式，然后通过连接函数，形成收入的二维连续分布函数，这种联合分布下两变量间的相关性通过 Spareman ρ 及 Kendallτ 来测量（Tenenbein，1 981）。相关研究表明，分布函数没有统一的函数形式。适用于产量的分布函数主要有 Beta 分布（Tejeda，2008）、Lognormal 分布（Lanoue，2010）和 Weibull 分布（Claassen，2011）等，适用于价格的分布函数主要有 Burr 分布（Tejeda，2008）、Log－Logistic 分布（Ghosh，2008）等。参数法用于估计产量和价格分布具有一定的灵活性，但是需要先验分布，因此对模型设定的准确性要求较高，同时还可能存在拟合度不高的问题。因此，近年来使用非参数法对收入保险进行保费厘定更为普遍（Pavlista，2012；Broman，2013；Goodwin，2014）。

在确定了产量和价格的分布之后，则需要拟合两者的联合分布函数，Copula 函数是较为有效的工具。Copula 函数可以描述变量之间的相关关系，包括线性相关和非线性相关。相关研究显示，产量和价格存在负相关关系（Tejeda，2008；Ghosh，2008），因此可以减少收入保险的保费和赔付。随后的相关研究集中于对 Copula 方法的优化。混合 Copula 函数优于单个 Copula 函数且能够提高定价的准确性（Woodrad，2011）；高斯 Copula 函数容易低估尾部风险，采用 vine－Copula 能更好地估计产量和价格的组合风险（Goodwin，2014）等。

收入保险具有简单便捷、保障全面等诸多优势，在开展之初就收到良好的成效。一方面，收入保险保障全面，稳定农户收入的功效使得其受到农户的青睐（Markki，2001）。研究显示，美国 1996—1999 年农户购买产量保险的意愿下降，购买收入保险的意愿大幅上升（Somwaru，2001）。另一方面，收入保险也影响了农户的种植行为，改变了农户种植决策和风险管理策略，这种改变主要体现在种植面积提高（Goodwin，2004；O' Donoghue，2010），生产资料投入增加（Chakir，2010；Pu，2014），对农产品期货等其他风险管理工具需求下降（Coble，2000；Heifner，2004）三个方面。

国内学者的研究贡献是探索构建收入保险机制，尝试对我国玉米、水稻、小麦等粮食作物进行收入保险定价。

从国际经验和我国农业保险的实践来看，收入保险将是未来农业保险的主导形态，然而相对于我国现有农业保险产品，收入保险在产品设计、经营管理上都更为复杂。收入保险从设计、试点到推广需要一个过程，不能一蹴而就。如美国联邦作物保险体系，经历了由“产量保险”向“收入保险”的转变而逐步走向成熟（孙蓉等，2016），这一过程历经 20 年。收入保险在我国的推广需要时日，但是在政府大力支持和保险公司的积极参与下，收入保险一定会有好“收成”（庹国柱，2016）。

在收入保险定价方面，主要包括产量风险和价格风险的测算。产量风险测算可用参数估计法（王成丽，2010；王克等，2010）和非参数估计法（王丽红，2007；李文芳，2012；于洋 2013）。价格风险测算集中于 VAR 法、ARCH 法、H－P 法等（温施童，2016）。用 Copula 函数连接价格和产量分布函数可进行收入保险定价（谢凤杰，2011）。

综上所述，前期研究对收入保险机制构建的探索日臻完善，但保险定价仅仅局限于粮食作物，对经济作物的定价研究较少。陕西苹果有其独特的产量风险——冰雹；价格风险方面，由于苹果易保存且储藏期长，在拟合价格分布时应考虑苹果较长销售期这一特性。本文以陕西省苹果为保险对象，进行收入保险研究，这是在我国开展经济作物收入保险的必要尝试。目前我国已经基本具备试点收入保险的条件，同时前期研究和实践也为收入保险保费厘定打下良好的理论和实践基础。限于数据样本容量，本文采用非参数法估计苹果产量和价格风险，拟合产量和价格的概率分布函数，考虑到两者的内在联系，采用 Copula 方法估计这种内在联系，并用蒙特卡洛模拟以厘定陕西苹果收入保险纯保费。

三、陕西进一步推进苹果收入保险的条件

发展收入保险需要一定的条件，只有基本具备这些条件，才具备试点的可行性。目前陕西苹果产业及其相关服务业快速发展，产业结构布局合理，苹果产量保险制度基本完善，政府支持与监管制度较为完备，已经基本具备收入保险试点的条件。近年来陕西苹果产业风险结构发生改变，单纯的产量保险已经无法满足农户需求，使得收入保险的开展具有必要性，因而 2016 年底已开始在个别县进行试点。

开展苹果收入保险是否具有可行性，需满足两大核心目标：一是保险公司能否实现可持续经营；二是果农是否有投保意愿，且能负担。要满足目标，应具备三个关键要素，即：区域产量与价格数据信息、承保理赔管理能力及经验和政府支持。陕西进一步推进苹果收入保险的条件亦需在满足两大核心目标基础上，具备三个关键要素。

（一）区域产量与价格数据的累积

收入保险的保费厘定，需要估计产量和价格的分布函数，进而估计联合分布函

数。试点区域内长期的、充足的历史数据积累是必要条件，数据质量直接影响到保费厘定的客观与公正（袁祥州，2016）。

从数据量来看，陕西具有丰富的苹果产量数据累积，最小聚合层面是县级，统计年份始于1980年。这些数据由陕西省统计局、农业局等权威机构通过严格的统计调查程序所得，数据准确性、可信性较高。近年来，陕西苹果生产采取生产基地模式，已在渭北地区建成世界上面积最大的集中连片苹果生产与加工基地，全面推行标准化生产模式，建立苹果产量、品种、级别、花期、挂果量等多方面完整数据库，相关数据不断完备。随着卫星测产和无人机航拍技术的应用，今后陕西的苹果产量数据将更加丰富和精确。另外，陕西已经开展农产品产量保险十年，保险公司也积累丰富的产量数据。

市场化的价格形成机制是收入保险开发和销售的前提[①]。只有完全市场化的、无政府直接进行价格干预的农产品交易，市场价格波动所造成的损失，才会成为生产者的关注点[②]，农业收入风险才会成为保险目标。陕西苹果交易采取的是完全市场化运作模式，政府对于苹果产业的支持集中于政策引导和资金支持，交易过程中并无政府农产品保护价格。完整的产业链及不断扩大的国际国内市场使得陕西苹果交易实现完全市场化，陕西省果业协会和农业局每月发布陕西苹果价格监测数据，这是陕西苹果开展收入保险试点得天独厚的优势。

（二）承保理赔管理能力及经验的累积

陕西自2007年开展苹果产量保险，多家保险公司积极参与，在产品开发、风险管理、运作模式、理赔服务、数据积累等方面打下基础。产品开发方面，综合考虑多种因素，合理定价；风险管理方面，加强与气象、农业、科研院校等部门机构合作，降低自然灾害风险。陕西苹果种植面临最大的气象灾害是冰雹，保险公司与陕西省气象局合作，建立经济作物气象服务平台，研究气象条件变化对苹果生长的影响。在运作模式上，采取政府与企业合作的模式，多家保险公司共同承保，并向再保险市场进行分保，分散承保风险。在理赔服务方面，建立“农保通”智能管理平台，落实宣传、凭证、赔款等“四到户、两公开”的服务举措。保险公司与科研机构、高校合作，为果农提供技术指导，以降低病虫害发生率，提高产量和质量。这些都为陕西苹果收入保险的开展提供了宝贵的经验。

（三）政府对农业保险的支持

2014年中央1号文件首次提出进行目标价格保险试点，鼓励保险机构开展特色

① 庹国柱．论收入保险对完善农产品价格形成机制改革的重要性［J］．保险研究，2016（6）：3-11.

② 在我国，政府对粮食有最低收购保护价格，因价格锁定，农户对价格有确定性预期，实际上也就没有价格风险，收入风险与价格波动无关，只与产量波动有关，这种情况下，产量保险就可以满足需求，收入保险的意义就大幅下降。

优势农产品保险，中央财政通过以奖代补的方式予以支持。随后三年的中央1号文件都提及开展收入保险的试点工作，可见中央政府对收入保险试点工作的支持。陕西省政府积极响应，财政补贴力度不断加大，补贴金额持续提高。2007—2011年分别补贴151万元、1 000万元、1 685万元，1 131万元、1 542万元，累计财政补贴5 509万元。在政府财政补贴下，果农和政府各承担保费的50%，财政补贴中省级财政占比90.1%①，其余部分由市县财政支出，有效地发挥了财政的杠杆作用，提高果农投保积极性，降低果农保费负担，提高保险公司经营稳定性。从发展趋势来看，未来中央财政和地方财政的补贴力度还将进一步加大，补贴制度也将进一步完善。

综上所述，陕西已经基本具备开展收入保险的条件，可以以现有局部试点为基础，进一步在渭北地区苹果生产基地进行苹果收入保险的试点推广。

四、陕西苹果收入保险方案设计

陕西苹果生产采用家庭经营，农户数目众多，因此单一作物收入保险方案更适合现阶段的实际情况。单一作物收入保险具有以下优势：以单位面积苹果预期收入为赔付依据，当实际收入低于预期收入时进行赔付，保证赔付的及时性和客观性；设置一定的免赔比例和最低损失比例，可以最大程度地避免道德风险与逆向选择；理赔程序简单，可降低保险公司经营成本；产品标准化，结构统一，合同透明，易于果农理解等。

（一）区域选择

苹果主产区产量波动会影响苹果价格，而产量和价格的负相关将降低收入保险的赔付，因此苹果收入保险应首先在陕西苹果主产区推广。陕西渭北旱塬是符合苹果生态适宜指标的最佳区域，尤以洛川、黄陵、扶风、永寿、乾县、白水、合阳、旬邑、兴平、礼泉最佳。因此，无论是从满足苹果收入保险的可保要求，还是生产目标来看，收入保险首先应在上述几个县区试点推广。

目前陕西最小聚合层面是县级，且拥有较为丰富的县级苹果产量与价格数据，因此可在上述十个县进行苹果收入保险试点。未来也可尝试在此区域推广区域收入保险，即以某种收入指数为赔付依据的收入保险。另外，提供收入保险产品时，并非所有县都适合开展收入保险，从政策目标和可保性要求出发，确定某个播种面积标准，只有播种面积大于此标准的区域才具备实施苹果收入保险的可能性②。

① 田丽．陕西农产品经营中农业保险支持研究［D］．西安：西北大学，2012.

② 例如美国，并不是向所有县提供区域收入保险。只有那些种植保障作物品种，且播种面积达到一定规模的县（如花生1万英亩以上，其余作物1.5万英亩以上。注：1英亩＝0.404 68公顷）。

（二）预测县产量集中趋势

收入保险中的保障产量是以一定比例的预期产量为设定依据，不能简单地以过去几年产量的算术平均为预期产量，同时，随着新技术的引进，苹果产量总体呈上升趋势，计算保障产量使用的历史年份越长，保障产量对农户越不利，因此需要采用趋势调整后的产量作为保障产量。

预测保障产量有多种方法可供选择。以美国为例，最初推行收入保险时，采用的是线性趋势预测中的双指数平滑法。此后随着时间序列方法的流行，学者开始构建自回归移动平均模型（ARIMA）来预测集中趋势（Ker et al.，1995；Osama et al.，2015）。当前较为流行的方法是非参数法预测产量趋势，此方法的优点是不需要预先设定分布函数形式，直接对序列进行分布估计，操作方法较为简单。

（三）保障价格的设定

收入保险作为一种保险机制，须满足保险可保性要求，即承保风险为意外事件引起的不可预期风险，因此保障价格的设定显得尤为重要。收入保险设定的保障价格与农业生产者预期价格应不存在偏差，否则易发生逆向选择问题。农户的逆向选择行为会加剧收入保险的承保风险，制约收入保险的顺利进行。因此，收入保险的保障价格可以以预期价格或者预期价格的一定比例为设定依据。

据国外经验，确定保障价格的方式有两种：一是保险公司基于现货价格预测确定。收入保险开展初期，保障价格一般由承保公司根据采摘季节开始前市场供需状况和往年地头收购价格预测确定，但随着农产品期货市场的建立和价格采集系统的成熟，此方法逐步被取代。二是基于期货市场价格确定，期货合约有价格发现功能，保险公司依据期货合约价格确定收入保险保障价格。如美国大麦和高粱收入保险，其保障价格采用的是芝加哥期货交易所期货合约价格。但是使用期货价格还是现货价格确定保障水平，在学界仍存在争论，而目前陕西苹果收入保险处于开展初期，苹果也未在国内商品交易所上市，并无完善的期货市场，因此本文选择基于现货价格预测保障价格。

（四）保险赔付规则

收入保险的赔付规则为：

保险苹果实际收入＝实际价格×测定亩产量×保险面积　　(1)

保险苹果约定收入＝约定价格×约定亩产量×保险面积　　(2)

$$\text{每亩赔偿金额}=\left(\text{每亩保险金额}\times\text{保障水平}-\text{测定亩产量}\times\text{实际价格}\right)\times\left(1-\text{每次事故免赔率}\right)\qquad(3)$$

赔偿金额＝每亩赔偿金额×保险面积　　(4)

保险赔付的规则是农户实际收入低于预期收入，实践中是实际收入减少超过

8%，保险人将对农户进行赔付。

（五）保险费率厘定

收入保险同时应对产量和价格波动造成的风险损失，考虑到陕西苹果产量和价格风险的内在联系，本文拟采用 Copula 方法估计这种内在联系，此方法的便捷之处在于 Copula 函数只考虑两个变量的边际分布函数，并不需要事先了解两者的相关系数。当然，上述费率原理和方法只是计算陕西苹果的基础费率，对于苹果因品种、种植方式（如套袋与否、采用纸袋或膜袋）等面临不同风险，需在实施过程中不断完善，通过附加费率来覆盖这类风险。

五、苹果收入保险的定价模型与实证研究

苹果收入保险的定价涉及两个问题：一是对苹果产量风险和价格风险的分布估计；二是对两者的相关性进行考量。本文选取陕西省 1990—2016 年苹果产量数据和价格数据，以非参数法对苹果的产量和价格数据进行分布拟合，再通过 Copula 函数计算苹果产量风险和价格风险的相关关系，最后采用蒙特卡洛模拟法计算苹果收入保险的纯保费费率。

（一）数据选取与研究方法

1. 数据选取

考虑到数据的可得性和匹配性，本文选取 1990—2016 年陕西省苹果（品种：红富士；胸径：70 毫米；种植方式：纸袋）产量及价格数据进行分布拟合，其中价格数据以 2016 年为基础进行平减，以此进行分布拟合、Copula 函数拟合及收入保险保费计算。

2. Copula 理论

Sklar（1 959）提出使用 Copula 函数连接边际分布来构造一个联合分布函数，由 Copula 函数刻画变量间的相关关系。实质上，可将 Copula 函数视为一个连接多元联合分布与其边际分布的函数，故称其为连接函数。联合分布函数可由一个 Copula 函数连接其边际分布函数来构造；而且还能通过边缘分布的逆伪函数和联合分布函数，唯一得到刻画变量间相依结构的 Copula 函数。使用 Copula 函数对产量和收入的联合分布建模分成两步：首先，选择适合的边缘分布模型，对各变量的边缘分布进行拟合；其次，选取适当的 Copula 函数刻画变量之间的相依结构，从而将产量和价格间包含的相关性的信息分离出来，用 Copula 函数进行深入研究。应用 Copula 函数，我们可以实现将边际分布和变量间的相关结构分开研究的目的，同时降低多变量建模分析的难度。

3. 蒙特卡洛方法

蒙特卡洛（Monte Carlo）方法是一种随机模拟方法，其理论基础是概率统计理

论。Phelim Boyle 于 1977 年首次将这种方法运用于经济学中，通过模拟资产的多种路径来提高资产定价的精确度。此后，蒙特卡洛方法在资产定价及金融风险测度领域被广泛应用。蒙特卡洛方法的基本思想是，先求得统计数据可能的函数形式，并估计参数，然后利用相应的"随机数生成器"模拟大量符合要求的数据，以进行分析和判断。本文以 T-Copula 模型为基础，运用 Matlab 软件进行求解计算，得到苹果产量和价格的联合密度函数，然后基于蒙特卡洛方法生成随机数，来厘定苹果收入保险的纯费率。

蒙特卡洛方法的模拟步骤如下：

第一步：基于选定的 Copula 函数，生成［0，1］区间上均匀分布的产量和价格随机数序列 u、v；

第二步：按照产量和价格的边际分布函数，将第一步生成的随机数带入 $x_1 = F_1^{-1}(u)$ 和 $x_2 = F_2^{-1}(v)$ 中，计算出与之相对应的原函数值；

第三步：将 x_1、x_2 分别作为苹果产量和价格，其乘积为收入，可得到收入的样本值；

第四步：基于假设的保障水平（如 70%），计算小于该保障水平时投保人能得到的预期损失，并以其除以保险金额，即为收入保险的纯费率。

（二）产量及价格分布拟合

1. 数据预处理

在进行分布拟合之前，需要对数据进行去趋势处理，本文采用 Hodrick-Prescott 滤波法对苹果产量和价格数据进行去趋势处理，由于价格和产量数据的量纲不同，为消除影响，采用 Min-max 法对数据进行标准化处理。经处理后，对产量和价格序列进行 ADF 平稳性检验，检验结果显示两组序列平稳。

2. 拟合分布的选择

经数据预处理后，苹果产量及价格序列的描述性统计分析如表 1 所示。

表 1　苹果产量及价格数据描述性统计

	均值	标准差	峰度	偏度
产量	0.47	0.31	−1.22	0.13
价格	0.54	0.35	−1.78	−0.06

由表 1 可知，苹果产量序列的峰度和偏度分别为−1.22 和 0.13，偏度大于 0，峰度绝对值小于 3，说明数据尾部较轻，根据以往文献研究，苹果产量分布，可选择的分布函数为：Normal 分布、Lognormal 分布、Gamma 分布、Logistic 分布、Log-Logisitc 分布、Weibull 分布、Generalize Pareto 分布和 Rayleigh 分布，拟合结果如表 2。

表 2 苹果产量拟合分布统计结果汇总表

待估参数	Normal	Log - normal	Gamma	Logistic	Log - Logistic	Weibull	Generaliz - ed Pareto	Rayleigh
α	805.63	6.67	24.94	812.58	6.69	869.53	−1.50	580.29
β	163.25	0.21	32.30	94.87	0.12	6.17	1 556.79	—
H	0.00	0.00	0.00	0.00	0.00	0.00	1.00	0.00
P	0.94	0.91	0.88	0.95	0.94	0.96	0.03	0.06
$K-S$	0.14	0.15	0.16	0.14	0.14	0.13	0.40	0.37

注：$H=0$ 表示在 5%显著性水平下服从指定分布；广义帕累托分布中门限参数 θ 为 0，退化为指数参数。

根据 $K-S$ 统计量，认为在上述 8 种分布中，Weibull 分布的统计量值最小，因此选择 Weibull 分布来描述苹果产量分布。根据 Weibull 分布的拟合结果，苹果产量的概率密度函数为：

$$f(x)=\frac{\alpha}{\beta}(\frac{x}{\beta})^{(\alpha-1)}\exp(-(\frac{x}{\beta})^{\alpha})$$

$$=\frac{869.53}{6.17}(\frac{x}{6.17})^{(869.53-1)}\exp(-(\frac{x}{6.17})^{869.53}),x\geqslant 0 \quad (5)$$

由表 1 可知，苹果价格序列的峰度和偏度分别为−1.78 和−0.06，偏度小于 0，峰度绝对值小于 3，说明数据尾部较轻，呈左偏，根据以往文献研究，苹果价格可选择的分布函数为：Normal 分布、Lognormal 分布、Gamma 分布、Logistic 分布、Log - Logisitc 分布、Weibull 分布、Generalize Pareto 分布和 Rayleigh 分布，拟合结果如表 3。

表 3 苹果价格拟合分布统计结果汇总表

待估参数	Normal	Log - normal	Gamma	Logistic	Log - Logistic	Weibull	Generaliz - ed Pareto	Rayleigh
α	3.20	1.08	6.12	3.21	1.10	3.60	−1.18	2.42
β	1.27	0.45	0.52	0.77	0.26	2.97	5.74	—
H	0.00	0.00	0.00	0.00	0.00	0.00	0.00	0.00
P	0.57	0.57	0.50	0.57	0.60	0.52	0.28	0.63
$K-S$	0.21	0.21	0.23	0.21	0.21	0.22	0.27	0.20

注：$H=0$ 表示在 5%显著性水平下服从指定分布；广义帕累托分布中门限参数 θ 为 0，退化为指数参数。

根据 $K-S$ 统计量，认为在上述 8 种分布中，Rayleigh 分布的统计量值最小，因此选择 Rayleigh 分布来描述苹果产量分布。根据 Rayleigh 分布的拟合结果，苹果产量的概率密度函数为：

$$f(x)=\frac{x}{\alpha^2}\exp(-\frac{x^2}{2\alpha^2})=\frac{x}{2.42^2}\exp(-\frac{x^2}{2\times 2.42^2}),x\geqslant 0 \quad (6)$$

（三）Copula 函数的选择

得到苹果价格和产量的最优拟合分布后，可以通过 Copula 方法计算两者的相关关系，本文选择正态 Copula 函数、T-Copula 函数、Clayton Copula 函数、Gumbel Copula 函数和 Frank Copula 函数五种常用函数对苹果产量和价格的联合分布进行估计，估计方法为两阶段极大似然估计法。Copula 函数的估计结果见表 4。

表 4　Copula 函数估计结果

Copula 函数	参数（γ）	秩相关系数（τ）	平方欧氏距离
Normal Copula	0.091	−0.74	0.070 9
T-Copula	0.095	−0.80	0.060 3
Clayton Copula	5.48	−0.73	0.078
Gumbel Copula	4.42	−0.77	0.066 3
Frank Copula	16.91	−0.78	0.062

本文采用最小平方欧氏距离法对 Copula 函数进行选择。最小平方欧氏距离法是通过比较经验 Copula 函数和估计 Copula 函数之间的距离来确定最优 Copula 函数，其计算公式为：$d^2 = \sum^{n} |C(u_i, v_i) - \hat{C}(u_i, v_i)|^2$ 。由表 4 可知，最优 Copula 函数为 T-Copula 函数，其参数 γ=0.95，秩相关系数 τ =−0.8，苹果价格和产量呈负相关。

（四）收入保险保费厘定

苹果收入风险同时受产量风险和价格风险的影响。在确定两种风险的边际分布函数的具体形式和反映农户种植苹果收入联合分布函数（t-Copula 函数）的基础上，运用蒙特卡洛方法，分别抽样 10 000 次，得到 10 000 组产量和价格的数据，并将随机产生的产量和价格数据相乘，作为农户苹果收入保险的收入样本。

首先根据选定的 T-Copula 函数生成两组随机序列 U、V，再根据边缘分布函数计算随机数列的原函数值，$x_1 = F_1^{-1}(U)$、$x_2 = F_2^{-1}(V)$ 作为产量和价格数据，将两组数据相乘得到收入样本，依据以下公式可计算保费费率：

$$ExpectedLoss(y) = prob(y < \alpha\hat{Y})[\alpha\hat{Y} - E(y|y < \alpha\hat{Y})]$$

$$r = \frac{ExpectedLoss(y)}{\alpha\hat{Y}} \tag{7}$$

其中，α 为保障水平，$\alpha \subset (0,1]$，$\hat{Y}$ 为期望收入水平，设定不同保障水平的收入保险纯费率如表 5 所示。结果显示，当陕西苹果收入保险的保障水平为 70%时，纯费率为 15%。

表 5　陕西省苹果收入保险纯费率厘定结果（不含免赔率和最低损失率）

保障水平（α）	纯费率（r）	保障水平（α）	纯费率（r）
95%	0.22	80%	0.17
90%	0.20	75%	0.16
85%	0.19	70%	0.15

财产保险在实施过程中，一般都存在免赔比率和最低损失限额。如自 2016 年在陕西黄陵县试点的苹果收入保险中，保险条款中列明“投保果园的保险苹果实际收入低于合同约定的该等级果园约定收入的，且减少幅度在 8%（含）以上，保险人按照保险合同的约定负责赔偿”及“每次事故免赔率为 5%”。因此在估算苹果收入保险纯保费时，应考虑最低损失额度，参照陕西试点情况，本文设计事故免赔率 5%，收入减少幅度为 8%，根据这一比例重新测算的苹果收入保险纯保费公式为：

$$ExpectedLoss(y) = prob(y < \alpha\hat{Y} \times 0.92)[\alpha\hat{Y} - E(y|y < \alpha\hat{Y} \times 0.92)] \times 0.95$$

$$r = \frac{ExpectedLoss(y)}{\alpha\hat{Y} \times 0.92} \tag{8}$$

其中，α 为保障水平，$\alpha \subset (0,1]$，$\hat{Y}$ 为期望收入水平。这一变化使得预期损失发生的概率下降，免赔额的存在将降低赔付金额，使得纯保费费率下降。纯保费费率如表 6。

表 6　陕西省苹果收入保险纯费率厘定结果（包含免赔率和最低损失率）

保障水平（α）	纯费率（r）	保障水平（α）	纯费率（r）
95%	0.19	80%	0.15
90%	0.17	75%	0.13
85%	0.16	70%	0.12

对比表 5 和表 6 不难发现，当考虑了免赔率和最低损失额度时，苹果收入保险纯保费费率下降，在 70%保障水平下，纯保费费率为 12%。

六、结论与展望

本文在对国内外农作物收入保险理论和实践进行总结和梳理的基础上，分析了陕西省进一步开展收入保险的可行性和必要性，并尝试将收入保险引入经济作物风险管理体系中。通过对陕西省苹果收入保险的定价研究，得出以下结论：

第一，陕西苹果的价格和产量存在负相关性。通过本文研究，当苹果收入保险保障水平为 70%时，保险费率为 12%，费率较高，与国内外其他学者研究存在一定差异①，本文认为主要原因是：①对比 Osama（2015）的研究结论，其采用的是西班牙

① Osama（2015）对西班牙的苹果收入保险保费进行了厘定，得出 75%保障水平下 2.77%的纯费率，陕西 2016 年试点苹果收入保险，费率为 70%保障水平下平均费率为 9%。

1950—2010年苹果价格和产量的数据，样本容量更为充足；同时，西班牙苹果亩产量高于中国[①]，说明其在种植管理方面有较为先进的经验与技术，产量风险相对较小，收入保险费率也相对较低。②区别于水稻、小麦等粮食作物，苹果作为经济作物，政府并未限制最低价格，陕西苹果的交易价格完全由市场供需决定，价格波动幅度更大，价格波动风险更大，因此纯保费费率也相对较高。③陕西苹果收入保险试点中，预期收入采用的是过去三年平均产量和苹果成熟期平均价格，样本容量较小，保费厘定不够精确，因此与本文估算结果存在差异。

第二，尽管收入保险的费率高于产量保险费率，但是这种以农户收入为保险标的的复合险种要比单一的产量保险更具有吸引力，对农户的保障作用也更强、更有效。农作物收入保险因具有同时覆盖产量风险和价格风险的特性，已成为各国农业保险的主导产品态势。尽管我国经济作物收入保险试点工作刚刚起步，费率也较高，但基于其必要性和可行性，我国仍然需要深入开展收入保险的试点工作，且取得经验后可进一步推广。

第三，经济作物收入保险具有明显的区域特征。作为国内最重要的苹果产地，陕西省苹果种植面临较高的产量风险和价格风险，种植收入具有较大的波动性，对收入保险有一定的潜在需求。在拟合产量和价格分布的基础上，采用Copula函数和蒙特卡洛方法进行费率厘定。结果表明：陕西省苹果产量和价格存在相关性，在70%～95%的保障水平下，收入保险纯费率可在12%～19%之间。以陕西苹果为例研究经济作物收入保险及其定价，对其他苹果主产区的收入保险乃至经济作物收入保险的试点推广，具有参考意义。

本文期望以陕西省苹果收入保险研究为出发点，对收入保险的发展做进一步的探究，可从以下几个方面入手：

第一，以陕西苹果收入保险为出发点，探索在省内、国内研究推广其他作物收入保险的可行性。收入保险将是未来农业保险产品的主导形态，但并非所有地区、作物都适合开展收入保险，探索其他作物收入保险有一定的研究意义。同时，可进一步研究开展区域收入保险的可行性。

第二，收入保险费率精算方面。虽然本文采用了蒙特卡洛模拟法多次重复抽样估算了收入保险费率，但是若需要得到准确的农作物收入保险费率，需要精确产量和价格的联合分布Copula函数，使得保费更加精确与科学。另外，本文仅对厘定的保险费率针对的苹果品种为富士苹果，陕西苹果品种众多，且品质存在差异，因此不同品种、不同质量的苹果收入保险保费厘定问题，值得深入研究。其他作物亦是如此，不同作物，不同品种都需要深入研究。

第三，政府补贴方面和巨灾风险分散机制方面。目前陕西省政府对苹果收入保险

① 2010年陕西苹果亩产量为0.8吨，西班牙为1.2吨，资料来源于国际粮农组织网站，http://faostat.fao.org.

试点地区的补贴是 70%。减少对农业直接补贴，增加对农业保险费率补贴是国际各国的通行做法，也符合世贸组织的“绿箱”规则，因此，合理分配农户和财政对保险费的承担比重，各级政府如何承担补贴比例，是农作物收入保险能否成功开展的关键问题。同时，巨灾风险问题还应依靠政府建立巨灾风险分散机制，如政府提供再保险，建立健全巨灾风险分散机制，或建立巨灾风险准备金等。若无相应的先决条件，保险公司经营收入保险的稳定性将下降，影响收入保险制度的可持续性。

最后，法律保障和保险监管方面。一套完整的收入保险制度离不开严格有效的法律法规和保险监管。法律和监管对于收入保险的重要性不言而喻，目的是为了有效防范保险公司和农户的道德风险，以及更好保护投保农户的利益，也保护政府的政策目标的顺利实现。法律法规不健全，保险监管不到位，收入保险将无法开展。这都是事关农作物收入保险可否在我国成功开展的关键性问题。

总之，本文期望以陕西省苹果收入保险为例，阐述收入保险机制及其基本定价方式，抛砖引玉，为未来我国推广农作物收入保险提供参考。

参考文献

[1] 孙蓉，徐斌．农产品期货价格保险溯源及其对我国的启示——基于农产品期货及收入保险的分析[A]；2016 中国保险与风险管理国际年会 [C]. 2016.

[2] 庹国柱，朱俊生．论收入保险对完善农产品价格形成机制改革的重要性 [J]. 保险研究，2016 (6)：3-11.

[3] 吴银毫，我国经济作物收入保险定价研究——以阿克苏棉花为例 [J]. 保险研究，2017 (1)：102-106.

[4] 谢凤杰，王尔大，朱阳．基于 Copula 方法的作物收入保险定价研究——以安徽省阜阳市为例 [J]. 农业技术经济，2011 (4)：41-49.

[5] 于洋．农作物产量保险区域化差别费率厘定的可行性——基于非参数核密度估计实证 [J]. 统计与信息论坛，2013 (10)：75-80.

[6] 袁祥洲．中国粮农风险管理与收入保险制度研究 [D]. 武汉：华中农业大学，2016.

[7] 张峭，汪必旺，宋淑婷．北京市鸡蛋价格保险产品设计研究 [J]. 农业展望，2013 (11)：46-50，57.

[8] 朱俊生．美国农业收入保险及其对我国农业保险的启示 [C]//中国农业保险研究2015 [M]. 北京：中国农业出版社，2015.

[9] Chung W. Analysis of Social Welfare Effects of Crop Revenue Insurance [J]. Journal of Rural Development，2014，37 (4)：75-95.

[10] Goodwin BK. Challenges in the design of crop revenue insurance [J]. Agricultural Finance Review，2015，75 (1)：19-30.

[11] Osama Ahmed，Teresa Serra. Economic analysis of the introduction of agricultural revenue insurance contracts in Spain using statistical copulas [J]. Agricultural Economics，2015 (46)：69-79.

基于Copula方法的河北省玉米收入保险费率测算*

冯文丽　郭亚慧

摘要： 玉米收入保险可以为农户提供更全面的风险保障，对稳定农民种粮收益、玉米价格形成机制的市场化改革和国家粮食安全都具有重要意义，也是国际农业保险和农业支持政策的发展趋势，近两年受到了中央政府的高度重视。利用Copula方法、河北省的玉米单产和价格数据对玉米收入保险进行了定价研究，确定了河北省玉米单产和价格的最优边缘分布形式和联合分布形式，在此基础上通过蒙特卡洛模拟方法，计算出了不同保障水平下玉米收入保险的纯费率值。最后，对河北省开展玉米收入保险提出了一些建议。

关键词： Copula方法；玉米收入保险；费率测算

一、引　言

收入保险可以利用农作物产量和价格之间的负相关关系，实现"对冲效应"，使不可保的价格风险变得可保，为农户提供更全面的风险保障，保证农民获得稳定的种粮收益；收入保险也符合国际农业保险和农业支持政策的发展趋势，对我国粮食安全和粮食价格形成机制的市场化改革具有深远意义。[1][2]因此，近两年中央政府对收入保险高度重视，2016年的中央1号文件中提出，要完善农业保险制度，探索开展重要农产品目标价格保险，以及收入保险、天气指数保险试点；2017年中央1号文件则更加明确地提出要探索建立农产品收入保险制度。

虽然，我国的玉米生产出现了短暂的结构性问题，但玉米作为主要粮食作物、经济作物和能量饲料的重要地位不会改变。因此，在玉米去库存、结构调整和市场化改革过程中应注意维护优势玉米种植区农民的种粮收益和种粮积极性，确保玉米的长期有效供给，保证国家的粮食安全。玉米收入保险，将直接的临储价格、价格补贴转变

---

* 2012年国家社科基金项目《农业巨灾风险管理制度研究》（12BGL074）的阶段性成果。本文原载《保险研究》2017年第8期。

作者简介：冯文丽（1974—），甘肃平凉人，博士，教授，主研农业保险，河北经贸大学农业保险研究所所长，京津冀一体化发展协同创新中心教授；郭亚慧（1990—），河北石家庄人，主研农业保险，河北经贸大学金融学院硕士生。

为对收入保险的保费补贴，可以实现粮食价格市场化改革与保护农民利益并重，同时更加符合 WTO 规则的要求，对保证我国粮食安全具有极为深远的战略意义。

河北省的地理位置和光热、土质等条件都很适合种植玉米，河北省也是我国重要的玉米主产区，玉米播种面积和产量都比较大。2015 年，河北省玉米播种面积 3 248.10 千公顷，占全国玉米总播种面积的 8.52%；玉米产量为 1 670.4 万吨，占全国玉米总产量的 7.44%。玉米产量保险在河北省农业保险发展中也占有重要地位。2015 年河北省粮食作物保费收入为 14.83 亿元，其中玉米保费收入为 10.15 亿元，占比最高，达 69.00%。玉米产量保险培养了农户的风险管理和保险意识，为玉米种植所面临的自然风险提供了保障，同时也使保险公司积累了客户资源和数据资料。在当前玉米库存积压、结构调整和价格形成机制改革的大环境下，玉米生产不仅面临自然风险，还将面临较大的市场风险。保障程度较低且只保自然风险的玉米产量保险，已难以满足农户尤其是新型农业经营主体全面风险管理的需求。因此，探索研究河北省玉米收入保险的定价方法及发展对策，可以为河北省乃至全国逐渐开展玉米收入保险提供技术支撑和方法参考。

二、文献综述

准确估计收入分布对于收入保险定价至关重要。收入取决于产量和价格的分布及二者间的相关关系。有多种方法可以确定两个随机变量之间的相关关系，如线性回归法、多元经验分布方法等，但这些传统的方法都存在一定缺陷，如线性回归方法无法衡量变量间的非线性关系，而 Copula 方法不仅可以灵活地选择边缘分布的形式，还可以度量随机变量间非线性的相依结构关系（Ghosh 和 Woodard 等，2011）。[3] 因此，随着美国农作物收入保险的发展，Copula 逐渐被运用于收入保险的定价研究。

在美国的 Copula 方法定价研究的边缘分布选择上，单产常选择 Weibull 和 Beta 分布，价格常用的假设为 Normal 和 Log－Normal 分布。而 Hernan A. Tejeda 和 Barry K. Goodwin（2008）通过 Vuong 检验，发现 Burr 分布能更好地捕捉和反映粮食价格数据的右偏性和厚尾特征，能更好地对数据进行拟合估计。[4]

在 Copula 方法选择上，较为常用的为 Normal Copula 的形式。Hernan A. Tejeda 和 Barry K. Goodwin（2008）以玉米和大豆的数据为例，比较了 Frank Copula 和 Normal Copula 的估计结果，发现在 Frank Copula 下，产量和价格的负相关关系较为明显。Ghosh 和 Woodard 等（2011）提出了混合 Copula 估计的方法，并以玉米的团体收入风险保险（GRIP）为例，比较了单一 Copula 估计和混合 Copula 的估计结果。Barry Goodwin 和 Ashley Hungerford（2015）提出了在 vine Copula 模型的结构下将多种风险的多元 Copula 模型分解成一系列成对的二元 Copula 模型的组合模型拟合方法，并以美国伊利诺伊州四个县的玉米和大豆为例，将高斯 Copula、T－Copula、C－Vine Copula 和 D－Vine Copula 模型下的拟合和定价结果进行了比较，发现 Vine Copula

模型有更大的极大似然值和更小的 AIC 和 BIC 值，即模型拟合效果更好。[5]

国内目前关于收入保险的定价研究也大都采用 Copula 的方法。谢凤杰（2011）最早运用 Copula 方法对安徽省阜阳市的玉米、大豆和小麦进行了收入保险定价研究。[6][7]张峭（2014）、[8]温施童（2016）、[9]袁祥州（2016）[10]和吴银毫（2017）[11]等也都选择了 Copula 定价方法，区别主要在于边缘分布和 Copula 的形式选择与确定方法方面。

本文在已有国内外研究基础上，通过 Copula 方法对河北省玉米收入保险进行定价研究，在边缘分布选择上，选择常见的分布进行拟合，并根据拟合优度检验结果选取最优分布；在 Copula 选择上，也选择常见的 5 种 Copula 形式，通过平方欧式距离最小原则来确定最优 Copula 形式。

三、测算方法和测算思路

（一）Copula 方法

1. Copula 定义

Nelsen（1999）对 Copula 函数提出了比较严格的定义，即 Copula 函数是把随机变量 x_1，x_2，…，x_N 的联合分布函数 F（x_1，x_2，…，x_N）与各自的边缘分布函数 F_1（x_1），F_2（x_2），…，F_N（x_N）相连接的函数，即函数 C（u_1，u_2，…，u_N），使

$$F(x_1, x_2, \cdots, x_N) = C[F_1(x_1), F_2(x_2), \cdots, F_N(x_N)] \quad (1)$$

2. Sklar 定理

令 F（x_1，x_2，…，x_N）为具有边缘分布 F_1（x_1），…，F_N（x_N）的 N 元联合分布函数，则存在一个 Copula 函数 C（u_1，u_2，…，u_N）满足公式（1）。若 F_1（x_1），F_2（x_2），…，F_N（x_N）是连续函数，则 C（u_1，u_2，…，u_N）唯一确定。反之，若 F_1（x_1），F_2（x_2），…，F_N（x_N）为一元分布函数，则公式（1）确定的 F 函数即为边缘分布 F_1（·），…，F_N（·）的联合分布函数。

由上述 Copula 定义和 Sklar 定理可以看出，Copula 可以用连接变量的边缘分布，确定变量间的联合分布形式，进而度量变量间的非线性、非对称等相依关系。

3. Kendall 秩相关系数 τ

设（X_1，Y_1），（X_2，Y_2）是相互独立并与（X，Y）具有相同分布的二维随机向量，用 P（（X_1-X_2）（Y_1-Y_2）>0）表示它们的和谐概率；相反用 P（（X_1-X_2）（Y_1-Y_2）<0）表示 X，Y 不和谐概率，这两个概率的差称为 X 与 Y 的 Kendall 秩相关系数 τ[12]。Kendall 秩相关系数 τ 可以用来反映随机变量间的相关关系，相同的边缘分布下，选择的 Copula 方法不同，计算的 Kendall 秩相关系数的值也不同。

4. Copula 种类及特征

Copula 种类较多，常见的为椭圆 Copula 函数和阿基米德 Copula 函数两大类。椭圆 Copula 中常用的为正态 Copula 和 t－Copula 函数；阿基米德 Copula 中的 Gumbel

Copula、Frank Copula 和 Clayton Copula 为常用的二元 Copula 函数。

在尾部特征上，二元 Frank Copula、正态 Copula 和 t－Copula 函数具有对称的尾部，因此无法捕捉变量间的非对称相关关系，且二元 Frank Copula、正态 Copula 的尾部相关系数为 0，尾部渐近独立；t－Copula 函数则尾部较厚，适用于尾部相关的随机变量。二元 Gumbel Copula、Clayton Copula 则具有非对称的尾部相关性，前者上尾相关，下尾独立；后者下尾相关，上尾渐近独立。

（二）蒙特卡洛模拟法（Monte Carlo）

蒙特卡洛方法又统计实验方法或者随机抽样法，即通过随机数进行相关的模拟计算，来解决一些难以通过传统解析方法求解的复杂问题。[13]在蒙特卡洛方法的随机模拟中，随机模拟的反函数方法起到了重要作用。

若 Y 服从 U（0，1），对于任意的分布函数 F（x），令 $X=F^{-1}$（Y），则 X 是服从分布函数为 F（X）的随机变量，因此，在均匀分布随机数的基础上，可以产生服从任何分布的随机数。[14]

（三）测算思路

首先，在边缘分布的选择上，结合单产和价格数据特点及已有研究结果，各选取 5 种分布，通过 AD 检验、KS 检验和卡方检验来确定最优的边缘分布形式。

其次，在 Copula 选择上，选取椭圆 Copula 和阿基米德 Copula 两大类别中常见的 5 种 Copula 形式，通过最小平方欧式距离来选取最优的价格与单产的联合分布形式。

最后，在确定的联合分布及边缘分布形式的基础上，进行蒙特卡洛随机模拟，生成 10 000 对单产和价格的随机数，并将二者相乘作为河北省玉米收入的样本数据进行定价计算。

四、数据处理与测算过程

（一）河北省玉米单产数据处理与拟合分布

1. 数据处理

选取 1981—2015 年的河北省玉米单产数据，数据来源为中国种植业信息网。首先通过 Eviews6.0 软件采用 ADF 单位根检验方法对原序列 Y 进行平稳性检验。表 1 的检验结果显示应接受存在单位根的原假设，即原单产序列 Y 不平稳。

因此，采用直线滑动平均法（LMA）对单产序列进行趋势分解，步长选择 11。趋势分解后的单产原序列（Y）、趋势项（YT）和随机波动项（YC）如图 1 所示。用河北省玉米单产的 RSV 序列代表单产的随机波动情况（$RSV=YC/YT$），RSV 序列如图 2 所示。表 1 中 RSV 序列的检验结果显示玉米单产的 RSV 序列为平稳的序列。

表 1　原单产序列 *Y* 及处理后 *RSV* 序列平稳性检验结果

序列	*ADF* 统计量值	1%显著水平临界值	5%显著水平临界值	10%显著水平临界值	*P* 值	检验结果
Y	−2.829 772	−4.252 879	−3.548 490	−3.207 094	0.197 1	不平稳
RSV	−5.032 817	−4.262 735	−3.552 973	−3.209 642	0.001 5	平稳

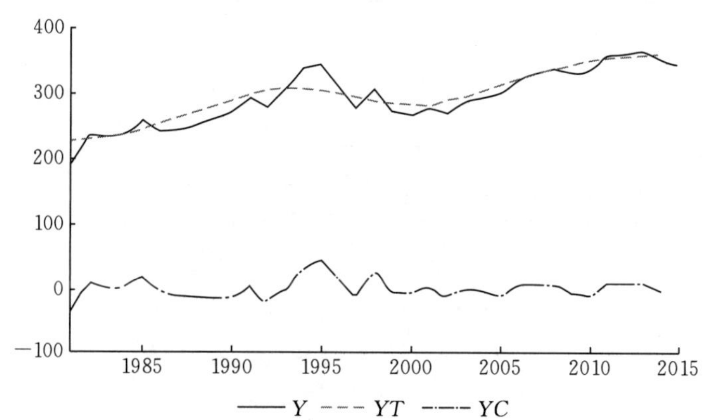

图 1　河北省 1981—2015 年玉米实际单产、趋势单产、随机波动序列

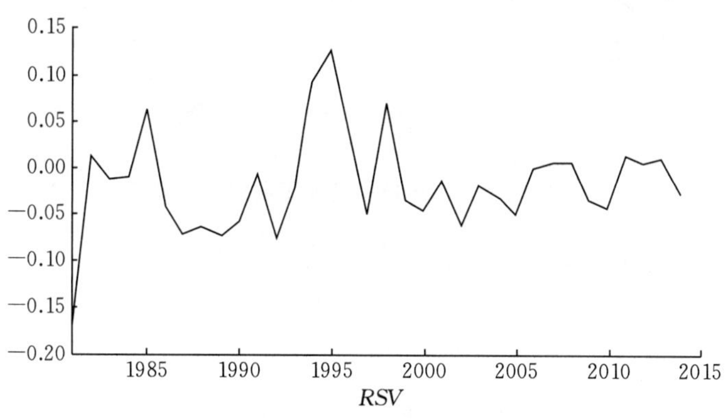

图 2　玉米单产数据处理后 *RSV* 序列

2. 边缘分布确定

借鉴已有的研究结论，本文选取 Normal、Weibull、Beta、Logistic 和 Gamma 等多种常见分布作为候选的分布模型。通过 Easyfit5.6 软件对玉米单产数据进行拟合，并通过 *K*－*S* 检验、*AD* 检验和卡方检验来选择最优的分布形式。

表 2 的拟合优度检验结果均显示数据处理后的玉米单产序列服从 Logistic 分布，图 3 也显示出 Logistic 比其他分布能更好地拟合玉米单产数据。

表 2　玉米单产概率密度函数拟合优度检验结果

分布	*K-S* 检验	排名	*AD* 检验	排名	卡方检验	排名
Logistic	0.104 74	1	0.398 35	1	0.153 24	1
Gamma（3P）	0.116 33	2	0.520 26	2	0.579 55	4
Beta	0.122 95	3	0.563 42	3	0.454 58	2
Normal	0.127 05	4	0.599 27	4	0.517 25	3
Weibull（3P）	0.137 59	5	0.787 85	5	0.814 93	5

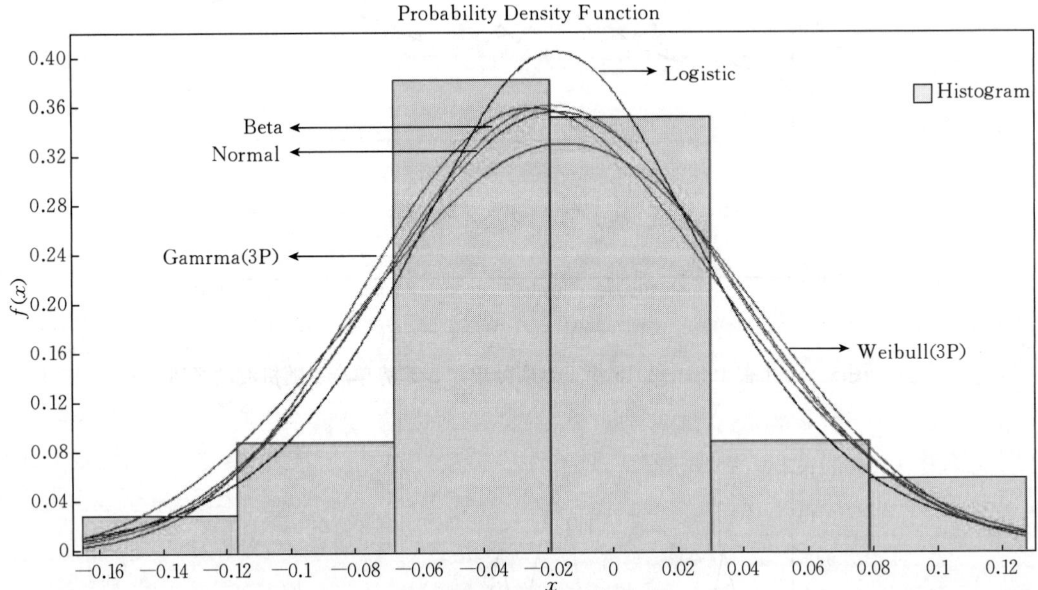

图 3　玉米单产概率密度函数拟合结果

玉米单产 *RSV* 序列的概率密度函数如公式（2）所示：

$$f(x)=\frac{\exp(-z)}{\sigma[1+\exp(-z)]^2} \tag{2}$$

其中，$z=\frac{\chi-\mu}{\sigma}$；$\sigma=0.030\ 09$；$\mu=-0.017\ 24$。

（二）河北省玉米价格数据处理与分布拟合

1. 数据处理

考虑到数据可得性及价格与产量数据之间的匹配性，选取 1981—2015 年河北省玉米每 50 千克主产品的平均出售价格数据，用该数据除以 50 得出每千克平均出售价格作为原序列价格 *P*。数据来源为各年度《全国农产品成本收益资料汇编》。通过 Eviews6.0 对数据进行平稳性检验，结果如表 3 所示，玉米价格的原序列不平稳。

因此，首先通过1981—2015年的河北省居民消费价格指数对玉米价格原序列 P 进行去通胀处理，在此基础上再进行一阶差分后得到平稳的价格序列 P_1，检验结果如表3所示。玉米价格的原序列 P 及处理后的价格序列 P_1 如图4所示。

表3　原价格序列 P 及处理后 P_1 序列平稳性检验结果

序列	ADF 统计量值	1%显著水平临界值	5%显著水平临界值	10%显著水平临界值	P 值	检验结果
P	−2.413 854	−4.252 879	−3.548 490	−3.207 094	0.366 3	不平稳
P_1	−4.673 349	−3.646 342	−2.954 021	−2.615 817	0.000 7	平稳

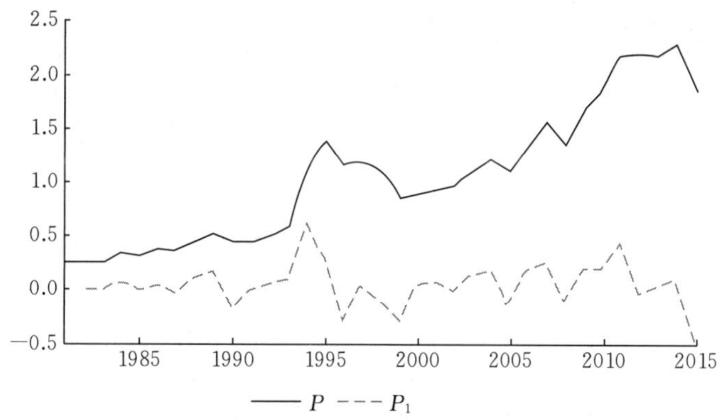

图4　河北省1981—2015玉米价格原序列 P 及数据处理后序列 P_1

2. 边缘分布确定

根据已有的研究以及价格数据特点，选取Normal、Lognormal、Logistic、Log—Logistic和Burr等几种常见分布模型作为价格序列的候选分布，通过Easyfit5.6进行相应拟合优度检验，检验结果如表4所示：卡方检验与 AD 和 $K-S$ 检验的结果不一致，但 AD 检验相对比较稳健，故Log-Logistic（3P）分布能更好地拟合价格的 P_1 序列。玉米价格概率密度函数拟合结果如图5所示。

表4　玉米价格概率密度函数拟合优度检验结果

分　布	$K-S$ 检验	排名	AD 检验	排名	卡方检验	排名
Log-Logistic（3P）	0.092 21	1	0.269 53	1	0.003 8	2
Burr（4P）	0.096 64	2	0.279 07	2	0.002 98	1
Logistic	0.097 54	3	0.319 7	3	0.045 65	3
Normal	0.115 94	4	0.546 4	4	0.415 95	5
Lognormal（3P）	0.120 91	5	0.551 99	5	0.329 28	4

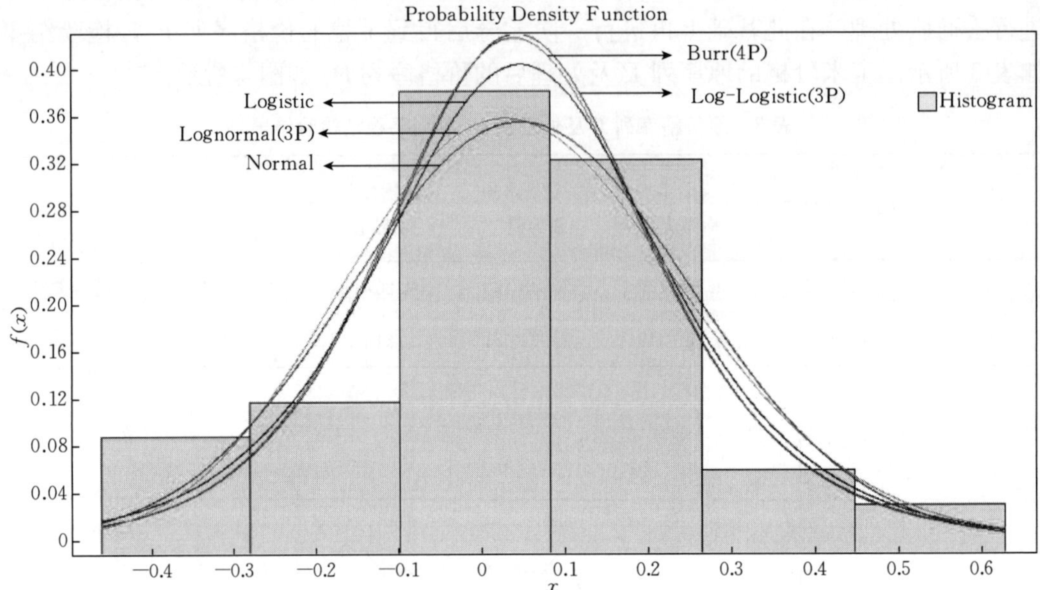

图 5　玉米价格概率密度函数拟合结果

玉米价格序列 P_1 的概率密度函数如公式（3）所示：

$$f(x) = \frac{\alpha}{\beta}\left(\frac{\chi-\gamma}{\beta}\right)^{\alpha-1}\left(1+\left(\frac{\chi-\gamma}{\beta}\right)^{\alpha}\right)^{-2} \tag{3}$$

其中，$\alpha = 83.817$；$\beta = 8.8317$；$\gamma = -8.7863$。

（三）Copula 估计与选择

1. Copula 估计与 Kendall 秩相关系数 τ

利用 MatlabR2010b 中的 copulafit 函数对河北省玉米的单产 RSV 序列和价格 P_1 序列进行 Normal Copula、Frank Copula、Gumbel Copula 及 T－Copula 估计，通过 Copulastat 函数计算 Copula 的 Kendall 秩相关系数 τ，估计结果如表 5 所示。

表 5　Copula 估计结果及平方欧式距离

Copula 函数形式	参数（θ）	Kendall 秩相关系 τ	平方欧式距离
t－Copula	−0.144 2	−0.092 1	0.016 309 417
Frank Copula	−0.827 7	−0.091 3	0.014 919 726
Normal Copula	−0.118 1	−0.075 4	0.013 871 602
Clayton Copula	1.450 9e－006	7.254 3e－007	0.012 199 782
Gumbel Copula	1.000 0	1.357 5e−006	0.012 199 776

2. 最优 Copula 选择

根据所选的 Copula 与样本经验 Copula 之间的平方欧式距离最短的原则选择最优

的 Copula 形式。经验 Copula 的定义如公式（4）[12]：

$$\hat{C}(u,v)=\frac{1}{n}\sum\nolimits_{i=1}^{n}[I_{[F_n(x_i)\leqslant u]}I_{[G_n(y_i)\leqslant v]}]\quad u,v\in[0,1] \tag{4}$$

其中，$I_{[\cdot]}$ 为示性函数，当 $F_n(x_i)\leqslant u$ 时，$I_{[F_n(x_i)\leqslant u]}=1$；否则 $I_{[F_n(x_i)\leqslant u]}=0$。样本数据的经验 Copula 分布函数图如图 6 所示。

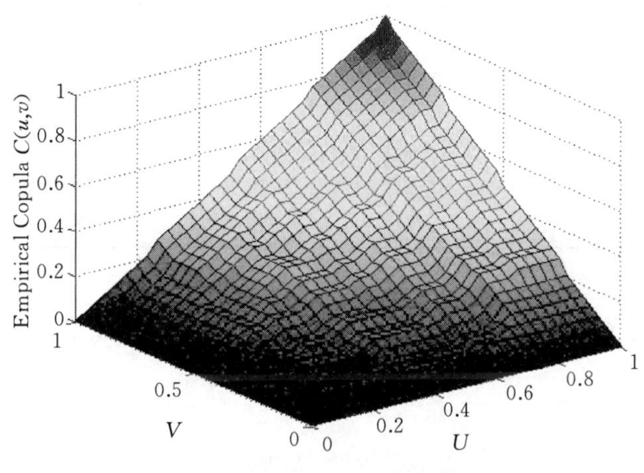

图 6　经验 Copula 分布函数图

从表 5 中计算的各 Copula 的平方欧式距离结果可以看出，参数为 1.000 0 的 Gumbel Copula 的平方欧式距离最小，因此对原序列的拟合效果相对更好。

（四）蒙特卡洛模拟玉米收入样本数据

上文虽然确定了河北省玉米单产和价格的 Copula 联合分布形式及参数，但 Copula 的密度函数形式比较复杂，难以直接进行费率厘定。因此，在已确定的河北省玉米单产和价格 Gumbel Copula 联合分布及其参数基础上，通过蒙特卡洛模拟方法，模拟出 10 000 对服从所确定边缘分布的产量和价格数据，并将二者相乘作为河北省玉米收入的样本数据，在此基础上进行费率厘定。具体步骤如下：

第一步，在上述确定的参数为 1.000 0 的 Gumbel Copula 基础上，通过 MatlabR2010b 软件中的 Copularnd 函数生成服从［0，1］均匀分布的随机变量 u、v 各 10 000个。

第二步，通过随机模拟的反函数方法求取玉米单产和价格的随机数，即 $x=F_1^{-1}(u)$，$y=F^{-1}(v)$。在 Excel 中通过 LogisticInv、Log－LogisticInv 公式及各自边缘分布参数求得单产和价格的随机数 x、y，x 服从 Logistic 分布；y 服从 Log－Logistic 分布。

第三步，将 x、y 相乘即可得到河北省玉米收入的样本数据。

（五）测算结果

$\bar{Y}$ 将玉米收入样本数据的平均值作为期望收入值 $\bar{Y}$，通过公式（5）和（6）计算不同保障水平（α）玉米收入保险的纯费率，计算结果如表 6 所示。

预期损失 $$Expected\ loss = \text{Prob}(y < \alpha\hat{Y})[\alpha\hat{Y} - E(y \mid y < \alpha\hat{Y})] \tag{5}$$

纯保险费 $$r = \frac{Expected\ loss}{\alpha\hat{Y}} \tag{6}$$

表 6　河北省玉米收入保险纯费率厘定结果

保障水平（α）	费率（r）
100%	4.83%
90%	4.36%
80%	3.88%
70%	3.40%

五、结论与对策建议

（一）结论

经数据处理后的河北省玉米单产序列和价格序列分别服从 Logistic 分布和 Log-Logistic（3P）分布，最终确定了参数为 1.000 0，Kendall 秩相关系数为 1.357 5e-006 的 Gumbel Copula 的联合分布形式。从 Gumbel Copula 的 Kendall 秩相关系数值来看，河北省玉米价格和单产历史数据之间不是完全独立的，呈现出一种“弱正相关”关系，而非负相关关系，这可能与我国粮食市场环境有关。我国粮食价格市场定价机制形成时间较晚，粮食价格的市场化程度较低，受政策影响较多，尤其是我国玉米价格还更多受到了 2007 年开始的临时收储政策的影响。

此外，需要明确说明的是，因数据获得困难，数据选取有缺陷，本研究仅具有方法论意义，研究结果不具有实际应用价值，以免误导保险公司定价决策。①本研究存在数据选取缺陷。一是费率测算时采用的是河北省统计数据而非单个农户索赔数据，根据这个产量序列模拟的经验分布无法代表农户索赔的概率分布，只有在以全省为单位承保和按照全省平均产量计算赔偿时才有意义；二是由于我国玉米、小麦、水稻、大豆、棉花等大宗作物的价格一直是政府定价，只是在近年实行“价补分开”政策后部分地区价格才开始随行就市，这种价格序列不是市场随机波动价格，严格来说不能用随机模型来模拟其概率统计分布，因此计算出来的各种分布模型及其参数，没有实际应用价值。②保险公司根据此方法测算实际应用费率时必须进行数据优化，收集和积累县、乡、村或者农户等更小单位的历史单产数据和真正反映市场价格的随机价格变动数据，或者相应的替代方法和数据。

（二）对策建议

在当前玉米生产结构调整、规模化生产以及价格机制市场化改革进程中，迫切需要玉米收入保险为玉米生产发挥保驾护航作用。作为玉米重要主产区的河北省更应积极探索和研究，为开展玉米收入保险创造有利条件。

1. 加强数据积累

科学公平的费率测算对玉米收入保险的可持续开展具有重要意义。费率测算所需数据积累越多、越具体，定价结果也越准确，农户的保费负担越公平，保险公司经营管理也就越稳健。因此，应尽量搜集和积累市、县、乡级玉米单产和价格数据，形成数据库，为玉米收入保险进一步的风险区划和费率测算提供条件。

2. 优化产品设计

合理的产品设计和运作可以有效控制玉米收入保险的道德风险和经营损失，如保障价格水平应选择预期性和价格发现功能较好的价格数据。因此，应借鉴其他国家收入保险在目标收入、保障水平、赔偿处理上的实践经验，做好产品设计工作。

3. 建立大灾风险管理机制

价格风险具有系统性特征，尤其是在自然风险与市场风险的对冲效应不显著的环境下，更应重视逐步建立玉米收入保险的大灾风险分散机制。美国的农作物收入保险主要通过联邦政府提供的成本低廉、操作简单的标准再保险协议进行风险分散。我国也应在政府支持下完善再保险制度，建立多层级的玉米收入保险大灾风险准备金制度以应对可能遭遇的巨额赔付。

4. 推动玉米规模化种植

规模化种植是提高我国玉米种植收益和国际竞争力的重要途径。规模化种植和农业保险的发展是相互推动的。一方面，规模化种植主体对生产经营风险更加敏感，对农业保险产生内生的需求，支付能力和支付意愿更强烈，从而可以推动收入保险和整个农业保险产品和服务的创新发展。另一方面，收入保险可以稳定规模化玉米种植者的预期收入，帮助其进行全面的风险管理，为土地流转和规模种植保驾护航。因此河北省应合理布局玉米生产，推动玉米规模化和优质化种植，为开展高保障程度的玉米收入保险创造良好的环境和条件。

参考文献

[1] 朱俊生，庹国柱．农业保险与农产品价格改革［J］．中国金融，2016（20）：73－75.

[2] 庹国柱，朱俊生．论收入保险对完善农产品价格形成机制改革的重要性［J］．保险研究，2016（6）：3－11.

[3] Ghosh S，Woodard J D，Vedenov D V. Efficient Estimation of Copula Mixture Model：An Application to the Rating of Crop Revenue Insurance［M］. Agricultural and Applied Economics Association，2011.

[4] Tejeda H A，Goodwin，B K. Modeling Crop prices through a Burr distribution and Analysis of Correlation between Crop Prices and Yields using a Copula method［R］. Access & Download Statistics，2008：1－39.

[5] Goodwin B K，Hungerford A. Copula－Based Models of Systemic Risk in U. S. Agriculture：Implica-

tions for Crop Insurance and Reinsurance Contracts [J]. American Journal of Agricultural Economics, 2015, 97 (3): 879-896.

[6] 谢凤杰. 作物保险定价模型与实证研究 [D]. 大连: 大连理工大学, 2011.

[7] 谢凤杰, 王尔大, 朱阳. 基于Copula方法的作物收入保险定价研究——以安徽省阜阳市为例 [J]. 农业技术经济, 2011 (4): 41-49.

[8] 张峭, 王克, 李越, 汪必旺. 中国主粮作物收入保险试点的必要性及可行方案——以河北省小麦为例 [J]. 农业展望, 2015 (7): 18-24.

[9] 温施童. 中国农产品收入保险及定价研究——以黑龙江省大豆为例 [D]. 上海: 华东师范大学, 2016.

[10] 袁祥州. 中国粮农风险管理与收入保险制度研究 [D]. 武汉: 华中农业大学, 2016.

[11] 吴银毫. 我国经济作物收入保险定价研究——以阿克苏棉花为例 [J]. 金融理论与实践, 2017 (1): 102-106.

[12] 谢中华. MATLAB统计分析与应用: 40个案例分析 [M]. 北京: 北京航空航天大学出版社, 2015.

[13] 李亚. 非寿险精算的数理统计应用 [D]. 武汉: 华中师范大学, 2015.

[14] 高超, 王明生. 关于分布函数的反函数的一些结果 [J]. 中北大学学报 (自然科学版), 2006 (2): 153-155.

粮食作物保险费率测算与合理化研究
——以黑龙江省10个区县数据为例*

李　丹　马　彪

摘要：粮食作物保险费率的精确厘定，应充分反映出保险标的遭受自然风险后的损失情况。因此，本文基于险种经营风险视角，通过“稳定系数”对当前粮食作物保险险种方案存在的风险做出了评价；然后从粮食作物保险费率构成角度，建立粮食作物保险利益相关者的效用函数，并运用遗传算法对此目标函数进行优化求解。根据上述实证分析结果得出，政府部门适当提高粮食作物保险费用补贴对粮食作物保险经营风险的降低、农户保障水平的提高均有显著影响。

关键词：粮食作物保险费率；经营风险；遗传算法；政府补贴

一、研究背景与文献评论

政策性农业保险是保障我国农业生产的重要举措之一，在2004—2017长达14年的时间里，中共中央、国务院发布的“1号文件”均对政策性农业保险做出了明确批示，这极大地推动了农业保险在我国的实践与发展。为了提高经营效率，政府积极鼓励保险公司参与农业保险，由此，农业保险费率的精确厘定就成了各家保险公司开展农业保险的首要任务。因为精确的费率厘定不仅是政府补贴制度设计的前提，更是保险公司的生存前提。但由于农业风险的高复杂性，精算技术相对落后，我国农业保险费率的精确厘定一直处于探索阶段。

精确的保险费率厘定，合理的保险产品定价，可以有效地保障投保人的利益，降低保险人的经营风险。很多研究表明，如果农业费率厘定不恰当，就会产生逆向选择和道德风险问题（Makki和Somwaru，2002）。总之，农业保险费率厘定过高或者偏低都会影响到政策实施的效果，损害保险人、被保险人、政府三方的利益，进而导致农业保险市场失衡。

---

* 国家社会科学基金项目（13BYJ105）；2014年度黑龙江省博士后资助项目（LBH－Z14046）。

作者简介：李丹（1972—），女，黑龙江省富裕人，教授，博士生导师，东北农业大学经济管理学院保险系主任，主要从事保险学基础理论、农业保险理论与实务研究。马彪（1992—），男，黑龙江省绥化人，东北农业大学经济管理学院，研究领域农业保险与农业经济学。

庹国柱、丁少群是国内较早深入研究农业保险费率的学者，他们提出农业保险费率厘定方法不同于一般财产保险的观点，并于 1994 年以棉花保险为例，采用“指标图重叠法”划分风险区域，利用“正态函数法”计算各风险区域的费率。并根据当时农业保险发展的实际情况，在国内首次设计出农业保险费率的数学公式。

近年来，随着政府对农业保险研究投入力度的加大，农业保险费率的精确厘定问题有了进一步的发展。邢郦（2004）对种植业保险费率的精确厘定进行了深入研究，为我国政策性农业保险各省市级试点的建立，起到了推动作用。张峭、王克（2007）对农作物生产风险分析模型进行了详细阐述，并利用该模型对我国玉米主产区的生产风险进行了实际应用。而更多的学者，从损失成本和单产风险分析两个角度，对农业保险费率的厘定进行深入探讨并取得了一定的研究成果（肖宇谷，2014；赵建军，蒋远胜，2012；王尔大，2011；姜会飞，2009；王丽红，2007；Woodard 等，2011）。

综上所述，已有研究对政策性农业保险费率的精确厘定提供了很好的理论依据和方法借鉴。但是，从政策性农业保险费率构成这一角度，即政府在政策性农业保险中补贴情况、农户参与投保自缴保费情况，探讨农业保险费率，鲜有涉及。因此，本文从保险公司所面临的经营风险角度出发，以黑龙江省 10 个区县数据为例进行实证分析，得出大风、暴雨、冰雹发生的概率，并利用条件概率模型计算出受灾损失率，以此为基础利用“稳定系数”这一指标来衡量保险公司所面临的经营风险，然后通过“熵权法”建立起政府、农户、保险公司三方效用函数，利用遗传算法对此目标函数进行优化，从而实现黑龙江省政策性粮食作物保险的费率的改进。最后，在此优化结果的基础上，为政策性粮食作物保险的发展提出了相关建议。

二、粮食作物保险费率测算

黑龙江省 2008 年入选中央财政补贴农业保险保费补贴试点范围以来，种植业保险发展较快。2013 年，全省种植业保险保费收入为 25.82 亿元，保费规模全国第一，其中粮食作物承保面积达到 10 127 万亩，占全省主要粮食作物种植面积的 50%左右。2014 年，中央财政在黑龙江省实现玉米、水稻、大豆、小麦等四大粮食作物保险的保费补贴全面覆盖，本文所分析的粮食作物保险费率主要是指黑龙江省四大粮食作物保险费率。

粮食作物保险费率的厘定以农作物生产风险为前提，粮食作物保险费率应能充分反映出保险标的所面对的自然风险损失情况。粮食作物保险的稳定性是指保险人对被保险人所承担的损失补偿义务的能力的可靠程度。粮食作物险种稳定性要求实际发生的赔款不超过预计的保险赔偿基金，所谓的保险赔偿基金，即纯保费总数。自然灾害的发生存在较大偶然性，影响农业生产的自然地理条件即使在很小的范围内也会有很大的差别。因此，粮食作物保险险种的风险与粮食作物所面对的自然风险情况直接相关。历年自然灾害发生的概率及作物减产情况即长时期单位保额的平均损失率，又是粮食作物保险纯费率精算的基础。所以，粮食作物保险费率的精确厘定问题是粮食作物保险险种风险的直观表现形式。保险费率与粮食作物保险险种风险具体逻辑关系如图1所示。

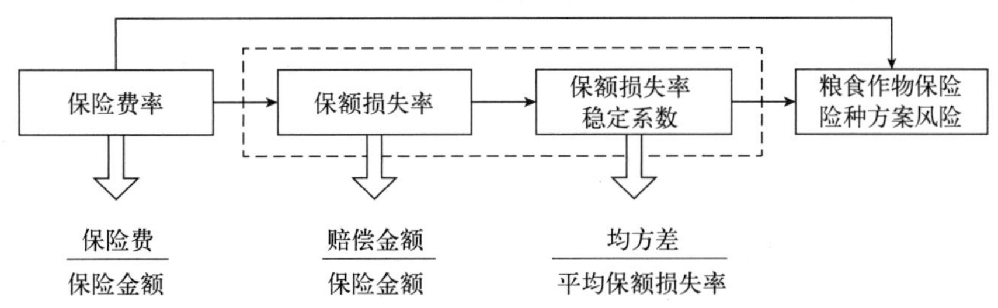

图1　粮食作物保险费率与粮食作物保险险种风险

(一) 赔偿金额的计算

保险公司通常在自然风险事故发生后，以单位面积赔偿金额为基础进行理赔。所以赔偿金额的计算是衡量保险公司经营风险的基础。目前赔偿金额主要是每亩保险金额、受灾面积和不同生长周期赔偿比例三者的乘积来决定的。而受灾面积这一项数据往往由于农业地表数据的缺失以及查勘当中不可避免的人为偏差，使得统计数据与真实值之间偏差过大，这就导致了目前的赔偿金额无法准确地反映农业保险公司的经营风险。因此，本文拟从客观的气象数据，通过灾害发生概率和农作物受损率来优化受灾面积。

黑龙江省位于我国东北部，属中温带到寒温带的大陆性季风气候。对黑龙江省的农作物来说，春旱、夏涝、秋霜冻为主要的自然风险。所以本文对黑龙江省2006—2015年十年的气象数据进行了统计分析，计算得出大风、暴雨、冰雹三种主要农业气象灾害出现的概率，并严格按照水稻、玉米、大豆、小麦等四大粮食作物的生长周期，进行数据筛选，得出其生长周期内出现大风、暴雨、冰雹三种农业气象灾害的概率大小，并以此为基础，结合条件概率模型、作物生长周期模型折算出四种农作物受灾后的赔付标准。大风、暴雨、冰雹三种农业气象灾害出现的概率和折算后的赔付标准具体情况如图2、表1所示，黑龙江省2006—2015年农作物种植受损率的具体情况如表2所示。

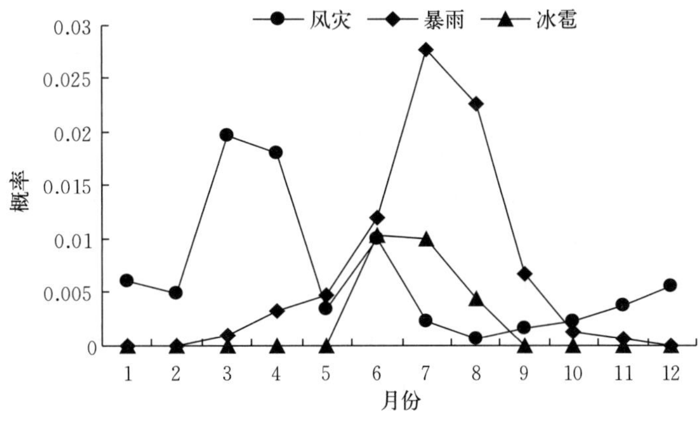

图2　大风、暴雨、冰雹三种农业气象灾害出现的概率

表 1 根据作物生长周期折算后的赔付标准

单位：%

月份	水稻	玉米	大豆	小麦
1	0	0	0	0
2	0	0	0	26
3	0	0	0	40
4	0	0	0	60
5	60	0	0	80
6	90	40	100	33
7	67	40	100	0
8	0	70	100	0
9	0	100	100	0
10	0	0	100	0
11	0	0	0	0
12	0	0	0	0

数据来源：2015 年黑龙江省统计年鉴、课题组调研。

表 2 2006—2015 年农作物种植的受损率

年份	受灾成灾率	绝收率
2006	0.314 9	0.023 7
2007	0.056 3	0.008 9
2008	0.224 7	0.010 3
2009	0.230 9	0.009 0
2010	0.156 7	0.018 2
2011	0.218 9	0.015 6
2012	0.114 5	0.003 5
2013	0.285 6	0.005 2
2014	0.151 1	0.006 7
2015	0.130 3	0.001 9

数据来源：2015 年黑龙江省统计年鉴、课题组调研。

根据以上分析可得，种植业每亩保险赔偿金额其计算公式为：

$$\begin{matrix}\text{种植业每亩}\\\text{保险赔偿额}\end{matrix}=\text{灾害发生概率}\times\begin{matrix}\text{农作物}\\\text{受损率}\end{matrix}\times\begin{matrix}\text{不同生长期每亩}\\\text{赔偿标准}\end{matrix}\times\begin{matrix}\text{每亩保险}\\\text{金额}\end{matrix}\quad(1)$$

由此公式（1）计算出黑龙江省十个区县[①]四大粮食作物的赔偿金额大小，具体情况如表 3 所示：

① 本文数据来源于“政策性粮食作物保险”课题组实地调研，综合考虑，对十个区县的名称隐去用字母代替。

表3　四大粮食作物的赔偿金额

单位：元

地区	水稻	玉米	大豆	小麦
a	0.760 7	0.766 1	0.527 4	0.644 0
b	0.650 4	0.741 8	0.490 0	0.604 8
c	0.829 0	0.454 4	0.391 4	0.685 1
d	0.922 8	0.775 2	0.597 5	0.239 0
e	0.832 4	1.041 7	0.695 8	0.269 8
f	0.699 3	0.471 3	0.373 1	0.414 1
g	1.373 9	0.929 1	0.737 0	0.779 3
h	0.605 4	0.730 8	0.529 1	0.145 6
i	0.956 7	0.646 8	0.522 3	0.337 0
j	0.968 0	0.648 2	0.521 0	0.488 9

数据来源：黑龙江省统计年鉴、课题组调研。

（二）稳定系数的计算

稳定系数是衡量保险公司经营风险的指标，稳定系数越低，则保险公司经营稳定性越高；反之，则保险公司经营稳定性越低。一般认为稳定系数在10%～20%比较合理。为衡量在当前种植业保险费率情况下，黑龙江省农业保险公司在开展粮食作物保险时所面临的风险，本文采用稳定系数这一客观指标来进行分析。

农业保险公司经营粮食作物保险的稳定系数具体是指，各类农作物保险的平均保额损失率对其实际保额损失率的反映程度，即稳定系数为均方差与平均保额损失率之比。稳定系数（V_σ）具体计算公式如下：

$$\begin{cases} V_\sigma = \dfrac{\sigma}{\overline{X}} \\ \sigma = \sqrt{\dfrac{\sum\limits_{i=1}^{n}(x_i - \overline{x})^2}{n}} \\ \overline{X} = \dfrac{1}{10}\sum\limits_{i=1}^{10} x_i \end{cases}$$

式中，σ表示均方差，它反映了各保额损失率与平均保额损失率相差的程度；$\overline{X}$表示黑龙江省2006—2015十年间水稻、大豆、玉米、小麦等四大作物的平均保额损失率①。结合上述赔偿金额的计算结果与年鉴数据，稳定系数计算结果如表4、表5所示。

---

① 保额损失率是保险公司对投保农户保障程度的客观反映，保额损失率为赔偿金额与保险金额二者的比率。

表 4 2006—2015 年十年四大粮食作物的平均保额损失率

地区	水稻	玉米	大豆	小麦
a	0.047 5	0.051 1	0.105 5	0.035 8
b	0.040 6	0.049 5	0.098 0	0.033 6
c	0.051 8	0.030 3	0.078 3	0.038 1
d	0.057 7	0.051 7	0.119 5	0.013 3
e	0.052 0	0.069 4	0.139 2	0.015 0
f	0.043 7	0.031 4	0.074 6	0.023 0
g	0.085 9	0.061 9	0.147 4	0.043 3
h	0.037 8	0.048 7	0.105 8	0.008 1
i	0.059 8	0.043 1	0.104 5	0.018 7
j	0.060 5	0.043 2	0.104 2	0.027 2
平均保额损失率	0.537 3	0.048 0	0.107 7	0.025 6

数据来源：黑龙江省统计年鉴、课题组调研。

表 5 四大粮食作物的稳定系数

	水稻	玉米	大豆	小麦
稳定系数	26%	25%	21%	46%

由稳定系数的计算结果可知，黑龙江省农业保险公司所开展的四大作物保险稳定系数均大于 20%，黑龙江省农业保险公司开展粮食作物保险时，公司经营的稳定性较低，在面对大灾之年时易出现巨额亏损。也就是说，在当前的保险费率下，黑龙江省粮食作物保险险种方案存在改进的余地。下面，综合考虑参与农业保险的三方主体（农户、保险公司、政府）的利益，通过"熵权法"建立三方效用模型，利用遗传算法以此效用模型为目标函数，对黑龙江省现行的粮食作物保险费率进行优化，得出条件极值，即参与粮食作物保险利益相关者实现各自利益的最大化。

三、粮食作物保险利益相关者的目标函数体系构建

粮食作物保险与一般商业性保险不同，它属于政策性农业保险范畴，这一属性决定了粮食作物保险不能单纯实行商业化运作，国家有必要给予一定的财政补贴。粮食作物保险的参与主体主要包括农户、保险公司、政府，每个参与主体在农业保险中的职能又各有不同。农户是保费的主要承担者，其投保是为了减少因自然灾害造成的经济损失，从而实现自身利益的最大化；保险公司作为独立的金融机构，参与政策性农业保险主要是通过提供险种、收取保费、经营风险等技术手段来实现自身利润的最大化；政府部门参与农业保险主要是为了满足保险公司和农户的利益需求，并不以自身

利益最大化为目的，而是追求整体社会效用的最大化，政府部门参与农业保险的方式主要是提供资金支持，并对政策性农业保险的顺利开展实施监督。

因此，粮食作物保险费率的精确厘定，必须同时考虑到农户、保险公司、政府等三方的共同利益，因为信息不对称的存在，政府、农户与保险公司在农险经营地位上并非完全对等，保险费率能否精确厘定，对整个农业保险市场的稳定性来说至关重要。所以，本文依次从农户、保险公司、政府三大参与主体的角度出发，构建相应的目标函数。

对农户来说，参与粮食作物保险的主要目的是通过缴纳一定数额的保费来分散，因自然灾害的发生所造成的经济损失，以期通过赔偿金额来弥补物化成本的投入。所以从农户的角度出发，保险费率的制定需要考虑到农户投入的保费成本以及理赔时所能得到补偿，故农户的目标函数 I_1 为保险金额与农户承担保费二者的比值，其中农户承担保费又可细分为保险金额、保险费率与政府当前承担保费比例的补贴数三者乘积。具体函数解析式如下：

$$\begin{cases} I_1 = \dfrac{1}{n}\sum\limits_{i=1}^{n}\left(\dfrac{Q_i}{N_i}\right), & n = 4 \\ N_i = Q_i \cdot \alpha_i \cdot (1-\beta_i), & i = 1,2,3,4 \\ I_1 = \dfrac{1}{n}\sum\limits_{i=1}^{n}\left(\dfrac{1}{\alpha(1-\beta_i)}\right), & i = 1,2,3,4 \end{cases}$$

其中，Q_i 代表每亩保险金额，α_i 代表每种农作物的保险费率，β_i 代表政府当前补贴费率，$i=1,2,3,4$ 。由上式可知农户自担保险费用越小，目标函数向投保人利益增加的方向变化趋势就越明显。

对保险公司来说，参与粮食作物保险的主要目的是耗费最小的经营成本，得到最大的经济收益。所以从保险公司的角度出发，保险费率的制定需要充分考虑到保险公司赔付情况与保费收入情况，故保险公司的目标函数 I_2 为保险金额与赔偿金额二者的比例，即保额损失率的倒数。具体函数解析式如下所示：

$$I_2 = \frac{Q_i}{Y_i} = \frac{1}{x_i}, i = 1,2,3,4$$

其中，Y_i 代表每亩赔偿率，x_i 保额损失率。由上式可知，赔偿金额越小，目标函数向保险公司利益增加方向变化趋势越明显。

政府开办政策性粮食作物保险，更看重农业保险对农户以及整个农业生产的保障作用。对政府职能部门来说，参与粮食作物保险的最直接方式就是政策性农业保险的保费补贴，政府对粮食作物保险的保费补贴是农户基本利益以及整个农业保险市场稳定性的关键所在，更是农业保险政策属性的具体表现形式。政府有关部门对农业保险的保费补贴，可以降低保险公司的临界价格，导致农业保险供给曲线的下移；同时，政府有关部门对农业保险的保费补贴，提升了农户的实际支付能力，导致农业保险需求曲线的上移。这样一来，原本不可能相交的供求曲线就有了均衡点，即政府通过财政资金补贴的方式撬动了农业保险市场①。按照西方经济学的理论，政府对农业保险的保费补贴，有助于整个农业保险市场的帕累托改进，从而实现农业保险市场供求均衡或接近市场的最优水平。

粮食作物保险的保费补贴额和补贴率主要取决于保险纯费率、政府预期保障水平等因素。一般来说，粮食作物保险产品的纯费率越高补贴越多，纯费率越低补贴越少。从政府财政支出角度出发，同等期望条件下补贴越少越好，但是政府补贴需要根据农业发展目标在保险公司和农户之间寻求平衡，政府补贴不可随心所欲。因此，本文以政府对粮食作物的保费补贴率作为主要变量，设定政府部门的目标函数。具体函数解析式如下：

$$I_3 = \frac{\beta_i}{\beta'_i}, \quad i = 1,2,3,4$$

其中，β_i 代表政府在当前保费水平下承担的比例，β'_i 代表优化过后承担比例的大小。由上式可知，优化后政府承担比例越小，目标函数向政府主体利益增加方向变化趋势越明显。

四、基于遗传算法的粮食作物保险费率优化

（一）熵权综合评价函数的构建②

"熵权法"是一种可以用于多对象、多指标的综合评价方法。其评价结果主要依据客观资料，不受主观因素的影响，可以在很大程度上避免人为因素的干扰。因此，本文采用"熵权法"对指标的权值进行确定。基于"熵权法"的基本原理和基本模型，通过对农户、保险公司、政府等"三方"主体目标函数熵值的计算，可以衡量出水稻、玉米、大豆、小麦等粮食作物保险费率中所蕴含信息量的大小，从而确保所建立的指标能反映出大部分的原始信息。

原始数据矩阵由 3 个待评方案（农户、保险公司、政府等三方主体目标函数），4 项评价指标（水稻、玉米、大豆、小麦等粮食作物保险险种方案）组合而成。评价矩阵 X 具体情况如下：

$$X = \begin{bmatrix} \frac{1}{0.2\partial_1} & 0.1077 & \frac{0.8}{\beta'} \\ \frac{1}{0.2\partial_2} & 0.5373 & \frac{0.8}{\beta'} \\ \frac{1}{0.2\partial_3} & 0.0480 & \frac{0.8}{\beta'} \\ \frac{1}{0.2\partial_4} & 0.0256 & \frac{0.8}{\beta'} \end{bmatrix}$$

① 庹国柱．正确解读农业保险的财政补贴［N］．中国保险报，2011-02-17.

② 因篇幅有限，熵权综合评价函数构建具体过程略。

1. 矩阵归一化

由上述评价矩阵可知，本文所构建的原始数据矩阵为符号矩阵。为使样本在 0～1 区间内符合统计的概率分布，便于后续计算，所以需要对原始的评价矩阵进行归一化处理。将 X 矩阵中行向量 x_{ij} 与该矩阵中所有行元素之和作比，得到归一化后矩阵中的元素 z_{ij} ，具体计算过程如下：

$$z_{ij} = \frac{x_{ij}}{\sum_{j=1}^{3} X_{ij}}, j = 1,2,3, i = 1,2,3,4$$

2. 熵权值的确定

在信息论中信息熵表示系统的有序程度，一个系统的有序程度越高，则信息熵越大；相反，一个系统的无序程度越高，则信息熵越小。设 X_{ij} 为第 i 个目标函数（农户、保险公司、政府等主体目标函数）中的第 j 项指标（水稻、玉米、大豆、小麦等粮食作物保险险种方案）的观测数据，对于给定的 j，X_{ij} 的差异越大，该项指标对系统的比较作用就越大，即该项指标包含的信息越多。所以，可以根据各项评价指标（水稻、玉米、大豆、小麦等粮食作物保险险种方案）的差异程度，利用信息熵这个工具计算出各指标（农户、保险公司、政府等主体目标函数）的权重。信息熵具体算法如下所示：

$$H(x_j) = -k\sum_{i=1}^{4} z_{ij} \ln z_{ij}, j = 1,2,3, i = 1,2,3,4$$

式中，调节系数 $k=1/\ln 3=0.910\,2$；z_{ij} 为第 i 个评价单元第 j 个指标标准化值。

3. 熵权综合评价函数的确定

由于原始数据矩阵为符号矩阵，所以由农户、保险公司、政府等三方主体目标函数和大豆、玉米、水稻、小麦等粮食作物保险险种方案构成的评价体系属于模糊综合评价范畴，即各因素的权重非具体数值。因此，需要将上述评价指标的熵值转化为权重值 d_j；然后将农户、保险公司、政府等主体目标函数的权值与其所对应的水稻、玉米、大豆、小麦等粮食作物保险险种方案指标相乘后求和；最后，得出熵权综合评价函数 U，并以此评价函数作为遗传算法的优化目标。具体计算方法如下：

$$\begin{cases} d_j = \dfrac{1 - H(x_j)}{m - \sum_{j=1}^{m} H(x_j)}, & j = 1,2,3, 0 \leqslant d_j \leqslant 1, \sum_{j=1}^{m} d_j = 1 \\ U = \sum_{j=1}^{m} d_j z_{ij}, & j = 1,2,3, i = 1,2,3,4 \end{cases}$$

（二）遗传算法的建立

遗传算法是模仿自然界生物进化机制发展起来的随机全局搜索和优化方法，与其他优化算法相比其具有很快的收敛速度，且在处理不连续以及不可导的问题上优势显著。因此，本文采用遗传算法求解“熵权综合评价函数”U 的最优值。本文选择的选择算法为轮盘赌法，交叉算法为实数交叉算法，变异算法为随机均匀变异算法。根据种植业保险费率精确厘定的特点，编码方式选用单精度式，种群粒度设为100、交叉概率设为0.8、变异概率为0.2。应用“熵权法”对每一代100个种群的个体进行计算、排序，从而对每个个体的“适应度”做出评价。根据贝尔曼最优化原理，通过每一代适应度函数评价，通过遗传算法程序的选择、交叉、变异计算，经过较长的进化代数可以逼近最优解，即最优的种植业保险费率方案。最后计算得出“四大粮食作物”的最优保险费率 α 和政府最优补贴费率 β，从而使得“三方”效用函数 U 达到最优，即最大程度上实现参与粮食作物保险的农户、保险公司、政府各自的最优利益。遗传算法的具体过程如图3所示。

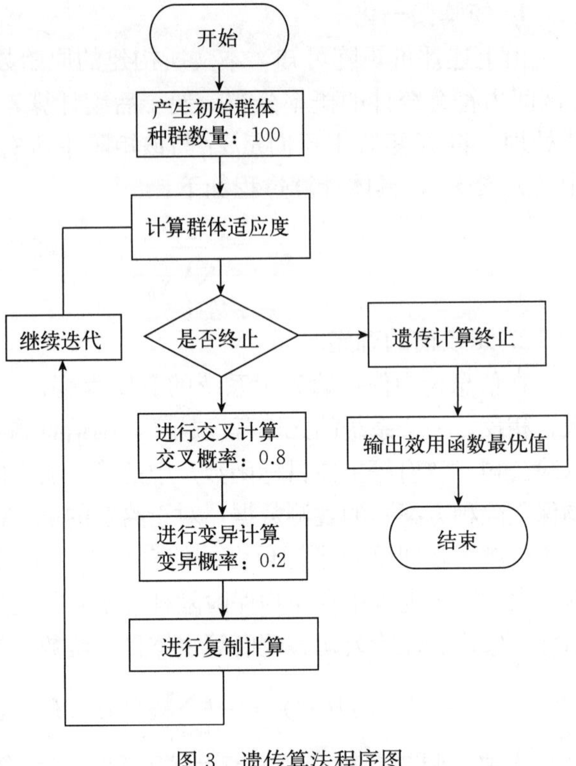

图3　遗传算法程序图

通过遗传算法100代运行后的计算结果发现，当MATLAB程序运行到第10代时，子算法收敛度已经稳定。所以通过改进的遗传算法，计算得出的最优化种植业保险费率具有相当的可靠性。具体收敛情况如图4所示。

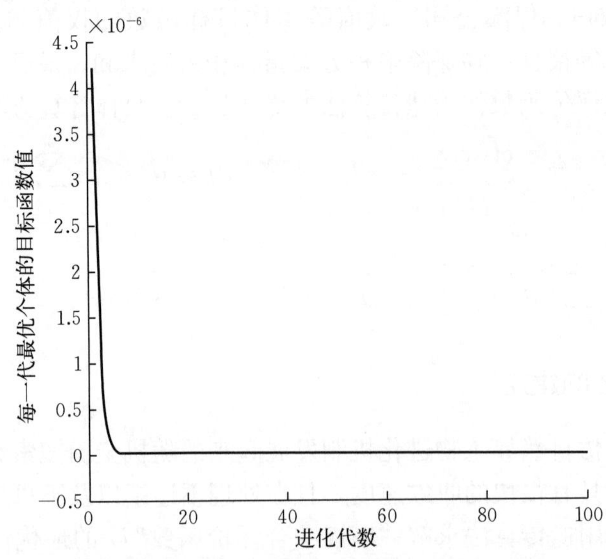

图4　每一代最优个体的目标函数值随进化代数的变化

（三）基于改进遗传算法的粮食作物保险费率优化结果及分析

严格按照上述算法设计并综合前文阶段性结果，本文通过 MATLAB 平台采用改进的遗传算法，对参与黑龙江省粮食作物保险的三方主体目标函数进行了分析，分别得出了费率优化结果和目标函数的优化结果，具体情况如表 6、表 7 所示。

表 6 基于遗传算法的费率优化结果

单位：%

作物种类	优化以前	优化以后	优化幅度
玉米	8.0	9.6	20
水稻	6.8	6.3	−7.35
大豆	9.6	11.1	15.6
小麦	8.3	11.3	36.1
政府补贴费率	80.0	82.8	3.5

表 7 基于遗传算法的目标函数优化结果

目标函数	I_1	I_2	I_3
优化以前	85.31	3.61	1.00
优化以后	99.18	21.52	0.96
优化幅度	16.3%	496.3%	−4.0%

从表 6 的费率优化结果可以看出，黑龙江省粮食作物保险费率除水稻外均有不同幅度增加，其中小麦保险费率提升幅度最大，玉米、大豆保险费率提升幅度次之，水稻保险费率有所下降。

参与粮食作物保险的三方主体目标函数经本文改进的遗传算法优化后，从表 7 的优化结果可以清晰地看出政府主体目标函数优化−4.0%时，农户、保险公司的目标函数具有大幅度提升，优化幅度分别为 16.3%、496.3%，保险公司经营粮食作物保险所面临的风险大幅度下降。基于此优化结果，本文重新制定了黑龙江省粮食作物保险费率明细，具体情况如表 8 所示。

表 8 优化后的黑龙江省粮食作物保险费率明细

保险标的	保险金额（元/亩）	保险费率（%）	保险费（元）	政府补贴（元）	农户自担保费（元）	原农户自担保费（元）
小麦	180	9.6	17.28	14.31	2.97	3.00
玉米	250	6.3	15.75	13.04	2.71	3.00
水稻	220	11.1	24.42	20.22	4.20	3.00
大豆	155	11.3	17.52	14.50	3.22	3.00

综合上述分析可知，黑龙江省政府有关部门微调粮食作物保险的补贴费用率，即

由原来政府承担保费比例的 80％改为承担保费比例的 82.8％，农户与保险公司的利益有大幅度增加。也就是说，政府“牺牲”较小利益，可使参与粮食作物保险三方主体的综合效益达到最优，这样一来不仅提高了农户的自身利益，还侧面加强了农业保险的保障作用，回归政策性保险的本质。依照理性“经济学人”的假设，农户发觉自身的利益提高，会提升其购买粮食作物保险的意愿，农户这一经济行为反过来又会刺激黑龙江省粮食作物保险的发展，带动黑龙江省开展农业保险公司的经济效益，进而吸引更多有实力的保险公司加入到农业保险市场中来，打破黑龙江省粮食作物保险市场“寡头垄断”的局面，这种良性的竞争势必会将黑龙江省农业保险的发展向前推进一大步。

五、结论与展望

本文从粮食作物保险费率构成的角度，利用黑龙江省 10 个区县历史数据，通过“熵权法”建立起政府、农户、保险公司等粮食作物保险利益相关者的效用函数，利用遗传算法对该效用函数进行优化，进而对黑龙江省粮食作物保险费率进行重新厘定。模型结果表明，就黑龙江省而言，粮食作物保险政府补贴费用率增加 2.8％时，表示保险公司和农户利益的效用函数均有不同幅度提升，优化幅度分别为 496.3％、16.3％，即加强政府部门在粮食作物保险中的补贴作用，对参与粮食作物保险利益相关者的综合效益提升有显著的正向效应。

本文基于遗传算法优化模型的意义并非仅是计算出上述数量结果，粮食作物保险费率的构成是建立在农户、保险公司、政府等利益相关者综合效益均衡基础上的，只有在这一前提下，最优的政府补贴费用率才有实际的经济含义。虽然我国开展粮食作物的各个试点地区自然情况、经济情况有所差异，但粮食作物保险费率的构成是不变的，加强政府部门在粮食作物保险中的补贴作用，可以回归政策性农业保险的本质，加强粮食作物保险对农户的保障作用。因此，本文根据前文所述以及模型优化结果，综合农户、保险公司和政府有关部门三方权益，对粮食保险的未来发展方向提出相关合理化建议。

（一）提高保险金额，改善农户实际利益

自我国政策性农业保险制度建立以来，一直遵循“低保障、广覆盖”的原则，只对农户的物化成本损失进行承保。然而，由于保险金额过低、理赔不规范等原因，农户实际获得的保障很少。因此，本文综合前文分析，建议提高种植业保险的保险金额，增强种植业保险对农户的吸引力，进一步增强农户投保的积极性，提升种植业保险的参保率。这样一来既能保障农户的切身利益，又增加了保险公司的总体收益，还会减轻政府有关部门的补贴负担。

（二）探索竞争机制，提高农险市场效率

我国目前经营农险的保险公司有 29 家，黑龙江省有经营农险资质的保险公司有

5家，这个数字还会增加。每个地区的农险市场都出现激烈竞争的态势，而由于农业保险特殊的政策属性，这就会导致农险公司的“寻租行为”，从而降低整个农险市场的效率。因此，本文综合前文分析，建议对农险有关部门的权利进行适当约束，尝试建立农险市场“退出机制”，依靠产品的质量、公司的创新性来提高农险的效率，而不是单一增加农险产品供给者的数量，这样才能释放农险市场应有的活力。

（三）优化补贴比例，减轻地方政府的财政压力

种植业保险的政策性特点，决定了国家支持的必要性。目前我国种植业保险的费率补贴由中央财政直接补贴和地方（省、市、县）财政配套补贴组成，对于一些经济大省而言，财政收入多元化，提供补贴的压力不大。然而，对于一些农业大省、农业大县来说，由于财政收入来源单一、农业生产规模巨大，配套补贴压力可想而知。通过本文的实证结果可知，政府部门提高费用补贴率，对保险公司降低经营风险、农户提高保障水平有显著的正向效应。故本文建议，中央财政补贴应该采用区域化补贴策略，对人均收入较低的地区，采取较高的中央财政补贴比例，减轻地方政府的配套压力；反之，补贴比例适当降低。通过区域化补贴策略，促进全国种植业保险的均衡发展。

参考文献

[1] 丁少群，庹国柱．农作物保险的费率分区研究［J］．保险研究，1994（4）：21-24.

[2] 姜会飞．农业保险费率和保费的计算方法研究［J］．中国农业大学学报，2009（6）：109-117.

[3] 梁来存．我国粮食保险纯费率厘定方法的比较与选择［J］．数量经济技术经济研究，2011（2）：124-134.

[4] 王丽红，杨华，田志宏，闫仲勇．非参数核密度法厘定玉米区域产量保险费率研究——以河北安国市为例［J］．中国农业大学学报，2007（1）：90-94.

[5] 邢鹂．中国种植业生产风险与政策性农业保险研究［D］．南京：南京农业大学，2004.

[6] 肖宇谷，王克，王晔．Bootstrap方法在农业产量保险费率厘定中的应用［J］．保险研究，2014（9）：21-28.

[7] 谢凤杰，王尔大，朱阳．基于Copula方法的作物收入保险定价研究——以安徽省阜阳市为例［J］．农业技术经济，2011（4）：41-49.

[8] 张峭，王克．农作物生产风险分析的方法和模型［J］．农业展望，2007（8）：7-10.

[9] 赵建军，蒋远胜．基于APH法的水稻区域产量旱灾保险费率厘定研究——以四川省为例［J］．保险研究，2012（6）：64-69.

[10] 赵俊晔，张峭，赵思健．中国小麦自然灾害风险综合评价初步研究［J］．中国农业科学，2013（4）：705-714.

[11] 张跃华，史清华，顾海英．农业保险需求问题的一个理论研究及实证分析［J］．数量经济技术经济研究，2007（4）.

[12] 周县华．民以食为天：关于农业保险研究的一个文献综述［J］．保险研究，2010（5）：119-127.

[13] Woodard，Sherrick，and Schnitkey. Actuarial impacts of loss cost ratio ratemaking in USA crop insurance programs［J］. Journal of Agricultural and Resource Economics，2011，36（1）：211-228.

河南省玉米区域产量保险费率厘定实证研究*

李琴英

摘要： 自2008年河南成为种植业保险试点以来一直实行全省统一费率，极易诱发逆选择和道德风险问题，从而制约种植业保险的可持续健康发展。根据国外经验，区域产量保险可有效削弱逆选择和道德风险。开展区域产量保险的前提是风险区划并厘定各分区的费率。本文从理论层面运用简单的动态博弈模型阐述区域产量保险的优点，并以河南18个地市1996—2015的玉米单产、玉米种植面积和农作物种植面积为依据对河南省玉米区域产量保险展开实证研究。首先运用ARIMA模型估计18个地市1996—2015年玉米的趋势单产，进而求得各地市历年的玉米单产损失率；在此基础上通过非参数信息扩散模型求出各地市单产损失率的概率分布，并得出损失率超过某一阈值的概率；考虑到生产风险的复杂性又分别计算出各地市单产变异系数、专业化指数和生产效率指数三类风险指标，并结合单产损失率概率分布共四种风险指标综合考量各地市玉米生产风险水平；通过系统聚类分析法结合河南玉米生产现实状况和经营成本把河南省玉米生产划分为高、中、低三等级风险区域；最后分别计算出各分区95%和100%保障水平下的期望损失率，即为各风险区域玉米产量保险分别在95%和100%保障水平下的纯费率。

关键词： 玉米区域产量保险；费率厘定；ARIMA模型；非参数信息扩散模型；系统聚类法；风险区划

河南是我国的农业大省，粮食产量多年稳居全国第一，玉米产量约占全国的8.25%。自2008年河南省开展玉米保险以来，一直按照“保成本”的原则实行全省统一标准。2016年玉米保额为329元/亩，费率为6%，现行的保障额度太低，即便有80%各级财政补贴也难以形成农户有效的保险需求，同年玉米保险的覆盖率为50.08%，远低于全国70%的平均水平。2017年3月底，为调减玉米种植面积化解库存，河南省玉米保险不再纳入中央和省级财政补贴范围，这一政策举措客观上加剧削弱了分散农户对玉米保险的需求、抑制了规模农户的有效需求。河南省属于我国玉米

* 本文原载《保险研究》2018年第3期。

作者简介：李琴英，郑州大学金融系副教授。

生产的核心优势产区，而非玉米调减“镰刀弯”非优势产区[①]，为保持优势产区的玉米种植收益基本稳定，创新开展河南省玉米区域产量保险，进而为玉米收入保险的开展提供技术基础，既有理论上的可行性也有现实中的迫切性。

一、区域产量保险的理论问题分析

早在 1949 年就有了农作物区域产量保险的概念，美国、印度等国在该险种实施方面取得了丰富的实践经验。简言之，区域产量保险的赔付与否是以该区域农作物单产水平为标准的，而与农户个人的实际单产无直接关系，这是区域产量保险区别于个人产量保险的最显著的标志。若该区域的实际单产高于保险合同中约定的单产，则该区域内所有投保农户均得不到赔付；反之，则该区域内所有投保农户均能得到赔付，而且单位面积的赔付相等，即此种情况下单个农户得到的赔付只和他的种植面积成正比关系。

（一）区域产量保险的优点

1. 降低保险经营成本

区域产量在具体形式上仍然表现为单个农户为投保人，保险公司为保险人。但是保险公司在日常的经营工作中主要是以区域为基本单位，其显著特点是“易定损、广覆盖、快赔付”，既能降低保险公司的经营成本又能提高农户的满意度。①以区域单产水平为触发，避开了五花八门的各类险种，显著降低“菜单成本”；②保障范围覆盖面大幅提高，避开了定损时保险责任的界定和各种纠纷，显著降低定损成本；③理赔对象和理赔金额清晰明了，有效地解决了传统保险的“象征性赔付、协议赔付、任意赔付”等问题，显著降低理赔成本。

2. 有效削弱逆选择

逆选择会导致保险公司的经营风险大幅提高，为降低风险保险公司往往会选择提高费率，这样风险低的农户会选择不买保险。区域产量保险可在一定程度上削弱该问题。

首先，区域产量保险要求保险公司根据风险大小对种植业进行分区，并针对每个分区厘定更加准确的费率。从整体上来看，高风险区增加保费，反之降低保费，能够明显削弱逆选择。此过程可以以一个简单的动态博弈模型来描述（图 1）。

其次，分区后每个区域内的高、低风险农户的风险差异会得到很大的削弱，这会使得区域内的高风险农户对保险公司的费率影响大大削弱，进一步弱化逆选择。

第三，区域产量保险赔付是以区域内整体单产水平为标准的，而且对全区参保农户均有赔付，这种非传统的赔付方式也会对区域内的高、低风险农户的投保策略产生

---

① 参考《农业部关于“镰刀弯”地区玉米结构调整的指导意见》（农农发［2015］号）。

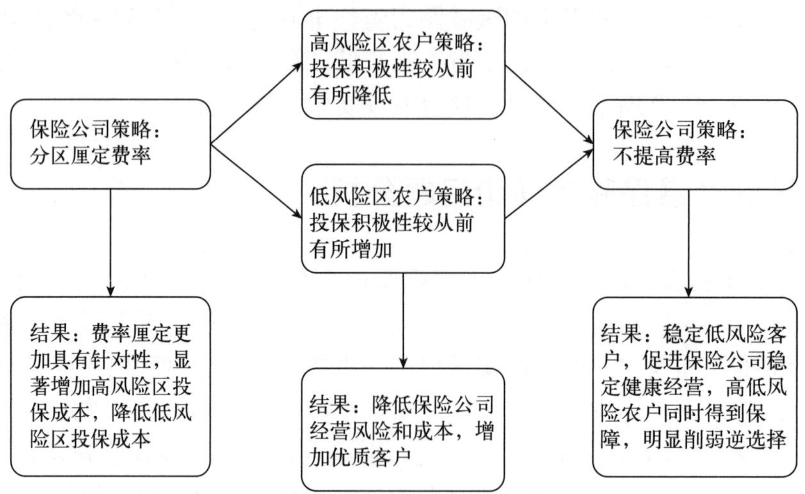

图 1　保险公司与风险分区后农户间动态博弈图

影响。低风险农户的投保积极性会增加，其与个人产量保险对比分析如表 1 所示；同样的道理可知，高风险农户由于触发产量把低风险农户平均进来，被赔付的概率会降低，其投保积极性会在一定程度上降低，因而从赔付方式上又进一步削弱了逆选择。

表 1　两种保险赔付方式对低风险农户的优劣对比

	赔付方式	赔付概率
个人产量保险	以个人产量为触发，而且是补偿性赔付，最后收益不可能高于约定水平	由于自身的农业生产低风险导致自身被赔付的概率极低
区域产量保险	以区域平均水平为触发，赔付时所有参保农户均可得到赔付，最后收益很可能比约定水平高	由于触发产量把高风险农户也平均进去，触发赔付产量的概率提高

3. 有效削弱道德风险

首先，高风险农户如果投保的是个人产量保险，其投保后疏于生产管理、降低投入成本，则其获得赔付概率极大。而区域产量保险是以区域内平均单产为触发点，明显会降低其获得赔付概率，此时，高风险农户便不会放任生产经营，因为这样做的后果很可能就是自己的产量大幅度低于合同约定产量而且还得不到赔付，同时也损失了保费。

其次，低风险农户无论是个人产量保险还是区域产量保险其道德风险都不是一个问题。因为其产量高于约定产量是大概率事件，疏于管理则是损人不利己的行为，他的最终收益会有两种情况：一是实际产量，而且是大概率事件；二是实际产量加赔付产量，而且是小概率事件；低风险农户精于管理也是两种情况：一是“实际产量”，而且是大概率事件；二是“实际产量加赔付产量”，而且是小概率事件，但是这两种情况下的产量是要比“疏忽行为”下的两种产量大的。

综上所述，区域产量保险对道德风险有一定程度的削弱作用。要想精准地分析区域产量保险对逆选择和道德风险削弱程度，还需要对保险公司和各类农户的实际情况做精细化处理。

（二）相关研究综述

在区域产量保险的理论研究方面，具有代表性的研究是 Miranda（1 991）利用美国肯塔基州的 102 个大豆生产农户的产量数据，发现区域产量保险，能够提供更好的风险保障，大幅度降低保险公司的经营管理成本，相对于个人产量保险，由于信息的高度公开化和经营的简约化，在理论上能够消除道德风险并大幅度削弱逆选择。Hourigan J. D（1993）通过研究 1980—1989 年间美国 293 个县（分布于 11 个州）的大豆产量数据，研究既分析了区域产量保险的优势又指出了其不足之处；但是在区域内有大量农户遭受严重损失时（一般指巨灾风险），区域产量保险可能要比个人产量保险面临更大的赔付额。

区域产量保险的费率厘定实证研究中，单产分布和单产损失率分布是两个核心指标，对这两个指标的估计模型分参数模型和非参数模型两类，其中参数模型需要假定单产服从某一分布（需要大样本数据），进而估计模型中各个参数，从而计算出纯费率。而非参数模型则不需要假设单产服从什么分布（较小样本也可以得出较好的结果），直接根据单产样本数据做出损失率的估计，进而求出单产损失率概率分布，从而计算出纯费率。其代表性研究有 Sherrick 等（2004）利用 University of Illinois Endowment Farms 在 12 县的 26 个农场 1972—1999 的玉米和大豆产量数据，首先使用二次确定性趋势方法得到玉米和大豆的 1972—1999 年的趋势产量，把 1995－1999 年的趋势产量的中位数作为 2000 年产量保险的 100%保障产量。然后使用去除趋势的产量数据拟合各种常见分布，各种分布的拟合效果均被 Anderson - Darling 统计量和极大似然值检验，结果显示纯费率的厘定因拟合分布的不同而表现出明显的差异。Ozaki 等（2008）以巴西 Parand 州部分县 1990—2002 年的玉米产量为样本来计算玉米区域产量保险的费率，按照 Gelfand 和 Ghosh（1998）所提出的预测准则，从几个模型中选用最优的模型来计算不同保障水平下的纯费率。该研究表明，由于样本容量太小，最终计算出的纯费率对 2002 年的单产数据尤为敏感，单产较低的地区对应较为明显的高费率。同时也讨论了时空模型在个人保障水平定价方面的运用，并指出该应用要以获取足够多的数据为基础。

宋俊生、赵乐（2013）研究表明，区域产量保险在逆选择、道德风险、交易成本、保障水平等方面较传统农业保险均有较显著的改善。黄正军（2016）提出费率的精准厘定和最小化基差风险水平是区域产量保险得以成功推行的重要保障。张彤、陈秀凤（2014）以玉米为例，对吉林省九个地市进行风险区划并划分为三个等级的风险区域，并运用参数法对不同的分区进行了费率厘定，依次用正态分布、对数正态分布、韦布尔分布拟合样本数据并运用统计量检验得出各个地市的数据的最优分布，进而最终厘定了三个风险区域的费率。于洋（2013）以辽宁省、黑龙江省和大连市为区域对象，利用非参数法分别厘定了这三个地方的水稻、玉米和大豆区域产量保险的费率，并对进一步确定合理的区域范围进行了展望。

综上，国外在区域产量保险方面研究起步早、研究方法也较为成熟，为早期的区域产量保险实践提供了理论指导。国内研究虽然起步较晚，但是在研究方法和工具模型也达到了世界先进水平，并对早期学者运用的方法、模型和工具做了很大的改进，理论分析更为细致深入，实证研究更为严密科学，为我国区域产量保险的推广提供了丰富的理论依据。

二、河南省玉米风险区划实证过程

首先对 1996—2015 年 18 个地市的玉米单产进行拟合，利用各地市历年拟合单产作为趋势单产进而求出该地市的历年单产损失率，然后运用非参数信息扩散模型求出各地市的单产损失率的概率分布；在此基础上，结合各地市单产变异系数、专业化指数和生产效率指数共四类风险指标，综合考量各地市玉米生产风险水平；最后运用系统聚类分析法并结合实际情况把河南省玉米生产分为低、中、高三个风险区域。

（一）趋势单产的拟合

1. 数据来源

本文数据为河南省 18 个地市 1996—2015 历年的玉米单产（单位：千克/公顷）、历年玉米播种面积（单位：千公顷）、农作物播种面积（单位：千公顷）和河南省 1996—2015 历年玉米单产（单位：千克/公顷）、历年玉米播种面积（单位：千公顷）、农作物播种面积（单位：千公顷），数据均是由历年《河南统计年鉴》整理得出。

由于数据量过多，在此不再一一列出，仅做简单的统计性描述。对于单产数据：各地市 1996—2015 年平均单产中最低的为三门峡（3 821.40 千克/公顷），最高的为焦作（7 362.55 千克/公顷），河南省历年平均单产为 5 159.45 千克/公顷；对于玉米播种面积：各地市 1996—2015 年平均玉米播种面积中最低的为济源（18.11 千公顷），最高的为驻马店（339.00 千公顷），河南省历年玉米平均播种面积为 2 606.15 千公顷；对于农作物播种面积：各地市 1 996－2015 年平均农作物播种面积中最低的为济源（52.1 千公顷），最高的为南阳（1 788.9 千公顷），河南省历年农作物平均播种面积为 13 984.6 千公顷。

2. ARIMA 模型及单产损失率的估计过程

（1）模型及模型的估计过程①。本文所运用的基础数据为时间序列，无论是单方程模型还是联立方程模型，其前提是时间序列必须平稳。ARIMA（p，d，q）形式

---

① 对于拟合单产的估计方法，现有的几种参数法拟合产量分布需要事先假定产量分布的模型，其效果好坏基于事先判断的好坏，具有较大的主观性；而运用自回归移动平均模型不需要事先假定单产分布模型，具有较强的客观性，而且河南省农业生产条件相对较好，各地的单产时间序列相对比较平稳，能够较好地满足自回归移动平均过程，因此本文运用 ARIMA 模型拟合趋势单产。

就表示该平稳时间序列的随机过程或趋势。

经测试，河南省各地市的玉米单产的平稳性只有两种情况：一是单产即是平稳的，二是经一阶差分之后化为平稳，很好地符合了 ARIMA（p，d，q）模型地要求，说明经过 ARIMA（p，d，q）估计的拟合单产很好地反映了各地市当年的单产趋势。

使用 ARIMA 模型估计 18 个地市小麦的拟合单产时要注意以下几点：

第一，在进行 ADF 单位根检验时，一定要逐一试验三个选项，只要有一个通过单位根检验，则可判定此时间序列为平稳时间序列。如果着急做差分就会丢掉序列的一些信息，即使能够很好地通过检验，其实际意义也会大打折扣，做完此步就确定了 d 值。

第二，p 和 q 的确定是一个复杂的问题。首先通过软件绘制出单整之后的序列的自相关和偏自相关函数的柱形图，并根据图像的拖尾和截尾特性来初步判断 p 和 q 的值。然而仅仅通过观察图像无法最终确定 p 和 q，需要在观察图像的前提下结合以下两个经验原则反复试验方程的形式，最终确定 p 和 q 的值。

原则一：p 和 q 不可选取过大的数值，ARIMA 模型在遵循自相关和偏自相关函数变化规律的前提下模型越简约效果越好。变量滞后期和随机扰动项滞后期如果选取的过大，不仅模型结构冗长，而且由于相关性很弱其实际意义也会损失。

原则二：方程估计要兼顾几个统计指标：修正的拟合优度 $\bar{R}^2$，各系数的 t 统计量或 P 值，随机扰动项自相关性的 DW 值。不可过分追求 $\bar{R}^2$ 而牺牲其他相关的指标，另外也要综合考量 AIC 和 SC 的取值，AIC 和 SC 的取值越小越好。

本文运用 eviews7.2 多次试验在不牺牲重要指标的前提下最大化拟合优度，最终得到了各指标优良的估计结果（表 2），结果显示各参数的估计值至少能通过 10%的显著性水平检验，由于估计参数过多，其检验统计量不一一列出，在此只列出反映方程整体特性的统计量（无常数项的方程没有 F 统计量）。

表 2　河南省 18 个地市小麦单产趋势方程

郑州	ARIMA（1，1，2）	$\Delta y_t = -0.723\Delta y_{t-1} + \varepsilon_t + 1.301\varepsilon_{t-1} + 0.383\varepsilon_{t-2}$		
	统计指标	$\bar{R}^2 = 0.804\ 077$	$DW = 2.191\ 638$	—
开封	ARIMA（1，1，1）	$\Delta y_t = -0.203\Delta y_{t-1} + \varepsilon_t - 1.848\varepsilon_{t-1}$		
	统计指标	$\bar{R}^2 = 0.741\ 896$	$DW = 1.608\ 804$	—
洛阳	ARIMA（1，0，2）	$y_t - 4\ 600.176 = 0.517(y_{t-1} - 4\ 600.176) + \varepsilon_t - 0.945\varepsilon_{t-1} + 0.948\varepsilon_{t-2}$		
	统计指标	$\bar{R}^2 = 0.589\ 106$	$DW = 1.677\ 259$	$F = 9.602\ 310$
平顶山	ARIMA（3，0，3）	$y_t = -0.229y_{t-1} + 0.235y_{t-2} + 0.553y_{t-3} + \varepsilon_t - 1.227\varepsilon_{t-1} - 0.855\varepsilon_{t-2} - 2.640\varepsilon_{t-3}$		
	统计指标	$\bar{R}^2 = 0.798\ 263$	$DW = 2.359\ 252$	—

（续）

安阳	ARIMA（2，1，2）	$\Delta y_t = -0.767\Delta y_{t-1} - 0.487\Delta y_{t-2} + \varepsilon_t + 0.654\varepsilon_{t-1} + 0.959\varepsilon_{t-2}$		
	统计指标	$\bar{R}^2 = 0.742\ 021$	$DW = 1.081\ 728$	—
鹤壁	ARIMA（2，1，3）	$\Delta y_t = -0.078\Delta y_{t-1} - 0.140\Delta y_{t-2} + \varepsilon_t + 2.773\varepsilon_{t-2} + 4.550\varepsilon_{t-3}$		
	统计指标	$\bar{R}^2 = 0.935\ 308$	$DW = 3.112\ 712$	—
新乡	ARIMA（1，1，4）	$\Delta y_t = -0.273\Delta y_{t-1} + \varepsilon_t + 0.957\varepsilon_{t-4}$		
	统计指标	$\bar{R}^2 = 0.773\ 494$	$DW = 1.268\ 702$	—
焦作	ARIMA（4，1，4）	$\Delta y_t = -0.168\Delta y_{t-4} + \varepsilon_t + 0.986\varepsilon_{t-4}$		
	统计指标	$\bar{R}^2 = 0.954\ 919$	$DW = 1.720\ 800$	—
濮阳	ARIMA（0，1，1）	$\Delta y_t - 154.386 = \varepsilon_t - 1.813\varepsilon_{t-1}$		
	统计指标	$\bar{R}^2 = 0.781\ 407$	$DW = 2.302\ 174$	$F = 65.344\ 72$
许昌	ARIMA（3，0，3）	$y_t - 6\ 167.712 = 0.682(y_{t-1} - 6\ 167.712) - 0.682(y_{t-3} - 6\ 167.712) + \varepsilon_t - 2.575\varepsilon_{t-1} + 3.672\varepsilon_{t-3}$		
	统计指标	$\bar{R}^2 = 0.913\ 672$	$DW = 2.742\ 234$	$F = 43.334\ 68$
漯河	ARIMA（2，0，1）	$\Delta y_t - 142.05 = -1.25(\Delta y_{t-1} - 142.05) - 0.54(\Delta y_{t-2} - 142.05) + \varepsilon_t + 0.82\varepsilon_{t-1} - 0.78\varepsilon_{t-2} - 0.97\varepsilon_{t-3}$		
	统计指标	$\bar{R}^2 = 0.749\ 101$	$DW = 1.430\ 478$	$F = 10.554\ 11$
三门峡	ARIMA（1，1，1）	$\Delta y_t = -0.521\Delta y_{t-1} + \varepsilon_t + 0.953\varepsilon_{t-1}$		
	统计指标	$\bar{R}^2 = 0.719\ 075$	$DW = 1.947\ 565$	—
南阳	ARIMA（3，1，3）	$\Delta y_t = -1.169\Delta y_{t-1} - 0.749\Delta y_{t-2} - 0.328\Delta y_{t-3} + \varepsilon_t + 1.230\varepsilon_{t-1} + 1.129\varepsilon_{t-2} + 0.897\varepsilon_{t-3}$		
	统计指标	$\bar{R}^2 = 0.597\ 384$	$DW = 1.836\ 805$	—
商丘	ARIMA（2，1，1）	$\Delta y_t - 198.586 = 0.335(\Delta y_{t-1} - 198.586) - 0.296(\Delta y_{t-2} - 198.586) + \varepsilon_t - 1.938\varepsilon_{t-1}$		
	统计指标	$\bar{R}^2 = 0.699\ 119$	$DW = 2.786\ 796$	$F = 13.392\ 40$
信阳	ARIMA（2，0，2）	$y_t - 3\ 887.206 = -1.022(y_{t-2} - 3\ 887.206) + \varepsilon_t - 3.823\varepsilon_{t-2}$		
	统计指标	$\bar{R}^2 = 0.815\ 622$	$DW = 2.355\ 515$	$F = 38.600\ 98$
周口	ARIMA（1，0，1）	$y_t - 5\ 950.002 = 0.925(y_{t-1} - 5\ 950.002) + \varepsilon_t - 2.010\varepsilon_{t-1}$		
	统计指标	$\bar{R}^2 = 0.671\ 769$	$DW = 2.520\ 297$	$F = 19.419\ 71$
驻马店	ARIMA（1，0，2）	$y_t - 4\ 295.829 = 0.360(y_{t-1} - 4\ 295.829) + \varepsilon_t - 3.909\varepsilon_{t-2}$		
	统计指标	$\bar{R}^2 = 0.912\ 532$	$DW = 1.597\ 835$	$F = 89.678\ 05$

（续）

济源	ARIMA（1，1，1）	$\Delta y_t = -0.321\Delta y_{t-1} + \varepsilon_t + 1.000\varepsilon_{t-1}$		
	统计指标	$\bar{R}^2 = 0.650\,435$	$DW = 2.223\,881$	—

（2）单产损失率估计。由于 d 阶差分和 p 阶自回归的缘故，河南省 18 个地市 1996 年的拟合单产数据全部缺失，某些地市可能会缺失更多年份的拟合值，本文利用拟合后的最早三年的单产数据的平均数来代替缺失的拟合单产数据。

由公式：单产减产率＝ max（拟合单产—实际单产，0）/ 拟合单产，求出各地市 1996—2015 历年的单产损失率（表 3）。

表 3　河南省 18 个地市玉米单产损失率

年份	郑州	开封	洛阳	平顶山	安阳	鹤壁	新乡	焦作	濮阳
1996	0.123 0	0.000 0	0.091 8	0.000 0	0.072 4	0.371 6	0.099 4	0.000 0	0.039 7
1997	0.320 6	0.000 0	0.004 3	0.372 2	0.080 9	0.171 3	0.075 2	0.000 0	0.000 0
1998	0.000 0	0.000 0	0.051 4	0.000 0	0.000 0	0.000 0	0.000 0	0.000 0	0.069 4
1999	0.000 0	0.000 0	0.154 3	0.033 4	0.000 0	0.000 0	0.000 0	0.000 0	0.000 0
2000	0.049 3	0.023 2	0.000 0	0.000 0	0.000 0	0.045 0	0.000 0	0.000 0	0.000 0
2001	0.019 9	0.000 0	0.061 1	0.000 0	0.000 0	0.000 0	0.000 0	0.001 5	0.000 0
2002	0.000 0	0.000 0	0.056 9	0.000 0	0.018 1	0.002 7	0.000 0	0.020 5	0.000 0
2003	0.052 7	0.232 8	0.000 0	0.126 2	0.019 8	0.000 0	0.000 0	0.000 0	0.269 3
2004	0.000 0	0.123 2	0.000 0	0.017 0	0.000 0	0.000 0	0.027 4	0.005 6	0.000 0
2005	0.000 0	0.170 1	0.000 0	0.017 9	0.000 0	0.000 0	0.000 0	0.000 0	0.020 7
2006	0.000 0	0.033 2	0.000 0	0.036 4	0.000 0	0.000 0	0.000 0	0.000 0	0.000 0
2007	0.000 0	0.000 0	0.000 0	0.000 0	0.000 0	0.003 0	0.000 0	0.000 0	0.000 0
2008	0.028 1	0.000 0	0.000 0	0.000 0	0.000 0	0.000 4	0.000 0	0.000 0	0.000 0
2009	0.000 0	0.000 0	0.000 0	0.038 5	0.035 7	0.000 0	0.011 4	0.005 8	0.000 0
2010	0.035 4	0.002 9	0.000 0	0.003 9	0.008 1	0.000 0	0.011 1	0.025 3	0.000 0
2011	0.000 0	0.009 7	0.036 4	0.000 0	0.000 0	0.001 9	0.002 5	0.002 6	0.000 0
2012	0.000 0	0.001 4	0.006 7	0.003 5	0.000 0	0.000 0	0.000 0	0.000 0	0.000 0
2013	0.016 7	0.000 0	0.000 0	0.000 0	0.005 5	0.000 0	0.003 9	0.000 0	0.020 5
2014	0.033 2	0.008 9	0.068 4	0.068 8	0.006 5	0.000 4	0.000 0	0.000 3	0.000 0
2015	0.000 0	0.000 0	0.009 0	0.000 0	0.000 0	0.000 0	0.000 0	0.000 0	0.019 0

年份	许昌	漯河	三门峡	南阳	商丘	信阳	周口	驻马店	济源
1996	0.055 7	0.000 0	0.047 8	0.034 8	0.107 3	0.038 8	0.032 8	0.000 0	0.021 1
1997	0.227 3	0.022 2	0.520 0	0.249 0	0.199 7	0.000 0	0.004 5	0.155 8	0.336 9
1998	0.000 0	0.000 0	0.000 0	0.000 0	0.097 5	0.000 0	0.023 9	0.000 0	0.000 0

（续）

年份	许昌	漯河	三门峡	南阳	商丘	信阳	周口	驻马店	济源
1999	0.000 0	0.105 2	0.000 0	0.055 4	0.000 0	0.202 3	0.000 0	0.000 0	0.000 0
2000	0.025 1	0.000 0	0.000 0	0.038 9	0.000 0	0.000 0	0.003 7	0.094 7	0.078 6
2001	0.000 0	0.000 0	0.294 5	0.028 7	0.000 0	0.218 3	0.000 0	0.000 0	0.098 4
2002	0.019 2	0.002 1	0.000 0	0.000 0	0.000 0	0.000 0	0.000 0	0.031 3	0.057 2
2003	0.011 5	0.277 7	0.000 0	0.067 3	0.530 0	0.084 2	0.514 9	0.186 0	0.000 0
2004	0.000 0	0.036 8	0.000 0	0.000 0	0.000 0	0.000 0	0.031 3	0.063 8	0.056 1
2005	0.000 0	0.000 0	0.043 8	0.000 0	0.137 9	0.000 0	0.125 4	0.028 8	0.025 6
2006	0.000 0	0.000 0	0.000 0	0.000 0	0.000 0	0.000 0	0.000 0	0.012 1	0.000 0
2007	0.000 0	0.000 0	0.000 0	0.000 0	0.000 0	0.000 0	0.000 0	0.033 7	0.005 2
2008	0.000 0	0.000 0	0.030 3	0.033 3	0.000 0	0.000 0	0.000 0	0.038 6	0.000 0
2009	0.000 0	0.019 6	0.013 5	0.019 4	0.000 0	0.000 0	0.024 0	0.045 6	0.045 6
2010	0.000 0	0.000 0	0.000 0	0.000 0	0.000 0	0.000 0	0.046 3	0.045 5	0.000 0
2011	0.007 9	0.033 1	0.025 2	0.021 3	0.000 0	0.000 0	0.017 6	0.044 2	0.034 0
2012	0.000 0	0.000 0	0.000 0	0.000 0	0.000 0	0.000 0	0.000 0	0.024 1	0.000 0
2013	0.000 0	0.017 6	0.047 4	0.010 9	0.000 0	0.000 0	0.000 0	0.031 3	0.045 9
2014	0.013 2	0.037 7	0.034 9	0.078 9	0.000 4	0.000 0	0.027 2	0.000 0	0.000 0
2015	0.000 0	0.027 8	0.000 0	0.000 0	0.016 8	0.000 0	0.000 0	0.000 0	0.000 0

（二）单产损失率概率分布的求解

1. 非参数信息扩散模型

目前对农作物风险损失率的概率分布估计方法有参数法和非参数法两种。参数法的准确性较大程度地依赖于历史单产数据的数量和质量，有较大的局限性；而非参数信息扩散模型具有以下几种优势：①该模型以某地区玉米的单产损失率为样本数据来估计该地区玉米风险损失率的概率分布，且所有样本值均在［0，1］内；②无需假设各地市单产损失率服从何种分布从而省去了一系列拟合检验工作；③运用模糊数学处理方法，优化利用样本模糊信息对样本进行集值化，弥补了样本信息不足，具有估计依据客观和计算结果稳定的优点。因此，本文运用非参数信息扩散模型来估计河南省18个地市的玉米单产损失率的概率分布。该模型的原理的简要推理说明如下①：

设某地玉米单产损失率为 l（l 为随机变量），且 $l \in [0, 1]$，某地第 t 年的单产损失率的样本观测值为 x_t（$t = 1, 2, 3, \cdots, T$）。设 x_t 包含的信息按正态分布规律扩散给单产损失率集合［0，1］里的所有样本点 l，则其扩散公式为：

① 本文运用模型参考：李文芳．湖北小麦区域产量保险精算研究［D］．武汉：华中农业大学，2009。但本文对其推理过程进行了优化，对其表述不够严谨的地方进行了改进，并对其推理过程中下标使用不当的地方进行了改正。

$$g_{x_t}(l) = \frac{1}{h\sqrt{2\pi}} \exp\left[-\frac{(x_t - l)^2}{2h^2}\right] \tag{1}$$

其中，h 为信息扩散系数，exp（•）为以 e 为底的指数函数。

h 通过经验公式来确定，当样本个数 $n \geqslant 10$ 时，扩散系数 h 的经验公式为：

$$h = 1.4208(b-a)/(n-1) \tag{2}$$

其中，n 为样本数据个数即某地市单产损失率观测值的个数；b 为样本数据的最大值；a 为样本数据的最小值。

在实际操作中，由于观测值不可能是连续的，而且观测值的样本容量一般也不是太大，所以一般将 l 的集合［0，1］均匀地离散化为 m 个点（化连续为离散）：$0=l_1<l_2<l_3<\cdots<l_m=1$，则原连续的非参数信息传递模型可改写为离散的非参数信息传递模型：

$$g_{x_t}(l_i) = \frac{1}{h\sqrt{2\pi}} \exp\left[-\frac{(x_t - l_i)^2}{2h^2}\right] (i=1,\ 2,\ \cdots,\ m) \tag{3}$$

模型改造完之后，首先要做的就是对 i 求和（如果要用连续的模型，此步只需要对 l 在 0—1 上进行定积分）。

令：

$$c_t = \sum_{i=1}^{m} g_{x_t}(l_i) \tag{4}$$

这里可认为是样本观测值 x_t 扩散的归一化分母。接着再令：

$$\mu_{x_t}(l_i) = \frac{g_{x_t}(l_i)}{c_t} \tag{5}$$

其中，$\mu_{x_t}(l_i)$ 可认为是第 t 期的样本观测值 x_t 扩散到 l_i 上的个数，但是这个“个数”有着特殊性，它的取值在 0 到 1 之间（当然也可以理解为一个样本观测值自身有多少“成分”扩散到 l_i 上）。接着再对 t 求和得到：

$$m(l_i) = \sum_{t=1}^{T} \mu_{x_t}(l_i) \tag{6}$$

$m(l_i)$ 表示所有样本观测值 x_t 扩散到 l_i 上的个数，即所有单产损失率样本 x_t 经过信息扩散后取值为 l_i 的样本数。

如果 $m(l_i)$ 再对 i 求一次和，即得到

$$M = \sum_{i=1}^{m} m(l_i) \tag{7}$$

M 为所有 x_t 扩散至所有 l_i 上总个数，其实质就是样本容量，在理论上有 $M=T$，为避免计算过程中四舍五入的干扰，样本个数总和仍选取理论值 T，所以有

$$p(l_i) = \frac{m(l_i)}{T} \tag{8}$$

$$P(l_i) = \sum_{k=i}^{m} p(l_i) \tag{9}$$

公式（8）中的 $p(l_i)$ 就是某级市单产损失率等于 l_i 的概率，公式（9）中的

$P(l_i)$ 是某地市单产损失率大于或等于 l_i 的概率。

2. 单产损失率概率分布

本文采用离散的非参数信息扩散模型来求出各地市单产损失率的概率分布，在此，把单产损失率 l 以 0.05 为步长等间隔离散为 21 个点，通过 Excel 软件计算出来的各地市单产损失率概率分布汇总如下（表 4）：

表 4 河南省 18 个地市玉米单产损失率的概率分布

地市	郑州	开封	洛阳	平顶山	安阳	鹤壁	新乡	焦作	濮阳
L=0.00	0.618 1	0.770 8	0.650 5	0.606 0	0.850 0	0.714 2	0.855 2	0.950 6	0.773 3
L=0.05	0.269 4	0.079 2	0.245 5	0.265 6	0.098 7	0.179 6	0.067 1	0.049 4	0.159 4
L=0.10	0.039 8	0.028 7	0.054 1	0.051 9	0.051 3	0.007 5	0.077 7	0.000 0	0.017 3
L=0.15	0.022 6	0.055 9	0.050 0	0.025 5	0.000 0	0.026 9	0.000 0	0.000 0	0.000 0
L=0.20	0.000 2	0.026 3	0.000 0	0.001 1	0.000 0	0.021 1	0.000 0	0.000 0	0.000 1
L=0.25	0.000 6	0.039 2	0.000 0	0.000 0	0.000 0	0.000 7	0.000 0	0.000 0	0.033 3
L=0.30	0.029 3	0.000 0	0.000 0	0.001 2	0.000 0	0.001 3	0.000 0	0.000 0	0.016 5
L=0.35	0.019 9	0.000 0	0.000 0	0.026 2	0.000 0	0.026 6	0.000 0	0.000 0	0.000 0
L=0.40	0.000 2	0.000 0	0.000 0	0.021 8	0.000 0	0.021 4	0.000 0	0.000 0	0.000 0
L=0.45	0.000 0	0.000 0	0.000 0	0.000 7	0.000 0	0.000 7	0.000 0	0.000 0	0.000 0
L=0.50	0.000 0	0.000 0	0.000 0	0.000 0	0.000 0	0.000 0	0.000 0	0.000 0	0.000 0
L=0.55	0.000 0	0.000 0	0.000 0	0.000 0	0.000 0	0.000 0	0.000 0	0.000 0	0.000 0
L=0.60	0.000 0	0.000 0	0.000 0	0.000 0	0.000 0	0.000 0	0.000 0	0.000 0	0.000 0
L=0.65	0.000 0	0.000 0	0.000 0	0.000 0	0.000 0	0.000 0	0.000 0	0.000 0	0.000 0

地市	许昌	漯河	三门峡	南阳	商丘	信阳	周口	驻马店	济源
L=0.00	0.840 5	0.671 5	0.500 8	0.594 7	0.496 9	0.796 2	0.518 6	0.412 6	0.526 5
L=0.05	0.107 8	0.228 3	0.332 7	0.307 8	0.255 2	0.061 3	0.332 6	0.435 0	0.323 0
L=0.10	0.001 7	0.045 7	0.063 2	0.047 5	0.089 5	0.042 5	0.071 6	0.052 4	0.094 8
L=0.15	0.000 0	0.004 5	0.003 3	0.000 0	0.060 5	0.000 3	0.023 1	0.052 4	0.005 6
L=0.20	0.020 0	0.000 0	0.001 4	0.001 5	0.035 1	0.088 0	0.004 0	0.047 6	0.000 0
L=0.25	0.030 0	0.021 0	0.013 3	0.047 4	0.011 8	0.011 7	0.000 1	0.000 0	0.000 1
L=0.30	0.000 0	0.028 8	0.025 4	0.001 1	0.001 0	0.000 0	0.000 0	0.000 0	0.013 6
L=0.35	0.000 0	0.000 1	0.009 3	0.000 0	0.000 0	0.000 0	0.000 0	0.000 0	0.034 6
L=0.40	0.000 0	0.000 0	0.000 9	0.000 0	0.000 1	0.000 0	0.000 3	0.000 0	0.001 7
L=0.45	0.000 0	0.000 0	0.005 1	0.000 0	0.003 3	0.000 0	0.000 3	0.000 0	0.000 0
L=0.50	0.000 0	0.000 0	0.022 5	0.000 0	0.018 9	0.000 0	0.024 0	0.000 0	0.000 0
L=0.55	0.000 0	0.000 0	0.019 0	0.000 0	0.022 2	0.000 0	0.017 1	0.000 0	0.000 0
L=0.60	0.000 0	0.000 0	0.003 1	0.000 0	0.005 3	0.000 0	0.002 2	0.000 0	0.000 0
L=0.65	0.000 0	0.000 0	0.000 1	0.000 0	0.000 3	0.000 0	0.000 1	0.000 0	0.000 0

（三）四种风险指标的求解[①]

1. 玉米单产损失率超过某一阀值的概率

X_1：玉米单产损失率超过某一阈值的概率。由于各地市的单产损失率的概率分布已求得，所以该指标的求解只需要设置某一个或几个阈值之后，把满足条件的概率值一一加总即可。由于河南省玉米生产风险水平总体较低，本研究只设置了5%和10%两个阈值。

单产损失率的概率分布是直接以实际单产结果为导向的，在计算过程中没有考虑任何劳动力、资本、生产技术和自然条件等因素，所以该指标反映了一个地区的玉米生产综合风险水平。

2. 玉米单产变异系数

X_2：玉米单产变异系数。该指标值越小，表明玉米产量越稳定，生产风险越小。其计算公式为：

$$CV = \frac{\sigma}{\bar{Y}} \tag{10}$$

其中，σ为各地玉米单产样本标准差，$\bar{Y}$为各地玉米单产样本均值。该指标不能简单地理解为一个地区单产的波动性，准确来说它反映的是一个地区单位均值所带来的波动幅度，比方差或标准差更能准确反映该地区的风险程度。

3. 玉米生产的专业化指数

X_3：玉米生产的专业化指数。一般而言，某地区玉米生产的规模大小在一定程度上反映了其专业化水平，专业化水平越高的地区其玉米生产的风险管理能力就越高，因此该指数可用如下公式表示：

$$SAI_{ij} = \frac{GS_{ij}/GS_i}{GS_j/GS} \tag{11}$$

其中：GS_{ij}为i市玉米的播种面积，GS_i为i市所有农作物的播种总面积，GS_j为全省玉米的播种面积，GS为全省所有农作物的播种总面积。

4. 玉米生产的效率指数

X_4：玉米生产的效率指数。在经济学中，资源配置的效率是通过资源流向某个部门的收益来反映的，若该资源配置在该地区能够获得的收益高于其他地区，则称该资源的配置是有效的。在玉米生产中最能直接反映劳动力、资本等要素投入的收益就是玉米的单产水平，所以本研究用地市的单产和全省的单产的比值来量化各地市的相对生产效率水平，其计算公式如下：

① 风险指标的选取参考：李琴英．小麦区域产量保险费率厘定实证研究［J］．郑州大学学报（哲社版），2016（3）：67—72，该论文的指标选取比较简洁而且全面，共线性程度较低。本文在其基础上对风险指标的理论解释进行了优化，对其表述不完善的地方进行了修正。

$$EAI_{ij} = \frac{AP_{ij}}{AP_j} \tag{12}$$

其中，AP_{ij} 为 i 市玉米单产，AP_j 为全省玉米平均单产。若 $EAI_{ij}>1$，表明 i 市玉米生产的资源配置具有效率优势，等量的投入能够取得较大的收益，生产风险水平较低；反之，则表明 i 市玉米生产处于效率劣势，风险水平相对较高。

为便于直观地了解各种风险指标，将风险分区指标汇总如表 5。

表 5　风险分区指标及含义

指标	指标含义	指标类型
X_1	玉米单产损失率超过某一阈值的概率	综合性指标
X_2	小麦单产变异系数	波动性指标
X_3	小麦生产的专业化指数	生产规模指标
X_4	小麦生产的效率指数	生产效率指标

5. 各地市的四种指标汇总

由上述定义计算出各地市的四类风险指标，汇总于表 6。

表 6　河南省 18 个地市四种风险指标汇总

地市	单产损失率超过某一阈值的概率		单产变异系数（CV）	专业化指数（SAI_{ij}）	效率指数（EAI_{ij}）
	P（$l \geqq 5\%$）	P（$l \geqq 10\%$）			
郑州市	0.381 9	0.112 5	0.105 3	1.340 3	0.875 9
开封市	0.229 7	0.150 6	0.159 0	0.779 8	1.030 9
洛阳市	0.349 9	0.104 4	0.112 7	1.156 1	0.893 4
平顶山市	0.394 1	0.128 5	0.155 7	1.393 1	0.842 9
安阳市	0.150 0	0.051 3	0.067 9	1.315 3	1.195 4
鹤壁市	0.285 8	0.106 2	0.147 6	1.691 7	1.213 9
新乡市	0.144 8	0.077 7	0.061 4	1.205 7	1.131 3
焦作市	0.049 4	0.000 0	0.078 1	1.434 8	1.427 0
濮阳市	0.226 9	0.067 5	0.124 0	0.946 2	1.189 3
许昌市	0.159 6	0.051 8	0.075 6	1.243 1	1.209 6
漯河市	0.328 5	0.100 2	0.167 9	1.228 1	1.086 2
三门峡市	0.499 2	0.166 5	0.206 2	0.992 6	0.740 7
南阳市	0.405 3	0.097 6	0.113 0	0.802 2	0.961 7
商丘市	0.503 2	0.247 9	0.207 8	1.083 7	1.116 0
信阳市	0.203 8	0.142 5	0.205 7	0.103 7	0.815 2
周口市	0.475 4	0.142 8	0.190 8	0.997 7	1.060 9
驻马店市	0.587 5	0.152 4	0.192 0	1.113 3	0.913 0
济源市	0.473 5	0.150 5	0.102 8	1.490 2	0.980 3

（四）风险分区的结果

1. 系统聚类法

本文采用系统聚类分析法对样品进行分类，由于变量的数目本身就少而且侧重于不同的角度，所以不再进行变量聚类，该过程通过 SPSS21 实现。

具体操作步骤如下：①聚类方法：选择组间连接法（Between-groups Linkage）；②度量标准：选择平方欧氏（Euclidean）距离；③数据标准化：选择全距从 0 到 1，以使各指标因素之间具有可比性；④确定各指标因素的权重：本文对以上五个主导指标给予相等的权重。⑤确定分类类数：各类别之间的距离应该比较明显，且考虑到实际操作每一类别所包含的样本个数不宜过多，本文设定为 2～4 类。

需要注意的是，在 SPSS 聚类分析中有多种方法，每种方法都有其优势和缺陷。在实际操作中，运用 SPSS 生成聚类结果之后一般不宜直接照搬软件生成的分类结果，需要运用专业知识参照软件生成的分类结果结合实际的数据指标加以分析比较，一般需要做出细微的改进。

2. 聚类结果的分析及确定

首先，如果直接分析 SPSS 生成的聚类表（表 7）和聚类图（图 2），则河南省玉米生产风险分区则可按如下方案进行。

表 7　分别聚为 2、3、4 类的结果

案例	群集成员		
	4 群集	3 群集	2 群集
1. 郑州	1	1	1
2. 开封	1	1	1
3. 洛阳	1	1	1
4. 平顶山	1	1	1
5. 安阳	2	2	2
6. 鹤壁	1	1	1
7. 新乡	2	2	2
8. 焦作	2	2	2
9. 濮阳	2	2	2
10. 许昌	2	2	2
11. 漯河	1	1	1
12. 三门峡	3	1	1
13. 南阳	1	1	1
14. 商丘	3	1	1
15. 信阳	4	3	1
16. 周口	3	1	1
17. 驻马店	3	1	1
18. 济源	1	1	1

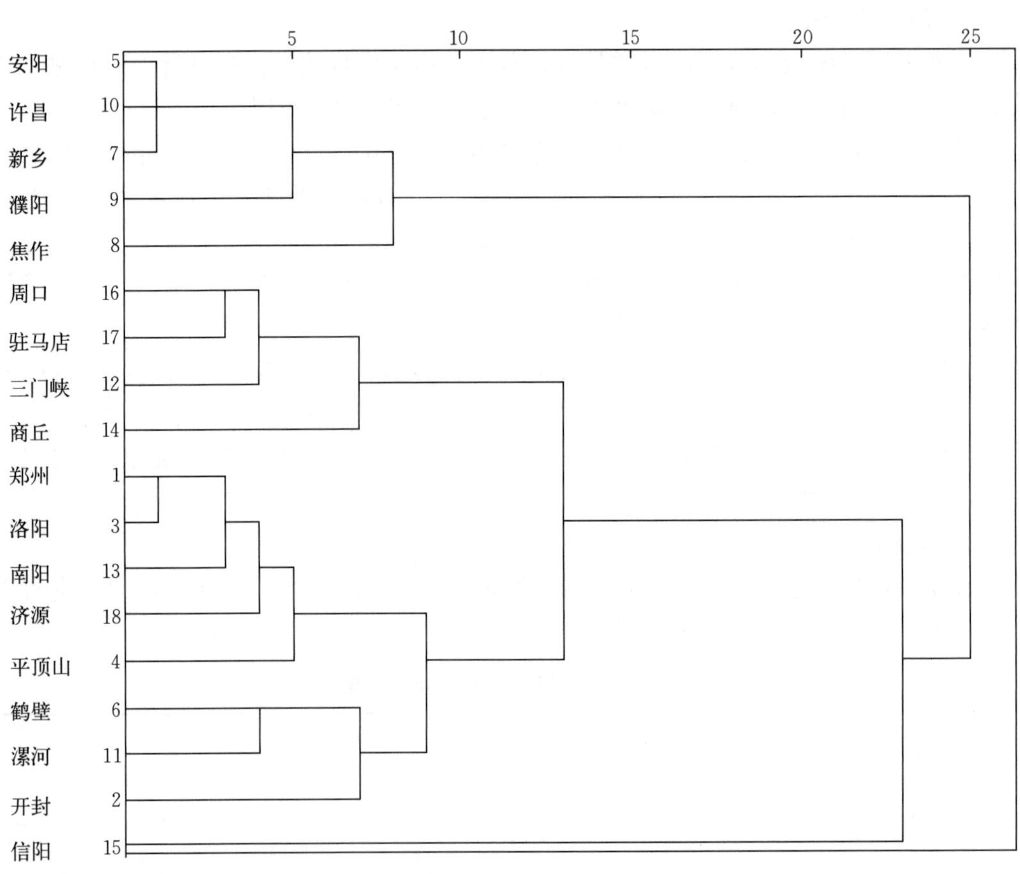

图 2　聚类树形图

低风险区：安阳、新乡、焦作、濮阳和许昌；中风险区：郑州、开封、洛阳、平顶山、鹤壁、漯河、南阳和济源；高风险区：三门峡、商丘、信阳、周口、驻马店。

然而，各种模型的计算都是基于一定的假设，观察分析商丘和周口的历年单产数据不难发现，商丘和周口历年（除 2003 年）的单产水平均处于较高水平，而且比较稳定，说明商丘和周口的玉米生产风险处在低水平是大概率事件。其最终估计结果较差的原因是，商丘和周口均是在 2003 年遭受一次巨灾，单产水平较临近年份下降了约 80%。巨灾风险具有概率极低、破坏极大的特点，且每个地区都不能排除巨灾的可能性，应建立专门的巨灾风险分散机制。因此，不能机械地将二者划入高风险区，斟酌分析各项指标之后决定将商丘和周口划入中风险区。此外，在中风险区的鹤壁各项指标也比其他地区要良好，所以把鹤壁划入低风险区。综上，河南省 18 个地市玉米风险区划的最终分区结果见表 8。

表 8 聚类结果汇总表

低风险区		中风险区			高风险区
安阳市	鹤壁市	郑州市	开封市	洛阳市	三门峡市
新乡市	焦作市	平顶山市	漯河市	南阳市	信阳市
濮阳市	许昌市	商丘市	周口市	济源市	驻马店市

为便于更直观地了解河南省 18 个地市玉米生产风险分区的地理分布情况，本文利用地图编辑工具把高、中、低风险等级情况在地图上进行了标记，结果显示河南省玉米生产风险从整体上看自西向东依次降低，自南向北依次降低（见图 3，阴影部分为河南全省区域）。

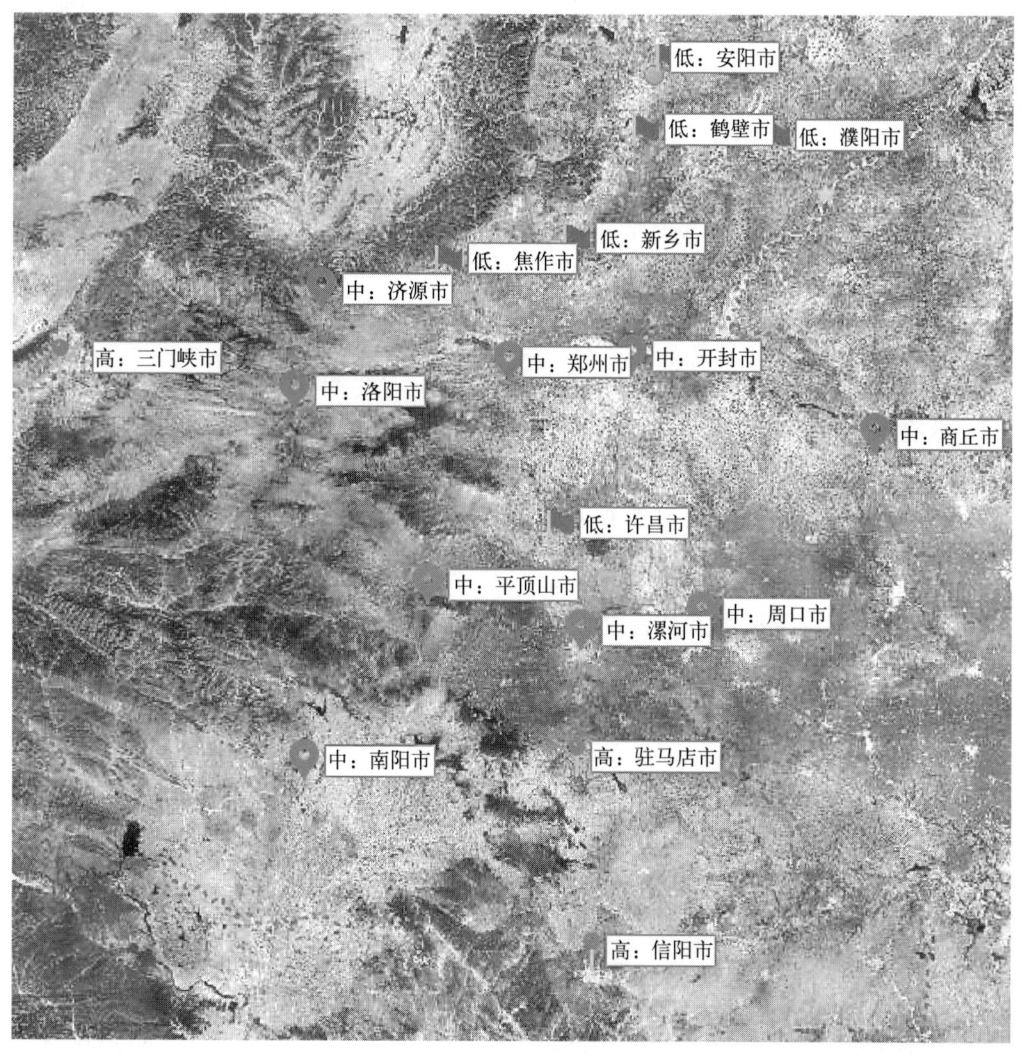

图 3 河南省 18 个地市玉米生产风险分布图

注：红旗表示低风险区，圆圈表示中风险区，圆球表示高风险区。

三、河南省玉米区域产量保险费率厘定过程和结果

风险区划的目的是为不同风险等级的区域厘定差异化费率，这一做法很好地契合了风险责任和保费负担一致原则，已有的理论和实践均表明基于风险区划的差异性费率能够有效弱化甚至解决农业保险中的逆选择和道德风险问题。

（一）纯费率厘定的理论基础

玉米区域产量保险的纯费率厘定本质上是求出该区域的期望损失率，在此主要介绍两种思想。

第一，若根据参数法能够较好地拟合出该区域的单产分布，其单产分布概率密度函数为 $f(y)$，保障程度为 λ，保障水平为 $\hat{y}$，则根据保险经营的收支相抵原则，有以下纯费率计算公式①：

$$P = \frac{E(L)}{\lambda\hat{y}} \times 100\% = \frac{\int_{0}^{\lambda\hat{y}} (\lambda\hat{y} - y) f(y) dy}{\lambda\hat{y}} \times 100\% \tag{13}$$

第二，根据非参数法能够比较准确地估计出区域内的单产损失率的概率分布，其单产损失率为 l_i 的概率为 $p(l_i)$，则其纯费率计算公式为：

$$P = \sum_{l_i=0}^{1} l_i p(l_i) \tag{14}$$

在式（14）中 l_i 从 0 到 1 的步长由具体操作需要而定，本文中选取的步长为 0.05，这在本文的第二部分第三节中已有所体现。

由于河南省玉米生产风险水平较低，本文设定保障水平 λ 为 95%和 100%两种情况②，三个分区的纯费率厘定问题关键是求出各分区单产损失率概率分布，进而根据式（14）分别厘定各分区区域产量保险纯费率。

（二）分区纯费率厘定的实证过程

1. 分区趋势单产的估计

分区单产的计算是依据 1996—2015 年分区内各成员的玉米种植面积加权平均得到，公式为：$d = \frac{\sum_{i=1}^{n} d_i s_i}{\sum_{i=1}^{n} s_i}$ 。估计分区趋势单产只需重复估计地市单产的过程，最终结

---

① ALAN P. KER，BARRY K. GOODWIN. Nonparametric Estimation of Crop Insurance Rates Revisited［J］. American Journal of Agricultural Economics. 2 000（5）：463－478.

② 对于保障水平的选择，之所以选择 95%和 100%是因为河南的玉米产量平稳性较高，生产风险较低，经过计算在 90%的保障水平下，低风险区纯费率显著为 0%，中风险区接近于 0。对于河南省来说，这样的保障水平是没有需求的，因而本文仅讨论 95%和 100%保障水平下的纯费率。

果如表 9。

表 9 各分区玉米单产趋势方程

低风险区	ARIMA (4, 1, 4)	$\Delta y = -0.258\Delta y_{t-4} + \varepsilon_t + 0.978\varepsilon_{t-4}$		
	统计指标	$\bar{R}^2 = 0.941\,258$	$DW = 1.653\,293$	——
中风险区	ARIMA (1, 1, 2)	$\Delta y_t = -0.834 y_{t-1} + \varepsilon_t + 1.345\varepsilon_{t-1} - 1.194\varepsilon_{t-2}$		
	统计指标	$\bar{R}^2 = 0.766\,389$	$DW = 1.691\,842$	——
高风险区	ARIMA (2, 0, 2)	$y_t - 5\,252.720 = 0.703(y_{t-2} - 5\,252.720) + \varepsilon_t - 1.000\varepsilon_{t-2}$		
	统计指标	$\bar{R}^2 = 0.489\,821$	$DW = 2.381\,537$	$F = 9.160\,828$

由以上的运算结果能够得到各分区的趋势单产，从而分别得到了 100%和 95%的保障水平下各分区 1996—2015 历年的单产损失率（表 10）。

表 10 两种保障水平下各分区历年单产损失率

年份	100%保障水平			95%保障水平		
	低风险区	中风险区	高风险区	低风险区	中风险区	高风险区
1996	0.051 6	0.050 5	0.000 0	0.001 6	0.000 6	0.000 0
1997	0.091 4	0.197 0	0.111 1	0.043 5	0.154 8	0.064 3
1998	0.020 1	0.035 7	0.000 0	0.000 0	0.000 0	0.000 0
1999	0.030 8	0.000 0	0.017 9	0.000 0	0.000 0	0.000 0
2000	0.074 9	0.052 2	0.136 5	0.026 2	0.002 3	0.091 1
2001	0.044 9	0.000 0	0.000 0	0.000 0	0.000 0	0.000 0
2002	0.034 4	0.093 9	0.000 0	0.000 0	0.046 2	0.000 0
2003	0.000 0	0.246 4	0.449 1	0.000 0	0.206 7	0.420 1
2004	0.000 0	0.000 0	0.000 0	0.000 0	0.000 0	0.000 0
2005	0.006 4	0.000 0	0.000 0	0.000 0	0.000 0	0.000 0
2006	0.000 0	0.000 0	0.000 0	0.000 0	0.000 0	0.000 0
2007	0.003 3	0.000 0	0.010 5	0.000 0	0.000 0	0.000 0
2008	0.000 0	0.000 0	0.027 0	0.000 0	0.000 0	0.000 0
2009	0.009 7	0.029 1	0.040 7	0.000 0	0.000 0	0.000 0
2010	0.013 3	0.000 0	0.009 6	0.000 0	0.000 0	0.000 0
2011	0.000 0	0.000 0	0.021 6	0.000 0	0.000 0	0.000 0
2012	0.000 0	0.000 0	0.000 0	0.000 0	0.000 0	0.000 0
2013	0.000 0	0.019 6	0.020 8	0.000 0	0.000 0	0.000 0
2014	0.000 0	0.015 8	0.000 0	0.000 0	0.000 0	0.000 0
2015	0.007 4	0.000 0	0.000 0	0.000 0	0.000 0	0.000 0

2. 分区单产损失率概率分布

根据非参数信息扩散模型，运用 Excel 即可求得两种保障水平下各分区的单产损失率概率分布（表 11），由于各分区均没有出现大于 60%的单产损失率，所以损失率大于 60%的概率分布均为 0，不再列出。

表 11 两种保障水平下的各分区单产损失率概率分布

年份	100%保障水平			95%保障水平		
	低风险区	中风险区	高风险区	低风险区	中风险区	高风险区
L=0.00	0.699 8	0.595 0	0.505 3	0.900 2	0.792 6	0.641 0
L=0.05	0.226 7	0.249 2	0.290 9	0.099 8	0.105 1	0.233 5
L=0.10	0.073 4	0.052 7	0.083 3	0.000 0	0.004 3	0.034 2
L=0.15	0.000 0	0.009 6	0.034 1	0.000 0	0.042 6	0.032 5
L=0.20	0.000 0	0.039 4	0.029 8	0.000 0	0.005 4	0.008 5
L=0.25	0.000 0	0.004 2	0.006 6	0.000 0	0.005 2	0.000 2
L=0.30	0.000 0	0.018 7	0.000 2	0.000 0	0.042 7	0.000 0
L=0.35	0.000 0	0.030 2	0.000 4	0.000 0	0.002 1	0.002 6
L=0.40	0.000 0	0.000 8	0.010 2	0.000 0	0.000 0	0.025 9
L=0.45	0.000 0	0.000 0	0.029 7	0.000 0	0.000 0	0.020 2
L=0.50	0.000 0	0.000 0	0.009 4	0.000 0	0.000 0	0.001 3
L=0.55	0.000 0	0.000 0	0.000 3	0.000 0	0.000 0	0.000 0
L=0.60	0.000 0	0.000 0	0.000 0	0.000 0	0.000 0	0.000 0

3. 分区纯费率汇总

根据各分区两种保障水平下单产损失率的概率分布，可以分别求出两种保障水平下各分区的期望损失率，期望损失率即为该分区的玉米保险纯费率。为了便于比较，本文还求出了两种保障水平下纯费率的比值（表 12）。

表 12 两种保障水平下各分区纯费率比较

	低风险区	中风险区	高风险区
100%保障水平	1.87%	4.47%	5.81%
95%保障水平	0.50%	2.80%	4.27%
比值	3.74	1.60	1.36

分析上述计算结果可得出以下结论：①河南省玉米生产风险水平整体来看比较低，最高的费率为 5.81%。②河南省玉米生产风险水平整体较低的情况下各分区的差异非常明显。以 100%的保障水平来看，中风险区的风险水平是低风险区的 2.39 倍，高风险区的风险水平是低风险区的 3.10 倍。③低、中、高风险区 100%保障水平下的纯费率与 95%保障水平下的纯费率的比值依次降低，说明低、中、高风险区

单产损失率超过5%的概率依次增加。

四、结论和对策建议

河南省传统玉米保险的开展遵循“低保障、广覆盖”经营原则，保额最高329元/亩，费率全省统一为6%。首先就其保障水平来看，仅限于物化成本（主要是指种子、农药和化肥的投入成本），该保障水平对于农户灾后恢复生产效果很弱。即使不考虑人力和机械成本，规模化农户每季农作物的成本也会增加450元/亩左右。综合考量，相比现行的保障成本，其实际投入成本能高出一倍左右[①]，对农业现代化进程和农业保险的可持续发展产生了抑制作用。然而，围绕成本提升保障水平较难操作，因为人力和机械成本难以量化，而产量保险能够避开这一难题。若实行产量保险，同期河南省玉米平均单产为369.6千克/亩，市场价约为1.7元/千克，将折合产值为628.32元/亩，显然产量保险保障水平能够提高约70%。其次，传统玉米保险费率主要是靠经验推断出来的，缺乏科学性和差异性，本文计算出的河南省18个地市高、中、低分区纯费率差异明显，全省统一6%的费率显然是非常不合理的，且易诱发较为严重的逆选择和道德风险。基于风险区划的费率厘定能够有效解决这一问题，建议在现阶段推行玉米区域产量保险，进而探索玉米收入保险试点。

（1）对于河南玉米区域产量保险的开展，建议运用时间序列模型拟合趋势产量，结合保障水平确定承保产量。这是由于河南省大部分农作物生产风险都较低，大量的数据表明，即使产量不是平稳的，其一阶差分也是平稳的，能够较好地满足自回归移动平均过程。

（2）遵循区域内风险差异化较小的原则，先以土地流转水平和规模化经营较高的某一地市或某一地市的若干县的小范围内做试验。小范围试验之后逐步扩大范围进而进行风险区划，逐步完成区域产量保险的推广。

（3）分阶段负担保费。当前河南玉米保险的保费为20元/亩，政府负担16元，农民负担4元。若实行区域产量保险，以河南中风险区95%的保障水平为例[②]，由ARIMA模型预测2016年中风险区平均单产趋势值约为5 628.36千克/公顷（合375.22千克/亩）[③]，玉米价格为1.7元/千克，估计保费约为30元/亩[④]。建议20元

① 根据实地调研得出，平均每亩地每季粮食大概占用一个农民两天时间，河南省农民外出务工工资不少于100元/天，机械成本每季粮食不少于60元/亩，所以每季粮食的人力加机械成本一般不少于260元/亩。

② 选取95%的保障水平，一是因为河南农业生产条件良好，该保障水平不能再低；二是因为参照大量实践经验，保障水平大都在85%左右，100%保障水平经营风险过高。所以对于河南来说选取95%的保障水平是合理而必要的。

③ 保费计算是以趋势值为标准计算的，或者说是以约定水平为标准计算的，而不是以发生后的实际值为标准，当然趋势值的计算模型要随时间而进行调整。

④ 该费率的估计参考：张祖荣．农业保险的保费分解与政府财政补贴方式选择［J］．财经科学，2013（5）：18-25。取营业管理费用系数为50%，风险附加系数为15%，预定结余率为5%。

以内仍按原来各级财政补贴 80%比例实施，增加的 10 元保费由农户自行承担，这样做既不额外增加财政负担，同时又满足了规模农户增加保障的需求。

（4）实践中应谨防区域产量保险带来的“基差风险”和“道德风险”。基差风险主要来源于区域内个体的风险抵抗能力的较大差异，主要体现为风险发生时一部分获得超额收益，另一部分离约定水平还有较大差距，这就需要保险公司在风险区划上不断积累经验以最小化基差风险。而潜在的道德风险是有可能存在相互勾结操纵区域产量的情况，进而骗取保险赔付，即便是丰收的农户也会支持。这种新型的道德风险将会带来更大的支付危机，保险公司在实践中应高度警惕。

参考文献

[1] 陈平，陶建平，赵玮．基于风险区划的农作物区域产量保险费率厘定研究——以湖北中稻县级区域产量保险为例 [J]. 自然灾害学报，2013（2）：51-60.

[2] 陈晓峰．农作物区域产量保险：国际实践及适用性分析 [J]. 金融发展研究，2014（2）：9-16.

[3] 黄正军．我国农业保险产品的创新与发展 [J]. 金融与经济，2016（2）：76-81.

[4] 宋俊生，赵乐．北京市农业区域产量保险研究 [J]. 保险研究，2013（2）：76-86.

[5] 于洋．农作物产量保险区域化差别费率厘定的可行性——基于非参数核密度估计实证 [J]. 统计应用研究，2013，28（10）：76-80.

[6] 张彤，陈秀凤．基于风险区划下的玉米区域产量保险差别费率厘定——以吉林省九个地市为例 [J]. 吉林金融研究，2014（6）：21-25.

[7] 张峭，王克．农作物生产风险分析的方法和模型 [J]. 农业展望，2007（8）：7-10.

[8] Hourigan J. D.，A Farm-Level Analysis of Alternative Crop Insurance Design：Multiple Peril Verses Area-Yield [R]. Unpublished thesis，University of Kentucky，1993.

[9] Miranda M. J. Area-Yield Crop Insurance Reconsidered [J]. American journal of agricultural economies，1991（73）：233-242.

[10] Ozaki V. A.，Ghosh S. K.，Goodwin B. K. and Ricardo shirota. Spatial-temporal modeling of agricultural yield data with an Application to Pricing crop insurance contracts [J]. American journal of agricultural economies，2008（90）：951-961.

[11] Sherric，B. J.，F. C. Zanini，G. D. Schnitkey and S. H. Irwin. Crop insurance Valuation under altemative yield distributions [J]. American journal of agricultural economies，2004（86）：406-419.

政策效应

农业保险对农户消费和效用的影响

——兼论农业保险对反贫困的意义*

邵全权　柏龙飞　张孟娇

摘要： 本文首先建立引入农业风险冲击和农业保险的基本模型，基于此将农业保险投资和农业保险补贴引入，通过数值模拟比较三种农险模式对农民终身效用影响的强弱。其次，运用2010—2015的分省面板数据来检验不同农业保险模式对农户消费和效用的影响。研究发现：农业保险补贴对农民终身效用的提高大于农业保险，农业保险投资提高农民终身效用的水平大于农业保险补贴；基于面板数据工具变量方法表明农业保险保费、赔付和补贴在一定程度上都可以提高农民消费和HDI（人类发展指数）；采用面板门槛回归模型表明只有当农民消费和HDI的发展超过一定的门槛值以后，农业保险保费、赔付和补贴对农民消费和HDI的影响才会变为正相关，农业保险的反贫困效应才能发挥功效。

关键词： 农业保险；农业保险补贴；农业保险投资；农民消费 HDI 指数

一、引言

中国作为农业大国，农村地区存在相对于城镇而言更加严重的贫困问题，反贫困就成为非常重要的一个重大社会问题。中国地大物博，农业生产较为分散，尽管不同地区存在不同的农民贫困原因，但我们仍可以发现不同地区贫困的共同点——自然灾

* 本文为中国保险监督管理委员会课题《保险助推脱贫攻坚理论与实践》的阶段性成果，本文受中央高校基本科研业务费专项资金项目的资助，以及中国特色社会主义经济建设协同创新中心的资助。本文作者感谢江生忠教授在课题讨论中提出的宝贵意见，感谢中国保监会财险部农险处提供农业保险相关数据资料，感谢张煜博士生在文献搜集方面提供的帮助。作者感谢审稿人的宝贵意见。原载保险研究《保险研究》2017年第10期。

作者简介：邵全权，南开大学金融学院副教授，研究方向：保险经济学，宏观经济学；柏龙飞，南开大学金融学院研究生，研究方向：保险经济学；张孟娇，华夏人寿保险股份有限公司，研究方向：保险经济学。

害导致农业生产的脆弱性，以及由此导致的农作物经济损失。农业保险在缓解农业风险带来的冲击、稳定农民收入、提高农民终身效用等方面具有突出的作用，从逻辑上可以间接说明农业保险具有反贫困效应。

农业保险通过对农民种植业和养殖业等农业产品的生产提供必要的保险保障的方式，在一定程度上可视为一种间接的扶贫措施，对于脱贫工作具有其他金融制度无法替代的作用。该作用主要体现为一种助力、助推，其作用机制在于客观存在的农业风险造成农民收入的不确定性，如果可以用一种确定的损失即保费来对冲不确定的损失，则可以起到稳定农民收入、缓解农民收入波动的作用。因此，农业保险在助推脱贫中具有重要作用，除了最基本的农业保险本身的反贫困效应外，近年来发展起来的例如对农业保险的补贴、农业保险投资等方式也会对反贫困产生相应的影响。

在农业保险反贫困的理论研究领域，Gordon（1991）发现个体农场收益保险对于降低农民收入风险具有更加显著的优势。Vincent（2001）的研究发现，作物保险可以起到预防收入下降的功能。Hosseeini 等（2008）研究发现农业保险可以有效降低农民收入的波动。Enjolras（2012）的研究表明，一方面农业保险可以提高农民的收入，另一方面农业保险还可以对农民收入的波动产生缓解作用。Delpierre 等（2016）发现风险分担的引入加剧了贫富之间的预期收入和绝对风险之间的差距。国内研究方面，邢鹂等（2007）发现农业保险的发展伴随着农民收入的上升。张建军等（2013）的研究表明，信贷与保险的互动一方面可以提高农户农业收入，另一方面还能缓解政策性农业保险补贴的压力。张伟等（2014）从反贫困的角度探讨了民族地区农业保险补贴政策评价与补贴模式优化。孙武军等（2016）通过理论分析和数值模拟研究保险保障在家庭脱离贫困陷阱中的作用，发现保障对富裕家庭和贫困家庭脱贫具有不同的影响。

在农业保险反贫困的实证研究领域，国内外文献大多基于农村社会保障制度展开。比较有代表性的国外研究如 Sparrow 等（2013）、Korenman 等（2016）、Aryeetey 等（2016）、Kayleigh 等（2017），大多发现农村的社会保障大多可以起到反贫困的效果。国内实证研究方面，解垩（2008）、胡宏伟等（2012）、薛惠元（2013）、张川川等（2014）、刘一伟（2017a）、刘一伟（2017b）的研究也得到了类似的结论。可见到目前为止，国内外关于农业保险与贫困之间关系的研究大多集中在农村社会保障的反贫困效应领域，而基于纯粹的农业保险对农村贫困的影响领域的实证研究则并不多见。

本文重点关注农业保险不同形式对农户消费和效用的影响，重点关注农业保险对农民效用和消费的影响，如果农业保险可以提高农户消费和效用，从逻辑上间接地、部分地说明农业保险的反贫困效应。[①]

---

① 感谢审稿人指出文章和模型讨论的是农业保险对农民的效用，并不是直接分析反贫困，当然，从逻辑上间接地部分地说明农业保险的反贫困效应。

本文主要内容及创新总体上可以分为以下两部分：首先，建立一个农业保险反贫困的理论框架，该框架建立的主要思路在于，先是建立一个既不包含农业风险也不包含农业保险的“理想”状态下的基本模型，然后引入农业风险的冲击，基于此再将农业保险引入该模型，以此来分析农业保险对农户消费和效用的影响；然后，在农业保险的模型基础上，又将农业保险投资和农业保险补贴以特定的形式引入，运用数值模拟的方法在一个相对统一的框架内比较农业保险、农业保险投资以及农业保险补贴对农户效用影响的强弱。其次，结合数据的可获得性，运用 2010—2015 的分省面板数据来检验不同农业保险模式对农户消费和效用的影响，以此来间接反映农业保险的反贫困效应。

二、理论模型

（一）家庭

借鉴邵全权等（2017）关于风险冲击、保险保障与宏观经济波动的研究，设定本文包含风险和农业保险保障的基本模型，在此基础上进行扩展，完成分别包含农业保险投资与农业保险补贴的模型体系。借鉴邵全权等（2017）关于效用函数的设定，在效用函数中引入健康人力资本。考虑家庭“长生不老”的情况，家庭通过消费和健康人力资本产生 CRRA 形式的正效用。因此家庭的效用函数如下式所列：

$$\max E_0\left\{\sum_{t=0}^{\infty}\beta^t\left[\frac{C_t^{\,1-\gamma_1}}{1-\gamma_1}+\theta\frac{(\tau K_t)^{\eta(1-\gamma_2)}}{1-\gamma_2}\right]\right\} \tag{1}$$

其中，β 为贴现率，C_t 为 t 期的消费，γ_1 和 γ_2 为消费与健康的相对风险厌恶系数，θ 度量健康的相对重要程度。假设政府公共卫生支出影响完全折旧的健康人力资本。设定当期的健康水平 $H=(\tau K_t)^{\eta}$，η 为健康弹性。在每个阶段，资本中的一部分用于卫生总支出，该比例为 τ。家庭的预算约束为：

$$C_t+I_t\leqslant Y_t$$

（二）厂商

借鉴邵全权等（2017），劳动投入总量是单位健康人力资本与人口的乘积，该变量同时也表示全社会健康人力资本的总计值。如果厂商生产函数的规模收益不变，生产函数为：

$$Y_t=AK_t^{\alpha}\left[(\tau K_t)^{\eta}\right]^{1-\alpha} \tag{2}$$

A 为全要素生产率，δ 为资本折旧率，厂商的资本积累方程为：

$$K_{t+1}=I_t+(1-\delta-\tau)K_t \tag{3}$$

（三）农业保险模型设定

本文基本模型的构建采用以下逻辑：首先，考虑既不包含风险也不包含保险的理想状态；然后，考虑引入风险因素但并不包括保险因素的更加接近现实的状态；最后，考虑同时引入风险因素和保险因素的现实状态。

1. 基本模型

在不包含风险和农业保险的理想状态下，我们采用社会计划者问题来构建模型。结合前述设定，在此进一步设定 $V(K_t)$ 为 t 期资本为 K_t 时，家庭终生效用的贴现值。则相应的贝尔曼方程设定如下：

$$V(K_t) = \max\left\{\frac{C_t^{1-\gamma_1}}{1-\gamma_1} + \theta\frac{(\tau K_t)^{\eta(1-\gamma_2)}}{1-\gamma_2} + \beta E[V(K_{t+1})]\right\} \tag{4}$$

$$C_t = AK_t^{\alpha}[(\tau K_t)^{\eta}]^{1-\alpha} + (1-\delta-\tau)K_t - K_{t+1} \tag{5}$$

2. 引入农业风险

借鉴 Gourio（2012）和陈国进等（2014），本文认为农业风险对农业生产的全要素生产率与资本存量均会产生影响，分别体现在生产函数方面和资本积累方程方面。将行为人对 t 期产出的预期值界定为农业风险发生时与农业风险未发生时产出的加权平均，类似地修改生产函数，在农业风险存在环境下的生产函数与资本积累方程分别为：

$$Y_t = anlAK_t^{\alpha}[(\tau K_t)^{\eta}]^{1-\alpha} \tag{6}$$

$$K_{t+1} = anl[I_t + (1-\delta-\tau)K_t] \tag{7}$$

其中产出和资本式中的 anl 定义为农业风险乘子，$anl = 1 - pnldnl$ 。pnl 为农业风险发生的概率，dnl 为农业风险发生时对全要素生产率及资本积累的影响程度即二者下降的比例。根据 Gourio（2012），风险导致资本存量与全要素生产率下降的比例是相同的。

贝尔曼方程设定如下：

$$V(K_t) = \max\left\{\frac{C_t^{1-\gamma_1}}{1-\gamma_1} + \theta\frac{(\tau K_t)^{\eta(1-\gamma_2)}}{1-\gamma_2} + \beta E[V(K_{t+1})]\right\} \tag{8}$$

$$C_t = anlAK_t^{\alpha}[(\tau K_t)^{\eta}]^{1-\alpha} + (1-\delta-\tau)K_t - \frac{K_{t+1}}{anl} \tag{9}$$

3. 引入农业保险

基于引入农业风险的模型，包含农业保险保障的模型调整为：经济行为人对 t 期产出的预期值界定为农业风险发生时、未发生时以及在农业风险发生时获得保险人扣除免赔后的赔付加权平均，类似地处理生产函数。定义农业保险乘子为 $bnl = 1 - pnldnlmnl$ 。

在存在农业保险保障的情形下，消费者的预算约束中应该包括农业保险保费，假设使用精算公平保费 $prenl_t$ ，我们在此将当期的产出价值及当期剩余进入资本积累的资本价值之和作为农业保险的定价基础。因此存在农业保险保障时的生产函数、预算约束与财产保费方程分别为：

$$Y_t = bnlAK_t^{\alpha}[(\tau K_t)^{\eta}]^{1-\alpha}$$
$$C_t + I_t + prenl_t \leqslant Y_t \quad (10)$$
$$prenl_t = pnldnlmnl[(1-\delta-\tau)K_t + AK_t^{\alpha}(\tau K_t)^{\eta(1-\alpha)}]$$

相应的贝尔曼方程设定如下：

$$V(K_t) = \max\left\{\frac{C_t^{1-\gamma_1}}{1-\gamma_1} + \theta\frac{(\tau K_t)^{\eta(1-\gamma_2)}}{1-\gamma_2} + \beta E[V(K_{t+1})]\right\} \quad (11)$$

$$C_t = bnlAK_t^{\alpha}[(\tau K_t)^{\eta}]^{1-\alpha} - prenl_t + (1-\delta-\tau)K_t - \frac{K_{t+1}}{bnl} \quad (12)$$

需要指出，本文在上述基本模型设定方面与邵全权等（2017）的关于引入财产风险与财产保险研究在部分假设和社会计划者最优化问题的建模思路上较为接近，但是本文研究的重点却与邵全权等（2017）存在较大差异：本文的研究重点是农业保险有关变量改变对农民终生效用的影响，本文采用的主要研究方法在于通过构造 bellman 方程，运用动态规划的方法进行数值模拟，以此来反映农险、农险投资以及农险补贴的变化对农民效用的影响，在研究问题、研究方法和主要关注点、主要结论上与邵全权等（2017）的研究存在较大差异。

（四）引入农业保险补贴

基于引入农业风险和农业保险的模型，我们现在引入财政对于农业保险保费的补贴，设定财政对于农业保险保费的补贴比例为 b ，则农业保险保费可以分为财政补贴的保费部分 $bprenl_t$ 和自己承担的保费部分 $(1-b)prenl_t$ ，由于二者共同组成总保费，所以预算约束仍然为：

$$C_t + I_t + bprenl_t + (1-b)prenl_t \leqslant Y_t \quad (13)$$

同时，考虑家庭将把节省下来的财政补贴的农业保险保费部分投入农业扩大再生产，可以进入资本积累过程，农业扩大再生产依然受到自然灾害的影响。因此调整后的资本积累方程如下：

$$K_{t+1} = bnl[I_t + (1-\delta-\tau)K_t + bprenl_t] \quad (14)$$

贝尔曼方程设定如下：

$$V(K_t) = \max\left\{\frac{C_t^{1-\gamma_1}}{1-\gamma_1} + \theta\frac{(\tau K_t)^{\eta(1-\gamma_2)}}{1-\gamma_2} + \beta E[V(K_{t+1})]\right\} \quad (15)$$

$$C_t = bnlAK_t^{\alpha}[(\tau K_t)^{\eta}]^{1-\alpha} - prenl_t + (1-\delta-\tau)K_t + bprenl_t - \frac{K_{t+1}}{bnl} \quad (16)$$

（五）引入农业保险投资

基于引入农业风险和农业保险的模型，我们现在引入农险投资，设定农险投资收益率为 n ，考虑农险投资收益进入资本积累。由于农险投资收益主要是由保险人的资金运用和资产管理能力决定的，不受自然灾害的影响，在很大程度上相对于农业风险处于相对独立的状态，因此调整后的资本积累方程如下：

$$K_{t+1} = bnl[I_t + (1-\delta-\tau)K_t] + nprenl_t \tag{17}$$

贝尔曼方程设定如下：

$$V(K_t) = \max\left\{\frac{C_t^{1-\gamma_1}}{1-\gamma_1} + \theta\frac{(\tau K_t)^{\eta(1-\gamma_2)}}{1-\gamma_2} + \beta E[V(K_{t+1})]\right\} \tag{18}$$

$$C_t = bnlAK_t^{\alpha}[(\tau K_t)^{\eta}]^{1-\alpha} - prenl_t + (1-\delta-\tau)K_t + \frac{nprenl_t}{bnl} - \frac{K_{t+1}}{bnl} \tag{19}$$

在下文的数值模拟中，我们将重点比较在不同初始资本的情况下，农业保险保障程度、农业保险投资收益程度以及农业保险补贴程度改变时，会对 bellman 方程的值函数即农民的终身效用贴现值之和的最优结果产生何种影响。

三、数值模拟

（一）参数校准

运用在前文理论部分设定的关于农业保险保障、农业保险补贴和农业保险投资的有关模型，本部分进行具体的数值模拟。参考邵全权等（2017）关于风险冲击、保险保障对中国宏观经济波动的研究中有关参数假设，对本文数值模拟所需参数进行校准。根据国内外相关文献，将本文生产函数的资本份额 α 取值为 0.3；现有文献贴现因子取值范围多为 0.9～0.99，我们对 β 的取值设为 0.95；本文将资本折旧率 δ 校准为 0.2；健康的效用值参数 θ 设定为 0.45；政府卫生支出对健康水平的弹性 η 在骆永民（2011）的研究中将其设定为 0.08，本文将其校准为 0.08；借鉴陈国进等（2014）、邵全权等（2017），分别将消费与健康的相对风险规避系数 γ_1 设定为 0.85，γ_2 设定为 0.9；根据历年《中国卫生和计划生育统计年鉴》计算历年卫生总费用占 GDP 的比重，取其平均值，根据庄子罐（2010）对中国资本产出比 K/Y 为 3.4 的校准，将中国 1985—2012 年平均卫生总支出占资本存量的比例 0.012 46 作为 τ 的校准（表 1）。

表 1　静态参数校准

变量	α	β	A	δ	θ	γ_1	γ_2	τ	η
参数值	0.3	0.95	0.7	0.2	0.45	0.85	0.9	0.012 46	0.08

（二）模拟结果

在数值模拟中，设定资本 K 介于 0.1～5 之间，设定 $t+1$ 期各 K 取值的家庭终生效用贴现值 $V(K_{t+1})$ 初始值均为 0，以此计算各 K 取值的 t 期家庭终生效用贴现值 $V(K_t)$，并将 $V(K_{t+1})$ 赋值为对应 K 的 $V(K_t)$，以此迭代贝尔曼方程，直到收敛计算效用最大化条件下各 K 取值的 t 期家庭终生效用贴现值 $V(K_t)$。接下来我们将在基准模型的基础上分别引入农业风险，引入农业保险，引入农险补贴，引入农险投资，以此模拟各 K 取值的 t 期家庭终生效用贴现值 $V(K_t)$ 的变化。

1. 保险因素变化对农户终生效用的影响

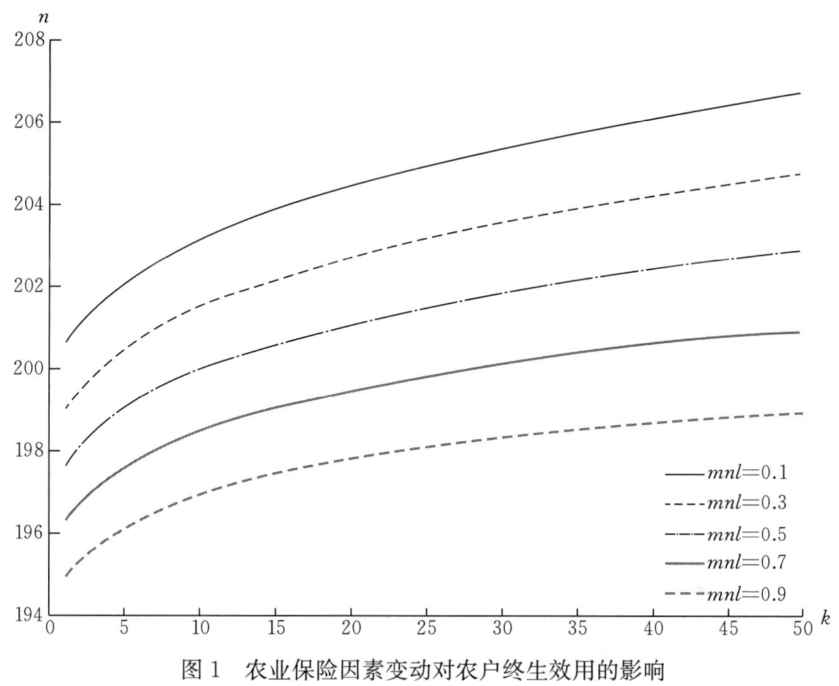

图 1　农业保险因素变动对农户终生效用的影响

图 1 反映了两个基本信息：首先，无论农业保险的保障处于哪种程度，即对于不同的 mnl 的取值，都模拟出随着初始资本的提高，农户的效用也随之提高。其次，对于农业保险保障程度的不同取值，农业保险免赔额度从 0.1 变动到 0.9 的过程中，我们也可以清晰地发现农业保险免赔越低即保障程度越高，农户的效用水平也就越高，mnl 为 0.1 的模拟曲线最靠近上方，而 mnl 为 0.9 的模拟曲线最靠近下方，mnl 取值为 0.3、0.5、0.7 的模拟曲线的位置介于前述二者之间，并依次递减。

2. 投资因素变化对农户终生效用的影响

图 2 反映了两个基本信息：首先，无论农业保险的投资处于哪种程度，即对于不同的 n 的取值，都模拟出随着初始资本的提高，农户的效用也随之提高。其次，对于农业保险投资程度的不同取值，与农户终生效用呈现出明显的正相关关系，农业保险投资程度从 0.1 变动到 0.9 的过程中，我们也可以清晰地发现农业保险投资程度越低，农户的效用水平也就低，n 为 0.1 的模拟曲线最靠近下方，而 n 为 0.9 的模拟曲线最靠近上方，b 取值为 0.3、0.5、0.7 的模拟曲线的位置介于前述二者之间，并依次递增。

3. 补贴因素变化对农户终生效用的影响

图 3 反映了两个基本信息：首先，无论农业保险的补贴程度处于哪种程度，即对于不同的 b 的取值，都模拟出随着初始资本的提高，农户的效用也随之提高。其次，对于

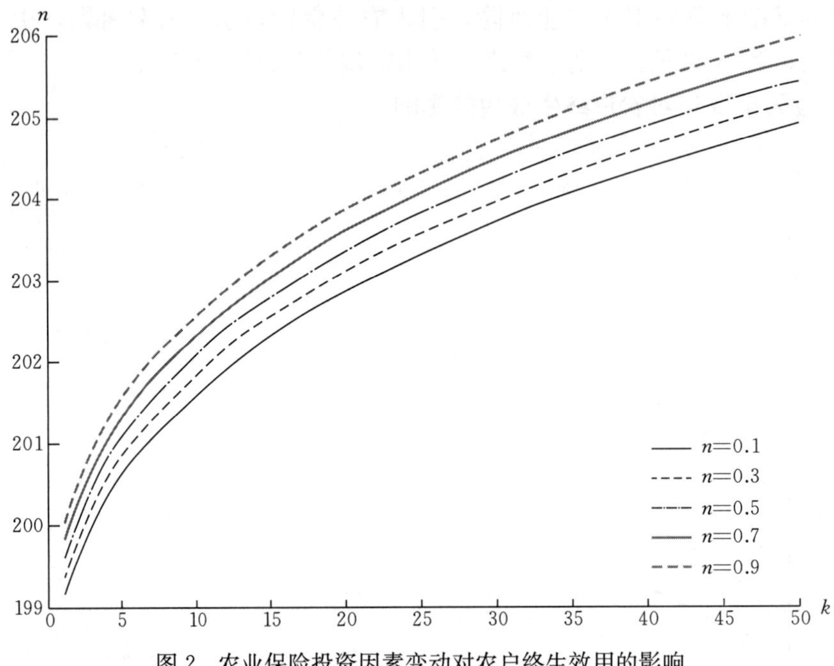

图 2　农业保险投资因素变动对农户终生效用的影响

农业保险补贴程度的不同取值，与农户终生效用呈现出明显的正相关关系，农业保险补贴程度从 0.1 变动到 0.5 的过程中，我们也可以清晰地发现农业保险补贴程度越低，农户的效用水平也就低，b 为 0.1 的模拟曲线最靠近下方，而 b 为 0.5 的模拟曲线最靠近上方，b 取值为 0.2、0.3、0.4 的模拟曲线的位置介于前述二者之间，并依次递增。

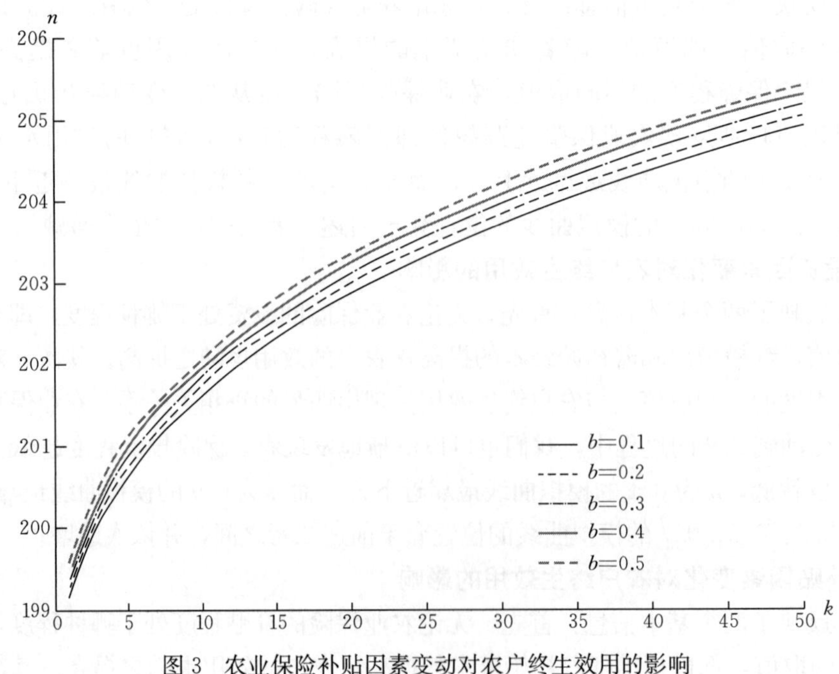

图 3　农业保险补贴因素变动对农户终生效用的影响

基于上述数值模拟的分析可以发现，农业保险保障、农业保险投资与农业保险补贴普遍呈现出与农户终生效用正相关的关系。鉴于此，提出本文第一个假说：

假说 1：农业保险保障程度与农户终生效用正相关；农业保险投资与农户终生效用正相关；农业保险补贴程度与农户终生效用正相关。

前文中基于理论模型的数值模拟表明，农业保险保障程度、农业保险投资与补贴程度的提高都会提高农民终生效用水平，而根据本文理论模型中关于效用函数的设定可知，农民终生效用水平与农民消费之间存在正相关关系，因此农业保险保障程度、投资和补贴的提高必然提高农民消费。因此提出本文第二个假说：

假说 2：农业保险保障程度与农户消费正相关；农业保险投资与农户消费正相关；农业保险补贴程度与农户消费正相关。

4. 几种情形对农户终生效用影响的对比分析

图 4 反映了两个基本信息：首先，无论在基准模型、只引入风险的模型、农业保险模型、农业保险投资模型和农业保险补贴模型中，都可以模拟出随着初始资本的提高，农户的效用也随之提高。其次，即不包含风险、也不包含保险的基准模型的模拟结果表明此时农户终生效用最高，但是由于现实中是无法回避风险的，因此这种情形仅作为一种参照进行对比。在引入风险而不存在农业保险的模拟结果中，此时农户终生效用水平是最低的。这种情况，也是与现实中农户生产面临风险的情况对应的最

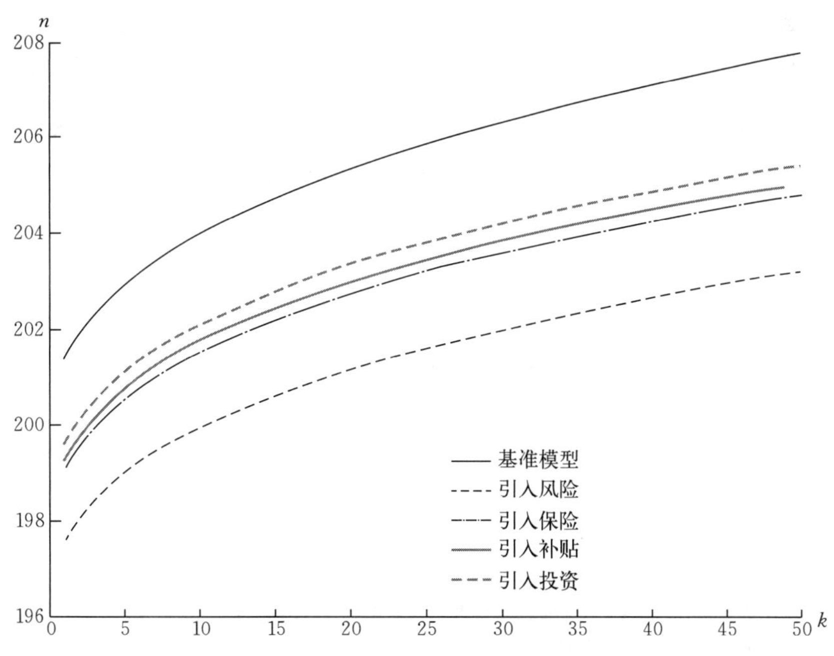

图 4　五种不同情形对农户终生效用影响的对比

注：由设定的理论模型所进行的数值模拟表明，在参数相同的情况下，农业保险投资高于农业保险补贴，但由于差异不是很大，图中对于对这种关系的体现效果不明显。因此图中我们适当调整投资参数，在不改变基本结论的情况下，使得农险投资与补贴的差异显示更加明显。

好。就其他三种情形而言，均介于基准模型和只引入风险的模型之间。具体的，引入农业保险的模型在此三种情况中对农户终生效用的提高最小，其次是农业保险补贴模型，对于农户终生效用提高最大的是农业保险投资模型。可见，农业保险可以处置农户暴露在风险环境下的风险，从而提高农户终生效用；而在农业保险的基础上又添加农业保险补贴和农业保险投资，可以更大幅度地提高农户终生效用水平。上述数值模拟结果表明，农业保险、农业保险补贴和农业保险投资可以提高农户终生效用，从而在客观上起到助推脱贫、解决农户贫困问题的作用。

四、计量模型设定及变量说明

本文实证分析部分主要检验不同模式农业保险发展对农户消费和效用的影响，以此间接衡量农业保险的反贫困效应。结合数据可获得性，农业保险发展的指标选取农业保险保费、农业保险赔付以及农业保险补贴三项。[①] 本文从两个角度度量贫困，为与理论模型及数值模拟一致，一方面以农业消费来反映经济贫困，另一方面通过构造衡量效用的人类发展指数（*HDI* 指数）来反映多维贫困问题。基于上述认识，本文基本计量模型设定如下：

$$pk_{it}=\alpha_0+\alpha_1\cdot nx_{it}+\sum\alpha_j\cdot X_{jit}+\varepsilon_{it} \tag{20}$$

该方程为本文基本计量经济学方程，旨在研究农业保险对农户消费和效用的影响。因变量表示农户消费或效用，具体分为反映消费的农村居民消费水平对数（$\ln xf$）以及反映效用的 *HDI* 指数（*hdi*）[②]。主要解释变量 *nx* 为反映农业保险发展的指标，鉴于数据的可获得性，[③] 我们选择农业保险保费占 GDP 的比重（*nbfzb*）、农业保险赔付占 GDP 的比重（*npfzb*）、农业保险补贴占 GDP 的比重（*nbtzb*）加以衡量。

就控制变量而言，本文选择经济增长（人均 GDP 的对数 *lgdp*）、财险深度（*pp*）、金融业增加值占 GDP 比重衡量的金融深化程度（*fp*）、社会保障发展情况（*si*）来控制经济环境的影响因素；考虑到资本积累对贫困的重要影响，还引入以高中及以上在校生占总人口比重衡量的教育人力资本（*edu*）、死亡率倒数衡量的健康人力资本（*dr*）以及固定资本形成额占 GDP 比重衡量的物质资本（*k*）；本文还引入经

① 需要指出，本文通过农业保险保费和农业保险赔付数据来反映农业保险保障，运用农业保险补贴数据反映农业保险补贴。但限于数据的可获得性，我们无法获得关于农业保险投资的数据，因此本文实证分析中无法展开针对农业保险投资对农户消费和效用影响的实证分析。

② 人类发展指数（*HDI*）是对人类发展情况的一种总体衡量，根据 UNDP（2010），它从人类发展的三个基本维度衡量一国取得的平均成就：a. 健康长寿。用出生时的预期寿命来表示。b. 知识的获取。用平均受教育年限和预期受教育年限表示。c. 体面的生活水平。用人均国民总收入（购买力平价美元）即人均 GNI 表示。

③ 农业保险保费、农业保险赔付以及农业保险补贴的原始数据为 2010—2015 年的分省面板数据，上述数据感谢中国保监会财险部农险处提供。需要指出，我们将原始数据中出现的各计划单列市的数据归并入相应的省份。

济开放程度 *open*（经营单位所在地进出口总额占 GDP 比重）、外商直接投资水平 *FDI*（外商投资社会固定资产形成额占 GDP 比重），以及地方财政支出水平 *fs*（地方财政一般预算支出占 GDP 比重）作为补充的控制变量。

考虑到可能存在的内生性问题，本文采用面板数据工具变量方法加以克服。一方面，近年来把被解释变量的滞后值作为工具变量的研究较为常见（Xuan－Vinh Vo，2010；Doytch，Uctum，2011；Hasan，Watchel，Zhou，2009），因此本文在相应的研究中分别引入 $\ln xf$ 和 *HDI* 的滞后项作为工具变量。另一方面，本文还选择自然灾害导致的直接经济损失（*ded*）、代表城市平均气温（*at*）、代表城市降水量（*rain*）、代表城市相对湿度（*sd*）、代表城市年日照时数（*sun*）、二氧化硫排放（SO_2）作为其他备选的工具变量。选取这些工具变量的理由在于：首先从外生性的角度看，上述变量除了对农业保险发展、赔付、补贴有影响外，不再对当前农民消费与 *HDI* 指数具有任何显著的直接影响，满足外生性要求。其次，从与内生变量的关系来看，代表城市降水量等气象学指标可以在一定程度上代表农业生产中面临的风险，与农业保险发展、赔付、补贴密不可分，符合相关性要求。

本文实证研究使用到的三项涉及农业保险数据——农业保险保费、农业保险赔付以及农业保险补贴的原始数据是由中国保监会财险部农险处提供的 2010—2015 年的分省面板数据，因此本文实证研究的时间跨度设定为 2010—2015 年。本文实证研究中用到的大部分宏观数据来自历年《中国统计年鉴》和中华人民共和国国家统计局官网，涉及的保险数据财险深度来自历年《中国保险年鉴》。作为工具变量使用的自然灾害直接经济损失、代表城市平均气温、降水量等自然环境因素数据来自历年《中国环境统计年鉴》、《中国统计年鉴》和《中国科技统计年鉴》。限于篇幅，不报告主要变量的描述性统计。

五、实证分析

（一）农业保险对消费的影响

首先我们研究农业保险对农民消费的影响。表 2 中（1）（2）（3）为基于面板数据工具变量方法的实证分析结果，感兴趣的自变量分别为农险保费占比、农险赔付占比以及农险补贴占比。选择该方法主要是考虑到：一方面我们处理的是面板数据，另一方面考虑到对内生性问题的解决，因此相对于其他回归方法我们更倾向于接受基于面板数据工具变量模型的实证结果。表 2 实证结果表明：农业保险保费占比与农村居民消费对数呈现出显著的正相关关系，系数为 295.5，并在 5%的统计水平显著；农业保险赔付占比与农村居民消费对数呈现出正相关关系，系数为 66.46，但并不显著；农业保险补贴占比与农村居民消费对数呈现出显著的正相关关系，系数为 434.7，并在 5%的统计水平显著。这一结论表明提高农业保险保费占比与农业保险补贴占比可以显著地对农村居民消费产生积极影响，而消费的提高意味着贫困的减少。从而证明农业保险保费发展和补贴的提高能够起到助推农村地区反贫困的实际效果；提高农业保险赔付也能促进农民消费，尽管并不显著。上述结论与假说 2 较为符合。

表 2　农险保费、赔付、补贴对农民消费的影响

	(1)	(2)	(3)
因变量		ln*xf*	
自变量	农险保费	农险赔付	农险补贴
Nbfzb/ npfzb/nbtzb	295.5**	66.46	434.7**
	(149.9)	(59.37)	(221.4)
lgdp	0.788***	0.911***	0.777***
	(0.150)	(0.080 8)	(0.164)
pp	1.110	2.967	−2.222
	(16.78)	(9.282)	(18.68)
fp	1.985	1.851**	2.293
	(1.412)	(0.781)	(1.571)
si	2.197	3.487***	1.432
	(2.202)	(1.160)	(2.547)
edu	2.247	−0.789	2.545
	(3.727)	(1.883)	(4.091)
dr	−0.002 02	0.001 52	−0.003 75
	(0.013 0)	(0.007 11)	(0.014 4)
k	0.075 0	0.003 12	0.096 0
	(0.125)	(0.070 1)	(0.140)
FDI	2.960	1.497	3.598
	(1.929)	(0.984)	(2.246)
open	0.435	0.431	0.513
	(0.926)	(0.514)	(1.020)
fs	2.700**	0.782*	3.187**
	(1.323)	(0.475)	(1.577)
Observations	154	154	154
R - squared	0.783	0.934	0.737
Number of sf1	31	31	31
内生性检验	21.989***	4.105**	25.374***
不可识别检验	6.091	10.116**	5.552
弱识别检验	1.910	2.442	1.733
过度识别检验	6.944**	36.362***	5.058*

注：***、**、*分别表示在 1%、5%和 10%的显著性水平下显著。在工具变量检验中，各项检验仅报告了统计量的值。

在本文前文数值模拟中，图 1 和图 3 显示农业保险保障程度与补贴程度的提高可以提高农民终生效用水平，而根据本文理论模型中关于效用函数的设定可知，农民终生效用水平与农民消费之间存在正相关关系，因此农业保险保费、赔付和补贴的提高必然提高农民消费。而农民消费的提高必然伴随着农民从贫困状态转移到非贫困状态的概率提高，采用保费、赔付和补贴衡量的农业保险起到了反贫困的效果。

（二）农业保险对 *HDI* 的影响

然后我们研究农业保险对反映多维贫困的 *HDI* 指数的影响。表 3 中（1）（2）（3）为基于面板数据工具变量方法的实证分析结果。实证分析结果表明：农业保险保费占比、农业保险赔付占比和农业保险补贴占比与 *HDI* 指数普遍呈现出正相关，但都不显著。在不考虑显著性的情况下，上述结论与假说 1 较为符合。

在本文前文数值模拟中，图 1 和图 3 显示农业保险保费占比、赔付占比、补贴占比的提高可以提高农民终生效用水平，近似的以 *HDI* 指数来界定包含农村居民在内的整体居民的终生效用，则表明农险保费的提高会缓解多维贫困情况。

表 3　农险保费、赔付、补贴对 *HDI* 指数的影响

	(1)	(2)	(3)
因变量		*hdi*	
自变量	农险保费	农险赔付	农险补贴
Nbfzb/ npfzb/nbtzb	6.045	7.059	5.176
	(10.70)	(4.955)	(8.662)
lgdp	0.106***	0.104***	0.107***
	(0.009 20)	(0.007 70)	(0.007 47)
pp	0.131	0.129	0.111
	(0.931)	(0.926)	(0.898)
fp	0.142*	0.140*	0.145*
	(0.078 3)	(0.077 9)	(0.075 5)
si	0.025 3	0.045 0	0.027 9
	(0.126)	(0.116)	(0.119)
edu	0.798***	0.795***	0.770***
	(0.223)	(0.185)	(0.189)
dr	0.000 909	0.000 924	0.000 924
	(0.000 725)	(0.000 709)	(0.000 691)

（续）

	(1)	(2)	(3)
k	0.021 0***	0.017 9***	0.020 8***
	(0.007 04)	(0.006 93)	(0.006 68)
FDI	0.307***	0.303***	0.300***
	(0.114)	(0.097 1)	(0.103)
open	−0.044 9	−0.048 9	−0.043 6
	(0.051 3)	(0.051 3)	(0.049 2)
fs	−0.021 5	−0.032 1	−0.035 0
	(0.089 6)	(0.044 5)	(0.065 1)
Observations	154	154	154
R - squared	0.922	0.923	0.928
Number of sf1	31	31	31
内生性检验	1.111	—	0.992
不可识别检验	3.667	14.465**	8.447 *
弱识别检验	1.127	2.018	2.009
过度识别检验	1.046	4.779	1.387

注：***、**、*分别表示在1%、5%和10%的显著性水平下显著。在工具变量检验中，各项检验仅报告了统计量的值。

上述基于面板数据工具变量的回归结果表明，农业保险保费与补贴对农民消费具有显著的正面影响，而农业保险赔付对农民消费具有正面影响，但并不显著。农业保险保费、农业保险赔付、农业保险补贴对 HDI 指数具有正面影响，但都不显著。出现这种情况，主要有以下几点原因。首先，从数据完整性考虑，我们实证分析的样本是从 2010 年至 2015 年，对于面板数据而言，时间跨度相对较短，即我们的研究是基于特定时间阶段的实证分析，反映的是该特定阶段的经济规律。其次，考虑到农业保险的实际效应，可能还会具备征信、保障、投资等功能，这些功能如果可以量化，会对实证分析提供极大的帮助并对农业保险保费、赔付、补贴等方面实际效应提供更加准确的估计。但由于我国农业保险发展是最近的情况，尽管短期内发展很快，但一些数据的积累并不完善，造成我们无法通过构造相应指标衡量农业保险的征信、保障和投资功能。最后，考虑到应用不同回归方法会得到差异化的结论，以及基于面板数据工具变量解决内生性问题的方法的局限性，我们认为出现这种情况很大程度上是由于并未对相关数据按照其自身所体现出的特点进行内生性分组所导致的。为解决这一问题，接下来将进行面板门槛回归分析来加以克服。

（三）面板门槛回归

本部分我们将通过面板门槛数据模型展开研究。首先将农民消费作为门槛变量，探讨农险保费、赔付、补贴对农民消费的门槛效应；其次，将 HDI 指数作为门槛变量，探讨农险保费、赔付、补贴对 HDI 指数的门槛效应。

1. 农业保险对农民消费影响

表 4 中（1）表明当 $Lnxf<9.6288$ 时，$Nbfzb$ 对 $\ln xf$ 的影响为 −34.16，在 1%的统计水平上显著；$9.6288<\ln xf<10.5158$ 时，$Nbfzb$ 对 $\ln xf$ 的影响为 46.86，在 1%的统计水平上显著；$\ln xf>10.5158$，$Nbfzb$ 对 $\ln xf$ 的影响为 −557.4，在 1%的统计水平上显著。（2）表明当 $\ln xf<9.6288$ 时，$Npfzb$ 对 $\ln xf$ 的影响为 −30.74，在 5%的统计水平上显著；$\ln xf>9.6288$，$Npfzb$ 对 $\ln xf$ 的影响为 100.9，在 1%的统计水平上显著。（3）表明当 $\ln xf<9.6288$ 时，$Nbtzb$ 对 $\ln xf$ 的影响为 −49.76，在 1%的统计水平上显著；$\ln xf>9.6288$，Nbtzb 对 $\ln xf$ 的影响为 65.99，在 1%的统计水平上显著。

上述结果说明，农险保费、农险赔付和农险补贴对农民消费的影响存在明显的门槛效用，只有当农民消费发展到一定程度时，农险保费、农险赔付和农险补贴的发展才会提高农民消费，否则农险保费、农险赔付和农险补贴的发展会对农民消费产生负面影响。与本文假说 2 相比，基于面板门槛回归模型的研究得到的结论产生了一些变化：即农险保费、赔付和补贴对农民消费的影响确实存在正相关的区间，但是除了上述区间之外，也存在负相关的可能性。也就是说，农险保费、赔付和补贴对农民消费的影响不再是单一方向的影响，而是根据 $\ln xf$ 是否跨越门槛表现出不同的规律。

上述结论充分说明农险保费、赔付和补贴对农民消费的影响存在明显的门槛效应。就上述三种回归的共性而言，当农民消费较低时，农业保险的作用还不能很好地发挥，农业保险对农民消费的协同发展效应尚未展现，此时发展农业保险无法起到较好的效果，甚至会出现发展农业保险反而会降低农民消费的情况。出现这种情况，可能的原因在于贫困陷阱的存在，当农民消费处于较低水平时，尽管存在农业保险投入，但是由于农民自身贫困问题较为严重，农业保险的保障效应无法起到应该发挥的效果，而由于农业保险作为一种农民的支出，对农民财富的支出效应占上风，因此在此情况下发展农业保险反而会降低农民消费。只有当农民消费进入一个相对较高的水平，即跨越了内生分组中客观存在的门槛值后，农业保险发展对农民收入的影响才开始变为正相关关系，此时发展农业保险可以起到促进农民消费提高的作用。此时农业保险的保障效应开始逐渐超过支出效应，发展农业保险可以显著提高农民的消费。

表 4　农险保费、赔付、补贴对农民消费的门槛效应

	(1)		(2)		(3)	
因变量			$\ln xf$			
$Nbfzb$	$\ln xf<9.6288$	−34.16*** (12.70)	$\ln xf<9.6288$	−30.74** (13.32)	$\ln xf<9.6288$	−49.76*** (16.70)
$Npfzb$	$9.6288<\ln xf<10.5158$	46.86*** (17.41)	$\ln xf>9.6288$	100.9*** (24.89)	$\ln xf>9.6288$	65.99*** (22.66)
$Nbtzb$	$\ln xf>10.5158$	−557.4*** (147.6)				

（续）

	(1)	(2)	(3)
lgdp	0.925***	0.922***	0.925***
	(0.0294)	(0.0309)	(0.0310)
pp	8.294	12.89**	13.41**
	(5.704)	(5.993)	(5.921)
fp	2.881***	2.571***	2.558***
	(0.516)	(0.545)	(0.540)
si	1.643*	0.904	1.146
	(0.890)	(0.957)	(0.924)
edu	−1.275	−1.396	−1.236
	(0.970)	(1.036)	(1.024)
dr	0.00644*	0.00686	0.00719*
	(0.00388)	(0.00414)	(0.00409)
k	0.0500	0.0968**	0.0511
	(0.0449)	(0.0481)	(0.0474)
FDI	0.993	1.314*	0.722
	(0.641)	(0.683)	(0.677)
open	−1.072***	−0.173	−0.119
	(0.409)	(0.363)	(0.361)
fs	−0.0679	−0.0437	−0.0704
	(0.168)	(0.180)	(0.177)
Constant	−0.597**	−0.661**	−0.674**
	(0.288)	(0.303)	(0.304)
1个门槛值检验	50.74***	45.23***	50.76***
	(23.7799　28.3851　38.5733)	(21.8373　26.4383　33.2948)	(24.2220　28.4920　43.9140)
2个门槛值检验	22.04*		
	(20.2321　24.3543　37.6010)		
γ1 (95%)	(9.6277　9.6300)	(9.6277　9.6300)	(9.6277　9.6349)
γ2 (95%)	—		
Observations	186	186	186
R - squared	0.977	0.974	0.974
Number of sf1	31	31	31

注：括号内为对应的标准差值。***、**、* 分别表示在1%、5%和10%的显著性水平下显著。1个门槛值的门槛效应检验的原假设为没有门槛值，备择假设为有1个门槛值；2个门槛值的门槛效应检验原假设为有一个门槛值，备择假设为有2个门槛值，以此类推。门槛效应检验括号中为bootstrap模拟得到的10%、5%、1%临界值。下表同。

2. 农业保险对 hdi 影响

表 5 中（1）表明当 $hdi<0.645\,1$ 时，$Nbfzb$ 对 hdi 的影响为 -8.394，在 1%的统计水平上显著；$0.645\,1<hdi<0.655\,1$ 时，$Nbfzb$ 对 hdi 的影响为 -27.46，在 1%的统计水平上显著；$hdi>0.655\,1$，$Nbfzb$ 对 hdi 的影响为 2.392，在 10%的统计水平上显著。（2）表明当 $hdi<0.655\,1$ 时，$Npfzb$ 对 hdi 的影响为 -54.42，在 1%的统计水平上显著；$hdi>0.655\,1$，$Npfzb$ 对 hdi 的影响为 0.783，但并不显著。（3）表明当 $hdi<0.645\,1$ 时，$Nbtzb$ 对 hdi 的影响为 -9.058，在 1%的统计水平上显著；$0.645\,1<hdi<0.655\,1$ 时，$Nbtzb$ 对 hdi 的影响为 -30.44，在 1%的统计水平上显著；$hdi>0.655\,1$ 时，$Nbtzb$ 对 hdi 的影响为 3.377，在 5%的统计水平上显著。

这说明农险保费、农险赔付和农险补贴对 *HDI* 的影响存在明显的门槛效用，只有当 *HDI* 发展到一定程度时并且超过一定门槛值后，农险保费、农险赔付和农险补贴的发展才会提高 *HDI*，否则农险保费、农险赔付和农险补贴的发展会对 *HDI* 产生负面影响。与本文假说 1 相比，基于面板门槛回归模型的研究发生部分改变，农险保费、赔付和补贴对 *HDI* 的影响不再是单一方向的影响，而是根据 *HDI* 是否跨越门槛表现出不同的规律。

上述结论充分说明农险保费、赔付和补贴对 *HDI* 的影响存在明显的门槛效应。这一现象的原因与前文所述类似，当 *HDI* 指数较低时，多维贫困问题较为严重，处于贫困陷阱中，此时农业保险对农民的支出效应超过保障效应，出现农险发展与 *HDI* 负相关的情况；而当 *HDI* 发展到一定程度，多维贫困得到缓解，农业保险的保障效应超过支出效应，此时发展农业保险会促进 *HDI* 指数的提高。

表 5　农险保费、赔付、补贴对 HDI 的门槛效应

	(1)		(2)		(3)	
因变量			$\ln xf$			
$Nbfzb$	$hdi<0.6451$	-8.394^{***}	$hdi<0.6551$	-54.42^{***}	$hdi<0.6451$	-9.058^{***}
		(2.752)		(6.911)		(3.087)
$Npfzb$	$0.6451<hdi<0.6551$	-27.46^{***}	$hdi>0.6551$	0.783	$0.6451<hdi<0.6551$	-30.44^{***}
		(3.632)		(1.278)		(4.090)
$Nbtzb$	$hdi>0.6551$	2.392^{*}			$hdi>0.6551$	3.377^{**}
		(1.348)				(1.701)
$lgdp$	0.114^{***}		0.116^{***}		0.114^{***}	
	(0.00307)		(0.00298)		(0.00307)	
pp	-0.282		-0.381		-0.288	
	(0.557)		(0.562)		(0.556)	
fp	0.0221		0.0183		0.0245	
	(0.0516)		(0.0519)		(0.0516)	

（续）

	(1)	(2)	(3)
si	0.0178	0.0244	0.0141
	(0.0818)	(0.0825)	(0.0817)
edu	0.629***	0.610***	0.628***
	(0.0988)	(0.0999)	(0.0985)
dr	0.000229	0.000240	0.000215
	(0.000393)	(0.000396)	(0.000392)
k	0.00761	0.00880*	0.00760
	(0.00464)	(0.00461)	(0.00463)
FDI	0.0131	0.0213	0.0155
	(0.0664)	(0.0663)	(0.0663)
open	0.0914**	0.0964***	0.0908**
	(0.0357)	(0.0360)	(0.0357)
fs	0.0922***	0.0856***	0.0927***
	(0.0179)	(0.0179)	(0.0179)
Constant	−0.502***	−0.516***	−0.500***
	(0.0301)	(0.0294)	(0.0302)
1 个门槛值检验	47.52***	80.07***	48.37***
	(11.4973 13.3728 17.8630)	(14.4680 16.8483 23.8127)	(11.5922 15.5776 20.7009)
2 个门槛值检验	30.65*		30.70**
	(15.6177 47.5668 68.5888)		(13.4106 16.6231 53.0151)
$\gamma1$（95%）	(0.6158 0.6907)	(0.6456 0.6636)	(0.6158 0.6907)
$\gamma2$（95%）	(0.6456 0.6636)		(0.6456 0.6636)
Observations	186	186	186
R - squared	0.979	0.979	0.979
Number of sf1	31	31	31

注：括号内为对应的标准差值。***、**、* 分别表示在 1%、5%和 10%的显著性水平下显著。

六、结论与建议

本文首先建立农业保险各因素的模型，运用数值模拟的方法比较农业保险、农业保险投资以及农业保险补贴对农户效用影响的强弱；其次，运用 2010—2015 的分省面板数据来检验不同农业保险模式对农户消费和 HDI 的影响。本文的主要结论：第一，风险的存在会降低农民终生效用水平，农业保险的存在会在农业风险存在的基础上提高农民终生效用，农业保险补贴对农民终生效应的提高大于农业保险，农业保险投资提高农民终生效用的水平大于农业保险补贴。第二，本文实证分析表明，农业保险保费、赔付和补贴在一定程度上都可以提高农民消费和 HDI，进而促进农村反贫困。考虑到可能存在的解释变量内生分组问题，采用面板门槛回归模型进行了相应的研究，并发现只有当农民消费和 HDI 的发展超过一定的门槛值以后，农业保险保费、赔付和补贴对农民消费和 HDI 的影响才会变为正相关，农业保险的反贫困效应才能发挥功效。

本文的不足在于使用的数据是 2010—2015 年农业保险的分省统计数据。这些数据是全体投保农户的数据（只包括部分贫困农户），所以其结论只是理论上的一个推论，无法具体说明农业保险对贫困农户到底有多大作用。① 未来如果条件允许，我们将尝试把参加农业保险的贫困户的数据挑选出来做分析，或者亲自做抽样调查，收集参加农业保险的贫困农户的数据，以期这样能够直接度量出对贫困农民的实际意义。

基于此，提出以下建议：首先，农业保险不同模式对农户效用的影响存在差异，一般情况下可考虑按照农业保险投资、农业保险补贴、直接的农业保险的顺序采取农业保险的具体措施，但是考虑到在实际的工作中可能会存在各不相同的情况，在处理具体问题时还需要结合当地当时实际情况，具体问题具体分析。其次，农业保险对农民消费和效用的影响存在显著的门槛特征，因此应该在大力发展农业保险的同时关注农民消费和农民终生福利的发展，只有当农民消费和福利越过门槛值后，发展农业保险才会发挥出巨大的反贫困功能。

参考文献

[1] 陈国进，晁江锋，武晓利，赵向琴．罕见灾难风险和中国宏观经济波动 [J]．经济研究，2014 (8)：54-66.

[2] 胡宏伟，刘雅岚，张亚蓉．医疗保险、贫困与家庭医疗消费——基于面板固定效应 tobit 模型的估计 [J]．山西财经大学学报，2012 (4)：1-9.

[3] 李春吉，孟晓宏．中国经济波动——基于新凯恩斯主义垄断竞争模型的分析 [J]．经济研究，2006 (10)：72-82.

[4] 刘一伟．社会保障支出对居民多维贫困的影响及其机制分析 [J]．中央财经大学学报，2017 (7)：7-18.

[5] 刘一伟．社会保险缓解了农村老人的多维贫困吗？——兼论“贫困恶性循环”效应 [J]．科学决策，2017 (2)：26-43.

[6] 骆永民．公共卫生支出、健康人力资本与经济增长 [J]．南方经济，2011 (4)：3-15.

[7] 邵全权，王博，柏龙飞．风险冲击、保险保障与中国宏观经济波动 [J]．金融研究，2017 (6)：1-16。

[8] 孙武军，祁晶．保险保障、家庭资本增长与贫困陷阱 [J]．管理科学学报，2016 (12)：71-82.

[9] 解垩．医疗保险保障、家庭资本增长与贫困陷阱 [J]．财经研究，2008 (12)：68-83.

[10] 邢鹂，黄昆．政策性农业保险保费补贴对政府财政支出和农民收入的模拟分析 [J]．农业技术经济，2007 (3)：55-63。

① 感谢审稿人指出本文由于数据可获得性而产生的缺陷问题，以及相应的改进措施。

[11] 薛惠元．新型农村社会养老保险减贫效应评估——基于对广西和湖北的抽样调研［J］．现代经济探讨，2013（3）：11－15.

[12] 张建军，许承明．农业信贷与保险互联影响农户收入研究——基于苏鄂两省调研数据［J］．财贸研究，2013（5）：31－38.

[13] 张伟，罗向明，郭颂平．民族地区农业保险补贴政策评价与补贴模式优化——基于反贫困视角［J］．中央财经大学学报，2014（8）：31－38.

[14] 张川川，John Giles，赵耀辉．新型农村社会养老保险政策效果评估——收入、贫困、消费、主观福利和劳动供给［J］．经济学季刊，2014（1）：203－230.

[15] 庄子罐．中国经济周期波动的原因及其福利成本研究［D］．武汉：武汉大学，2010.

[16] Doytch N，Uctum M. Does the worldwide shift of FDI from manufacturing to services accelerate economic growth? A GMM estimation study [J]. Journal of International Money & Finance，2011，30 (3)：410－427.

[17] Enjolras G.，Capitanio F.，Aubert M. and Adinolfi F. Direct payments，crop insurance and the volatility of farm income：some evidence in France and in Italy [R]. working paper，2012.

[18] Hasan I，Wachtel P，Zhou M. Institutional development，financial deepening and economic growth：Evidence from China [J]. Journal of Banking & Finance，2009，33 (1)：157－170.

[19] Hosseini S.，and Gholizadeh H. the impacts of crop insurance on Stabilization of farmers' income，Agricultural economics [J]. Iranlan journal of Agricultural economics，2008，2 (3)：27－45.

[20] Genevieve Cecilia Aryeetey，et al. Can health insurance protect against out－of－pocket and catastrophic expenditures and also support poverty reduction? Evidence from Ghana' s National Health Insurance Scheme [J]. International Journal for Equity in Health，2016 (15)：116－127.

[21] Gordon L.，Garriker，Jeddery R.，Williams G.. Art Barnaby，Jr. and J. Roy Black. Yield and income risk reduction under alternative crop insurance and disaster assistance designs [J]. western journal of agricultural economics，1 991，16 (2)：238－250.

[22] Gourio，F. Disasters Risk and Business Cycles [J]. American Economic Review，2012 (102)：1734－1766.

[23] Kayleigh Barnesa，Arnab Mukherjib，Patrick Mullenc，Neeraj Sood. Financial risk protection from social health insurance [J]. Journal of Health Economics，2017.

[24] Matthieu Delpierre，Bertrand Verheyden，Stéphanie Weynants. Is informal risk－sharing less effective for the poor? Risk externalities and moral hazard in mutual insurance [J]. Journal of Development Economics，2016 (118)：282－297.

[25] Robert Sparrow，Asep Suryahadi，Wenefrida Widyanti. Social health insurance for the poor：Targeting and impact of Indonesia' s Askeskin programme [J]. Social Science & Medicine，2013 (96)：264－271.

[26] Sanders D. Korenman，Dahlia K. Remler. Including health insurance in poverty measurement：The impact of Massachusetts health reform on poverty [J]. Journal of Health Economics. Journal of Health Economics，2016 (50)：27－35.

[27] Vincent H.，Smit. Federal crop and crop revenue insurance programs：income protection [R]. Working paper，2 001.

[28] Xuan－Vinh Vo. Net private capital flows and economic growth－the case of emerging Asian economies [J]. Applied Economics，2010，42 (24)：3 135－3 146.

我国引入农业收入保险的经济效应研究*

王保玲　孙　健　江崇光

摘要：基于1990—2015年全国农业保险数据，文章筛选出具有代表性的农业产品稻谷、小麦和玉米进行实证研究。由于农产品价格和产量之间存在某种相关性，所以文章利用混合Copula函数和蒙特卡洛方法估算了不同保障水平下不同农产品的农业收入保险费率。结果显示：相比同一保障水平的农业产量保险费率，农业收入保险费率要低一些，并随着保障水平的降低，两者之间的费率差别减小。为了分析实施农业收入保险所带来的经济效应，文章选用保险费率、保险需求、保费收入、保险深度和保险密度变化率作为经济指标。研究发现：实施农业收入保险后，在相同保障水平和农业产品情况下，这五项经济指标都得到了较大的改善；随着保障水平的增加，农业收入保险所能带来的经济效益越明显。因此，我国需要采取有效措施大力推广农业收入保险，以提高我国农业保险水平。同时，本文的研究将对政府制定相关政策、保险公司创新农业保险产品和农户购买保险的支付意愿提供一定的借鉴。

关键词：农业收入保险；混合Copula函数；保险费率定价；保险深度；保险密度

一、引言

据《2015年中国统计年鉴》相关信息显示，我国是一个农业大国，但同时也是一个农业弱国。从统计学的角度看，“大国”体现在以下六方面：农村人口占总人口的45.23%（共计6.186 6亿人），农用地64 616.8万公顷，农作物播种面积165 446万公顷，粮食年产量60 702.6万吨，农业年总产值102 226.1亿元，农业机械总动力108 056.6万千瓦，总量上遥遥领先于其他国家；“弱国”体现在：粮食人均产量、农作物人均种植面积、人均农用地等排名处在世界中下游位置。然而，我国的一个基本

---

* 基金项目：对外经济贸易大学社会保障学特色学科（项目批准号：8110051103）。原载《保险研究》2017年第3期。

作者简介：王保玲，对外经济贸易大学保险学院博士研究生，中国准精算师，研究方向：保险学、金融学；孙健，博士，现为对外经济贸易大学保险学院院长、教授、博士生导师，研究方向：保险学、资本运营与风险管理；江崇光，对外经济贸易大学博士后，研究方向：保险学。

国情是农村人口数量众多，这是客观存在的事实。从风险管理的角度看，农业作为基础产业，由于自身的弱质性和生产过程的特殊性，常常面临难以预测并且无法抗拒的许多风险。影响农业的两大主要风险是与产量密切相关的自然风险和造成商品价格波动的市场风险。我国农民收入普遍较低，难以承受农业所带来的损失。农业保险（主要指农业养殖业和种植业保险）作为对遭受自然灾害和意外事故所造成损失提供保障的一种事后补偿手段，对稳定农业生产、促进农民增收、振兴农村经济起到积极促进的作用。

农业保险处在农民有需求和保险公司有市场的大环境下，从经济学供需市场的角度看，这是一件可以实现“双赢”的保险项目。20 世纪 80 年代我国恢复办理农业保险业务，特别是 2007 年以后，我国农业保险实现了蓬勃发展。根据《中国统计年鉴》等相关资料显示，1997—2014 年农业保险保费收入从 5 亿元上涨到 300 多亿元。然而从保障水平的角度分析，我国农业保险未来需要发展的空间非常大。首先，2014 年我国农业保险保费收入 325.8 亿元，仅占财产保险收入总额的 4.813%；其次，按 2014 年全国 6.2 亿农户计算，每户投保费用（保费密度）不足 53 元；再次，我国农业保险深度只有 0.595%，甚至低于 2007 年的全球 65 个国家平均水平 0.630%；再次，我国农业保险赔付率水平起起落落，近 20 年基本处在 73%的高赔付率水平上下波动，特别是 2005 年的赔付率达到了 95%，这一水平远远高于保险界公认的 70%的临界点；最后，农业保险的保险费率远高于一般财产保险的保险费率，如中华联合财产保险公司的农业保险费率为 5%～12%，而一般财产保险的保险费率仅为 0.2%～2%。事实上由于高赔付率和高风险等原因，我国保险公司的农业保险业务经营基本处于亏损状态，有悖于保险公司以盈利为目的的商业化宗旨。尽管，1996 年开始免征农业保险的营业税，但是与高水平的赔付率相比根本微不足道①。基于中央财政对农业保险补贴的品种只有 15 种、政策性农业保险保费收入仅为农业产值的 0.32%、覆盖面积仅占我国耕地面积的 1/4 等一系列的事实，反映出我国农业保险虽然市场巨大，但高赔付率和高风险使得各商业保险公司望而却步，从而导致我国农业保险的发展不尽如人意②。

表 1　1997—2014 年我国农业保险基本概况

年份	保费收入（亿元）	赔付款（亿元）	财产保险收入（亿元）	农业 GDP（亿元）	赔付率（%）	保费收入占财险收入比重（%）	保险深度（%）
1997	5.76	4.29	382.23	13 852.50	74.47	1.51	0.04
1998	7.15	5.63	505.74	14 241.93	78.74	1.41	0.05
1999	6.32	4.92	527.22	14 106.22	77.84	1.12	0.05

① 国务院令第 629 号中的第九条规定，保险机构经营农业保险业务依法享受税收优惠。

② 2014 年，财政部关于印发《中央财政农业保险保险费补贴管理办法》的通知。

（续）

年份	保费收入（亿元）	赔付款（亿元）	财产保险收入（亿元）	农业 GDP（亿元）	赔付率（%）	保费收入占财险收入比重（%）	保险深度（%）
2000	4.04	3.21	608.37	13 873.61	79.45	0.66	0.03
2001	3.07	2.93	685.28	14 462.84	95.44	0.45	0.02
2002	3.31	2.91	780.49	14 931.51	87.91	0.42	0.02
2003	4.32	3.98	869.27	14 870.13	92.13	0.50	0.03
2004	4.00	3.00	1 125.30	18 138.39	75.00	0.36	0.02
2005	7.00	6.00	1 283.45	19 613.42	85.71	0.55	0.04
2006	8.00	5.90	1 579.30	21 522.32	73.75	0.51	0.04
2007	53.30	29.80	2 087.29	24 658.12	55.91	2.55	0.22
2008	110.70	64.10	2 446.30	28 044.22	57.90	4.53	0.39
2009	133.90	95.20	2 992.93	30 777.52	71.09	4.47	0.44
2010	135.90	96.00	4 026.96	36 941.11	70.64	3.38	0.37
2011	173.80	81.80	4 779.11	41 988.64	47.06	3.64	0.41
2012	240.60	148.20	5 330.97	46 940.52	61.59	4.51	0.51
2013	306.70	208.60	6 481.23	51 497.40	68.01	4.73	0.60
2014	325.80	205.80	7 544.41	54 771.53	63.16	4.32	0.60

数据来源：由 1997—2015 年的中国统计年鉴整理而得。

由表 1 可知，我国农业保险存在非常大的潜力，但关键在于如何有效、快捷地开发农业保险市场。农业保险市场出现“供需两冷”的最根本原因可以归结于我国农业保险保单的设计（保产量）缺乏合理性，从而导致保障风险单一、保障水平低、农民参保性不高。有业内人士建议，我国农险的创新可以借鉴印度农险的创新路径：一是由纯粹单位面积产量的传统农业产量保险扩大为覆盖“经济—市场—价格变化”的农业收入保险；二是开发“保险—金融”一体化产品，尤其是天气指数保险的运用。这种创新是源于产品概念与制度的创新，由于印度国大党和人民党轮流上台导致农业政策不具稳定性，使得其可操作性非常值得商榷。近几年，美国在以保农作物收入为目的的试点上进行了农业收入保险的探索，并取得了令人瞩目的成就。根据美国农业部风险管理局网站发布的历年农作物保险统计数据可知，农作物收入类保险 2014 年的保费收入达到 83.56 亿美元，占当年收入类保险保费（共计 100.35 亿美元）的 83%。农业收入类保险产品中附带收获期价格期权的个体农场作物收入保险（RP－HPO）是最受欢迎的产品，保费收入达到 78.4 亿美元。近些年，已有大量国家和地区（如加拿大、西班牙、巴西等）积极开展农业收入保险业务，大大提高了当地农户的保障水平和参加农业保险的热情。我国很多学术专家和保险行业人士根据自身多年的保险从业经验，提出借鉴美国农业收入保险的想法。

农业收入保险以收入为保险标的，覆盖了由于产量、价格或两者波动所造成的损失的保险责任，以保证被保险人的最低收入水平（保障收入水平）①。目前，学术界对农业收入保险的研究仅限于理念的引入和农业收入保险在中国适应性的政策分析（黄艳等，2007；Joseph B. Colea 等，2010；叶明华等，2015），而对推广农业收入保险的实证分析寥寥无几。目前，从国内各大数据库搜索到的农业收入保险的实证分析只有一篇，并且只研究了安徽省阜阳市的农业收入保险定价（谢凤杰等，2011）。研究对象相对于农业的范围较窄，并且也没有深入研究其所能带来的经济影响。本文的学术贡献可以总结为两点：①扩大了研究范围，基于全国农产品数据测算了农业收入保险的定价，并将研究延伸至对我国农业保险行业保险深度、保险密度和保险收入的影响上。②采用更为先进的混合 Copula 函数方法，而不是以往文献中的单一 Copula 函数方法。新的方法对描述农产品价格和产量之间的关系更为精确，得以获得更为准确的农业收入保险费率。因此，鉴于我国农业保险实情及市场缺乏动力等原因，对我国引进农业收入保险的经济分析是非常必要的。

本文研究的目的是评估我国引进农业收入保险的经济影响，也就是同一保障水平下，相较于农业产量保险费率，农业收入保险费率的变化，进而引起保险产品需求量的变化，最终会影响我国农业整体保障水平。运用混合 Copula 函数评估农产品的价格和产量之间的关系，采用 Monter Carlo 模拟法测算出农业收入保险的费率；结合费率对保险购买意愿的影响，得出我国农业保险需求量的变化；基于费率和需求的变化，进而得出我国农业保险深度、密度以及保险公司保费收入的变化。这个问题的答案不仅关系到了政策制定者、保险公司和农户，也关系到生产者和消费者的利益。

二、文献综述

农业收入保险业务涵盖了价格和产量的双重风险，赔偿责任内农户的损失，以保障农户的最低收入水平。引入农业收入保险的经济影响机制是：首先，保单设计的变化引起保险费率的变化；其次，保险费率影响保险产品需求量；最后，前两步作用到我国农业保险的深度、密度以及保险公司的保费收入等经济指标上。因此，有关引入农业收入保险的经济分析的文献应包括以下两方面：

一是农业保险产品定价方法研究。从数学与统计的角度看，农户收入损失的概率取决于价格和产量的联合概率分布。如果要追求一个有效的资源分配，那么定义一个精算公平的保险费率是任何收入类保险产品方案的关键。高估或者低估保险费率不仅会扭曲保险产品的供求和风险管理战略的采用，而且还会影响保险方案实施的可持续性，甚至激发无效公共政策的出台。国内外许多学者对农业保险定价做了深入的研究。姜会飞（2009）根据保险的收支平衡原理，提出农业保险费率和保费的动态计算

① 美国农业收入保险产品体系规定，保障收入＝保障产量×保障价格×保障水平。

方法，方法简单，但根据公司财务情况倒推费率较为被动；Ozaki 等（2008）、梁来存（2009）、周延等（2011）基于非参数核密度法探讨了农业保险产品纯费率厘定问题，适用于样本小、总体分布未知的情况，但仅适合确定纯费率；谷政、江惠坤和褚保金（2009）采用小波—非参数统计方法确定农业保险费率进而改进了纯保险费率厘定的方法；谢凤杰等（2011）、Osama Ahmed、Teresa Serra（2015）采用 Copula 方法对农作物收入保险进行定价，因为 Copula 函数考虑到了产量与价格之间的内在联系；Ghosh 等（2014）用混合 Copula 函数评估产量与价格之间的相依结构，混合 Copula 函数是通过对每个单一的 Copula 函数赋予权重进行构造的，结果显示混合 Copula 函数比单独的 Copula 函数具有更好的表现。因此，本文运用混合 Copula 函数刻画农业收入保险方案中收入与产量的关系，并以此计算保险费率。

二是保险费率对农业保险需求影响的研究。农业保险费率的改变必定会导致农业保险需求的变化，显而易见的是其影响是反向的，即保险费率越高，参保的农户越少。以往文献中诸如 Coodwin 等（2008）、王阿星等（2008）、于洋（2011）等认为农业保险需求影响因素有农户特征、自然灾害风险、收入和保险了解程度等，但得出的影响因素拟合模型的拟合优度普遍较差。究其本质不难发现，研究人员忽略了这样一个事实，即农业保险保户是根据保险服务水平（保费水平、保障水平和理赔情况）的高低或者好坏，主观性地选择是否购买农业保险产品。近年来，随着对农户农业保险需求研究的进一步加深以及供给侧结构性改革政策的提出，很多学者如宁满秀等（2006）、李小勍（2010）、杨浩（2011）、赵君彦（2012）、王秀芬等（2013）、罗丽华等（2013）在前人研究的基础上加入了保费水平（自缴保费水平和财政补贴）因素，进行了农业保险费率和农业保险需求之间关系的实证研究。虽然采用数学统计方法不同，如 Logistic 模型、效用优化决策模型、多元回归模型等，但得出同样的结论——保险费率与保险需求量存在显著的负向关系。也就是，农业保险自缴费率越高，保险需求越小；财政补贴越高（相同保费下，自缴保费越小），保险需求越高。因此，本文设计的第二阶段费率引起保险需求量的变化是可行的。

三是保险费率和保险需求量所带来的经济影响。郑伟等（2010）结合了保费收入法、保险密度法和保险深度法三种方法，综合评定我国保险业的增长；沈扬扬（2012）基于保险密度和保险深度指标研究我国保险业区域发展差距；陈虹等（2013）运用保险深度、保险服务出口和金融服务出口等衡量我国保险业的国际竞争力；吕卓等（2016）用保费收入、保险密度及保险深度三个指标衡量我国“十三五”时期的保险业的发展状况。鉴于前人研究和本文的内容，采用保费收入、保险密度和保险深度三个指标用以测评我国引入农业收入保险所带来的经济影响。

综上所述，本文基于混合 Copula 函数测算农业产品价格和产量的相关风险，进而得到收入保险的费率，再结合费率对保险需求的影响，评价我国引入农业收入保险的经济影响。

三、混合 Copula 函数

20 世纪 90 年代后期 Copula 函数的相关理论和方法在国外得到迅速发展，并应用到金融、保险等领域的相关分析、投资组合分析和风险管理等多个方面（Parra and Koodi，2006；Patton，2004）。Copula 函数又称为连接函数，即将多个边缘分布函数构造连接成灵活的多元联合概率分布函数。

（一）Copula 函数的定义及参数估计

N 元 Copula 函数的定义域为 $[0,1]^n$，且边际分布满足均匀分布的性质。令 F 和 G 是随机变量 (x,y) 的单变量连续分布函数，那么随机变量 (x,y) 的 Copula 函数是关于 $u=F(x)$ 和 $v=G(y)$ 联合分布函数，其中 u 和 v 是在区间 $[0,1]$ 对 x 和 y 进行概率积分变换而得到的均匀分布函数（Fisher，1 932）。根据 Sklar 定理（1 959），存在唯一的 Copula 函数 C 表达为：

$$H(x,y)=C(F(x),G(y))=C(u,v) \tag{1}$$

其中，$C(u,v)=H(F^{-1}(u),G^{-1}(v)),\forall(u,v)\in[0,1]\times[0,1]$ 为二元分布函数；F 和 G 为边际分布函数；F^{-1} 和 G^{-1} 为边际分布的逆函数。多元联合概率密度函数表示为：

$$h(x,y)=f(x)g(y)c(F(x),G(y)) \tag{2}$$

其中，$c(u,v)=\partial C(u,v)/\partial u\partial v$ 代表 Copula 函数 C 的联合概率密度函数；$f(x)=\partial F(x)/\partial x$ 和 $g(y)=\partial G(y)/\partial y$ 为单变量密度函数。

Copula 函数的参数可以通过两阶段法进行估计。第一步，通过极大似然估计法对单变量密度函数 $f(x)$ 和 $g(y)$ 的参数进行估计，具体操作是对每一个对数单变量密度函数 $\ln(f(x))$ 和 $\ln(g(y))$ 进行极大似然估计；第二步，在估计出单变量密度函数 $f(x)$ 和 $g(y)$ 参数的基础上，用极大似然估计法估计出 Copula 函数的参数[①]。

（二）Copula 函数族相关性度量

常见的 Copula 函数族包括椭圆形 Copula 函数和阿基米德 Copula 函数。椭圆形 Copula 函数如 Gaussian－Copula、T－Copula，具有参数较少、易随机取样、相关结构便于计算的优点。阿基米德 Copula 函数如 Gumbel－Copula，Clayton－Copula，Frank－Copula，应用最为广泛，因为具有形式简单、可结合性、对称性等其他 Copula 函数不具备的优点。Copula 函数分为静态的和时变的两大类。静态 Copula 函数的参数随着时间的推移而不变，而动态 Copula 函数允许参数随着环境的改变而变化。

① 若对两阶段法估计 Copula 函数参数和单变量密度函数参数的具体步骤感兴趣，请参考文章《Economic analysis of the introduction of agricultural revenue insurance contracts in Spain using statistical copulas》后的四个附录。

不同类型的 Copula 函数代表不同的相关结构。Osama Ahmed and Teresa Serra（2015）为了选择可以较好拟合数据的 Copula 函数，进行了一系列的时变相关性、模型选择和拟合优度的测试。时变 Copula 函数没有通过时变相关性检验。静态 Copula 函数在初始宽度被确认的情况下，四个具有最高对数似然函数值的 Copula 函数（Gaussian - Copula、T - Copula、Clayton - Copula 和 Gumbel - Copula）被选中为进一步详细分析的对象。由于本文只需研究单产与价格之间的相关关系，所以模型选择和拟合优度检验被应用在如何选择最优的二元 Copula 函数上。不同类型的 Copula 函数公式及分布特点如表 2 所示。

表 2 不同类型 Copula 函数公式及分布特点

Copula 函数	公式及符号解释	分布特点
Gaussian	$C^{Ga}(u,v;\rho)=\int_{-\infty}^{\Phi_{(u)}^{-1}}\int_{-\infty}^{\Phi_{(v)}^{-1}}\frac{1}{2\pi\sqrt{(1-\rho^2)}}\exp\{\frac{-(s^2-2\rho st+t^2)}{2(1-\rho^2)}\}\,\mathrm{d}s\mathrm{d}t$ u,v 为［0，1］上的均匀分布，ρ 为变量间线性相关系数，$-1<\rho<1$；Φ^{-1} 代表标准正态分布函数的逆函数	对称的尾部、尾部变量渐进独立和无法捕捉到变量间的非对称的尾部相关关系
t - Copula	$C^t(u,v;\rho,k)=\int_{-\infty}^{t_k^{-1}(u)}\int_{-\infty}^{t_k^{-1}(v)}\frac{1}{2\pi\sqrt{(1-\rho^2)}}[1+\frac{(s^2-2\rho st+t^2)}{k(1-\rho^2)}]^{-(k+2)/2}\,\mathrm{d}s\mathrm{d}t$ ρ 为变量间线性相关系数；k 为分布的自由度	对称的尾部、对尾部相关性的变化较为敏感和无法捕捉到变量间的非对称的尾部相关关系
Clayton	$C^C(u,v;\alpha)=\max[(u^{-\alpha}+v^{-\alpha}-1)^{1/\alpha},0]$ α 为分布的参数	上尾渐进独立、下尾变量相关性较强和能够捕捉变量间非对称尾部的关系
Gumbel	$C^{Gu}(u,v;\alpha)=\exp\{-[(-\ln u)\alpha+(-\ln v)^{\alpha}]^{1/\alpha}\}$ α 代表分布的参数	非对称尾部、上尾相关性较强和对下尾渐进独立

Copula 函数是对相关性进行建模，整体相关性的强度已经可以通过稳健的 Copula 函数方法去测量，如 *Kendall* 秩相关系数 τ ①。目前尾部相关性成为风险管理的重

① 如果相关性不能通过椭圆分布进行建模，那么用线性相关系数度量相关性强度会有误导性。基于 Copula 函数的相关性方法会更加稳健（Embrechts et al.，2002）。

点，也就是说，保险公司相对于频繁、温和的事件而对极端的天气和市场事件中的产量和价格更感兴趣。

（三）混合 Copula 模型与参数估计

从以上四种 Copula 函数的公式可以看出，不同的 Copula 函数刻画不同的尾部相关性，因此考虑把这四种 Copula 函数线性组合成混合 Copula 函数，这样就能更好地描述价格和产量风险的尾部相关性，避免了使用某一种 Copula 函数拟合数据所造成的失真情况。

1. 混合 Copula 模型

椭圆族和阿基米德族中的 Gaussian - Copula、t - Copula、Clayton - Copula 和 Gumbel - Copula 函数分别对农产品价格和产量的联合分布进行相关性度量，根据数据的分布特征和度量结果（特别是边际分布的尾部特征），赋予不同的 Copula 函数以不同权重，则构建混合 Copula 模型如下所示：

$$C(u,v;\Theta) = \sum_{i=1}^{4} w_i C_i(u,v;\theta_i) \tag{3}$$

式中，$C_i(u,v;\Theta)$ 代表第 i 个 Copula 函数；θ_i 是第 i 个 Copula 函数的相依参数；w_i 为第 i 个 Copula 函数的权重参数，满足 $0 \leqslant w_i \leqslant 1, \sum_{i=1}^{4} w_i = 1$ 。

2. 混合 Copula 模型的权重估计

McLachlan，G. J.（2008）运用 EM - BFGS 算法估计混合 Copula 函数中每个单一 Copula 权重参数以及相依参数。求解过程分为求解条件期望（E 步）和求极大值（M 步）两部分。

在产量 $U=(u_1,u_2,\cdots,u_n)$ 和价格 $V=(v_1,v_2,\cdots,v_n)$ 数据样本的基础上，引入不可观测数据（潜在数据或潜在变量）$Z=(z_1,z_2,\cdots,z_n)$，组成完整数据 (U,V,Z)，对数似然函数为：

$$\begin{aligned}\ln L(\Theta \mid U,V,Z) &= \sum_{i=1}^{n} \ln\Big(\prod_{j=1}^{n} w_j^{z_{ij}} C_j(u_i,v_i,\alpha_j)^{z_{ij}}\Big) \\ &= \sum_{i=1}^{n}\sum_{j=1}^{l} z_{ij}\ln w_{ij} + z_{ij}\ln C_j(u_i,v_i,\alpha_j)\end{aligned} \tag{4}$$

其中，$z_1,z_2,\cdots,z_n$ 相互独立，z_{ij} 取值 0 或 1，$z_{ij}=1$ 表示 (u_i,v_i) 来自 $C_j(u,v,\alpha_j)$，$P(z_{ij}=1)=w_j$ 。

E 步：给定产量 U 和价格 V 观测数据和当前参数估计值 $\Theta^{(m)}$，计算完全数据的对数似然函数关于不可观测数据 Z 的条件期望分布。即：

$$\begin{aligned}Q(\Theta \mid \Theta^{(m)},U,V) &= E_Z[\ln L(\Theta \mid U,V,Z) \mid \Theta^{(m)},U,V] \\ &= E_Z[(\sum_{i=1}^{n}\sum_{j=1}^{l} z_{ij}\ln w_{ij} + z_{ij}\ln C_j(u_i,v_i,\alpha_j)) \mid \Theta^{(m)},U,V]\end{aligned}$$

$$
\begin{aligned}
&= \sum_{i=1}^{n}\sum_{j=1}^{l}\ln w_j \times \frac{C_j^{(m)}(u_i,v_i,\alpha_j)w_j^{(m)}}{\sum_{j=1}^{l}C_j^{(m)}(u_i,v_i,\alpha_j)w_j^{(m)}} \\
&+ \sum_{i=1}^{n}\sum_{j=1}^{l}\ln C_j(u_i,v_i,\alpha_j) \times \frac{C_j^{(m)}(u_i,v_i,\alpha_j)w_j^{(m)}}{\sum_{j=1}^{l}C_j^{(m)}(u_i,v_i,\alpha_j)w_j^{(m)}}
\end{aligned} \tag{5}
$$

M 步：不可观测数据的条件期望分布公式将权重参数和相依参数分开，进而可以分别极大化两者来估计参数值。

条件期望分布 $Q(\Theta \mid \Theta^{(m)}, U, V)$ 关于权重参数 w_j^t 求极值得 w_j^{t+1}，公式如下：

$$
w_j^{t+1} = \frac{1}{T}\sum_{i=1}^{n}\frac{w_m^t C_m(u_i,v_i \mid \theta_m^t)}{\sum_{j=1}^{4} w_j^t C_j(u_i,v_i \mid \theta_j^t)} \tag{6}
$$

条件期望分布 $Q(\Theta \mid \Theta^{(m)}, U, V)$ 关于相依参数 θ_m 求极值，即令其导数为 0，得到的隐性方程表达式如下：

$$
\sum_{i=1}^{n}\frac{w_j^t C_j(u_i,v_i \mid \theta_j^t)\,\partial\, C_j(u_i,v_i \mid \theta_j)/\partial\,\theta_j}{C_j(u_i,v_i \mid \theta_j)\sum_{j=1}^{l} w_j^t C_j(u_i,v_i \mid \theta_j^t)} = 0 \tag{7}
$$

本文用拟牛顿法中的 BFGS 算法计算上述隐性表达式中的相依参数，即重复上述 E 步、M 步，直到前后两次迭代得到的相依参数解非常相似，则停止迭代。

通过 EM—BFGS 算法估计出混合 Copula 函数的权重参数 $W = (w_1, w_2, \cdots, w_l)$ 和相依参数 $\Theta = (\theta_1, \theta_2, \cdots, \theta_l)$。

四、实证分析

（一）农业产品筛选

我国农产品种类非常丰富，如谷物、豆类、薯类、棉花、水果、坚果、油料和糖料等，所以需要筛选出具有代表性的农产品进行农收入保险研究。本文根据种植业播种面积和总产值这两个指标进行农产品挑选。根据 2015 年统计年鉴农作物资料统计，种植业中稻谷（20.51%）、小麦（19.26%）、玉米（15.20%）的种植面积比例达到农作物总播种面积的 60%，而其他农作物（如大豆、棉花、马铃薯等）的占比不足 7%。根据 2014 年全国农产品成本收益资料汇编，种植业中稻谷产值 5 808 亿元、小麦产值 3 044 亿元和玉米产值 4 824 亿元占农作物总产值的半壁江山（表 3）[①]。综上所述，本文选用这三类产品（稻谷、小麦和玉米）作为农业收入保险研究的对象。

① 限于篇幅问题，本文省略了 1995—2008 年的农产品数据，但不妨碍农产品研究对象的选择。

表 3　农产品历年种植面积和产值

单位：万公顷，亿元

年份	种植面积			产值		
	稻谷	小麦	玉米	稻谷	小麦	玉米
1990	3 306	3 075	2 140	1 103	598	424
1991	3 259	3 095	2 157	1 049	575	416
1992	3 209	3 050	2 104	1 092	673	463
1993	3 036	3 024	2 069	1 436	776	620
1994	3 017	2 898	2 115	2 504	1 122	957
……						
2009	2 963	2 429	3 118	3 866	2 128	2 689
2010	2 987	2 426	3 250	4 620	2 281	3 319
2011	3 006	2 427	3 354	5 408	2 441	4 090
2012	3 014	2 427	3 503	5 640	2 622	4 570
2013	3 031	2 412	3 632	5 559	2 873	4 755
2014	3 031	2 407	3 712	5 808	3 044	4 824

数据来源：由 1990—2015 年的中国统计年鉴和全国农产品成本收益资料汇编整理而得。

（二）数据来源及预处理

本文对农业的研究期间为 1990—2015 年，这个决定是基于一个事实即家庭联产承包制度于 1980 年代初期开始在农村推行，直至 80 年代末这项制度在全国实行开来，这项土地改革明显影响了种植业单位面积产出量。农产品市场年度平均价格只能获得最新的数据是 2014 年。Copula 函数定价是基于对价格和产量相关关系的测度，故选用 1990—2014 年稻谷、小麦和玉米的价格和单产统计数据，共计 150 个年观测值。其中，数据来源于中国统计年鉴、中国农业年鉴和全国农产品成本收益资料汇编等数据库。

我国农业产品（稻谷、小麦和玉米）的单位面积产量数据非常丰富、全面和易于获取。美国在农业收入保险方面做得比较成熟，不同的保险产品使用的价格数据指标差异较大。CRC 和 IP 利用的是农业产品市场价格来测算价格风险，而 RA 则利用现行年份的期权价格与期权期货合约的偏离情况来衡量价格波动。我国农业产品市场价格数据较容易获取，且能反映出当年价格的整体情况，因此，本文选取农产品市场价格的年度数据来测量价格的波动情况①。稻谷、小麦和玉米的历年单位面积产量和价格见图 1 至图 3 所示。

由图 1 至图 3 中显示出的信息，总结出如下两点：其一，三种农产品在 1990—2014 年，市场平均价格和产量处于整体递增的趋势。特别指出，由于 1993—1995 年

① 文章选用《全国农产品成本收益资料汇编》中主产品平均出售价格代表农产品市场年平均价格。

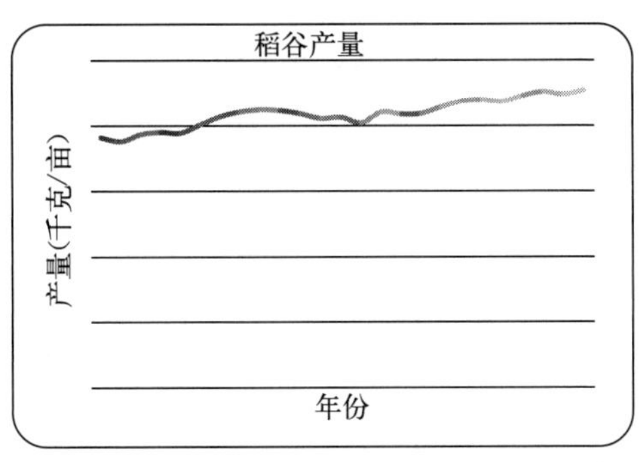

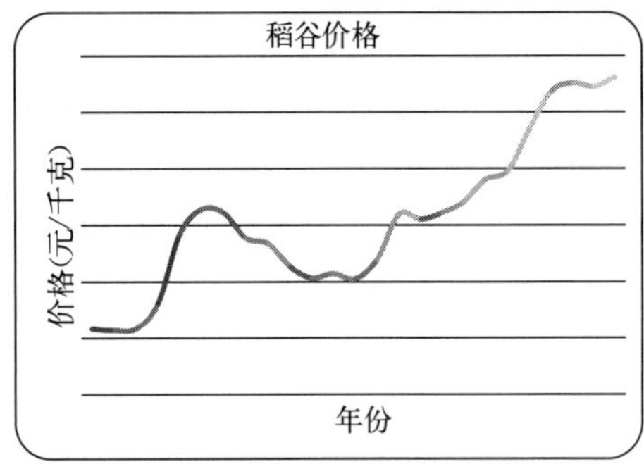

图 1　1990—2014 年稻谷单产和市场平均价格

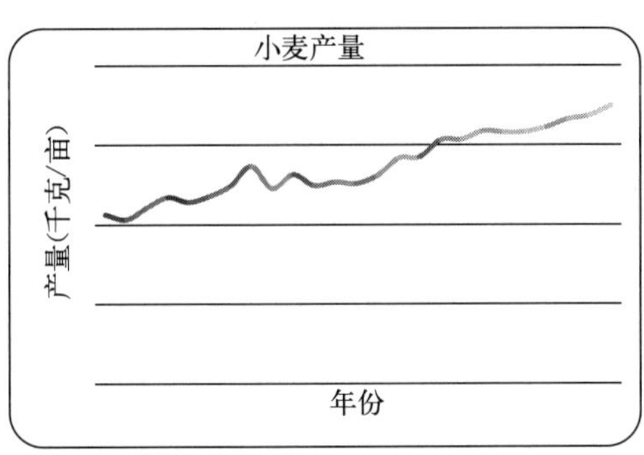

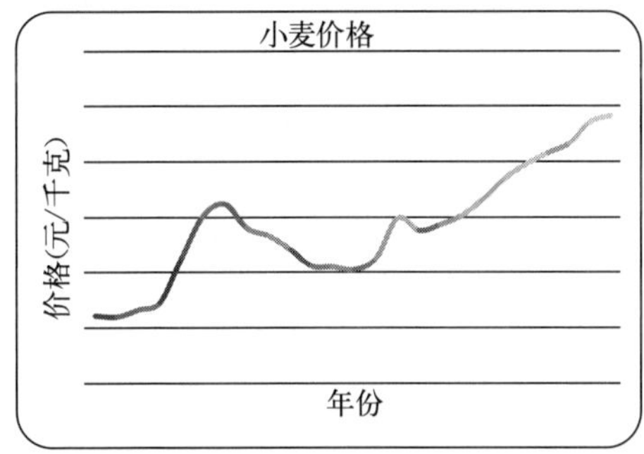

图 2　1990—2014 年小麦单产和市场平均价格

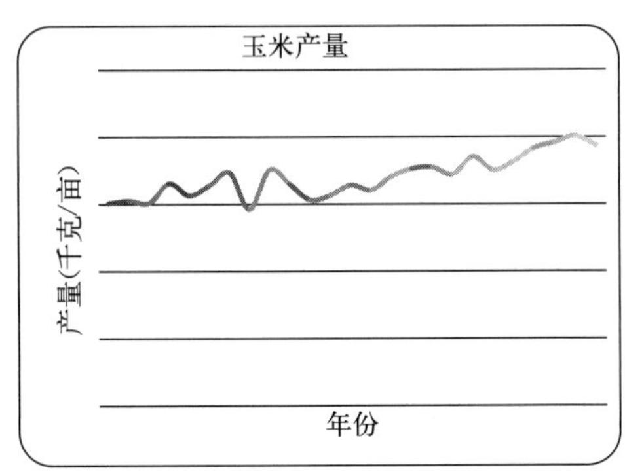

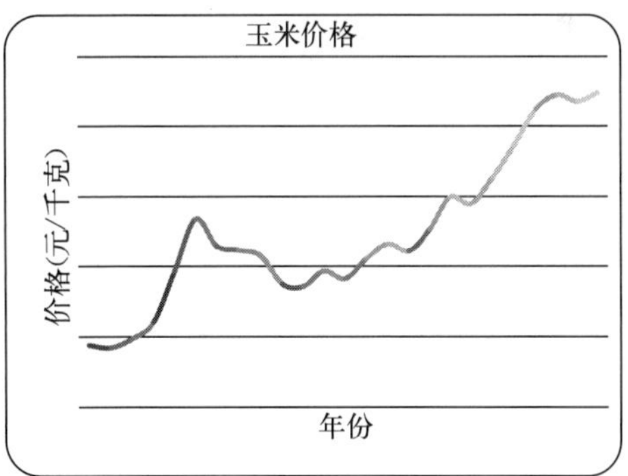

图 3　1990—2014 年玉米单产和市场平均价格

我国经济中出现了严重的泡沫现象，粮食价格飙升，最终 1996 年实现了经济的“软着陆”[①]。其二，我国出现了“上期粮食产量增加——当期粮食价格下降，上期粮食产量减少——当期粮食价格上升”现象，形成“粮食产量增加——粮食价格下降——

① 1993—1995 年通货膨胀表现为经济进入高速增长，固定资产投资规模扩张快与金融持续混乱，国务院提出的 16 条措施实现了经济软着陆。

粮食产量减少——粮食价格上升——粮食产量再增加”的循环运动轨迹。农产品价格和单产之间存在的这种相关关系使得研究使用 Copula 函数成为必然选择。

由于 Copula 函数仅适用于平稳的时间序列，所以需要鉴别产量时间序列和价格时间序列是平稳还是非平稳。从直观的视角看：产量曲线图所给出的信息，无法简单地判断单产是否是平稳序列；而价格曲线图一定是非平稳的，因为粮食价格在1993—1995 年大幅度上涨，而后的几十年较为平稳。以往较多的文献使用单位根检验法对时间序列进行平稳性检验，故本文也使用此方法检验产量和价格的原始数据是否平稳。因此，需要对单产和价格的原始数据进行预处理。

本文分别对一阶差分后的单产和价格时间序列进行单位根检验和统计分析。无论是否含有漂移项和趋势项，ADF、KPSS 和 PP 的一阶差分单位根检验结果表明除了稻谷价格和小麦价格外，其他农产品的产量和价格时间序列都是平稳的（表 4）。从表 4 中的均值和标准差统计结果来看，对稻谷、小麦和玉米数据进行一阶差分处理的效果不是很好，特别是玉米的产出波动非常大，玉米的产量为标准差 22.667（稻谷 7.006，小麦 11.881）。因此，需要对单产和价格数据进行其他的预处理。

表 4　农业产品单产和价格的时间序列单位根检验和统计描述

原始数据的单位根检验	稻谷		小麦		玉米	
	价格	单产	价格	单产	价格	单产
A DF 检验	−1.259	−1.982	−1.276	−3.023	−1.380	−4.287**
KPSS 检验	0.121**	0.080*	0.104	0.102	0.123**	0.163***
PP 检验	−1.650	−2.016	−1.697	−3.100	−1.583	−4.317*
观测值数	25					
一阶差分数据的单位根检验	稻谷		小麦		玉米	
	价格	单产	价格	单产	价格	单产
A DF 检验	−2.944	−5.071***	−3.038	−7.354***	−3.620*	−6.603***
KPSS 检验	0.081*	0.076*	0.090*	0.031*	0.098*	0.268
PP 检验	−3.012	−5.071***	−3.080	−7.290***	−3.605*	−24.787***
一阶差分数据的统计描述	稻谷		小麦		玉米	
	价格	单产	价格	单产	价格	单产
平均值	0.093	3.019	0.075	5.693	0.075	3.569
中值	0.065	2.342	0.073	6.804	0.083	7.439
最大值	0.615	16.661	0.401	24.519	0.376	58.698
最小值	−0.224	−8.548	−0.218	−27.770	−0.202	−54.399
标准差	0.197	7.006	0.158	11.881	0.152	22.667
偏度	0.778	0.135	0.379	−0.833	0.163	−0.192
峰度	3.472	1.988	2.919	3.935	2.519	3.953
Jarque - Bera	2.641	1.096	0.580	3.647	0.337	1.055
观测值数	24					

（续）

对数一阶差分数据的单位根检验	稻谷		小麦		玉米	
	价格	单产	价格	单产	价格	单产
ADF 检验	−2.842*	−5.199***	−2.970*	−7.575***	−5.204***	−6.945***
KPSS 检验	0.086*	0.500**	0.087*	0.055***	0.101*	0.254*
PP 检验	−2.942*	−5.182***	−2.970*	−7.575***	−3.299**	−21.340***
观测值数	24					

注：*，** 和 *** 分别表示在 10 %、5 %和 1%水平上统计显著。对数一阶差分的单位根检验显示的是只含有漂移项的统计结果，原始数据和一阶差分的单位根检验显示的是同时含有漂移项和趋势项的统计结果。

KPSS（1992）运用对数一阶差分数据和单位根检验方法证实了所有价格和产量序列都存在单位根，即处理后的时间序列都是平稳的，所以本文尝试对单产和价格进行对数一阶差分处理①。运用 E—views 软件对稻谷、小麦和玉米的对数一阶差分数据进行统计，结果如表 4 所示。无论是否含有漂移项和趋势项，ADF、KPSS 和 PP 的对数一阶差分单位根检验结果显示农产品稻谷、小麦和玉米的产量和价格时间序列都是不同程度水平的显著。总体来说，一方面，经过对数一阶差分处理后的稻谷、小麦和玉米的价格和单产时间序列都是平稳的；另一方面，农产品的现期价格和产量受往年情况的影响。

（三）混合 Copula 函数的应用

农产品定价是基于用 Copula 函数描述单产与价格之间的相关关系的。首先，用参数估计法选择出合适的产量及价格的概率密度函数；其次，选用混合 Copula 函数描述单产和价格之间的相关关系；最后，运用 MonterCarlo 模拟法测算农业收入保险的费率。

1. 产量和价格的边缘分布估计

产量拟合模型研究方面。不同国家和地区的自然环境及社会条件不同，产量风险所服从的分布差异较大。Nelson（1990）研究发现美国农作物玉米产量分布是非对称的负偏分布，证实了 Gallagher 等（1987）采用正态分布进行费率厘定是不合理的，进而改用 Beta 分布拟合农作物产量。谢凤杰等（2011）研究安徽省农作物产量分布时，利用 AD、K－S 和卡方统计量为标准，发现小麦和玉米产量服从 Logistic 分布，大豆产量服从 Weibull 分布，并不服从 Normal 分布。Osama Ahmed 等（2015）以欧盟农作物产量为研究对象，去趋势处理后的苹果和橘子产量用 ARIMA 模型描述最佳。

价格拟合模型研究方面。国外流行的农产品收入保险设计方案中，CRC（Crop Revenue Coverage）假设农产品价格服从正态分布，RA（Revenue Assurance）则假设农作物价格服从对数正态分布。Goodwin 等（2004）以美国农产品价格为研究对象，发现价格分布一般具有正偏性，且其尾部比一般的正态分布厚。谢凤杰等

① 对数一阶差分处理过程是首先对原始数据取对数，再进行一阶差分处理。例如，小麦价格和产量的对数一阶差分分别表示为△（log *pwheat*）和△（log *ywheat*）。

(2011) 研究安徽省农作物价格分布时，利用 AD、K－S 和卡方统计量为标准，发现小麦和玉米价格服从三参 Burr 分布。Osama Ahmed 等（2015）以欧盟农作物价格为研究对象，去趋势处理后的苹果和橘子价格用 ARIMA－GARCH 模型进行拟合。

无论产量模型还是价格模型，以上几种方法同属于参数估计法，具有拟合不平滑和参数估计值不稳定的缺点，因此本文尝试使用非参数核密度估计法估计农产品边缘分布函数。为确定单产和价格的分布类型，首先做出频率直方图，再采用核密度估计对边缘分布建模。核密度估计法就光滑性而言，Gaussian 和 Epanechnikov 核函数对应的光滑性较好，Triangle 核函数次之，Uniform 核函数最差。实际应用中，通常选取 Gaussian 核函数。因此本文选择核函数中选用 Gaussian 核：$K(u)=1/\sqrt{2\pi}\exp(-u^2/2)$，并采用最佳窗宽公式 $H=(4/3)^{1/5}Sn^{1/5}=1.06Sn^{1/5}$ 对农产品单产和价格进行估计。从图 4 可以看到，Gaussian 核函数曲线可以较好拟合出经验概率密度直方图的趋势。运用 MATLAB 软件编程得出稻谷、小麦和玉米三种农产品单产序列的光滑参数（又称序列窗宽）分别为 0.005 0、0.010 4、0.013 7；稻谷、小麦和玉米三种农产品价格序列的光滑参数分别为 0.026 5、0.019 5、0.033 6。

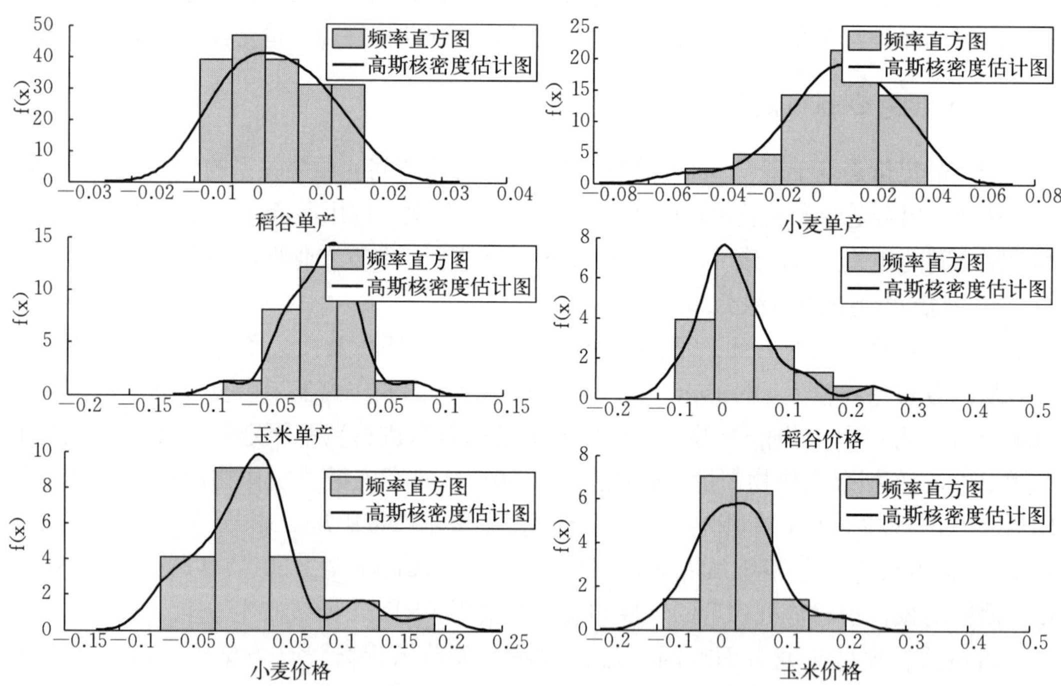

图 4　农产品单产、价格直方图和核密度估计

需要对农产品单产、价格边缘分布检验，检验其分布是否属于均匀分布，因为 Copula 函数连接的是两个均匀分布。检验结果发现，边缘分布函数服从均匀分布。

2. 产量和价格的联合分布测定

依据非参数核密度估计法测度出农产品单产、价格边缘分布后，用 Copula 函数方法测定单产和价格之间的相互关系。Copula 函数不需要事先测定农产品单产和价格之间的相关关系，仅需要知道农产品单产和价格的分布便可以对其相互关系进行研究。利用 MATLAB 软件编程工具和两阶段极大似然估计法对四类 Copula 函数 Gaussian - Copula、t - Copula、Clayton - Copula 和 Gumbel - Copula 进行参数估计。因为与经验 Copula 的平方欧氏距离越小的 Copula 模型估计联合分布的整体效果越好，所以以此为判断拟合函数好坏的标准。

表 5 Copula 函数测量单产及价格联合分布的结果比较

农作物种类	单一 Copula 函数类型	参数估计值（自由度）	Kendall 秩相关系数	与经验 Copula 的平方欧氏距离
稻谷	Gaussian	0.178	0.114	3.215
	t - Copula	0.278（6.587）	0.179	3.120
	Clayton	0.388	0.163	3.175*
	Gumbel	1.215	0.177	3.205
小麦	Gaussian	0.108	0.069	3.135
	t - Copula	0.326（1.041）	0.211	3.153
	Clayton	0.445	0.182	3.060*
	Gumbel	1.199	0.166	3.109
玉米	Gaussian	−0.017	−0.011	2.135
	t - Copula	−0.041（4.600）	−0.026	2.156
	Clayton	0.146	0.068	2.081*
	Gumbel	1	0.001	2.129
农作物种类	混合 Copula 函数类型	权重参数估计值	相依参数估计值	与经验 Copula 的平方欧氏距离
稻谷	Gaussian	0.230	0.209	2.630
	t - Copula	0.250	0.293（5.931）	
	Clayton	0.275	0.402	
	Gumbel	0.245	1.435	
小麦	Gaussian	0.234	0.124	2.308
	t - Copula	0.211	0.310（1.328）	
	Clayton	0.291	0.509	
	Gumbel	0.264	1.207	
玉米	Gaussian	0.247	−0.029	1.495
	t - Copula	0.243	−0.002	
	Clayton	0.261	0.171（4.184）	
	Gumbel	0.250 3	0.940 8	

注：*表示与经验 Copula 的平方欧氏距离最小的 Copula 函数类型。括号内为 t - Copula 函数的自由度。

由表 5 可知，稻谷、小麦和玉米三种农产品单产和价格联合概率密度最优的单一 Copula 模型都是 Clayton - Copula 函数。用 Clayton - Copula 函数拟合出的稻谷、小麦和玉米联合分布函数与各自的经验 Copula 函数之间的平方欧氏距离分别为 3.174 5、3.060 1和 2.080 5。从表 5 中的 Kendall 秩相关系数可知，稻谷、小麦和玉米农产品的单产和价格之间存在着较弱的正向相关关系，相关系数较小，分别为 0.162 6、0.182 0 和 0.068 1。这一正向关系结果与日益增加的单位面积产量和粮食作物物价水平是匹配的。

通过与经验 Copula 之间的平方欧氏距离的比较，混合 Copula 函数比单一 Copula 函数更能描述价格与单产之间的相关性结构和更贴近于数据的原始分布。混合 Copula 函数拟合出的农产品稻谷、小麦、玉米价格及产量联合分布相比 Clayton－Copula 拟合得出的欧氏距离分别减少了 17.14%、24.58%和 28.15%，大大提高了拟合精度。用单一的 Copula 函数拟合出的农产品相关性具有一定的局限性，而混合 Copula 函数可以较好地捕捉到联合分布上、下尾的相关性和对称性，因此混合 Copula 函数可以更好地描述农产品单产和价格之间的相关关系。

（四）农业收入保险的经济影响

为了估计我国实施农业收入保险所带来的经济影响，首先需要测定农业收入保险在不同保障水平下的费率，其次依据费率对保险需求的影响测度保单需求的变化，最后比较农业保险实施后保费、保险深度和保险密度的变化。

1. 农业收入保险费率的测度

农业收入保险保护农户免受价格或者单产下降所导致收入损失，那么赔偿额可以表示为：$\max[(\lambda E(R)-R),0]$，其中 $R=p\times y$ 为农产品实际年收入，$E(R)$ 为农产品的期望收入，λ 为农户与保险公司所达成的保障水平协议。如果 $R\leqslant\lambda E(R)$，那么农户将会从保险公司获得 $\lambda E(R)-R$ 的赔款。一个精算公平的保险费用应该等于购买保险合同的成本，还等于合同的预期损失。基于概率分布概念，预期损失表达式为：

$$E(L(R)) = \mathrm{Prob}(R\leqslant\lambda E(R))\times[\lambda E(R)-E(R\mid R\leqslant\lambda E(R))] \quad (8)$$

由上式可知，基于实际收入 R 的农业收入保费和保障水平分别为 $E(L(R))$ 和 $\lambda E(R)$。那么，精算公平的保险费率为：

$$F=\frac{E(L(R))}{\lambda E(R)} \quad (9)$$

农业收入风险由单产风险和价格风险组成，可以用混合 Copula 函数法测算两者之间的联合概率密度函数。由前面分析知，log（Δy）和 log（Δp）分别代表单产和价格的风险，其分布分别为 $F_1(\log(\Delta y))$ 和 $F_2(\log(\Delta p))$。以单产和价格的风险分布为边缘分布估计出最优的混合 Copula 函数为 $C(F_1(\log(\Delta y)),F_2(\log(\Delta p)))$。MonterCarlo 模拟法以混合 Copula 模型为基础，抽样 1 000 次，得到 1 000 对产量 $\log(\Delta y)$ 和价格 $\log(\Delta p)$ 数据。由于收入等于价格 p 乘以 y，所以需要对数据进行还原处理。特别注意的是，由于数据还原处理中存在差分，本文以源数据中 1990 年的价格和产量数据为还原起始点。

为了比较农业收入保险和产量保险之间的区别，以下从两方面进行论述：一方面，保险标的不同。农业产量保险以农户的农作物产量损失为保险标的，即农作物实际产量低于合同约定的产量时，保险公司给予农户赔付金；而农业收入保险以收入作为保险标的。另一方面，赔付金的计算方法不同。产量保险视价格和产量为独立的两个个体，如前所述以时间序列估计法——ARIMA－GARCH 可估计出产量和价格的最优边缘分布，因此结合蒙特卡洛方法而生成一系列的产量和价格样本点；而农业收入保险将收入看作一个整体，如前所述运用混合 Copula 函数和蒙特卡洛方法生成价格和产量联合样本。

产量保险的边缘分布和收入保险的联合分布都将单产和价格数据相乘分别得到 1 000个收入样本，以收入样本的均值作为期望收入值，那么收入低于合同中保障水平的样本点可以得到相应的赔偿。考虑 1 000 个样本点的赔偿情况，计算不同保障水平下不同农业保险的费率，结果见表 6。

表 6　稻谷、小麦和玉米的预期损失及保险费率

	100%保障水平		90%保障水平		80%保障水平	
	预期损失（元/亩）	费率（%）	预期损失（元/亩）	费率（%）	预期损失（元/亩）	费率（%）
稻谷产量	82.980	11.821	51.033	8.074	28.583	5.096
稻谷收入	64.484	9.302	41.108	7.502	25.756	4.929
小麦产量	40.726	10.239	23.233	6.491	11.602	3.641
小麦收入	31.264	8.628	18.833	6.090	8.595	3.544
玉米产量	44.967	10.581	26.327	6.885	13.656	4.024
玉米收入	37.092	9.130	20.117	6.480	12.136	3.935

数据来源：作者计算所得。

由表 6 可知，无论何种保障水平和农业产品，农业收入保险的预期损失和费率都要低于农业产量保险。当稻谷收入保险的保障水平为 100%、90%和 80%时，预期损失（保险费率）分别为 64.484 元、41.108 元和 25.756 元（9.302%、7.502%和 4.92%）。考虑农产品种类因素后，发现农产品无论是稻谷、小麦还是玉米，随着农业（收入或者产量）保险保障水平的降低，预期损失和费率的估计值都越来越小。这一结果完全符合保险定价和理赔真实情况。在 100%的保障水平上，基于精算公平的稻谷收入（产量）保险的费率为 9.302%（11.821%），小麦收入（产量）保险的费率为 8.628%（10.239%），玉米收入（产量）保险的费率为 9.130%（10.581%），稻谷农业收入保险和产量保险之间的差别最大。无论哪种农业产品，随着保障水平的降低，农业收入保险和农业产量保险之间的预期损失和费率的差别会越来越小。

本文研究出的由于保险类型不同而导致的产品费率变化和 Osama Ahmed and Teresa Serra（2015）研究的西班牙实施农业收入保险后的费率变化相同，即相同保障水平下，农业收入保险比农业产量保险的费率要低；保障水平越低，农业收入保险与产量保险之间的费率差异越小。因此，横、纵向对比本表格数据后，得出的结论是：农业产量保险转换成农业收入保险后，相同保障水平下的保险价格会降低。因此，在我国推广农业收入保险可能会增加农业保险的需求和接受度。

2. 农业收入保险费率变化的经济影响

农业保险的价格高低直接影响农民是否购买农业保险，并且保险费率越高购买保险的意愿越低[①]。由于我国各省级行政区的经济、社会和自然环境等因素不同，将我国粮食产区分为东部、中部和西部，本文只研究部分具有代表性的地区。

东部地区的粮食产区主要有吉林省、河北省、山东省、浙江省、江苏省等，以这五个省为代表分析保险费率对购买意愿的影响。罗丽华（2013）以吉林省 1 013 个农户调查问卷为样本，综合高、中、低收入农户的统计信息，分析出保险价格对购买意愿的影响为－0.675。赵君彦（2012）以河北省 265 份农户调查问卷为样本，估计出保险费率水平对购买意愿的影响为－0.409。李小勍（2010）以山东省 400 份农户调查问卷为样本，估计出保险费率对保险需求的影响为－0.405。王敏俊（2009）以浙江省 613 份调查问卷为样本，发现保险费率对保险需求的影响为－0.525。惠莉（2008）以江苏省 193 份调查问卷为样本，综合分段的个人保费支出水平信息，测度出保险费率对保险需求的影响为－0.760。因此，东部地区的保险费率对购买意愿的平均影响为－0.555。

中部地区的粮食产区主要是湖北省和湖南省，主要分析这两个省的保险费率对购买意愿的影响。杜鹏（2011）以湖北省 342 份农户为样本，发现保险费率水平对购买意愿的影响为－0.835。杨浩（2011）以湖南省 668 个农户的调查问卷为样本，估计出保费水平对农户购买保险的意愿（农业保险需求）的影响为－0.994。所以，中部地区的保险费率对购买意愿的平均影响为－0.915。

西部地区的粮食产区主要是甘肃省和新疆维吾尔自治区，本文以这两个省的保险费率对购买意愿的影响代表西部地区情况。姚飞（2015）以甘肃省 234 个农户调查问卷为样本，计算出保险费率水平对保险购买意愿的影响为－1.801。宁满秀等（2006）以新疆 357 个农户调查问卷为样本，得出保险费率对购买意愿的影响为－1.750。因此，西部地区的保险费率对购买意愿的平均影响为－1.776。

以东部、中部和西部的平均影响值代表全国水平，并假定稻谷、小麦和玉米的价格弹性为全国粮食价格弹性的平均值，那么农业保险费率对购买意愿的影响为－1.082，即价格弹性是富有弹性的。因此，实施农业收入保险后，保险需求增长率等于保险费率变化率乘以价格弹性，表达式为：

$$\Delta Q/Q=(\Delta P/P)\times\varepsilon \tag{10}$$

其中，ΔQ、ΔP 分别为实施农业收入保险后保险需求增加量和保险费率减少量，

① 农业保险缴费包含农户自缴保费和财政补贴。政策性农业保险中的财政补贴越高，自缴保费水平越低，那么农户对保险的需求越大。因此本文视政府财政补贴对需求的正影响为保险费率水平对保险需求的负影响。

Q、P 分别代表农业产量保险的需求量和保单费率，ε 为价格弹性。农业收入保险的保费收入等于收入保险的保单费率乘以收入保险的需求量，那么农业收入保险计划实施后保费收入变化率为：

$$\Delta F/F = [(P+\Delta P)\times(Q+\Delta Q) - P\times Q]/(P\times Q) = \Delta Q/Q + \Delta P/P \tag{11}$$

其中，ΔF 、F 分别表示农业收入保险实施后保费增量和产量保险的保费收入。保险深度是指保费收入占国内生产总值（GDP）的比例，那么农业收入保险实施后保险深度的变化率为：

$$\Delta S/S = [(F+\Delta F)/GDP - F/GDP]/(F/GDP) = \Delta F/F \tag{12}$$

其中，ΔS 、S 分别表示农业收入保险实施后保险深度的增量和产量保险的保险深度，GDP 为国内生产总值。保险密度是指按照一个国家或地区的人口计算的人均保费收入，那么农业收入保险实施后保险密度的变化率为：

$$\Delta M/M = [(F+\Delta F)/N - F/N]/(F/N) = \Delta F/F \tag{13}$$

其中，ΔM 、M 分别表示农业收入保险实施后保险的密度增量和产量保险的保险密度，N 为一国总人口。依据农业保险费率对保险需求的影响，结合公式（10）、（11）、（12）和（13），测度出农业收入保险实施后保单需求的变化以及保险深度和保险密度的变化（表 7）。

表 7　农业收入保险实施后保险经济指标的变化率

变化率（%）	100%保障水平			90%保障水平			80%保障水平		
	稻谷	小麦	玉米	稻谷	小麦	玉米	稻谷	小麦	玉米
保险费率	−21.320	−15.738	−13.705	−7.081	−6.176	−5.885	−3.283	−2.659	−2.214
保险需求	23.068	17.029	14.829	7.662	6.682	6.368	3.552	2.877	2.396
保费收入	1.748	1.291	1.124	0.581	0.506	0.483	0.269	0.218	0.182
保险深度	1.748	1.291	1.124	0.581	0.506	0.483	0.269	0.218	0.182
保险密度	1.748	1.291	1.124	0.581	0.506	0.483	0.269	0.218	0.182

数据来源：作者计算所得。

由表 7 可知，实施农业收入保险计划后，各经济指标如保险费率、保险需求、保费收入、保险深度和保险密度等都得到了不同程度的改观。对农业收入保险实施不同的保障水平会产生不同的经济影响，稻谷、小麦和玉米收入保险在 100%的保障水平下产生的经济效益最大，经济指标改善率分别为 1.748%、1.291%和 1.124%，而在 90%和 80%的保障水平下改善程度要小的多。

从农户的角度看，农民最关心的是费率的变化，100%保障水平的农业收入保险是最吸引人的，因为在这种保障水平下保费的减少量最大（稻谷、小麦和玉米的保费变化的百分比为−21.320%、−15.738%和−13.705%）。从保险公司的角度看，企业最关心的是保费收入和保单销售量，所以 100%保障水平的保单是公司主推产品（保单销售和保费收入增加的百分比分别为（23.068%、17.092%、14.829%）和（1.748%、1.291%、1.124%））。从国家层面看，衡量一个国家或者地区农业保险水平的是保险深度和保险密度指标，因此，在实施国家保费补贴、财政救助、紧急贷款和税收优惠等政策时应注重对 100%保障水平的农业保单的特殊照顾。总之，相比农业产量保险，实施农业收入保险更能提高农户、保险公司和国家农业的经济效用。

五、研究结论及政策建议

我国农业保险目前处于保产量的发展阶段，具有保障水平低、保障风险单一、农民参保积极性不高等特点，造成这一窘困局面的主要原因是相比农产品的销售收入而言农业保险费率较高。我国农业应以供给侧改革为理念启动发展新战略，从降低保险费率的保险制度创新这一角度出发，分析农业收入保险所带来的经济效益，为我国农业收入保险的实施奠定科学理论基础。本文研究得出的主要结论如下：

（1）在分析实施农业收入保险计划所能产生的经济作用之前，有必要探讨农业收入保险的定价机制。由于农产品价格和产量之间存在某种相关性，本文基于精算公平的原则，利用混合 Copula 函数方法估算了不同保障水平下不同农产品（稻谷、小麦和玉米）的农业收入保险费率。发现相比同一保障水平的农业产量保险费率，农业收入保险费率要低一些，并随着保障水平的降低（低于 80%），两者之间的费率差别减小。也就是说在保障水平较低时，无论实施农业收入保险还是农业产量保险，所给农户带来的差别是非常小的，只有在较高的保障水平下，才能够体现出农业收入保险的费率优势。

（2）为了分析实施农业收入保险所带来的经济效应，本文选用保险费率、保险需求、保费收入、保险深度和保险密度变化率作为经济指标。经估算和比较后发现实施农业收入保险后，无论保障水平是多少和农业产品是哪一种类，这五项经济指标都得到了较大的改善，也就是保险费率降低了，保险需求、保费收入、保险深度和保险密度实现了不同幅度的增长。随着保障水平的增加，农业收入保险所能带来的经济效益越明显。

本文结论的政策启示在于，实施农业收入保险可以在一定程度上降低保险费率和提高我国农业保险水平，建立一个广覆盖、高保障水平的农业收入保险制度是我国当前所迫切需要的。同时，农业收入保险的持续实现，需要一定的制度保证，即建立和完善财政补贴、农业信息化建设和农业再保险体系等机制。

需要指出的是，本文研究所采用的样本数据存在些许缺陷。对于农产品价格而言，文章所使用的数据为价格、信贷、税收等农业宏观调控经济手段之下生成的官方数据，严格讲并不能代表“市场价格”。而对于农业保险费率对农户购买意愿的影响而言，所采用的数据为最近几年学者在 9 个省所作调查的数据和计算结果，难以代表全国各省的影响水平。由于农产品价格数据的缺陷，我国这几种大宗农产品的“市场价格”与产量呈现“弱正相关”关系，这与美国农产品市场的研究结果“负相关”相悖。作为进一步研究，在国家粮食价格定价机制改革的背景下和农业保险需求研究的深入下，农产品价格与产量之间的关系和费率对购买意愿的影响需要进一步完善，使得研究结论更具有说服力。

参考文献

[1] 黄艳，李旭，张广胜．国际农业保险创新产品及其在中国适用性分析［J］．沈阳农业大学学报（社会科学版），2007，9（6）：848－850.

[2] 叶明华，丁越．农作物保险的他国经验与启示［J］．改革，2015（12）：94－103.

[3] 周建涛，于然．我国农业保险应以经济作物收入保险为切入点［J］．农业经济，2005（1）：56－57.

[4] 游悠洋．关于推广扩大我国农作物收入保险的可行性研究［J］．云南农业大学学报（自然科学版），2015（2）：20－24.

[5] 曾勤．试点农作物收入保险助推农业供给侧结构性改革［J］．中国粮食经济，2016（4）：37－39.

[6] 谢凤杰，王尔大，朱阳．基于 Copula 方法的作物收入保险定价研究——以安徽省阜阳市为例［J］．农业技术经济，2011（4）：41－49

[7] 姜会飞．农业保险费率和保费的计算方法研究［J］．中国农业大学学报，2009，14（6）：109－117.

[8] 梁来存．核密度法厘定我国粮食保险纯费率的实证研究［J］．南京农业大学学报（社会科学版），2009，9（4）：28－34.

[9] 梁来存．我国粮食保险纯费率厘定方法的比较与选择［J］．数量经济技术经济研究，2011（2）：124－134.

[10] 周延，郭建林．农业巨灾保险风险区划及费率厘定研究［J］．江西财经大学学报，2011（6）：61－68.

[11] 谷政，江惠坤，褚保金．农业保险费率厘定的小波——非参数统计方法及其实证分析［J］．系统工程，2009（8）：39－45.

[12] 王阿星，张峭．内蒙古鄂尔多斯市农业保险需求实证分析［J］．农业经济问题，2008（Z1）：101－106.

[13] 于洋，王尔大．多保障水平下农户的农业保险支付意愿——基于辽宁省盘山县水稻保险的实证分析［J］．中国农村观察，2011（5）：55－68，96.

[14] 杜鹏．农户农业保险需求的影响因素研究——基于湖北省五县市 342 户农户的调查［J］．农业经济问题，2011（11）：78－85.

[15] 宁满秀，苗齐，邢鹂，钟甫宁．农户对农业保险支付意愿的实证分析——以新疆玛纳斯河流域为例［J］．中国农村经济，2006（6）：43－51.

[16] 李小勍．政策性农业保险的需求意愿及影响因素分析——基于山东省试点地区的农户问卷调查［J］．东岳论丛，2010，31（8）：108－110.

[17] 杨浩．吉林省农村不同收入群体对农业保险需求的实证分析［D］．长春：吉林农业大学，2011.

[18] 赵君彦．河北省农业保险发展问题研究［D］．保定：河北农业大学，2012.

[19] 王秀芬，李茂松，王春艳．不同类型农户农业保险需求意愿影响因素分析——以吉林省为例［J］．吉林农业大学学报，2013，35（3）：364－368.

[20] 罗丽华．湖南农户农业保险需求研究［D］．长沙：中南林业科技大学，2013.

[21] 王敏俊．影响小规模农户参加政策性农业保险的因素分析——基于浙江省 613 户小规模农户的调查数据［J］．中国农村经济，2009（3）：38－44.

[22] 姚飞．甘肃省农业保险需求研究［D］．兰州：甘肃农业大学，2015.

[23] 郑伟，刘永东，邓一婷．保险业增长水平、结构与影响要素：一个国际比较的视角［J］．经济研

究，2010 (8)：141-154.

[24] 沈扬扬．中国保险业区域不平衡发展研究——基于修正数据的研究 [J]. 2012 (3)：12-24.

[25] 陈虹，马永健．我国保险业国际竞争力研究 [J]. 保险研究，2013 (3)：3-15.

[26] 吕卓，顾海兵．“十三五”时期我国保险业发展的多维预测研究 [J]. 南京社会科学，2016 (5)：22-28.

[27] 李秀芳，毕冬．基于 Copula 函数的财险公司风险聚合和经济资本分散化效用研究 [J]. 保险研究，2016 (6)：48-60.

[28] 孟瑞雪．混合 Copula 模型选择策略及其在风电功率中的应用 [J]. 内蒙古工业大学学报，2016，35 (2)：93-98.

[29] Chen，X.，Fan，Y. Estimation and Model Selection of Semiparametric Copula - based Multivariate Dynamic Models under Copula Misspecification [J]. Economics，2006 (135)：125-154.

[30] Embrechts，P.，McNeil，A.，and Straumann，D. Dependence Properties in Risk Management：Properties and Pitfalls [M]. Cambridge University Press，2002.

[31] Ghosh，S.，Woodard，J. D.，and Vedenov，D. V. Efficient Estimation of Copula Mixture Model：An Application to the Rating of Crop Revenue Insurance [J]. Journal of Agricultural and Applied Economics Association，2014 (7)：24-26.

[32] Goodwin，B. K. Copula - based Models of Systemic Risk in U. S. Agriculture：Implications for Crop Insurance and Reinsurance Contracts [C]. Conference on Insurance Markets and Catastrophe Risk in Boston，2012，May 12.

[33] Barry K. Goodwin. Safety Nets or Trampolines? Federal Crop Insurance，Disaster Assistance，and the Farm Bill [J]. Journal of Agricultural & Applied Economics，2008，40 (2)：415-429.

[34] Joseph B. Colea and Richard Gibson. Analysis and Feasibility of Crop Revenue Insurance in China [J]. Agriculture and Agricultural Science Procedia，2010 (1)：136-145.

[35] Manner，H. Estimation and Model Selection of Copulas with an Application to Exchange Rates [R]. Working Paper of Department of Quantitative Economics，Maastricht University in the Netherlands，2007.

[36] McLachlan，G. J. The EM Algorithm and Extensions (Second Edition) [M]. New York：Wiley &Sons，Inc，2008.

[37] Ozaki，V. A.，Goodwin，B. K.，and Shirota，R. Parametric and Nonparametric Statistical Modeling of Crop Yield：Implications for Pricing Crop Insurance Contracts [J]. Application Economics，2008，40 (9)：1151-1164.

[38] Osama Ahmed and Teresa Serra. Economic Analysis of the Introduction of Agricultural Revenue Insurance Contracts in Spain Using Statistical Copulas [J]. Agricultural Economics，2015，46 (7)：69-79.

[39] Parra，H. and Koodi，L. Using Conditional Copula to Estimate Value at Risk [J]. Data Science. 2006 (4)：93-115.

[40] Patton，A. J. On the Out - of - Sample Importance of Skewness and Asymmetric Dependence for Asset Allocation [J]. Finance Economics. 2004 (2)：130-168.

[41] Zhu，Y.，Ghosh，S. K.，and Goodwin，B. K.；Influence of Decoupled Farm Programs on Agricultural Production [C]. The American Agricultural Economics Association Annual Meeting. Orlando，Florida，2008：27-29.

中美棉花生产和棉花保险政策的对比研究*

晁娜娜　胡林轩　杨汭华　原瑞玲

摘要：中美是两个棉花生产大国，美国棉花保险政策和经验对于中国完善棉花保险体系具有重要的借鉴意义。采用比较研究法，分析中美两国棉花生产变动和生产成本差异，归纳两国棉花保险产品体系，并从保险标的、可保风险、保障水平、保费补贴和数据基础5个方面比较两国棉花保险政策。结果表明，较低的棉花生产成本，是美国棉花保险风险保障功能高于中国的一个重要方面。美国棉花保险产品体系完善，具有以收入保险为主、风险保障可累加程度高、保险单元多样化和保费补贴差异化等特点。与美国相比，中国棉花保险创新不足，推行着最基本的物化成本保险，保额尚未完全覆盖生产成本，还存在保障水平和保费补贴政策单一等不足。因此，建议借鉴美国经验，从强化棉花风险管理数据库建设、支持保险产品创新和优化保费补贴政策等方面，推进中国棉花保险政策的逐步完善。

关键词：棉花保险；风险管理；政策；比较研究

棉花在中国具有非常重要的战略地位。中国当前棉花库存积压多、进口冲击大、生产收益低，亟须强化对棉花的支持保护，尤其应充分利用农业保险这一绿箱政策。美国是世界上主要的棉花生产国和最大棉花出口国，也是棉花保险政策比较完善的国家，对比中美棉花保险政策、借鉴美国棉花保险做法，对于完善中国棉花生产支持政策体系具有重要的实践意义。

目前国内学术界对棉花支持政策的关注较多，主要集中于国内棉花补贴政策现状及问题分析、美国农业保护政策介绍以及中国与其他国家棉花补贴政策比较等方面[1-2]。袁祥州等[1]指出，美国2014农业法案对棉花安全网进行调整优化，虽然取消了直接支付、反周期支付等计划，但是对棉花的支持和保护水平并没有削弱，只是支持保护的形式更加隐蔽，更多地运用农业保险工具来保障棉农利益。关于棉花保险政策研究，最初研究多集中于棉花保险参与意愿、参与行为及支付意愿等方面，随着中国农村经济的快速发展，美国作为农业保险最为成熟的国家，其农业保险政策和经验越来越引起中国的重视[3-8]。

---

* 本文原载《农业现代化研究》2018，39（1）。

作者简介：晁娜娜，中国农业大学农村政策研究中心，博士研究生；胡林轩，日本北海道大学农学院，硕士生；杨汭华，中国农业大学经济管理学院，教授；原瑞玲，农业部农村经济研究中心，助理研究员。

国外关于棉花保险的相关研究主要集中于5个方面。一是美国棉花保险政策解读及实施效果[9-12]，主要解读2014年美国农业法案中棉农可选择的保险政策以及新型保险产品的实施效果。Luitel等[9-10]认为，2014年美国农业法案使得棉农可以对非灌溉面积和灌溉面积分别选取保险政策，因此对棉农有利，同时指出，收入保险与累积收入保险的组合是风险中性和风险规避生产者的最优保险选择；二是研究棉花保险对于棉农收益、种植面积的可能影响效应[13-14]；三是棉农对新型棉花保险产品的参与意愿[15]；四是指数保险在棉花保险中的应用研究[16]；五是棉花保险费率问题探讨[17]。Siameh等[17]指出，同一作物不同品种间的产量风险不同，不同品种间保险费率存在异质性。

目前还鲜见中美棉花保险政策方面的比较分析。棉花保险正在逐步成为中国棉花产业保护政策体系中的重要内容，随着新型农业经营主体的不断发展，众多分散化的小农生产者与少量规模化生产者并存，决定了农业保险需求具有多层次性和保险产品的多样化。美国已经建立起比较完善的农业保险体系，保险产品种类丰富并取得了良好的运作效果。为了借鉴美国经验以促进中国棉花保险制度的发展，有必要对中美棉花保险政策的差异加以比较。因此，本文将基于中美两国棉花生产动态和生产成本比较以及棉花保险体系介绍，对两国棉花保险政策内容进行多方面的比较，最后借鉴美国经验，提出完善中国棉花保险政策的建议。

一、美国棉花生产及保险产品体系

（一）美国棉花产区分布

美国棉花产量占世界产量的12.7%，棉花种植主要分布在17个州，棉田面积达410.56万公顷，主要以陆地棉和美国皮马棉（超级长绒棉）为主。陆地棉种植区域为东南地区、中南地区、西南地区和西部地区，这4个地区统称为“棉花种植带”。皮马棉主要分布在亚利桑那州、加利福尼亚州、新墨西哥州和得克萨斯州。

在美国棉花种植带中，东南棉区包括阿拉巴马州、佐治亚州、北卡罗来纳州、南卡罗来纳州、佛罗里达州和弗吉尼亚州，播种期从4月初到6月初，收获期通常从9月底持续到12月初，产出约占美国陆地棉总产量的34%。中南棉区包括阿肯色州、路易斯安那州、密西西比州、密苏里州和田纳西州，播种期从4月中旬持续到6月初，收获期从9月初到12月初，产出约占美国陆地棉总产量的23%。西南棉区包括堪萨斯州、俄克拉荷马州和德克萨斯州。其中，南德克萨斯州的播种期在2月底，收获期从7月底持续到9月中旬。其他地区棉花播种期从4月中旬开始，收获期从10月中旬到12月。该区产出约占美国陆地棉总产量的36%。西部棉区包括亚利桑那州、加利福尼亚州和新墨西哥州，播种期从4月初开始，通常于6月初完成，收获期从9月底持续到12月初，产出约占美国陆地棉总产量的7%。

(二) 美国棉花生产成本构成动态

美国棉花成本由两部分构成。第一部分是经营成本，包括种子费、肥料费、农药费、操作费用、燃料润滑和电力费、修理费、轧花费、灌溉水费、投入利息。第二部分是分摊费用，包括雇工费用、自用工机会成本、机器设备折旧、土地费用、税金和保险、一般农场分摊。1997—2016 年美国棉花总成本上涨了大约 39%，并于 2014 年达到最高值 2059.99 美元/公顷（图 1）。1997—2016 年经营成本上涨了大约 55.7%，分摊费用上涨了大约 20.7%。

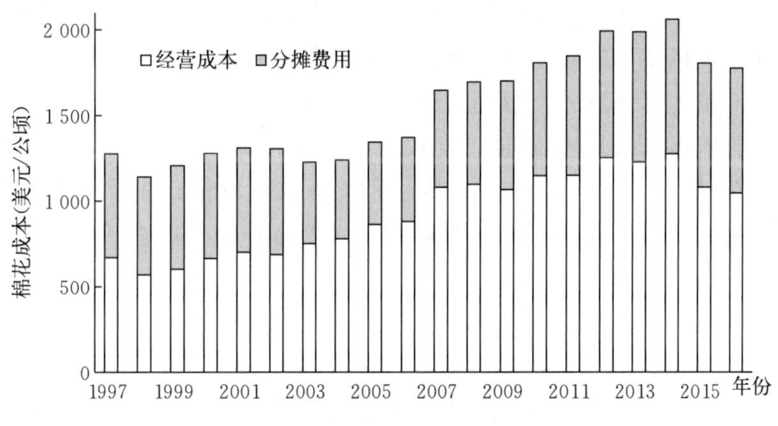

图 1 美国棉花总成本构成动态

资料来源：美国农业部经济研究处。

(三) 美国棉花保险产品体系

从保障功能的角度，美国作物保险险种分为产量保险和收入保险[18]。自 1996 年农作物收入保险产品被引进后，传统的农作物产量保险开始减少，到 2014 年，农业保险保费总收入的 83%来自收入保险，收入保险已经成为美国农作物保险中最主要的险种。截至 2013 年，联邦农业保险拓展到全美几乎所有的棉花主产县，棉花种植者可以选择产量保险或收入保险，可选择针对农场的保险，也可选择区域风险保障保险。

1. 实际历史产量计划（Actual Production History，APH）

该计划适用于超级长绒棉，县域内的所有皮棉均可投保，主要保障不利的天气条件、火灾、虫害、植物病害、野生动物侵害、地震、火山爆发、灌溉水供给失败所造成的损失。保障产量由每英亩核准产量乘以可适用的产量换算系数、再乘以选择的保障水平来确定。县域内的棉花只可选择一个价格选项。保险保额、保障水平决定赔款的价格。

2. 区域风险保障保险（Area Risk Protection Insurance，ARPI）

区域风险保障保险适用于陆地棉，彩色皮棉不可投保，陆地棉以外的其他棉花若有特殊规定可以投保。区域风险保障保险既可保障产量，也可保障收入，但它不是以单个农场的实际历史产量或实际历史收入为基础，而是基于县域数据。当该县实际棉花产量/收入低于被保险人所选择的保障产量/收入时，保险公司需进行理赔。

3. 产量保险（Yield Protection，YP）、**收入保险**（Revenue Protection，RP）**和剔除收获期价格的收入保险**（Revenue Protection with Harvest Price Exclusion，RP-HPE）

适用于美国陆地棉，彩色皮棉、套种其他春季种植作物的棉花不在保障范围内。产量保险主要保障不利的天气因素、火灾、虫害、病害、野生动物侵害、地震、火山喷发、灌溉水供给失败等灾害所造成的产量损失。收入保险主要保障因上述灾害造成的产量下降或收获价格偏离预测价格或二者组合造成的收入损失风险。保障水平为核准产量的50％～85％。农户可以为县域内灌溉面积棉花和非灌溉面积棉花选择不同的保障水平。

由于责任范围内的灾害造成的棉花产量低于保障产量时，产量损失发生，保险赔付额＝（历史产量×保障水平－实际产量）×预测价格。由于生产损失和/或价格下降造成的实际收入低于保障收入时，收入损失发生，保险赔付额＝历史产量×MAX（预测价格、收获价格）×保障水平－实际产量×收获价格；剔除收获期价格的收入保险赔付额＝历史产量×预测价格×保障水平－实际产量×收获价格。预测价格和收获价格由期货价格决定。

假设非灌溉棉花，历史产量为780千克/公顷，保障水平为70％，100％的份额，预测价格为1.79美元/千克，实际产量为400千克/公顷，收获期价格为1.83美元/千克。可计算得到产量保险、收入保险和剔除收获期价格的收入保险赔付额分别为261.34美元/公顷、267.18美元/公顷和245.34美元/公顷（表1）。

表1　棉花产量保险与收入保险指标计算

指　　标	产量保险	收入保险	剔除收获期价格的收入保险
历史产量（千克/公顷）	780	780	780
保障水平（％）	70	70	70
保障产量（千克/公顷）	780×70％＝546	780×70％＝546	780×70％＝546
预测价格（美元/千克）	1.79	1.79	1.79
收获期价格（美元/千克）	—	1.83	1.83
保险保额（美元/公顷）	546×1.79＝977.34	546×1.83＝999.18	546×1.79＝977.34
实际产量（千克/公顷）	400	400	400
实际产值（美元/公顷）	400×1.79＝716	400×1.83＝732	400×1.83＝732
保险赔付（美元/公顷）	977.34－716＝261.34	999.18－732＝267.18	977.34－732＝245.34

资料来源：美国农业部风险管理局。

4. 累积收入保险（Stacked Income Protection Plan，STAX）

累积收入保险是专门针对陆地棉开发的保险产品，于2015作物年度开始实施，其实质是收入保险计划。累积收入保险可以与农作物保险政策基本条款提供的棉花作物条款或区域风险保障保险基本条款下的棉花作物条款一起购买，也可以单独购买。

被补充保险选择（SCO）保障的棉花不可投保累积收入保险。

累积收入保险保障的是棉花生产者浅层次的生产损失，累积收入保险单独投保时，最高保障水平为预期区域收入的20%，投保人还可选择5%、10%、15%和20%的覆盖范围（Coverage Range）；与棉花作物保险一起投保时，二者合计最高保障水平为90%，即若投保人棉花保险选择75%的保障水平，则累积收入保险的覆盖范围不能超过15%。在不同的年度生产者可以选择不同的区域损失触发（Area Loss Trigger）、覆盖范围和保障因子（Protection Factor）。生产者可选择的预期区域收入的比例从75%到90%，实际收入低于此范围将获得赔付。同时，农户可以选择不同的保障因子，从80%到120%。覆盖范围和保障因子主要用于计算政策保障（Policy Protection），即该政策提供的保险金额。联邦政府对累积收入保险提供80%的保费补贴。

从实施效果看，2015年累积收入保险保单共计1.2万份，涉及98.34万公顷的面积，总保费收入为9 294万美元，农民购买的累积收入保险主要是90%的县收入损失触发的收入保险，占全部保单和保费收入的99%以上，投保75%、80%和85%的保单较少，投保剔除收获期价格的收入保险的仅279.64公顷。

以下举例说明累积收入保险保费、政策保障及赔付的计算。

A农场在X县，种植规模为100公顷，拥有100%的份额。X县的精算文件显示预期区域产量为600千克/公顷，预测价格为1.59美元/千克，预期区域收入为954美元/公顷。在X县的精算文件中，A选择了90%的区域损失触发和20%的覆盖范围，保障因子为110%。假定棉花生产者选择收入保险，费率为0.3584。累积收入保险的补贴系数为0.8。在保险期末，对于X县，美国农作物保险公司公布的收获期价格为1.70美元/千克，X县的最终区域产量为450千克/公顷，X县的最终区域收入为765美元/公顷。累积收入保险赔付的计算方法为：

$$PPR = EAY \times MAX(PP, HP) \times CR \times PF \times AC \times SH$$

$$TP = EAR \times CR \times PF \times AC \times SH \times PR$$

$$SUB = TP \times SF$$

$$PRP = TP - SUB$$

$$PAF = (ALT - (FAR \div (EAY \times MAX(PP, HP)))) \div CR$$

$$IND = PPR \times PAF$$

式中，PPR为政策保障、EAY为预期区域产量、PP为预测价格、HP为收获期价格、CR为覆盖范围、PF为保障因子、AC为种植面积、SH为份额、TP为总保费、EAR为预期区域收入、PR为费率、SUB为补贴数量、SF为补贴系数、PRP为生产者保费、PAF为赔付系数、ALT为区域损失触发、FAR为最终区域收入、IND为赔偿金额。根据以上公式，可计算得到A农场政策保障为22 440美元、总保费为7 522.10美元、补贴数量为6 017.68美元、生产者保费为1 504.42美元、赔付系数为0.75、赔偿金额为16 830美元。

5. 补充保险选择（Supplemental Coverage Option，SCO）

补充保险选择需要在现有作物保险政策的基础上购买，可以作为产量保险、收入保险或剔除收获期价格的收入保险的补充。若选择产量保险，则补充保险选择保障产量；若选择收入保险或剔除收获期价格的收入保险，则补充保险选择保障收入。该政策从 2015 年作物年开始实施。联邦政府对补充保险选择提供 65%的保费补贴。

补充保险选择的赔付取决于区域（通常是县）的产量或收入是否低于预期水平。（实际区域收入/产量）小于（预期区域收入/产量）的 86%时，赔付发生。比如棉花生产者分别投保了 75%、80%和 60%的收入保险，则补充保险选择的最大保障幅度是 11%、6%和 26%。

二、中国棉花生产及棉花保险产品

（一）中国棉花产区分布

中国棉花产量占世界总产量的 25.86%，黄河流域、长江流域和西北内陆是中国三大棉花产区，主要以陆地棉为主，长绒棉主要是新疆长绒棉，此外，在四川、湖南、甘肃、新疆也种植彩色棉。近几年来中国植棉格局发生重大变化，西北内陆棉区的地位不断提高，黄河流域、长江流域棉区则持续减少。从种植面积看，西北内陆棉区在 2006 年超过长江流域，在 2012 年超过黄河流域。至 2014 年，西北内陆棉区植棉面积占 47.2%，黄河流域占 29.3%，长江流域占 22.7%。从棉花产量看，西北内陆棉区在 1998 年超过长江流域，在 2006 年超过黄河流域。至 2014 年，西北内陆棉区的棉花产量占 60.6%，黄河流域占 21.8%，长江流域占 16.9%。在西北内陆棉区中，新疆地区的植棉优势逐步显现，棉花种植面积、产量占全国的比重大幅上升，2015 年新疆棉花播种面积占全国棉花播种面积的 50.1%，产量占全国总产量的 62.5%。

（二）中国棉花成本构成变动

考察 2004—2015 年棉花生产成本情况。棉花总成本由生产成本（物质与服务费用、人工成本）和土地成本组成。全国棉花总成本呈现不断增长的趋势，从 2004 年到 2015 年的 12 年内，棉花总成本上涨了大约 208.0%，并于 2015 年达到最高值 3.43 万元/公顷（图 2）。2004—2015 年物质与服务费用上涨了大约 108.3%，

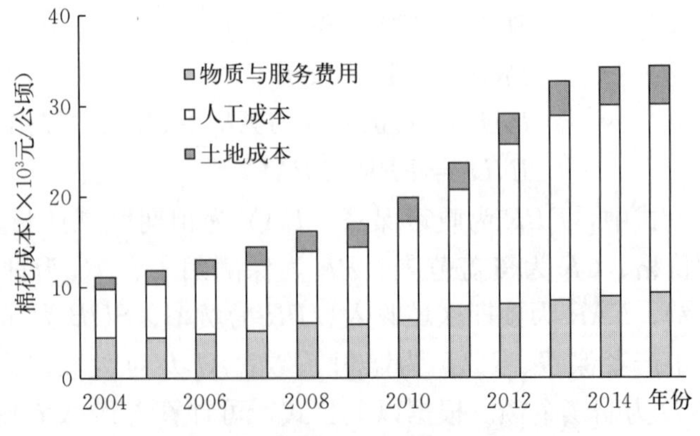

图 2　中国棉花总成本构成动态

资料来源：全国农产品成本收益资料汇编。

人工成本上涨了大约291.2%。2015年人工成本占生产成本的69.1%，占总成本的60.6%，因此人工成本的变化是造成总成本攀升的主要原因。土地成本是棉花总成本的重要组成部分，2004—2015年土地成本上涨了大约209.6%，土地成本占总成本的比例虽然有小范围的波动，但大多都维持在12%左右。

（三）中美棉花生产成本比较

表2为2015年中美棉花成本对比情况。由于成本核算项目不同，为了便于比较，按照中国标准对美国项目进行了归类（括号中为对应的美国核算项目）：种子费（种子费）、化肥费（肥料费）、农家肥费（已包含在肥料费中，无单独列示）、农药费（农药费）、农膜费（无此项）、租赁作业费（操作费用、灌溉费用）、燃料动力费（燃料、润滑与电力费）、技术服务费（无此项）、工具材料费（无此项）、修理维护费（修理费）、其他直接费用（无此项）、固定资产折旧（机器设备折旧）、保险费（税金和保险）、管理费（一般农场分摊）、财务费（投入利息）、家庭用工折价（自用工机会成本）、雇工费用（雇工费用）、土地成本（土地费用）。

表2　2015年中美棉花成本对比

单位：元/公顷

成本构成	中国	美国	成本构成	中国	美国
一、物质与服务费用	9 306.00	9 345.99	（二）间接费用	753.30	2 630.89
（一）直接费用	8 552.70	6 715.10	1）固定资产折旧	295.35	2 259.20
1）种子费	826.50	1 083.97	2）保险费	286.35	157.14
2）化肥费	3 040.05	1 159.84	3）管理费	/	210.39
3）农家肥费	167.55	/	4）财务费	83.25	4.16
4）农药费	1 062.30	967.30	5）销售费	88.35	/
5）农膜费	463.80	/	二、人工成本	20 816.25	799.70
6）租赁作业费	2 614.50	308.73	1）家庭用工折价	17 731.35	561.45
7）燃料动力费	64.80	669.34	2）雇工费用	3 084.90	238.25
8）技术服务费	11.55	/	三、土地成本	4 204.35	1 092.89
9）工具材料费	248.25	/	1）流转地租金	703.35	/
10）修理维护费	46.20	724.59	2）自营地折租	3 501.00	/
11）其他直接费用	7.20	/	合计	34 326.60	11 238.58
12）轧花费	/	1 801.33			

资料来源：全国农产品成本收益资料汇编、美国农业部经济研究处。人民币对美元采用2015年平均汇率进行货币单位转换。

与美国相比，中国棉花种植的总成本相对较高。中国棉花生产的物质与服务费用低于美国，人工成本和土地成本则远高于美国。在物质与服务费用中，中国与美国直接费用的差异主要体现在种子费、化肥费、租赁作业费、燃料动力费、修理维护费和轧花费等；间接费用的差异主要体现在固定资产折旧方面。在中国，加工成本主要由轧花厂承担，美国则由棉农承担，若去掉轧花费，美国直接费用将略低于中国。

中美两国棉花生产规模及生产方式不同是成本差异形成的根本原因。美国棉花生产规模较大，并且实行高度机械化作业，因此与机械、设备有关的费用较高，导致物质与服务费用比较高，人工成本则相对较低。中国棉农生产规模小，机械化程度低，人工成本则相对较高。近年来，中国人工成本、土地成本的大幅上涨推动了总成本快速增长，由表 2 可知，中国棉花物质与服务费用占总成本的 27.11%、人工成本占 60.64%、土地成本占 12.25%；美国棉花物质与服务费用占总成本的 83.16%、人工成本占 7.12%、土地成本占 9.72%。计算表明，中国棉花人工成本达到美国的 26 倍、土地成本达到美国的 3.8 倍之高。

（四）中国棉花保险产品

中国棉花保险产品比较单一，以政策性物化成本保险为主。该保险产品在于保障棉花物化成本，保险金额按照棉花生长期内所发生的直接物化成本（包括种子成本、化肥成本、农药成本和灌溉成本等）进行确定。近几年来，棉花保险保额在不断提高，已经覆盖了部分人工成本，但距离生产成本全覆盖还有较大差距。以新疆为例，2015 年新疆棉花总成本为 3.21 万元/公顷，其中物质与服务费用为 1.33 万元/公顷、人工成本为 1.34 万元/公顷、土地成本为 0.54 万元/公顷。按照 2015 年新疆棉花物化成本保险平均保额 1.47 万元/公顷计，仅可覆盖棉花生产成本的 55.06%，棉花生产风险暴露程度还相当大。同时，对于在种植成本、市场价格存在显著差异的机采棉与手采棉并未设置相对应的保险产品。现行棉花成本保险主要覆盖自然风险，2015 年《中国保监会、财政部、农业部关于进一步完善中央财政保费补贴型农业保险产品条款拟订工作的通知》指出，种植业保险主险的保险责任包括但不限于暴雨、洪水、内涝、风灾、雹灾、冻灾、旱灾和地震等自然灾害，泥石流、山体滑坡等意外事故，以及病虫草鼠害等。以山东为例，政策性棉花保险的责任范围为由于暴雨、洪水、内涝、风灾、雹灾和冻灾造成的损失，且损失率达到 20%（含）以上；由于旱灾造成的损失，且损失率达到 40%（含）以上；由于病虫草鼠害造成的损失，且损失率达到 50%（含）以上；地震、泥石流、山体滑坡。价格波动没有包括在内，难以满足农户管理市场风险的需求。

中国棉花保险产品正在发生多样化变化，旨在覆盖市场风险和收入风险。2015 年人保财险在山东省试点推动棉花商业性保险，2016 年郑州商品交易所支持期货公司推动棉花“保险＋期货”试点，2016 年新疆建设兵团试点棉花价格保险、收入保险和温度指数保险，虽然范围尚小，但这些探索性工作将为丰富棉花保险产品提供有益的经验。同时，卫星遥感、无人机、手持终端设备、互联网等新技术在农业保险领域的运用不断加快，大大提高损失定量评估和查勘定损等保险服务效率，便于灾害数据的采集、管理和收集。

1. 商业性保险

2015 年 6 月人保财险山东省分公司寿光支公司在双王城镇卧铺村进行商业性棉花保险试点，保额6 750元/公顷，保费 270 元/公顷。寿光市棉花政策性保险保额 6 750 元/公顷，保费 270 元/公顷，各级政府补贴保费 80%，农户自交 20%。商业性棉花保险为棉农在政策性棉花保险的基础上进一步提高了保障水平和保险责任，解决了部分种棉大户的保险需求。

2. 保险+期货

“保险+期货”试点的主要操作流程为以郑州商品交易所发布的有关品种期货价格数据为基础，保险公司及期货公司对价格保险及场外期权产品进行设计研发。农户或新型经营主体向保险公司购买价格保险，保险公司利用保费向期货公司购买看跌期权，期货公司在期货市场对冲。价格下跌时，保险公司向农户或新型经营主体赔付，期货公司向保险公司赔付。

2016 年 10 月中华财险湖南分公司与永安期货全资子公司永安资本签订湖南棉花“保险+期货”创新试点合作协议。2016 年 11 月中国人保财险与南华期货全资子公司南华资本在新疆喀什地区莎车县签订棉花“保险+期货”创新试点合作协议，该试点属于 2016 年郑州商品交易所支持的“保险+期货”试点项目之一；南疆产棉大县巴楚县 9 户棉农签订“保险+期货”试点保险合同。2017 年 8 月中国太保产险浙江分公司与浙商期货联合推动阿克苏地区柯坪县棉花“保险+期货”试点。郑州商品交易所棉花“保险+期货”麦盖提试点项目运行时间为 2017 年 9—12 月，正值新疆棉花上市销售时期。

3. 收入保险

棉花收入保险在 2016 年 8 月由中华财险石河子分公司在石河子市进行试点，为 1 亩以上的棉花提供收入保障；在约定时期内，由于产量或价格变化造成保险棉花实际收入低于约定收入时，保险公司进行赔偿。约定单位面积产量参照当地政府部门官方发布的棉花前三年平均产量确定，棉花目标价格参考棉花种植成本、棉花预期收益及棉花播种期约定棉花期货合约价格，由投保人与被保险人协商确定。保险金额为 3.15 万元/公顷，费率为 10%。由于试点初行，保费由团场全额支付，无财政补贴，因此费率有意设低。

4. 价格保险

棉花价格保险在 2016 年 8 月由中华财险石河子分公司在石河子市进行试点，为 1 亩以上的棉花提供价格保障；约定时期内，约定棉花期货合约各交易日收盘价的平均值低于棉花目标价格时，保险公司进行赔偿。试点目标价格参考棉花种植成本、棉花预期收益以及棉花播种期约定棉花期货合约盘面价格，由投保人与被保险人协商确定。约定单位面积产量参照当地政府部门官方发布的棉花前三年平均产量确定。试点保险期间为 2016 年 9 月 22 日至 2016 年 12 月 31 日，目标价格为 15 元/千克，保险金额为 3.15 万元/公顷，费率为 8%。

5. 温度指数保险

棉花温度指数保险由中华财险有限公司针对新疆开发，保险标的为整地块连片种植、可清晰确定地块界限、符合当地普遍采用的技术管理要求、种植地区具备完善的气象站点分布及良好的气象数据基础、生长和管理正常的棉花。在保险期间内，因低温灾害或高温灾害造成的棉花产量损失，保险人按保险合同约定进行赔偿。温度指数保险保额为 9 000 元/公顷，保费为 450 元/公顷。

三、中美棉花保险政策比较

从保险要素和保险精算角度考虑，这里就保险标的、可保风险、保障水平、保费补贴和数据基础 5 个方面对中美棉花保险进行比较分析。

（一）保险标的

在美国，不同棉花保险所对应的保险标的有所不同，陆地棉、皮马棉所适应的保险品种存在差异。从投保地块上看，农场主可以选择 4 种保险单元进行投保。此外，棉花生产者不仅可以选择承保农场的风险，也可以选择县域保险。

基本单元（Basic Unit）。包括农户在县域内所有可保棉花，即其自有土地和现金租赁土地。如果农户与其他实体共同种植棉花，则该种植面积应作为一个单独的基本单元。基本单元适用保费折扣。

可选单元（Optional Unit）。指参照农场服务机构农场序列号，一个基本单元可以被分为两个或更多个可选单元，如灌溉面积和非灌溉面积可作为不同的单元，即可选单元是基本单元的细分。可选单元不适用保费折扣。

企业单元（Enterprise Unit）。是棉花生产者在县域中拥有份额的所有可保的棉花。灌溉或非灌溉种植的棉花均可作为企业单元。满足企业单元需要具备两个条件：一是必须有产量或收入保障保险；二是要有至少两个农场序列号，每个含有企业单元中 8.09 公顷或 20%被保险作物面积中较小的一个；或者一个农场序列号，至少 267.09 公顷种植面积。企业单元适用保费折扣及增长的保费补贴。

完全单元（Whole - farm Unit）。仅适用于有两种或两种以上作物的收入保障政策。完全单元适用保费折扣及增长的保费补贴。在完全单元中，每种作物均有一个单独的行政费。

棉花生产者可以依据自己的风险管理需要选择不同的保险单元，同时，企业单元和完全单元的设置又有利于风险在地理位置或作物间的分散，有利于保险公司的风险管理。不同保险单元事故发生的概率不同，因此费率有所不同。

中国棉花保险产品比较单一，符合条件的棉花均可投保，并不区分棉花品种，同时，为了减少逆向选择，农户投保棉花保险时，要求其全部投保，并未细分保险单元。

（二）可保风险

美国棉花产量保险的保险责任为，不利的天气因素、火灾、虫害、病害、野生动物侵害、地震、火山喷发和灌溉水供给失败等灾害所造成的产量损失；棉花收入保险的保险责任除自然风险外，还包括价格造成的收入损失。农场主可依据自身管理风险的需求选择保险产品。同时棉花生产者还可以选择补充保险选择和累积收入保险，为棉花提供多方位的风险保障。

中国现行棉花保险的保险责任为暴雨、洪水、内涝、风灾、雹灾、冻灾、旱灾、地震、泥石流、山体滑坡和病虫草鼠害等造成的成本损失，没有覆盖市场价格风险，抑制了棉花保险效用，难以满足棉农的收入风险管理需求。随着新型经营主体的快速发展，农业收入的重要性不断提升，加之经济类作物价格波动较大，对于收益类保险产品的需求日渐强烈。

（三）保障水平

美国作物保险产品丰富，不同保险产品保障水平有所差异。美国棉花产量保险、收入保险的保障水平为核准产量/收入的 50%～85%，不同保障水平所对应的费率有所不同，农户可以自行选择。巨灾风险保障（CAT）的保障水平固定，为核准产量的 50%，预测价格的 55%。累积收入保险单独投保时，最高保障水平为预期区域收入的 20%，与棉花作物保险一起投保时，二者合计最高保障水平为 90%；同时，农户可以选择不同的保障因子，从 80%到 120%。补充保险选择与棉花作物保险合计保障预期区域收入/产量的 86%。此外，美国灌溉与非灌溉条件下的棉花可以选择不同的保障水平。

中国棉花保险条款仅注明保额及保费，并无分等级的保障水平，农户不可自主选择。以新疆为例，2015 年新疆棉花物化成本保险的平均保额为 1.47 万元/公顷，实际产值为 2.23 万元/公顷，保障水平约为 66%，这一保障水平是计算得来的，在棉农购买保险过程中并没有不同的保障水平可以选择。中国与美国棉花保险保障金额确定基础不同，中国棉花成本保险的保障金额是依据物化成本确定，美国棉花产量保险保障金额是历史平均产量、预测价格和保障水平的乘积，美国棉花收入保险保障金额是历史平均产量、预测价格和收获价格较高者和保障水平的乘积。比较而言，美国保障水平更有弹性，棉农的自主选择较多。

（四）保费补贴

美国对基本的巨灾风险保障保费实行政府全额补贴。联邦政府对累积收入保险提供 80%的保费补贴，对补充保险选择提供 65%的保费补贴。对于常见的作物保险实施差异化的保费补贴政策，补贴力度取决于生产者所选择的保障水平和投保的保险单元。美国棉花生产者选择的保险保障水平不同，补贴力度不同；保险单元不同，补贴力度不同；主要表现为保障水平越低，保费补贴力度越大（表 3）。该政策考虑到了生产者的收入异质性，较为富有的生产者更倾向于购买高保障水平的保险产品，基于其收入水平较高，国家可以提供较少补贴，而将财政更多地补贴给贫困生产者，提高财政资金的利用效率。

表 3　不同保障水平下不同投保单元美国作物保险保费补贴比例

单位：%

保障水平	基本单元	可选单元	企业单元	完全单元
50	67	67	80	80
55	64	64	80	80
60	64	64	80	80
65	59	59	80	80
70	59	59	80	80
75	55	55	77	80
80	48	48	68	71
85	38	38	53	56

资料来源：美国农业部风险管理局。

自 2007 年政策性农业保险保费补贴试点开始，中国就将棉花保险纳入了补贴险种，与玉米、水稻、大豆和小麦等重要农作物一起，实行统一的保费补贴政策，中央财政补贴保费的 25%、省财政补贴 25%。2008 年开始，保费补贴试点省份不断扩大、补贴水平不断提高。以新疆为例，2007 年中央财政补贴保费的 25%、省财政补贴 25%；2008 年中央财政补贴保费的 35%、省财政补贴 25%；2010 年至今中央财政对新疆地方补贴保费的 40%、对新疆生产建设兵团补贴 65%，省财政补贴 25%。但财政补贴保费的比例只与区域有关，与保险品种、保障水平无关，补贴比例比较单一，补贴效率低下。

（五）数据基础

美国具有完善的农业统计体系，这就为农业保险提供了强大的数据支持，可以满足单一农作物、农场及区域保险产品多样化设计的需要。美国农业部下设多个工作部门，其中风险管理局（RMA）和国家农业统计服务中心（NASS）是两个重要的农业保险相关部门。风险管理局建立了较为详尽的农作物风险数据库，为实施农业保险提供了丰富的数据资源；国家农业统计服务中心是重要的农业原始数据采集部门，主要负责收集、总结、分析和发布农产品生产及市场销售的基础数据，其所发布的投保作物县域产量是区域作物保险的重要数据来源。此外，美国国内税务局（IRS）的农场主历年税收申报表以及农场年度报告是确定农场保险保障收入的基础。同时，美国农产品期货市场比较发达，有着丰富的期货价格数据，支持了棉花收入保险产品的运作。

中国在省级层面具有定期、比较系统的农业生产数据采集与发布制度。但是，县级农作物生产及农产品价格统计不健全，也缺乏乡、村和农户层次农业经济活动的跟踪数据。农作物受灾统计过于综合，缺乏分作物的灾因及损失细分。数据支持的缺乏，使得中国农业保险在风险区划、费率厘定及产品创新等方面都受到制约。

四、结论与启示

（一）结论

研究表明，美国棉花生产成本较低，在棉花保险保额相同的条件下，美国棉花保险具有相对更高的风险保障功能。美国棉花保险产品体系设计比较完善，以收入保险为主，能够更好地保障美国植棉者收入的稳定；多样化的保险产品能够满足不同植棉者的风险保障需要，且其累加效应也提升了保险保障程度。同时，保险单元细分也为差异化的农业保险保费补贴政策效率的提高创造了条件。

比较之下，中国棉花保险产品创新还局限于零星试点阶段，基于物化成本保险的保额水平虽然逐年提高，但还不能覆盖除土地成本之外的棉花生产成本。产品单一、保障水平单一、数据支持不足和缺乏保险单元划分的现状，使得中国的棉花保险远不能满足棉花生产者的风险管理需求。

（二）启示

（1）强化棉花风险管理数据库建设，提升棉花风险管理的数据支持。借助于棉花目标价格补贴政策的实施，从村级、保险公司、轧花厂和纺织厂等各环节收集农户生产经营、销售及风险数据，建立棉花风险和保险数据库，有助于准确把握棉花生产情况，实施棉花风险区划，支持棉花保险费率精算。

（2）完善现行棉花保险产品，支持棉花保险产品创新。借鉴美国经验，考虑棉花分类、灌溉条件、风险水平、经营规模等，设计不同风险单元和不同保障水平，细化中国棉花保险产品设计。并在现有物化成本保险的基础上，积极引导探索棉花产量保险、收入保险和区域保障保险等新型棉花保险产品。

（3）优化保费补贴政策，提高保费补贴效率。对应于棉花保险产品完善和创新的需求，应该实施差异化的农业保险保费补贴政策，从“单一化补贴”向“精细化补贴”转变，依照不同规模、不同棉花品种和不同保障水平等实行不同的补贴标准，并且侧重于新型农业经营主体的补贴，对棉花价格保险、收入保险等新型保险产品也进行保费补贴扶持，加快新型农业保险产品的推广速度，总结经验，进一步完善中国农业保险制度。

参考文献

[1] 袁祥州，齐皓天，程国强．美国 2014 年农业法案对棉花安全网的调整与影响分析 [J]. 农村经济，2016 (3)：123-129.

[2] 田立文，白和斌，柏超华，等．新疆棉花补贴政策、存在问题及对策研究 [J]. 新疆农业科学，2015，52 (7)：1359-1367.

[3] 赵长保，李伟毅．美国农业保险政策新动向及其启示 [J]. 农业经济问题，2014 (6)：103-109.

[4] 余洋．基于保障水平的农业保险保费补贴差异化政策研究——美国的经验与中国的选择 [J]. 农业经济问题，2013 (10)：29-35.

[5] 周县华，范庆泉，周明，等．中国和美国种植业保险产品的比较研究 [J]. 保险研究，2012 (7)：50-58.

[6] 王磊焱，徐向勇，孙莉萍．改进创新新疆棉花保险产品研究 [J]. 金融发展评论，2016 (4)：57-79.

[7] 方言，张亦弛．美国棉花保险政策最新进展及其对中国农业保险制度的借鉴 [J]. 中国农村经济，2017 (5)：88-96.

[8] 汪必旺．2014 年农业法案后美国棉花保险体系及其对中国的启示 [J]. 农业展望，2017 (4)：20-25.

[9] Luitel K P，Hudson D，Knight T O. Understanding cotton producer’ s crop insurance choices under the 2014 farm bill [C]. Agricultural & Applied Economics Association and Western Agricultural Economics Association’ s 2015Annual Meeting，San Francisco，CA，July 26-28，2015.

[10] Luitel K P，Knight T O，Hudson D. Evaluation of crop insurance choices for cotton producers under the 2014 farm bill [C]. Agricultural Economics Association’ s 2015Annual Meeting，Atlanta，Georgia，January 31-February 3，2015.

[11] Hungerford A，O’ Donoghue E. Federal crop insurance options for upland cotton farmers and their revenue effects [R]. U. S. Department of Agriculture Economic Research Service，October 2016 (ERR218).

[12] Campiche J L. Analysis of the STAX and SCO programs for cotton producers [C]. Agricultural & Applied Economics Association’s 2013 crop insurance and farm bill symposium，Louisville，KY，October 8-9，2013.

[13] Stoeffler Q，Gelade W，Guirkinger C，et al. Indirect protection：The impact of cotton insurance on farmers income portfolio in Burkina Faso [C]. Agricultural & Applied Economics Association’ s 2016Annual Meeting，Boston，Massachusetts，July 31-August 2，2016.

[14] Tronstad R，Emerick M R，Sall I. U. S. cotton acreage response to subsidized crop insurance，1995to 2011 [C]. Agricultural & Applied Economics Association’ s 2014 crop insurance and the 2014 farm bill symposium，Louisville，KY，October 8-9，2014.

[15] Boyer C N，Jensen K L，McLeod E，et al. Upland cotton producers’ willingness to participate in a BMP/STAX pilot program [C]. Agricultural & Applied Economics Association’ s 2016Annual Meeting，Boston，Massachusetts，July 31-August 2，2016.

[16] Carter M，Elabed G，Serfilippi E. Behavioral economic insights on index insurance design [J]. Agricultural Finance Review，2015，75 (1)：8-18.

[17] Siameh C，Tack J，Barnett B，et al. Cotton premium rate heterogeneities and implications under climate change [C]. Southern Agricultural Economics Association' s 2016Annual Meeting，San Antonio，Texas，February 6 - 9，2016.

[18] Shields D A. Federal crop insurance：Background [R]. Washington D C：US Congressional Research Service Report，2013 (R40532) .

[19] RMA. Common crop insurance policy basic provisions reinsured version (17 - Br) [EB/OL]. [2017 - 01 - 04]. http：//www. rma. usda. gov/policies/2017/17 - br. pdf.

[20] RMA. Supplemental coverage option endorsement (15 - SCO) [EB/OL]. [2017 - 01 - 04]. http：//www. rma. usda. gov/policies/2015/15sco. pdf.

[21] COTTON USA. The guide to buying cotton，2017 [EB/OL]. http：//www. cottonusa. org. /growers - buyers/buyers - guide. html.

[22] COTTON USA. The guide to buying cotton，2016 [EB/OL] . http：//www. cottonusasupplychain. com/files/file/2016COTTONUSABuyersGuide. pdf.

[23] RMA. Summary of changes for the ELS cotton crop provisions (17 - 0022) [EB/OL]. [2016 - 11]. https：//www. rma. usda. gov/policies/2017/17 - 0022. pdf.

[24] RMA. United States department of agriculture federal crop insurance corporation area risk protection insurance cotton crop insurance provisions [EB/OL]. https：//www. rma. usda. gov/policies/2014/14 - arpicotton. pdf.

[25] RMA. United States department of agriculture federal crop insurance corporation common crop insurance policy stacked income protection plan [EB/OL]. https：//www. rma. usda. gov/policies/2017/17 - stax - 0021. pdf.

[26] RMA. United States department of agriculture federal crop insurance corporation cotton crop provisions (17 - 0021) [EB/OL]. [2016 - 11]. https：//www. rma. usda. gov/policies/2017/17 - 0021. pdf.

[27] RMA. Introduction to STAX for producers of upland cotton [EB/OL]. [2014 - 08 - 12]. https：//www. rma. usda. gov/help/faq/STAXfaq. html.

风险管控

浅议农业保险经营风险及其防控*

庹国柱

摘要：11年农业保险的经营实践，已经暴露出我国农业灾害的一些特点和经营面临的突出问题，特别是农险经营的风险还没有引起农险界和有关部门的重视。研究农业保险经营中的重要风险，探寻产生这些风险的原因，在此基础上，针对性地采取措施加以防控，减少这些风险对农业保险经营的较大冲击，保证农业保险的健康运营，是农业保险可持续发展的重要条件之一。

关键词：农业保险；大灾风险；道德风险；逆向选择；防控

自2007年以来11年间，中国大陆农业保险的迅猛发展已为全球瞩目。到2017年末，中国大陆农业保险实现保费收入477.7亿元，同比增长14.5%，参保农户2.13亿户次，同比增长4.6%。全年共向5 388.3万户次的受灾农户支付赔款366.1亿元，简单赔付率77%。种植业保险方面，承保主要农作物21亿亩，同比增长21.8%；实现保费收入311.2亿元，同比增长11%；支付赔款254.95亿元，简单赔付率81.9%。全年共提供农业风险保障2.8万亿元，同比增长29.2%，较保费收入增速高出14.7个百分点。说明农业保险费率整体有所下降。

随着农业保险的迅猛发展，进入农业保险市场的经营主体不断增多，市场竞争日益加剧，在有些省区竞争更加激烈。与此同时，加之全国的经营时间也不长，对农业灾害的发生规律的认识不足，特别是一些主体，因为经营技术和人才的局限，数据和经验的占有和积累也存在实际困难，在这种环境之下经营农业保险，其风险便不断从各方面暴露出来。

2018年，全国都在防控金融风险，在农村金融这个不可或缺的领域里，农业保险的经营风险有什么特点，产生这些风险的原因是什么，如何防控这些风险，是我们需要研究的重要课题之一。

---

* 本文原载《中国保险》2018年第2期。

作者简介：庹国柱，首都经济贸易大学教授，博士生导师，农村保险研究所所长。

一、农业保险经营中值得重视的主要风险

笔者以为，农业保险领域虽然少有高杠杆或者激进投资、资产错配等风险，但有几类风险还是值得重视。

（一）无可回避的大灾风险

大灾风险是目前所有农业保险经营机构的最大风险。这里所说的大灾风险，是指一个地区或者一家公司在一年经营中“赔穿”的风险，也就是赔付率超过100%的风险。

2015年之前的几年，几乎所有经营农业保险的公司和有关政府部门对政策性农业保险经营都比较乐观，从全国整体来看，简单赔付率最高的年份2009年是76.1%，最低的年份2011年只有51.2%。从不同公司的经营来看盈亏状况虽然也有差异，总的来说在再保险摊回之后也没有亏损的情况。以省为单位来考察，除了个别省的风险损失比较大之外绝大部分省也没有很多超赔发生。所以，财政部在2014年发布了《农业保险大灾风险准备金管理办法》，中国保监会、财政部、农业部在2015年发布了《关于进一步完善中央财政保费补贴型农业保险产品条款拟订工作的通知》，这两个文件涉及的问题虽然不少，但是共同的潜台词是，前7年的农业保险风险责任较小，保险费率偏高，经营的利润有点多。

但是，接下去的三四年，在大部分地区和主要险种降低费率，同时，较快拓展业务之后，就遭遇到不那么照顾保险公司的气象灾害了，赔付率也就上去了。就全国来看，接下去三年（即2015年、2016年和2017年）的综合赔付率分别是71%、76%和70%。而这几年的综合费用率则是19%、21%、24%，一路攀升。从全国来看，还没有一年是“赔穿”的。只是保险经营机构的利润逐步在减少。局部省份的严重损失就凸显出来了。这几年的分省统计数据表明，2015年，全国包括计划单列市在内的36个省（市、区），有6个省（市、区）出现超赔，赔付率最高的达到400%，到2016年，有11个省（市、区）赔付率超100%，赔付率最高的福建省，达到186.6%，深圳市的赔付率达427%，有两个市连续两年超赔。某农业保险大省从2012年开始建立本省的农业保险大灾风险准备金，2012—2016年5年共提取大灾风险准备金6.79亿元，因为本省局部地区大旱导致的超高赔付，2016年末已将积累的大灾风险准备金使用了85%。而不幸的是2017年该省的农业保险又是一个超赔年份，即使这个大灾风险准备金提足，用完，也不能弥补保险机构在本省的经营亏损。

我国的农业保险基本制度是以省、直辖市、自治区为单位组织实施的。而对于一些地方来说，省、直辖市、自治区范围内，累积风险还是很高的，风险在空间上难以分散，这可能使我们承保基础的大数法则在这些地方不复存在了。

（二）并不鲜见的道德风险

道德风险在农业保险经营中具有非常鲜明的特色。那就是不仅广泛存在于投保一方，存在于承保一方，还存在于作为支持和组织者的政府部门一方。农险中的道德风险也一直伴随着农业保险的发展而在不断“发展”。

在投保一方，虚假投保是常见的一种表现。其一是骗保，基层干部（或者是协保员）假借村里农户的名义投保，编制投保农户的名单和信息，垫付农民该交的保险费，欺骗保险公司签订保险合同，甚至与保险公司合谋来骗取财政补贴。

另外，投保农户在受灾以后谎报灾情、虚报或者夸大灾害损失、串换标的以骗取农业保险赔款的现象也并不鲜见。在不少情况下，有关气象部门或防疫部门者甚至协助农民开具灾害天气或者牲畜死亡证明骗保。这类现象无论养殖保险，还是种植业保险经常发生，有时候甚至是大规模地发生。与此同时，投保农户不按照正常的耕作制度进行农作，疏于田间管理，或者在受灾以后怠于采取减灾减损措施，以获取保险公司的超额赔款也普遍存在。

保险公司的道德风险，可谓五花八门，表现也非常突出。比较典型的是监管部门一再惩罚的，通过虚假承保、虚假退保、虚假理赔、虚挂保费和虚列费用等“五虚”方式套取财政补贴资金。不少地方出现承保面积大大超过当地播种面积，承保牲畜头数成倍高于投保农户实际饲养头数的“怪事”，甚至一个饲养场一年在同一家公司购买两次保险，签订两个同一年度的投保合同。

目前，新出现的道德风险是“合谋骗补”，在养殖业比较常见。生猪养殖场可以选择多保（虚保）：1 000 猪投保 2 000 头，与保险人达成“默契”：不管有没有猪死亡，有多少猪死亡，都按照保险费的 60%赔款，养猪户净赚 40%的利润，保险公司也毛赚 40%。也可以少保或者选择性投保，猪场有 1 000 头的规模，只投保 100 头，死猪全部赔偿，或者“协议”赔偿。

政府有关部门本来只是协助保险机构宣传和组织投保，帮助保险机构定损理赔，便于合理定损减少纠纷。但一些地方的相关部门，有的公开索取较高“手续费”，甚至为了帮助公司获取或扩大市场份额而受贿，或者以掌管和分配财政的保费补贴资源而索贿，克扣、截留、挤占、挪用财政补贴资金或者农户农业保险赔偿款等问题时有发生。

农业保险中的道德风险是与犯罪相联系的，它们之间其实没有严格的界限。实际上是一个量变到质变的过程，很多严重的道德风险必然走向犯罪。虽然道德风险造成的损失有多大体量我们无从统计，但农险中的犯罪有一些数据。根据中国裁判文书网的统计显示，2013—2015 年，我国农业保险领域犯罪案例共有 142 个，涉案 241 人，所涉罪名主要包括贪污罪、滥用职权罪、玩忽职守罪、诈骗罪、受贿罪、职务侵占罪和单位受贿罪等 7 项，其中，贪污罪和滥用职权罪的涉案数量分别为 78 件和 30 件，占比为 54.93%和 21.13%；在涉案人员方面，贪污罪涉及乡镇及以上干部 8 人，村干部 105 人；滥用职权罪涉及乡镇及以上干部 24 人，村干部 10 人（裴雷和姚海鑫，2016）。

（三）不可忽视的逆向选择

一般认为，逆向选择（或者逆选择），是一种事前隐藏信息的行为，是指由交易双方信息不对称产生的“劣币驱逐良币”，保险市场上充斥着“高危险的投保人（劣币）”，可能导致保险经营失败的现象。显然，逆选择也是农业保险经营中的重要风险之一。

在农业保险中，一般来说人们比较重视投保人的逆选择问题，因为这会给保险经营带来较大的经营风险甚至导致经营失败。笔者调查过一个地区的种田大户，有的种田大户流转来的耕地质量不大好或者地势低洼，而当地的农业保险是全省实行一个费率，该农户投保积极性非常高，前一季作物受灾正在查看定损，他就积极要求购买下一季作物的保险并要提前缴纳保险费，因为他知道他的耕地经营风险比别的农户要大。北方一个省，有几年同样发生过这种问题，某个地区尽管政府帮助动员保险公司宣传，但很少有人买小麦保险。因为他们这里灌溉条件较好，旱涝保收。类似的问题在养殖业也有。很多地方的规模养猪场不大愿意投保生猪保险或者能繁母猪保险，很重要的原因是他们猪场的经营严格，防疫及时，传染性疫病的发生概率很低。相对于千篇一律的保险费率，他们投保是吃亏的。而只有那些饲养规模较小甚至是散养的农户愿意投保。

根据赵元凤和柴智慧在内蒙古自治区的调查和研究，内蒙古旱地玉米播种面积比较大的盟市，因为耕地质量往往比较差，玉米保险的参保率则比较高。例如，在内蒙古中部地区的乌兰察布市和锡林郭勒盟，2010—2012 年旱地玉米播种面积比例远远高于其他四个盟市，且这两个盟市的旱地玉米保险的参保比例也远远高于其他四个盟市，尤其是在 2011 年和 2012 年，旱地玉米保险的参保率更是接近于 100%。而在水浇地玉米播种面积比例较大的盟市，由于耕地质量比较好，玉米保险的参保率则比较低。同样，2010—2012 年内蒙古巴彦淖尔市、包头市、赤峰市、通辽市、乌兰察布市、锡林郭勒盟六个盟市的旱地小麦和水地小麦的播种面积比例和各自的小麦保险参保比例，也呈现出典型的逆选择特征。

实际上农业保险经营中，除了投保一方的逆选择，保险人一方也有逆选择问题。政策性农业保险的开始几年，小心翼翼的保险人一般对保险责任的确定非常“计较”，不少公司把旱灾、病虫害等风险责任都作为不保责任。毫无疑问，旱灾、病虫害常常会大面积发生，有一定的系统性，保险人通过保单设计对风险进行选择非常有利于保险人自己。2015 年保监会、财政部和农业部联合发出通知，要求保险公司将几乎农业的所有风险灾害列入政策性农业保险，防止了保险人的这类逆选择行为。

现实中表现在保险人身上的逆选择主要是选择性供给，隐性拒保。凡是风险比较高的地区或者险种，保险公司做业务都比较谨慎。有的地区灾害频繁而其损失严重，既往业务因为风险不易分散，赔付率比较高，保险公司不选择到那里去开设分支机构，已有的保险机构对当地农业保险业务的开发也比较消极。当然有些险种的开发和推广，主要是因为保险公司对风险管控缺乏主动性，只好婉转拒保。例如对于渔船保险、农机保险，以及养殖业保险，也有不少地方的保险机构囿于自己管理能力和技术的原因，做出这种选择。

当然，保险人的逆选择实际上是自身的风险管理手段，与投保一方的逆选择性质不大一样，主要影响的是政策性农业保险的拓展范围和规模。

二、产生经营风险的原因分析

探究上述农业保险产生各类经营风险的原因，对于不断解决这些问题，降低经营风险或者减少风险损失后果是有意义的。

农业保险中的大灾风险实际上是一种客观存在，之所以我们没有充分认识它的存在和对农业保险经营的影响，是因为我们对全国的自然风险和经济风险的特点和规律还缺乏研究，总是忙于开发产品做业务，拓展市场，而对于当地的经营风险，没有很好了解。最近读到张琳教授关于湖南农业保险的累计风险问题的研究，感触颇深。因为我见到的研究产品开发，产品精算的文章比较多，而对不同地区风险特点的研究成果比较少。

当我们对当地的自然风险，特别是大灾风险缺乏足够认识的时候，我们的产品开发和业务拓展就可能有盲目性，我们的精算依据也很可能有缺陷。特别是在激烈竞争条件下，费率厘定或者报价会出现较大缺口。这很可能会给当地政府有关部门一些错觉，认为由保险公司厘定的农业保险费率可能是“头戴三尺帽，不怕砍一刀”，就可以跟公司讨价还价，甚至强行要求保险公司降价。这里，必须承认，我国目前这种农业保险制度，因为历史、认识和技术的原因，政府对农业保险价格缺乏操控手段。农业保险的价格特点在于，保险费包括两个部分，即风险损失概率和费用（包括税收、利润等）成本，而风险损失是不可能通过技术改进来降低的，就是说那是一个客观的不可能人为降低的成本，能够改变或者压缩的只有费用部分。因此公司也好，政府也好，必须客观地厘定和认定保险费率。美国、加拿大、日本这些农业保险发达国家，政府有能力调研风险和科学合理厘定费率，开发产品，就避免了企业之间在价格上的竞争。这对于防控大灾风险有重要意义。

农业保险经营中道德风险是和违法犯罪联系在一起的。无论是投保人一方，保险人一方，或者是政府有关部门一方，在农业保险经营中的道德风险，都是基于不合理甚至是违法的利益驱使。之所以会发生，跟诸方面缺乏合规守法经营观念有关，也与制度、规章不健全和流于形式有关。例如，保险人的操作不到位或者保险合同签订后缺乏必要的检查和审核，以及缺乏对客户和保险标的适当的监督管理措施。保险公司的农险业务大部分是依靠“协保员”宣传展业和签单，协保员的培训和管理不到位，有些道德风险的产生就不可避免。当然，要对农村这么广袤的空间上的业务进行有效的管理，并不是一件容易的事。但是仍有改进和完善的空间，至少，合谋订立假合同，虚列费用，实施假理赔等明知故犯的违规违法风险，是完全可以通过加强内部管理来加以有效遏制的。

逆选择问题的发生，对保险人来说，原因在于对巨灾风险的本能规避，以减少经营的失败甚至破产。当然，也有保险公司自身人才和技术不足的原因，缺乏必要的数据积累，或者申请保费补贴的不易等。对投保人来说，他们对自身生产经营中的风险了解得更多更清楚一些，而我们目前在缺乏科学合理的风险区划条件下的“一省一费率”的制度，给了他们可乘之机。从农险制度顶层设计到微观经营主体，从一开始就对建立科学合理的精算制度有所忽视。例如，对农作物保险首先需要做风险区划，进行费率分区，一直就没有纳入宏观和微观主体的视野，而且不同方面出于某些利益的考量或者政策执行“比较麻烦”，中途建立这类制度也没有获得必要的支持和理解，使得逆选择问题没有得到很好解决，多少有些令人遗憾。

三、如何防范和治理农业保险经营中的风险

农业保险中的风险是一个综合性问题，众多原因之间并不是孤立的而是相互关联的。解决这些问题，有效地防控风险要进行统一规划并从多方面着力和防范。

（一）要加强对农险经营中大灾风险的研究

不仅从全国总体上加以研究，也必须分省加以研究。我国地域宽广，地理地形和气候气象的差异很大，有些地区有分散大灾风险的客观条件，但有的省份可能不具备这种分散条件。所以有些灾害，例如旱灾、洪涝和台风灾害等，在有的地区可能是系统性的。需要对各地的大灾风险做深入研究，吃透本地的累计风险，因地制宜地制定大灾风险分散制度。否则，盲目开发险种，盲目进行展业，很可能放大经营风险。

（二）尽快建立起有中国特色的农业保险大灾风险分散制度

这个制度对于农业保险可持续发展的重要意义，已经取得了业界和学界的共识，也已经取得了中央决策层的认可和支持。作为这个制度的重要组成部分，中国农业再保险公司已经进入论证阶段。但是对于再保险之后的风险分散层次和出路，即再保险摊回仍不能填补的超赔责任如何融资和操作，还没有取得明确的意见。其实这里的问题是两个：一个是省一级和中央一级要不要建立大灾风险准备基金，或者安排必要的融资通道；再保险之后的融资如何操作，责任如何分担。如果不建立省一级的大灾风险准备基金，直接由中央一级的大灾风险基金来接纳，必须要规定好如何接纳和分配责任。这些规则定得越细越好操作。

（三）要对农业保险市场上的竞争作出限制性规定

农险市场上的激烈竞争是农业经营多种风险的祸根之一。因为这种竞争，手续费如同车险市场一样不断攀升，既助长了投保方、保险方和政府的道德风险事故的发生，也伤及科学合理费率机制的形成，大灾损失和违法违规无法根治，苦果只有保险公司自己来吞。在种植业保险中这类典型案例已经不少。2017 年，有一个地区因为竞相降低费率和扩大保险责任，最终以 100 多万元的保险费，承担了 100 多万亩的经济林的多重风险责任的保险。这一年，无情的灾害最终带给这家公司的是 3 000％的保险赔付。

笔者还是支持对农业保险经营设限，提高门槛。根据自己的观察，敢于挑战农业保险规则的“勇士”们，大部分不懂农业保险或者是没有想过要通过农业保险给农民给农业带来什么利益。

考虑到政策性农业保险的特点，保监部门应该对协助农险机构做业务的人员手续费作出具体规定。防止这些代理人漫天要价和各公司的展业人员到处寻租。也许有人认为这样规定会有“垄断嫌疑”。但笔者认为，作为具有自然垄断性质和政策性保险的农业保险业务，不适用《反不正当竞争法》，事实一再证明，农险市场上的恶性竞争，恰恰损害的是保险市场的效率和投保农户的根本利益，自然也损害了国家而利益，损害着这个制度的稳固性和可持续性。

（四）要不断强化所有保险人经营农业保险的“基准意识”

这种基准意识就是做农业保险的根本目的，是为农业的可持续发展，为国家的粮食安全战略做贡献，而不是因为做农业保险有政府的保费补贴好赚钱，多赚钱。

农业保险作为政策性保险或者政府支持的农业保险，实质上是政府购买的农业保险服务。对于经营农业保险的商业性保险机构来说，政策的基点是只能让保险机构从中获得财产保险的平均承保利润，不能有“超额承保利润”。财政部的一系列政策也是按照这个基点来设计的。

所以，保险经营机构做农业保险的主要目的还是要着眼于服务“三农”，服务于国家乡村振兴战略和农业现代化建设。在承保利润这一块，不能有过高预期。事实上政府对这块业务的利润是有多方限制的。假如任何保险经营机构要想在农业保险领域做得长久，走得更远，就必须树立这种“基准意识”。

（五）还是要逐步进行各省、直辖市、自治区的风险区划，建立我国科学的合理的农险费率精算制度

农业保险虽然是政府支持的，但是其操作规则还是要严格按照保险的经营制度来实施和运作。而精算平衡是它的数理基础和数理规则。不同的风险损失概率就必须与其分散风险的成本相对应，这就是保险经营最基本的“风险一致性”原则。所以，无

论怎样麻烦也需要按照这些原理和规则来做农业保险。否则，在自愿投保条件下投保人的逆选择就不可避免。就是从提高我国农业保险的经营水平的角度来说也应该把这件事做好。否则，我们只沾沾自喜于一得之功和一孔之见，农业保险的发展之路走不好，也走不顺。

（六）把科学技术应用的文章做足

不仅能实现精确和高效承保，更可以通过精确定损防控很大一部分道德风险。目前各公司都很重视现代科学技术在农业保险中的应用，特别是大数据、云计算、区块链、物联网、无人机航拍、遥感技术等在农业保险的承保、定损、理赔方面的应用。初步显示出防范道德风险方面的明显效果。某地森林保险，发生保险事故后，林农报损 50 万亩，索赔 2 亿元。保险公司不可能深入广袤的森林里去作精确查看，又跟投保农户达不成赔偿协议。后来借助某大学灾害研究中心的专家，通过遥感技术，比较准确地确定了受灾面积是 15 万亩，而不是 50 万亩，并分辨出不同损失程度和等级，最终只赔付了 3 200 万元。

（七）完善规则、严格监管是防控好农业保险经营风险的必要外部条件

我们都了解，保监会、财政部、农业农村等部门，在农业保险监管方面做了很多艰苦细致的工作，不断建立和完善农业保险的监管规则。不过有些方面的监管仍有缺陷，难以令人满意。笔者不止一次呼吁过，防止农险经营的各类风险，完善规则，加强监管是绝对必要的。必须加强农险监管力量，充实监管队伍，在保监会至少要有农业保险监管部，或者成立一个由保监会、财政部和农业农村部联合组成的监管机构，扩大编制，行使农险管理和监督的双重职责，避免在具体监管中的意见分歧和步调不一致。同时我也同意一种说法，那就是农险监管也要“有牙齿”，去除“父爱主义”，对违规违法行为绝不姑息。有的公司在一个地区一再违规违法，也仍然可以稳坐“钓鱼台”，毫无出局之虞，没有后顾之忧，最后只能是越治越乱，导致农业保险的风险越来越大。当然，农险经营机构关键是要做好自律，不能只依靠外在的约束和制裁来规范自己。

对现有的一些监管制度和规则，要全面认识和理解。例如，财政部《农业保险大灾风险准备金管理办法》中规定“保险机构农业保险实现承保盈利，且承保利润率连续 3 年高于财产险行业承保利润率，原则上应当适当降低农业保险盈利险种的保险费率”。有人据此认为，保险费率是否只能降不能升。其实，如果经营实践一再证明现行费率低估，也应该可以向上调整的。这是认识农业灾害和风险、防范和控制经营风险的必要手段。

农险巨灾及累积风险分析

张　琳　程育琦　谢亚凤

摘要：湖南省作为农业大省，自然灾害种类多且发生频繁，损失程度日益增大，各类灾害的突发性、难以预见性日渐突出。作为农业保险费率厘定及其财政补贴的基础，农业巨灾及累积风险分析亟须先行。为此，基于相关精算理论，针对主要灾害下农业损失特点开展一系列研究工作。旨在结合农业风险现状，在选取的主要致灾因子基础上，进行巨灾的定义及损失评估，从而对巨灾风险的识别、度量、管控进行探索，为农险业务的可持续发展提供一定理论基础。

关键词：巨灾风险；极值理论；COPULA

一、引言

湖南省作为农业大省，自然灾害种类多且发生频繁，损失程度日益增大，各类灾害的突发性、异常性、难以预见性日渐突出，能在短时间内形成巨灾损失。据统计，截至2015年6月，湖南省各类自然灾害共造成14个市州114个县市区受灾，直接经济损失高达62.2亿元，农业保险面临超额赔付风险。随着农业保险的快速发展，农险业务的风险累积也迅猛增长，影响到农业保险的可持续发展。在此背景下，农业灾害极易上升至巨灾层次的特点需要引起特别重视。作为农业保险费率厘定及其财政补贴的基础，农业巨灾及累积风险分析急需先行。

二、致灾因子分析

累积风险，由年度内各类灾害累积形成。测度累积风险，有利于保险公司合理应对发生的各类灾害。由此，联系保险实务与社会现实选取主要致灾因子，探索其巨灾损失分布及各致灾因子间相依关系，并得出巨灾定义，进行巨灾损失评估、赔付率预测及趋势分析。

致灾因子是自然环境中，对种植业生产活动产生不利影响，并达到造成灾害或极

作者简介：张琳（1963.3至今），女，湖南长沙人，教授，管理学博士，湖南大学金融与统计学院风险管理与保险精算研究所所长，中国保险学会理事、中国精算师协会正会员，研究方向：保险精算；程育琦、谢亚凤，湖南大学金融与统计学院硕士研究生。

端事件发生的因素。针对种植险业务特征，本文根据湖南省某财险公司保险数据与社会损失数据中旱灾、洪涝灾、风雹灾、台风灾、病虫害等灾害的受灾率；受灾面积占总受灾面积的比重及其变化趋势等分析影响种植险的主要致灾因子为旱灾、水灾、病虫害、风雹灾。通过咨询相关专家与分析保险数据及社会损失数据，初步得出病虫害灾因与水灾灾因可能存在内在关联，且旱灾与水灾具有相关性的观点。后续将在巨灾及累积风险评估中引入 Copula 方法考虑致灾因子的相关性。

三、损失评估

（一）巨灾定义

本文采用在险值法（VaR）明晰巨灾定义。采用某财险公司 2013—2015 年种植险承保数据及理赔数据，筛选种植险各灾因保险损失最优的分布拟合结果，选取 99.5%分位点对应的损失作为种植险各类灾害达到巨灾程度的参考标准（表 1）。

表 1　种植险分灾因巨灾定义

	旱灾	水灾	风雹灾	病虫害
事件数	473	495	316	24
损失程度分布	gen. gamma	burr	gen. gamma（4p)	gamma
巨灾定义（万元）	398	440	53.5	365

由此，本文给出种植险单次旱灾巨灾定义：异常严重的小概率旱灾事件发生导致大量索赔，造成直接保险损失超过 398 万元的事件为种植险旱灾巨灾。

种植险单次水灾巨灾定义：异常严重的小概率水灾事件发生导致大量索赔，造成直接保险损失超过 440 万元的事件为种植险水灾巨灾。

种植险单次风雹灾巨灾定义：异常严重的小概率风雹灾事件发生导致大量索赔，造成直接保险损失超过 53.5 万元的事件为种植险风雹灾巨灾。

种植险单次病虫害巨灾定义：异常严重的小概率病虫害事件发生导致大量索赔，造成直接保险损失超过 365 万元的事件为种植险病虫害巨灾。

（二）巨灾评估

1. 分灾因损失评估

由描述性统计，各灾因数据均为右偏态尖峰厚尾分布，极易形成巨灾。考虑到极值理论对随机过程中厚尾现象具有突出的针对性，可以更精确地度量巨灾风险，故采用极值理论进行研究。

借鉴超越阀值理论（Peak - Over - Threshold）方法，基于条件分布 $F_Y(y)$ 得到损失程度的总体分布 $F_X(x)$ 上的损失值。具体过程是，首先统计出 2013—2015 年的灾害事件损失值 X，采用峰度法计算阈值 μ（表 3）。对阈值之后的损失 $x-\mu$ 拟合广义帕累托分布，作为 $x>\mu$ 的条件分布 $F_Y(y)$ 即巨灾条件分布。进而统计出阈值之后数据量计算条件概率。阈值 μ 为 $F_X(x)$ 上 $1-\beta$ 的分位点。最后根据 $F_Y(y)=F_x(x-\mu \mid x>\mu)=\dfrac{\Pr(\mu<X\leqslant x)}{\Pr(X>\mu)}$，便可得出巨灾事件损失的总体分布 $F_X(x)$ 对应的损失值。即确定 $F_X(x)$ 上 f 的分位点就是确定 $F_Y(y)$ 上 $\{1-[(1-f)/\Pr(X>\mu)]\}$ 分位点对应的 y 值，$y+\mu$ 就是损失值。

由损失程度的分段函数，得到损失程度分布。根据某财险公司种植险保险经营数据中的年发生频次数据，得到损失频率分布。然后通过蒙特卡洛方法分别模拟损失程度与损失频率数据，以此为基础获取年度各灾因损失及其分布（表 2）。

表 2　种植险分灾因损失分布

	旱灾	水灾	风雹灾	病虫害
总损失分布	gamma	lognormal	gamma	gamma

2. 种植险总损失评估

种植险风险由旱灾、水灾、风雹灾、病虫害等多个风险变量构成，风险变量之间的关系复杂。因此，本文在测度联合分布时，利用 Copula 函数对由水灾、旱灾、风雹灾、病虫害损失进行分步连接，最终得到联合概率，以此为基础分析种植险的巨灾风险，绘制尾部超越概率曲线（图 1）。

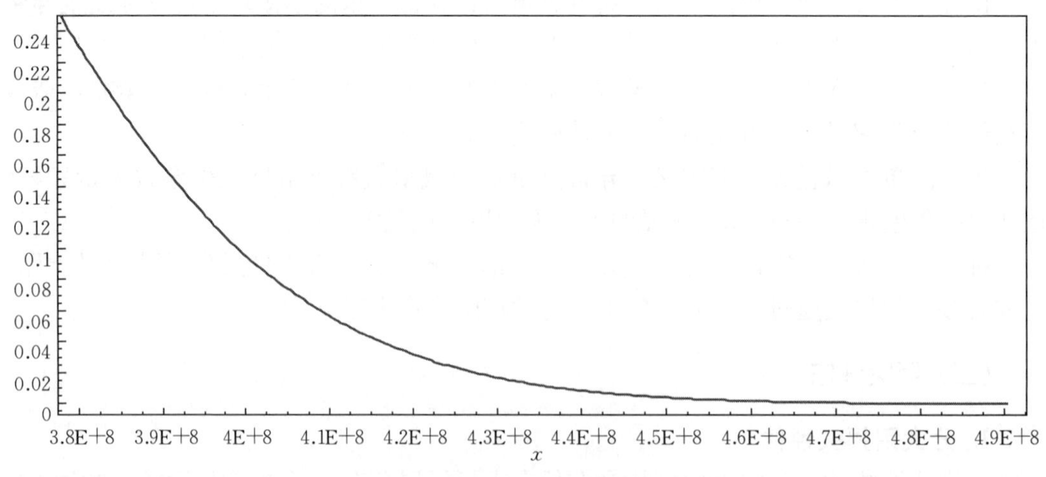

图 1　种植险尾部超越概率曲线

累积风险，即为年度内各类巨灾累积形成的风险。通过选取种植险年度总损失超越概率曲线上的分位点相应的最大可能损失值（表 3），度量累积风险，以评估在不同程度巨灾发生时，保险公司种植险可能遭受的最大损失。

表3　种植险最大可能总损失

重现期	超越概率	损失金额（万元）
5	0.2	38 376.0
10	0.1	39 920.9
25	0.04	41 603.2
50	0.02	42 705.7
100	0.01	43 706.2
250	0.004	44 910.2

在超越概率 $P=0.2$、0.1、0.04、0.02、0.01、0.004 的水平上，即取种植险遭遇 5 年、10 年、25 年、50 年、100 年以及 250 年一遇的情景，得到巨灾损失值。整体而言，当超越概率较高时，超越概率每降低 0.01，损失增长率小于 0.01，损失呈现出缓慢增加的趋势；当超越概率降低到 0.04 后，超越概率每降低 0.01，损失增长率大于 0.01，损失表现出快速增加的趋势。

四、赔付率分析

通过某财险公司实际经营数据分析得出，种植险综合费用率为 20.67%。将其应用于种植险赔付率分析当中，以衡量巨灾损失对承保利润率及大灾准备金动用情况可能造成的影响。

由《农业保险大灾风险准备金管理办法》规定，大灾准备金动用需满足综合赔付率超过 75%的条件。故结合赔付率研究结果（表 4），对于某财险公司而言：

表4　种植险赔付率

重现期	超越概率	最大可能综合赔付率	综合成本率	承保利润率
5	0.2	62.18%	82.85%	17.15%
10	0.1	64.68%	85.35%	14.65%
25	0.04	67.41%	88.08%	11.92%
50	0.02	69.19%	89.86%	10.14%
100	0.01	70.81%	91.48%	8.52%
250	0.004	72.77%	93.44%	6.56%

5 年一遇种植险巨灾事件发生时，种植险综合赔付率为 62.18%，承保利润率 17.15%，未达到动用大灾准备金标准。

10 年一遇种植险巨灾事件发生时，种植险综合赔付率为 64.68%，承保利润率 14.65%，未达到动用大灾准备金标准。

25 年一遇种植险巨灾事件发生时，种植险综合赔付率为 67.41%，承保利润率 11.92%，未达到动用大灾准备金标准。

50 年一遇种植险巨灾事件发生时，种植险综合赔付率为 69.19%，承保利润率 10.14%，未达到动用大灾准备金标准。

100 年一遇种植险巨灾事件发生时，种植险综合赔付率为 70.81%，承保利润率 8.52%，未达到动用大灾准备金标准。

250 年一遇种植险巨灾事件发生时，种植险综合赔付率为 72.77%，承保利润率 6.56%，未达到动用大灾准备金标准。

通过对比分析不同巨灾程度下可能产生的损失数据，种植险在发生 5、10、25、50、100、250 一遇灾害下均能实现承保利润，只是承保利润率随着损失程度扩大而降低。联系种植险实务情况，其原因为承保时保额的制定标准是物化成本，仅保障农户的投入成本，并不保障其实际收入。且巨灾发生时，保单以保额作为赔付上限，有效止损，因此，保险赔款支出对灾害程度上升的敏感度不够高。种植险在农险中属于传统险种，保险机构经营经验较为丰富，前期投入获得回报，费用控制水平较高。因其费用成本较低，从而在巨灾风险下抵御能力较强。根据大灾准备金计提标准，某财险公司种植险截至 2014 年底累积计提大灾准备金 63 662 万元。其中 2014 年之前采用保费收入的 25%比例计提，2014 年开始采用已赚保费的 6%比例计提。经测算，当 2015 年度保费 67 725 万元时，滚存余额恰好达到当年种植险自留保费。而 2015 年度前三季度保费已超过 67 725 万元，符合暂停计提大灾准备金标准。

即使在承保盈利情况下，仍不可忽视保险金额按产值衡量与承保率不断提升将带来的潜在巨灾损失风险。当打破物化成本时，保险公司赔付支出会逐渐趋近于社会实际损失，将面临超额赔付风险。以水稻为例，物化成本基准下，保险金额 360 元/亩。而利用产值衡量时，由国家统计局湖南农业年度数据库搜集稻谷单位面积产量，经换算得到湖南水稻单位面积产量 418 千克/亩，乘以 2015 年度水稻最低收购价 2.8 元/千克，得到水稻产值 1 129 元/亩。因此，在产值衡量保险金额基准下，保险金额调整为 1 129 元/亩。虽然费率维持 5%不变条件下，保费随保险金额等比变动，但随着保险金额的成倍增长，保额止损效果减弱，赔款金额曲线将整体呈现右移趋势，从而增加巨灾损失风险。且随着种植险的持续经营，承保率稳步提升，会使得种植险损失更贴近真实巨灾损失。

五、结语

基于上述分析，本文提出建议调整现有大灾准备金计提标准。经测算，某财险公司种植险大灾准备金 2018 年将滚存至最高点，符合《农业保险大灾风险准备金管理办法》规定的暂停计提标准。但考虑到保险金额按产值衡量与承保率不断提升将带来的潜在巨灾损失风险，因此仍需沿用既有标准计提大灾准备金。

参考文献

[1] 孔锋，吕丽莉，方建．农业巨灾风险评估理论和方法研究综述和展望［J］. 保险研究，2016（9）：103－116.

[2] Cummins J. CAT bonds and other risk－linked securities：Product design and evolution of the market［R］. SSRN，2012.

[3] Embrechts P，Frey R，McNeil A. Quantitative risk management［R］. Princeton Series in Finance，2005.

[4] Heimfarth L E，Musshoff O. Weather index－based insurances for farmers in the North China Plain［R］. Agricultural Finance Review，2011.

[5] Iverson L，R A M Prasad，S N Matthews，M Peters. Estimating potential habitat for 134 eastern US tree species under six climate scenarios［R］. Forest Ecology and Management，2008.

[6] Klein R W. Insurance market regulation：cat risk，competition and systemic risk［R］. Handbook of Insurance，2013.

[7] Okhrin O，Odening M，Xu W. Systemic weather risk and crop insurance：The case of China［R］. Journal of Risk and Insurance，2012.

[8] Olivier Mahul. Disaster risk financing &Insurance concept note［R］. GFRDD，2011.

生猪价格指数保险中的系统性风险问题研究*

马 彪 李 丹

摘要：本文根据系统性风险的基本特征，通过“相关系数”识别生猪市场价格中的系统性风险，然后分别运用时间序列分解技术和指数平滑技术分解生猪市场价格序列和玉米市场价格序列中的趋势性因素、周期性因素。实证研究结果表明，生猪市场价格中的趋势性因素和周期性因素是导致生猪市场价格出现系统性风险的主要原因之一。现阶段的生猪价格指数保险在承保时忽视了价格序列中的趋势性因素和周期性因素，以“猪粮比”作为生猪价格指数保险的赔付标准存在一定局限性，系统性风险的存在决定了我国生猪价格指数保险不宜贸然在全国推广。

关键词：生猪价格指数保险；系统性风险；相关系数；时间序列分解技术；猪粮比

一、引言及文献评述

2014 年至今，中央政府连续发布的 4 个中央 1 号文件，从首次提出逐步建立农产品目标价格制度，探索试点粮食、生猪目标价格保险，到积极开展重要农产品价格保险试点，再到 2017 年鼓励地方多渠道筹集资金，扩大农产品价格指数保险试点工作，强农惠农政策效果显著。截止到 2016 年年底，全国在北京、山东、四川等 16 个省（市、区）开展了生猪价格保险试点。因此可以预期，生猪价格保险仍是我国未来一段时间内调控生猪市场、保障养殖户利益的重要手段和政策工具。尽管生猪价格保险的实践有了巨大的发展，但以固定“猪粮比”作为赔付标准的生猪价格指数保险在保险险种方案设计方面还存在一定的局限性。

生猪价格保险源于美国，2002 年美国联邦农业保险公司（FCIC）先后批准了畜牧价格保险（Livestock Risk Protection）和畜牧收益保险（Livestock Gross Margin）。畜牧价格保险是由于畜产品（生猪）市场价格低于预期价格水平给养殖户带来收入上的损

* 项目来源：国家社会科学基金项目（17BJY207）；2014 年度黑龙江省博士后资助项目（LBH－Z14046）。

作者简介：马彪（1992—），男，黑龙江省绥化人，东北农业大学经济管理学院，研究领域农业保险与农业经济学；李丹（1972—），女，黑龙江省富裕人，教授，博士生导师，东北农业大学经济管理学院保险系主任，主要从事保险学基础理论、农业保险理论与实务研究。

失，由保险公司提供的一种“纯价格”风险保障保险，其本质是一种看跌期权；畜牧收益保险是在畜牧价格保险的基础上，将饲料价格风险列入保障范围进而衍生出的一种保障养殖户养殖收益损失的保险，其本质是一种组合期权（畜产品看跌期权和饲料看涨期权）。美国生猪价格保险的保障价格是以芝加哥商品交易所（CME）的期货价格作为计算依据，在被保险人发生约定的价格风险损失时，由保险公司负责赔偿价格差额。因此，这两种保险是真正意义上的价格保险。由于，我国农产品期货市场尚未完全建立，因此以“猪粮比”作为赔付标准的生猪价格指数保险应运而生。关于生猪价格指数保险的专门研究较少，我国大多数学者的研究方向主要集中在生猪市场的价格风险上。如毛雪峰、曾寅初（2008）利用时间序列模型分析得出，生猪价格存在明显的周期性波动且生猪价格周期容易受到外部冲击影响；陈蓉（2009）利用生猪年末存栏量和肉猪产量等指标，对生猪生产周期性波动规律进行了实证分析；宋淑婷、张峭等人（2012）通过指数平滑分解技术，将中国生猪市场价格的变化趋势分解成了不同部分，并对分解得到的价格变化规律进行了细致分析。简言之，我国学者在生猪市场价格的周期性波动规律和生猪价格传导方面取得了丰硕成果（李秉龙、何秋红，2007；杨朝英、徐学英，2011；谢杰、李鹏，2015；等等）。只有少部分学者对生猪价格指数保险进行了专门学术研究，张峭、王克等人（2014）借鉴美国、加拿大生猪价格保险的国际经验，对我国开展生猪价格指数保险的可行性以及未来发展方向进行了系统研究；李丹、马彪（2016）通过建立 ARIMA 非平稳时间序列模型得出，在新的市场形势下生猪价格指数保险的赔付标准应打破固定“猪粮比”模式，采取动态置信区间的方式对“猪粮比”重新进行测度；庹国柱、朱俊生（2016）则从可保风险的角度，对生猪价格指数保险的局限性进行了全面分析，他们认为现行的生猪价格指数保险所承保的风险包括价格的周期性风险和趋势性风险，而这些因素导致了现行的生猪价格指数保险具有近乎完全的系统性特征，从而使得我国生猪价格保险的发展陷入困境。

综上所述，已有研究对生猪市场价格的周期性波动规律和生猪价格保险的内涵、可行性进行了系统分析。但是，关于现行生猪价格指数保险中存在的系统性风险问题研究则少有涉及，即使提出生猪价格指数保险中的系统性风险问题也过于笼统，缺乏实证研究的支持。生猪价格风险中的趋势性因素和周期性因素是导致生猪价格指数保险具有系统性的原因吗？如果将生猪出场价格原始序列和玉米价格原始序列中的周期性、趋势性成分分离后，生猪价格指数保险中的系统性风险又会有怎样的变化？因此，本文通过构建 Census X12－ETS 复合时间序列模型，以“相关系数”作为评价指标，实证分析全国生猪价格指数保险主要试点地区的系统性风险情况，进而得出现行以“猪粮比”作为赔付标准的生猪价格指数保险局限所在，以展望我国生猪价格保险未来的发展路径。

二、生猪市场价格的系统性风险特征

系统性风险在银行、证券等金融领域较为常见，多用于识别风险以维持金融系统的稳定性。关于系统性风险的研究最早可追溯到 1964 年，斯坦福大学的 William F. Sharpe 教授认为，证券市场不能通过分散投资来消除的风险会引起投资收益的变动。2008 年全球性金融危机的爆发，使得系统性风险被金融领域广泛关注。国内学者关于系统性风险的研究，同样集中在资产组合定价和金融行业之间风险传递等领域。本文所要探讨的生猪市场价格的系统性风险具体是指，不同区域的生猪养殖户面临生猪市场价格不正常波动时，在生猪市场价格快速传导作用下，给保险公司带来的区域累加风险。

系统性风险具有规模大、相关性高两个标准。生猪市场价格的系统性风险同样如此，具体而言，规模大是指生猪市场价格的系统性风险波及整个生猪价格市场，任何在生猪价格市场从事经营活动的养殖户都会受到系统性风险影响；相关性高是指，每个生猪价格的子市场中存在的风险都高度相关，任何一个子市场发生的风险都会迅速传导到其他子市场。我国生猪价格的子市场是指，处于不同地理位置的生猪养殖户，其所在省份相对应的生猪价格市场。因此，本文通过相关系数这一统计学指标，对试点地区生猪市场价格的系统性风险进行实证分析。

（一）数据说明

截止到 2016 年年底，全国在北京、山东、四川等 16 个省（市、区）开展了生猪价格保险试点。本文在全国试点地区范围内，从中选取 7 个具有代表性的省（市、区）的生猪出场价格①序列作为研究对象，样本区间为 2005 年 1 月至 2017 年 1 月，样本数据均来源于中国畜牧业信息网。

选取的 7 个省（市、区）包括 5 个生猪主产地和 2 个生猪主销地，主要分布在中国的华东、西南、华中、华北、东北五个地区。其中，山东、四川、湖北、河南、辽宁五个省份是人均猪肉产量高于人均猪肉消费量的生猪主产地；北京、江苏两个省份是人均猪肉产量低于人均消费量的生猪主销地，而且北京还是我国首个生猪价格指数保险试点地区。各省（市、区）生猪出场价格的基本统计量如表 1 所示。

表 1　生猪价格指数保险主要试点地区生猪出场价格的基本统计量

地区	省（市、区）	均值	标准差	最大值	最小值	偏度	峰度
华东	山东（SD）	12.926 8	3.532 6	20.50	5.46	−0.182	2.021 9
	江苏（JS）	12.511 8	3.526 4	20.37	5.14	−0.087	2.156 0
西南	四川（SC）	13.118 4	4.072 8	20.65	5.28	−0.249	1.827 9
华中	湖北（HB）	13.235 2	3.615 9	20.11	5.68	−0.221	2.009 7
	河南（HN）	13.080 8	3.523 9	20.40	5.64	−0.182	2.052 7
华北	北京（BJ）	13.418 8	3.468 1	20.88	5.93	−0.178	2.016 8
东北	辽宁（LN）	13.013 4	3.689 4	20.76	5.11	−0.218	1.974 3

① 本文采用待宰活猪价格表示生猪出场价格，单位为元/千克。

根据表1的统计结果，从均值指标可以看出，北京的平均生猪出场价格最高，江苏省的平均生猪出场价格最低。分析其原因在于北京人口密集，人均收入相对较高，对生猪需求量大，因此平均价格偏高；而江苏省虽然人口众多，但是人均收入和北京相比较低，并且江苏省生猪供给量充足，因此生猪出场价格整体偏低。正因为利差的存在，才使得不同地区之间生猪市场价格出现流通和调转。从偏度指标来看，主要试点地区的生猪价格序列呈现左偏分布，即处于均值左侧的数据量较多；从峰度指标来看，主要试点地区的生猪价格序列峰度值介于均匀分布和正态分布的峰度值之间，这表明生猪出场价格序列中不存在影响较大的极端值。因此，本文基于生猪价格指数保险主要试点地区的价格序列不会受到极端值影响，研究结论具有一定的稳健性。

（二）基于相关系数的生猪市场价格系统性风险度量

随着市场经济的深入发展和一体化进程的加快，价格的传导属性使得不同区域的生猪市场价格波动规律和周期性特征趋于一致。根据这些现实情况，本文对山东、四川和北京等7个生猪价格指数保险主要试点地区，2005年1月至2017年1月的生猪出场价格进行了直观描述。主要试点地区生猪出场价格的具体情况如图1所示。

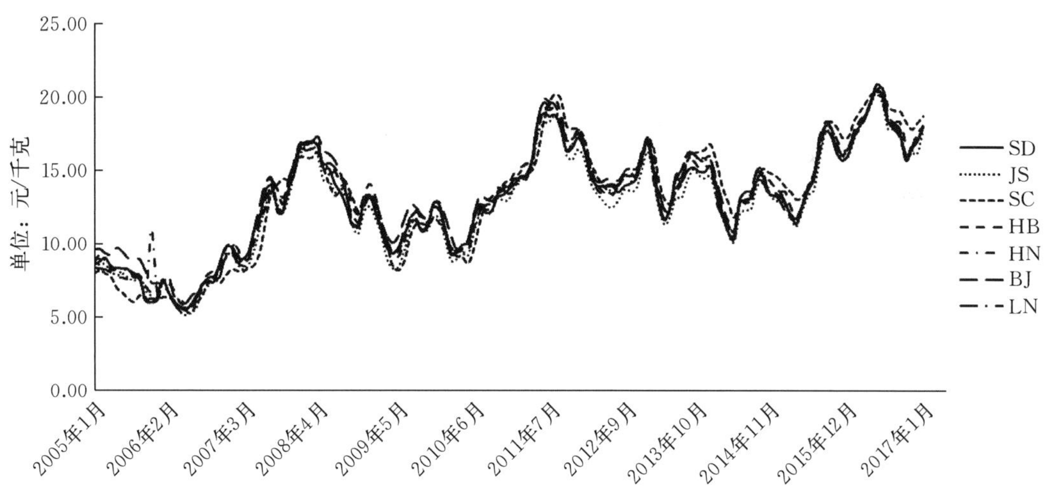

图1　生猪价格指数保险主要试点地区生猪出场价格的趋势

数据来源：中国畜牧业信息网．（http：//www.caaa.cn/）．

由图1可以直观看出，位于华东、西南、华中、华北、东北五个地区的7个主要试点省份虽然地理位置跨度较大，但是这7个省生猪出场价格的趋势图却高度相似。可以说，生猪市场价格的这种系统性特征，表现在不同生猪子市场间的生猪价格具有高度相关性。这种高度相关性还需要通过数学公式进一步说明，Pollet 和 Wilson（2010）通过相关系数模型证明了资本市场相关性所带来的系统风险不可忽视，因此本文亦采用相关系数这一统计学指标，度量生猪市场价格的系统性风险。多个省

（市、区）的生猪出场价格时间序列的相关性是通过对给定价格序列集合进行相关性分析得到的，不同省（市、区）生猪出场价格之间的相关系数计算方法如下：

$$\rho_{ij}^{T} = \frac{\sum_{t=1}^{T}(r_{i,t} - \overline{r_i})(r_{j,t} - \overline{r_j})}{\sqrt{\sum_{t=1}^{T}(r_{i,t} - \overline{r_i})^2 \sum_{t=1}^{T}(r_{j,t} - \overline{r_j})^2}} \tag{1}$$

式中，$r_{i,t}$ 是第 i 省在 t 时刻的生猪出场价格，$\overline{r_i}$ 和 $\overline{r_j}$ 是第 i 和第 j 个省的平均生猪出场价格，T 是样本总数。由式（1）可知，多序列交叉相关系数 ρ_{ij}^{T} 的取值范围在［−1，1］之间，即 i 省和 j 省的生猪出场价格可能从完全负相关到完全正相关变化。多序列相关系数是一个无单位的量值，$|\rho_{ij}^{T}|$ 越接近于 1，相关性越强。由多序列交叉相关系数所构成的矩阵 $R = (\rho_{ij}^{T})_{7\times7}$ 是一个对称矩阵，其主对角线元素等于 1，因此由每一个相关系数组成的系数矩阵可以完全表现出不同省份间生猪出场价格的数字特征。

计算出多序列交叉相关系数后必须对其进行统计检验，以确定其不是从一个数值为 0 的相关系数的总体中抽出的，即避免计算出的数值是由于抽样误差所导致的。本文所选取的假设检验方法是双侧 t 检验，检验水平是 1%，统计量根据自由度得到的 P 值进行判断。通过上述理论分析，由 MATLAB 计算得到的 Pearson 相关系数情况如表 2 所示。

表 2　生猪价格指数保险主要试点地区相关系数矩阵

		SD	JS	SC	HB	HN	BJ	LN
SD	Pearson Correlation	1	0.994**	0.969**	0.990**	0.990**	0.992**	0.995**
	Sig.（2-tailed）		0.000	0.000	0.000	0.000	0.000	0.000
JS	Pearson Correlation	0.994**	1	0.977**	0.994**	0.990**	0.989**	0.990**
	Sig.（2-tailed）	0.000		0.000	0.000	0.000	0.000	0.000
SC	Pearson Correlation	0.969**	0.977**	1	0.985**	0.967**	0.964**	0.967**
	Sig.（2-tailed）	0.000	0.000		0.000	0.000	0.000	0.000
HB	Pearson Correlation	0.990**	0.994**	0.985**	1	0.988**	0.986**	0.989**
	Sig.（2-tailed）	0.000	0.000	0.000		0.000	0.000	0.000
HN	Pearson Correlation	0.990**	0.990**	0.967**	0.988**	1	0.988**	0.990**
	Sig.（2-tailed）	0.000	0.000	0.000	0.000		0.000	0.000
BJ	Pearson Correlation	0.992**	0.989**	0.964**	0.986**	0.988**	1	0.994**
	Sig.（2-tailed）	0.000	0.000	0.000	0.000	0.000		0.000
LN	Pearson Correlation	0.995**	0.990**	0.967**	0.989**	0.990**	0.994**	1
	Sig.（2-tailed）	0.000	0.000	0.000	0.000	0.000	0.000	

** Correlation is significant at the 0.01 level（2-tailed）.

由表 2 可知，山东、四川、河南和北京等 7 个主要试点省份的生猪出场价格具有高度相关性，彼此间的 Pearson 相关系数均在 0.96 以上，双侧 t 检验的 P 值均小于 0.01。为了更直观表现山东、四川、河南和北京等 7 个主要试点地区的生猪出场价格的高度相关性，本文在此基础上又进行了距离相关分析，具体结果如图 2 所示[①]。

	SD	JS	SC	HB	HN	BJ	LN
SD	1	0.9938	0.9685	0.9895	0.9902	0.992	0.9947
JS	0.9938	1	0.9769	0.994	0.9904	0.9888	0.9897
SC	0.9685	0.9769	1	0.9855	0.9671	0.9636	0.967
HB	0.9895	0.994	0.9855	1	0.9883	0.9858	0.9889
HN	0.9902	0.9904	0.9671	0.9883	1	0.9875	0.9896
BJ	0.992	0.9888	0.9636	0.9858	0.9875	1	0.9943
LN	0.9947	0.9897	0.967	0.9889	0.9896	0.9943	1

图 2　生猪价格指数保险主要试点地区生猪出场价格的距离相关系数

根据图 2 可以清晰得出，位于华东、西南、华中、华北、东北五个地区的 7 个主要试点省份生猪出场价格相关性极高。值得一提的是，四川作为我国第一大生猪产地，与其余 6 大主要试点地区的相关性相对较弱，这表明四川生猪市场没有定价权，市场势力较弱属于生猪价格的追随者。我国生猪市场的价格势力问题不在本文重点讨论范围内，故不做深入阐述。

根据上述分析可见，生猪价格指数保险中的生猪出场价格风险具有显著的系统性风险特征。不同区域的生猪出场价格波动趋势和特征基本一致，而且具有高度相关性。这就导致了生猪价格指数保险虽然可一定程度在时间上给予风险分散，但空间上难以分散市场价格波动给养殖户带来的经济冲击风险。一旦生猪市场出现剧烈变动，生猪出场价格空间上的高度相关性极易造成巨灾损失。显然，现行的生猪价格指数保险在一定程度上会让保险公司面临巨大的赔付风险。生猪出场价格中的系统性风险是生猪价格指数保险自 2013 年推出以来仍处于试点阶段的主要原因之一。生猪市场价格的趋势性因素和周期性因素是否导致了生猪出场价格的系统性风险？以“猪粮比”作为赔付标准的生猪价格指数保险能否适应当前的市场情况？这些问题需要接下来进一步深入分析。

① 图中颜色由浅到深的变化与相关系数由小到大的变化相对应，最大值为 1，最小值为 0.963 6。

三、生猪价格指数保险的局限性

农户在农业生产经营过程中，主要面临自然风险和市场风险两类风险。其中，自然风险多是因自然界的不规则的天气变化所导致危害经济活动、物质生产和生命安全的纯粹风险[①]。而市场风险即价格风险本质上属于投机风险，传统意义上农业保险不会承保这类险种。但我国农业保险属于政策性险种，在制度环境下价格风险就具有了一定的可保性。生猪价格指数保险与传统政策性农业保险不同的是，以“猪粮比”作为赔付标准的生猪价格指数保险并未列入中央财政补贴险种范围之内，而是由试点地区所在的地方政府进行补贴。因此，将生猪价格指数保险定义为政策性的商业保险更为准确。在深入研究生猪价格指数保险的局限性及其系统性风险的成因之前，有必要明确我国生猪价格指数保险的保费补贴规模是否影响了我国生猪价格指数保险的发展。

（一）生猪价格指数保险主要试点地区的保费补贴情况

政府对农业保险赔款责任的承担额度即补贴规模是反映政府对农业保险扶持力度的主要指标之一，政府对农业保险的保费补贴主要目的在于提高农户参保积极性。为探究政府对生猪价格指数保险的保费补贴规模是否影响了生猪价格指数保险试点的发展，本文对生猪价格指数保险主要试点地区的保费补贴情况进行了详细统计，保费补贴具体情况如表 3 所示。

表 3　生猪价格指数保险主要试点地区的保费补贴情况

试点地区	北京	四川	山东	河南	湖北	辽宁	江苏
政府补贴比例	80%	70%	80%	50%	58.3%	50%	20%、30%、50%

数据来源：课题组调研。

由表 3 可知，除江苏省外其余各试点地区均实行统一政府补贴，江苏省则按照苏南、苏中和苏北等区域划分施行差别补贴。其中，北京市和山东省的地方政府补贴比例最高。北京市作为全国首个生猪价格指数保险试点地区，相较其他试点地区示范性较强，且北京市生猪养殖量相对较小、市级财政补贴力度位居全国前列。四川、河南等养猪大省若按照此等比例进行保费补贴，地方财政压力较大。虽然山东省对生猪价格指数保险的保费补贴比例高达 80%，但是山东省生猪价格指数保险的投保对象仅是日照、临沂、德州等 7 个市的 102 个养殖大户，12 万头的生猪参保数量与山东省

① 纯粹风险是指某一事件的存在只会带来损失而没有收益的不确定性，即纯粹风险只能带来没有损失和必然损失两种结果。

生猪年出栏数量相距甚远。湖北省虽然政府补贴比例仅为 58.3%，但截至 2016 年年底共有 38 个生猪大市（县）开展了生猪价格指数保险试点工作。除江苏省外，其余 6 个生猪价格指数保险主要试点省份的地方政府平均保费补贴比例为 65%，而美国政府对生猪价格保险的保费补贴比例仅为 13%，加拿大政府不对养殖户进行保费补贴。即使我国生猪价格指数保险尚未列入中央财政补贴范围，地方政府的保费补贴就已经远超美、加等生猪价格保险发达国家。

通过上述分析可知，生猪价格指数保险的地方财政补贴规模是由地方财力大小和试点地区生猪养殖数量共同决定的。试点地区养殖户虽然具有很强的投保意愿，但生猪价格指数保险的投保人多为养殖大户，这也侧面表明了我国生猪价格指数保险的政策导向性。与美国和加拿大等生猪价格保险发达国家对比后发现，政府补贴规模的大小并不是影响生猪价格指数保险发展的决定性因素。

从 2013 年试点开始至今，我国生猪价格指数保险年均承保量不足 500 万头，这对年出栏量 7 亿多头的全国生猪市场而言几乎可以忽略不计。从生猪价格指数保险四年的试点经验和课题组调研情况来看，以“猪粮比”作为赔付标准的价格指数保险在设计上存在两点突出问题：①“猪粮比”作为养殖户的养殖的成本之比不应该是生猪出场价格和玉米当期价格之比，因为从猪崽出生到出栏约有 6 个月的生长周期，即生猪出场价格与玉米价格存在 6 个月的滞后期；②我国生猪价格指数保险实际上承保了生猪市场价格的周期性因素和趋势性因素，而周期性因素和趋势性因素又导致了生猪市场价格的系统性风险和逆选择问题，这些问题的存在使得保险公司不会贸然扩大承保规模。为系统研究生猪市场价格的周期性因素和趋势性因素对生猪市场价格系统性风险的影响，有必要对生猪原始价格序列、玉米原始序列进行合理分解。

（二）生猪市场价格的 Census - X12 时间序列分解

农产品价格风险实际上可以分解为趋势性风险、周期性风险、季节性风险以及随机变动风险四种。生猪市场价格风险作为农产品价格风险体系的重要组成部分，同样包含上述四种风险。生猪市场价格的趋势性变动风险、周期性变动风险以及季节性变动风险具有一定的可预见性，养殖户可以根据过去的养殖经验和数据分析预测得出。然而，保险人所能承保的风险必须是因意外事件引发的不可预期风险即随机变动风险，现行的生猪价格指数保险并未对原始价格序列进行有效分解，将趋势性因素和周期性因素列为可保范围的生猪价格指数保险就决定了市场参与者的任何经济行为都会干扰生猪市场的自动调节能力，违背了设立价格保险的初衷。因此，本文通过时间序列分解法中的 Census - X12 季节调整法，对我国生猪价格指数保险主要试点省份的生猪市场价格进行了有效分解。

Census - X12 季节调整法通常运用加法模型或乘法模型将时间序列进行分解，由于生猪价格影响因素之间存在相互作用，因此选用乘法模型较为合理。首先，将生猪出场价格的原始时间序列 HP_t 分解为“趋势—循环”序列 HTC_t 、季节波动序列 HS_t 以及随机变化序列 HI_t 三部分，即 $HP_t = HTC_t \times HS_t \times HI_t$ ；然后，再通过 HP 滤波分解法将生猪出场价格的“趋势—循环”序列分解为长期趋势和周期性波动两部分。Census - X12 季节调整法的具体计算情况可分为三个阶段：

1. 季节调整的初始估计

首先，通过中心化 12 项移动平均值计算生猪出场价格趋势循环要素的初始估计值；其次，计算 SI 项的初始估计值，通过 3×3 移动平均值计算得出生猪出场价格季节因子的初始估计；然后，消除生猪出场价格季节因子的残余趋势；最后，得到生猪出场价格 Census - X12 季节调整的初始估计。具体计算过程如公式（2）所示：

$$\begin{cases} HTC_t^{(1)} = \left(\frac{1}{2}Y_{t-6} + Y_{t-6} + \ldots + Y_t + \ldots + Y_{t+5} + \frac{1}{2}Y_{t+6}\right)/12 \\ SI_t^{(1)} = HY_t / HTC_t^{(1)} \\ \hat{HS}_t^{(1)} = (SI_{t-24}^{(1)} + 2SI_{t-12}^{(1)} + 3SI_t^{(1)} + 2SI_{t+12}^{(1)} + SI_{t+24}^{(1)})/9 \\ HS_t^{(1)} = \hat{HS}_t^{(1)} - (\hat{HS}_{t-6}^{(1)} + 2\hat{HS}_{t-5}^{(1)} + \ldots + 2\hat{HS}_{t+5}^{(1)} + \hat{HS}_{t+6}^{(1)})/24 \\ TCI_t^{(1)} = HY_t / HS_t^{(1)} \end{cases} \quad (2)$$

2. 计算暂定生猪出场价格的“趋势—循环”要素和最终季节因子

首先，利用 Henderson 移动平均公式计算暂定的“趋势—循环”要素；其次，计算暂定 SI 项，通过 3×5 项移动平均值计算生猪出场价格暂定的季节因子；然后，计算最终的季节因子；最后，得出 Census - X12 季节调整的生猪出场价格第二次估计结果。具体计算过程如公式（3）所示：

$$\begin{cases} HTC_t^{(2)} = \sum_{j=-H}^{H} h_j^{(2H+1)} TCI_{t+j}^{(1)} \\ SI_t^{(2)} = HY_t / HTC_t^{(2)} \\ \hat{HS}_t^{(2)} = (SI_{t-36}^{(2)} + 2SI_{t-24}^{(2)} + 3SI_{t-12}^{(2)} + 3SI_{t+12}^{(2)} + 2SI_{t+24}^{(2)} + SI_{t+36}^{(2)})/15 \\ HS_t^{(2)} = \hat{HS}_t^{(2)} - (\hat{HS}_{t-6}^{(2)} + 2\hat{HS}_{t-5}^{(2)} + \ldots + 2\hat{HS}_{t+5}^{(2)} + \hat{HS}_{t+6}^{(2)})/24 \\ TCI_t^{(2)} = HY_t / HS_t^{(2)} \end{cases} \quad (3)$$

3. 计算最终生猪出场价格的“趋势—循环”要素和随机要素

通过 Henderson 移动平均公式计算最终的“趋势—循环”要素，在此基础上得到生猪出场价格的随机波动项。具体计算过程如公式（4）所示：

$$\begin{cases} HTC_t^{(2)} = \sum_{j=-H}^{H} h_j^{(2H+1)} TCI_{t+j}^{(2)} \\ HI_t^{(3)} = TCI_t^{(2)} / HTC_t^{(3)} \end{cases} \quad (4)$$

通过上述三个阶段的计算，最终将北京、山东、河南和四川等 7 个生猪价格指数保险主要试点地区 2005 年 1 月—2017 年 1 月的生猪市场价格原始序列分解为季节性波动序列、趋势性波动序列、周期性波动序列和随机变动序列四个部分。具体计算结果如图 3 所示：

根据北京、山东、河南和四川等 7 个生猪价格指数保险主要试点地区 2005 年 1 月—2017 年 1 月生猪出场价格原始序列的分解结果可知，从曲线的趋势上来看，由 Census－X12 季节调整法得到的生猪市场价格“趋势—循环”序列与生猪市场价格原

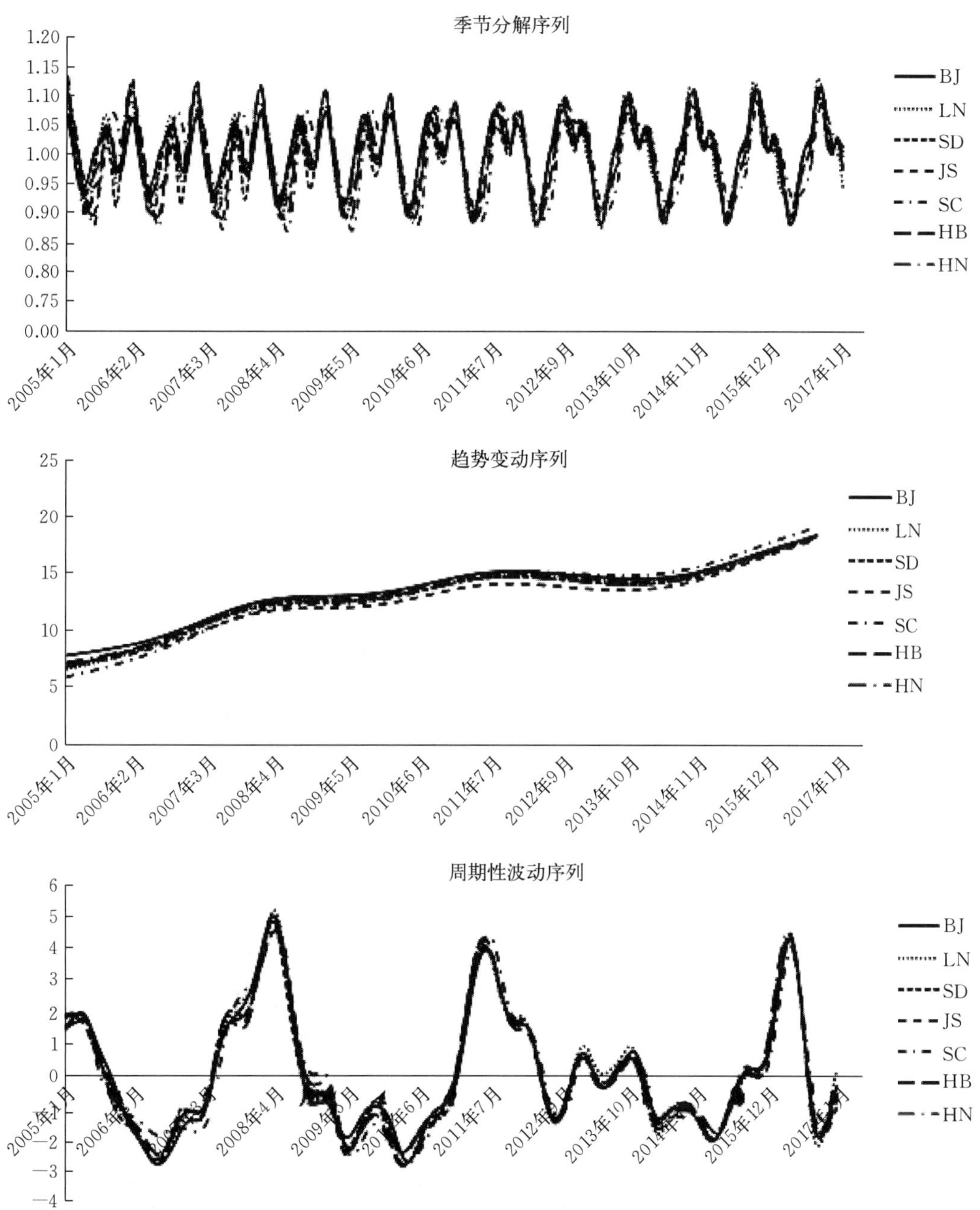

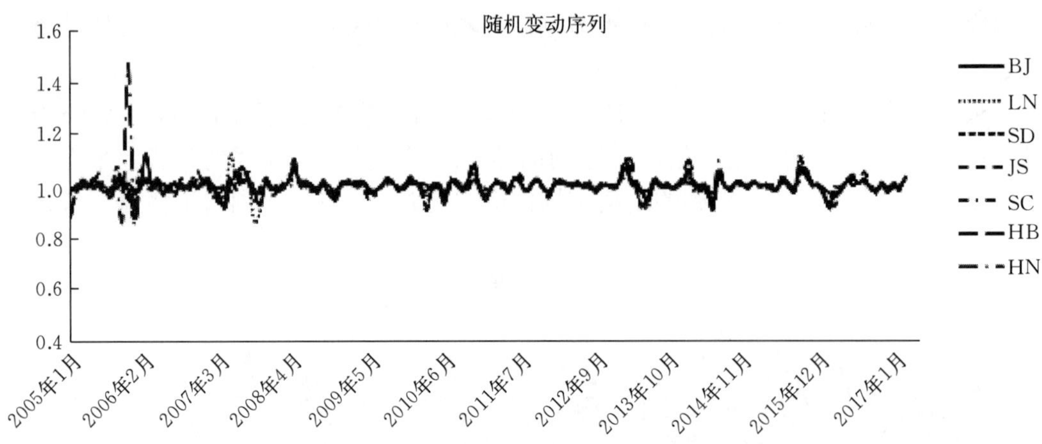

图 3 生猪出场价格的原始序列分解

始序列具有明显的一致性。这表明，生猪出场价格的原始序列包含明显的周期性与趋势性；分解得到的季节性波动序列表现出“短周期、高频振动”特征，这也同样表明生猪出场价格的原始序列包含着明显的周期性因素。

对由生猪出场价格原始序列分解得到的随机变动序列而言，分解得到的价格随机变动序列不存在显著的周期性与趋势性，而是围绕某一中心价格上下小范围振动。但生猪价格指数保险主要试点地区的随机变动序列，从表面上看依然存在一致性。为分析主要试点地区随机变动序列间的相关性，根据上文提到的相关系数计算得出生猪价格指数保险主要试点地区的距离相关系数矩阵如图 4 所示。

	SD	JS	SC	HB	HN	BJ	LN
SD	1	0.6886	0.6385	0.6686	0.5194	0.6566	0.3172
JS	0.6886	1	0.7295	0.7056	0.4520	0.6731	0.3994
SC	0.6385	0.7295	1	0.8906	0.5214	0.6808	0.3786
HB	0.6686	0.7056	0.8906	1	0.6047	0.7693	0.4529
HN	0.5194	0.4520	0.5214	0.6047	1	0.6642	0.3467
BJ	0.6566	0.6731	0.6808	0.7693	0.6642	1	0.4182
LN	0.3172	0.3994	0.3786	0.4529	0.3467	0.4182	1

图 4 生猪价格指数保险主要试点地区生猪随机变动价格的距离相关系数

通过对比图 2 与图 4 可以发现，主要试点地区的生猪出场随机变化价格相关性有所下降，平均相关系数由 0.98 下降为 0.63。这说明，将生猪出场原始价格序列中的趋势性因素和周期性因素分离后得到的随机变动序列，在试点地区间没有明显的系统性风险；生猪市场价格原始序列中的趋势性因素和周期性因素一定程度上导致了生猪市场价格系统性风险的出现。

（三）玉米价格的 ETS 指数平滑分解

国家“发改委”统计数据显示，玉米在生猪养殖的饲料成本中占比约为 40%，玉米价格的波动将导致生猪养殖成本的变动，进而引起生猪价格的变动。在我国生猪期货市场尚未完全建立的情况下，以“猪粮比”作为赔付标准的生猪价格指数保险具有一定的现实意义。生猪市场价格所包含的周期性因素和趋势性因素在玉米价格中同样有所体现①，但农产品价格和畜产品价格有所不同。我国生猪市场虽然也有政府调控，但市场化程度相对较高，而作为四大粮食作物之一的玉米，其价格受政策调控的影响较大。保护价格与粮食补贴的存在使得玉米的市场价格难以真实反映市场的供求状况，玉米价格倒挂现象普遍存在。ETS 指数平滑分解技术在处理由政策因素导致原始价格序列不具有明显周期性和趋势性的问题上具有一定优势。因此，对玉米价格原始序列的处理本文采用了 ETS 指数平滑分解技术，并以此为基础就玉米与生猪出栏存在滞后期这一问题，重新测定了“猪粮比”。

基于 EVIEWS 8.0 软件，对北京、山东、河南和四川等 7 个生猪价格指数保险主要试点地区 2005 年 1 月—2017 年 1 月的玉米价格进行 ETS 指数平滑分解后得到的模型参数如表 4 所示。

表 4　生猪价格指数保险主要试点地区玉米价格 ETS 指数平滑分解统计量

省（市、区）	Model	α	β	γ	AIC	SSR	RMSE
山东（SD）	A，AD，M	1	1	0	−110.81	0.368 3	0.050 4
江苏（JS）	A，AD，M	1	1	0	−145.94	0.289 3	0.044 2
四川（SC）	A，MD，A	0.6	0.2	0	−169.96	0.244 2	0.041 7
湖北（HB）	A，AD，M	1	1	0	−176.95	0.233 4	0.004 8
河南（HN）	A，AD，M	1	1	0	−68.115	0.494 5	0.058 5
北京（BJ）	A，AD，M	1	1	0	−113.17	0.362 7	0.049 3
辽宁（LN）	A，MD，A	1	1	0	−189.92	0.222 8	0.039 1

由表 4 可知，根据 AIC 最小信息准则，ETS 指数平滑模型为生猪价格指数保险主要试点地区的玉米价格自动筛选了两类模型，其中四川、辽宁的玉米价格分解模型为②（A，MD，A），其余 5 个地区的玉米价格分解模型为（A，AD，M）。根据 EVIEWS 8.0 中 ETS 指数平滑分解技术筛选得到的玉米价格分解模型可知，主要试

① 玉米价格的趋势性因素和周期性因素与生猪市场价格的分析方法类似，受篇幅所限，本文在此处不做过多阐述。

② EVIEWS 8.0 中 ETS 指数平滑分解为自动完成，模型中第一个字母所处位置表示的是误差分解阶段、第二位置为趋势分解阶段、第三位置为周期分解阶段。A 是加法的缩写、M 是乘法的缩写，D 是衰减的缩写。

点地区的玉米价格经过三阶段分解：第一阶段误差分解阶段，主要试点地区的玉米价格序列均采用加法模型进行误差分解；第二阶段趋势衰减分解阶段，四川和辽宁的玉米价格序列采用的是乘法分解模型，其余 5 个试点地区均采用加法分解模型；第三阶段为周期分解阶段，四川和辽宁的玉米价格序列采用的是加法分解模型，其余 5 个试点地区均采用乘法分解模型。所有试点地区玉米价格的水平参数（α）和趋势参数（β）均大于 0，季节参数（γ）为 0，这表明季节参数并未改变玉米原始价格序列的初始值，即由于政策因素的存在使得玉米价格原始序列不具有同生猪市场价格一样明显的周期波动和趋势波动。

根据上述分析得出生猪价格指数保险主要试点地区的玉米价格经 ETS 指数平滑前、后的具体情况如图 5 所示。

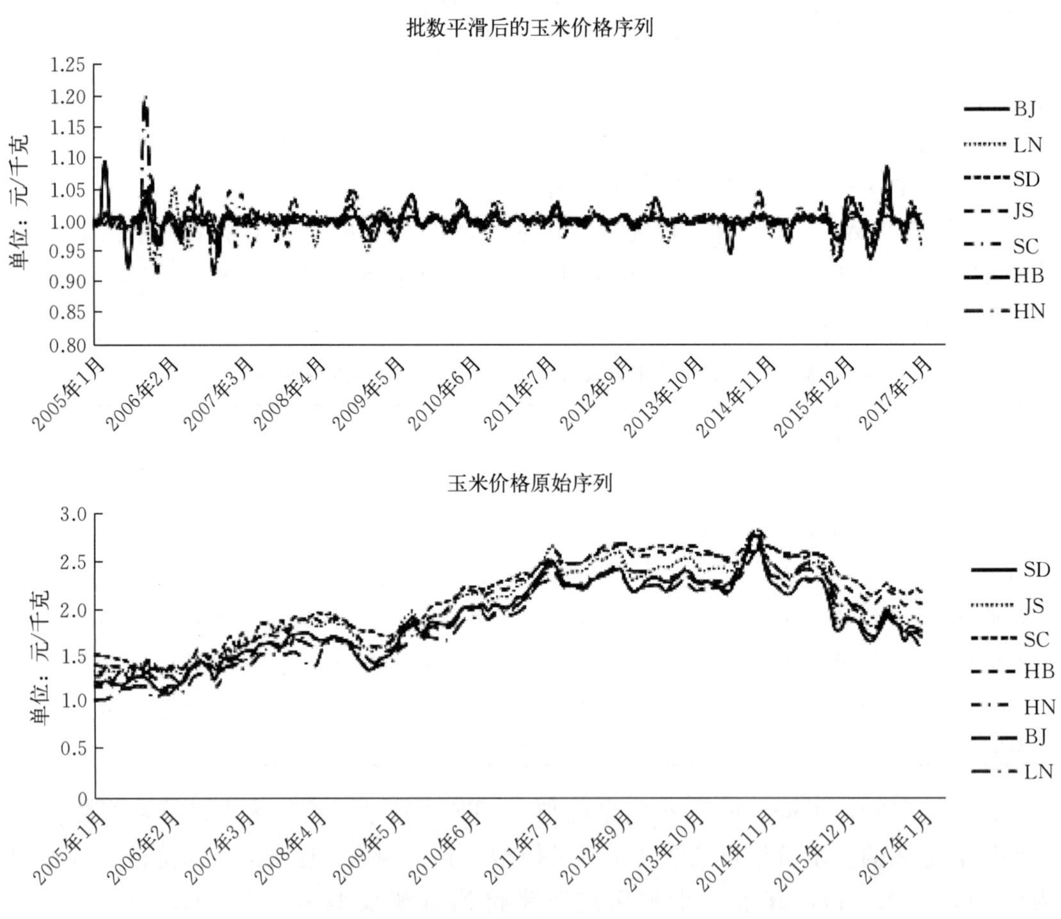

图 5　生猪价格指数保险主要试点地区经 ETS 指数平滑前、后的玉米价格对比

数据来源：中国畜牧业信息网（http：//www. caaa. cn/）。

由图 5 可以看出，从价格趋势上来看，生猪价格指数保险主要试点地区玉米价格经 ETS 指数平滑技术后价格序列的趋势性和周期性有明显减轻。根据前文分析可知，现行生猪价格指数保险的赔付标准即“猪粮比”包含了生猪价格序列的周期性因素和趋势性因素，而且“猪粮比”的计算是以生猪出场价格和玉米当期价格之比，忽视了生猪出栏与玉米价格存在滞后性。由于出栏的生猪是 6 个月前饲养的，所以 2005 年 1 月—2017 年 1 月的生猪出栏价格应对应 2005 年 7 月—2017 年 7 月的玉米市场价格。因此，本文综合前文分析结果，以生猪出场价格原始序列分解得到的随机变化序列和经 ETS 指数平滑后的玉米价格为基础数据，对“猪粮比”指标进行了重新测算。最后，以新“猪粮比”为基础，对生猪价格指数保险主要试点地区的相关系数进行重新计算，以检测新“猪粮比”的系统性风险情况。具体计算结果如表 5 所示。

表 5　主要试点地区之间新、旧“猪粮比”相关系数比较

		SD	JS	SC	HB	HN	BJ	LN
SD	Old Correlation	1	0.969	0.903	0.960	0.963	0.963	0.940
	New Correlation	1	0.837	0.528	0.703	0.417	0.618	0.665
JS	Old Correlation	0.969	1	0.891	0.976	0.957	0.967	0.967
	New Correlation	0.837	1	0.559	0.738	0.455	0.654	0.684
SC	Old Correlation	0.903	0.891	1	0.939	0.868	0.893	0.859
	New Correlation	0.528	0.559	1	0.647	0.321	0.455	0.463
HB	Old Correlation	0.960	0.976	0.939	1	0.949	0.960	0.952
	New Correlation	0.703	0.738	0.647	1	0.444	0.651	0.657
HN	Old Correlation	0.417	0.455	0.321	0.444	1	0.320	0.386
	New Correlation	0.963	0.957	0.868	0.949	1	0.944	0.935
BJ	Old Correlation	0.963	0.967	0.893	0.960	0.944	1	0.971
	New Correlation	0.618	0.654	0.455	0.651	0.320	1	0.588
LN	Old Correlation	0.940	0.967	0.859	0.952	0.935	0.971	1
	New Correlation	0.665	0.684	0.463	0.657	0.386	0.588	1

由表 5 可知，以生猪的随机变动价格和经指数平滑后的玉米价格为基础数据，计算得到的新“猪粮比”在生猪价格指数保险主要试点省份之间的相关系数有了明显的下降，相关系数平均值由 0.948 下降为 0.624。这说明，将生猪市场价格和玉米市场价格中的周期性因素和趋势性因素剔除后，生猪价格指数保险中的系统性风险有所降低。

综合前文分析可知，以“猪粮比”作为赔付标准的生猪价格指数保险，在承保时并未剔除生猪市场价格和玉米市场价格序列中的趋势性因素、周期性因素，而原始价格序列中所包含的趋势因素和周期性因素又会引发严重的系统性风险。系统性风险的存在又使得现阶段以“猪粮比”作为赔付标准的生猪价格指数保险，无法在时间和空间上有效分散市场价格波动给养殖户带来的损失风险。生猪价格指数保险中的系统性风险问题，正是现阶段生猪价格指数保险承保规模没有达到预期的主要原因之一。

四、结论与启示

农产品价格机制的建立是农业供给侧结构性改革的难点所在，以“猪粮比”作为赔付标准的生猪价格指数保险是调控生猪市场价格的重要工具，然而从目前生猪价格指数保险的实践情况来看，生猪价格指数保险并未取得预期效果。本文通过“相关系数”这一指标对我国生猪价格指数保险主要试点地区生猪市场价格中的系统性风险进行有效测度，实证研究结果表明位处华东、西南、华中、华北、东北五个地区的 7 个主要试点省份的生猪市场价格存在高度相关性。将市场价格原始序列中的趋势性因素和周期性因素分离后，试点地区生猪市场价格中的系统性风险有所缓解、相关系数明显降低。这表明，生猪市场价格序列中的趋势性因素和周期性因素在某种程度上诱发了生猪价格指数保险中的系统性风险。然而，我国以“猪粮比”作为赔付标准的生猪价格指数保险在承保时却忽视了价格序列中的趋势性因素和周期性因素。这些现实问题的存在，影响了我国生猪价格指数保险的预期效果，决定了我国生猪价格指数保险现阶段不适宜贸然在全国推广。

期货市场的价格发现功能本可以有效解决上述问题，美国、加拿大等国家所开展的生猪价格保险正是基于生猪期货市场的远期合约价格确定的保障价格。然而，我国生猪期货市场尚未完全建立。因此，在我国由生猪价格指数保险向生猪价格保险过渡的这一时期，以“猪粮比”作为赔付标准的生猪价格指数保险，有可能在未来的一段时间内仍会继续发挥其保障作用。在此现实情况下，如继续遵循以“猪粮比”作为赔付标准的生猪价格指数保险，则需尽快解决以下两个问题：①尽可能剔除价格序列中的趋势性因素、周期性因素，最大程度上降低生猪市场价格引发的系统性风险。②生猪出栏价格与玉米价格存在滞后期，其成本之比不应该是当期市场价格之比，“猪粮比”的计算不可用同步价格计算。

参考文献

[1] 陈蓉．我国生猪生产波动周期分析 [J]. 农业技术经济，2009 (3)：77 - 86.

[2] 李秉龙，何秋红．中国猪肉价格短期波动及其原因分析 [J]. 农业经济问题，2007 (10)：18 - 21.

[3] 李丹，马彪．基于“猪粮比”区间优化模型的生猪价格指数保险探究——以黑龙江省生猪市场价格为例 [J]. 价格理论与实践，2016 (6)：129 - 132.

[4] 毛学峰，曾寅初．基于时间序列分解的生猪价格周期识别 [J]. 中国农村经济，2008 (12)：4 - 12.

[5] 庹国柱，朱俊生．论收入保险对完善农产品价格形成机制改革的重要性 [J]. 保险研究，2016 (6)：3 - 11.

[6] 王克，张旭光，张峭．生猪价格指数保险的国际经验及其启示 [J]. 中国猪业，2014 (10)：17 -21.

[7] 谢杰，李鹏．我国生猪价格的周期性波动：实证分析与政策思考 [J]. 畜牧经济，2015 (6)：44 -48.

[8] 杨朝英，徐学英．中国生猪与猪肉价格的非对称传递研究［J］. 农业技术经济，2011（9）：58-64.

[9] 张峭，宋淑婷．中国生猪市场价格波动规律及展望［J］. 农业展望，2012（1）：24-26.

[10] 郑振龙，王为宁，刘杨树．平均相关系数与系统性风险：来自中国市场的证据［J］. 经济学（季刊），2014（3）：1047-1064.

[11] RMA. Livestock Risk Protection（LRP）：swine underwriting rules［OL］. http：//www. rma. usda. gov/police/2008/lrp/08 _ lrp _ swine _ underwriting rules. pdf.

[12] RMA. Livestock Gross Margin（LGM）handbook of 2004 and succeeding crop years［OL］. http://www. rma. usda. gov/handbooks/20000/2004/04 _ 20020 _ lgm _ handbook. pdf.

[13] Rob J. Hyndman，Anne B. Koehler. A State Space Framework For Automatic Forecasting Using Exponential Smoothing Methods［M］. Department of Econometrics and Business Statistics，Australia，2000（8）：4-21.

我国生猪价格保险中的逆选择分析*

廖　朴　何溯源

摘要：生猪价格指数保险是生猪养殖业防范价格风险、稳定生产的重要工具。本文在理论分析的基础上，使用我国生猪价格指数保险市场的投保数据，对该市场是否存在逆选择现象进行了实证研究。首先建立 Tobit 模型来刻画投保选择与各经济变量之间的关系，根据模型得出在市场条件下，投保人选择投保的猪粮比参照值。计算市场猪粮比的相对溢额，并与各期的投保总量进行 Granger 因果检验。结果显示，北京地区的生猪价格指数保险市场不存在逆选择现象，而山东和辽宁由于集中投保，同样无法检验出逆选择现象的存在。基于上述结果，本文认为集中投保、政策性保险等因素导致了该保险市场不存在逆选择，这有利于保险公司更好地管理市场价格风险。

关键词：生猪价格指数保险；逆选择；Tobit 回归；Granger 因果检验

一、引言

农业是我国国民经济的重要基础，保持农业生产的稳定性，对于我国实现经济增长和社会稳定发展都具有重大意义。我国先后颁布的各项农业支持政策，从取消农业税，到对农业生产进行直接补贴，都为保证农业生产提供了大量经济支持。然而随着农产品市场的不断发展，农产品价格波动日益剧烈，使得农产品价格风险具有严重的破坏性，已成为现阶段我国农业生产所面临的最大问题之一，在生猪市场上这一问题则更加突出。生猪养殖业作为我国农业经济重要的组成部分，与居民的日常生活息息相关。生猪价格在过去十年曾出现过大幅度的波动，冲击着居民的消费水平，同时也给养殖户带来巨大的经营风险。我国曾在 2014 年提出逐渐完善农产品市场价格机制的目标，在 2017 年颁布的中央 1 号文件中则指出，现阶段农业供给侧改革的方向是增加农民收入和提高农业供给质量。为了实现这一目标，当下必须积极运用价格管理手段来控制农产品市场风险。

* 本文原载《保险研究》2017 年第 10 期。基金项目：高等学校学科创新引智计划资助（B17050）；中国农业保险再保险共同体 2017 年研究课题项目（CARP201705）。

作者简介：廖朴，博士，中央财经大学中国精算研究院讲师，研究方向：农业保险、保险经济学；何溯源，中央财经大学保险学院/中国精算研究院在读研究生。

自2013年起，我国在各地已逐渐开展了生猪价格指数保险试点工作，依托数家保险公司实施这一政策性保险。生猪价格指数保险以价格为标的，对生猪市场价格风险进行保障：当价格指数（一般为猪粮比）低于某个约定值时，保险公司将根据价差进行赔付。2017年3月24日大商所推出瘦肉型白条猪肉价格指数，为未来的猪肉指数期货品种上市奠定了基础，理论上可以作为生猪价格指数保险标的，但由于我国的生猪远期与期货市场尚未建成，目前仍普遍按照政府网每周公布的猪粮比数据来确定保险合同。自我国生猪价格指数保险出现以来，猪肉价格经历过跳水阶段，猪粮比在2014年4月曾跌至4.6，该年的保险赔付也达到了峰值。对于保险公司而言，当市场不景气时投保数量增多，业务增长，但由此带来的保险赔付也是巨大的；而当市场景气时赔付可能性较低，此时又会面临业务减少的情况，这种逆选择现象已成为国内研究生猪价格指数保险所关注的重点问题。

已有的文献多数从政策实施的角度进行分析，对生猪价格指数保险的设计提出改进建议。何小伟等（2014）从该保险推广的难点出发，从完善农业支持政策的角度认为设计保单时应当坚持“本土化”。周志鹏（2014）根据对美国生猪毛利润保险品种的借鉴，以及对国内试点运营情况的总结，提出我国生猪价格指数保险应当加快金融创新，推出生猪期货产品等。张峭等（2015）分析了生猪价格保险相对传统方式的优势，并指出在保险方案的设计中保障价格的设定至关重要。王克（2016）针对逆选择现象提出对生猪价格指数保险市场的改进措施，例如保单中采用可变猪粮比、设计保险期间等方式来克服逆选择问题。这些文献所做探讨主要是基于保险条款和实际经营情况，由于缺乏保险市场数据，很少有文献从实证的角度来分析逆选择现象。

国外针对不同保险市场的逆选择现象的研究比较丰富，并且针对农业保险的逆选择，也有学者进行了实证分析。Just等（1999）将投保动因分解为风险规避动因、补贴动因和信息不对称动因，并运用联邦作物保险机构（FCIC）的保单数据对三个部分分别进行测算，得出农民参与保险主要是为了得到补贴或者逆选择机会，而不是为了规避风险。Makki等（2001）使用广义多项Logit模型对现有市场上的作物保险产品投保数据进行拟合，得出高风险的投保人倾向于选择更高的保险金额，因而市场是信息不对称的。

基于上述文献回顾，本文将在理论分析的基础上建立计量模型，使用生猪价格指数保险市场的投保数据对逆选择现象进行检验。通过建立各期投保数量及经济变量的计量模型，并对投保选择与生猪价格指数二者进行Granger因果检验，分析该市场是否存在逆选择现象，并对其背后的原因进行探讨。

二、逆选择行为的理论依据

在农业保险中，由于作物或养殖品种存在着生长周期，保险公司需要根据未来的约定价格或约定产量来确定保单价值。但各地的实际生产能力参差不齐，因此保险公司通常只能根据平均水平来定价，并且一旦确定费率之后，短期内也不会进行调整。而投保人对于自身的实际经营情况往往掌握了更多的信息，例如对于未来的产量具有更精确的预期，这种信息不对称将可能带来投保人的逆选择行为：在给定费率的情况下，拥有更高经营风险的投保人往往会倾向于选择投保，而低风险者将会拒绝投保。这种逆选择现象会使保险公司的实际赔付高于预期，不仅增大保险公司的赔付率，也对保险公司的风险管理造成不利影响。而保险公司一旦相应地提高费率之后，又会导致低风险客户的流失，使市场份额不断减小，将会损害其长远经营。为了在保单设计和实际经营中对逆选择现象加以控制，本文首先从理论上来分析这一现象的产生机制。

对于生猪价格指数保险而言，逆选择行为产生的基础是价格指数的基差变化。生猪价格保险赔付的原则是，当保险周期内公布的猪粮比指数平均值低于约定猪粮比（一般为 6∶1）时，保险公司在每个约定周期内，计算保险数量并乘上单猪平均重量（千克/头）和约定玉米批发价格（元/千克），再乘上约定猪粮比与平均猪粮比的差值，得出该周期内的赔偿金额，并在各约定周期结束时即时赔付。其中猪粮比数据以中国政府网发布的数据为准，每周公布一次数据。可见保单本身相当于一种亚式期权，其价值取决于未来市场环境的变化，并且与当期生猪价格指数有关。假定当前猪粮比为 r，未来约定的猪粮比为 r_d，则未来赔付可表示为：

$$W = nP\max(r_d - \overline{r_T}, 0) \tag{1}$$

其中，P 为玉米价格，n 为投保生猪重量（数量×平均重量），$\overline{r_T} = \frac{1}{T}\int_0^T r_t \mathrm{d}t$ 为未来保险周期［0，T］内猪粮比的平均值。未来猪粮比的变动可用随机微分方程来刻画：

$$\mathrm{d}r_t = \mu(r_t, t)\mathrm{d}t + \sigma(r_t, t)\mathrm{d}W_t, r_0 = r \tag{2}$$

在给定未来猪粮比变动趋势的情况下，当前猪粮比 r 减小会使得未来猪粮比的平均值 $\overline{r_T}$ 减小，从而在约定猪粮比 r_d 及其他条件不变时，增大保险赔付 W。

而保险约定的费率 x 在一定时期内是不变的，故保单的实际价格 $X = xnPr_d$ 就随之确定。在价格指数以每周的频率不断变化时，保单的价值也随时间频繁变动，因此投保人有足够的范围来选择更合适的投保时机。假定投保人的效用函数为 U，则投保人选择投保的条件为：

$$U(nPr_T) < (1-q)U(nPr_T - X) + qU(nPr_d - X) \tag{3}$$

其中 $q = \Pr(\overline{r_T} < r_d)$ 是未来保险周期内猪粮比平均值小于约定猪粮比的概率，r_T 为农户对 T 时刻未来猪粮比的预期。在投保人的预期下，r_T 和 q 能否满足以上条件将决定其是否进行投保。而投保人如果按照这种筛选条件来投保，他们一定会回避市场风险较低的投保时机，而选择市场风险较高的投保时机，由此就造成了保险市场的逆选择现象。

三、实证研究

（一）计量模型的选择

1. Tobit 模型

农户在选择投保时，只能根据当前市场猪粮比来判断未来是否可能获得超额的保险收益。并且诸多经济变量，例如宏观经济指标、保险市场的发展程度以及有关农产品价格，都可能影响到农户对未来收益建立的主观概率分布，进而形成其选择投保的意愿，作为潜在变量影响实际投保决策。用简单线性模型可表示为：

$$WTP_i = c_i + \alpha_i r + \sum_j \beta_{ij} X_j + \varepsilon_i \tag{4}$$

其中，WTP_i 是农户 i 愿意购买保险的意愿，r 为当前市场猪粮比，X 为各影响因素。如果逆选择现象存在，则猪粮比的回归系数 α_i 为负，并且当市场猪粮比 r 降低，使得当 WTP_i 达到某个阈值时，该农户就会选择投保。假定所有的农户同质，则 WTP 具有可加性，并且决定了某个时期内所有农户的投保总量。因此建立以下 Tobit 模型：

$$WTP = c + \alpha r + \sum_j \beta_j X_j + \varepsilon \tag{5}$$

$$y\begin{cases} \propto WTP, WTP \geqslant \overline{WTP} \\ = 0, WTP < \overline{WTP} \end{cases} \tag{6}$$

其中，y 为某个时期投保总量，可用保费总额、投保生猪头数、投保养殖主体个数等来刻画。当该时期的市场环境使得所有农户购买保险意愿 WTP 大于阈值 $\overline{WTP}$，则农户投保总量与投保意愿成正比，反之则没有人投保。

2. Granger 因果检验

由于各经济变量均为时间序列数据，通过上述回归方程得出猪粮比与投保选择之间的关系，可能会包含时间趋势及其他因素的影响。因此建立起平稳时间序列的误差修正（VECM）模型，通过 Granger 因果检验来进行判断。对于猪粮比时间序列 r_t、投保总量 y_t，在 k 阶滞后期下的 VECM 模型可表示为：

$$\begin{cases} y_t = c_1 + \sum_{i=1}^{k} \alpha_i \Delta y_{t-i} + \sum_{j=1}^{k} \beta_j \Delta r_{t-j} + \varepsilon_t \\ r_t = c_2 + \sum_{i=1}^{k} \eta_i \Delta y_{t-i} + \sum_{j=1}^{k} \gamma_j \Delta r_{t-j} + \delta_t \end{cases} \tag{7}$$

式中，回归系数 $\beta_j, j = 1, 2, \cdots, k$ 如果是联合显著的，则 r_t 为 y_t 的 Granger 原因，即表示过去的猪粮比可以用来解释每期的投保总量。

（二）样本来源及描述

本文以中国精算研究院保险数据文献中心提供的保单数据来对逆选择现象进行实

证检验。自 2013 年 5 月开始，至 2016 年 12 月，各地共产生 1 406 条保单数据，这些保单的日期分布不是均匀的，有时还会存在集中投保的情形。保障范围主要分布在北京、山东、辽宁及四川等地，符合投保条件的各生猪养殖经营实体可以自行选择 1～3 年的保险期间，并选择四个月、六个月、一年的三种保险周期，赔付按每个周期分别计算。各级政府所提供的累计补贴比例一般达到 80%，其余部分为农户自交。

首先对原始数据进行处理。为了计量分析的稳健性，删除掉以下个案记录：①个别保单由于不能全部满足投保的条件，如参与过订单或期货交易，从而单独厘定费率；②个别地区的保单，由于条款特殊以及样本数量太少，不足以反映当地投保行为规律。此外，对于原始数据中缺失的某些投保地区及其他信息，根据身份证号或同一批记录的保单信息进行补充。最终整理出样本数据特征（表 1）。

表 1　保单数据描述性统计

	变量	观测值个数	变量取值			
保单特征	投保地区	1 402	北京，山东，辽宁			
	保险周期	1 402	四个月，六个月，一年			
	约定猪粮比	1 402	6∶1，5.9∶1			
	约定单猪重量	1 402	100 千克，46 千克			
	变量	观测值个数	均值	标准差	最小值	最大值
投保信息	生猪投保数量	1 402	2 150.18	3 323.21	100	36 477
	财政补贴比例	1 402	0.62	0.32	0	1
	费率	1 402	2.19	1.26	0.49	5.49
	保费	1 402	66 979.86	129 980.6	1 200	1 540 788

市场数据除了猪粮比之外，还包括各地区的宏观经济变量、关联价格变量和保险市场经营变量。猪粮比数据来自中国政府网，而宏观经济变量如各地肉禽及制品消费价格指数（CPI）、农副食品加工业生产价格指数（PPI）等指标为月度数据，来自前瞻数据库。关联价格变量包括仔猪价格、玉米价格等，数据来自中经网统计数据库。保险市场指标选取各地每月财险收入作为指标，数据来自于中国保监会各地监管局。

本文预期检验该保险市场是否存在逆选择现象。首先对于每周猪粮比价格公布后 30 日的投保养殖险实体个数求出平均值，绘出走势图，并与猪粮比价格走势进行比较，如图 1 所示。

从图像上可以大致看出，存在着猪粮比越高，农户投保意愿越小的趋势，尤其在 2014—2015 两年中投保金额与猪粮比有明显的反向变化关系。这意味着如果没有其他市场因素的作用，则预期赔付越高，投保意愿就越高的逆选择现象就有可能存在。当然投保选择也可能与其他的经济因素有关，因此下面通过计量方法对此加以分析。

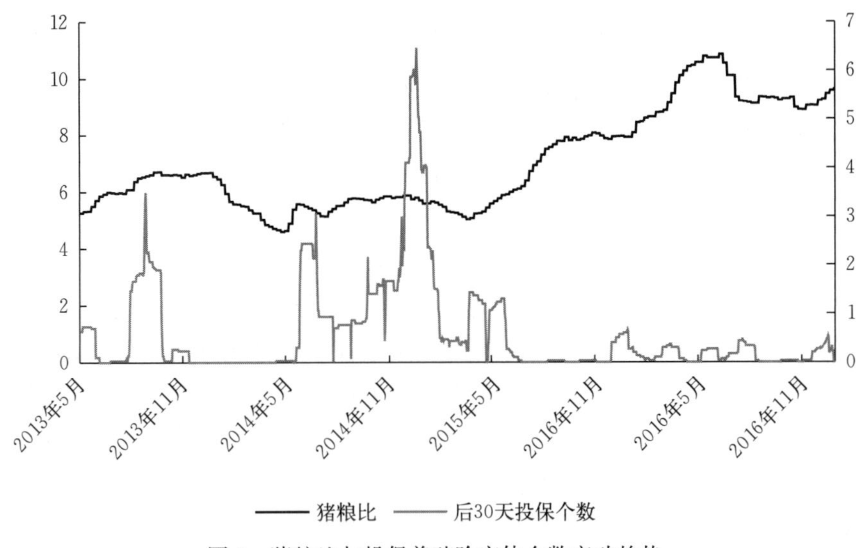

图1　猪粮比与投保养殖险实体个数变动趋势

（三）实证结果与分析

在进行实证研究之前，首先需要对逆选择的检验进行一些假设。首先对2013年5月—2016年12月的保费收入按季度进行汇总，得出四个季度的保费统计结果（表2）。如果生猪本身的养殖周期（四个月到半年出栏）对于农户选择投保的日期有直接影响，四个季度的保费之间将会存在着数量级的差异。故可以认为农户选择投保不会受到生猪养殖周期的影响。并且进一步还可以推断，不同时间段的投保人基数是相对稳定的，不会存在上一期的人选择投保而导致本期缺少市场的问题。而从实际市场的保险覆盖程度上来看，这一假设同样成立。综上所述，农民是否投保以及在哪个时间点选择投保，主要与其对自身风险偏好及投保收益的判断有关。

表2　保费收入按季度汇总

季度	一	二	三	四
保费收入（万元）	2 214.3	2 407.8	2 032.0	2 780.8

投保选择和风险的相关关系中，通常包含着逆选择与道德风险两种因素。本文的另一假定是该保险市场中不存在道德风险，主要基于两个方面的考虑：从事前道德风险的角度来看，由于生猪价格指数保险的保险周期较长，投保人无法对到期日的保险赔付进行预测，因此无法在事前通过调整生产投入来影响市场价格，获得更多的保险价值；从事后道德风险的角度来看，由于农户获得的保险赔付完全基于政府网站所公布的市场价格，当进行赔付时，保险条款的规定使得农户无法主观改变其获得的赔付额。从两方面来看，投保人的生产经营安排不会造成其保险风险的增加，因此不存在道德风险。本文对于投保选择与风险的相关关系的检验将能够用来验证逆选择现象是

否存在。

在上述两个假设成立的情况下，本文首先使用计量模型估计北京地区的投保交易量与价格指数的相关关系。由于农户一段时期的投保选择可由三个指标来刻画：投保养殖主体个数、投保生猪头数以及投保保费总额，因此本文将选择与猪粮比反向变动更加关联的指标来建立模型。计算以约定猪粮比（6∶1）与猪粮比之差为参考数列、每周猪粮比公布后 30 日内的三个指标为比较数列的灰色关联度①，得出：参考数列与投保养殖主体个数、投保生猪头数以及投保保费总额的灰色关联度分别为 0.874、0.926 和 0.849，故选择投保生猪头数作为农户参保程度的指标。

由于本文使用的样本均为投保数据，故存在着样本自选择的情况，即参与投保的样本均满足投保条件并选择了投保。因此，所建立的模型并不使用逐单数据，而是按照时间序列的处理方式，对保单按照投保日期进行归并。对于投保生猪头数，按照每月进行汇总，主要是为了防止集中投保所造成的结论偏误。首先选择普通回归来建立投保生猪头数与猪粮比在内的其他变量的相关关系，猪粮比选择每组样本上月末所公布的猪粮比。从回归结果中可以看出，保费收入与猪粮比和仔猪价格都呈现显著的负相关关系，而与农副食品加工业 PPI、农产品轻工业 PPI 也显著相关，且这些变量对于农户选择投保的解释程度较高。其他变量由于没有显著的相关关系，在模型筛选的过程中被剔除。

根据模型所反映出的相关性，当市场猪粮比越大时，农户所投保的生猪头数就会不断减少，并且在某些月份等于 0。对于这种截尾数据，本文使用相同的指标建立了 Tobit 回归模型来进行拟合。比较两模型的 AIC 值，Tobit 回归要优于普通回归（表 3）。

表 3　普通回归与 Tobit 回归结果

回归模型	普通线性回归	Tobit 回归
猪粮比	−1 025.471 *	−1 468.050**
北京财险收入	0.013 *	0.012
农副食品加工业 PPI	912.993**	1 207.200**
农产品轻工业 PPI	−802.810**	−1 064.197**
仔猪价格	−203.080 *	−227.504 *
模型显著性检验	F 统计量：9.70***	—
调整 R^2	0.497	—
AIC	18.170	14.117

注：*、**、*** 分别表示 10%、5%、1%的显著性水平。

基于上述回归结果，本文分别计算出各个月份中农户选择投保的猪粮比临界值，

① 灰色关联度分析是计算各比较序列与参考序列变动趋势的相似或相异程度。根据逆选择假设，投保变量与猪粮比之间为反向变动关系，因此将约定猪粮比与市场猪粮比之差作为参考序列，计算出的灰色关联度越大，则该指标与猪粮比反向变动的关联性就越强。

它等于代入其他变量时，Tobit 潜在变量取 0 所对应的猪粮比。则该变量表示在给定当前市场环境下，农户愿意选择投保所对应的参照猪粮比。同时，定义猪粮比溢额等于该参照值与市场实际猪粮比之差，如果逆选择现象存在，那么应该能够检验出生猪投保头数与该溢额之间的因果关系。

为了避免伪回归，首先对生猪投保头数以及猪粮比溢额的时间序列进行 ADF 单位根检验。结果如表 4 所示。

表 4　生猪投保头数与猪粮比溢额的 ADF 检验

	检验类型（c，T，d）	结论
每月生猪投保头数	（c，0，0）	平稳
猪粮比溢额	（c，0，0）	平稳

两个变量都是平稳的，因此进行 Granger 因果检验，根据 AIC 最小准则，将滞后期设为 1，结果见表 5。

表 5　Granger 因果检验结果

原假设	观测值	检验 F 统计量	P 值
猪粮比溢额不是每月生猪投保头数的 Granger 原因	43	2.021 10	0.162 9
每月生猪投保头数不是猪粮比溢额的 Granger 原因		0.241 77	0.625 6

从上述结果可以得出，在 10%的显著性水平下均应接受原假设，即上述猪粮比溢额不是每月生猪投保头数的 Granger 原因，同样每月投保数量也不是猪粮比溢额的 Granger 原因。故可认为使用北京市场数据并没有检测到逆选择现象的存在。

这意味着，北京市生猪养殖户的投保决策较少基于对保险价值的判断。一方面可能是由于保费补贴的因素，北京市生猪价格指数保险的政府补贴比例达到 80%的水平，所以农户会在获得补贴的动机下选择投保，其投保意愿就很少受到市场环境的影响。对照国外保险市场的实证研究（Just 等，1999），保费补贴同样是投保选择的一大动因。在这种情形下，逆选择动因就不再具有决定性作用。另一方面，从建立的回归模型来看，农户的投保选择实际上是建立在各种市场因素的综合判断上的，例如下游轻工业 PPI、仔猪价格等，都会影响到农户生产的实际盈利情况，进而决定生猪养殖的预算分配，也会对投保选择造成影响。这些因素都可能减弱猪粮比对投保决策的决定作用，从而导致无法在该市场中检验出逆选择现象。

而针对山东地区的投保数据，则难以建立回归模型来检验逆选择的存在。山东省保单由于集中投保的原因，分布的月数较少，样本个数不足。而单日数据的波动幅度又很大，无法拟合出一个稳健的模型，只能大致通过两个变量之间的相关关系来进行判断。计算出投保个数与猪粮比的相关系数为 0.490 9，保费收入与猪粮比相关系数 0.274 2，均为正数，这与市场逆选择的假设是相矛盾的。

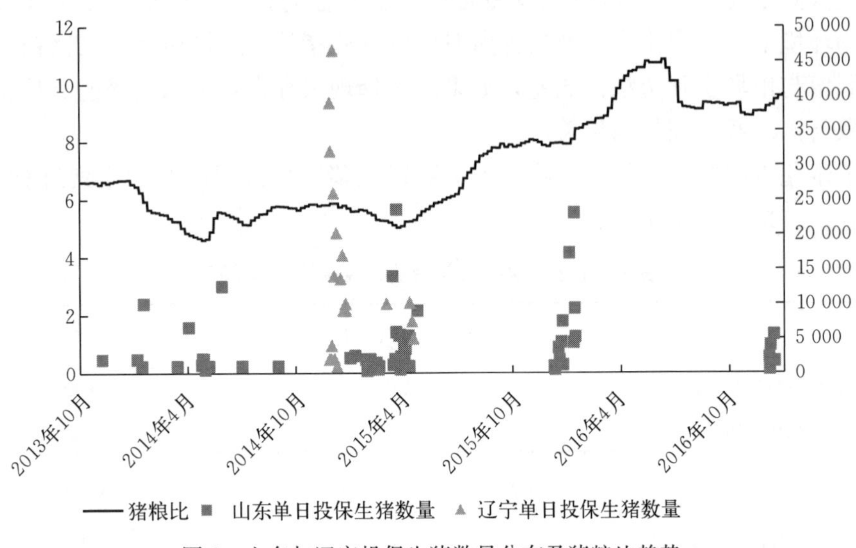

图 2　山东与辽宁投保生猪数量分布及猪粮比趋势

对此可用图像来进行直观解释。绘出山东、辽宁省单日投保生猪数量的散点图（图 2），并与猪粮比的变动趋势进行比较。可以看出山东在 2015 年 3 月及 2016 年 1 月有大规模的集体投保现象，并且其他月份的投保也相对集中。山东的投保变动规律相对而言更加符合政策性保险的特征，难以判断出个体投保选择与市场价格之间的相关关系。对辽宁的保单进行分析，也呈现出相似的规律，主要集中在 2014 年 12 月前后投保，因此同样没有证据表明辽宁的生猪价格指数保险市场存在逆选择现象。

四、结论与讨论

基于保单数据的实证分析，本文认为北京等各地的生猪价格指数保险市场均没有检验出逆选择现象的存在。其原因可能来自于以下几个方面：一是集中投保。在投保过程中，保险公司会对于一个地区的农户统一签订保险合同，这种集中操作实际上隐藏了个体选择投保的分布特征。二是生猪价格指数保险属于政策性保险。政府为了稳定当地生猪养殖业的发展，会对生猪养殖企业和个体户进行集中管理，因此这种半强制性的政策性保险会影响个人的投保意愿。三是农户的投保决策较少基于保险价值的判断。由于生猪价格指数保险的政府补贴达到 80%的水平，农户可能会在获得补贴的动机下选择投保，投保意愿就很少受到市场环境的影响。此外，农户生产的实际盈利情况也不仅仅取决于猪粮比，还有其他因素例如仔猪价格等，会影响生猪养殖的预算和投入水平，进而也会影响到投保选择，故农户的投保选择实际上是建立在各种经营要素的综合判断上。

本文认为，生猪价格指数保险市场不存在逆选择现象对于农险公司而言是一种优势，能够帮助其控制保险经营的成本，并更好地应对市场风险。而从该市场的特征来看，各地的投保数据均有集中投保的趋势，这有利于保险公司对投保、理赔等环节实现更高效的管理。但这种政策性保险本身体现出了市场失灵的因素，政府与保险公司的协议可能会导致保险市场的不完全竞争甚至垄断，从而使得农户在生产经营过程中，其保险利益只能得到有限的保障。因此，在推广价格指数保险的过程中，不仅要积极运用补贴政策来扶持与保障生猪养殖业的发展，更需要利用更多的市场化工具来完善该保险市场，同时避免过高的财政投入。例如推广与生猪市场价格波动更加匹配的保险合同，即风险敏感型生猪价格指数保险，通过动态费率来调整政府与养殖户在不同生猪周期时的保险投入，不仅能够完全消除该市场逆选择的空间，而且能更充分地保障养殖户的保险利益。

目前，我国生猪养殖业的保险覆盖率仍然较低，因此未来生猪价格指数保险市场还将迎来业务的发展，并且随着生猪期货市场的逐步建立，未来生猪市场的价格风险将会更加可控。保险公司在设计保单条款时应根据经营过程中得到的反馈，从保险周期、保险标的等角度不断完善，在控制公司经营风险的情况下，提高对农民收入的保障力度。同时，政府也应对包括生猪价格指数保险在内的农业政策性保险进行普及与推广，提高农民参保水平，从而完善我国农产品价格支持体系，为我国农业经济的发展提供坚实的后盾。

参考文献

[1] 何小伟，赵婷婷，樊羽．生猪价格指数保险的推广难点与建议［J］．中国猪业，2014（10）：22-24.

[2] 王克，张峭，张旭光，聂谦．我国生猪猪周期、逆选择和我国生猪价格指数保险的发展［J］．中国食物与营养，2016，22（11）：42-45.

[3] 张峭，汪必旺，王克．我国生猪价格保险可行性分析与方案设计要点［J］．保险研究，2015（1）：54-61.

[4] 周志鹏．美国生猪毛利润保险对中国生猪价格指数保险的启示［J］．世界农业，2014（12）：45-48.

[5] Cohen A，Siegelman P. Testing for Adverse Selection in Insurance Markets［J］. Journal of Risk and Insurance，2010，77（1）：39-84.

[6] Just R E，Calvin L，Quiggin J. Adverse Selection in Crop Insurance：Actuarial and Asymmetric Information Incentives［J］. American Journal of Agricultural Economics，1999，81（4）：834-849.

[7] Makki S S，Somwaru A. Evidence of Adverse Selection in Crop Insurance Market［J］. Journal of Risk and Insurance，2001，68（4）：685-708.

美国农业再保险体系运行模式及启示*

单 言 王 铭 王 硕 李 琼

摘要： 美国是农业保险发展最为完备的国家，其农业再保险的运行模式及大灾风险分散机制对我国有重要的借鉴意义。本文介绍了美国农业再保险体系概况、主要构成和重要意义，梳理了美国农业再保险制度的历史沿革，详述了农业再保险体系的运行模式，重点介绍了《标准再保险协议》框架下的损益共担机制，描述了美国农业再保险的经营情况，总结了美国模式对我国的借鉴意义，包括加强顶层设计、发挥政府主导作用、建立平衡的运行机制、搭建分层的风险分散结构以及通过动态调整逐步完善制度等。

关键词： 美国农业再保险；运行模式；风险共担；利润共享；政府主导

美国是世界上农业再保险发展最成熟的国家之一，也是农业保险大灾风险分散体系最完备的国家之一。深入研究美国农业再保险体系运行模式，对完善我国农业再保险体系和建立财政支持的农业保险大灾风险机制具有重要的借鉴意义。

一、美国农业再保险体系概述

美国农业保险是美国农业安全网的三大支柱之一，而农业再保险是美国农业保险体系的核心内容，也是美国农业保险风险分散机制的主要内容①。

（一）农业保险是美国农业安全网的核心内容

美国安全网是美国农业法案规定的一系列农业支持援助计划的总称，由联邦农业保险计划、农业商品计划和农业灾害援助计划组成，主要为农户提供风险保护、收入补偿、信贷支持等支持辅助政策，以保障农户收入、保障国家粮食安全和确保美国农产品的全球竞争力。2014 年，美国通过《农业法案》，确立了农业保险在安全网中的核心地位：一是在农业商品计划中仅保留了贷款项目，用价格损失保险计划和农业风险保险计划代替了传统的直接支付计划；二是扩充了联邦农作物保险计划的种类，增

* 本文感谢中国农共体管理机构负责人王野田和付磊提出的宝贵意见。

作者简介：单言、王铭、王硕、李琼，中国财产再保险有限责任公司、农共体员工。

① 美国农业保险主要由联邦农作物保险计划和少量不享受政府补贴的农业保险构成。本文研究的农业保险主要是指美国联邦农作物保险计划。除联邦农作物保险计划外，美国私营保险公司还可自行开办风灾、雹灾、火灾等单灾因保险以及基于联邦农作物保险计划的附加保障，这些产品不享受政府补贴，可自行到商业再保市场分散风险。

加了补充保险选择计划、堆叠收入保障计划[①]、全农场计划、毛利润保险等，提供基于县域产量和基于收入的保障；三是减少了灾害援助计划的数量，为农业保险发展预留了充足空间。根据 2015 年美国国会预算办公室资料[②]，2015—2024 年联邦农业保险计划每年保费补贴规模约为 88 亿美元；2014 年美国《农业法案》对农业商品计划进行修订，逐步取消直接补贴，2015—2024 年农业商品计划每年补贴规模约为 42 亿美元，为农业保险计划的一半；农业灾害援助计划是对农业保险计划和农业商品计划的补充，主要为联邦农业保险计划和农业商品计划未覆盖的作物和领域提供保障。2015—2024 年农业灾害援助计划每年补贴规模约为 5 亿美元。2015—2024 年联邦政府对农业安全网每年 135 亿美元预算支出中，联邦农业保险计划占 65%，农业商品计划占 31%，农业灾害救助计划占 4%，美国农业安全网的重心正从直接补贴向农业保险计划等间接补贴过渡。2017 年，联邦政府对农业安全网支出 136.3 亿美元，其中，联邦农业保险计划支出 106 亿美元，农业商品计划支出 24 亿美元，农业灾害救助支出 6.3 亿元。[③]

（二）美国农业再保险体系主要构成

美国农业再保险体系是一种政府通过美国联邦农作物保险公司（FCIC）参与农业再保险经营管理的政府主导型再保险模式，参与主体主要由农户、直保公司、联邦农作物保险公司（FCIC）、商业再保险机构以及联邦政府等组成。农户自愿购买农业保险，但如果想获得政府对农业的相关补贴及灾害救济，就必须购买农业保险。目前美国农户投保农业保险的比例在 65%左右。直保公司经营政策性农业保险业务须获得政府审批，而且只有与 FCIC 签署《标准再保险协议》后才能获得政策性农业保险业务的经营资格以及保费等相关补贴。目前美国共有 16 家保险公司有资格经营政策支持型农作物保险，13 家保险公司有资格经营政策支持型养殖业保险。联邦农作物保险公司（FCIC）是美国政府全资成立的政策性农业再保险公司，与美国农业部风险管理局（RMA）是同一机构，负责管理政府开办的农业保险项目，包括制定保险计划、厘定费率、开发产品、补贴直保公司的保费和运营成本、提供再保保障等，是美国政府参与农业保险、再保险管理的重要抓手。商业再保险机构主要包括再保险经纪公司和商业再保险公司，是对 FCIC 再保险体系的补充。对于政策性农业保险业务，商业保险机构把大部分风险分给 FCIC 后，经 FCIC 批准的前提下，可将自留风险的一定比例分给商业再保险公司。

---

① 堆叠收入保险计划（Stacked Income Protection Plan，STAX）针对棉花生产者提供基于县级农场收入的保障，取代原有的农产品价格和收入支持计划。

② 数据来源：中国保监会财产保险监管部、安华农业保险公司：《美国农业安全网对我国农业保险的启示》，《保监会简报》，2016 年 9 月 2 日。

③ 美国农业部. USDA fiscal year 2017 budget fact sheet. 2017.

（三）再保险是美国农业大灾风险分散体系的基石

美国农业保险风险分散体系由市场化的直保公司、国家主导的农业再保险体系、农业保险专项基金（或称专项预算）和紧急预案四部分组成。在风险分散顺序上，直保公司承担低层可控风险，通过再保险安排将大部分风险转移到 FCIC。FCIC 与直保公司通过利润分享与损失分摊的再保险机制，承担农业保险的主要风险并提供封顶赔付，其在盈余年份滚存的基金是大灾风险的重要缓冲，遇到大灾事故时 FCIC 还可启动应急借款机制，向商品信贷公司借款或发行巨灾债券，而财政部会通过借款和注资弥补 FCIC 长期的赤字，这就构成了从低层到高层的完整风险分散链条（图 1）。

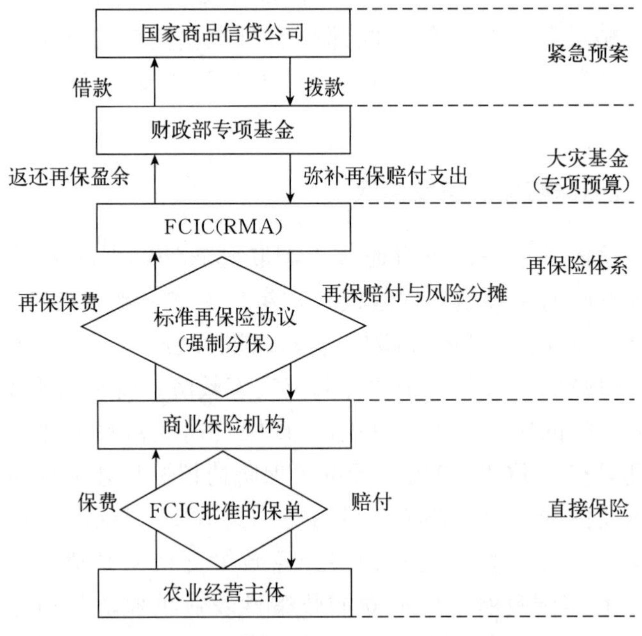

图 1　美国农业保险大灾风险分散机制框架

二、美国农业再保险制度的历史沿革

（一）法律是农业再保险发展的根本保障[①]

法律保障是美国农业再保险体系建立健全和有效运行的必要条件和根本保障。美国农业再保险方面的法律主要为不断调整和完善的《农业法案》和《联邦农作物保险法》。1938 年，美国颁布了《联邦农作物保险法》，初步建立了美国农业保险制度。之后，涉及 FCIC、农业保险与再保险的法律包括：《1980 年联邦农作物保险法》及

① agricultural act of 2014，agricultural adjustment act of 1938& federal crop insurance act. 2014，2015.

后续修订的《1994年联邦农作物保险改革法》《1996年联邦农业提高和改革法案》《1998年农业研究、深化与教育改革法案》《1999年农业、农村发展、食品和药品管理法案》《2000年农业风险管理法案》《2008年食物和能源保护法案》和《2014农业法案》①。

《联邦农作物保险法》确立了美国农业再保险基本制度：①总体原则。FCIC必须对获批经营农业保险的直保公司提供再保险，并遵循通行的再保原则；②风险分摊。通过风险分摊的再保险机制使分出公司承担一定的业务风险，鼓励和引导分出公司销售保单和提供服务，承担风险的大小需考虑到分出公司的财务状况和商业再保险的可获得程度；③《标准再保险协议》（SRA）的修订机制。SRA每五年必须修订一次，修订的内容需与联邦各项法案协调，修订时必须通知议会和农业部，且需控制SRA给直保公司带来的预计收益，如2017—2026年，SRA给直保公司带来的预计收益率每年不能超过8.9%。除此之外，《联邦农作物保险法》还规定了补贴直保公司经营管理费用以及利润分摊的原则等内容。

2014年《农业法案》对《联邦农作物保险法》有重要的引导作用，如2014年《农业法案》要求《联邦农作物保险法》在"标准再保险协议修订"这一部分中添加对预算的要求，如坚持预算中立原则，较预算节约下的开支可用作支付赔款或经营管理费用补贴等。在2014年修订的SRA中，这一条款就被加入其中。

（二）美国联邦农作物保险公司（FCIC）的发展沿革

1. 专营农业保险阶段（1938—1980年）

根据《1938联邦农作物保险法》，美国联邦农作物保险公司（FCIC）于1938年成立。1939—1980年，联邦农作物保险计划完全由FCIC专营，FCIC主要通过自己的雇员、美国农业部的雇员和数量很有限的独立机构来销售保单和提供服务。在此阶段，FCIC的工作有以下三个目标：①保护农民因农作物的损失和价格下跌而造成的收入影响；②保护消费者应对食物供给短缺与极端的价格波动；③通过提供农场供给的平稳与建立稳定的农业购买力来支持经营与就业。②

2. 同时经营农业保险和农业再保险阶段（1981—2000年）

1980年，修订后的《联邦农作物保险法》降低了农业保险的准入门槛，明确规定商业保险公司也可以经营农作物保险业务，同时FCIC建立了农业再保险职能，美国农业保险经营模式由FCIC唯一经营的政府运作模式转变成FCIC与商业保险公司共同经营的双轨制模式，同时鼓励更多的商业保险公司在全国范围内经营农业保险。为此，FCIC制定了《代理人销售和服务合约》（Agency Sales and Service Agree-

① Federal Crop Insurance Corporation/Risk Management Agency's Financial Statements for fisical years 2017 and 2016.

② 张团囡．美国农业保险制度演进研究（D）．沈阳：辽宁大学，2011.

ment）和《标准再保险协议》。[①]《代理人销售和服务合约》中的代理人主要指市场销售机构（Master Marketing Agency），其代表 FCIC 收取保费，并得到 FCIC 的手续费补偿。《标准再保险协议》制定了商业保险公司和 FCIC 的利润共享和损失共担机制，并每年调整分担比例以吸引更多保险公司加入，在保险公司和代理机构都没有覆盖的地区，农业部中的农业稳定和保护服务机构[②]会通过其在各县下设的办事处销售农险保单。1981 年，有 17 家商业保险公司经营农险业务，但这些公司的农险保费总额只有 1 280 万美元，仅相当于 FCIC 保费收入的 3.4%。到了 1982 年，经营农险的商业保险公司数量增加到 35 家，总保费收入增长到 7 570 万美元，相当于 FCIC 保费收入的 23%。1996 年美国农业部成立风险管理机构（RMA），与 FCIC 为同一班人马，负责管理联邦农作物保险项目和其他非保险相关的风险管理和教育项目。随后，FCIC 逐渐将主要精力从经营直接保险业务转向为商业保险公司提供再保险和相应服务。

3. 专营农业再保险阶段（2001 年至今）

2001 年开始，FCIC 完全退出农作物直接保险业务，职能主要是经营农业再保险，此外还包括负责制订和管理农作物保险计划、为农作物保险业务的开展提供财政补贴。从此，美国形成了“商业公司直接承保，联邦公司提供再保险”的农业保险运行模式。同时，美国国会通过立法增强商业保险公司的作用，允许商业保险公司参与农险产品的开发，如果开发的产品得到批准，除了获得保费补贴和再保险之外，还可以获得研究、开发和运营的成本补贴。

三、美国农业再保险体系的运行模式

美国政府依托联邦农作物保险公司（FCIC）行使国家农业再保险公司职能，通过《标准再保险协议》和《牲畜价格再保险协议》建立了以利润共享和损失共担机制为核心的政府主导型农业再保险运行模式。

（一）美国标准再保险协议的主要内容

《标准再保险协议》在美国农业再保险体系中占据了最重要的位置，根据《标准再保险协议》和针对牲畜保险的《牲畜价格再保险协议》，直保公司将绝大部分风险转移给了 FCIC。根据美国《联邦农作物保险法》的有关规定，联邦农作物保险公司（FCIC）代表国家向经营农业保险的直保公司提供再保险保障，直保公司获得政策性农险业务经营资格的前提之一，就是应与 FCIC 签订《标准再保险协议》，并按照协

① 美国审计署. Information On The Federal Crop Insurance Corporation's 1983 Standard Reinsurance Agreement [R]. 1983.

② 农业稳定和保护服务机构（Agricultural Stabilization and Conservation Service，ASCS）是美国农业部的一个部门，1961 年设立，负责农业安全和保护项目、购买农产品、指导农业信贷等，发起创立了美国农业商品信贷公司。1994 年，该部门和其他机构合并组成了农业部的新部门——农场服务机构（Farm Service Agency）。

议中的约定进行再保险分保的操作。

1.《标准再保险协议》的主要内容①

《标准再保险协议》主要明确了农作物再保险的分保规则、收益与损失分摊机制，以及相关的补贴、支出、费用和付款等内容，既是美国农业再保险的制度规则，也是FCIC与直保公司直接签署的再保险合约。

（1）再保险规则。美国《标准再保险协议》确定的农业再保险规则主要包括以下几点：一是各直保公司各州的农险业务在强制型基金（Assigned Risk Fund）与商业型基金（Commercial Funds）中的分配方式；二是直保公司在两个基金中业务的自留比例份额；三是两个基金中业务自留部分的风险根据赔付率、收益率不同以及各州风险的不同建立差异化的损失共担与利润共享机制；四是一揽子分保和利润返还机制；五是应急基金和预算；六是商业再保险和FCIC提供的额外再保险规定。

美国《标准再保险协议》还明确，在FCIC规定的保险计划中，在直保公司按照规定完成向FCIC的分保后，符合美国保险联合会（NAIC）制定的一系列信用标准要求的商业再保人可在直保公司向FCIC背书的前提下承保直保公司的自留风险，同时商业再保人可承保FCIC保险计划之外的农险业务的再保业务。

（2）经营管理费用补贴安排。《标准再保险协议》明确了FCIC对直保公司有关农险业务的经营费用的补贴形式，不同类型业务和保险产品的经营费用补贴水平也大不相同：巨灾险经营费用补贴为0，但仍有6%的巨灾理赔费用补贴；区域型高保障保险为12.0%，部分开展较少业务为20.1%；高保障收入保险业务为18.5%，其他业务为21.9%。当年度全部直保公司高保障收入保险及其他类保险业务的经营费用总补贴金额超过或未达到一定金额时，FCIC将会对总体补贴金额进行控制或补偿。此外，当某一州农险业务整体赔付率超过120%时，FCIC将补偿总保费的1.15%作为额外的经营费用补贴。

《标准再保险协议》还明确了对农业保险相关协办或服务人员的管理规定。一是明确了直保公司在任何一州支付的销售服务报酬总额，原则上不得超过其获得的经营费用补贴总额的80%，以确保直保公司自身业务经营和风险控制职能的良性运转。二是规定直保公司收到的农险出单费用应全部上缴至FCIC，对于法律中规定的资源有限类农户可免除出单费用。

2.《牲畜价格再保险协议》的主要内容②

《1996年联邦农业提高和改革法案》要求FCIC为销售牲畜价格保险的保险公司提供补贴和再保险。2003年，FCIC出台《牲畜价格再保险协议》（Livestock Price Reinsurance Agreement，LPRA），主要明确了牲畜再保险的分保规则、收益与损失分摊机制，以及相关的补贴、支出、费用和付款等内容，与《标准再保险协议》的总

① 2018 Standard Reinsurance agreement.

② 2018 Livestock Price Reinsurance Agreement.

体框架相似，但规则较为简化。

（1）再保险规则。《牲畜价格再保险协议》（LPRA）仅对经营符合要求的牲畜价格保险的直保公司提供再保保障和相关补贴，其他牲畜保险并不在该协议保障范围内。首先，《牲畜价格再保险协议》要求成立私人市场基金（Private Market Fund）和商业型基金（Commercial Fund），直保公司必须将所有符合条件的业务放入这两类基金中。其次，两类基金的保障结构不同，私人市场基金中只进行成数分保，直保公司需向 FCIC 成数分出 5%～65%的业务；而商业型基金的保障结构为成数＋超赔模式，直保公司可向 FCIC 分出 0～65%的成数业务，超赔分保采用分层结构，第一层为赔付率 150%～500%，FCIC 需承担该部分损失的 90%，第二层为赔付率 500%以上，FCIC 需承担全部损失。2018 年，超赔部分对应的再保保费为商业型基金中直保公司自留保费的 4.5%。

《牲畜价格再保险协议》规定，放入商业型基金的所有业务不能购买商业再保，两个基金中分出给 FCIC 的业务也不能再分给商业市场，而且商业再保险必须符合美国保险联合会（NAIC）制定的一系列标准。

（2）经营管理费用补贴安排。《牲畜价格再保险协议》（LPRA）补贴、支出、费用和付款这一章中最主要的内容为对直保公司的经营管理费用补贴（A&O subsidy），对每张符合要求的牲畜价格保险保单，经营管理费用补贴的比例为保费的 22.2%，如果某个州的赔付率超过 120%，那么对该州所有符合要求直保公司的补贴比例可提高 1.15 个百分点。如果某些业务的经营费用较 FCIC 的补贴基础有较大差距，则 FCIC 可以根据实际情况测算补贴比例。

（二）风险共担和利润共享机制

风险共担和利润共享机制是美国农业再保险体系的核心和精髓，历经四个主要阶段，最后形成较为成熟的标准再保险协议。

1. 风险共担和利润共享机制的历史沿革

FCIC 早在 1947 年就颁布了再保险协议，但一直很少实施，直到 1980 年《联邦农作物保险法》强制规定后才广泛推行，在 1981 年初步搭建了利润共享和损失共担机制，并经过了四个主要阶段的变化。

第一阶段是 1981—1985 年，初步搭建了利润共享和损失共担机制的框架。该阶段明确 FCIC 是联邦农作物保险计划的主要再保人，并可以为有需要的保险公司提供额外的农险再保保障。每个业务年度结束后，FCIC 和直保公司会根据标准再保险协议规定的利润共享和损失共担的比例，共同承担年度业务经营结果。如果直保公司承保的农险业务超过了一定规模，经申请可由 FCIC 承担超出部分 90%的风险，并收取相应的保费。1982 年，35 家农险经营公司中有 17 家与 FCIC 签订了超额再保协议，1983 年，37 家公司中有 14 家与 FCIC 签订了超额再保协议。由于农险业务该阶段持续盈利，为鼓励更多的农险保险公司加入超额再保安排，FCIC 通过调整标准再保险协议，不断提高直保公司的风险共担比例以提高直保公司的盈利水平，如 1981 年直保公司分享利润的最高比例为 5%，1983 年后上升到 11.3%（图 2）。

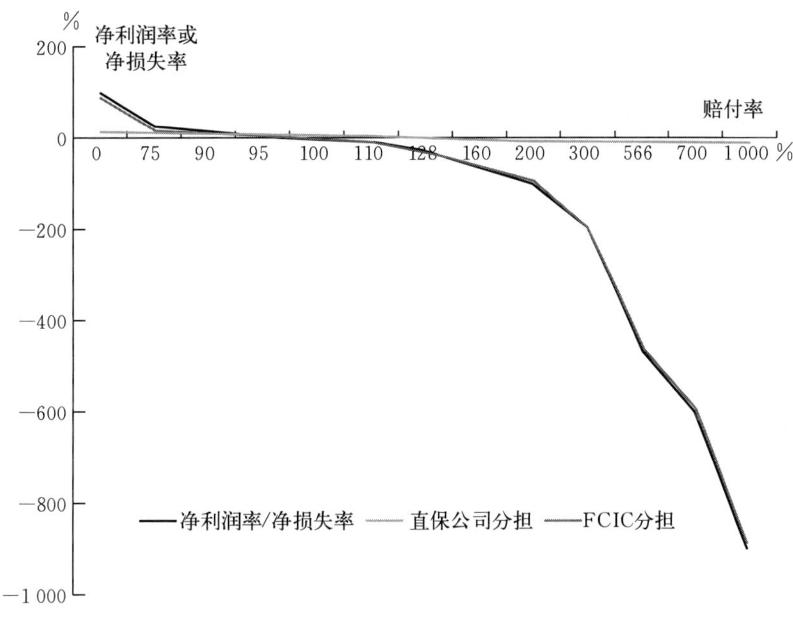

图 2　1983 年 SRA 下不同利润率/损失率时直保公司与 FCIC 的分担比例

第二阶段是 1986—1996 年，FCIC 在利润共享和损失共担机制之前引入了成数分保安排。1986 年《标准再保险协议》进行了较大调整，直保公司不再有业务选择权，必须承保区域内所有符合条件的农险业务，导致直保公司业务风险激增，再保险安排相应调整。第一，在利润共享与损失共担机制之前增加了三种分保形式：一是对指定保单的成数分保，直保公司可指定一些保单向 FCIC 分出不高于 95%的风险责任，但这类业务在直保公司的保费占比不能超过 10%；二是一揽子的分出，直保公司必须将全部业务的 5%成数分出给 FCIC；三是补充分出安排，在上面两项分出之后，直保公司对各州的业务分作物、分区域或各州作为整体指定一个规模上限，超出这个规模的业务可按 80%的比例分给 FCIC，但是直保公司以上三种分保业务总计不能超过业务总量的 57%。第二，直保公司在某些区域上比较集中的业务可以与 FCIC 的业务交换，如某公司 50%以上的业务集中于一个州，则只能自留该州 25%的业务，该公司在该州的剩余业务可向 FCIC 交换成其他地区业务，交换后的业务也可向 FCIC 分出。第三，利润共享与损失共担机制有了新变化。在共担损失方面，FCIC 提供了以州为基础和以全国为基础的两种分担安排，如果直保公司在每个州的业务赔付率达 100%～565%区间时，FCIC 提供大比例的赔付责任分摊；如果直保公司全国总体业务赔付率在 100%以上则提供一定比例的损失分摊。在利润共享方面，通过调整共担机制增加了直保公司自身承担风险和享受利润的比例，由 1983 年的 11.3%增加至 1986 年的 15.375%。

第三阶段是1997—2010年，形成较为成熟的利润共享和损失分担机制。从1998年《标准再保险协议》开始，FCIC提供农业再保险的方式明确为比例再保和非比例再保，同时设立强制型基金（Assigned Risk Fund）、发展型基金（Developmental Funds）和商业型基金（Commercial Funds），所有符合要求的业务必须放入这三类基金中，《标准再保险协议》还规定了各州能放入强制配型基金的业务最高占比。每类基金设置不同的成数分出比例与不同的利润共享和损失共担比例，发展型基金和商业型基金又分别细分为巨灾业务板块、收入保险业务板块以及其他业务板块，通过加强业务条线管理来有效控制风险。在比例分保上，一方面，《标准再保险协议》规定了各类基金中业务分出的比例范围，如强制型基金中的业务必须自留20%（仅2005年各州设置了不同自留比例），发展型基金中业务必须自留35%以上，商业型基金中业务必须自留50%以上；另一方面，《标准再保险协议》对直保公司农险业务自留比例规定必须自留不低于35%的风险，若分出比例过大，FCIC将按照相应规则调整。在非比例分保上，《标准再保险协议》制定了详细的利润共享和损失共担机制，赔付率在500%以上时由FCIC全额承担，赔付率在100%～500%时，分担比例由高到低分别是强制型基金、发展型基金和商业型基金。同时，FCIC会对直保公司的年际经营结果进行平衡和调整，如直保公司当年利润率超过17.5%，则高于该利润率的利润部分有60%需放入由FCIC管理的该公司的再保基金中，若当年利润率低于17.5%，则可取回再保基金中的余额，使利润率达到17.5%。2005年《标准再保险协议》引入净额成数分保安排（Net Book Quota Share），直保公司农险业务自留部分净损失或净利润的5%分摊给FCIC，目的在于进一步平滑各保险公司及全行业当年的农险经营结果。

第四阶段是2011年至今，基本形成了成熟的标准再保险协议框架。2011年《标准再保险协议》保留了“成数＋超赔＋利益共享损失共担＋净额成数分保安排”的再保模式，近年来仅作了细微调整。主要为：一是将原来的三类基金调整为两类，取消发展型基金，同时取消商业型基金中的板块划分；二是根据风险高低将美国各州划分为三组，高风险组享受更高的分出比例和更高利润共享损失共担比例；三是在“比例分保＋非比例分保及净额成数分保安排”之后设立利润返还机制，当各直保公司给FCIC的一揽子分保总体上是盈利时，FCIC会将盈利额的1.5%返还给直保公司。

2. 2018年《标准再保险协议》的主要内容

根据2018年《标准再保险协议》，首先，直保公司根据其上报至FCIC的经营计划，须将其承保的业务分州分险种放入以州为单位的强制型基金（Assigned Risk Fund，又称分配型基金）和商业基金（Commercial Fund，又称自由型基金）中进行分保。直保公司原则上应在每笔业务集中投保期结束后的约一个月内，明确该笔业务放入的基金。对于无固定投保期的业务，需在投保人确认投保后的一个月内明确放入的基金。到期未放入强制型基金的业务，将自动放入商业基金中。

由于强制型基金规定了固定且较高比例的分出，通常直保公司将根据自身风险偏好认定的高风险业务放入其中；商业基金分出比例相对较低且浮动范围较为灵活，因此直保公司往往将风险相对可控、盈利预期较好的业务放入。根据《标准再保险协议》的规定，放入强制型基金的业务，直保公司自留 20%，分保比例为 80%。放入商业基金的业务，直保公司可在 35%～100%的比例范围内，以 5%为一档以州为单位选择自留比例；即分保比例为 0～65%。对于某一个州而言，最终放入强制型基金业务的总保费不得高于该公司在这一州内农险业务总量的 75%。

其次，在前述直保公司与 FCIC 以成数分保方式分散风险的基础上，双方还对直保公司自留部分业务建立了利润分享与损失分摊机制，这是《标准再保险协议》最为核心与巧妙的内容。对于直保公司放入基金后自留部分的业务，根据业务最终的赔付率水平，以州为单位、以累进制方式与 FCIC 分享利润和分摊损失（表 1）。如某一州的业务产生承保利润（赔付率＜100%），则由直保公司向 FCIC 分享自留业务的一部分利润。赔付率越低，直保公司分享至 FCIC 的分层利润比例越高。如出现承保损失（赔付率＞100%），则由 FCIC 承担直保公司自留业务的一部分损失，与商业再保险中的损失分担（Loss Participation，又称损失参与）较为类似，且赔付率越高，FCIC 承担相应分层损失的比例越高；若业务赔付率达 500%以上，则 500%以上对应的损失由 FCIC 全额承担。

表 1　州组、赔付率区间/该区间内 FCIC 分享利润/分摊损失的比例

赔付率	商业基金			强制型基金
	州组 1	州组 2	州组 3	全部州
0～50%	95%	95%	95%	97%
50%～65%	60%	60%	60%	86.5%
65%～100%	25%	2.5%	2.5%	77.5%
100%～160%	35%	57.5%	57.5%	92.5%
160%～220%	55%	80%	80%	94%
220%～500%	90%	95%	95%	97%
500%以上	100%	100%	100%	100%

其中，州组 2、3 均为业务风险较高、农险发展情况不佳的地区。机制通过差异化设置利润损失分配比例，鼓励直保公司积极开展农险业务。

最后，《标准再保险协议》要求，直保公司对其自留业务应安排净额成数分保(Net Book Quota Share)，用于进一步平滑各保险公司及全行业当年的农险经营结果。根据规定，直保公司须将其在各个州经营农险业务合计的净损失/利润的 6.5%，连同对应的业务保费和赔付分保至 FCIC。其中，承保利润为以年为单位在年度结算时由直保公司支付给 FCIC，承保损失则在出现损失的月份按月结付。此外，若某一年份全国农业保险业务出现整体盈利，即前述净额成数分保汇总值呈现为净利润，则 FCIC 会将总利润的一定比例返还给直保公司。返还总金额为各公司农险业务承保利润/损失汇总值的 1.5%。即 FCIC 从净额成数分保中应收总利润的约 23%。各直保公司分配比例为其在州组 3 各州承保高保障型（Additional Coverage）农险业务规模占全部农险公司相应业务总量的比例（图 3）。

FCIC 的再保险体系对于风险的平滑更为有效，一方面避免了直保公司在非常好的年景下从保费中赚取“暴利”，另一方面在极差的年景下，直保公司可以用比较低廉的价格得到再保保障。

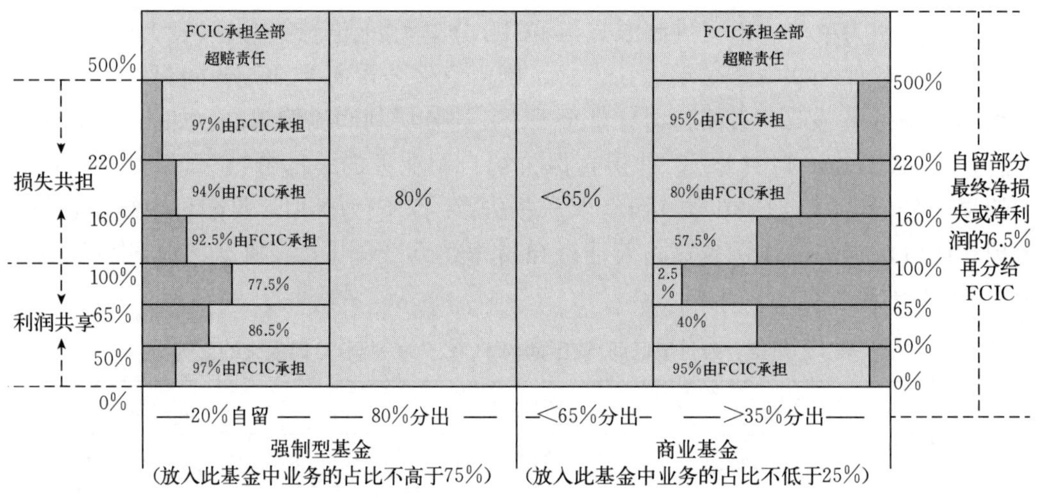

图 3 《标准再保险协议》的风险分散安排

注：图中纵轴为赔付率，浅色代表 FCIC 分享利润和分担损失的比例，深色代表直保公司自留损失及自享利润的占比。对于商业基金，在伊利诺伊、印第安纳等五个州，直保公司自留损失和自享利润的比例较其他州更高一些，图中比例是按照州组 1 的规定绘制。

总之，风险分担与利润共享机制是美国农业再保险体系的核心思想，机制设计精巧而全面，具有如下特点：一是实现了风险从低层到高层的完整分散链条。风险分散顺序上，直保承担低层可控风险，FCIC 通过再保险共担大部分风险并提供兜底赔付。遇到大灾事故时 FCIC 可启动应急借款机制，而财政部会通过借款和注资弥补 FCIC 长期的赤字，这就构成了从低层到高层的完成风险分散链条。二是 FCIC 建立了定期评估与调整机制。从规则来看，再保险协议将美国各州按风险高低划分为三组，设立放入不同风险业务的基金，并设置“成数＋超赔＋损益共担”的多结构再保形式，形成较完备的业务分保机制。从效果来看，再保端承担了主要风险，为直保人让渡了一定利润，在大灾年份更是起到了重要保护作用，同时，直保公司也承担了一定风险，倒逼直保公司关注经营结果、提升服务水平，有效降低了政策性业务完善商业化运作的道德风险和逆选择风险。三是再保险之上的大灾风险分散机制十分完备。FCIC 平时储备的应急基金是应对大灾风险的第一道屏障，之上还有向商品信贷公司的借贷机制以及财政部的应急借款与赤字补充机制。

（三）应急融资及大灾风险分散方式

在 FCIC 与直保公司的风险共担机制之上，FCIC 也拥有一套完整的应急融资及大灾风险分散方式。首先是应急基金（Contingency Fund），根据标准再保险协议（SRA），若直保公司未及时提交材料或未达到审核标准造成再保合约提前结束，FCIC 会要求其返还部分经营管理费用补贴和巨灾管理费用补贴，这些金额将计入应急基金中。此外，直保公司若因保费规模超过一定标准而向 FCIC 寻求超额保障，超额保障的保费也将计入应急基金。当直保公司处于偿付能力不足、运转不良或 FCIC 确定的其他类似情形时，FCIC 将接管公司业务。该应急基金则用于补偿 FCIC 在接管期间产生的费用。

其次是农业保险专项基金（或称专项预算），财政部设立农业保险专项基金，委托 FCIC 管理，资金来源于每年的财政预算，主要用于补偿大灾发生时超过再保险体系赔付能力部分的损失以及补贴 FCIC 的经营成本。具体流程为：年初由 FCIC 根据联邦农业保险计划向财政申请预算，年末如果基金扣除支付赔款及经营成本后仍有结余，则将结余返还财政部；如基金累积规模无法满足赔付时，启动紧急预案募集资金。2015 年基金规模约 31 亿美元。

最后是紧急预案。依据《联邦农作物保险法》的规定，当 FCIC 的专项基金发生赔付能力不足时，启动紧急预案募集资金，由 FCIC 通过信贷向商品信贷公司（Commodity Credit Corporation）申请贷款，或发行财政部允许的专门票据、债券等及时获得应急资金，缓解农业巨灾产生的赔付压力。例如，自 1980 年《联邦农作物保险法》颁布到 1990 年前后，FCIC 每年的赔付都大于保费收入，这段时间的累计赤字高达 26 亿美元，于是 FCIC 向商品信贷公司借款 23 亿美元以渡过难关[①]。

四、美国农业再保险经营情况

美国农业再保险具有完备的结构和成熟的机制，能根据环境和经营状况灵活调整，不断适应最新发展变化。通过 2011—2016 年美国 FCIC 农业再保险的经营情况来看，美国农业再保险承担农业主要风险，并在农业风险分散机制中发挥主渠道作用。

① Federal Crop Insurance Corporation’s Financial Statements for 1989 and 1988.

(一) 总体经营情况

图 4 为 2011—2016 年美国全国放入强制型基金和商业型基金中的业务在六年来的整体经营情况，由于 SRA 中规定各直保公司需将符合要求的农险业务都放入这两个基金中，因此图 4 也能反映美国联邦农作物保险计划的经营情况。保费上看，放入两基金中的总保费在 2011—2016 年有显著下降的趋势，2011 年的总保费接近 120 亿美元，2016 年下降至 93 亿美元。赔付率来看，2012 年为巨灾之年，总体赔付率高达 157%，2013 年的赔付率也达到 103%，其他四年的赔付率均在 100%以下，自 2012 年以来赔付率呈不断下降趋势，2016 年赔付率虽仍在进展中，但预计不超过 50%。六年来的累计赔付率在 94%左右。

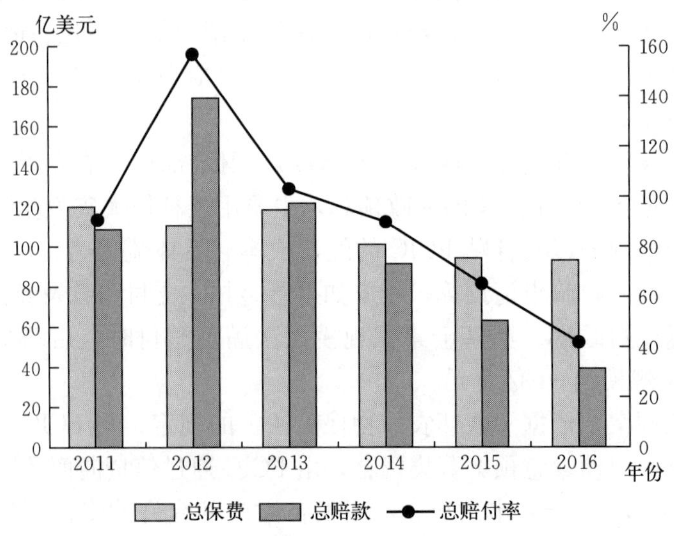

图 4　2011—2016 年美国联邦农作物保险的经营情况

(二) 强制型基金和商业型基金的经营情况

在保费占比上，《标准再保险协议》规定放入强制型基金中的业务不能超过各直保公司在各州保费收入的 75%，而根据美国农业风险管理局公布的数据，全国 2011—2016 年强制型基金中业务的保费占比仅保持在 20%左右，2016 年更创新低，仅有 16.3%。从赔付情况看，除 2012 年巨灾年份外，强制型基金中业务的赔付率要高于商业型基金 30%以上，2011 年更是高出了 75%，但 2012 年是特例，当年商业型基金赔付率高达 164%，强制型基金中业务赔付率略低，为 128%；2011—2016 年的六年间，强制型基金中的业务有四年赔付率超 100%，商业型基金中仅有一年如此。两基金中业务的赔付率都近年来都呈下降趋势（图 5）。

值得注意的是，《标准再保险协议》规定直保公司在各州放入商业型基金中的业务在成数分保环节，最多向 FCIC 分出 65%的责任，在实际操作中，由于商业型基金业务质量较好，近年来直保公司成数分给 FCIC 的比例较低。

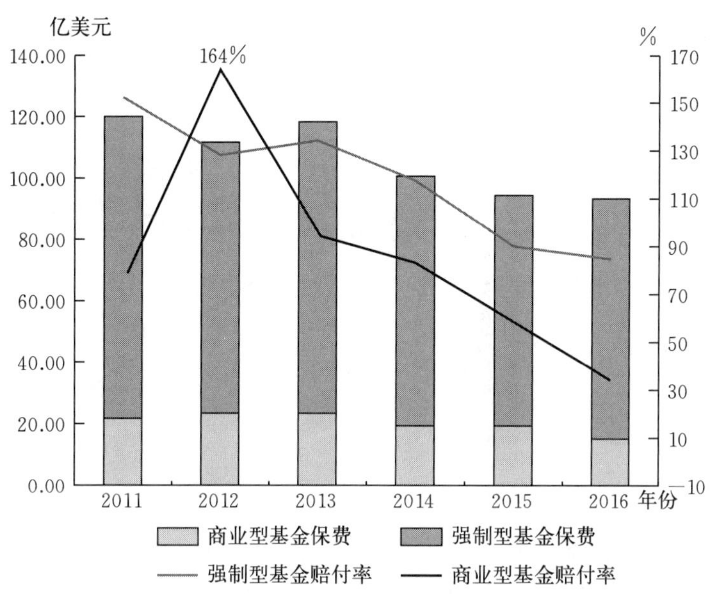

图 5 2011—2016 年强制型基金和商业型基金中的业务经营情况

（三）FCIC 与直保公司间的损益分担情况

如图 6 所示，左边主坐标表示 FCIC 或直保公司分摊的净利润或净损失，右边次坐标表示各年的整体赔付情况，其中，FCIC 承担的总损益包括两部分，一是在两个基金中承担的分出部分的损益，二是直保公司自留业务中与 FCIC 共担的损益。可以明显看出，直保行业收益情况远好于再保，FCIC 承担了绝大多数经营风险，FCIC 提供的农险再保极大地平抑了直保公司的经营波动，保障了直保行业获得相应收益，有利于行业平稳发展。

首先，大部分年份中直保获利而再保亏损。2011—2016 年的六年间，直保行业有五年获得利润，而 FCIC 仅在 2016 年获得利润，其余年份均承担亏损。其次，再保在大灾年份承担了主要损失。2012 年行业赔付率高企，而当年全国 88%的净损失最终都由 FCIC 承担。最后，FCIC 仅能在赔付率极低的年份获得收益，且获益金额低于直保端。由于八成左右的业务集中在商业型基金中，而商业型基金中的业务绝大多数由直保公司自留，因此 FCIC 承担的损失或获得的收益大部分来源于商业基金中直保公司未直接成数分出业务的利益共享和损失共担（图 7）。

综上所述，美国农业再保险经营情况呈现以下特点：一是业务总体赔付率波动较大，近年有下降趋势；二是直保公司将八成业务放入商业型基金，其中业务可享受较高比例的损益共担，商业型基金中业务的赔付率远低于强制型基金；三是再保将大部分收益让渡于直保端，平抑了直保经营年际间的波动，在大灾年份承担了绝大部分损失；四是商业型基金的损益共担机制是 FCIC 发挥再保调节作用的主战场。

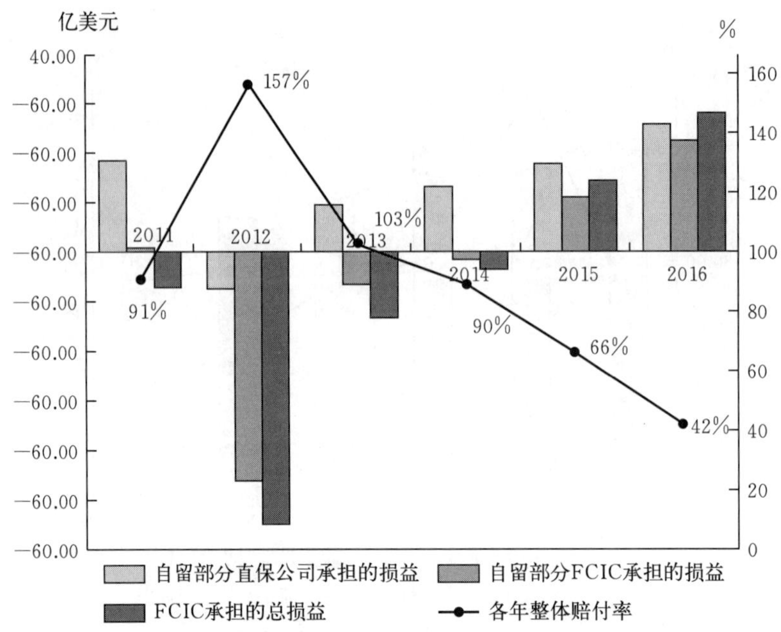

图 6　2011—2016 年 FCIC 与直保公司的损益分担情况

注：根据美国农业风险管理局公布的两基金保费及赔款情况、分出比例等数据，套用 SRA 中规定的利润分享和损失共担规则计算得出。

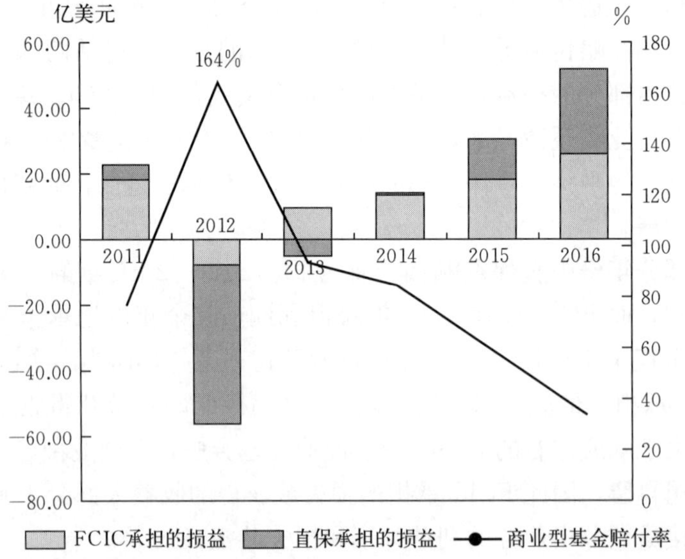

图 7　2011—2016 年商业型基金中业务的损益在 FCIC 与直保行业的分担情况

五、经验与启示

美国在农业再保险领域 30 多年来的探索和经验，对我国完善农业再保险体系、建立财政支持下的农业保险大灾风险分散机制具有重要的借鉴意义。

（一）依法在国家层面加强顶层设计

完善的法律法规制度是农业再保险体系有效运行的基础条件。美国政府通过立法保障，制定《农业法案》《联邦农作物保险法案》《标准再保险协议》等法规制度，将联邦农业保险计划确定为美国农业安全网的核心内容，将农业保险和再保险的政策目标、参与主体、操作方式、运作机制、职能边界等进行明确，以法律的形式明确和固定下来，使其上升为国家意志。特别是对政策性农业保险业务给予强制性或准强制性的再保险制度安排，有效规避了政策性业务道德风险和逆选择的问题，避免商业再保险市场短期性、逐利性和波动性对农业保险长期性、政策性和稳定性造成的不利影响。建议我国进一步修订完善《农业保险条例》，探索建立财政支持的农业再保险制度，明确财政支持的农业再保险体系的政策目标、职能定位、运行模式，规范农户、保险公司和政府的职能边界，发挥再保险体系在我国农业保险大灾风险分散机制的基石作用。

（二）政府在农业风险管理中发挥主导作用

美国政府高度重视并深度介入农业风险管理，在农业保险大灾风险分散机制中发挥主导作用。一是政府通过设立国家农业再保险公司 FCIC 直接参与农业再保险经营管理，通过政策导向和约束机制引导保险公司向 FCIC 分保，确保农业保险政策的惠农效果；二是政府通过 FCIC 为保险公司提供稳定持续的再保险保障和专业化的风险管理服务，并建立了数据高度完备且公开透明的农业保险信息中心，提升行业风险管理水平；三是政府为农户提供保费补贴，为保险公司提供运营管理费补贴，并通过再保险和大灾基金为农业大灾风险兜底，有效保障了农业保险体系的持续稳定运行。建议探索建立财政支持的农业再保险体系，发挥政府在我国农业保险大灾风险分散机制中的主导作用，逐步实现财政对我国农业大灾风险的兜底，切实发挥农业保险服务国家粮食安全战略、脱贫攻坚战略和乡村振兴战略的重要政策职能作用。

（三）建立了平衡商业利益与政策目标的运行机制

美国通过《标准再保险协议》建立了利益共享和风险分担机制，体现责任与能力、风险与收益相匹配的原则，有效平衡了政策性业务市场化运行过程中的三个主要关系。首先，平衡了政府与市场的关系。政府鼓励保险公司提供农业保险服务，并提供风险兜底和必要调控，保险公司自留一部分风险，确保其以合理谨慎的方式销售保单和提供服务，有效调动了两个方面的积极性。其次，平衡了直保与再保的关系。再保端拥有直保和再保的定价权，直保端拥有保单的销售以及分配保单进入再保基金的自主权，通过再保机制调节，直保端的盈利和亏损都被控制在一定区间内，确保整个行业保本微利和稳健发展。再次，平衡了效率与公平的关系。再保条件相对固定，稳定了市场预期，降低了谈判成本，提升了运行效率，同时考虑不同州、不同险种、不同公司之间的风险差异，通过分摊比例、净额分保、返回利润等方式调剂经营结果，做到了兼顾公平。借鉴美国经验，中国农业保险再保险共同体（以下简称“中国农共体”）作为我国农业再保险专项机制，是行业风险共同体和命运共同体，可以探索建立具有中国特色的风险共担和利润共享机制，有效平衡直保和再保关系，共同促进中国农共体持续稳定运行。

（四）建立分层结构的风险分散机制

对于超出市场主体和再保险体系承受能力的农业大灾风险，需要政府来承担农业保险经营风险的最终责任，提供财政支持下的后端风险分散渠道。美国建立了直接保险、再保险、大灾基金（包括应急基金和专项预算）以及紧急预案四层结构的农业风险分散机制，有效保障了农业保障体系的持续稳定运行。直接保险主要承担常规风险，销售农险产品，为农户提供承保、理赔、防灾减损等服务；再保险主要承担中高层风险，提供稳定的再保险支持和风险管理服务，并与大灾基金实现有效对接；大灾基金主要提供再保险体系之上的高层风险保障；紧急预案主要是对极端情况所做的应急准备。不同风险保障层级各司其职、相互衔接、相互补充，实现了风险从低到高的逐级分散。建议我国以现有农业保险体系为基础，探索建立大灾基金和紧急预案制度，形成以直保公司、农共体、大灾基金以及紧急预案四层结构的农业风险分散机制，实现对我国农业风险的闭环管理。

（五）通过动态调整使制度逐步完善

美国农业再保险体系和农业保险大灾风险分散机制建设历时数十年，经过数次运行模式调整和机构转型，美国《标准再保险协议》也是每五年就要进行一次修订，以使其发挥出最大化的政策效率和最优化的市场效果。实践表明，一方面，农业再保险体系和农业保险大灾分散机制建设并不是一蹴而就的，需要结合实践的深入和形势的变化，因地制宜、因时制宜，不断整合国家支农惠农政策资源，使制度逐步完善起来；另一方面，要结合政策调整和制度完善来加强市场调控，比如，美国政府通过动态调整基金分摊比例和净额合约成数，来规避分保逆选择、平衡地区间承保结果、支持创新业务发展等，从而提升了财政资金的惠农效率。同样道理，在我国农业再保险发展过程中，政府部门和监管机构也需要根据农业政策目标的变化不断完善我国农业再保险机制，必要时也要对农业再保险发展加强窗口指导，确保农业再保险朝着服务乡村振兴战略和农业现代化的目标持续健康发展。

参考文献

[1] 中国保监会财产保险监管部，安华农业保险公司．美国农业安全网对我国农业保险的启示［N］．保监会简报，2016-09-02.

[2] 袁祥州，朱满德．美国联邦农业再保险体系的经验及对我国的借鉴 [J]. 农村经济，2015 (2) .

[3] 张团囡．美国农业保险制度演进研究 [D]，沈阳：辽宁大学，2011.

[4] United States General Accounting Office. Information On The Federal Crop Insurance Corporation' s 1983 Standard Reinsurance Agreement [R] . 1983.

[5] United States General Accounting Office. Information On The Federal Crop Insurance Corporation' s 1986 Standard Reinsurance Agreement [R]. 1986.

[6] United States General Accounting Office. Federal Crop Insurance Corporation' s Financial Statements for 1989 and 1988 [R]. 1990.

[7] MJ Miranda，JW Glauber. Systemic Risk，Reinsurance，and the Failure of Crop Insurance Markets [J]. American Journal of Agricultural Economics. 1997，79 (1) .

[8] Dennis A. Shields. Renegotiation of the Standard Reinsurance Agreement (SRA) for Federal Crop Insurance [R] . CRS Report for Congress. 2010.

[9] USDA. agricultural act of 2014 [Z]. 2014.

[10] USDA. agricultural adjustment act of 1938& federal crop insurance act [Z]. 2015.

[11] USDA. USDA fiscal year 2017 budget fact sheet [R]. 2017.

[12] USDA. 2018 Standard Reinsurance agreement [Z] . 2018.

[13] USDA. 2018 Livestock Price Reinsurance Agreement [Z] . 2018.

[14] USDA. Federal Crop Insurance Corporation/Risk Management Agency' s Financial Statements for fisical years 2017 and 2016 [Z]. 2018.

保险科技

大数据视角下的农业保险创新与提升*

赵思健　张　峭　陈敬敏

摘要： 从大数据视角出发，对农业保险大数据进行分类梳理，并就农业保险大数据的现状进行总结归纳。面向农业保险大数据平台的构建，提出包括采集层在内的六层结构的整体框架，并对其中涉及的关键技术进行介绍。在大数据技术的支撑下，详细阐述农业保险在精确承保、精准理赔、科学定价、产品创新和服务升级等方面的提升与创新，并展望大数据下农业保险信息化的3.0时代“智慧农险”。

关键词： 大数据；农业保险；大数据平台；创新；智慧农险

一、引言

农业保险作为农业支持保护政策的重要组成部分，为农业提供风险保障、分散农业风险，稳定农村经济方面发挥了重要的稳定器作用。自2007年开始实施农业保险保费补贴政策开始，农业保险得到了迅猛发展，服务“三农”能力显著增强。近十年来，我国参加农业保险的农户已从2007年的4 981万户次，增长到2亿户次，增长了3倍；承保的农作物从2.3亿亩增加到17.2亿亩，覆盖了所有的省份；承保农作物品种达到190多种，玉米、水稻、小麦三大口粮作物的承保覆盖率超过70%；保费收入从51.8亿元增长到2016年的417.1亿元，充分地发挥出了农业保险支农惠农的积极作用。迄今为止，我国农业保险已经稳居距美国之后世界第二的位置，这样的发展成就令人欣喜。

在农业保险快速发展的同时，不可避免地暴露出了一系列问题。从经营管理上看，保险标的不清、夸大虚假投保等承保不规范问题，缺乏有效的风险评估、逆选择等承保、勘查定损难、虚假理赔、理赔时效低等理赔难问题依旧存在[1]；从覆盖率上

---

* 基金资助：中国农业科学院农业信息研究所基本科研业务费（JBYW-AII-2017-19），国家自然科学基金面上项目（41471426），原载《保险理论与实践》2017年第12期。收入本书时有修改。

赵思健，中国农业科学院，博士，副研究员；张峭，中国农业科学院，博士，研究员，陈敬敏，北京佰信蓝图科技股份公司，农业保险部门负责人。

看，种植业保险、林业保险整体覆盖率仍不足60%，除小麦、水稻、玉米作物外，其他种植作物覆盖率相对偏低。养殖业保险覆盖率也偏低，尤其是生猪、奶牛等重要畜产品的渗漏率不足25%[2]；从产品服务上看，价格指数保险、天气指数保险、收入保险等创新型的保险产品尚处在初步探索阶段，具有地方性、行业性、功能性特色的农产品保险供给不足，难以满足多样化的保障需求，各保险主体在特色农业保险产品开发方面投入相对不足。由此可见，现阶段农业保险在产品及服务依旧存在相对粗放的状态，亟须开展产品与服务的创新与提升，而大数据技术将成为一项重要的支撑技术。

随着互联网技术的快速发展，全球逐渐步入"大数据"时代，"资源"的含义正在发生极大的变化，它已不再仅仅只是指煤、石油、矿产等一些看得见、摸得着的实体，"数据"正在演变成不可或缺的战略资源[3]。在我国，2014年3月"大数据"首次写入《政府工作报告》，2015年8月国务院正式颁布了《促进大数据发展行动纲要》，2016年4月国家发改委促进大数据发展部际联席会议审议通过了《促进大数据发展三年工作方案（2016—2018)》《促进大数据发展2016年工作要点》等四个文件等，"大数据"已成为我国发展的一项重要战略。随着大数据技术的发展和应用，传统金融保险的信息模式将发生巨大的变化，保险交易形式更趋向电子化和数字化，保险业的运营效率也将得到想着提高，产品模式的发展与创新也变成为了可能。而这一切对于正处在迅猛发展中的农业保险将会愈发突出。

二、农业保险的大数据视角

农业保险大数据可以被定义为贯穿农业保险风险分析、产品开发、经营管理、市场拓展、客户服务、决策支持、效果评价等环节的跨行业、跨专业、跨地域、跨时间的，结构化、半结构化、非结构化的，多维度、多粒度、多模型、多形态的海量农业保险相关数据的大集中，是吸取数据价值、促进农业保险创新发展、加快农业保险转型升级的重要手段。

根据上述定义，潜在的农业保险大数据可以分成如下两类：

（一）农业保险业务数据

农业保险业务数据是指保险公司经营农业保险业务时，由保险公司核心业务系统办理保险业务过程中产生的数据，其覆盖了精算、产品上线、投保、验标、承保出单、批单、退保、出险报案、查勘定损、立案、撤案、理算、理赔、支付、财政结算、分保、再保等各业务环节产生的业务数据，它是农业保险最主要、最基础的数据资源。

（二）农业保险相关的农业数据

农业保险相关的农业数据是对农业保险起支撑作用的其他数据，包括但不限于：农业保险产品创新支撑数据、农业保险精确承保支撑数据、农业保险精准理赔数据、农业保险效果评价数据、农业保险服务主体相关数据和其他相关数据。具体如下：

1. 农业保险产品创新支撑数据

农业保险产品设计相关数据是对农业保险保障潜力评价、农业保险产品创新、设计与定价提供支撑的数据，通过对数据挖掘与分析来设计保险产品并确定产品的费率、保障水平、保险期限、承保数量、赔付指标、保险金额和赔付等内容。具体可包括：① 种植业历史生产数据，包括种植面积、产量和单产；② 畜牧业畜禽历史生产数据，包括出栏量、存栏量、畜产品产量等；③ 渔业历史生产数据，包括捕捞与养殖规模等；④ 林业资源数据，包括林业分类、面积等；⑤ 种植业历史灾情数据，包括灾害类型、作物受灾面积、承灾面积和绝收面积；⑥ 畜牧业死亡率数据，包括疾病类型、死亡头数、扑杀头数等；⑦ 渔业灾情数据，包括台风、洪水等受灾数量等；⑧ 林业灾情数据，包括火灾过火面积、病虫害受灾面积等；⑨ 气象数据，包括气象站点不同时间尺度（年、旬、月、日）的降水、日照、温度、风速和农业气象站点不同时间尺度（年、旬、月、日）的土壤含水量、作物生育期等方面数据；⑩ 农产品市场价格数据，包括农作物收购价格、批发价格和期货价格，畜产品出售价、批发价格和期货价格等；⑪农产品成本数据，包括物化成本、人工成本和土地成本等。

2. 农业保险精确承保支撑数据

农业保险承保理赔相关数据是支持农业保险开展精确承保的支撑数据。具体可包括：① 土地资源数据，包括耕地、林地、水资源总面积、人均面积、分布情况等；② 种植业地块数据，包括遥感识别提取的作物地块数据、第二次农业普查的作物地块数据等；③ 土地权属数据，包括农村农业土地确权数据；④ 土地流转数据，包括农村农业土地流转合同、承保合同和租赁合同数据等；⑤ 粮食直补数据，包括农村农业粮食直补面积和综补面积等数据；⑥ 畜牧养殖数据，包括养殖品种、养殖企业和农户、出栏和存栏等养殖规模、耳标号、防疫检疫数据等。

3. 农业保险精准理赔支撑数据

农业保险精准理赔支撑数据是支撑农业保险开展精准理赔的支撑数据。具体可包括：① 种植业灾情遥感监测分析数据，是指利用卫星遥感识别解译的重大灾害的影响范围，不同作物的受灾面积、受灾比例和受灾程度等；② 种植业无人机灾情提取数据，是指利用无人机遥感技术识别的重点区域灾害的影响范围、作物受灾面积、受灾比例和受灾程度等；③ 农业灾情统计上报数据，是指由官方机构统计调查获得的区域作物受灾面积和受灾程度；④ 农业灾情抽样调查数据，是指由保险机构或其他第三方机构灾后实地抽样调查的作物受灾面积和受灾程度；⑤ 灾害相关的气象信息，是指灾害发生时基础气象站点、自动气象站或人工气象站采集的受灾区域相关的气象信息；⑤ 养殖业防疫检疫数据，是指由动物防疫检疫部门登记的畜禽疫病死亡信息、畜禽无害化处理信息等。

4. 农业保险效果评价支撑数据

农业保险效果潜力相关数据是对评价农业保险实施效果、农业保险保障水平，为拓展农业保险深度与密度、创新保险产品和提高农业保险参保率提供支撑的数据。具体可包括：① 农业产值、增加值数据，包括分品种、分区域的农产品产值与增加值、副产品产值与增加值等；② 种养规模数据，包括分品种、分区域的种植业种植面积和养殖业养殖规模；③ 农民生产成本、收益数据，包括生产成本、土地成本、净利润、现金成本、现金收益等；④ 农业灾害损失和救济，包括自然灾害、疫病损失和补偿；⑤ 农业补贴数据，包括三合一补贴、目标价格补贴等；⑥ 农业保险财政补贴数据，包括中央补贴、省级补贴、市级补贴、县级补贴等数据。

5. 农业保险服务主体相关数据

农业保险服务主体相关数据是指农业保险服务与受益主体的相关数据信息。该主体主要有两类：一类是种养规模较小的普通农户，俗称“散户”；另一类是以专业大户、家庭农场、农民合作社、龙头企业为代表的新型农业经营主体。针对前一类主体，主要的数据信息包括：农户身份信息、健康状况、联系方式、家庭成员构成、种养数量、保险状况、赔付情况、银行卡信息等；针对新型经营主体，主要的数据信息包括：机构/企业基本信息、种养规模、农资等生产资料购买信息、生产信息、销售信息、财务状况、贷款信息、信用信息、保险信息等。

6. 其他支撑数据

其他支撑数据是指对农业保险经营与服务起支撑作用的数据。具体可包括：①行政区划数据，包括省级、直辖市、市级、县级、乡镇级乃至村级行政区划；②基础地理信息数据，包括城镇分布数、水文数据、地形地貌数据、土地利用数据、植被分布数据、土壤分类数据等；③政策文件和法律法规数据，指农业保险涉及的相关的政策文件、条例、法规、政府公文、操作规程、技术标准、技术规范等。

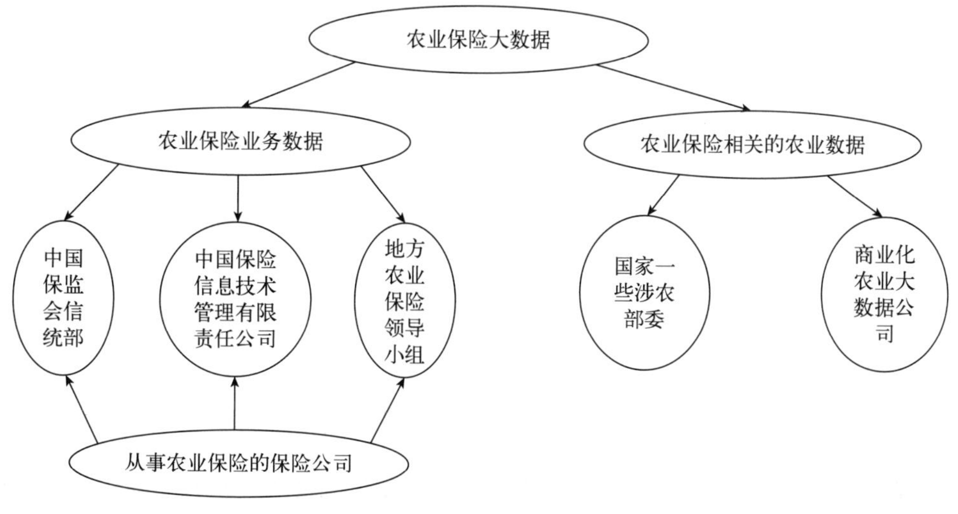

图1　农业保险大数据的分布情况

三、农业保险大数据的现状

根据农业保险大数据的分类，当前农业保险数据的分布情况如图 1 所示，归纳如下。

（一）保险行业已经在汇集业务大数据，效果显著

保险行业非常重视农业保险业务数据的大集中。北京市农业保险领导小组从 2008 年起就开始设计、筹划北京市农业保险数据管理平台建设，2013 年正式启动实施并于 2014 年正式建成，迄今为止已经运行了 3 年的时间，汇集了北京市 7 家保险公司近 5 年全险种的承保、立案、赔案、支付等环节业务数据。2014 年 3 月国务院召开农业保险专题会议，提出建立全国农业保险信息管理平台，中国保险信息技术管理有限公司 7 月召开平台建设规划论证会并于 10 月开展平台建设，2015 年种植险业务数据上线，2016 年全险种业务数据上线，汇集了全国所有从事农业保险公司全险种全流程的业务数据。

（二）大量农业数据分散在各个部门，共享难度大

大量农业保险相关的数据资源分布在国家一些涉农的部委，包括但不限于农业农村部、国家统计局、发改委、商务部、国家粮食局、林业局、国家海关总署、全国供销总社（中储粮）、民政部、环保部、水利部和国家气象局等。其中，农业农村部对农业综合、种植业、畜牧业、渔业、农村经营管理、农产品价格、农产品加工及农业资源和农村能源环境等进行统计调查，全面覆盖生产、消费、贸易、库存、价格和成本的农业生产经营活动 6 个主要环节；国家统计局每年编制出版《中国农村统计年鉴》，对我国农村经济运行情况、农户经济生活状况和农业生产经营状况的数据进行统计；发改委作为全国总体经济体制改革和宏观调控部门，已经形成了全国农产品价格数据、农产品成本收益数据和农产品物流数据三类农业数据的监测与统计；商务部负责国内主要城市生活必需农产品的零售价格、销售额、交易量、库存量等市场监测统计；国家林业局负责全国林业资源、病虫害防治和森林火灾等方面数据的监测统计；民政部负责对全国农业自然灾害灾情数据的收集、整理、分析与评估；国家气象局则对地面观测站气象数据、农气观测站气象和土壤湿度数据、农业生态气象数据等进行监测和统计，等等。由于各个部委的数据存在保密权限，对农业保险行业开放共享的难度较大。

（三）涌现大批农业大数据公司，但与农业保险对接的较少

近年来随着大数据技术的深化，国内涌现了大批农业相关领域的商业化大数据公司，具体包括但不限于农业产业链服务领域（奥科美、猪联网等）、农业遥感服务领

域（佳格，伽和等）、农业物联网领域（旗硕科技、慧云信息等）、农业电子商务领域（阿里、京东、苏宁、本来生活、供销e家等）、农业供应链服务领域（生鲜O2O、链农等），等等。这些大数据公司凭借自身的优势，一方面开展各自领域的应用及服务，另一方面也在汇集相关领域的大数据，具体包括但不限于农业资源、农业生产、农产品加工、农产品存储、农产品运输、农产品销售、农产品消费等方面。这些企业大数据大都分散分布在各公司企业中，并服务于该企业的主营业务，较少能与农业保险进行融合应用。

四、农业保险大数据平台的整体架构

大数据的价值在于数据的挖掘、分析与应用，搭建大数据平台是大数据产生价值的必经路径。从整体架构上，农业保险大数据平台包括采集层、标准层、存储层、分析层、应用层、用户层等六大部分（图2）。

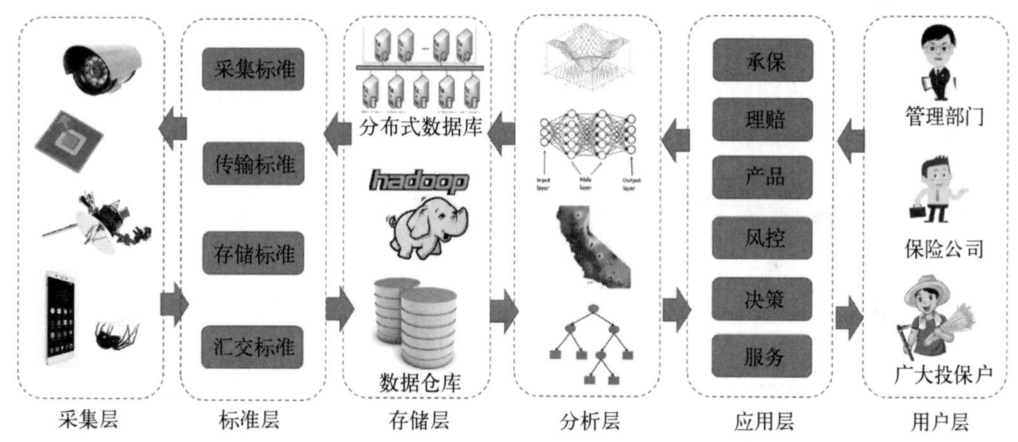

图2　农业保险大数据平台的整体架构

采集层： 数据采集是产生数据的过程，是所有大数据的源头。大数据平台的采集层是利用信息技术将农业保险相关数据数字化并进行有效采集和传输的过程。相比较电信、金融等行业，农业保险的数据积累尚处在初级阶段，相当部分数据采集工作仍通过数据上报的传统方式。但随着大数据技术的发展，农业保险数据的采集技术也将会逐步深化，其中最关键技术包括物联网采集技术、移动互联采集技术、遥感采集技术和物联网数据抓取技术等。

标准层： 大数据产生价值的一个重要前提是数据有效整合，而数据整合的前提则是数据标准的统一。针对多源异构的农业保险大数据，需在标准层上建立一套农业保险大数据标准化体系对数据的采集、传输、存储和汇交进行标准化[4]。

存储层： 大数据的核心在于基于存储的计算，从本质上来说，大数据主要解决的是海量数据搜索、计算、挖掘、展现和应用等问题，而这一切都离不开高效的数据存储技术。从存储层的逻辑结构上看，大数据存储主要包括分布式数据库、Hadoop平台和数据仓库三项关键技术。

分析层：大数据的价值就在于大数据分析应用，因此分析层是整个大数据平台的关键部件。农业保险大数据分析是以农业保险应用为需求，通过各种分析手段、算法、工具等对数据进行处理与加工，形成对农业保险应用产生价值的新技术、新知识、新结论等，实现数据的再增值过程。结合农业保险应用，农业保险大数据特色的分析技术包括：模型分析、时空分析、数据挖掘和人工智能。

应用层：大数据分析只有在农业保险实务中应用，才能真正将大数据的价值体现出来。因此，大数据平台的应用层是在分析层的基础上，根据实际的农业保险实务需求，实现大数据在农业保险承保、理赔、产品、风控、决策、服务等方面的应用，并促进农业保险的提升与创新。针对当前农业保险的难点及痛点，大数据技术带来的提升与创新包括但不限于：精确承保、精准理赔、科学定价、产品创新、服务升级等。

用户层：大数据平台的应用与服务对象包括保险管理部门、保险公司和广大投保农户。面向管理部门，利用大数据应用提升保险监管与决策的及时性、有效性和科学性；面向保险公司，利用大数据应用提升保险经营与管理的合规性和高效性，更好地进行风险管控和产品创新；针对广大投保农户，利用大数据应用提升农户的保险意识、增强保险服务体验和挖掘保险服务需求。

五、农业保险大数据平台的关键技术

（一）农业保险大数据采集

（1）物联网采集技术。是指通过各种信息传感设备，通过传感设备接入互联网形成一个巨大网络，实现实时采集物体或过程等各种的信息。根据传感设备的部署方式不同，物联网采集技术有可分为穿戴式采集技术、植入嵌入式采集技术和架设式采集技术。穿戴式采集技术是通过个体穿戴传感设备实现对个体信息的采集；植入嵌入式采集技术是通过在个体身上植入或嵌入传感设备实现对个体信息的采集；架设式采集技术则是通过架设传感设备实现对农业生产环境信息的采集。

（2）移动互联采集技术。是指利用手机、笔记本电脑、平板电脑等移动智能终端，结合高速的移动互联网技术进行数据采集。随着移动智能终端的日益普及，人们已经习惯于利用终端设备开展各类采集工作，达到数据采集随时随地。例如，保险公司业务员使用移动终端采集保险标的、被保险人信息、承保理赔影像资料等。利用移动互联技术采集的数据具有数据大、非结构化的特点，尤其是图片和视频资料数量激增。

（3）遥感采集技术。是指利用卫星、无人机、飞行器等对地面目标进行大范围监测、远程数据获取的技术。遥感技术是一种空间信息采集技术，具有采集数据范围大、采集信息速度快、多空间分辨、多时间分辨、信息量大等特点[5]。在农业保险大数据采集上，遥感技术可以客观、准确、及时地提供农业保险标的空间位置识别监测、保险作物长势动态监测、保险标的气象灾害监测、农作物产量监测等方面的采集工作。随着遥感技术的飞速发展，特别是高时空分辨率、高光谱传感器的应用等，遥感采集技术的采集和识别精度将逐渐提高。

（4）互联网数据抓取技术。是指利用爬虫等技术对对涉及网站、论坛、微博、博客、微信中农业保险大数据进行动态监测、定向采集的过程[5]。网络爬虫（网页蜘蛛），是一种按照一定的规则，自动地抓取互联网信息的程序或者脚本，有广度优先、深度优先 2 种策略，能够实现每个月爬取几十亿网页，数据量巨大。目前，各种机构都通过网站、微信公众号开展农业保险相关信息（数据、政策、新闻等）的公布与传播，通过爬虫技术可实现自动化的数据采集工作。

（二）农业保险大数据标准化

（1）数据采集标准。是标准化农业保险数据的采集，具体需要标准化的内容包括但不限于：数据采集流程、数据采集分类、数据采集对象、数据采集指标、数据采集指标内容、数据采集方式、数据采集工具、数据采集时间、数据采集地点、数据采集时空范围、数据采集频率、数据采集精度、数据采集粒度、数据采集误差，等等。

（2）数据传输标准。是标准化农业保险数据采集后的传输，具体需要标准化的内容包括但不限于：数据传输方式、传输数据格式、数据编码标准、数据传输速率、数据传输安全、数据传输频率、数据传输时间、数据传输冗余，等等。

（3）数据存储标准。是标准化农业保险大数据的存储，具体需要标准化的内容包括但不限于：数据存储方式、数据存储结构、数据存储效率、数据校验规则、数据质量控制、数据元数据标准、数据更新策略、数据存储安全、数据备份策略、数据容灾策略，等等。

（4）数据汇交标准。是对各类农业保险数据汇交使用的标准，具体需要标准化的内容包括但不限于：数据汇交方式、数据汇交内容、数据汇交分类、数据汇交范围、数据汇交分析工具、数据汇交成果形式，等等。

（三）农业保险大数据存储

（1）分布式数据库。是指利用高速计算机网络将物理上分散的多个数据存储单元连接起来组成一个逻辑上统一的数据库，获取更大的存储容量和更高的并发访问量。在大数据存储结构中，分布式数据库主要负责海量农业保险相关数据的分布式存储、加工、关联和汇总，提供并行计算、数据深度分析和挖掘能力，并向数据仓库输出高度汇总的数据。

（2）Hadoop 平台。是一种分布式系统平台，通过它可以轻松地搭建一个高效、高质量的分布系统，包括分布式文件系统（HDFS）和分布式计算模型（MapReduce）两个部分[6]。在大数据存储结构中，Hadoop 平台通常用于负责存储海量的流量单据数据，提供并行的计算和非结构化数据的处理，实现低成本的存储和低时延、高并发的查询能力。

（3）数据仓库。是在原有分散的数据库里进行数据抽取、清理的基础上，面向主题进行系统加工、汇总和整理得到的数据库。在大数据存储结构中，数据仓库主要起存储指标性数据、高度汇总性数据、决策性数据、专题性数据等，可直接面向大数据平台访问层的应用。

（四）农业保险大数据分析

（1）模型分析。是一种利用专业模型计算获得农业保险或农业风险相关规律的过程。农业保险经营管理是农业风险，因此大量的专业风险分析模型将成为农业保险大数据分析的一个重要组成部分，包括：种植业生产风险评估模型、种植业费率厘定与区划模型、气象灾害风险识别与监测模型、畜牧业死亡风险评估模型，农产品市场价格风险评估模型，等等。

（2）时空分析。是一种专门应用于时空数据，揭示时空规律的分析技术。农业保险大数据中不乏利用遥感、地理信息、全球定位（俗称“3S”技术）获得的大量时空数据。通过对这些大量的时空数据分析，揭示农业保险或风险在时间、空间上的分布规律，诸如：农业保险区域保险深度、农业保险区域经营发展状况、农业气象灾害的时空分布规律，等等。

（3）数据挖掘。是一种从大量的数据中通过算法揭示隐藏于其中信息或规律的过程。数据挖掘的应用可以从传统的统计，扩展到分类、聚类、关联、估计、预测等方面。在农业保险大数据分析中，通过数据挖掘可以发现农业保险的风险规律、被保险农户行为、农业保险产品缺陷、道德风险与逆选择根源等潜在的信息。

（4）人工智能。简称 AI，是一种模拟人脑意识、思维、智力的技术方法，包括弱人工智能、强人工智能和超人工智能。目前，大部分人工智能技术都属于弱人工智能，包括人工神经网络、深度学习等，在农业保险大数据分析上的应用可以包括：畜牧业保险个体识别，畜牧业理赔影像资料识别，种植业损失遥感数据的分类监测，农业风险精算模型精度优化，等等。

六、大数据技术带来农业保险的提升与创新

（一）精确承保

1. 种植业：以地块数据为驱动的精确承保新模式

种植业精确承保的关键之一在于确定保险标的的地理位置及数量，因此建立以地块数据为驱动的按图承保模式是解决种植业虚假投保、重复投保的重要手段（图 3）。① 承保时，保险业务员手持移动终端，载入土地二次调查数据、土地承保经营权确权登记数据、作物遥感识别地块数据等辅助数据源，配合实时的高清影像底图，结合 GPS 或北斗等定位技术，快速采集每个投保户的投保标的（地块）位置和面积，采

集地块要与投保单一起进入保险公司核心业务系统作为核保的重要依据，实现“无图不出单”的精确承保原则。② 建立“农险一张图”的按图管险新模式，以地图的方式管理所有种植业保单地块，实现“保单连地、地连保单”的强关联，开展地块面积核实、地块重复投保校验、地块虚假投保判断、地块承保人变更监测、区域覆盖率分析等辅助决策功能，提升农业保险承保的精准度。③ 实现“依图公示”的承保公示新模式，把投保清单与地块地图一并以纸质或网络方式进行公示。把公示信息精确到地块，保险公司和投保农户一目了然，方便投保农户直观地确认标的信息，让他们心里有底，减少后续的争议。

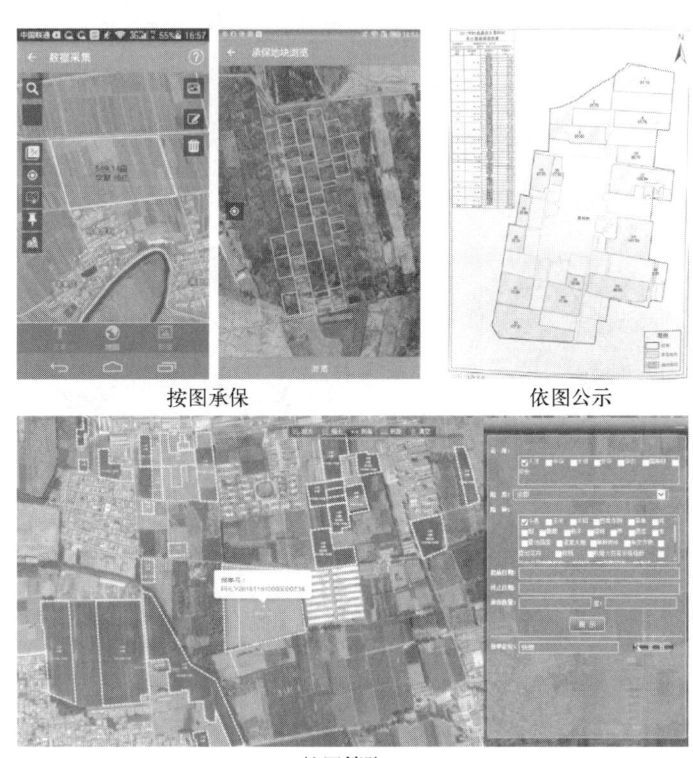

按图承保　　　　依图公示

按图管险

图 3　地块数据为驱动的精确承保

注：部分图片选自北京佰信蓝图科技股份公司、北京世纪国源科技股份有限公司的公开材料。

2. 养殖业：以标的识别为核心的精确承保新模式

养殖业承保难题在于承保标的数量不清、标的个体无法确认，因此解决养殖业精确承保的核心在于建立以养殖标的识别为核心的承保新模式（图 4）。① 借助物联网技术，研发养殖牲畜个体识别的电子芯片技术，以植入或佩戴的方式嵌入投保的牲畜身体的某个部位。保险业务员持扫描器扫描电子芯片建立投保个体与电子标签码的唯一关联，建立承保牲畜标的电子标签码信息库。② 借助激光扫描成像技术，研发养殖场牲畜个体数量识别技术。保险业务员或饲养员携带激光设备进入场舍扫描一圈，构建参数三维场景，快速计算出养殖场舍内的养殖头数，以便精确核对承保数量。③利用人工智能深度学习算法，研发牲畜脸部和花纹识别技术，保险业务员利用移动终端设备摄像头对每个承保标的脸部或花纹进行自动捕捉扫描，识别并获取每个标的个体身份照片，建立承保牲畜标的的身份认证信息库。

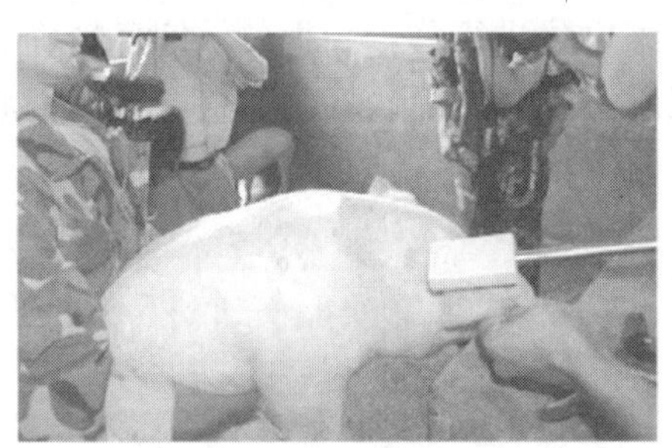

物联网电子标签

牲畜个体扫描识别

激光扫描建模设备

养殖场三维场景

图 4　标的个体识别为核心的精确承保

注：部分图片选自北京今始科技有限公司提供的材料。

(二) 精准理赔

1. 种植业："天空地"一体化的勘查定损模式

解决种植业勘查定损难的关键在于建立以卫星遥感、无人机及手持移动终端共同组成的"天、空、地"一体化的勘查定损技术体系[1]（图 5）。① 卫星遥感大尺度勘查定损。凭借卫星遥感数据覆盖广、多分辨率、多时相的优势，可实现省级/县级尺度的灾害损失快速勘查，让保险公司对灾害损失有全局性把握；可快速识别重灾区，为进一步的勘查调度提供指导。② 无人机中尺度勘查定损。凭借无人机拥有机动性强、分辨率高的特点，可对受灾严重的乡镇/村进行精确查勘。另外，无人机遥感还能为人力无法到达的区域灾损精确调查提供支持。③ 移动终端小尺度勘查定损。移动设备具有携带方便和精确定位的优点，可实现以户为单位的灾害损失实地勘查和远程辅助勘查，并能借助 3G 无线网络实现勘损信息的快速传输。

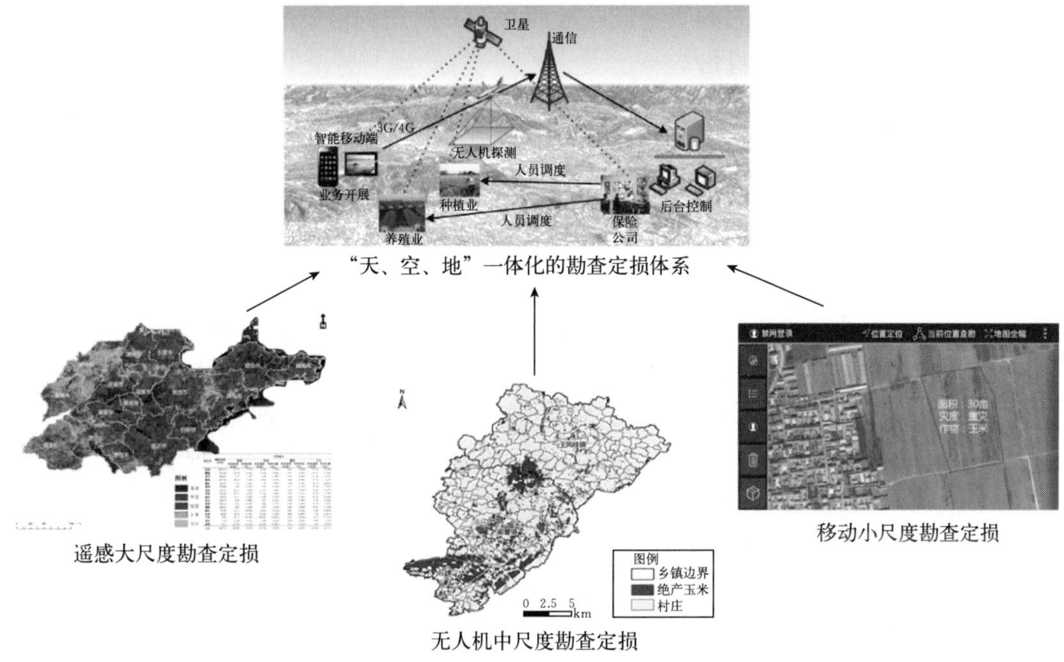

图5 "天、空、地"一体化的勘查定损技术体系

2. 养殖业：牲畜个体识别为核心的精准定损模式

解决养殖业精准理赔的关键在于确定出险标的的身份，确保出险标的是保险标的，且不存在重复理赔的虚假行为。因此，跟养殖业精确承保一致，养殖业精准理赔也是建立以牲畜个体识别为核心的勘查定损模式（图6）。① 电子芯片扫描识别技术。通过承保时预先植入或佩戴的电子芯片，保险公司业务员使用电子扫描设备对出险后的牲畜进行电子芯片探测，通过探测获得的电子芯片来确认死亡标的的身份。② 人工智能扫描识别技术。通过承保时预先建立的标的身份认证信息库，保险公司业务员

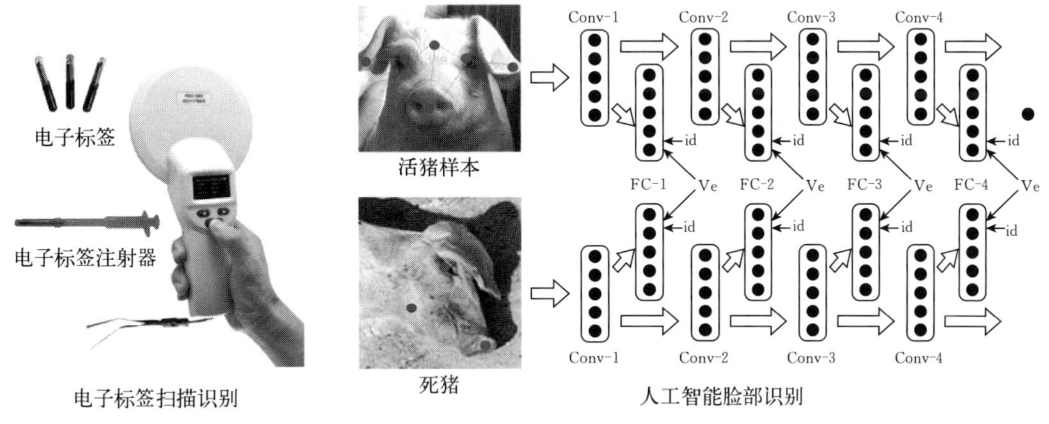

图6 标的个体识别为核心的精准定损模式

注：部分图片选自北京佰信蓝图科技股份公司、北京今始科技有限公司提供的材料。

使用移动终端拍摄出险标的的脸部或花纹照片，并发送到信息库中进行人工智能算法比对，进而确定死亡标的身份。

（三）科学定价

1. 基于多源数据融合的农业风险评估

农业保险科学定价的核心在于科学厘定保险费率，实现保险费率与保险责任的对等，而科学厘定费率的关键在于对农业生产风险进行有效评估。根据风险构成要素的不同，农业生产风险的评估方法可归纳为基于风险因子的评估法、基于风险机理的评估法和基于风险损失的评估法三类[7]，其中基于损失的评估方式是目前保险业较为普遍使用的方法。从数据层面上，衡量农业生产的损失可以通过产量数据计算减产损失、通过气象数据计算气象损失、通过灾情数据计算灾害损失和通过保险理赔数据计算保险损失，但每种数据计算的损失都存在着缺陷。因此，从大数据的角度出发，综合产量、气象、灾情和保险理赔数据的多源数据，开展数据的深度分析与挖掘，进而评估农业生产风险和厘定保险费率，将更加客观与准确。

2. 基于地图的农业保险费率区划

农业保险费率区划是在农业生产风险评估及费率厘定基础上，依据地域分异特征和规律进行科学分类，按照区内相似性与区间差异性的原则，在空间上划分不同等级的费率区域。不同等级的区域建议使用不同的费率标准，这样不仅可满足地域差异性的特点，也可有效规避道德风险与逆选择问题。在实际应用中，利用地图制作的农业保险费率区划图是最直观的区划结果表达，也是目前在保险公司广泛使用的区划资料（图 7、图 8）。

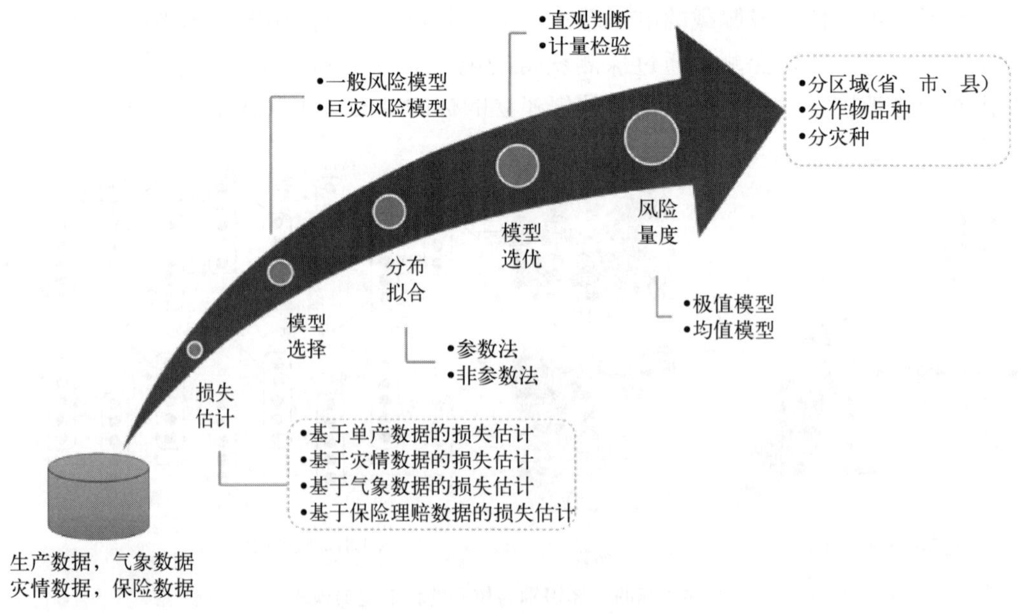

图 7　农业生产风险评估

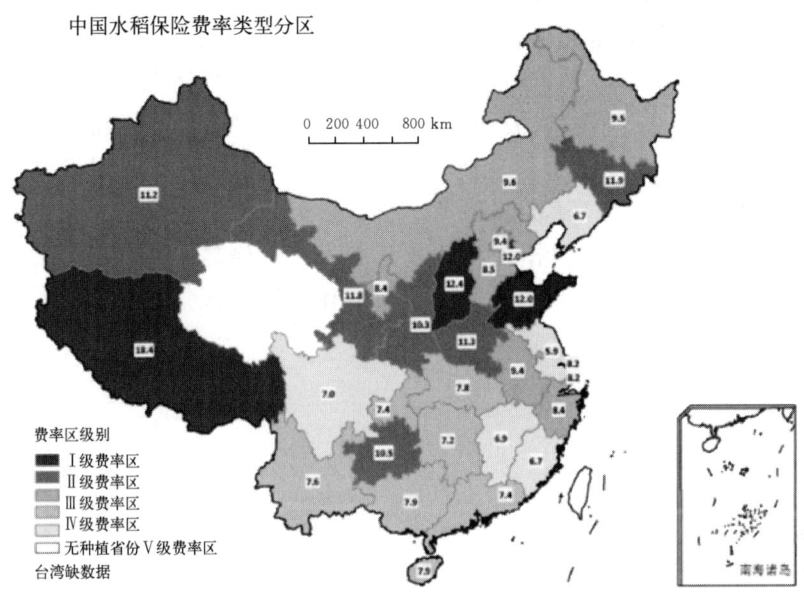

图 8　农业保险费率区划

（四）产品创新

1. 基于气象风险识别和评估的天气指数保险产品创新

天气指数保险核心在于将气象要素对农作物损害程度指数化，即指数对应农作物产量的损失程度。因此，天气指数保险产品创新的关键在于量化气象要素对作物产量造成的影响。农业气象风险识别和评估技术在长时间序列的气象数据和作物产量数据的支持下，通过构建产量波动损失与气象因子之间的关系模型，自动筛选出关键气象因子作为气象指数，开展气象指数异常影响下作物产量损失的模型设计，选取某个或几个关键气象要素作为天气指数，并利用模拟技术来检测每个指数波动带来的减产程度，最后选择合理的波动阈值作为理赔的触发条件。

2. 基于作物遥感估产的区域产量（收入）保险产品创新

农业区域产量（或收入）指数保险难以大范围推广的一大原因在于缺乏一个能够及时公布区域产量的途径或手段。官方统计的区域产量往往会滞后作物收获期很长一段时间才公布，极大地制约了产量（收入）保险的理赔。为此，需要利用其他技术来代替传统的测产技术，这便是作物遥感估产技术。遥感估产是根据生物学原理，在收集、分析各种作物不同光谱特征的基础上，通过卫星传感器记录地表信息、辨别作物类型、监测作物长势，并在作物收获期估算作物的产量。利用遥感估产方法来代替传统的测产方法，不仅能降低成本、提高效率、扩大推广范围等优点，而且遥感数据拥有较小空间分辨率的优势，可有效地降低区域产量不均的基差问题。

3. 基于农产品市场价格分析技术的价格保险产品创新

价格指数保险产品关键在于如何对农产品市场价格进行有效分析以掌握其规律，从而有效地控制价格风险。农产品价格分析，就是在农产品市场价格监测数据支持下，对农产品市场价格开展价格波动分析、价格传导分析、价格预测分析等。价格波动分析是对农产品价格波动序列进行分解，将其中的各种波动因素（包括长期趋势、周期波动、季节波动、随机波动等）测定出来；价格传导技术是分析农产品价格体系中某一产品价格与其他相关产品或其加工品价格之间的相互作用；价格预测技术是对农产品市场价格未来发展过程的预计和推测，包括市场价格波动的幅度和方向。

农业保险产品创新的支撑技术见图 9。

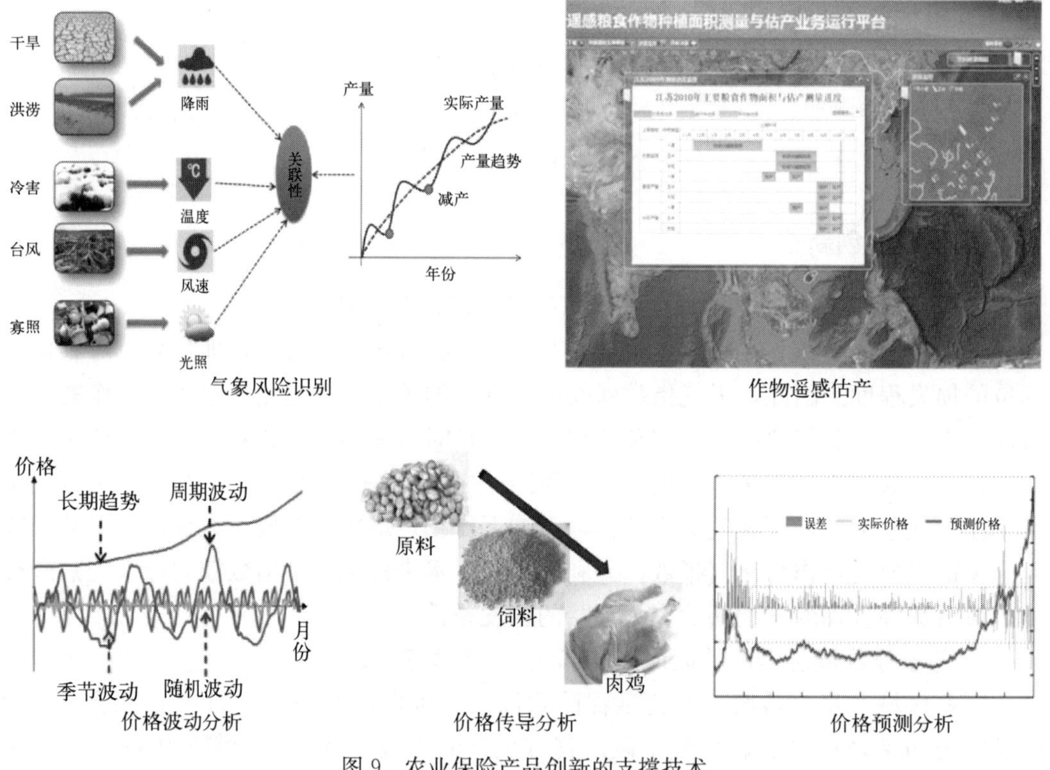

图 9　农业保险产品创新的支撑技术

（五）服务升级

1. 增强农户的客户体验

在农业保险大数据的基础上，借助移动互联网技术，为广大投保户提供快捷的保险服务，增强广大投保户的客户体验。① 开通保险信息查询渠道。广大投保农户可通过短信、微信、移动 APP 等手段随时随地进行保单查询、理赔进度查询。② 开通一键投保、一键报案服务渠道。广大投保农户可利用移动设备一键提交投保意向，出险一键报案并协助上报出险现场的第一时间资料。③ 开通微信和支付宝等快捷理赔服务。将支付权限下放到业务前端，实现现场查勘、即时核赔，并以扫码支付的方式将赔款直接支付给投保农户。④ 开通巨灾预付的绿色通道。对于受到巨灾损失的广大投保户，在确定灾情、尚未核损的情况下，将预付赔款在灾后第一时间送达农户手中。

2. 引导保险的智能服务

在农业保险大数据的基础上，借助数据挖掘和智能分析等技术手段，改善与提高农业保险的服务水平，实现服务的智能化。① 行为分析。在大数据支持下，开展投保户，尤其是新型经营主体，的生产、交易、信贷、保险等行为规律的挖掘分析，揭示农户生产特点、经营发展情况、投保意愿变化、融资需求等潜在规律，为开展智能营销、提供保险以外的服务提供支撑。② 智能营销。通过大数据支持下的投保户行为分析，挖掘投保户潜在风险状况和风险保险需求，定制和营销适于该投保户个性化需求的保险产品。③ 产品评价。通过农业保险大数据分析，根据保险产品的风险状况分析、经营状况分析、市场反映度分析、客户层次分析等实现对保险产品的综合评价，有助于改善产品方案、提升产品的品质。

3. 催生更多的增值服务

在气象、价格等其他农业保险相关数据的支持下，将相关信息以推送的方式主动推送给监管部门、保险公司和广大投保户，实现保险外的其他增值服务。① 气象信息的推送。在气象数据的支持下，为监管部门、保险公司和广大投保户主动推送气象预报信息和气象灾害预警信息，提前做好防灾减灾工作降低损失，具体包括但不限于：中长期气候预测信息、短期气候预报信息、气象灾害预警信息和气象灾害灾后评估信息等。② 价格信息的推送。在农产品价格数据的支持下，为监管部门、保险公司和广大投保户主动推送价格信息和价格分析信息。价格信息包括但不限于：地头收购价格、批发市场价格、农贸市场价格、超市价格及期货价格等；价格分析信息包括但不限于：价格走势分析信息、价格对比分析信息、价格涨跌预警信息、价格预测信息等。

4. 扩大保险的普及推广

通过微信、短信、移动 APP 或互联网等渠道，以卡通、Flash、视频等易接受的方式，将大量的农业保险知识、农业保险产品条款、投保理赔流程、农业保险创新性产品、惠农支农政策、保险监管要求、农业生产技能等相关的信息和知识，主动推送给每个投保户，提高广大投保户对农业保险的认识，维护广大投保户享受惠农政策的权利。

农业保险的服务升级见图 10。

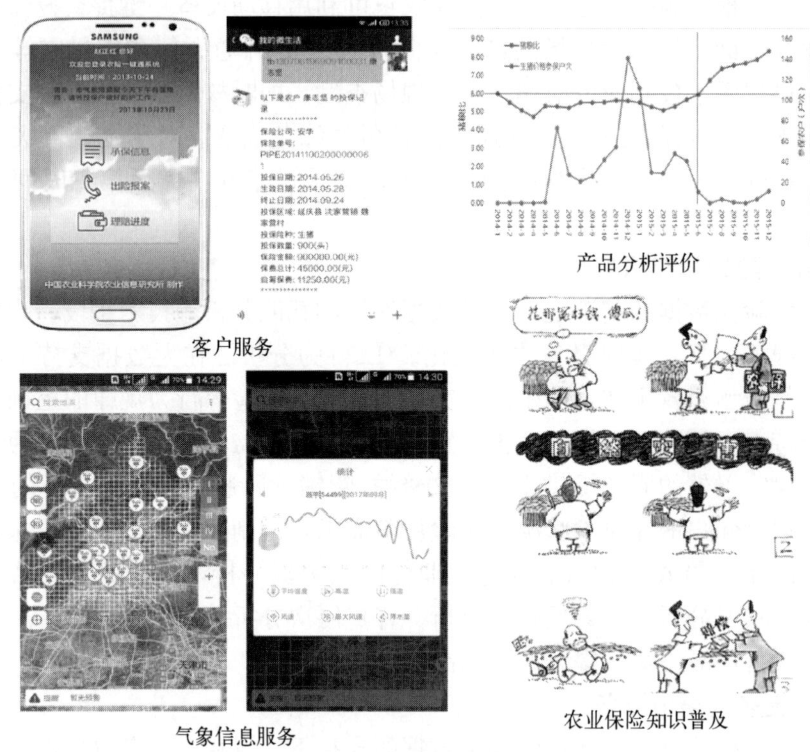

图 10　农业保险的服务升级

七、农业保险大数据引领智慧农险

大数据作为新一代信息技术，潜力十分巨大，将其应用于农业保险，不仅能提高农业保险的经济效益和服务能力，还能深化农业保险的数字化和信息化，并推动农业保险向“智慧农险”的宏伟愿景迈进。所谓智慧农险，就是运用现代信息技术手段对农业保险标的、保险公司经营、气象、市场价格等农业保险大数据进行感知、量测、采集和整理，通过有线和移动互联网实时传输，形成农业保险大数据中心，运用大数据分析技术对海量异构的大数据进行处理、整合、储存、分析、推理和预测，实现农业保险的准确、动态、高效与智能管理，为政府部门、保险机构、广大投保户提供个性化、精准化、智能化服务[8]。智慧农险将会是农业保险信息化的 3.0 时代（信息农险 1.0，数字农险 2.0，智慧农险 3.0），它将彻底改变农业保险的经营管理模式，带来农业保险服务能力的重大提升。

但同时，大数据作为一种新兴的信息技术，在农业保险的应用任重道远。大数据涉及的内容十分浩瀚，可分为大数据科学、大数据工程、大数据技术、大数据分析和大数据应用等领域。目前，大数据的应用虽层出不穷，但相比之下大数据科学、大数据工程等系统化的研究与应用还尚有缺乏；另外，大数据的共享与整合是目前大数据应用的一大难题，由于体制和机制的原因，部分珍贵的大数据资源控制在一些机构或部门内部，共享难度大、应用面十分有限。虽然农业保险大数据尚有一些难度，但我们坚信农业保险大数据的前景是十分美好的。在不久的将来，在大数据的引领下，农业保险将迈入智慧农险的新时代。

参考文献

[1] 赵思健，张峭．科技支撑下农业保险的精细化管理及服务［J］. 农业展望，2015，11（11）：61-65.

[2] 潘胜莲．大数据时代背景下农业保险发展的新路径［J］. 决策咨询，2016，3：86－88，93.

[3] 大数据时代带来的机遇和挑战．http：//www. docin. com/p－1407437892. html.

[4] 农业大数据应用进展与思考．https：//wenku. baidu. com/view/b79c28cba0c7aa00b52acfc789eb172ded6399b9. html.

[5] 王文生，郭雷风．农业大数据及其应用展望［J］. 件数农业科学，2015，43（9）：1－5.

[6] 熊刚．基于 Hadoop 的大数据存储系统的设计与实现［D］. 南昌：江西师范大学，2014.

[7] 张峭，等．中国农作物生产风险评估及区划理论与实践［M］. 北京：中国农业科学技术出版社，2013.

[8] 李舒，赵思健，张峭．智慧农险——农业保险信息化发展的展望［J］. 江苏农业科学，2016，44（1）：7－10.

用“3S”打造精细化农业保险作业新模式探论

院　程　杨喜喜　陈敬敏

摘要： 传统作业模式下的农业保险经营管理的成本高、风险高、“粗放型”问题日益突显。随着科技发展，3S（遥感技术、全球定位技术、地理信息技术）逐步应用于农业保险，驱动农业保险的展业、承保、理赔及经营管理业务逐步精细化，同时为监管部门提供了数字化的监管手段，共同打造农业保险 2.0 版本。

关键词： 3S 精确承保；精准理赔；按图管险；精细化管理

一、我国农业保险发展现状

农业保险作为农业风险管理和风险保障的重要措施，是国家支农惠农重要手段，目标在于保护国家农业可持续发展，维护国家粮食安全，保障农民的收益稳定。在中央一系列政策的支持和引导下，我国农业保险的保费收入由 2007 年的 51.94 亿增长到到 2017 年 479.72 亿元，增长了约 9 倍，年平均增长率为 27.68%。2017 年农业保险为 2.13 亿户次农户提供 2.79 万亿元风险保障金额，同比增长 29.24%；支付赔款 334.49 亿元，同比增长 11.79%；4 737.14 万户次贫困户和受灾农户受益，同比增长 23.92%[1]；从 2008 年至今，我国农业保险规模已成为仅次于美国的全球第二位，其中畜牧业和林业保险规模位居全球第一位。然而，在农业保险 10 年高速发展的同时，还暴露出了虚假承保虚假理赔严重、道德风险逆选择多发、创新产品与工具缺乏、经营管理成本高等突出问题，呈现出“粗放型”的特点，制约了农业保险的健康持续发展。

随着移动互联网、物联网、大数据、云计算、人工智能、区块链、3S 等应用技术的迅猛发展，保险业逐步进入了保险科技时代，涌现出了一批新型农业保险应用技术。通过新技术的深入应用，从不同层级、不同维度促进农业保险的业务分析、展业、承保、理赔、产品设计等各业务环节转型，为保险“精细化”管理奠定了基础。其中，3S（遥感技术、全球导航卫星技术、地理信息技术）空间信息技术与纳米技术、生物技术并称国际三大科技前沿领域之一，它以“按图承保、按图理赔、按图管险”的理念在农业保险的精确承保和精准理赔方面发挥着重要作用，带来了农业保险

作者简介：院程、杨喜喜、陈敬敏，北京佰信蓝图科技股份公司农业保险业务部。

传统作业模式的创新与变革。

二、农业保险传统作业模式面临的主要问题

传统的作业模式做到了宣传到户、承保到户、理赔到户；惠民政策公开、实施方案公开、承保情况公开、理赔办法公开、工作程序公开，满足了政府的“三公开、五到户”规范管理要求，做到了被保险人的保的清楚、保的明白。但我国地域辽阔、生产环境复杂多样，在时间和空间上极具变化性，农村地域差异性大，村落高度分散、组织化程度较低。而农业保险对于信息的准确性和风险的精准评判要求极高，传统的作业模式是基于大量人力的采集、调查和评判。对于保险公司，要想保的明白、赔的清楚，做到对标的的精细化管理及风险的精准评估，就需要投入大量财力物力，作业的粗放性问题日益凸显。

（一）时间紧、任务重，成本高

我国的农业生产经营具有地域差异性大、生产环境复杂、作物多样、经营管理分散等特点。按照传统的作业模式，需要人工实地调查采集，逐一到户收取保费，则需要大量的人力、物力和财力，实际作业时成本高，难度大。理赔环节，目前的险种属于多风险保险，在发生灾害时，保险公司的人员需要多次前往查勘，由于农业灾害具有区域性的特点，当发生灾害时，需要在短时间内完成查勘工作，灾害查勘量大，定损工作任务重、时间紧，成本高。我国大多数农户在生产经营方面仍然处于高度分散的状态。基于一家一户承保理赔的传统产品及经营模式与农户小规模分散经营之间不相容，产生了成本高昂与违规行为严重的问题。

（二）管理粗放，风险高

标的的精细化管理及风险的精准评估，就要求在承保时弄清楚标的在哪里，种类、数量有多少、权属、范围（四至信息）、唯一标识和作物生长状况等情况，在查勘时需要弄清楚标的保险责任、受损范围、灾损原因，精准地评估灾损程度。传统作业模式主要依赖人工采集，很难做到快速、精确、精准，无法满足“精确承保和精准理赔”的核心业务目标。人工的采集和测算，造成数据不准确，信息不对称，同时为不法分子的虚假承保、虚假理赔提供了土壤。

实践层面，受到承保期限、工作人员和合规经营成本等多种因素条件限制，出现各种违规行为，2013—2017 年，涉及案件 464 起[2-3]，违规行为屡禁不止，损害了农民的利益和政府通过农业保险分散农业风险的政策目标。

（三）保险服务已不能满足新型经营主体

随着农业现代化、城镇化、信息化的深入推进，土地流转政策的落地，我国的农

业发展由传统农业向现代农业加速转型，截至 2016 年底，出现了 280 万个新型经营主体。新型经营主体具有市场化、专业化、规模化、集约化特点，其农业生产的高投入、高成本、高风险也日益凸显。对农业保险的保障水平的需求更高，对创新型保险产品的需求更迫切，对投保、定损及理赔服务的要求更高。传统的农业保险产品、服务模式已不能满足新型经营主体的需求，需要精准的分析与保险产品设计，要求服务更加精细和准确。

三、3S 空间技术在农业保险中的应用

（一）3S 技术是什么?

3S 技术是遥感技术（Remote Sensing，简称 RS)、地理信息技术（Geography Information Systems，简称 GIS）和全球导航卫星技术（Global Navigation Satellite System，简称 GNSS）的统称，是空间技术、传感器技术、卫星定位与导航技术和计算机技术、通讯技术相结合，多学科高度集成的对空间信息进行采集、处理、管理、分析、表达、传播和应用的现代信息技术。

1. 遥感技术（RS)

遥感技术是从远距离感知目标反射或自身辐射的电磁波、可见光、红外线，对目标进行探测和识别的技术。利用遥感技术监测农作物种植面积、农作物长势信息，快速监测和评估农业干旱和病虫害等灾害信息，估算全球范围、全国和区域范围的农作物产量，估算损失程度等。

在农业保险方面，遥感技术可以为承保提供作业底图，辅助开展承保信息采集、作物的长势监测、灾害的预测与监测、灾损范围和损失程度的评估，并及时反馈信息，为农业保险承保、验标、查勘、定损提供决策上的信息支持。

2. 地理信息系统（GIS）

地理信息技术是以地理空间数据库为基础，在计算机软硬件的支持下，运用系统工程和信息科学的理论，科学管理和综合分析具有空间属性的地理数据，以提供管理、决策等所需信息的技术系统。它具有数据采集与编辑、属性数据编辑与分析、空间数据库管理、制图、空间分析、拓扑查询、叠置分析、地学分析等多种功能，是处理和分析海量数据的通用技术[4]。在农业灾害预测与控制、农业资源调查和管理、农业气候区划、农作物估产与检测等方面均有不同程度的应用。

在农业保险方面，GIS 可以提供承保标的位置、灾害范围的采集，通过将图形与数据库有机结合的方式，支持空间属性信息的管理，提供基于位置的保单管理、信息检索与分析，专题图的制作等，为农业保险提供“以图管险”的新视角。

3. 全球导航卫星技术（GNSS）

全球导航卫星系统是一种高精度的全球卫星导航定位系统。利用该系统，用户可以在全球范围内实现全天候、连续、实时的三维导航定位和测速；另外，利用该系

统，用户还能够进行高精度的时间传递和高精度的精密定位。在农业保险作业中，GNSS 可以确定并记录作业人员及标的的位置，实现作业人员的管理、调度等。

（二）3S 技术支持下的“按图作业”新模式

随着 3S 技术的相互结合、相互渗透和发展，已经形成了“3S+农业保险”的行业解决方案（图 1）。该解决方案整合土地资源、农业生产、气象服务、遥感服务等领域数据，从“以图管险”的视角，采用“按图作业”的新模式，应用于农业保险承保、理赔、管理及分析全业务流程，彻底改变农业保险承保、理赔等各环节存在的“粗放型”问题，真正实现精细化农业保险经营与管理。

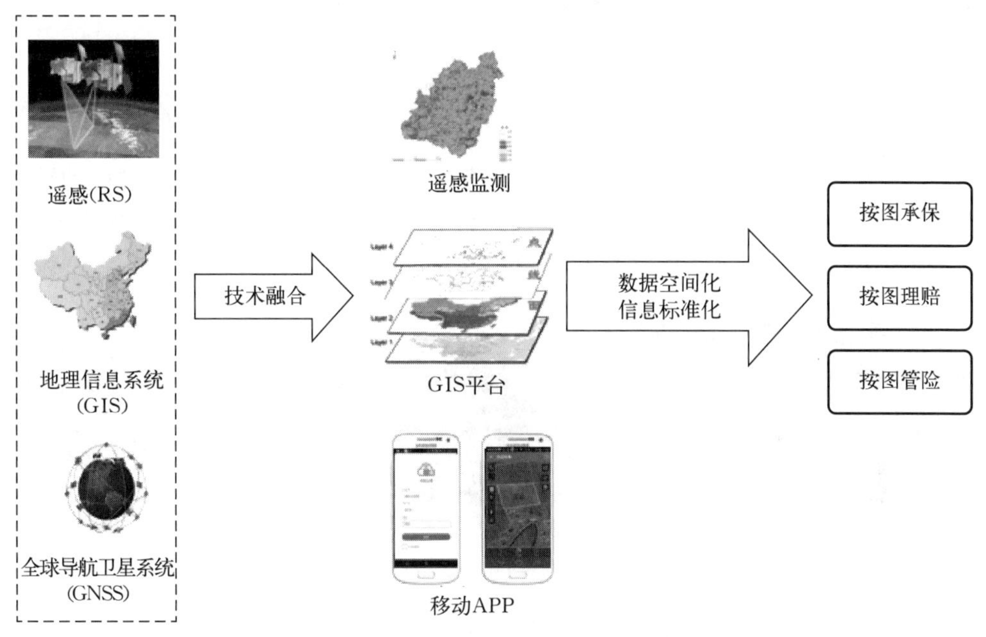

图 1　3S 技术支持下的“按图作业”新模式

1. 按图承保

承保作业时，以遥感影像作为基础数据，整合土地调查、土地确权、遥感识别地块等地块数据，绘制农业保险承保底图。利用移动终端的便携性和信息的实时上传特性，将底图嵌入移动采集 APP，辅助作业人员进行标的位置的采集及影像资料的采集。同时可借助 OCR 技术（Optical Character Recognition，光学字符识别），实现农户信息的采集、分户清单的自动生成，从而实现保单、标的信息与农户信息的关联（图 2）。

2. 按图理赔

接到报案之后，查勘员需要去往受灾现场进行查勘，对于种植业出险之后，受灾位置、受灾面积确定、查勘近景照、远景照等都是不可或缺的材料，对于出险的保

图 2　按图承保流程

注：1. 承保地块的采集；2. 保单地块的管理；3－4. 被保险人信息的采集及关联

单，挂接上承保阶段采集的标的精确位置，查看是否属于承保范围，通过移动端便可直接规避虚假理赔风险。标的受损空间地理位置，比传统的简单采集受损点 GPS 位置要精确很多，对后期定损提供非常有利的资料证明（图 3、图 4）。

图 3　富含“人、时、空、物”的影像资料采集

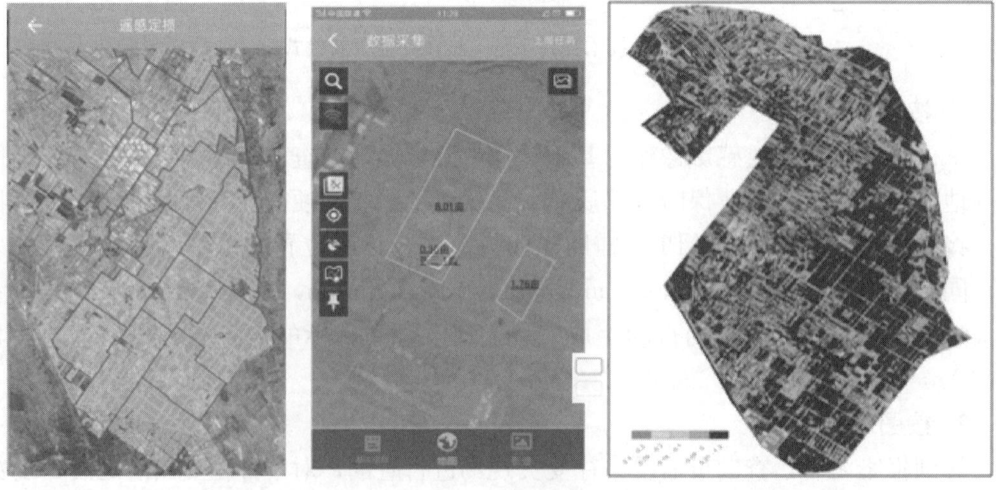

图 4　遥感定损及损失范围的采集

3. 按图管险

建立农业保险一张图（图 5、图 6），在承保环节，结合基础省、市、县、乡镇边界线，在影像一张图中加载承保标的地块，可以实现某一地区同一险种不同保险公司或同一公司不同机构之间业务分布情况预览，实现某一地区某一作物某一承保年份投保分布情况预览，实现某一地区某一作物不同时间投保分布变化情况，细化到保单级别，实现保单与标的地图式关联管理，实现保单到图、图到保单的快速查询，实现保单级保险标的的空间化展示对比。

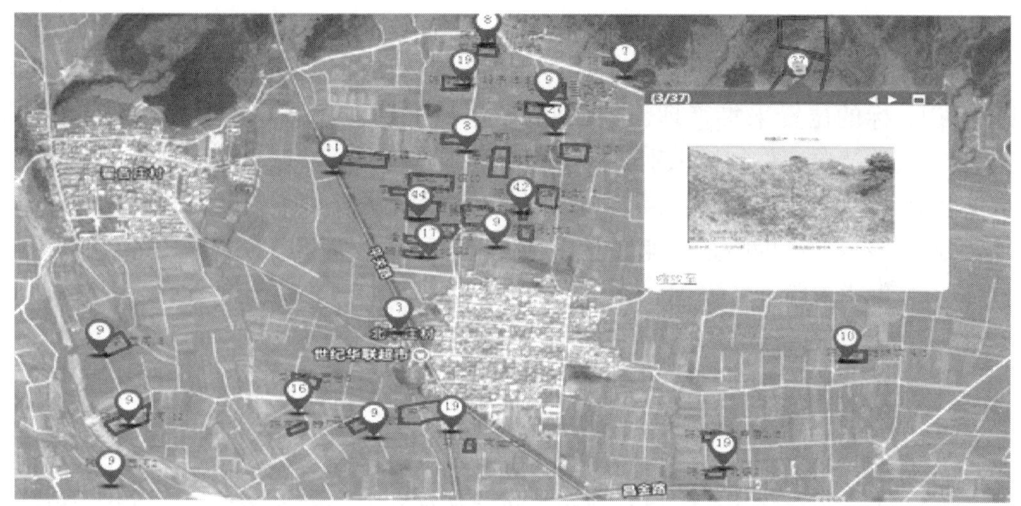

图 5　承保地块位置及影像资料展示

图 6　农业保险管理一张图

在理赔环节，以影像图和承保地块图为底图，加载出险位置点，可以实现某一灾害发生后在承保范围内的分布情况浏览，保单级别实现保单出险分布情况浏览。基于承保和理赔环节不同维度空间数据的展示分析，可以辅助发现农业保险的风险规律、被保险农户行为、农业保险产品缺陷、道德风险与逆选择根源等潜在的信息。

（三）3S 打造的“农险云图”应用

农险云图是以“风险防控”为核心，以“合规经营、降低成本”为目标的“天地空”一体化解决方案。农险云图平台采用“互联网＋3S＋农业保险”技术，结合“以图管险”管理新模式，实现农业保险“精确承保、精准理赔”，平台提供移动承保、移动查勘、标的位置采集管理、RFID 电子芯片识别、远程专家定损、空间水印相机、测亩仪、清单证件扫描识别、机构管理服务、协保员管理和考核、微信农事服务（承保公示、保单查询、理赔公示、理赔查询等）、无人机服务与影像分析、遥感影像验标定损等服务，协助险企快速展业，规避道德风险，降低经营成本，打造业务新流程，以科技助力农险业务发展。

1. 农险云图的整体框架

农险云图采用传统的三层体系结构，将农险业务应用划分为：应用层（IOS、Android、Web）、业务逻辑层（PolicyService、ShapeService、FileService、Survey-Service、JobService、MapService 等）、数据访问层（Data access）。通过分层设计实现，达到“高内聚低耦合”的设计思想，降低软件开发难度和质量控制风险，提升软件在农险业务服务效率，节约农险业务应用推广成本（图 7）。

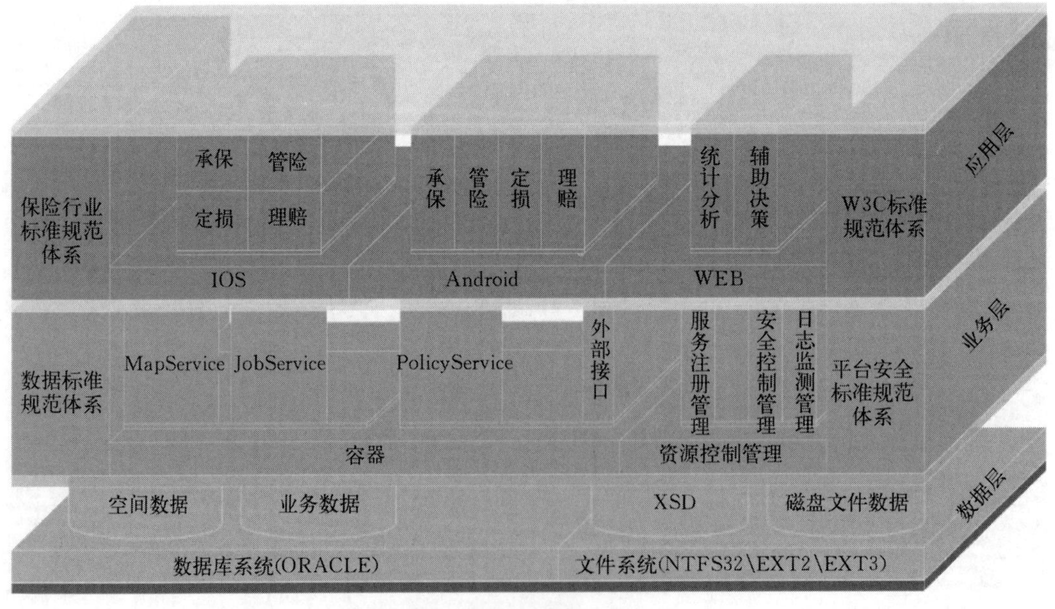

图 7　农险云图技术架构

数据层提供农险必要的空间数据及农险业务数据存储及读取支撑能力，是农险云图的正常运转的“血液”；业务层提供农险业务正常运转的算法、逻辑、控制、管理等，是农险云图的“大脑及灵魂”；应用层提供农险业务正常开展的工具，是农险云图业务应用中灵活的“四肢”。通过各层的合理分配及有效配合充分发挥农险云图在农险业务应用领域的高效利用。

2. 农险云图的优势技术

农险云图充分利用遥感技术、地理信息系统和全球定位系统为核心技术的3S技术作为农业保险业务能力提升的关键核心技术，运用3S技术具有获取信息的实时性，准确性，便捷性，综合性等特点，从农险各业务环节提供专业可靠的技术保障。

应用3S技术一张图承保、管险、定损、理赔，减少各环节因为数据不一致性带来的争议风险，为农险业务正常有序的开展提供技术支撑；覆盖广、多分辨率、多时相、多维空间数据为农险科学精准统计提供及时有效的数据支撑；强大的空间分析能力为科学合理的农险勘查调度提供辅助决策支撑（图8、图9）。

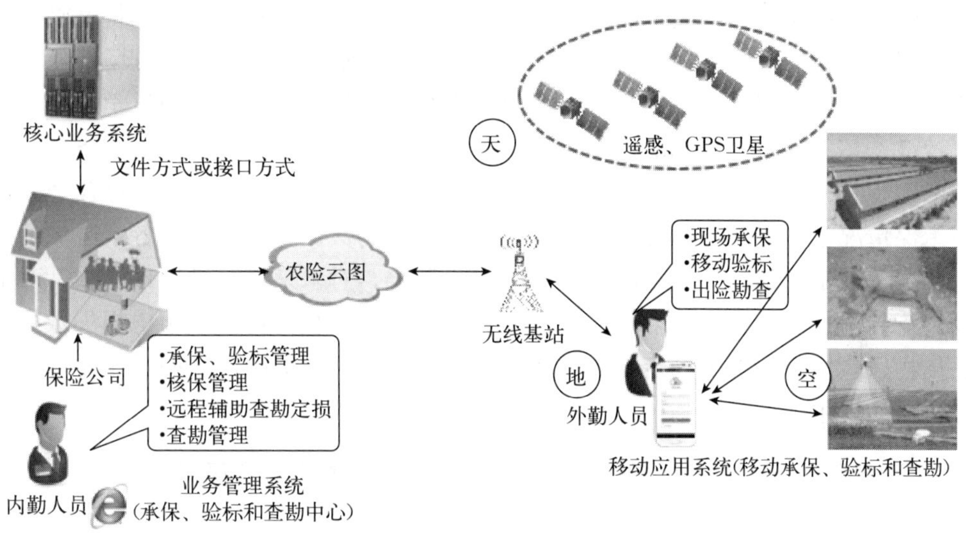

图8　农险云图服务体系

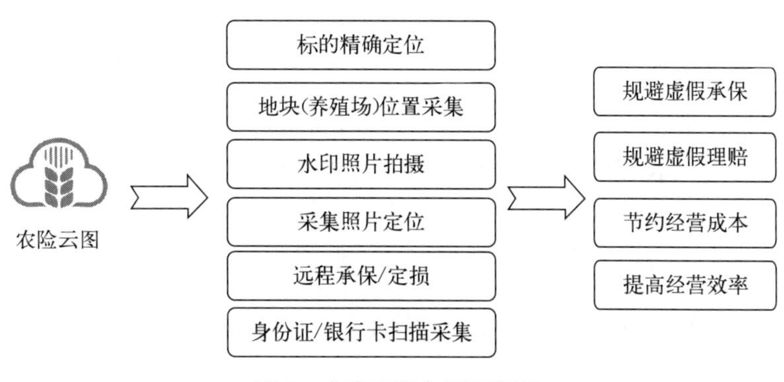

图9　农险云图应用逻辑图

3. 农险云图的案例应用

2017 年 6 月 13 日中午，一场强对流天气造成的冰雹灾害突袭了山西省沁县的 7 个乡镇，使农户种植的谷子在刚刚出苗的时候就被无情的冰雹所掩埋。接到报案后，中煤保险快速响应，立即启动应急预案，开启理赔绿色通道。在沁县农委、农经局的大力支持和密切配合下，兵分四路，深入灾区查勘灾情。在“农险云图”平台支持下，快速完成了受灾地块信息采集、理赔资料收集，为查勘定损工作提供了及时有效的信息。经过连续奋战，在 7 天时间内完成了沁县受灾的 7 个乡镇、55 个行政村、1 455 户、1 880 亩绝产谷子的查勘定损工作，完成了 180 536.70 元的现场赔款兑付工作。目前农险云图已与中煤保险核心业务系统实现对接，并在中煤保险农险中全面推广应用。

四、3S 在农业保险创新中的主要作用

（一）科学展业：分析挖掘潜在存量、拓展增量，降低逆选择

保险展业的关键在于获取更多的市场资源与客户，实施精准营销，提升客户认可度及满意度。利用 3S 技术能对潜在市场区域进行精细化分析，涵盖市场选择、客户分析、产品设计、服务模式等内容。通过数据分析与挖掘，从而实现科学展业，实现存量挖潜、拓新增量。在选取市场区域时，保险公司可利用遥感技术（RS）对各个区域的历史种植、灾害情况进行统计分析，运用地理信息技术（GIS）对各个区域的历史承保情况、查勘数据、理赔数据进行基于位置的数据分析。分析各个区域的历史经营状况、存量空间、潜力空间、农作物风险情况，对未来情况进行预测，针对潜在市场进行针对性的营销及展业。并针对市场区域的种植结构特点及历史损失数据，评估农作物风险情况，准确判定保险费率和相关保险条件，提高产品的适用性，降低逆选择情况的发生。

（二）精确承保：确定标的位置，核实承保作物，降低虚假风险

精确承保的关键在于明确承保标的的位置、权属、数量等信息。利用 3S 技术可方便地采集投保区域的地块与承保作物信息，实现地块与保单信息的关联，自动生成地块及保单四至图，做到标的的唯一性，同时可利用富含位置信息的水印相机拍摄影像资料。信息快速上传后，保险公司的核保人员便可直观查看保单信息、标的位置及数量，浏览附带位置信息的影像资料，实现轻松核保。在确认标的的工作中，可以通过遥感自动提取投保区域的地块边界，识别出作物种类及生长情况，与承保地块、承保面积及作物种类进行比对、核验[5]，准确测算投保标的种植面积，避免出现投保人利用险企承保前实地查勘不便及抽样验标而虚假投保，规避道德风险。

（三）精准理赔：天空地一体化，科学理赔，保障农民利益

精确理赔的关键在于准确评估灾害损失的范围与程度。利用 3S 技术构建“天空

地一体化”的农业保险勘查定损技术体系，成为当前种植业精准理赔的重要支撑技术。“天”，即卫星遥感勘损技术，具有覆盖广、多分辨率、多时相的优势，可实现省市县等大范围的灾害损失快速勘查，让险企对灾害损失有全局性把握，快速识别重灾区，为进一步的勘查调度提供指导；“空”，即无人机勘查定损技术，拥有机动性强、分辨率高的特点，能够在灾害发生后，对小区域或重灾区域进行灾害的精细化调查，辅助定损工作。另外，无人机遥感还能为人力无法到达的区域精确调查提供支持；“地”，即移动勘查定损技术，具有受灾区域定位、受灾面积量算、信息快速传递等优点，实现以户为单位的灾害损失实地勘查和远程辅助勘查、专家定损[6]。通过“天、空、地”的组合，让保险公司在灾后及时、客观地掌握灾情程度，并据此理算最终赔偿额度，既规避夸大赔付的道德风险，又及时足额地给予农户合理赔偿，保障农民的利益。

（四）细化管理：细化过程与风险管理、实现最大程度的增值服务

农业保险的一项重要工作是过程管理、风险管控与增值服务。利用3S技术是实现农业保险细化管理的重要途径。遥感可对各区域的天气情况、土壤情况、作物分布情况及变化趋势随时监控，实现作物生长环境、特定生长节点及生长全周期的监测，帮助农户提早采取防范措施；遥感技术还可对农业的病虫害做到监测预警，判定病虫害对农作物的生长影响并对可能造成的损失初步评估，开展针对性的防灾减灾工作，有利于保险机构真正实现农业保险标的全过程的风险管理；以遥感数据、行政区划数据作为基础数据，结合保单数据、理赔数据、气象数据、价格数据等，形成农业保险承保理赔一张图，通过多维度的数据分析，辅助险企进行保前风险分析。当灾害预警发生时，分析灾害可能影响范围、被保险人、标的以及可能造成的损失。向被保险人精准推送防灾减损信息，做到灾前预警。

（五）强化服务：为监管部门提供有力的监管手段

农业保险是国家一项重要的强农惠农富农政策，涉及公共财政补贴的资金和广大参保农户的利益。发展农业保险，不是一种单纯的商业行为，而是保险业贯彻落实中央决策部署的一项政治任务。因此，采取切实措施，加强监管，确保农业保险规范健康发展，是农业保险监管部门的核心工作之一。可利用3S技术构建农业保险综合监管服务平台，连接监管部门、保险公司、农户及第三方机构，实现农业保险数据和信息互通。监管部门可实时了解辖区内农业保险承保情况、理赔情况，并做到对风险的实时监测及防控，从而降低逆选择、规避道德风险的发生。同时，可实时了解辖区内的作物灾害损失情况，及时科学地向政府汇报和介绍灾害损失情况，为政府部门防灾减灾工作提供有力的信息和高效手段，有利于政府和农户及时采取防灾防损和恢复措施，从而减少农业损失，进而实现农业的精细化管理及精准服务。

五、总结

我国农业保险的发展经历了传统作业模式下的粗放式管理，随着市场的不断变化、科技创新的应用及监管的收紧，精细化的作业模式已被越来越多的险企重视和应用。精细化的作业仅为精细化管理做到了准确、精准的铺垫，农业保险的发展需要实现精细化的管理，更需要经营模式的转变及人才的储备。科技驱动下，必将迎来精细化管理的农业保险 2.0 时代。

参考文献

[1] 庹国柱．2017 年农业保险年终回顾［C］//农业保险研究 2017［M］. 北京：中国农业出版社，2017.

[2] 裴雷，姚海鑫．农业保险领域犯罪的经济学分析——基于 142 个判例的研究［C］//中国农业保险研究 2017［M］. 北京：中国农业出版社，2017.

[3] 中国裁判文书网.

[4] 高凯．GIS 在农业领域中的应用［D］. 广州：广东工业大学，2012.

[5] 李勇杰，王海萍，等．融合 3S 技术的广东农业保险创新发展分析［J］. 社会科学家，2013（10）：68－70.

[6] 赵思健，张峭．科技支撑下农业保险的精细化管理及服务［J］. 农业展望，2015（11）.

奇点将至，险企当自危*

赵　辉

摘要：科技革命的浪潮下，保险业的奇点正在来临，在信息化的时代，未来的几股力量将对保险业产生根本意义上的影响，而且以指数化的方式向我们袭来。此时，企业传统的战略已然刻舟求剑，险企，只有大胆变革，拥抱科技革命，才有未来。所谓“奇点将至，若不行动，凛冬来临，改变自己，春暖花开”。

关键词：“奇点”；科技革命

“奇点”是形容科技革命临界点的一个词汇，它的本意是宇宙中一个密度无限大、时空曲率无限高、热量无限高、体积无限小的“点”，一切已知物理定律均在奇点失效。在科技革命的时代，奇点常意味着游戏规则彻底改写和颠覆的时刻。在今天的保险业，“奇点”要来了！

“互联网保险只是保险业的补充”“寿险产品不适合互联网销售”“现在谈区块链还为时过早”“无人驾驶技术吗？离我们还远着呢”，面对汹涌澎湃的科技革命浪潮，中国平安、泰康保险等一批保险业领先企业已经开始行动了，但是有些管理者仿佛依然生活在自己的二维世界里。他们用保险业当前演化的轨迹推断未来，以局中人视角看变革，陷入了线性思维的逻辑，没有看到数字化时代，一些冰山下的运动酝酿着未来指数型变化的大爆发。这一点在各个行业正逐步得到印证。

从经历科技革命的周期而言，同国外具有上百年历史的老牌保险巨头相比，国内的保险企业大都未经历完整的科技革命周期循环，使得管理者们很难深刻地感受到科技革命的迅猛与震撼，难以激发内心的紧迫感。就像路上闲逛的小羊，远远看到飞奔而来的车辆，以为能够避开，实则不然；而换一种角度，如果小羊跳上车辆，就可以搭上科技革命的机遇。

尤其是今天面对国内外复杂的经济与金融环境，险企领导者们绩效压力很大。但是，今天的雨季不要遮挡我们的视野，看不到汹涌而至的科技海啸、朝发夕至的商业革命浪潮。当然，也许有人认为这个说法太夸张，但是从国内到全球，摩托罗拉、诺基亚、柯达等一大批在科技革命大潮中，被颠覆或者冲到岸边的大船，都曾经低估了科技革命的速度。零售业、电信业、银行业、餐饮业都正在见证这种颠覆力量，保险

---

* 本文原载《中国保险报》2017 年 5 月 15 日。

作者简介：赵晖，中国保险报记者。

业还会远吗?

一、从二维世界到三维世界

“互联网和大数据为我们呈现了一个新世界，这个新世界与原有的二维世界一起，构成了三维世界。在三维世界里，用三维透镜来看（就像用望远镜和显微镜一样)，新的规律、规则、模式、生态不断呈现。但是我们还是习惯于在二维世界里运营，就像没有指南针的时代，在大海里凭着风向来航行。”我们无法忽略，某些险企传统的运营思维，增长模式在这个三维世界里仍然维持着原有惯性，人海战术、规模效应、价格竞争老拳挥舞，但在指数的世界里，游戏规则正在变。

“作为传统金融业，平安未来最大的竞争对手，不是其他传统金融企业，而是现代科技行业。我们现在所面临的，是一场现代科技与传统金融业之间的竞赛，谁跑得快谁就赢。”“科技推动消费习惯的变化、业务模式的革新、产业行业的裂变，新的时代正在孵化新的行业，让一些传统行业、企业逐渐消亡，这些都是不以任何人的意志为转移的。”中国平安董事长兼 CEO 马明哲早已就看到了这一点，此后，平安利用现代新科技的发展机遇，从产品、渠道、营销、服务等各个方面大胆、彻底变革，与腾讯，阿里巴巴们赛跑。今天，平安在互联网、金融科技方面的强大增长态势，让其具备了驾驭这种颠覆性力量的能力。

“通常认为保险经营的关键有三：一是预测，二是大数，三是专业。此外，从金融行业的角度看，还有一个是信用。我的观点是：保险的立业之本都将面临来自科技，特别是互联网和大数据技术的根本性挑战。”保险业著名学者王和在此前接受本报采访时指出。

但是，用渐进的、线性的方法预测科技革命所带来的指数级变化，仍然成为了企业不知不觉在犯下的错误。20 世纪 80 年代早期，手机又笨重又昂贵，鉴于此，一家大名鼎鼎的咨询公司建议美国电话电报公司不要进入移动电话行业，并预测 2000 年之前，使用手机的数量不会超过 100 万部。但到 2000 年，手机数量达到了 1 亿部，移动互联网时代逐步到来。这个预测导致美国电话电报公司错失了现代商业领域最大的一次机会。

“互联网企业正对银行进行根本冲击，它可以切断银行和客户的联系，如果银行失去了客户的联系，不了解客户的需求，可能将来无法再来推出适应客户需求的产品。”著名银行家，招商银行前行长马蔚华说。在 21 世纪前十年，银行业大部分人认为，移动互联网、大数据离自己的企业还很遥远，当前竞争还主要只是银行体系内部的竞争，直到 2011 年，有些银行还怎么认为。

但是到了今天，以移动支付为代表的互联网支付、互联网理财、互联网银行、互联网征信正掀起金融业的革命，那些短视的银行们正在这场革命中被边缘化。而他们所曾经瞧不起的小不点，蚂蚁金服，京东金融正逐步正成长为一个个金融巨人。曾经生活在二维世界里的银行又一次感受到了三维时代的挑战。

二、指数时代来临

技术驱动商业变革的速度总是超出我们的设想。试想一下，一个不断加速行驶的汽车，虽然看起来似乎很缓慢地在我们远方蠕动，但在眨眼间就到我们眼前。这就好比技术驱动下商业革命加速度。今天我们所看到的商业世界，在肉眼中往往是极其缓慢的变迁，但是背后的技术却在呈指数形态变迁。

在库兹韦尔《奇点临近》一书中，库兹韦尔提出其所发现的技术一个极其重要而又根本的属性：当你朝着一个以信息为基础的环境转移时，发展速度就会跃上一条指数级增长的曲线，性价比将会每1～2年翻一番。

随着技术的指数型增长，人们的消费习惯、建立在技术基础上的崭新商业模式、服务与产品革新、先行者的实践、商业的发展必将从酝酿期走向指数大爆发。以天猫商城的发展为例子，作为淘宝“双11”元年的2009年，这一年淘宝商城的单日交易额达到5 000万元，2010年11月11日淘宝商城的销售额已大幅增长达9.36亿。2011年11月11日淘宝商城交易额突破33.6亿元，是2010年当天的3倍多。2012年“双11”当天，天猫（原淘宝商城）的总销售额达到132亿元。2014年“双11”达到571亿元，而到了2015年，则是912.17亿元，几乎是指数型的增长。

当前，保险业正在全面向信息环境转移，无论是销售、核保、理赔、产品开发、精算等各个环节正走向数字化与互联网化，无论想还是不想，保险企业都已经生活在指数的世界里。

以互联网保险的收入为例，从2011年的32亿元，2012年的110.7亿元，到2013年的318.4亿元，到2014年的859亿元，到2015年的2 234亿元，虽然到2016年受大环境影响，增速有所放缓。但从长期看，已经形成了指数型增长的态势。

保险业的“奇点”正在来临，在信息化时代，未来的几股力量将对保险业产生根本意义上的影响，而且以指数化的速度向我们袭来。在它们面前，企业传统的战略预测布局已然刻舟求剑，以原有的增长业务逻辑为本位，市场份额为基点的战略，在宇宙大爆发的时代，成为摄影师眼中最滑稽的慢镜头。

今天，一些险企已经行动起来，我们看到了他们对于这种颠覆力量的紧迫感：

2016年11月2日，众安保险宣布，正式成立全资子公司众安信息技术服务有限公司。据介绍，众安科技未来将输出一个区块链云平台；立足金融、健康两个命题，以信任、连接和加速为使命，坚持探索人工智能、区块链、云计算和大数据四个领域。

2016年8月18日，在“泰康20周年系列活动之健康医疗＋互联网保险创新论坛”上，由泰康在线推出的国内首款保险智能机器人“TKer”首次正式对外亮相。

2016 年 6 月 7 日，中国太保旗下子公司太平洋产险与百度签署战略合作协议，共同发起设立新的互联网保险公司。

2016 年 4 月，平安集团加入了区块链国际联盟组织 R3，同年，9 月 7 日，中国平安集团常务副总裁陈心颖透露，平安集团正在利用科技全面变革其金融服务和非金融服务，并取得了显著效果，目前平安已有团队在 7、8 个场景探索区块链技术应用，其中资产交易和征信两个场景已上线并开始了真正的交易。

三、我们所低估的技术革命浪潮

无人驾驶汽车。随着无人驾驶汽车的上路，事故率将以不可思议的速度下降，将对车险领域产生重大影响。自 2015 年仅仅由于具有自动驾驶功能的 Autopilot 启用，特斯拉车辆的事故率下降了 40%。最近几年，无人驾驶领域早已巨头攒动，包括苹果、谷歌、亚马逊等众多科技公司和传统汽车产商纷纷投入这场战争。据原汤森路透知识产权与科技事业部报告显示，2010—2015 年，与汽车无人驾驶技术相关的发明专利超过 22 000 件，并且在此过程中，部分企业已崭露头角，成为该领域的行业领导者。目前谷歌无人驾驶汽车项目经过近 10 年的研究，已经准备进入实际应用阶段了。技术的演化要远比预测得快。

物联网。埃森哲研究表明：物联网已成为全球生态系统的组成部分，并且正在颠覆每一个行业。随着技术的发展，产品、家庭、企业、甚至整个城市，都将实现持续互联。而这势必将引发保险业的彻底变革，物联网正在推动全面互联和“一切即服务经济”向前发展。未来几年，全球物联网市场规模将出现快速增长，据相关分析报告，2007 年全球市场规模达到 700 亿美元，2013 年约为 2 300 亿美元，到 2014 年全球物联网的市场规模约为 2 900 亿美元。指数效应正在呈现。

大数据。2015 年 8 月，波士顿咨询公司与中国保险行业协会发布了题为《互联网+时代，大数据改良与改革中国保险业》的报告，指出，大数据对于保险业最具颠覆性。特征一：可保风险池转移并缩小；特征二：保险产品将更加多元化；特征三：互联网保险将成为下一个热点；特征四：生态系统建设初露端倪。

我们看到大数据这几年的发展，你会感到沉默的加速度浪潮，它总是要比你肉眼和推断来得快。IDC 报告显示，预计到 2020 年全球数据总量将超过 40ZB（相当于 4 万亿 GB），这一数据量是 2011 年的 22 倍。在美国硅谷，已经涌现出诸多拥有强大的金融和保险大数据分析能力的公司，它们在行业的最前沿。

区块链。凭借其去中心化、透明性、不可逆性、时间邮戳等特征，业界公认，区块链将对保险业产生根本意义的影响。据统计，自 2012 年以来，全球从事区块链领域创业创新的公司数量以超过 65.2%的速度快速增长。事实上，现阶段正处于区块链被广泛应用的前夜。目前平安、众安等诸多险企已经在纷纷布局区块链。由区块链带来客户体验与险企流程管理的革命，为期不远！

互联网化。今天，国内诸多保险公司纷纷将服务、理赔、核保等环节迁移到互联网上，给客户提供数字化体验。但是在销售环节，产品开发环节，仍然以传统模式为主。据统计，在美国，网络车险市场占比超过40%以上，主要以官网销售为主。英国网络车险极其发达，超七成车主通过网络方式投保。日韩网络车险占比也已经接近或超过四成。Generali France、John Hancock 等人寿保险公司纷纷推出手机应用程序，保险代理人可通过这些应用程序查看客户的投资组合、资金情况和支付记录等详细内容。此外，一些公司还借助应用程序，以动画和视频的方式让客户了解到日常生活中的常见风险，从而以更具说服力的方式吸引客户。美国的安泰、USAA 保险公司、前进保险公司正研究通过社交媒体来拓展保险业。

互联网正在提升保险业的专业化分工，推动保险公司服务的外包化，今天的险企，除了精算与产品开发、风险控制外，几乎任何一个环节都可以外包。

当然除了上述这些外，基因检测技术、人工智能、无人机等也正对保险业的各个领域带来无可估量的影响，未来的保险业甚至要重新定义。“面向未来，当传统的‘不确定性法则’被打破的时候，保险就面临着既确定、又可能被改变的背景，需要思考应该如何‘做保险’，或者保险应如何‘再存在’的问题。”王和说。

目光长远的保险机构正致力于创建一个崭新的世界——利用全新商业模式推动各行各业超越当前的业务范围和收入规模。埃森哲数字创新调研发现，约25%的保险企业已开启了这一再造历程——我们将这一群体称为“数字化变革者”。他们正在将目光投向传统保险业务以外，尽可能优化其现有模式，同时打造自身多样化的创新能力组合。

四、用今天的透镜看明天时

今天，有的观点为大企业的一些管理者们所坚持。事实上，当企业历史上发生破坏式创新前，都会在主流的商业世界中出现这样的观点。现有的行业结构，企业运作模式等构成了他们的思维边界，推动他们形成了这些观点。那么在“奇点”即将到来之时，要重新审视这些观点了。

“互联网保险只能是保险业的 补充”?

这像“互联网金融只是传统金融的补充”说法一样，实质上目前已经形成了从破局到 融合的格局。曾经很多人认为，电子商务只是线下商业的补充，那么现在谁还敢这么说？电子商务早已形成改造一切的商业活动，爆发式的力量。当然，有人坚持说，保险是低黏度的，但是可不要忘了，它是与线上场景结合得最紧密的。从补充，到颠覆，到融合，只是一个过程。以静态观点看动态世界，所谓刻舟求剑。

“寿险产品不适合互联网销售”?

持这个观点的人认为，由于寿险产品复杂性。其销售伴随着大量的引导、教育、信任关系，与专业化的解说以及个性化的服务分不开，而这些只有代理人面对面服务才能完成。但是从整个零售业的互联网化，餐饮业、金融业的互联网化中，我们看到大量需要客户体验、信任、购买解说与个性化服务的环节，可以迁移到网上。就买衣服为例子，曾经一些人认为，在服装领域，电子商务无法冲击线下零售实体，因为买衣服需要到商场试穿，但淘宝等电商平台用可退货来解决了这个问题；而关于付款的信任问题，阿里巴巴用支付宝解决。在个性化服务与信任壁垒极高，极其复杂的家庭装修领域，也正在迅速互联网化。

互联网最大的威力就是能够将复杂的产品交易标准化、模块化、拼装化、碎片化与规范化，进而实现个性化。事实上，目前一些寿险公司正在尝试着将复杂的寿险产品拆分，将其变得碎片化，标准化，迁移到互联网上。至于进一步的解说和互动，随着人工智能的迅速发展，可以担负越来越大的作用。“所谓的机器学习和人工智能，就是先从一个非常粗糙的目标开始，逐步迭代优化，最后可以非常准确。谷歌翻译的准确率可以从刚开始的 40%，几年内逼近到很高水平，和工业时代是完全不一样的思路，是用统计、概率、学习、反馈来逼近精确，最终目的是越来越准确。”一位学者说。随着人工智能与新一代网民消费者的海量上升，高频互动，许多传统销售人员所能做的事情，可以为人工智能取代。那么寿险产品销售能否互联网化？还有待时间的检验！

五、面对即将来临的“奇点”，险企该怎么办？

“奇点将至，若不行动，凛冬来临，改变自己，春暖花开。”心理学中有个隧道视野效应。一个人若身处隧道，他看到的就只是前后非常狭窄的视野。面对科技革命大潮，走出隧道视野，主动求变，不是布局，而是迫在眉睫！

（一）模式再造——立足细分需求

“日渐成熟的大数据技术为细分客户奠定了基础，多数寿险公司已经开始尝试基于存量数据和内部数据挖掘的客户经营。远期看，人工智能、认知系统和生物识别的发展，以及大量外部生活场景数据的交互融合，将为保险业带来突破。”中国太平洋寿险董事长兼总经理徐敬惠说。

例如，作为一家新成立不久的，服务于装备行业的专业保险公司，久隆保险基于细分垂直市场需求，依托其股东三一集团深耕装备行业的专业经验，以及数据平台拥有的 30 万台设备、超过 10 年的装备工况数据、万亿级的海量装备工况和风险数据资源，将自己定位为“中国第一家基于物联网的保险公司”，并依托物联网和大数据，为客户量身定制智能化保险解决方案，量身管风险。其 CEO 谢跃认为，久隆保险的优势就是数据。

在互联网、大数据等技术的催化下，未来保险业的经营模式一定生长在细分人群需求，细分场景。经营的基础变了，经营模式的再造不可避免，这种再造甚至会带来保险业与各个行业产业链资源的重新整合。华泰保险面向社区家庭的 EA 门店模式、安盛天平的“好司机战略”、众安保险面向运动人群的步步保产品，都可以看到这种趋势。

在车险业，不同场景、职业、性别和地域人群等对于车险的需求也不同，再如寿险业、各种职业、各种收入、各种年龄段对于寿险的需求也不同，对于相关的服务需求也会有所差别。比如中产人群对于医养服务的需求，旅游人群对于旅游人身意外险的需求。再如，互联网购物场景相关的退货运险，网络支付相关的账户安全险、手机碎屏险、航班延误险等。为此保险企业需要重新思考自己的业务模式和市场定位。以往那种推送式的销售和渠道结构，同质化的产品结构，按照收入和年龄简单化的客群划分，将为大数据科技所重写。客户群越来越细分，场景越来越细分，重度垂直越来越成为许多公司的必然选择。

（二）打造激动人心的使命与愿景

一个能够不断进化自我的企业一般都有一个独特、鼓舞人心和聚焦客户和社会价值的使命与愿景。比如阿里巴巴的“让天下没有难做的生意”。迪斯尼公司的使命是“使人们过得快活”。泰康保险的使命是“让保险更便捷、更实惠，让人们更健康、更长寿、更富足”。

而正是这样的使命与愿景可以燃烧团队，让公司摆脱原有业务和思维模式的羁绊，不断变革。目前很多险企的使命，愿景雷同化，停留在纸面上的只有市场份额和利润。在变革大潮中，这很难凝聚人心，推动员工不断进行自我改变和重塑。在大风大浪前，企业之船也缺少了足够的定力。是时候提出一个具有巨大势能的使命与愿景了。

（三）组织调整——在边缘孵化或收购新业务

在泰康保险集团董事长兼 CEO 陈东升、总裁兼泰康在线董事长刘经纶看来，互联网保险有自己独特的运作规律，他会给泰康保险集团旗下的泰康在线以相对自主独立的成长空间。

目前泰康在线有自己独立的办公区，员工实施弹性工作制，泰康在线采用独立的组织架构、产品与运营体系，它不受传统保险业务保费、新单价值的考核，摆脱传统业务的羁绊，轻装上阵。

陈东升认为，“泰康是传统保险公司，在传统机制里，泰康在线每天受保费、新单价值的考核，束缚太多。泰康要做好‘互联网＋’，就得坚定地把泰康在线赶出去，成立全资子公司，让他们跟 BAT、360、小米混，混出人样。”今天的泰康在线正承载着泰康保险迎接科技变革时代冲锋队的使命。

“依靠企业原有体系，孵化出全新的业务形态，就像左右手互搏，难度非常大。”

在技术变革中，险企应该成为孵化器，孵化出更有适应性的创新业务。但在原有组织体系中，培育出自己的创新业务，这是非常难的。因为原有的组织体系，利益格局，刚性流程会对新业务产生免疫效应，杀死新业务，或者抽掉新业务的养分。最好的办法是在组织的边缘，建立创新团队，让他们有自己独立的地位。

当然也可以采取收购的方式。比如 2016 年 9 月 22 日，中国太保宣布，旗下子公司太平洋产险近日完成对美国 UBI 车险服务商 Metromile 的 5 000 万美元投资，并成为后者的战略投资者和战略合作伙伴。

(四) 建立蓝军——颠覆自我

“我们必须敢于自我否定，勇于革自己的命。”马明哲说。平安的自我革命之道是建立蓝军，与组织原有业务竞争。

平安通过孵化独立的创新产品群，搭建了一个集平安众筹、陆金所、平安好房、平安壹钱包等多个平台的雁阵，实现了对消费者碎片时间的全方位切割与布局。每个大雁相对于原有组织业务体系，都是蓝军。平安通过内部竞争机制，动态淘汰劣雁。而对于良雁，则鼓励其展翅高飞。往往一旦创新成功，就得到迅速扩展。

“你不颠覆自我，就要等别人颠覆。”马明哲的这句话这对于大型险企很是贴切。“即使是像 QQ 已经有每个月超过数亿的活跃用户，但依然有被颠覆的可能性。如果不是自己打自己的话，我们可能现在根本就挡不住。”马化腾曾经说出自己深切的危机感。在跨界竞争时代，各个产业融合下的新商业模式，技术与创新层出不穷。险企有可能在毫无觉察之时就被那些来自边缘的创新者们颠覆。

难道束手等待这种情况发生？组织变革大胆创新的一招，就是内部蓝军的设立。所谓“蓝军”，原指在军事模拟对抗演习中专门扮演假想敌的部队，通过模仿对手的作战特征与红军（代表正面部队）进行针对性的训练。“蓝军想尽办法来否定红军”“让左手砍掉右手”“自己打自己”。华为、腾讯、泰康保险等相继开始孵化、培育自己的“敌人”，就是那些代表新的产业趋势，有可能冲击，乃至淘汰现有业务的颠覆性业务。正如马化腾所说的：“怎么样能够给自己多一个准备，即使是你开一个另外的部门、做一些可能跟现在已经拥有的相矛盾的业务，也不妨尝试，因为你不做的话，你的对手一定会做。”

(五) 建立数据驱动型组织

“在数字化时代，保险公司借助数字化新技术，延伸服务边界，丰富客户触点，实时捕捉和响应客户需求，针对不同场景和个性化需求量身定制解决方案，实现对客户更加精准的服务，将成为寿险业数字化演进的趋势。”徐敬惠认为。2015 年，太平洋保险集团提出“数字太保”战略，从基础数据与流程等方面实施大数据时代的转型策略。而在此前后，太平洋保险集团着手相关布局，集团层面实现了数据大集中，并在此基础上描绘客户脸谱，推出了多款移动服务产品。今天，作为一家数据驱动型组织，太平洋保险正走在了时代的前沿。

面对新技术驱动下，千变万化的市场需求格局。企业只有建立自己基于大数据的仪表盘，才能够即时、敏锐地感知细分市场人群需求的变化，实现业务的不断改进和迭代，并寻找下一波强势增长的顾客群。“也许未来，经营者面对的就是一个驾驶仪表盘，驾驭好这个公司只需凭借一串简单的展示就可以。”徐敬惠说。

当然不仅仅要有大数据，还要能够在大数据的基础上进行决策，改变领导团队凭借直觉决策的习惯，这需要整个公司建立数据文化。“在数字化时代，任何产品和模式都要以数据逻辑为支撑，一切都要以数据说话。”徐敬惠将之总结为“数字基因”。

保险业的科技焦虑*

路 英

摘要：2017 年，Fintech 突然火了起来，并迅速蔓延到保险业，出现了 InsurTech 在各公司争相绽放。随着科技对人们生活方式的改变，科技成为各行各业无法避开的话题，大到整个社会，小到保险业，一起向新时代迈进。基于这种认识，本文在展现了保险科技发展状况和前沿探讨的基础上，指出了一个事实：行业内对保险科技的实际投入与看似的“风靡”是冰火两重天，保险科技为业内所津津乐道，而决策者们并没有真正重视起来，明白科技重要性的部分保险人便开始了无能为力的焦虑。本文对保险科技的粗浅探讨，希望引起更多人对保险科技的思考和讨论，真正将科技在更大范围地落到实处，进而推进保险业向前迈进。

关键词：保险科技；区块链；人工智能；大数据；科技焦虑

导 言

2017 年，“保险科技”似乎在经历多年的期待之后初现“喷薄欲出”的架势，也给新势力打破旧秩序以满满的希望。

近期，中国保险行业协会发布的《2017 中国互联网保险行业发展报告》（以下简称《报告》）显示，大数据、人工智能、区块链、云计算、物联网、互联网与移动技术、虚拟现实（VR）以及基因诊疗等技术将是未来改变保险行业的八大核心技术。过去几年，保险业在上述八项核心技术上都有所尝试，但脱离概念层面，真正运用到实际运营中的主要是云计算、大数据及人工智能三项技术，并且不断地重新定义保险的“数据为王”时代。

面对国内寿险行业回归保障、产险行业商车费改对险企提出的效率与竞争力挑战，保险科技成为激活保险业并实现降本增效的一条出路。且随着消费者行为、习惯的改变，以及科技发展进步，保险行业的数字化成为必然。

过去一年，新技术在保险市场的应用可谓争奇斗艳，仿佛是一场保险科技的盛宴，但随着保险业态及竞争格局的变化，“科技焦虑”向保险行业的蔓延引人思索。

---

* 本文原载《中国经营报》2018 年 1 月 8 日。原标题是“科技吹响冲锋号 2018 保险范式临变”。

作者简介：路英，中国经营报记者。

近日，《中国经营报》记者深入采访了多家国内保险科技领先或特色企业，聆听传统险企与互联网之间一场“西装”与“沙滩裤”的对话。新旧范式之间如果必有一战，是谁吹响了 2017 年保险科技的集结号？

盛　宴

2017 年，金融科技（FinTech）子目录下的保险科技（InsurTech）突然成为热词，保险科技盛宴开席。

6 月，蚂蚁金服相继向保险行业开放车险分、定损保，运用大数据和人工智能技术，提出在差异化定价和智能理赔这两个车险痛点领域的应用。

9 月，平安围绕人工智能技术作了一系列发布：对旗下产寿险、科技等诸多子公司进行保险科技升级，并向行业开放“智能认证”“智能闪赔”。据平安介绍，“智能闪赔”是目前国内车险市场上唯一已投入真实生产环境运用的人工智能定损与风控产品。同月，太保集团推出了业内首款智能保险顾问——“阿尔法保险”，上线首日用户量突破 20 万人次，4 日达到了 200 万人次。

太保集团数字化能力建设中心总经理林砺表示，“阿尔法保险”基于太保 1.1 亿既有客户大数据及公司 20 余年积累的精算经验，利用智能算法，给用户及其家庭提供更为客观公允的风险测评与保险建议。2018 年将推出“阿尔法保险”3.0 版，更多新技术和应用整合之后的交互版“阿尔法保险”将是太保又一次技术与思路的突破。

而在区块链技术应用方面，2017 年 4 月，中国人保发布全球第一份保险区块链白皮书，并将区块链技术应用到探索养牛保险的“标的唯一性”管理新模式，构建了基于区块链的养殖业溯源体系。

据人保财险副总裁王和介绍，这一体系是以区块链技术为核心，以多种生物识别手段为基础，以移动互联网为平台，实现了肉牛个体识别与验证，为养殖保险、农业金融和精准扶贫提出技术支持。

2017 年 6 月，众安在线也推出“步步鸡”项目，将区块链技术应用于鸡的养殖和供应链，对鸡进行防伪溯源，打造信任经济。

泰康在线则尝试将区块链技术应用于保险反欺诈。据泰康在线助理总裁兼 CTO 潘高峰介绍，目前泰康在线利用区块链去中心化、数据共享、可以溯源，无法篡改的特征联合业内险企成立区块链联盟，并不断加入新的模块，对用户的吸毒记录、犯罪、多头借贷等数据进行收集，致力于区块链技术在意外险防欺诈领域的应用。

在此之前，阳光保险也推出基于区块链技术的航空意外险产品。阳光财险大数据管理中心总经理聂永刚表示，区块链技术的应用使产品在不同客户中自由转换成为可能。“其不可篡改的特点使参与方能够追溯从保单源头到用户流转全过程，确保保单的真实性和唯一性，防止虚假保单的出现。”

久隆财险更是以物联网技术为支撑进入细分行业，走差异化经营路线。三一集团副总裁、久隆财险前总经理谢跃曾在接受记者采访表示，久隆财险作为国内首个用物联网彻底打开装备制造行业保险产品与服务新模式的公司，物联网是其所正努力实践的事情。而久隆财险现任总经理徐践也向记者透露，公司 2018 年最主要的预算都在科技上。

除此之外，随着科技发展以及新经济模式的出现，保险行业的某些痛点问题有了新的解决方案。比如，针对中小财险公司车险理赔能力不足的问题，中国保险行业协会牵头 28 家中小财险公司、保险公估公司以及蚂蚁金服、滴滴出行等组成联合体，拟打造开放式共享互联网车险理赔平台，解决车险赔付成本高、欺诈高等问题。而最近北京保险行业协会牵头的，北京地区行业车险理赔共享服务网点也正式提供车险理赔服务，解决理赔时效问题。

2017 年 9 月 28 日，众安在线进入港交所成为互联网保险第一股。众安的千亿元估值，不仅给资本市场带来不小的轰动，更让保险行业陷入了沉思，使行业再次对保险科技的关注度达到一个小高潮，也扩展了保险企业价值的评价认知。数据显示，2016 年全球金融科技领域共吸引投资 174 亿美元。其中，中国投资 77 亿美元，超过美国成为全球第一。保险领域的中国投资数量达到 173 项，平均年增长率高达 44.3%。2017 年 9 月底，美国创投机构发布的“全球独角兽公司榜单”显示，金融科技已经成为最热门创投领域之一。

现　　实

在保险科技方兴未艾的背后，有两个我们不得不正视的现实：全球保险科技的发展仍处于起步阶段；我国保险科技的发展与全球领先企业间仍有较大差距，且国内险企实际的重视和应用度仍然不够，尤其是在基础领域。

平安集团常务副总经理兼首席信息执行官陈心颖对记者表示，国外保险巨头已率先在科技应用方面有很多尝试。例如美国 INSURIFY 应用人工智能技术模拟保险代理；美国 PROGRESSIVE 基于车联网的创新车险产品；德国 Allianz 在亚洲建立创新实验室，专项研究大数据在保险中的应用等。与国外相比，中国保险业的数字化、智能化刚刚起步。

保险科技能力建设是一个长期系统化工程，需要保险公司具有较高的数字化成熟度。麦肯锡数字商数（DigitalQuotient）通过对中国产寿险公司的评估调研发现，从战略角度看，中国保险公司的数字化战略与其整体商业战略目标尚未有效整合。数据显示，26%的中国受访企业认为数字战略与公司更广泛的战略目标相关联，仅有 12%的企业认为数字战略完全融入公司战略规划过程中；同时，保险企业并未将数字化作为一项竞争优势，超过 50%受访企业将自身定位为数字的追随者乃至滞后者。

另一项调查显示，保险业已经建立专门的大数据研发团队的公司占比仅为 20%，且三分之二的研发团队人数在 10 人以下。

这也是王和在接受记者采访时所说的，保险行业对科技的态度“存在抽象的重视和具象的漠视”现象。

早在2014年初，王和就公开表达了一个至今他仍然坚持的观点：“从金融本身来讲，作为资金融通的社会需求，一直都会存在，只是为这种需求提供服务的业态，原来是偏制度的，未来将会走向偏技术的概念。”

王和认为，技术本身就是竞争力，未来有怎样的保险科技，就有怎样的保险。“我们仍然可以说技术是重要的基础，但未来它可能就是保险的全部。对于公司而言，拥有不同的科技能力，就具有不同的竞争力，甚至是生存的可能性。”

王和指出，保险行业存在一个突出的问题，是仍将科技定位为一个简单的工具，一个“配角”，缺乏将其放到战略和系统高度层面去思考，去规划。结果必然是：抽象的重视和具象的漠视。因此，往往存在科技部门在喊技术的重要性，其他部门基于共识的协同与配合仍欠缺的现象，这也是行业内不同类型公司的差别所在。

他认为，这背后体现的是认识或者理念问题。新型的互联网保险企业，更多是用互联网时代的思维来思考问题，其最重要的是依靠技术实现商业模式创新。而对大多数传统保险公司而言，骨子里仍然是基于制度和传统的思维，这种思维导致的结果就是，往往是说得多做得少，科技问题更多是停留在口号层面。

“在当前大环境下，说科技不重要，都显得没文化。”王和如此戏谑保险科技在行业的处境，“但真实的故事可能远没有‘重要’两个字那么简单。”

泰康在线副总裁丁峻峰则认为，保险科技已经从概念、理念渗透到行业的方方面面，改变业务模式、成本结构、产品形态甚至组织架构。未来保险公司的竞争是经营效率的竞争，所以保险科技会发挥更大的作用。

这种互联网的思维模式体现在公司运作过程中，并给企业带来实实在在效率和竞争力的提升。潘高峰说，目前泰康在线员工中信息技术人才占比较高，负责实时对接车险、非车、互联网健康业务，以及大数据、人工智能等技术的研究和场景应用。在技术队伍的基础上，基本实现系统对接控制在1小时之内，一款新产品从研发到上线最快一天即可实现。

蚂蚁金服集团副总裁、保险事业群总裁尹铭指出，未来的保险行业应当是一个技术密集型的行业，保险公司在发展的不同阶段都在尝试科技的解决方案，虽然用户不一定能感知到，但在渠道、用户、理赔的每个环节科技都是第一生产力，很难想像一家公司如何不通过科技对客户进行触达和风控。

焦　　虑

在太保集团首席数字官的办公室里，杨晓灵谈到当下保险企业经营环境的变迁和范式的转移，谈到这家体制内保险集团的速敏改造。思维不断跳跃的杨晓灵向记者抛出一个“科技焦虑”的话题，这个互联网行业共性的问题已经开始蔓延到保险业，成为一个共性的话题。

腾讯公司董事会主席兼首席执行官马化腾曾在回答记者提问时表示，为什么腾讯总是提科技？其实也是焦虑所在。“我们现在越来越感觉到，最终可能还是要通过技术的进步，企业才有可能保持在战略方面的制高点。否则当一个浪潮趋势到来的时候，很多人都看到了，但为什么有人能做到，有人做不到，那就在于你有没有掌握这个技术。”

保险行业的焦虑也来源于此。保监会原副主席周延礼近日撰文指出，当前经济发展进入新常态，保险业高投入、高成本、高速度的粗放式增长已经难以为继，保险科技将成为今后保险业转型发展的核心竞争力。

“影响保险业未来发展方向和竞争格局的因素很多，科技必然是极为重要的因素，是整个保险生态变革的重要推手，是市场竞争格局剧烈演变的催化剂。”中国保信副总裁王哲在接受记者采访时表示。

清华大学国家金融研究院中国保险与养老金研究中心主任赵岑表示，大数据、机器学习、物联网、区块链等技术不断被运用到保险业务链条上，行业的价值链正在逐步被改变。新兴的保险科技公司势头正猛，给传统保险集团带来危机感。与此同时，保险客户的预期和需求也水涨船高。这些现状促使传统大型保险企业开始进行全面的数字化转型。

陈心颖表示，一方面传统险企不断对保险科技进行升级转型，另一方面许多互联网巨头也开始涉足保险进行布局，保险科技创新企业正在不断涌现，中国保险科技市场的竞争格局正在逐步形成。

说到竞争格局，保险行业还有个不可忽略的群体，或者可以称它们为“沉默的大多数”，是否拥有一技之长，是否务实、坚定是决定它们能否迎风起飞的关键。国华人寿信息总监赵岩对记者表示，“中小保险公司重点不在采取什么技术、能否赶上创新潮流。有没有一个成熟的业务模式，使市场机会与业务迅速匹配是其重点考虑的问题，等不起，选择的每步都需要很快出效果。”这类企业不是保险巨头，不是科技新贵，也来不及焦虑。它们是几股重要新势力技术输出、争抢服务的对象。

在几股重要新势力的参与下，保险行业的竞争新格局初步形成：以平安为代表的传统保险集团全面触网，其拥有大量产寿险用户数据资源，并致力于科技输出以不断壮大自己的数据库；以蚂蚁金服、腾讯微保为代表的大型互联网企业“涉险”；中国保信，作为保险行业信息共享平台的建设、运营与管理单位，具有天然的大数据属性。王哲对记者表示，通过这几年的建设，中国保信汇集了行业内的数据，并积极合作引入相关产业的数据，正在逐步构建一个以保险为核心主题的大数据生态圈。

此外，新型保险平台、科技初创企业也要分保险科技“一杯羹”。大特保联合创始人兼 CTO 林洪祥表示，以人工智能为代表的一系列新技术的成功应用，将带来互联网保险行业整体效率的提高与成本的降低。大特保在产品研发、营销推广、销售、核保、承保、客服等环节，都渗透和发挥了科技的驱动价值，这种作用是显而易见的，仅客服的效率就可以提升 5 倍之多。

波士顿咨询公司合伙人兼董事总经理何大勇认为，随着保险公司的专有数据和传统专业知识价值的下降，传统汽车保险模式很可能遭遇剧烈颠覆。此观点推至保险行业其他领域依然适用。

在科技成为企业核心竞争力的统一认知之下，有些传统保险企业已感到“强敌压境”的危机，但不少传统保险企业的决策者仍是“处变不惊”的漠然。

“焦虑不仅仅来自对现状的不满，而当下所有的保险机构对现在经营的现状都一定存在有待提高的地方。保险的科技还处在比较初级的阶段，同时，公司或者公司股东的注意力还关注在收入、利润方面，科技着眼未来，需要投入；KPI 着眼当下。所以，大部分高管或许不是对保险科技的焦虑，是对当下与未来碰撞的焦虑。”尹铭告诉记者，有些企业就算没有明显的股东压力，市场对其也有压力，管理者、经营者不得不深入思索。

众安科技总经理陈玮表示，保险科技的投入有别于传统的 IT 投入。2017 年是新技术普及的一年，许多大公司从逻辑上认识到科技的重要性，开始投入并结合业务创新。如某大型保险集团一位技术人员对记者所说，“焦虑是好事”。

尹铭也认为，“焦虑”这个词，用在这里不是一个消极的词汇，对传统险企而言，它代表着更积极地拥抱科技变革。

通观 2017 年全年，无论是保险初创企业、传统保险公司，抑或是来自业外的互联网巨头、科技机构，都簇拥保险科技，初步呈现了百花齐放、蓬勃发展的态势。

王和在其《大数据时代保险变革研究》一书中关于“范式革命”有这样的描述：从历史上看，挑战旧范式力量往往是来自于既有范式之外的修改，或者摒弃旧范式均不是内部发起的。新旧范式之间是不可通约的，它们之间没有公约数，是质的差别。

如果新旧范式之间必有一战，2017 年是谁吹响了保险科技的集结号？2018 年，保险科技的舞台上。谁是主角？谁是配角？谁又是龙套？什么戏，将粉墨登场？什么剧，会曲终人散？我们拭目以待！

法制建设

我国农业原保险合同制度的反思与优化[*]

李媛媛

摘要：我国现行农业原保险合同制度体系是以《保险法》为首，由《农业保险条例》引领的，以部门规范性文件为主，行业规定为辅的制度体系。我国商业性农业保险合同和政策性农业保险合同不分，加之对农民权利认知的高度不够、对我国农业经营主体的多元性重视不足，导致现行农业原保险合同制度存在一系列的问题。若想充分发挥农业保险支农、惠农的功能，必须对农业原保险合同制度进行优化。通过对农业原保险合同关系的解构、对立法技术的反思及惠农制度的统筹考察，提出我国农业原保险合同制度优化的终极路径和近期措施。

关键词：农业保险；原保险；代位求偿；扶贫；农业优惠贷款

一、我国农业保险合同制度的现状

（一）我国农业保险合同法律制度概况

农业保险有狭义和广义之分。[①] 政策性农业保险一般仅指有政府补贴的广义农业保险。而我国的农业保险法《农业保险条例》（以下简称《条例》）采用的是广义农业保险的概念，但又在附则第三十二条第一款中规定“保险机构经营有政策支持的涉农保险，参照适用本条例有关规定”，所以实质上《条例》扩展了广义农业保险的外延。

“农业保险”已被世界各国验证单纯通过商业化运行无法为继，必须由国家进行

* 本文原载《保险研究》2017 年第 5 期，是浙江省法学会重点课题“农业供给侧改革的金融支持研究”（2017NA05）的阶段的成果。

作者简介：李媛媛，浙江农林大学文法学院讲师。

① 狭义的农业保险是指对狭义农业（即种植业和养殖业）的保险；而广义的农业保险是指对广义农业（种植业、林业、畜牧业和渔业）的保险。涉农保险是指农业保险以外、为农民在农业生产生活中提供保险保障的保险，包括农房、农机具、渔船等财产保险，涉及农民的生命和身体等方面的短期意外伤害保险。

干预进行政策性运作。[①] 有些与农业相关的可以进行商业化运作的保险并不是真正的农业保险，可以依据一国的商业保险法运行。而我国《条例》第二条对农业保险的定义为“保险机构根据农业保险合同，对被保险人在种植业、林业、畜牧业和渔业生产中因保险标的遭受约定的自然灾害、意外事故、疫病、疾病等保险事故所造成的财产损失，承担赔偿保险金责任的保险活动”。第三条又规定“国家支持发展多种形式的农业保险，健全政策性农业保险制度”。因此我国《条例》所说的农业保险包括商业性农业保险和政策性农业保险。《条例》也并未区分商业性农业保险合同和政策性农业保险合同的不同规则，仅规定属于财政补贴范围的农业保险的补贴办法由国务院财政部门商国务院农业、林业主管部门和保险监督管理机构制定。[②] 属于财政补贴的险种的条款和费率应在充分听取省级人民政府财政、农业、林业部门和农民代表意见的基础上拟订。[③] 其他规则不管商业性还是政策性农业保险合同都是一样的。《条例》还规定关于农业保险合同未规定的参照适用《保险法》中有关保险合同的规定；对农业保险经营规则未规定的适用《保险法》中保险经营规则及监督管理的规定；保险机构违反《条例》规定的法律责任，《条例》未规定的，适用《保险法》的有关规定。所以我国的农业保险不管商业性还是政策性合同，法律规则基本一致。

（二）我国农业保险合同制度体系构成

长期以来我国农业保险无法可依，2013 年 3 月 1 日施行的《条例》彻底结束了我国农业保险“裸奔”的状态。我国现行农业保险合同制度体系是以《保险法》为首，由《条例》引领的，以部门规范性文件为主，行业规定为辅的制度体系。见表 1[④]：

表 1　我国农业保险合同制度体系

编号	名　称	发布部门	效力级别	实施日期
1	中华人民共和国保险法	全国人大常委会	法律	2009.10.01[⑤]
2	农业保险条例	国务院	行政法规	2013.03.01[⑥]

① 鉴于“农业保险”属于典型的准公共品范畴，产品本身具有较强的正外部性，付费与受益范围之间并不完全契合，存在一定程度的非排他性，再加上农业保险固有的赔付率高、查勘定损技术难度大、管理成本高等特征，农业保险发展通常存在供需双冷的窘境，因此，各国的普遍做法是借助财政政策对农业保险进行扶持。

② 第七条：农民或者农业生产经营组织投保的农业保险标的属于财政给予保险费补贴范围的，由财政部门按照规定给予保险费补贴，具体办法由国务院财政部门商国务院农业、林业主管部门和保险监督管理机构制定。国家鼓励地方人民政府采取由地方财政给予保险费补贴等措施，支持发展农业保险。

③ 第十九条：保险机构应当公平、合理地拟订农业保险条款和保险费率。属于财政给予保险费补贴的险种的保险条款和保险费率，保险机构应当在充分听取省、自治区、直辖市人民政府财政、农业、林业部门和农民代表意见的基础上拟订。农业保险条款和保险费率应当依法报保险监督管理机构审批或者备案。

④ 统计以北大法宝为搜索引擎，包括所有普遍适用的规则，不包括针对单品种标的等的部门规范性文件，不包括针对个别主体的回复，也不包括地方制度体系。所以，除表格里统计的之外，还有如农办财〔2012〕49 号《2012 年能繁母猪饲养补贴实施指导意见》；及各种“保监许可”和“保监筹建”；还有 2015 年 3 月 1 日实施的地方政府规章《浙江省实施＜农业保险条例＞办法》，以及各地大量的地方规范性文件、农业保险合同条款。

⑤ 2002.10.28 修正；2009.2.28 修正；2015.4.24 修正。

⑥ 2016.2.6 修改。

（续）

编号	名　称	发布部门	效力级别	实施日期
3	中国保监会关于印发《农业保险承保理赔管理暂行办法》的通知	中国保险监督管理委员会	部门规范性文件①	2015.04.01
4	中国保监会、财政部、农业部关于进一步完善中央财政保费补贴型农业保险产品条款拟订工作的通知	保监会，财政部，农业部	部门规范性文件	2015.02.15
5	中国保监会关于加强农业保险业务经营资格管理的通知	中国保险监督管理委员会	部门规范性文件	2013.04.07
6	中国保监会关于加强农业保险条款和费率管理的通知	中国保险监督管理委员会	部门规范性文件	2013.04.07
7	中国保险监督管理委员会关于规范政策性农业保险业务管理的通知	中国保险监督管理委员会	部门规范性文件	2009.04.13
8	中国保监会关于印发《相互保险组织监管试行办法》的通知	中国保险监督管理委员会	部门规范性文件	2015.01.23
9	中国保监会关于印发《新增农业保险和财产保险投资型保险统计指标》的通知	中国保险监督管理委员会	部门规范性文件	2016.05.24
10	中国保监会关于发布《农业保险数据规范（JR/T 0128—2015）》行业标准的通知	中国保险监督管理委员会	部门规范性文件	2015.07.31
11	中国保险监督管理委员会关于印发《农业保险统计制度》的通知	中国保险监督管理委员会	部门规范性文件	2007.11.15
12	中国保监会关于进一步加强农业保险业务监管规范农业保险市场秩序的紧急通知	中国保险监督管理委员会	部门规范性文件	2013.08.15
13	中国保险监督管理委员会关于进一步贯彻落实《农业保险条例》做好农业保险工作的通知	中国保险监督管理委员会	部门规范性文件	2013.05.29
14	中国保险监督管理委员会关于做好 2012 年农业保险工作的通知	中国保险监督管理委员会	部门规范性文件	2012.04.25
15	中国保险监督管理委员会关于做好 2011 年农业保险工作的通知	中国保险监督管理委员会	部门规范性文件	2011.04.01
16	中国保险监督管理委员会关于进一步做好 2010 年农业保险工作的通知	中国保险监督管理委员会	部门规范性文件	2010.05.07
17	中国保险监督管理委员会关于进一步做好农业保险发展工作的通知	中国保险监督管理委员会	部门规范性文件	2009.09.01

① 北大法宝认为效力级别为：行业规定。

（续）

编号	名　称	发布部门	效力级别	实施日期
18	中国保险监督管理委员会办公厅关于开展农业保险市场需求调查的通知	中国保险监督管理委员会	部门规范性文件	2013.10.13
19	中国保监会、财政部关于开展2014年农业保险检查的通知	中国保险监督管理委员会，财政部	部门规范性文件	2014.04.09
20	财政部关于印发《农业保险大灾风险准备金会计处理规定》的通知	财政部	部门规范性文件	2014.02.28
21	财政部关于印发《农业保险大灾风险准备金管理办法》的通知	财政部	部门规范性文件	2014.01.01
22	财政部关于2013年度中央财政农业保险保费补贴有关事项的通知	财政部	部门规范性文件	2013.07.31
23	财政部关于2013年度农业保险保费补贴工作有关事项的通知	财政部	部门规范性文件	2013.02.19
24	财政部关于进一步加大支持力度做好农业保险保费补贴工作的通知	财政部	部门规范性文件	2012.01.20
25	财政部关于进一步做好农业保险保费补贴工作有关事项的通知	财政部	部门规范性文件	2010.06.07
26	财政部关于印发《中央财政养殖业保险保费补贴管理办法》的通知	财政部	部门规范性文件	2008.03.01
27	财政部关于印发《中央财政种植业保险保费补贴管理办法》的通知	财政部	部门规范性文件	2008.03.01
28	农业部办公厅关于印发全国渔业互助保险发展“十二五”规划（2012—2015年）的通知	农业部	部门规范性文件	2012.07.09
29	农业部关于进一步做好渔业互助保险工作的通知	农业部	部门规范性文件	2007.12.29
30	中国保监会关于做好中央财政保费补贴型农业保险产品条款清理工作的通知	中国保险监督管理委员会	行业规定	2015.03.25
31	中保财产保险有限公司农业保险部关于印发《关于目前加强养殖业保险业务管理的若干意见》的通知	中国人民保险公司	行业规定	1996.09.08

农业保险制度按调整对象应包括：农业保险经营制度和农业保险管理制度。农业保险经营制度又包括农业保险合同制度，农业保险中介制度，农业保险组织制度。目前我国的农业保险制度还有空白，相应的合同制度也付之阙如。如《条例》第8条提出建立大灾风险分散机制，具体办法由国务院财政部门会同国务院有关部门制定。目

前有《农业保险大灾风险准备金管理办法》[①]《农业保险大灾风险准备金会计处理规定》，但其中规定提取的准备金只限于在企业内部使用，抵御大灾风险的能力不足，各地的巨灾风险分散制度也较为混乱，变化较大，缺乏稳定性（屈波，2015）。因此，我国的农业巨灾风险制度尚未真正建立起来，农业再保险制度也未成形。但限于篇幅问题，本文限定为农业原保险[②]合同制度，所以这些问题在本文不做专门讨论。

二、我国农业原保险合同制度的反思

（一）我国农业原保险合同关系存在的不足

1. 农业原保险合同主体制度与我国农业现实不相适应

农业原保险合同主体包括投保方和保险方，投保方包括投保人、被保险人和受益人，保险方指各种保险机构[③]。农业保险是国家农业政策的抓手，对经营农业保险的各种保险机构的资质条件、经营及退出都应在农业保险法中有针对性的分类规定，而我国对保险公司资质条件采用的是“法”＋部门规范性文件[④]的方式，而对于经营的大部分规则适用《保险法》，对退出完全适用保险法。其中存在问题最大的是农业互助保险组织，由于认为风险大、风险不可控等原因，在制定《条例》时争议较大，最后虽然在《条例》里认可了互助保险组织也是合法的农业保险机构，但是并没有任何规定，后来的《相互保险组织监管试行办法》，从监管的角度对相互保险组织做了暂行规定，从中对此主体可见一些端倪。第一，除涉农相互保险组织所谓“适当降低设立标准但初始运营资金不得低于 100 万元”之外，《试行办法》没有关于政策性农业保险的专门监管规则，一切按商业保险进行；而且即使 100 万元，对于一些贫困地方可能也很难筹措；第二，我国地域范围广，差异性大，存在大量以小农农业为主的地区，尤其是贫困地区，农业保险呈现出价小量大的特点，而这些地区也是更加需要农业相互保险的地方，但在保监会监管之下，按照我国《试行办法》里对相互保险组织偿付能力、报表等各种高标准、严要求、无差别的管理规定，适合我国小农农业的那些草根相互保险组织很难生存。另外，相互保险组织与其他保险机构差别很大，保险合同规则也不同，但我国现行农业原保险合同制度却对此没有规定。《中国保监会关于加强农业保险条款和费率管理的通知》虽规定：农业互助保险等保险组织开发的农业保险产品管理办法另行规定，但至今还未做出“另行规定”。

---

① 规定了农业保险经营企业都应按照农险保费收入和农险业务超额利润的一定比例，提取农业保险大灾风险准备金。

② 原保险是保险人与投保人之间直接签订保险合同而建立保险关系的保险。再保险也称分保，是保险人在原保险合同的基础上，通过签订分保合同，将其所承保的部分风险和责任向其他保险人进行投保的保险。再保险是保险人的保险。原保险的合同主体是保险人和被保险人、投保人，再保险的合同主体均是保险人。

③ 《条例》第二条第二款“本条例所称保险机构，是指保险公司以及依法设立的农业互助保险等保险组织”。

④ 《关于规范政策性农业保险业务管理的通知》（2009.4.13）、《中国保监会关于加强农业保险业务经营资格管理的通知》（2013.4.17）。

2. 农业原保险合同客体制度与我国农村土地的现实不符

我国农业保险法《条例》并未对农业原保险合同客体“保险利益”问题有任何规定，细数农业保险的其他部门规范性文件皆未涉及此问题。按照《条例》，凡是有关农业保险合同未规定的皆参照适用《保险法》，因此各农业保险合同都是直接引用了《保险法》关于财产保险合同保险利益的规定作为合同条款。[①] 但实际上忽视了我国农村土地及耕种的现实复杂性，现在的农村由于大部分青壮年外出务工导致留守老人和留守儿童无力耕种土地，所以很多土地的真正权利人并不是实际的耕种人；还有的是强制集体耕种，如河南农村 2013 年开始有的地方开始强制集体耕种了；还有其他原因把土地租出去耕种的，如承包期内，承包方全家迁入小城镇落户的。还有的集体分的土地不在自己门前，而与别人交换距离自己家更近的土地耕种的、或基于其他原因交换土地耕种的；还有耕种荒山荒地不满 20 年的[②]。这些情况之下的权利人和实际耕种人并非同一个主体，如果土地权利人是被保险人，保险金补偿给被保险人，则对真正的耕种人不公平，构成不当得利；如果实际耕种人是被保险人，一旦保险事故发生时其不再耕种土地，则对标的不具有保险利益，也就得不到保险金补偿，也不公平（李媛媛，2017）。还有承包期内，承包方全家迁入设区的市，转为非农业户口的，按《中华人民共和国农村土地承包法》，应当将承包的耕地和草地交回发包方，若其是农业保险的被保险人，恰在事故发生前刚刚交回承包的土地，其对标的不再具有保险利益因而也得不到保险金补偿，而其前期既有投入又交了保费，这种情况在商业性保险中得不到赔偿自不待言，在支农惠农的“农业保险”中则显得十分“不公平”了。所以我国农业原保险合同制度必须考虑这些特殊情况，并予以回应。

3. 农业原保险合同双方权责分配不公

第一，从法律规定上来看。农民作为弱势群体应受政策性农业保险制度的倾斜性保护是受到认可的观点。有学者认为我国农业保险对农民的倾斜性规定在《条例》第十一条和第十三条第二款“在农业保险合同有效期内，合同当事人不得因保险标的的危险程度发生变化增加保险费或者解除农业保险合同”；“保险机构不得主张对受损的保险标的残余价值的权利，农业保险合同另有约定的除外”（庹国柱，2013）。这种倾斜性规定仅涉及农业原保险合同履行阶段的一小部分，而对农业原

---

① 《保险法》第十二条第二款“财产保险的被保险人在保险事故发生时，对保险标的应当具有保险利益”。《中国平安财产保险股份有限公司四川省马铃薯种植保险条款》第二十条“保险事故发生时，被保险人对保险马铃薯不具有保险利益的，不得向保险人请求赔偿保险金”。

② 《中华人民共和国土地管理法》第四十条“开发未确定使用权的国有荒山、荒地、荒滩从事种植业、林业、畜牧业、渔业生产的，经县级以上人民政府依法批准，可以确定给开发单位或者个人长期使用”。中华人民共和国国土资源部《确定土地所有权和使用权的若干规定》第二十一条“农民集体连续使用其他农民集体所有的土地已满二十年的，应视为现使用者所有；连续使用不满二十年，或者虽满二十年但在二十年期满之前所有者曾向现使用者或有关部门提出归还的，由县级以上人民政府根据具体情况确定土地所有权”。

保险合同的订立、转让、变更、解除并未涉及。而农业保险的目的宗旨[①]也没有体现出对农民的保护之义。而且第十一条的规定还有可能损害投保方农民的利益，如果在合同有效期内，保险标的危险程度发生变化，但危险程度不是变大了，而是变小了的话，投保人当然可以解除合同，而这里所说的合同当事人不仅包括保险机构也包括投保方当事人，这等于是剥夺了投保人解除合同的权利，违反了合同法的“情势变更原则”，也违反了保险法对原保险合同解除权向投保人倾斜配置的基本原理。

第二，从保险条款上来看。[②] 首先，有补贴的政策性农业保险的投保条件苛刻[③]，比如“奶牛畜龄在 2.5～7 周岁之间（还有其他规定，如 14 个月以上 72 个月以下等）；奶牛品种已在当地饲养一年以上”，其实恰恰是年龄较小的奶牛风险更大，农户更希望得到保障，也恰恰是引进新品种时候风险更大，农户更希望有政策性保险的支持以利于创新。其次，承保风险范围狭窄[④]，免责范围广：没有配有保险人指定的耳标标识的；投保人及其家庭成员、被保险人及其家庭成员、投保人或被保险人雇用人员的违法行为、故意行为、重大过失、管理不善；行政行为、司法行为；保险奶牛在疾病观察期内患有保险责任范围内的疾病；冻、饿、中暑、中毒、互斗、走失、被盗；第三条第（三）、（四）项列明原因外造成的摔跌和电击；战争、军事行动、恐怖行动、敌对行为、武装冲突、罢工、骚乱、暴动；在疾病观察期内患第三条所列保险责任中疾病；年老体弱、无繁殖能力、产奶量低以致自然死亡和被淘汰、宰杀；不及时医治伤病、不认真饲养管理以致加重病情造成死亡。再次，损失填补的范围也相当窄，下列损失、费用，保险人也不负责赔偿：保险标的遭受保险事故引起的各种间接损失；不在保险标的范围以内的损失；为救治保险奶牛而发生的所有费用；本保险合同中载明的免赔额。按照这里的免责事由，比商业保险[⑤]还要严苛，难以对农民倾斜性保护。而且“学习”商业保险条款，又没有完全学习，更多的是学习了对保险人有利的部分，而那些诸如施救防损费用在保险金额限度内由保险人赔偿的条款被剔

① 《条例》第一条：为了规范农业保险活动，保护农业保险活动当事人的合法权益，提高农业生产抗风险能力，促进农业保险事业健康发展，根据《中华人民共和国保险法》《中华人民共和国农业法》等法律，制定本条例。

② 各地农业保险合同略有不同，但大同小异。

③ 见《永安财产保险股份有限公司河南省政策性奶牛养殖保险条款》《永安财产保险股份有限公司陕西省政策性奶牛养殖保险（2015 版）条款》《2014 年中国大地财产保险股份有限公司奶牛养殖保险条款》第二条；《河南省政策性能繁母猪养殖保险（2015 版）条款》等。

④ 《2014 年中国大地财产保险股份有限公司奶牛养殖保险条款》第三条“在保险期间内，由于下列原因造成保险奶牛的死亡，保险人按照本保险合同的约定负责赔偿：（一）在分娩过程中，因胎儿不能顺利娩出，造成子宫破裂或穿孔大出血；（二）产后 72 小时以内因患产后瘫痪或产后败血症，经积极治疗仍无效；（三）火灾、雷击、爆炸、淹溺、野兽伤害、空中运行物体坠落或固定物体倒塌；（四）洪水、冰雹、暴风、暴雨、龙卷风、台风。永安财产保险股份有限公司。《河南省政策性能繁母猪养殖保险（2015 版）条款》等”。

⑤ 商业保险赔偿责任范围，其中基本责任包括：由于投保人、被保险人和受益人以外的因素所造成的损失；由于投保人、被保险人或其代理人的过失所导致的损失；因履行道德上的义务所导致的损失；因投保人或被保险人的受雇人或其所有的物体或动物所致的损失；因履行施救义务而导致的损失。

除了[①]，甚至有的农业保险合同明确指出施救防损费用不负责赔偿[②]。但又赋予了被保险人施救防损的义务[③]。义务重而权利少，没有做到商业保险对投保方的倾斜性保障，更没有在此基础上对农民足够的倾斜性保护。

还有，一方面合同条款规定为救治保险奶牛而发生的所有费用不赔偿[④]，另一方面又规定不及时医治伤病、不认真饲养管理以致加重病情造成死亡是免责事由，不负责赔偿。如果救治反而要花费更多的钱，则农户处于两难之中，一方面如果救治，费用自理，如果不救治导致死亡，保险白买了，保费白交了；救治反而得不偿失的时候，如果没有买农业保险，农户可以选择放弃救治，如果买了农业保险，那是一定要救治的，否则死亡了，保险公司不赔，损失了奶牛之外还损失了保费，损失更大；如果是严重外伤则更为纠结，如果外伤严重，直接吃肉更好，但因为买了农业保险，必须及时救治，否则不赔，但救治的费用又要自理，所以如果外伤就祈祷它立马死亡，否则农户真是不知该如何是好了。如果合同再对受损标的残余价值有约定：归被保险人所有的，要在赔偿的保险金里扣除。[⑤] 那这个农业保险还不如不买。

还有一些保险合同条款表面看起来相互矛盾，深究起来实质存在更大的问题。一方面在“责任免除”部分把“他人的恶意破坏行为”作为免责条款，而另一方面又在“赔偿处理”部分列入了代位求偿制度[⑥]，完全套用的《保险法》第六十条、第六十一条关于代位求偿制度的规定来拟定的合同条款[⑦]，而第六十二条又没有使用[⑧]：而代位求偿本来就是因“第三者”，也就是“他人”对保险标的的损害而造成保险事故的，保险人自向被保险人赔偿保险金之日起，在赔偿金额范围内代位行使被保险人对第三

---

① 见《保险法》“第五十七条 保险事故发生时，被保险人应当尽力采取必要的措施，防止或者减少损失。保险事故发生后，被保险人为防止或者减少保险标的的损失所支付的必要的、合理的费用，由保险人承担；保险人所承担的费用数额在保险标的损失赔偿金额以外另行计算，最高不超过保险金额的数额。”如车辆损失险等商业保险合同都有此条款。

② 见《2014年中国大地财产保险股份有限公司奶牛养殖保险条款》第六条。

③ 如《河南省政策性奶牛保险条款》第二十二条。

④ 2015版的表述为：其他不属于本保险合同责任范围内的损失、费用，保险人也不负责赔偿。效果还是一样的。

⑤ 见《2014年中国大地财产保险股份有限公司奶牛养殖保险条款》第二十六条“保险奶牛遭受损失后，如果有残余价值，应由双方协商处理。如折归被保险人的，由双方协商确定其价值，并在保险损失金额中扣除”。

⑥ 《保险法》第六十条、六十一条、六十二条、六十三条。

⑦ 发生保险责任范围内的损失，应由有关责任方负责赔偿的，保险人自向被保险人赔偿保险金之日起，在赔偿金额范围内代位行使被保险人对有关责任方请求赔偿的权利，被保险人应当向保险人提供必要的文件和所知道的有关情况。被保险人已经从有关责任方取得赔偿的，保险人赔偿保险金时，可以相应扣减被保险人已从有关责任方取得的赔偿金额。保险事故发生后，在保险人未赔偿保险金之前，被保险人放弃对有关责任方请求赔偿权利的，保险人不承担赔偿责任；保险人向被保险人赔偿保险金后，被保险人未经保险人同意放弃对有关责任方请求赔偿权利的，该行为无效；由于被保险人故意或者因重大过失致使保险人不能行使代位请求赔偿的权利的，保险人可以扣减或者要求返还相应的保险金。

⑧ 《保险法》第六十二条：除被保险人的家庭成员或者其组成人员故意造成本法第六十条第一款规定的保险事故外，保险人不得对被保险人的家庭成员或者其组成人员行使代位请求赔偿的权利。

者请求赔偿的权利。[①] “他人的恶意破坏行为”是免责条款，也就是说故意的不赔，而他人过失造成损失可以赔偿，并且保险人赔偿之后还可以向第三人代位追偿。代位求偿权本质是债权的法定移转，目的之一就是有利于被保险人迅速得到保险赔偿，而与“他人过失造成投保标的损害”相比，“他人恶意破坏”时被保险人才更难从第三人处取得赔偿，更需要保险的保障，由保险公司赔付之后，再由保险公司取得代位求偿权向第三人追偿。而我们的农业保险合同把硬骨头又扔给了农户自己来啃。再有，农业保险合同中的代位求偿没有使用《保险法》第六十二条，按其规定，对于被保险人的家庭人员和组成人员过失造成的保险标的损失，保险人对被保险人赔偿之后不能向他们代位追偿，故意造成的保险人可以代位追偿。而在农业保险合同中，被保险人的家庭成员或组成人员故意、重大过失造成的标的损失本来就是免责事由不赔偿。按此规定，只剩一般过失，保险人先赔偿然后可以向被保险人的家庭人员和组成人员代位追偿，但这就造成了与《保险法》的矛盾，也与代位求偿制度的目的和宗旨相违背：被保险人的家庭人员、组成人员只有一般过失（重大过失和故意都不赔）造成保险标的损害的，保险人才向被保险人赔偿，之后保险人再向被保险人的家庭人员或组成人员追偿；之所以《保险法》规定“除……故意……”，一般情况下家庭人员或组成人员造成标的损失，保险人不能代位追偿，就在于被保险人的家庭人员或组成人员与被保险人对保险标的具有共同利益，在一般过失情况下，若保险人赔偿被保险人后享有代位求偿权，那还不如不请求保险人赔偿，直接由家庭人员或组成人员赔偿被保险人。[②] 但若果真如此，对于被保险人的家庭或组织整体来说，所受损失仍然没有得到弥补。综上，连商业保险向投保方保护的程度都没有做到，更没有对农民足够的倾斜保护了。

《中国保监会、财政部、农业部关于进一步完善中央财政保费补贴型农业保险产品条款拟订工作的通知》规定：保险公司拟订条款应遵循以下基本原则：依法合规、公开公正、公平合理；要素完备、通俗易懂、表述严谨；不侵害农民合法权益、不妨碍市场公平竞争、不影响行业健康发展。保险公司应当在充分听取省、自治区、直辖市人民政府财政、农业、保险监管部门和农民代表意见的基础上，拟订条款。但实际上据笔者的统计来看，保险公司拟定的保险条款基本是从其商业保险合同中直接拿出来的相关条款，存在大量的专业术语，如“重复保险”，即使专业保险从业人员都未必把握得清楚；存在大量的《保险法》专业规则，如投保人的如实告知义务，即使是在此《通知》之后，也没有改善；在存在如此多的专业知识领域，后面所谓的听取农民代表的意见，基本就是形同虚设了。

---

① 《保险法》第六十条。

② 在农业保险合同中未使用《保险法》第六十二条可能也是为了避免此问题，但若完全不适用《保险法》第六十二条，就等于是对于被保险人的家庭人员和组成人员都可以代位追偿，无论他们的主观过错是什么。再配合以农业保险合同中的上述免责条款，仍然是只剩被保险人的家庭人员和组成人员的一般过失造成的损失可以由保险公司赔偿被保险人之后再由保险公司向被保险人的家庭人员或组成人员代位追偿。后果和文中相同。

纵观各地农业保险合同条款，皆模仿商业保险合同而来，大量引用《保险法》内容，但又去除了很多保护投保方利益的内容，不对称的模仿、不对称的引用，违反了公平原则，也没有做到商业保险合同由于合同的专业技术性等原因而对投保方的保护程度[①]，更加没有对农民做到足够的倾斜性保护。

（二）我国农业原保险合同制度拟定技术欠缺

1. 不必要的重复

如《条例》第十四条[②]、《条例》第十五条第一款和第二款[③]其实是对《保险法》第二十三条[④]部分内容的简单重复，这是属于保险合同的内容。但实际上《条例》第十六条规定关于农业保险合同未规定的参照适用《保险法》中有关保险合同的规定，而《条例》对农业保险合同仅做了相当原则的规范，未做规定的内容相当之多，都要参照适用《保险法》。目前关于“参照”与“适用”的研究多是针对行政审判（付国华、李向阳，2011；林明民，2014；周欢秀、周玉，2014）或是刑事审判（邹晓瑜，2003）并有所争议。《最高人民法院关于执行〈中华人民共和国行政诉讼法〉若干问题的解释》（2000）和《关于审理行政案件适用法律规范问题的座谈会纪要》（2004）赋予了法院对拟参照规章进行合法审查的义务，并依据《纪要》“根据行政诉讼法和立法法有关规定，人民法院审理行政案件……参照规章……应当对规章的规定是否合法有效进行判断，对于合法有效的规章应当适用。”但《保险法》是法律，《条例》仅仅是行政法规，同时又是在私法领域，按照现在法院处理民商事案件的实践经验，凡是没有其他强制性规定的情况下，所谓“参照适用”其实就是在适用，只是在“本院认为”部分写明参照什么规定，而在“综上，依照”的法条部分不去引用具体法条。因此，《条例》未规定的参照适用《保险法》，在没有相关法律文件明确指引的情况下，其意思基本等同于“适用”。若是如此，重复的必要性不大。

2. 法之间隐含矛盾

最明显的，如前所述，《条例》第十一条剥夺了投保人在标的危险程度降低时解

---

① 现代各国保险法在性质方面都转变为对被保险人利益的倾斜性保护，针对保险人与投保人（被保险人）之间不平等的交易地位而进行立法调整以实现公平交易，体现对保险交易中的弱势群体———投保方倾斜性保护的价值关怀。

② 保险机构应当在与被保险人达成赔偿协议后10日内，将应赔偿的保险金支付给被保险人。农业保险合同对赔偿保险金的期限有约定的，保险机构应当按照约定履行赔偿保险金义务。

③ 保险机构应当按照农业保险合同约定，根据核定的保险标的的损失程度足额支付应赔偿的保险金。任何单位和个人不得非法干预保险机构履行赔偿保险金的义务，不得限制被保险人取得保险金的权利。

④ 《保险法》第二十三条“保险人收到被保险人或者受益人的赔偿或者给付保险金的请求后，应当及时作出核定；情形复杂的，应当在三十日内作出核定，但合同另有约定的除外。保险人应当将核定结果通知被保险人或者受益人；对属于保险责任的，在与被保险人或者受益人达成赔偿或者给付保险金的协议后十日内，履行赔偿或者给付保险金义务。保险合同对赔偿或者给付保险金的期限有约定的，保险人应当按照约定履行赔偿或者给付保险金义务。保险人未及时履行前款规定义务的，除支付保险金外，应当赔偿被保险人或者受益人因此受到的损失。任何单位和个人不得非法干预保险人履行赔偿或者给付保险金的义务，也不得限制被保险人或者受益人取得保险金的权利。”

除合同的权利，而按照《保险法》，保险合同是保障性合同（危险移受合同），《保险法》第十五条也有明确规定：在没有另外约定和《保险法》没有另外规定的情况下，保险合同成立后，投保人可以解除合同，但保险人不得解除合同。由此看，《条例》第十一条等于变相强制，这与《农业法》第四十六条第三款“农业保险实行自愿原则，任何组织和个人不得强制农民和农业生产经营组织参加农业保险”和《条例》第三条第四款“任何单位和个人不得利用行政权力、职务或者职业便利以及其他方式强迫、限制农民或者农业生产经营组织参加农业保险”明显矛盾。

3. 法与部门规范性文件矛盾

但部门规范性文件却规定本文件没有规定的适用《条例》和《保险法》，而实际上，即使部分规范性文件有规定，只要与“法”相矛盾，必然是以“法”为准。《农业保险承保理赔管理暂行办法》第三条“保险公司应严格履行明确说明义务，在投保单、保险单上做出足以引起投保人注意的提示，并向投保人说明投保险种的保险责任、责任免除、合同双方权利义务、理赔标准和方式等条款重要内容。由农业生产经营组织或村民委员会组织农户投保的，可组织投保人、被保险人集中召开宣传说明会，现场发放投保险种的保险条款，讲解保险条款中的重点内容。”实际是加重了保险公司的义务，“说明”和“明确说明”都是先合同义务。首先，按《条例》规定，《条例》没规定的参照适用《保险法》，而《保险法》对采用保险人提供的格式条款的，要求保险人应主动向投保人说明，而不采用保险人提供的格式条款的，并无此要求。[①] 而《暂行办法》一概要求说明。其次，不仅是一概要求说明，而且是“明确说明”，而“明确说明”是保险法学中的专有名词，指的是《保险法》第十七条第二款中关于免责条款的“足以引起投保人注意的提示”＋“明确说明”义务[②]，两者缺一不可，否则该免责条款不生效。可见《暂行办法》扩大了明确说明的范围，《保险法》有规定农业保险由法律行政法规另行规定，由作为行政法规的《条例》另行规定的确可以，但《暂行办法》只是规范性文件，其与《保险法》规定不同的，仍然要以“法”为准。根据《暂行办法》，若对“非免责条款”没有履行“明确说明”义务，并没有法律后果（即使有，若与《保险法》矛盾，仍要以“法”为准），《条例》更加没有规定，兜来转去又回到《保险法》：假定农业保险合同全是格式条款，对于其中的非免责条款，也只能依据《保险法》第十七条第一款，在保险人没有履行说明义务的时候，追究保险人的缔约过失责任；而违反其中的免责条款才能按“明确说明”义务发生相应的法律后果，即无效。而实际《条例》第十九条规定“属于财政给予保险费补贴的险种的保险条款和保险费率，

① 《保险法》第十七条第一款：订立保险合同，采用保险人提供的格式条款的，保险人向投保人提供的投保单应当附格式条款，保险人应当向投保人说明合同的内容。

② 《保险法》第十七条第二款：对保险合同中免除保险人责任的条款，保险人在订立合同时应当在投保单、保险单或者其他保险凭证上作出足以引起投保人注意的提示，并对该条款的内容以书面或者口头形式向投保人作出明确说明；未作提示或者明确说明的，该条款不产生效力。

保险机构应当在充分听取省、自治区、直辖市人民政府财政、农业、林业部门和农民代表意见的基础上拟订"，是对政策性农业保险合同议商性合同性质的肯定；同样第十九条伊始就规定"保险机构应当公平、合理地拟订农业保险条款和保险费率"，等于说商业性农业保险合同采用的是格式条款，而根据《保险法》，只有采用保险人提供的格式条款的，保险人才有说明义务，也就等于说对商业性农业保险合同，保险人才有主动说明义务，反而对政策性农业保险合同没有主动说明义务，而实质上如前所述，恰恰是政策性农业保险应该更加向农民倾斜性保护。就是由于立法及订立规则的技术问题，而事与愿违。

4. 缺乏统筹规划

比如，根据《条例》，保险机构经营农业保险业务的审批于 2015 年 3 月 13 日取消。[①] 但《中国保监会关于加强农业保险业务经营资格管理的通知》规定保险公司只能在保监会批准的区域内经营农业保险业务；《中国保监会关于加强农业保险条款和费率管理的通知》也规定保险公司向保监会报备农业保险条款和费率，除应提交《财产保险公司保险条款和保险费率管理办法》规定的材料外，还应提交保监会批准在相应区域开办农业保险业务的文件复印件；从保监会近期的批复也可以印证关于开展农业保险区域的审批仍然存在[②]，而按照《条例》，我国农业保险不仅包括政策性的还包括商业性的，政策性的固然有审批的必要，商业性的也要审批显然与商业保险的性质及商业保险法的原则相矛盾。

5. 同一问题多个规范性文件

比如关于农业保险补贴，有 5 部各部门规范性文件[③]都是关于农业保险补贴的，另外还有关于单独保险标的的各部门规范性文件，如仅关于能繁母猪保险，现行有效的部门规范性文件就有 7 个之多，而各规范性文件对同一个问题时有不同规定。如关于能繁母猪的补贴，①《中央财政养殖业保险保费补贴管理办法》：在补贴地区（新疆生产建设兵团以及中央直属垦区除外）地方财政部门补贴 30%的保费后，财政部再补贴 50%的保费；②财政部关于进一步加大支持力度做好农业保险保费补贴工作的通知（财金［2012］2 号，2012 年 1 月 20 日）："（四）二是养殖业保险。其中，东部地区的能繁母猪和奶牛保险，在地方财政至少补贴 30%的基础上，中央财政补贴 40%；育肥猪保险，在地方财政至少补贴 10%的基础上，中央财政补贴 10%。其他中央财政补贴险种按照现行政策执行。"③农业部办公厅、财政部办公厅关于印发

---

① 见《关于取消和调整一批行政审批项目等事项的决定》（国发〔2015〕11 号）。

② 《中国保监会关于中国太平洋财产保险股份有限公司在河北省和贵州省经营农业保险业务的批复》（2015.06.04）；《中国保监会关于中国人寿财产保险股份有限公司在河北省和江苏省经营农业保险业务的批复》（2015.04.30）。

③ 财政部关于 2013 年度中央财政农业保险保费补贴有关事项的通知；财政部关于进一步加大支持力度做好农业保险保费补贴工作的通知；财政部关于进一步做好农业保险保费补贴工作有关事项的通知；财政部关于印发《中央财政养殖业保险保费补贴管理办法》的通知；财政部关于印发《中央财政种植业保险保费补贴管理办法》的通知。

《2012年能繁母猪饲养补贴实施指导意见》的通知（农办财［2012］49号，2012年8月3日）："每头能繁母猪补贴100元，补贴资金由国家承担。其中东部地区由地方财政负担；中西部地区由中央财政负担60%，地方财政负担40%。新疆生产建设兵团以及黑龙江省农垦总局、广东省农垦总局的补贴资金全部由中央财政负担。"[①]④财政部关于2013年度中央财政农业保险保费补贴有关事项的通知："（二）养殖业保险。对于能繁母猪、奶牛、育肥猪保险，在地方财政至少补贴30%的基础上，中央财政对中西部地区的补贴比例为50%，对东部地区的补贴比例为40%，对中央单位的补贴比例为80%。"四个部门规范性文件关于补贴均有不同规定，都是现行有效的，尤其是中间两个，都是2012年的部门规范性文件，②规定东部地区地方至少补贴30%，中央补贴40%；③规定东部地区补贴完全由地方财政负担。②比③时间早，但③是特殊规定优于②的一般规定，不分伯仲，到底以哪个为准？

6. 用语模糊不清

一是在《条例》里存在很多没有权威解释的用语，如"参照适用"该如何参照？与适用的不同尺度该如何把握？再如"稳健的"，何为稳健？二是不能及时统一专业术语的内涵和外延。按照《农业保险统计制度》涉农保险是指除农业保险以外，其他为农业服务业、农村、农民直接提供保险保障的保险，包括涉及农用机械、农用设备、农用设施、农房等农业生产生活资料，以及农产品储藏和运输、农产品初级加工、农业信贷、农产品销售等活动的财产保险；涉及农民的寿命和身体等方面的人身保险。[②] 与《条例》所规定的涉农保险[③]不同，但相关的部门规范性文件即使再行推陈出新也没能按《条例》规定的涉农保险定义加以理顺，这势必导致统计等操作的偏差。

（三）我国农业原保险合同制度与其他惠农制度对接不足

《条例》里指出"协同推进"的原则，《中央财政养殖业保险保费补贴管理办法》里指出"协同推进是指保费补贴政策要同农业信贷、其他支农惠农政策有机结合，以发挥财政政策的综合效应。"但实际上，从制度设计上来看，结合的并不尽如人意。

1. 我国农业原保险合同制度未与扶贫制度对接

习近平同志自2013年11月首次提出精准扶贫以来，于次年3月再次强调精准扶

---

① 有条件的地方，地方财政部门可结合本地实际，适当提高补贴标准。

② 中国保险监督管理委员会：深入贯彻落实《农业保险条例》。http：//www.circ.gov.cn/web/site0/tab7308/info3889346.htm，最后访问时间2017年1月24日。《农业保险统计制度》：涉农保险包含的险种种类繁多且范围难以确定。在统计范围和方式上，涉农保险业务统计指标科目在保监会统计制度产险的各个险种分类中，增加"涉农"的修饰维，由保险公司以本制度中规定的口径为基础，结合实际情况确定是否为涉农业务，分别统计在各个险种中，如"企业财产保险—其中：涉农""意外伤害险—其中：涉农"等。涉农保险按照是否接受政府财政补贴，分为政策性涉农保险和商业性涉农保险。

③ 《农业保险条例》第三十一条：保险机构经营有政策支持的涉农保险，参照适用本条例有关规定。涉农保险是指农业保险以外、为农民在农业生产生活中提供保险保障的保险，包括农房、农机具、渔船等财产保险，涉及农民的生命和身体等方面的短期意外伤害保险。

贫，于隔年的6月又具体提出“六个精准”[①]。而贫困人口主要在农村地区，各级文件都指出了农村保险市场及农业保险对于扶贫的战略意义及相关战略目标。[②] 基本没有针对贫困对象量身定做的保险产品，更没有针对性的宣传和辅导；农业保险基层服务体系缺乏，尤其是贫困地区；农业保险扶贫与农业信贷扶贫、农业产业扶贫等缺乏联动和协调机制（谭正航，2016）。

补贴比例整齐划一，没有对贫困地方财政的差别对待，没有对贫困地方农户保费负担能力的差别规定。[③] 很多贫困地方政府财政困难，无力提供相应的补贴，所以导致贫困地方政府没有积极性，也有些“国定贫困县”，“人民穷，政府不穷”，却顶着贫困县的帽子，无力补贴，也是制度没有对接的结果；而农户也无力负担该承担的保费，农户参保原则又是统一的“自愿”，在这样的情况下，实际上是过失性地剥夺了贫困地区农户获得补贴的权利（郭佩霞，2011）。而这些地区的农户又恰恰是最需要保障的。养殖业和种植业保险补贴的险种和风险种类也没有因地制宜。依据《中央财政养殖业保险保费补贴管理办法》和《中央财政种植业保险保费补贴管理办法》[④]，养殖业给予补贴的险种主要是能繁母猪、奶牛；种植业补贴的险种主要是：玉米、水稻、小麦、棉花；大豆、花生、油菜等油料作物，补贴地区可根据本地财力和农业特色自主选择其他险种予以支持，但这里补贴的险种往往无法满足贫困地方的多样性要求，而贫困地方政府又无力按照自己地区的需要来进行补贴。养殖业补贴的风险是重大病害、自然灾害和意外事故所导致的投保个体直接死亡；种植业补贴的风险是因人力无法抗拒的自然灾害，包括暴雨、洪水（政府行蓄洪除外）、内涝、风灾、雹灾、冻灾、旱灾、病虫草鼠害等对投保农作物造成的损失，根据本地气象特点，补贴地区可从中选择几种对本地影响较大的风险，列入本地补贴险种的保险责任。补贴地区还可选择其他风险作为附加险保险责任予以支持，并由地方财政部门提供一定比例的保费补贴。对于贫困地方政府来说，列入本地补贴险种保险责任的风险远远少于富裕地区，其也无力再另外根据自己地区的特点来开发新的附加险。还有，如前所述：有补贴的政策性农业保险的投保条件苛刻，承保风险范围狭窄，免责范围广，对农民没有足够的倾斜性保护，对贫困地区农民的针对性保障更显不足，从实践来看贫困地区农民也更容易落入免责范围而得不到赔偿；合作保险组织本来是贫困地区农业保险的希

---

① “扶贫对象精准、项目安排精准、资金使用精准、措施到户精准、因村派人精准、脱贫成效精准”。

② 2004年以来，中央1号文件均提出了扩大农业保险保费补贴的品种和区域覆盖范围的改革目标。2014年3月，中国人民银行等的《关于全面做好扶贫开发金融服务工作的指导意见》也提出了“积极发展农村保险市场，构建贫困地区风险保障网络”的战略目标。2015年12月，中共中央国务院《关于打赢脱贫攻坚战的决定》进一步提出“扩大农业保险覆盖面，通过中央财政以奖代补等支持贫困地区特色农产品保险发展”的战略目标。

③ 《财政部关于2013年度中央财政农业保险保费补贴有关事项的通知》：（二）养殖业保险。对于能繁母猪、奶牛、育肥猪保险，在地方财政至少补贴30%的基础上，中央财政对中西部地区的补贴比例为50%，对东部地区的补贴比例为40%，对中央单位的补贴比例为80%。

④ 详见《中央财政养殖业保险保费补贴管理办法》第四条、第六条；《中央财政种植业保险保费补贴管理办法》第四条、第六条。

望，却因为缺乏适合的制度支持而发展不畅。

2. 我国农业原保险合同制度未与农业优惠贷款制度对接

我国农业发展有大量的资金缺口，仅靠外出务农这种远距离的劳动力流动提供农业发展的资金，不仅供不应求，而且会造成很多社会问题。而如前所述农民由于各种原因容易受到金融排斥，所以农业发展所需的资金一直是制约农村经济社会发展的瓶颈问题，而农业优惠贷款就是为了解决这一问题而产生的。运用农业保险来支持和促进农业优惠贷款制度已经在国外展开，我国也在浙江等地进行了试点。一般认为农户只要成为农业原保险的被保险人，并能提供一定担保，即可取得此类借款人主体资格（陈运来、王伟，2012）。但担保对于农户来说并不容易，目前实践中的几种担保都存在问题。[①] 目前开展较多的就是以农业原保险合同做担保的形式。涉农信贷和农业保险都是政府支持的惠农项目，涉农贷款的贴息和农业保险补贴已经成为目前政策扶持金融支农的重要方式（王勇、张伟、罗向明，2016）。以农业保险单作担保有利于提高农户贷款的能力，帮助农户进行农业融资，解决农业资金融资难的问题；而反过来也会提高农户投保农业保险的欲望，促进农业保险的发展。二者是相辅相成的，但由于信贷和保险分别属于信贷机构和保险机构二个不同的金融机构经营，又由于我国分业经营分业监管的现实，所以二者缺乏协同机制，经常单边作战，不能发挥整合作用，使各自的效果都大打折扣，二者如果可以协同作战势必发挥 1＋1＞2 的效果，共同服务于农村经济。

但目前我国的农业原保险合同制度存在很大的问题，不能满足为农村借贷提供担保的需求。第一，农业原保险合同只要是同一种保险标的，保险金额固定，不具有选择性。我国目前的农业保险是高补贴、低保障的。要想用农业原保险合同进行担保，保险金额一定得大于贷款本金加利息，但目前的保险金额较小，所以能获得的贷款金额也较小；即使有些农户负担能力强的，希望通过自己多承担保费比例来提高保险金额，从而提高贷款金额也做不到。第二，农业原保险合同缺乏关于农业保险补贴的规定及灵活运用、保险费率的灵活运用。我国的农业原保险合同缺乏农业保险补贴条款及保险费率的激励机制。可灵活运用补贴条款及费率条款对履行义务，如施救防损义务的投保方进行激励；对农业借贷的故意违约行为进行惩罚。第三，农业原保险合同承保风险少，目前主要是针对部分自然灾害、主要疾病和疫病，不能覆盖农业贷款违约风险，很多农业贷款违约风险仍然处于暴露状态，比如虫灾、比如价格风险等，都不是农业原保险承保风险，因此无法与农业贷款违约风险相对接。农业原保险合同种类少，很多农业生产不能获得农业保险的保障也就不能通过农业保险担保来获得农业贷款（曹春燕，2014）。还有就是如前所述的，由于对贫困地方没有针对性的补贴安排，地方财政由于不能配套补贴资金而导致很多想投保的农户无法投保，因而也就不

① 联保要求小组成员对借款人债务承担连带保证责任，故农户不会轻易参加；多数农户没有足额存单可用于质押贷款；农户受法律限制难以提供理想的抵押物。

能享受农业原保险合同担保的贷款。

三、我国农业原保险合同制度的优化策略

（一）我国农业原保险合同制度弊端的根源

1. 对农民权利认知的高度不够

首先是“食物权”，1996年联合国经济、社会和文化权利委员会在国际法框架下对食物权做了很多规定，同时特别强调成员国和条约签署方有义务尊重并履行食物权。食物权作为一项基本人权，是生存权的重要组成部分。而人类的一切活动都是为了人类自身的存续和发展，所以对于“食物权”法律必须给予严格保障。但根据联合国最新发布的饥饿年度报告《2015年世界粮食不安全状况》显示，世界饥饿人口数量已经降至7.95亿，约占全球总人口的九分之一。正如农发基金总裁肯纳尤·内旺泽强调，世界上大多数最贫困和饥饿的人口在发展中国家的农村地区。[①] 其次，与“食物权”紧密相关的权利是“农民权”，由“农民之路”提出的农民权利包括：获得适当生活水平的权利；结社、建议和言论自由；免受歧视的自由；拥有健康、食物和水的权利；对资本和农业生产资料的权利；获得信息的权利；对环境保护的权利等。部分诉求已经在国际法的保护之下了，还有一些更具争议性且超越现有国家规范界限的，如在自己的“领地”上进行自治等。“农民之路”运动的第一项核心主张就是，农民在大多数社会中是弱势群体，因此需要特殊保护（叶敬忠，2016）。最后是“农民金融权”，“农民金融权”以“农民发展权”为基础，而“农民发展权”是“发展权”的具体化，是“发展权”[②] 的子概念（李乐平，2013）。金融是经济的核心（张运书、高毅，2013），由于资本的逐利性，金融机构往往选择最有益于获利的网点布局和营销战略，而农村经济落后地区对金融服务的需求有限，金融机构很难通过增加交易量实现规模经济因而产生金融排斥。再有，由于信息不对称的问题，金融机构为降低风险往往对那些被认为违约风险大的农村低收入、弱势群体进行金融排斥（张国俊、周春山、边艳，2015）。而住在农村的和低收入群体对金融产品的负担能力有限，也是金融机构对其进行金融排斥的一个重要因素。普惠金融观正是为了解决金融排斥而提出的，提倡包容性金融和弱势群体的金融权利（星焱，2015）。农民金融权是其应有之义，其中就包括金融公平权，这种公平不是形式上的公平，而是实质上的公平。这就要求作为制度供给主体的国家对农民在金融领域进行倾斜性保护。而政策性农业保险也是这一理念之下的产物，每个国家由于其农村实际情况而有其特殊性，但

① 参见 http：//www.chinanews.com/gj/2015/05－28/7308113.shtml.

② 联合国教科文组织将发展权称为与自由、平等等权利相对应的“第三代人权”，从而发展权被庄严地载入1986年联大通过的《发展权利宣言》之中。该宣言系统地阐明了发展权的整体思想框架，指出，“发展权利是一项不可剥夺的人权，由于这种权利，每个人和所有各国人民均有权参与、促进、享受经济、社会、文化和政治发展，在这种发展中，所有人权和基本自由都获得充分实现。”

向投保方农民倾斜性保护，不以营利为目的，单独适用一套规则，并不当然适用商业保险法规定是各国共同的实践经验。

2. 对我国农业经营主体的多元性重视不足

我国农业经营主体仍以小农为主，但同时又出现了很多家庭农场等新型经营主体。首先，对小农的重要意义认识不足，导致制度设计对小农农业关注不足，基层的农业保险服务不畅。一直以来我们对小农的认识基本停留在经济问题上，甚至还有观点认为农业现代化，农村城市化就是要消灭农民甚至农村，最起码消灭小农。我们的农业正处在十字路口，全面高科技化、大型化、企业化、产业化，还是保留小农农业是我们面临的选择。实际上，农业具有很强的可塑性，同样的产量，可以是使用大量碳能源和很少劳动力的也可以是大量劳动力和极少碳能源的。而后一种就是小农农业，小农农业能够消耗较少的矿物、碳能源，也非常节水，还能创造大量就业机会和魅力乡村。高碳技术是专门为在所谓最优条件下运作大型农场设计和使用的（杨·范德普勒格，2012）。意大利农村社会学家阿达？卡瓦扎尼曾说：越来越多的欧洲人相信现在已经到了现代化的末期，中国人不应该走他们走过的那条路。所以我们的法律及制度不该忽视小农农业的需求。帮助小农脱贫、解决小农发展的资金需求不仅是帮助他们发展、是解决现阶段的问题，也是在帮助我们国家乃至人类的未来。其次，我国目前出现了很多如家庭农场等新型农业经营主体，而我国的农业保险法律及制度设计不能满足农业多元主体的多样化需求。

3. 对“农业保险”属性定位不清

我国农业保险法《条例》对农业保险制度的规定，如果说在管理制度上还有政策性与商业性的不同，如单独核算等。在农业原保险合同制度上仅有除另有约定保险人不得主张标的残余价值、当事人不得因标的危险程度变化而增加保费或解除合同这么两条，而后面一条如前所述又是有问题的。因此，我国政策性农业保险和商业性农业保险不分，基本适用同一套农业原保险合同制度，差别仅在于政策性的有补贴，而商业性的没有补贴。《条例》又规定关于农业保险合同未规定的参照适用《保险法》，导致我国的农业保险合同条款与商业保险合同条款差异不大，甚至直接将《保险法》内容“拿来”当作农业保险合同条款来使用。关于农业保险合同拟定的问题，表面看是技术性问题，但实质是对农业保险定位不清闪烁其词而造成的规则之间关系无法理顺：《条例》与《保险法》重复，作为农业制度的农业保险制度与《农业法》精神违背等问题。也正是由于农业保险合同制度浓厚的商业气息，导致农业保险合同制度与其他惠农支农制度的理念和出发点不同，《农业法》项下的制度一切为了农业[①]，农

① 《农业法》第一条“为了巩固和加强农业在国民经济中的基础地位，深化农村改革，发展农业生产力，推进农业现代化，维护农民和农业生产经营组织的合法权益，增加农民收入，提高农民科学文化素质，促进农业和农村经济的持续、稳定、健康发展，实现全面建设小康社会的目标，制定本法。”

业保险法《条例》项下的制度传承《保险法》精神，主要为了保险事业的发展。[①]

（二）我国农业原保险合同制度优化的建议

1. 我国农业原保险合同制度优化的终极路径

以农民权利为立法理念对农业保险细分。从农民权利的高度把握农业保险的重大意义，我国农业保险的立法目的和宗旨应上升到农民权利保护的高度。农业保险立法应从保护食物权，进而确立农民权、农民金融权的高度来设计整个法律框架，只有这样才能够做到向农民倾斜性保护并厘清整个法律体系的层次和关系。在现代保险法通过弃权、禁反言、减轻投保方注意义务等规则向投保方倾斜性保护的基础上，再次向农民倾斜性保护。以提升的立法理念引领整个制度体系的设计。是否所有农民在各种法律关系中都需要倾斜性保护？肯定不是，倾斜性保护的极致就是歧视，也可能因为这种无微不至的保护而使所谓的“弱势”群体成为温室里的花朵，失去了该有的生存和竞争能力。甚至以贫为荣，被纳入“国定贫困县”被当做特大喜讯发布；以贫为谋生手段，如有一些贫困县财政收入已经几个亿甚至十几个亿了，仍然不想摘掉贫困县的“帽子”。[②] 或是成为权利的“霸主”，造成另外一种不公。权利都是有维度的，而不是无限的，否则很有可能因为人人处处时时都有权利，个体的权利反而会消失。从理论上来说如此，从实践上来说，所有农民在各种法律关系中都倾斜性保护也是不现实的，对一方的倾斜性保护往往意味着他方权利的让渡，理论上，这种让渡只有在自然法的“公平”之下才可堂而皇之的进行，否则将造成新的不公。因此只有那些形式上的公平不足以达到公平的“不公”领域，才需要对受到不公的弱势群体进行倾斜性保护，而且这种不公是禀赋的差异造成的而不是后天不努力的结果。权利可以作为由于禀赋的差异而造成的不公平的矫正方法，可以作为保护、提高目标主体自尊和社会安全感的工具。

在与农业有关的保险中，大的框架就应具体区分不同情况来进行制度设计，在这之下各地再进行有差异的设计，而不是粗糙的一刀切。在我国，应分清是“我国农民买不起”的，还是由于“农业的特殊性”而无法商业化经营的，还是“农业的特殊性＋农民买不起”的保险项目，仅仅是“我国农民买不起”的，是我国工业靠农业供给而发展的结果，“我国农民买不起”是世代“失血过多”（邓大才，2003）最终造成的禀赋上的差异，而不是后天不努力的结果。所以，从农民权益的角度来看，这些保险项目需要政府补贴，以矫正不公，但仍然可以商业性运作。而那些由于“农业的特殊

① 《保险法》第一条“为了规范保险活动，保护保险活动当事人的合法权益，加强对保险业的监督管理，维护社会经济秩序和社会公共利益，促进保险事业的健康发展，制定本法。”《条例》第一条“为了规范农业保险活动，保护农业保险活动当事人的合法权益，提高农业生产抗风险能力，促进农业保险事业健康发展，根据《中华人民共和国保险法》《中华人民共和国农业法》等法律，制定本条例。”

② 让习近平愤怒的贫困县是哪个？http：//news.sina.com.cn/c/zg/2015-08-28/doc-ifxhkpcu4818349.shtml. 最后访问日期 2017 年 1 月 31 日。

性”无法商业化经营的、“农业的特殊性＋农民买不起”的则需要特殊规则＋补贴，其中“农业的特殊性＋农民买不起”的补贴一般要大于因“农业的特殊性”而无法经营的，在制度上也要与“农业的特殊性”而无法经营的区别对待，“农业的特殊性＋农民买不起”的就是要与我国精准扶贫制度对接的政策性农业保险制度。而且，买不起的农民多是小农农业的从业者，大型农户、农业企业不存在这种问题，应该认识到小农农业是生态农业，解决新稀缺性、新危机的钥匙可能就掌握在新型小农农业的手里，必须从较高层面认识小农农业，保护我们今后可以燎原的星星之火。在此基础上，还有一些保险项目同时也是关系到目前农村经济、国计民生的，则要更多地与农业优惠贷款制度协同设计。

政策性农业保险是国家对那些关系到国计民生、但由于农业特殊性，商业经营往往出现供需双冷状况的农业保险标的，通过政策扶持开办的保险。而本可以商业经营，只是由于我国农民的特殊情况目前还“买不起”的仍然是商业保险，即使有补贴也不需要单独一套保险合同规则，这种保险项目不该由一国的农业保险法来规范。这种项目的种类各地会有差异，需由各地基层专业服务组织制作清单，在不具备相应条件的情况下，完全可以作为扶贫制度的系列来进行，而不需要单独立法，其实就是运用保险扶贫支农，但运用的不是政策性保险。政策性保险一定有补贴，有补贴的不一定是政策性保险。

从农民权利的角度来倾斜性保护，是尊重农民的目的价值；从国计民生的角度来倾斜性保护，体现的更多的是农民的使用价值。尊重农民权利，尊重农业的多样性，注意制度设计的多元化。在此基础上，对政策性农业保险单独进行规范，政策性农业保险合同单独适用一套规则、拟定政策性农业保险合同专用条款，并与其他惠农制度配合形成一揽子制度方案。重视农村基层金融服务建设，出台保障农民金融自治服务的制度框架，包括农业保险的自治服务框架，并充分发挥农民自治规则的有益作用。通过重构来实现农业原保险合同制度的优化是一个长期的过程，我们还需要近期措施对农业原保险合同制度尽量“修缮”使之更好地发挥作用并为今后的重构打下坚实基础。

2. 我国农业原保险合同制度优化的近期措施

（1）我国农业原保险合同关系的优化措施。

首先，修改《试行办法》，对相互保险组织的监管规则做多样化和差异化的规定。除了对政策性农业保险业务的特殊监管规则外，还要考虑贫困地方的实际情况。吸取监管沙箱“既要鼓励创新、又要控制风险”的理念。建议对相互保险组织分级管理，对不同级别的相互保险组织设立不同的监管规则，包括事前、事中、事后，进行柔性监管，留出空间由农民进行金融软法自治。

其次，考虑到我国农村土地的特殊性，对我国政策性农业保险的保险利益进行创新性规定，其实有的国家完全就规定农业保险与商业保险无关，不适用商业保险规则，之所以还叫做保险，主要是运用了保险“我为人人，人人为我”的风险分散原理。所以，并非一定要使用商业保险的范畴，即使使用也是选择性的、改良性的适用。为解决我国存在的特殊情况，我们完全可以规定，只要是真正对农业保险投入的被保险人即可以获得保险补偿。其实财产保险的主要目的就是要填补被保险人所遭受的损失，而保险利益原则的根本目的就是要防止道德危险，防止赌博，及以保险利益限定赔偿限额。

再次，修改《条例》“第十一条：在农业保险合同有效期内，合同当事人不得因保险标的的危险程度发生变化增加保险费或者解除农业保险合同”为“第十一条：在农业保险合同有效期内，保险机构不得因保险标的的危险程度发生变化增加保险费或者解除农业保险合同”。有的人认为这样会出现一些投保方投机取巧的情况，在承保标的较为重大集中的风险期通过后便提出解除合同，其实这个问题完全可以通过与信贷政策的链接而解决。

最后，我国农业保险合同条款向农民倾斜性保护不足的问题主要还是我国农业保险法对农业保险定位不清造成的，长期来看必定是要修改农业保险法才能解决根本问题，正如有学者所言：核心制度供给滞后，就会使配套制度供给不仅不能产生预期效果，而且还会出现制度供给的边际效率不变或者下降（邓大才，2001）。短期来看，应加强对农业原保险合同的管理①：在最低保证农民作为普通投保方权益所受倾斜性保护的底线下，着重对农民的倾斜性保护，如对免责条款不能严格于商业保险的免责，尤其在目前只赔付物化成本，赔付率低的情况下，更不应该将“投保人及其家庭成员、被保险人及其家庭成员、投保人或被保险人雇用人员重大过失行为”“他人的恶意破坏行为”作为免责事由；设计多元化差异化的农业保险合同，减少专业术语的使用，适当放宽投保的条件，尽量增加承保风险种类；修正违反法律规定的合同条款：如损失填补的范围，应包括为救治保险标的而发生的费用，金额限度是个问题，按《条例》规定“对于农业保险合同部分未规定的，参照适用《保险法》”，按《保险法》保险人要在保险金额限度内承担施救防损费用，那么该如何参照，目前农业保险按生长周期的不同阶段，最高赔偿标准不同，本来保险金额是保险合同赔偿的最高限额，但基于农业保险的特殊性，农业保险标的的不同生长阶段在保险金额限度内又有不同的实际上的最高赔付金额，因此，施救防损费用应以不同时期的最高赔偿标准、即最高赔付金额为限，而不应以保险金额为限。农业保险合同中虽有代位求偿的规定，但没有援引《保险法》第六十二条，在上述“投保人及其家庭成员、被保险人及其家庭成员、投保人或被保险人雇用人员重大过失行为”“他人的恶意破坏行为”不作为免责事由的前提下，适用《保险法》第六十二条的规定。使农业保险合同中的代位求偿制度不与《保险法》矛盾，并发挥其应有的价值。构建农业保险基层自治服务

---

① 《中国保监会关于加强农业保险条款和费率管理的通知》：保险公司使用的农业保险条款和保险费率中存在违反《农业保险条例》《财产保险公司保险条款和保险费率管理办法》及相关法律法规和本通知要求的，保监会将依法责令其停止使用，限期修改；情节严重的，将在一定期限内禁止申报新的保险条款和保险费率，并依法对相关责任人进行处罚。

体系、培育农业保险基层自治服务组织，提升农民金融自治的能力，短期内能充分利用《条例》所赋之权[①]发挥农民在农业保险合同拟定过程中的话语权，长期来看可以提升农民的博弈能力，并能为今后农村金融的发展及金融制度变革蓄积力量。

（2）我国农业原保险合同制度拟定技术的优化。对农业保险的制度体系进行清理：去除不必要的重复；对个别条款进行修改，消除法之间的相互矛盾、法与部门规范性文件矛盾；对整个农业保险制度体系统筹规划；及时对农业保险的老旧、不适用的制度文件或其中的单项规定进行废止，避免同一问题多个规范性文件涉及又规定不统一的情况；对《条例》中的用语以司法解释或细则的形式加以明确。

（3）我国农业原保险合同制度与其他惠农制度对接措施的优化。针对贫困地方的实际情况，应制定专门的农业保险方案：开发针对贫困对象量身定做的保险产品，并进行针对性的宣传和辅导；优先构建贫困地区农业保险基层服务体系；构建农业保险扶贫与农业信贷扶贫的联动机制；适当时候可修改《条例》“自主自愿”的原则，对贫困地区可强制投保，但必须提高中央财政补贴比例，减轻地方财政负担，甚至全额补贴，同时要打通与“国定贫困县”制度的协调机制，避免“人民真穷、政府假穷”等怪相；因地制宜地设定养殖业和种植业保险补贴的险种和风险种类。保险合同应多样化，以此使更多的农业生产能获得农业保险的保障，从而通过农业保险担保来获得农业贷款。保险合同的保险金额也应该可以自由选择，政府部门只要确定对每亩农作物保费补贴的最大值即可。这样，在不改变财政补贴的基础上，对于负担能力强的农户，就可以通过提高保险金额来提高自己的贷款金额，满足不同主体的多样化需求。另外，还要增加农业保险补贴条款及保险费率的激励机制。扩大农业保险合同承保风险使之与农业贷款违约风险相对接。

四、结语

我国商业性农业保险合同和政策性农业保险合同不分，都适用《农业保险条例》及参照适用《保险法》的规定，加之对农民权利认知的高度不够、对我国农业经营主体的多元性重视不足，导致现行农业原保险合同制度存在一系列的问题。若想充分发挥农业保险支农、惠农的功能，必须对农业原保险合同制度进行优化。从制度弊端的根源来看，应以农民权利为立法理念对农业保险细分，在正确认识“小农”、尊重农业多样性、制度多元化的基础上，改变商业性和政策性农业保险合同不分的现行制度设计，对政策性农业保险合同的制度及条款单独设计，才能解决我国农业原保险合同的根本问题。由于终极优化路径难以一蹴而就，进而先行提出近期优化措施做个别“修缮”。

① 第十九条“保险机构应当公平、合理地拟订农业保险条款和保险费率。属于财政给予保险费补贴的险种的保险条款和保险费率，保险机构应当在充分听取省、自治区、直辖市人民政府财政、农业、林业部门和农民代表意见的基础上拟订。”

参考文献

[1] 曹春燕．创新权利质押方式发掘农业保险保单价值 [J]．中国财政，2014 (14)：66 - 67.

[2] 陈运来，王伟．农业保险优惠贷款主体资格辨析 [J]．法学评论，2012 (2)：97 - 104.

[3] 邓大才．制度缺失与制度供给陷阱——论农业核心制度的缺失与创新 [J]．湖南农业大学学报（社会科学版），2001 (3)：1 - 6.

[4] 邓大才．论我国“三农”问题的特殊性 [J]．中州学刊，2003 (1)：36 - 39.

[5] 付国华，李向阳．规章在行政审判中的参照适用 [J]，人民司法，2011 (24)：51 - 53.

[6] 郭佩霞．反贫困视角下的民族地区农业保险补贴政策研究——以四川省凉山彝族自治州为例 [J]．经济体制改革，2011 (6)：58 - 62.

[7] 李乐平．农民金融权：主体、本质属性及权能 [J]．广西社会科学，2013 (1)：74 - 78.

[8] 林明民．论行政审判“参照”地方性法规——基于优化行政审判功能的分析 [J]，东南大学学报（哲学社会科学版），2014 (S2)：112 - 118.

[9] 李媛媛．我国农业保险立法模式重构困境及其突破路径 [J]．法商研究，2017 (2)：45 - 54.

[10] 屈波．关于农业保险大灾风险分散机制的思考 [J]．人民论坛，2015 (14)：81 - 83.

[11] 谭正航．精准扶贫视角下的我国农业保险扶贫困境与法律保障机制完善 [J]．兰州学刊，2016 (9)：167 - 173.

[12] 王勇，张伟，罗向明．基于农业保险保单抵押的家庭农场融资机制创新研究 [J]．保险研究，2016 (2)：107 - 119.

[13] 星焱．普惠金融的效用与实现：综述及启示 [J]．国际金融研究，2015 (11)：24 - 36.

[14] 杨·范德普勒格．“农民的未来在哪里”[N]．社会科学报，2012 - 8 - 30 (002)．

[15] 叶敬忠．农政与发展当代思潮（第一卷） [M]．北京：社会科学文献出版社，2016：34 - 35，130 -131，135 - 136.

[16] 庹国柱．我国农业保险发展的里程碑——论《农业保险条例》的特点与贡献 [J]．中国保险，2013 (2)：12 - 18.

[17] 张国俊，周春山，边艳．国外金融排斥研究进展评述——基于金融地理学视角 [J]．人文地理，2015 (6)：19 - 26.

[18] 张运书，高毅．普惠金融视角下农村金融组织社会责任的法律规制 [J]．东疆学刊，2013 (1)：73 -79.

[19] 周欢秀，周玉．探析行政审判依据的“适用”与“参照”[EB/OL]．中国法院网，2014 - 02 - 18.

[20] 邹晓瑜．试论在刑事审判中以“参照”方式适用法律 [J]．现代法学，2003 (5)：27 - 30.

防范农险合规风险　促进惠农政策落地*

尹会岩　王津津　张　悦

摘要：在保险行业发展战略转型期，内部审计面临着新形势、新任务和新挑战。本文理论联系实际探讨如何充分利用内部审计促使在经营政策性农业保险过程中业务合规、经营稳健、持续发展，促进国家惠农政策落地，推进内部审计的创新、发展与繁荣。

一、农业保险经营中的违法违规问题不容忽视

党中央、国务院历来高度重视农业、农村和农民工作。为了支持农业的发展、提高农民的经济收入和生活水平，推动农业、农村的可持续发展，中央建立政策性农业保险制度，从2007年开始，中央财政和地方财政为农业保险提供保费补贴。受中央财政补贴的品种主要包括种植业、养殖业和森林3大类，覆盖了水稻、小麦、玉米等主要粮食作物以及棉花、糖料作物、马铃薯、橡胶树、森林以及生猪，奶牛等畜产品。“十二五”时期，农业保险服务农业现代化取得显著成效，累计为10.4亿户次农户提供风险保障6.5万亿元，向1.2亿户次农户支付赔款914亿元。但近年来，政策性农业保险成为违法、违规案件的高发区，发生了一些虚增及虚构标的套取财政补贴资金、虚假退保、通过虚列费用、虚开劳务费发票套取工作经费、编造虚假赔案等严重违法、违规行为。

保险行业需要牢固树立“红线”意识，并强化合规经营管理，在经营政策性农业保险时始终坚持发展是第一要务，合规经营是底线，引导各级机构树立正确的发展观和业绩观。为了深入贯彻中国保监会关于规范农业保险市场秩序的文件精神，推进《农业保险条例》的实施，保监会于2014年开始在全行业组织进行全国范围的政策性农业保险合规自查及专项检查，重点检查虚假承保、虚挂保费、虚假退保、虚假理赔、虚列费用、虚假中介业务、不执行报备的条款费率等“六虚一不”典型违规行为，目的在于进一步规范农业保险经营行为，提升农业保险合规经营水平，促进农业保险持续健康发展。几年里的专项检查和重点检查，摸清了经营中的主要问题，分析了产生这些问题的主要原因，对今后的合规经营也提出了一些要求。我们根据检查和

---

* 原载《中国保险报》2017年10月20日，收入本书时有修改。

作者简介：尹会岩、王津津、张悦，中国人民财产保险股份有限公司沈阳监察稽核中心。

分析的情况，做了一些归纳，希望引起大家的重视，共同为减少和消除合规风险做出不懈的努力。

二、政策性农业保险经营中的合规问题及产生原因

政策性农业保险实行“三到户四公开”，即承保到户、查勘定损到户、赔款支付到户，保险政策公开、承保情况公开、理赔结果公开、服务标准公开，让农业保险在阳光下运行，在承保、理赔处理过程中，相较于其他保险业务，农业保险违法违规行为及其产生原因和整改较为复杂。政策性农业保险合规性问题按照保险业务处理流程主要分为承保、理赔、财务三大类合规性问题，如承保方面虚构保险标的、虚构承保资料、虚增承保数量；保险公司、其他个人或机构在农户不知情的情况下代农户垫付保险费；未执行承保到户；理赔方面协议赔付、平均赔付、甚至制作虚假赔案、故意扩大理赔金额；支付赔款的实际接收人与被保险人不符；农户收到的赔款金额小于公司支付赔款金额；赔款统一支付给乡镇村委等未付给实际受灾农户；财务方面虚列农业保险费用，如将办公楼维修费、差旅费等全额计入农业保险承保费用或理赔费用等；违规列支三农工作经费等。经过剖析原因如下：

（一）保险双方信息不对称

农业保险点多、面广、线长，经营较为分散，加之农村交通不便，农业生产本身具有农民流动性大、土地流转多等因素，给农业保险的展业、承保前风险评估以及风险控制造成极大困难，存在严重的信息不对称情况。由于财政补贴预算及政府动员等工作开展较晚，农业保险参保时间相对集中，且被保险人数量庞大，容易出现虚保、冒保、替保、垫费等违规投保行为。农业保险发生大范围出险时，保险公司只能依赖于投保人的报告，以及旗（县）、乡（镇）、村和各级农牧、林业等政府部门的鉴定，缺乏有效的约束和监督，易存在报、定损不准确、小灾大报、串换标的等欺诈行为，从而导致道德风险。

（二）顶层设计与基层执行存在矛盾，风险管控存漏洞

虽然保险行业总、省级分公司比较重视农业保险市场的开拓与中长期利益的实现，但基层区、支公司则更关注短期利益的实现。在实际开展业务过程中，基层公司与基层政府和农户打交道非常困难，很大程度上不愿意开展农业保险业务，或采取规避措施，不与农户打交道，直接采取统保方式，跨越农户，违背了自主自愿参与农业保险的原则，侵犯了农户对政策性农业保险的知情权。理赔过程借助村、镇农业农村办公室下属的畜牧兽医人员进行查勘拍照，过度依赖和信任农业农村办公室提供的各种资料和证明，在实际工作中较少进行抽查等核实工作，存在管理漏洞。

（三）基层单位内部合规意识不强，资源投入不足

部分从事农业保险经营的机构，对政策理解不到位，对风险管控力度弱，合规意识不强，对保监会要求的承保理赔“到户”和“公开”工作落实不到位，流于形式，对协助办理农业保险业务的基层农业技术推广等机构未能发挥指导和监督的作用，对其提供的各种资料和证明没有辨别真伪的技术和能力。展业、出单、理赔人员不足，承保信息难以采集，理赔案件疲于应付，难以保证业务处理质量。农业保险业务配备的现代化设备不足，没有地标定位、测亩、测产等高科技工具辅助，大面积投保和查勘定损环节的关键步骤仅靠原始的目测辨认和工作经验来完成。

三、内部审计防范和化解风险的对策

保险行业的在自查的基础上，通过内部审计执行部门，以防范风险、强化合规和提高效益为目标，进行政策性农业保险合规专项审计，查出承保、理赔、财务等各类违规及其他有问题，并提出相应的合理化建议，纠正违规及其他有问题，促进农业保险合规发展，保障惠农政策执行落地。

（一）抓特征、找方法，坚决把政策性农业保险问题查深查实查透

一是制订审计检查方案，确保工作有序推进。按照保监会《关于进一步加强农业保险业务监管规范农业保险市场秩序的紧急通知》（保监发〔2013〕68 号）的要求，各保险公司制订了《农业保险合规审计实施方案》并明确抽取重点乡镇村进行实地走访。根据中国保监会关于印发《2016 年农业保险承保理赔专项治理整顿工作方案》的通知（保监发〔2016〕34 号）的要求，各保险公司制订了自查及专项审计检查方案。从政策性农业保险规范经营入手，规避合规经营风险，每年开展针对政策性农业保险经营管理中的薄弱环节进行合规专项审计，促进了基层内控制度的全面加强。

二是找出问题业务特征，提高风险识别效率。经过多年内部审计检查经验的总结和研究发现，许多政策性农业保险合规性案件的发生都具有一些共性的特征，审计人员若能及时对这些特征保持高度的职业审慎，能够做到更早地发现政策性农业保险经营中的合规性问题，避免问题及损失的进一步扩大。如承保档案中承保必要凭证缺失、农户签字大量代签，标的信息采集不准确，未对承保及理赔大户进行现场验标，能繁母猪保险承保时耳标信息不全，资料出现篡改，理赔亩数与承保亩数不一致，公示照片未进行留存，未实现零现金转账直赔到户，赔款实际支付情况与核赔情况不一致；对同一标的采取多次重复投保的方式来虚增承保面积、虚构保险事故，骗取国家财政补贴及保险赔款；种植大户承保面积总数超过总承保面积 30％的保单，往往存在农户不知情的情况下合并大户承保，甚至虚假承保的情况。

三是梳理总结检查经验，确保审计工作实效。采用什么样的审计方法对审计的结

果会产生巨大影响，审计方法的适当运用也往往成为影响审计质量的关键，甚至决定一个审计项目的成败。首先，利用审前公示征集审计线索法，通过审计见面会议、公告审计事项，公示审计组联系方式等方法来获取待审计线索，收集证据查证，解决舞弊等行为的信息不对称问题。其次，结合经验判断审计法、审阅法和分析性复核法，利用专业技术知识和经验分析被审计单位重要的指标和数据，翻阅业务凭证、账簿和报表以及计划、方案、合同等书面资料，进行合理的计算、推演、验证，包括调查这些指标和数据的异常变动及其与相关信息的完整性、一致性，有针对性地做出审计判断，获取初步审计线索。再次，采用追踪资金流向审计法，通过检查资金流转的每个环节及资金流向，核实资金流转过程中是否存在“跑、冒、滴、漏”现象，是否存在违法违纪问题，对存疑资金、大额资金或具有某种风险特征的资金流向进行抽样等方式获取审计线索，时刻关注源头资金总量，审查资金流转末端的完整性，通过钩稽关系审查流转环节资金的安全完整性及流转时限，最终判断测试资金使用的合法性和有效性。最后，采用走访调查实物测量审计法，从外围得到审计线索或审计证据对实物进行现场观察与实际测量来核实业务的真实性、存在性和准确性。在政策性农业保险合规审计的走访调查中重点关注是否存在冒用他人名义投保或在未经授权委托的情况下，将“散户”合并成“种植大户、养殖大户、专业合作社”，是否存在编造虚假“大户”、编制虚假土地承包经营权流转证明材料，以及承保公示方面是否做到承保信息公开，保障被保险人知情权等。

（二）新技术、新方法，提高政策性农业保险审计的效率效果

一是内部审计信息化。当下我们正处在大数据时代，传统的以纸质资料为载体的会计、业务凭证将会随着计算机及网络技术的发展逐步消失，许多企业已经采用电子记账方式，很多审计客体已经将反映经济活动记录都以数据的方式存储在数据库中。企业数据的不断集中、数据量持续爆炸式增长，同时，IT 技术的革新促进内部审计不断提高非现场及现场的审计效率，针对全量数据进行风险数据扫描式的风险导向审计成为发展趋势。内部审计开始通过互联网搜索、取得业务数据备份等方法采集审计相关数据，获取对审计有价值的数据信息，利用 SELECT 等数据库查询语句等筛选、分析、查询相关数据，并找出审计线索揭示相关问题。如提取承保或理赔明细，通过分类汇总，查看是否存在同一标的多次重复投保；提取保单采用集体投保，且被保险人小于 10 户；保单存在手续费或佣金等风险数据进行重点核实。

二是以创新引领审计。在大量内部审计检查中发现，赔案影像作为赔付的重要依据，尤其是以保险标的损失照片作为理赔要件的政策性农业保险，重复照片是保险欺诈、舞弊的重要线索，而重复照片的筛查一直是靠人工的肉眼比对，用时长、效率低。以往进行检查时，往往需要采用打印出大量理赔影像，并花费大量时间进行人工比对的方式查找线索。通过进一步对影像数据相关算法进行学习和研究，发现影像数据的数字签名具有与指纹相同的唯一性，通过建立影像的数字签名数据库，进而利用

数据库运算，迅速筛选出重复影像，直接定位问题数据，再以此为线索深入开展审计检查，最终查明问题。在此基础上开发了重复影像筛查工具，挖掘出理赔业务系统中重复使用的影像，从而发现舞弊、保险欺诈线索，能够提高审计及反欺诈的效率、效果，扩大风险识别途径，形成审计证据链，从而杜绝使用重复影像的方式制作虚假赔案，从一定程度上促进政策性农业保险合规经营。审计组利用影像数据筛查技术在被审计单位发现或多或少的重复影像的问题，成为审计的重要线索，通过深入调查发现多笔舞弊案例及内控漏洞，均对被审计单位提出风险提示、问责及整改建议。

（三）防风险、保效益，监督整改效果，加强审计成果的应用

一是充分发挥内部审计作用。保险行业非常注重内部审计部门在防风险、保效益上的作用，不断加强监督检查，加强成果运用，加强制度创新，加强文化建设，认真贯彻落实“三个并重”指导思想。即在职能定位上，坚持查找问题、发现缺陷与完善制度流程并重。在继续发挥好查错纠弊功能的基础上，服务销售体系和运营管理平台建设，及时揭示制度设计、流程管控中的问题，为进一步完善经营管理模式和优化管控流程提供有效的信息咨询和决策参考。在工作方法上，坚持突出重点、专项治理与系统构建长效机制并重。在围绕重点、难点问题有针对性地部署实施监督检查项目的同时，注重依法合规体系和长效机制建设，通过全面系统地排查梳理风险，调动“三道防线”各司其职、各负其责，积极防范和化解经营管理中的系统性风险。在工作目标上，坚持监督检查、促进执行与服务发展并重。在抓好日常监督管理工作的同时，更加关注系统执行力建设，加强过程管控和跟踪监督，落实整改闭环管理机制，促进重大经营决策部署、关键管控政策方针在系统的贯彻落实，有效推动监督检查工作向现实生产力转化，促进保险行业又好又快发展。

二是持续强化问题督促整改。针对以往审计检查发现的问题纠正不力、屡查屡犯的情况，采取集中问责、分发到业务条线进行闭环管理，对有问题的单位逐个下达《审计检查发现问题风险提示函》，明确风险问题的严重性，提示被审计检查单位及时整改。并不定期进行后续审计检查，重点关注问题的整改情况。这种办法的实施，引起了被审计检查单位的高度重视，使绝大部分问题得到有效整改，巩固了审计检查的成果。

三是着力提升审计成果运用。通过多方研究、实践，开发的利用基于影像数字签名的重复影像筛查工具等软件，探索出数据审计新路径，不但巩固了企业的“第三道防线”，同时将技术及使用方法与被审计检查单位进行交流，把审计成果向业务前端扩展应用，将审计过程中挖掘舞弊线索的工具转化为被审计单位的管理工具，将事后的查错纠弊提前至事前防范，提高被审计单位的风险识别能力。如某审计中心帮助被审计单位以影像数据筛查工具为基础，进行二次开发，搭建重复影像事前检查系统，在业务系统前端上传影像时，进行影像数据数字签名的提取，并在已建立的数据库系统中对影像的数字签名进行筛查，如果发现重复影像立即进行前台操作提示，后台进

行日志记录，并对审核人员报警。为了提高风险识别效率，根据预设好的特征值分别赋予不同的权重，由系统根据阀值自动判定是否要进入调查环节，提高第一道防线的风险识别能力，实现了审计增值服务，促进审计成果的应用，最终实现审计部门与被审计检查单位共赢。

四、完善体系建设将政策落到实处

近年来，保险行业不断巩固发展政策性农业保险业务，充分发挥商业保险公司的机构和业务优势，助力农业供给侧结构性改革，进一步扩大主粮作物覆盖面，提升对重要农产品、新型农业经营主体、产粮大县、贫困地区及贫困户的保障水平，确保惠农政策有效落地，保障国家粮食安全。同时，随着审计体制改革的不断深入，强化内控合规与风险防范，夯实健康发展基础，把合规经营和风险控制提升到效益的高度来认识，内部审计也逐渐由传统型审计向风险导向型审计转变，审计重点由原来的财务审计、经济责任审计向内部控制审计、效益审计转变，审计手段也由手工审计向信息系统审计转变，对防范经营风险成效显著。

深入挖掘数据资源，借助信息系统形成现场审计与非现场审计相结合的内控稽核制度，以降低运营风险，提升经营管理的水平，实现合规创造价值、创造效益。内部审计对政策性农业保险存在的问题进行合规性的审计检查和督促整改，将合规风险降到最低程度，规避经营风险，以确保政策性农业保险惠农政策战略、方针、目标的贯彻实施，确保惠农政策有效落地，帮助实现经营目标，促进业务发展。

政策性农业保险的合规经营有效避免了外部监管造成的处罚而带来的利润损失和声誉损失，可以防止因为违规经营、违规操作而带来的经营风险与社会负面影响，也是间接的利润创造和直接的价值回归，真正为政策性农业保险业务高速、平稳、健康发展保驾护航，加快完善农业保险体系，促进惠农政策落到实处，更是内部审计部门自身价值的体现，同时为内部审计工作带来了更广阔的发展空间。

研究播报

2017年中国农业保险部分研究播报

彭　飞　于　跃

期刊论文

【制度建设】

完善农业保险政策体系 助力农业现代化建设

【摘要】在农业现代化进程中，农业保险是现代农业风险管理的基本手段。我国政府高度重视农业保险的发展，自2004年以来，连续13年的中央1号文件都对政策性农业保险作出重要战略部署，各地政策性农业保险试点工作也纷纷展开，并取得了显著成效。随着保险品种不断增加，保险覆盖面和参保农户数显著提高，保险服务水平和服务能力不断增强，农业保险在国民经济社会全局中的地位和作用日益凸显。当前我国农业保险在面临良好发展机遇的同时，也存在诸多制约因素。应借鉴发达国家农业保险发展的经验，进一步完善法制建设，积极推行农业保险PPP模式，逐步改善农业保险补贴政策，加速建立巨灾风险机制，鼓励创新发展，加强对农业保险的监管，促进我国农业保险健康快速发展。

郭文琳，发展研究，2017年10期

洪水保险制度的国际模式、运行绩效及其启示

【摘要】洪水保险作为洪灾管理的重要工具和手段，是洪灾风险转移的基本形式。鉴于此，本文分析了洪水保险的两种模式，即国家强制洪水保险模式和私人剩余财产洪水保险模式。分别以美国、英国为例分析了这两种保险模式的运作及其绩效。经过分析发现，不同的洪水保险模式与其保险体制、市场机制及洪水风险有直接关系，进而总结了这两种模式的经验。最后在分析中国洪水保险制度运作的现状及绩效基础上，提出了中国洪水保险制度必须从立法、政策支持和技术支持三个方面加以完善。

孙艳，世界农业，2017年12期

作者简介：彭飞、于跃，系安华农业保险股份有限公司安华研究院。

对我国农村金融体系建设的思考

【摘要】从政策层面和创业等社会关注度层面来说，农村金融都是当下一个重要的有吸引力的话题。现有关于农村金融的研究对农村金融的价值、农业部门的作用不够重视，为进一步推动农村金融发展，有必要对我国农村金融的基本情况进行解释，并认识农村金融的三大价值，提出农业部门的主要手段以及下一步改革方向，促进农村金融创新发展。

程百川、金鑫，当代经济管理，2017 年 02 期

我国保险资金投资种业的路径及机制研究

【摘要】保险资金投资种业对于提高保险资金运用水平和促进种业发展具有重要的现实意义。本文首先系统地论证了保险资金投资种业的可行性，然后在借鉴国内外实践经验的基础上对保险资金投资种业的路径即信托、债权、基金、贷款、股票以及与种业平台合作等模式进行了归结研究，并从风险管控、增值共生、支持保障等三个角度进行了机制设计，最后提出了相应的政策建议，以期为保险资金投资种业提供理论借鉴与决策参考。

张国志、刘慧、卢凤君、寇光涛，农业经济问题，2017 年 01 期

健全农业社会化服务体系的新思考

【摘要】“十三五”对大力推进农业现代化提出明确要求，目标是走出一条集约、高效、安全、持续的现代农业发展道路。与之相适应，大力发展主体多元、形式多样、竞争充分的社会化服务，最终建成全方位、多层次、与农业现代化发展相匹配的新型农业社会化服务体系，提高农业社会化服务水平，促进农业增效、农民增收，成为新形势下一项重大而紧迫的任务。

李全海，农业经济，2017 年 01 期

试论农业保险的制度模式和经营模式及其创新

【摘要】现代农业保险有其特殊的制度模式和经营模式，各国创建了各具特色的制度模式。我国在确定了本国的制度模式之后，各地逐步选择和形成了自己的经营模式。本文在十年实践的基础上，试图概括这些经营模式，分析其产生背景，讨论其利弊，探讨进一步创新的途径，以利于各地经营制度的完善，适应农业保险健康快速发展的需要。

庹国柱，保险职业学院学报，2017 年 03 期

我国农业保险法律制度存在的问题与对策

【摘要】为进一步完善我国农业保险方面的法律制度，以保障农业经济健康稳定发展，介绍了农业保险的特征及性质，从监管规则和民事责任不明晰、缺乏对政府补

贴与优惠政策的具体规定和农业巨灾风险分散机制不健全方面，分析了我国农业保险法律制度存在的问题，并从优化农业保险管理监督机制、细化保险补贴法律制度和完善农业巨灾风险分散机制方面提出了针对性的措施。

刘惠明、耿春丽，贵州农业科学，2017 年 03 期

农业保险制度的国际经验借鉴

【摘要】中国是农业保险大国，农业保险规模位居世界第二，仅次于美国。中国逐渐探索符合中国国情的农业保险制度，在发展过程中遇到了一些常见的问题。国外农业保险体制，尤其是美国和加拿大已形成属于自己的较为成熟的农业保险体系，其中有些经验对我国发展农业保险有一定的启示作用。本文仅对美国和加拿大的农业保险制度进行研究分析，借鉴其有益经验，并对我国今后开展农业保险提出建议。

王鑫、段亚东，河北企业，2017 年 07 期

我国政策性农业保险制度演变历程及国际比较研究

【摘要】政策性农业保险在分散农业风险、保障农业生产安全、提高农民收入方面能够发挥重要作用，发展政策性农业保险具有重要的现实意义。本文在梳理我国政策性农业保险制度演变历程的基础上，对比借鉴美国、日本等发达国家政策性农业保险制度发展的经验及做法，从法律体系、制度框架、产品设计、专项监管等方面提出发展我国政策性农业保险的政策建议。

黎明，西南金融，2017 年 09 期

对于建立我国政策性农业保险制度问题探讨

【摘要】中国是农业大国，户籍农民多达 9 亿，而农民的利益则关系着国家的根本利益。随着改革开放，农民的保险制度问题也都会在每一届的全国人民代表大会中被提上日程。然而自 20 世纪 90 年代起，农业保险制度虽然口号响亮，但整体工作却一直在原地踏步。农业在我国占有重要的地位，但是在整体农业发展中，农业却一直具有相对其他行业的弱质性以及高风险性，农业保险制度就成为保障农民生产和生活的基本保险制度。

杜逸冬，经济研究导刊，2017 年 10 期

完善政策性农业保险审计的探讨

【摘要】政策性农业保险是政府对农业支持的一种制度化的安排。合理发展政策性农业保险，利国利民。但随着政策性农业保险的推广实施，政策性农业保险也成为一些不法分子投机倒把骗取资金的重要领域，而审计能够有效遏止骗取政策性农业保险补贴的行为。本文通过对政策性农业保险审计问题的探讨，提出了完善政策性农业

保险审计的对策建议。

胡兵，财政监督，2017 年 17 期

我国建立畜牧业政策保险大灾准备金制度的思考

【摘要】当前全球范围内巨灾风险不断发生，巨灾风险管理制度建设的意义重大，特别是大灾准备金制度的建立，为巨灾风险补偿提供了雄厚的资金基础与制度保障。文章对我国试点地区畜牧业政策保险大灾准备金筹集的现状进行了分析，建议从完善法律法规、构建筹资与运营机制等方面完善畜牧业政策保险大灾准备金制度。

李林、郭赞、冉晓醒、郭宇畅、田越，黑龙江畜牧兽医，2017 年 08 期

【补贴政策】

农业保险精准补贴研究

【摘要】随着我国政策性农业保险制度的逐步完善，提高农业保险补贴的精准性和指向性变得日益迫切。农业保险的精准补贴问题可细分为“到底补给谁”“到底谁来补”“如何防骗补”三个子问题。在补贴对象上，我国可考虑为小规模农户提供普惠性保障的同时，在补贴力度上向新型农业经营主体倾斜。在补贴责任分担上，中央财政保费补贴目录应该扩大，同时调整央地联动补贴机制，合理界定省以下政府的事权和支出责任。此外，我国可通过整合监管资源、引入适度竞争、加强信息平台建设等方式来加强农业保险补贴资金管理，防范各种骗补行为。

何小伟、王克、余洋，价格理论与实践，2017 年 07 期

农业保险的补贴应当更精准

【摘要】农业保险需求是农业保险市场的基本要素，也是农业保险市场存在和发展的基础。在我国农业保险保费补贴政策实施了将近十年之际，我们有必要认真审视农业保险的保费补贴政策与农户保险需求的匹配情况，以便于我们准确评估和进一步提高财政补贴资金的绩效。

何小伟，金融博览，2017 年 01 期

我国农业保险保费财政补贴存在的问题

【摘要】自实施中央财政农业保险保费补贴以来，我国农业保险发展速度与规模都大幅提高，财政补贴成效显著。但现阶段我国农业保险保费财政补贴中还存在如下问题：补贴比例不合理，补贴对象不明确，省际补贴差异性较小，市县级政府财政压力巨大，补贴品种较少、范围小，财政补贴中壁垒与寻租问题凸显。笔者通过对上述问题逐一分析，有针对性地提出对策建议。

刘吉军，合作经济与科技，2017 年 03 期

我国农业补贴基本框架、政策绩效与动能转换方向

【摘要】我国已经建立起了直接补贴农业经营者的政策体系，主要包括农民收入补贴、农业生产补贴、农产品价格支持补贴、农业保险补贴、农业金融补贴、基础设施建设补贴以及资源环境保护补贴。农业补贴政策体系建立以来，补贴存量稳定增长，发放时效基本能够满足生产需要，鼓励了农业领域的投资，在农业增产、农民增收中发挥了重要作用。大样本农户调查表明，现有农业补贴政策执行情况总体较好，广大农民满意度较高。我国的农业补贴政策也存在着细小的经营规模摊薄效果、难以支持农民大幅度增收、农业增产效果递减、政策协调性不足、对新型经营主体支持不力、聚焦可持续发展不足等问题。在农业供给侧结构性改革进程中，需要明确目标，转变体制，调整思路，拓展农业补贴的对象和范围，创新农业补贴方式，促进农业农村发展新旧动能转换。

彭超，理论探索，2017 年 03 期

农业保险精准补贴的着力点和配套保障

【摘要】提高农业补贴政策的精准性和指向性，不仅是近年来我国中央 1 号文件的明确要求，也是我国农业供给侧结构性改革的应有之义。作为我国农业补贴的重要组成部分，农业保险保费补贴当然需要在提高精准性和指向性上做文章。

何小伟，金融博览，2017 年 08 期

农业补贴政策的演进历程、存在问题及优化建议

【摘要】改革开放以来，政府共出台 19 份以“农业、农村、农民”为主题的中央 1 号文件，助推粮食生产，保障粮食安全。本文从我国农业补贴政策的演进历程入手，分析农业补贴政策存在的问题，如补贴政策力度有限、补贴制度设计不合理、政策执行缺乏有效监管、农业基础设施不完善、对新型农业经营主体的补贴政策不全面等，并提出对策建议，以提高农民种粮积极性，优化农业补贴政策，提升财政政策运行效率，完善国家粮食安全保障体系。

黄思思，财政监督，2017 年 17 期

我国农业保险补贴效率研究

【摘要】自 2007 年中央决定对农业保险进行补贴以来，我国农业保险取得快速发展。然而，农业保险在运行过程中的一些问题日益凸显，我国农业保险补贴的效率受到质疑。为明确下一步农业保险补贴政策的取向，充分发挥财政资金的杠杆作用，需要对我国农业保险补贴的效率进行科学分析。在借鉴现有研究成果基础上，采用数据包络分析方法，基于 2013—2015 年省际面板数据，对我国农业保险补贴效率进行研究。结果表明：现阶段我国各省农业保险财政补贴效率普遍较低，并且存在投入过剩

的问题，改善规模效率是提高补贴效率的关键。

杨佳，合作经济与科技，2017 年 13 期

【经营技术】

农业价值链融资模式研究——基于农产品价格保险视角

【摘要】根据近年来试点情况反馈，农产品市场价格随机变动风险给农业价值链带来的外部冲击已经成为农业价值链融资模式推广受阻的主要原因之一。基于此，论文提出“农产品价格保险＋农业价值链”的新型融资模式，并通过 Shapely Value 合作博弈模型，对农产品价格保险引入农业价值链融资模式后各参与主体收益变化情况进行了实证分析。

庞金波、李宗瑛，农村金融研究，2017 年 11 期

基于决策树的农业保险精准扶贫研究——以湖南省 14 地市为例

【摘要】自 2007 年实施补贴政策以来，我国政策性农业保险获得了井喷式的发展，在其实施过程中逐渐积累了大量的数据。同时，我国当前扶贫开发工作已经进入了“啃硬骨头，攻坚拔寨的冲刺期”，农业保险在国家精准扶贫战略中大有可为。在大数据思维下如何充分利用农业保险积累的这些数据来助力精准扶贫，成为可能的研究热点。本文运用大数据技术中的决策树分类的 ID3 算法对近年来湖南省农业保险的保费补贴范围进行决策分析，将决策树算法用于创建保费补贴范围决策的决策树模型，并对其准确性及扩展性进行说明，可较为精准地估测湖南省各地农业保险保费补贴范围，为农业保险支持精准扶贫提供有力证据。

王韧、王弘轩，农村经济，2017 年 11 期

基于“保险＋期货”的小微农业主体价格风险管理

【摘要】近年来，“保险＋期货”模式在各地陆续试点推出，正逐渐成为我国小微农业主体主动管理农产品价格风险的新型优质工具。本文考察了“保险＋期货”模式的基本原理、运行情况、服务功能以及实践中存在的问题。分析表明：一是期货价格保险相较于传统目标价格保险，其在目标价格和结算价格厘定、风险对冲机制、价格透明度和历史数据完整性等方面具有比较优势；二是“保险＋期货”模式具有有效整合分散型小微农业主体、实现跨市场套期保值、锁定未来销售价格、优化粮食作物种植结构等功能。基于此，提出构建金字塔形目标价格保险制度的设想，并从政策环境、保险市场、期货市场三个方面阐述政策建议。

孙哲斌，福建金融，2017 年 11 期

“农产品价格保险＋期货”运作机制分析——基于对新湖瑞丰等案例的研究

【摘要】“保险＋期货”的提出成为推动价格形成机制改革、完善农业风险管理体系

的热点话题。文章探究了较典型的“农产品价格保险＋期货”运作模式，以永安云天化模式、新湖瑞丰模式、美尔雅模式的运作为例，发现该模式为达到运作效果需要一定的运作条件，同时存在保险价格定价、产品结构类型选择、保险合约设计等方面的问题。因此建议通过改进农产品价格保障水平、降低保险公司运行成本以增强该模式的应用性。

吴婉茹、陈盛伟，金融教育研究，2017 年 01 期

河南省引入遥感技术破解农业保险难题

【摘要】农业保险为河南省农业发展提供风险保障，但在实践中往往会遇到承保地块、受灾区域面积难以高效精准测定等难题。随着遥感技术的应用，今后这些难题将得到解决。河南省农业科学院农业经济与信息研究所和中原农业保险股份有限公司签署了战略合作协议，双方将就遥感技术应用于农业保险开展合作。

赵力文，南方农业，2017 年 01 期

基于金融供给视角的活体牲畜抵押融资研究

【摘要】为了盘活农村资产，激活农村金融市场，促进农村经济发展，文章基于金融供给视角，对活体牲畜抵押融资进行研究。研究表明：活体牲畜抵押融资具有产权完整性、易变现性、价值的自然增值性优势，但同时面临较大的道德风险、自然风险及市场风险，且目前的风险分担机制并不健全。据此提出：应充分利用“物联网”构建信息共享平台，健全风险分担机制，探索活体牲畜浮动抵押融资模式，破除活体牲畜抵押融资的制约因素，促进活体牲畜抵押融资业务的顺利开展。

范文娟，会计之友，2017 年 03 期

不同新型农业经营主体的农业保险需求研究

【摘要】在农业规模化进程中，家庭农场、农民合作社、农业龙头企业等新型农业经营主体日益成为农业保险发展的重要力量。深入研究新型农业经营主体与传统农户在农业保险需求方面的异同点，具有重大的理论和现实意义。论文利用保监会 2014 年的调研数据，采用 logit 二元选择模型对各经营主体的保险需求进行了对比分析。研究发现：随着规模化经营的逐步推进，新型农业经营主体对农业保险的需求更为强烈，但其多样化、高保障的保险需求并未得到满足。

王洪波，农村金融研究，2017 年 02 期

遥感技术应用于农业保险业务模式创新

【摘要】农业保险是市场经济国家扶持农业发展的通行做法，中国是个农业大国，也是农业灾害频繁发生且灾情严重的国家之一。2007 年起，国家通过中央财政补贴来推动农业保险市场发展，目前，我国农业保险发展态势良好。但由于我国幅员辽阔，从业人员不足，农业保险查勘理赔效率不高、费时费力。本文就应用遥感技术提

高农业保险查勘理赔效率方法略作分析。

祁鑫，农技服务，2017 年 14 期

农业保险经营的技术制约与创新路径

【摘要】农业保险产品与服务供给不足是制约我国农业保险发展的关键因素，技术创新是农业保险供给侧改革的根本途径。我国农业保险经营存在保额保费难以确定、产品设计缺乏基础数据、理赔存在巨大道德风险、巨灾风险尚未有效分散等技术性难题。

赵君彦、王卫国，中国保险，2017 年 08 期

【绩效评价】

中国农业保险运营的微观利益诱导机制研究

【摘要】微观层面的有效率运营是实现农业保险向宏观层面政府主导与微观层面市场机制调节相结合的模式转变的重点，建立有效的微观利益诱导机制以实现对微观参与主体的有效诱导是关键所在。现阶段，中国农业保险微观层面尚未构建系统的利益诱导机制，政府对农业保险的介入通过一些松散的干预措施得以实现，农业保险市场的运行主要依赖于财政补贴。农业保险存在财政补贴失效、交易成本巨大、法规缺失与监管不力、缺乏可持续性等效率困境。基于此，应该以实现效率均衡为核心，以需求和供给为主线，设计农业保险微观利益诱导机制，推进农业保险多方面功能的发挥。

尹双明、赵亮、陈晓娟，农村经济，2017 年 02 期

我国农业保险差异性财政补贴：地区经济差距与财政支出公平

【摘要】农业保险的财政补贴政策已经成为推动其快速发展的重要因素之一，然而，农业保险财政补贴支出的结果却有失公平性。以财政支出公平和偏好理论为基础，对东、西、中部三大地区农业保险差异性需求和财政补贴的影响进行统计分析。研究结果表明：经济发达地区农业保险发展的边际财富效应低于经济欠发达地区；地方政府财政支出偏好的增强会促进农业保险需求的增长；发达地区高补贴和高保障、欠发达地区低补贴和低保障状况，使得不同地区间农民收入差距进一步扩大。因此，应形成以中央政府财政补贴为主，省级、市级、县级和乡（镇）级财政补贴相结合的多层次农业保险财政补贴制度。

郑军、汪运娣，农村经济，2017 年 05 期

基于不同视角的吉林省政策性农业保险绩效评价

【摘要】吉林省政策性农业保险在迅速发展的同时，仍存在需要完善的问题。基于各级政府、保险公司和农户 3 个视角，对吉林省政策性农业保险绩效进行了全面评价，并提出了进一步完善农业保险政策的建议。结果表明：吉林省政策性农业保险已

经基本构建了"政府+保险公司+农户"的三方联动机制，能根据农户的需求对具体政策进行适时调整，但仍然存在着县级财政压力大、保障水平低、理赔效率低、大灾风险分散机制不健全等问题，需要各级政府、保险公司和农户 3 个利益主体各司其职，协调互动，实现各级政府财政能够持续支持，保险公司盈利，农民参保投保积极性高且对保险赔偿满意的三赢格局。

王秀芬、王春艳、李茂松，中国农学通报，2017 年 01 期

财政金融服务新型农业经营主体的绩效评价

【摘要】培育新型农业经营主体是传统农业向现代农业转型的基础。由于农业属于弱势产业，具有显著的效益溢出性，加之在培育初期，新型农业经营主体抵御风险能力较弱，因而培育新型农业经营主体离不开财政金融服务支持。而提高财政金融服务绩效，对提高新型农业经营主体培育进度和质量意义重大。通过考察我国新型农业经营主体培育及其财政金融服务的理论关联与现实状况，运用因子分析法对我国新型农业经营主体培育的财政金融服务绩效进行评价，最后提出了提升新型农业经营主体财政金融服务绩效的对策建议。

蒋例利、王定祥，西南大学学报（社会科学版），2017 年 02 期

金融精准扶贫绩效审计评价指标体系的构建与分析

【摘要】为有效开展金融精准扶贫绩效审计，全面、客观地考核和评价金融精准扶贫的效果，本文围绕当前经济新常态下金融精准扶贫的宏观和微观效益，从平衡计分卡视角探索构建包含货币政策执行、信贷投放、金融服务及政策配套等四个维度 35 项指标的金融精准扶贫效果指标评价体系，建立模糊层次综合分析模型对各项指标进行了赋权和评价，在此基础上对指标评价体系实用性和应用前景进行了分析和总结。

邹婧，金融会计，2017 年 01 期

政策性蔬菜保险实施绩效评价——基于农户视角

【摘要】农户作为政策性蔬菜保险的最终受益者，应该成为蔬菜保险的评价主体。本文在对蔬菜保险农户满意度内涵进行界定的基础上，将美国顾客满意度模型即 ACSI 模型加以改进和引申，提出了蔬菜保险农户满意度模型。以试点区域绵阳市游仙区为研究样本，运用转移矩阵方法，对蔬菜保险农户满意度进行实证分析。研究结果表明：农户对蔬菜保险的评价尚未达到满意状态，仍需加大农业保险在保险费率、赔付时效、政府补贴、保险服务、受保障度等方面的改进。

黄玉花、马锐，四川农业科技，2017 年 09 期

湖南省农业保险财政补贴效率评估

【摘要】本文在分析湖南省农业保险发展与财政补贴现状的基础上，指出了当前

补贴过程中存在的问题与不足，进而通过成本—效益分析法和生产函数分别对农业保险财政补贴的资金运用效率与规模效率进行分析，得出财政补贴的产出弹性和最优规模。结果表明，湖南省农业保险财政补贴的资金运用效率逐年提高，但财政补贴规模尚未达到最优补贴规模水平。

王敏司、马达奇，金融经济，2017 年 14 期

【国际启示】

国外农业保险组织运行体系的经验与启示

【摘要】农业保险组织运行体系是农业保险制度的基础，也是影响农业保险市场化程度、运作效率及保障水平的关键要素。基于此，本文分析了美国、日本和印度三国多层次的农业保险组织运行体系，总结了三国农业保险组织运行体系的经验，最后提出了对完善中国农业保险组织运行体系的启示。

刘轶、董捷，世界农业，2017 年 01 期

中美农业保险的经营模式与财政补贴政策比较研究

【摘要】美国农业保险经过多年的发展，从传统的农作物保险计划成功转型为公私合作模式，为美国农业发展构建了坚实的安全网。美国这种公私合作的保险经营模式运作成功的关键因素就是政府为其提供了差异化的财政补贴，从而在一定程度上弥补了市场失灵问题，实现财政补贴效益的最大化，也实现了农户、保险公司和政府三方利益的均衡化。基于此，本文在中美农业保险经营模式比较的基础上，分析了中美农业保险财政补贴发展历程、运行机制、政府角色等方面的差异，分析了美国这种财政补贴政策与农业保险经营模式互动结合的经验及其借鉴。

饶祎平，世界农业，2017 年 04 期

农业保险补贴如何规避 WTO 规则约束：美国做法及启示

【摘要】本文在介绍美国农业保险经营模式、保险产品、补贴方式和财政支出情况的基础上，结合 WTO 规则和美国的 WTO 通报数据分析了美国利用农业保险补贴规避 WTO 规则约束的策略和影响。分析表明，美国大量使用与特定产品挂钩的“黄箱”保险补贴，却按照“绿箱”或“非特定产品支持”进行通报，如果严格按照特定产品支持进行通报，则美国实际 AMS 水平远高于其通报的水平。由于保险补贴引发贸易争端和遭到反补贴调查，2012 年起美国对保费补贴已经按照“特定产品支持”进行通报，但美国通过对保险公司的经营管理费用补贴和再保险支持来降低对农民的保费补贴，仍可充分利用 WTO 允许的“非特定产品支持”空间。

齐皓天、徐雪高、朱满德、袁祥州，农业经济问题，2017 年 07 期

我国农产品“价格保险＋期货”供给分析——基于美国实践的借鉴

【摘要】农产品“价格保险＋期货”能管理农产品价格风险，同时能有效分散保险公司巨额赔付风险，有较好的市场推广价值。我国政策支持农产品“价格保险＋期货”的制度供给，也有相应的法律依据，得到供给各方的积极响应。但由于农产品市场价格统计和发布体系尚不完善、供给成本高、期货品种少且上市复杂、期货市场价格发现与套期保值功能不能充分发挥等问题，其供给能力相对较弱。借鉴美国收入保险的相关经验，我国应建立健全统一的农产品价格统计体系，加快开发农业相关金融衍生品，不断提高预测与收获价格设计的科学性，积极探索农产品“价格保险＋期货”新模式，合理利用财政补贴完善农产品“价格保险＋期货”风险分散体系。

孙乐、陈盛伟，金融理论探索，2017 年 06 期

美国农产品目标价格制度及其对我国的启示

【摘要】农产品目标价格制度是一种特殊的有针对性的农业补贴制度，是农业支持保护制度的重要组成部分。美国作为世界最早开始实施目标价格补贴的国家，其在农产品目标价格制度方面积累了大量成功经验。本文在梳理美国目标价格补贴的计算方法、分析其政策特点的基础之上，对我国实施目标价格制度进行了设计。

牟爱州，商业经济研究，2017 年 01 期

美国奶牛养殖收入保险的操作方式及对中国的启示

【摘要】美国奶牛保险的最大特点是将养殖过程中的经济风险纳入保险的保障范畴，实现了利用保险手段对生产者养殖收入的有效保障。在美国，奶牛收入保险得以顺利开展的重要前提是生产者收入损失的科学、合理确定。鉴于此，本文将着重描述美国奶牛养殖收入保险的具体操作方式，其重点在于养殖者保险保障收益和实际收益的计算与确定。总结美国奶牛养殖收入保险发展经验，提出促进我国奶牛保险制度发展与创新的建议及启示。

张旭光、赵元凤，中国畜牧杂志，2017 年 01 期

美国农业收入保险经验及其在中国的发展性分析

【摘要】农业收入保险目前已成为世界各国农业保险的主要发展趋势，作为全世界最大的农业保险市场，美国农业保险制度发展较为完善并处于不断改革创新中。相比之下，我国农业保险在法律支持、保障水平、资金来源等方面仍存在系列问题，美国农业收入保险在操作层面上的成功经验一定程度将对中国的农业保险发展产生促进作用。

冯丽娜，中国管理信息化，2017 年 03 期

美国、以色列和巴西农业旱灾风险管理的经验借鉴

【摘要】农业是弱质产业，容易受到气候的影响。随着全球气候变化，干旱等极端天气频繁发生，势必对农业生产造成重要影响。鉴于此，本文以美国、以色列和巴西三国的干旱灾害风险管理实践，分析了农业旱灾的风险管理经验及异同之处，在总结三国经验的基础上，提出了完善中国农业旱灾风险管理体系的具体建议。

薛军、廖晓莉，世界农业，2017 年 02 期

日本、美国渔业保险模式及其借鉴

【摘要】因渔业产业的高风险特性，渔业保险成为渔业生产者规避风险的最佳选择。日本渔业保险是互助式保险的代表，美国渔业保险是典型的商业式保险。尽管模式不同，但在政策支持、法律体系、融资方式等方面具有相似之处。基于此，本文分析了日本、美国渔业保险制度的运作方式及其特点，并总结了其相关经验，在中国渔业保险出现“供给和需求双不足”的条件下需要从保险模式优化、强制入保制度建立以及再保险市场完善等三个方面进行改革，推进中国渔业保险制度的完善。

夏秀梅，世界农业，2017 年 02 期

中美农业保险的比较研究及政策建议

【摘要】农业保险对我国粮食增产、农户增收起到了至关重要的作用，是加快推进农业现代化的重要支撑，是保障农村经济发展的重要基础。目前，我国农业保险市场已跃居全球第二，仅次于美国。本文以中、美两国农业保险的发展历程为背景，对两国农业保险的产业基础、保险体制、补贴方式等方面加以比较分析，并借鉴美国的建设经验对中国农业保险发展提出政策建议。

罗永明、杨洋，中国经贸导刊，2017 年 02 期

【实证研究】

市场竞争下农业保险发展速度的实证分析——基于山东省 16 地市的面板数据

【摘要】本文基于山东省 16 地市农业保险市场的相关数据分析了不同竞争强度下农业保险市场的三个发展阶段，利用面板门槛模型建立了农业保险市场规模与市场竞争以及其他控制变量之间的非线性关系。分析结果表明，农业保险市场竞争指数对保费收入水平的影响存在单一门槛值。当前，山东省农业保险市场正处于竞争程度的加强和显著提高市场规模的增速发展阶段，而未形成适度竞争的个体农险市场，规模增长速度明显减缓。政府的财政支持、保险公司的保费支出状况也是影响农业保险保费收入规模的关键变量。

陈盛伟、牛浩，农业经济问题　2017 年 05 期

基于 Copula 方法的大豆收入保险费率测定：理论与实证

【摘要】本文基于 Copula 方法连接农产品价格及单产分布建立联合分布函数，通过 Monte Carlo 模拟预期收益并测算收入保险费率及单位面积纯保费。以大连商品交易所黄大豆 1 号期货合约价格、大连及所辖 4 县区大豆单产数据为基础展开实证分析。研究认为，区域收入保险费率及保额存在明显区域差异；基于期货价格的收入保险无法维持当前预期收益；以期货价格为基础的农业收入保险不能完全取代农业价格支持政策。提出加快构建农产品市价格及单产数据库；健全农业支持与保险政策互补的收入保障机制；依照不同保障水平进行差异化费率补贴；建立多层次的巨灾分散风险体系的政策建议。

谢凤杰、吴东立、赵思喆，农业技术经济，2017 年 02 期

农户信贷可得性和最优贷款额度的理论分析与实证检验——基于农业保险抵押品替代视角

【摘要】本文在对农业保险相关文献梳理的基础上，从借款人（农户）和贷款人（金融机构）双方福利最大化的角度构建模型，深入分析农业保险和农户信贷的内在作用机理，并在此基础上提出研究假设，进一步利用河南省农户的调查数据进行实证检验。通过 Logit 回归模型和 Tobit 回归模型分析发现，农业保险作为抵押品替代信号能够有效缓解农户信贷配给，增加其信贷可得性和信贷额度。研究结论对更好地发挥银保互动融资功能，推进农村普惠金融服务，切实解决农村金融抑制问题具有现实指导意义。

任乐、王性、玉赵辉，管理评论，2017 年 06 期

农业保险对农民收入影响的实证研究——基于黑龙江省面板数据

【摘要】黑龙江省农业保险保费收入居于全国前列，为分析农业保险对黑龙江省农民收入的影响这一问题，采集黑龙江省 2008—2013 年 12 个地市的面板数据，构建双向固定模型（Twoway FE），分析黑龙江省农业保险对农民收入的影响。研究结果表明，农业保险对黑龙江省农民收入影响效果较小。为进一步改善农业保险对农民收入的促进作用，应加大对农业保险的支持力度，加大农业保险补贴范围和补贴比例，注重农业保险产品与制度创新，提高风险防范水平，建立农业巨灾基金。

侯代男、周慧秋、陈淑玲，新疆农垦经济，2017 年 06 期

影响农户参与农业保险决策的因素分析

【摘要】采用辽宁省农村入户调查数据，运用 Heckman 两阶段模型等方法，从微观层面实证研究农户农业保险参保决策及投保产量的决定因素。研究结果表明：农业收入、农业灾害、耕地面积对农户农业保险参保决策及投保产量产生正向影响；农业生产性支出不影响农户参与农业保险的决策，但是影响农户投保产量的高低；农户风

险偏好、负债与农户参保决策及投保产量均为负相关关系；家庭资产数值越高，家庭经济条件越好，农户参与农业保险的概率越低，但是家庭资产对投保产量不产生影响；农户受教育程度越高，越容易接受新的规避农业风险的手段，这类农户越倾向于参与农业保险。除此之外，农户对农业保险的满意程度也是投保决策的重要影响因素。

聂荣、沈大娟，西北农林科技大学学报（社会科学版），2017 年 01 期

农产品价格指数保险参保意愿实证研究——以江苏省推广生猪价格指数保险为例

【摘要】针对生猪价格指数保险推广缓慢的现状，本文基于农户对农业保险需求的视角，在江苏省 7 个城市 162 户生猪养殖户中进行调研，运用 Logit 模型分析生猪价格指数保险参保意愿的影响因素，并得出养猪场平均一年保费支出占比、理想猪粮比标准、玉米占成本比重、养殖户对现有农业保险补贴的满意程度和对当前生猪价格的满意程度等对养殖户的参保意愿存在影响。

胡宇菲、薛煜民、朱俊，中国商论，2017 年 14 期

政策性农业保险试点改变了农民多样化种植行为吗

【摘要】本文基于 2000—2013 年省际面板数据，运用双重差分（DID）的因果识别方法定量分析了政策性农业保险试点对农业种植行为的影响。研究结果表明，政策性农业保险显著增强了农民的专业化种植倾向，弱化了多样化种植行为；进一步研究发现，这种影响具有显著的滞后性和异质性特征：政策性农业保险试点一年后对专业化影响明显高于试点当年的程度；地区间也存在明显差异，保险深度越高的地区，政策性农业保险试点对该地区农业专业化正向影响程度越大。

付小鹏、梁平，农业技术经济，2017 年 09 期

中国专业农业保险公司经营效率测度及建议

【摘要】本文以中国现有的四家专业农业保险公司为研究对象，分析其自 2004 年成立至 2014 年的经营效率。论文运用数据包络分析法（DEA），对四家专业农业保险公司经营的综合技术效率、纯技术效率和规模效率进行测度与评价。结果表明：其整体综合效率较高，每年浪费均控制在 20%以内，且处于较稳定状态，其纯技术效率一直处于稳定而有效的状态，规模效率值也较好。在此基础上运用曼奎斯特（Malmquist）指数模型，对四家专业农业保险公司经营效率的动态变化进行分析。测量结果为：中国专业农业保险保险公司的纯技术效率最高，综合技术效率与规模效率也呈现良好水平，而生产率受技术效率的影响较大，仅在 2011—2012 年以及 2013—2014 年期间达到生产率进步水平。

刘娜、伍玮、朱益，保险职业学院学报，2017 年 04 期

硕士论文

内蒙古政策性农业保险财政补贴问题研究

【摘要】改革开放以来，我国市场经济改革不断深化。尤其在我国加入世界贸易组织后，农业的生产与发展出现了一系列新的变化。农业现代化已然成为我国农业发展的新方向、新目标，这对内蒙古政府在政策性农业保险的补贴工作上提出了新的要求与期望。目前，内蒙古自然灾害多发，这给农业生产带来了不小的风险。政策性农业保险无疑是抵御农业生产风险的优选工具。明确政府在政策性农业保险中的具体责任，依靠国家相关政策来保障农民的生产质量与生产安全，保证农民的收入稳定，保障国家的食品安全已经成为我国农村经济发展的重要战略选择，也是内蒙古发展农村经济的必由之路。本文站在补贴角度，通过对内蒙古政策性农业保险财政补贴过程中出现的具体问题进行分析，对国外政策性农业保险财政补贴的特点进行了归纳，对当前政策性农业保险所处的法律、政策等环境进行分析。详细阐述了内蒙古政策性农业保险财政补贴的具体现状，分析在实际工作中遇到的问题，找到导致补贴问题的具体原因。最终依据内蒙古自身特点，借鉴国外农业保险财政补贴模式和补贴经验对内蒙古财政补贴中现存的问题提出了相应的解决措施与建议。基于上述研究，作者认为想要解决内蒙古政策性农业保险在财政补贴过程中出现的问题，就要紧密结合内蒙古农村的具体情况，从实际出发、因地制宜，满足广大农民对政策性农业保险的合理需求。政府相关部门要加强立法，不断拓宽补贴品种，完善财政补贴方式，加大财政补贴力度，加强对财政补贴工作的监管；保险公司要研发保险新产品，加强基层网点建设与队伍建设；以政府为主导落实财政补贴政策，处理好各主体间关系，做好财政补贴政策的宣传工作，厚植发展优势。

邱鹏，内蒙古大学